Ramana Maharshi
Gespräche des Weisen vom Berge Arunachala

# Ramana Maharshi

# Gespräche des Weisen vom Berge Arunachala

## Gesamtausgabe

Aus dem Englischen übertragen und herausgegeben
von Erich Wilzbach

*Lotos*

Die Originalausgabe wurde unter dem Titel »Talks with Sri Ramana Maharshi (Three volumes in one)« veröffentlicht von T. N. Venkataraman, President, Board of Trustees, Sri Ramanasramam, Tiruvannamalai, India

2. Auflage 2010

Lotos Verlag
Lotos ist ein Verlag der Verlagsgruppe Random House GmbH

ISBN 978-3-7787-8189-0
© 1955 by Sri Ramanasramam
Alle deutschsprachigen Rechte bei Lotos Verlag, München,
in der Verlagsgruppe Random House GmbH
Alle Rechte vorbehalten. Printed in Germany.
Druck und Bindung: Pustet, Regensburg
Einbandgestaltung: Robert Wicki

# Inhalt

Vorwort des Herausgebers. . . . . . . . . . . . . . . . . . . . . . .  6

Gespräche 1. Teil. . . . . . . . . . . . . . . . . . . . . . . . . . . . . 11

Gespräche 2. Teil. . . . . . . . . . . . . . . . . . . . . . . . . . . . . 205

Gespräche 3. Teil. . . . . . . . . . . . . . . . . . . . . . . . . . . . . 387

Verzeichnis der Sanskrit-Ausdrücke (Auswahl). . . . . . . . . . . 555

Themenverzeichnis . . . . . . . . . . . . . . . . . . . . . . . . . . . . 563

Personen- und Stichwortverzeichnis. . . . . . . . . . . . . . . . . 565

# Vorwort des Herausgebers

Die ‹Gespräche mit Sri Ramana Maharshi› enthalten neben den Lehren des Weisen eine Reihe biographischer Einzelheiten, meist in Form kleiner Episoden. Um es dem Leser zu ermöglichen, diese in einem Zusammenhang zu sehen, sei ein Lebensabriß des Meisters vorangestellt.
Venkataraman – so der eigentliche Name des Maharshi – wurde am 30. Dezember 1879 in Tiruchuli, einem Dorf in der Nähe von Madurai, geboren. Sein Vater hatte sich vom einfachen Dorfschreiber zum angesehenen Rechtsbeistand emporgearbeitet. Er starb, als Venkataraman zwölf Jahre alt war. Ein Onkel nahm ihn und den älteren Bruder in sein Haus in Madurai auf. Dort besuchte er die amerikanische Missions-Oberschule. Er brachte den Studien wenig Anteilnahme entgegen, doch verhalfen ihm seine Intelligenz und sein gutes Gedächtnis dazu, den Anforderungen ohne allzugroße Bemühungen gerecht zu werden. Zu dieser Zeit war eine besondere spirituelle Begabung des Brahmanenjungen noch nicht zu erkennen. Ein Ereignis jedoch kann als Vorbote des späteren Geschehens betrachtet werden. Im Gespräch mit dem Jungen erwähnte ein Verwandter den Namen Arunachala. Dieser Berg am Rande Tiruvannamalais und der zu seinen Füßen gelegene große Tempel gehören zu den bedeutendsten Siva-Heiligtümern Südindiens. Venkataraman hatte den Namen schon oft gehört, aber dieses Mal schlug seine Nennung in ihm eine verwandte Saite an. Doch der Ton verklang wieder, und der Alltag nahm seinen Fortgang.
Einige Monate danach vollzog sich, ohne daß eine bewußte Vorbereitung erfolgt wäre, die große Wandlung seines Lebens. Venkataraman saß allein, gesund wie immer, über seinen Schularbeiten. Da ergriff ihn plötzlich und eindeutig eine tiefe Todesangst. Er fühlte, daß er nun sterben müsse. Nach innen gewandt sagte er zu sich: «Jetzt sterbe ich also. Was bedeutet das? Was stirbt überhaupt? – Dieser Körper stirbt.» Nun ahmte er eine Sterbeszene nach. Er legte sich auf den Boden, machte sich steif wie ein Leichnam, schloß die Augen und hielt den Atem an. «Dieser Leib ist also tot. Man wird ihn verbrennen. Aber wenn er tot ist, bin Ich dann auch tot? Ist der Körper dieses Ich? – Nein, Ich ist etwas anderes. Ich bin losgelöst vom Körper. Also bin Ich nicht der Körper, sondern etwas, was der Tod nicht berühren kann.»

All das war keine bloße Vorstellung, kein intellektueller Vorgang; Venkataraman machte die Erfahrung des reinen ‹Ich bin›, ohne zu denken und zu folgern. Nun war ihm bewußt geworden, daß das Ich und das universale, unsterbliche Selbst eins sind. Er hatte zur Selbstverwirklichung, zum Zustand reinen und ununterbrochenen Seinsbewußtseins *(sahaja samadi)*, gefunden.

Die Folgen dieser Wandlung machten sich auch im äußeren Verhalten bemerkbar. Er nahm kaum noch Anteil an dem, was sich um ihn herum abspielte. Die Arbeit ging automatisch vonstatten, und im Umgang mit anderen entwickelte er eine vorher nicht in Erscheinung getretene Sanftmut.

Die äußere Wende trat sechs Wochen später ein. Venkataraman war zu Hause mit einer Schularbeit beschäftigt. Bevor er sie beendet hatte, nahm er Meditationshaltung ein und versank in innere Betrachtung. Sein älterer Bruder, der das beobachtete, tadelte, daß er sich wie ein Yogi benähme, obwohl er doch in der Familie lebe und das Vorrecht genieße, eine höhere Schule zu besuchen. Diese Kritik hatte der Jüngere schon oft gehört, aber diesmal fand sie Widerhall, und er fühlte, daß er fortmüsse – zum Arunachala.

Auf einem zurückgelassenen Zettel bat Venkataraman, man solle sich keine Sorgen um ihn machen und ihm nicht nachforschen. Mit der Bahn, und, weil er sich nicht auskannte, zum Teil auch zu Fuß, legte er die Strecke nach Tiruvannamalai zurück. Am 1. September 1896 lag der Arunachala im Morgenlicht vor ihm. Er hatte – nun auch in der äußeren Welt – heimgefunden.

Sein erster Gang führte ihn in den Arunachala-Tempel. Danach ließ er sich den Kopf scheren und entledigte sich der letzten Rupien, der Brahmanenschnur und seiner Kleider, von denen er nur ein Lendentuch behielt. Um den Nachstellungen frecher Gassenjungen zu entgehen, zog er sich in einen im Tempelbezirk gelegenen fensterlosen Keller zurück. Dort setzte dem ganz in sein Selbst Versunkenen allerhand Ungeziefer aufs schwerste zu. Schließlich brachten zwei *sadhus* Venkataraman, dessen Körper vollkommen verwahrlost war, an einen anderen Ort. Er lebte dann an verschiedenen Plätzen in der Nähe des Tempels, später in Höhlen des Berges.

Der junge Venkataraman erregte bald Aufsehen. Zuerst waren es nur wenige *sadhus* und Pilger, die ihn aufsuchten, doch bald wuchs die Zahl derer, die von der friedvollen Aura, die ihn umgab, angezogen wurden. Viele besuchten ihn regelmäßig, einige blieben für längere Zeit oder auch für immer bei ihm.

Nach und nach fand Venkataraman zu einem äußerlich normalen Leben zurück. Die religiöse Überlieferung seines Landes war ihm bisher fast ganz unbekannt geblieben. Als man ihm jetzt Stellen aus den heiligen Schriften vorlegte, um sie von ihm deuten zu lassen, erkannte er, daß hier zergliedert und beim Namen genannt wurde, was er erfahren hatte. Diese seit Jahrtausenden verwendeten Begriffe und Bilder fanden Eingang in seinen Wortschatz. Einige seiner Gespräche mit Wissensdurstigen wurden – zum Teil auch in westlichen Ländern – veröffentlicht und erlangten Berühmtheit. Ein namhafter Gelehrter, der lange bei ihm weilte, hatte ihm mittlerweile den Namen gegeben, unter dem er bekannt werden sollte: Bhagavan Ramana Maharshi.

Im Jahre 1916 zog seine Mutter zu ihm in die höhlenartige Behausung am Berg, die er damals bewohnte. Sie kochte fortan für ihn und die Gruppe von Schülern, die sich um ihn geschart hatten. Doch mußte sie jetzt die gewohnte Mutterrolle aufgeben. Sie war Schülerin ihres Sohnes, der sie den harten Weg zur spirituellen Vollkommenheit führte. In ihrer letzten Stunde hat sie diese mit seiner Hilfe erreicht; er war während ihrer Krankheit nicht von ihrer Seite gewichen.

Der Maharshi besuchte fast täglich das Grab seiner Mutter am Fuß des Arunachala. Mit der Zeit entstand dort ein Ashram, der fortan seinen Namen tragen sollte. Eines der Gebäude, die man im Laufe der nächsten Jahre errichtete, war die Halle. Hier verbrachte Bhagavan die meiste Zeit. Vor ihm saßen die Besucher. Nicht alle stellten Fragen; denn der Meister lehrte in hohem Maße durch Schweigen. Redete er aber, dann war seine Sprache anschaulich und bildhaft, überdies mit Humor durchsetzt. Wenn er lachte, wie es oft geschah, wirkte das ansteckend selbst auf jene, die seine Sprache nicht verstanden.

Der Tagesablauf im Ashram war genau geregelt. Alles mußte sauber und wohlgeordnet sein. Nichts durfte verschwendet werden. Bhagavan befleißigte sich einer äußerst einfachen Lebensweise und stellte keinerlei Ansprüche. Dabei war er jederzeit für jedermann zugänglich. Alle wurden von ihm gleich behandelt. Auch mit Tieren aller Art war er gut Freund; er ging mit ihnen genauso fürsorglich, gütig und liebevoll um wie mit den Menschen.

Gegen Ende des Jahres 1948 trat an Bhagavans linkem Arm eine Geschwulst auf, die sich einige Monate später als bösartig erwies. Therapien verschiedener Art, wozu auch operative Eingriffe gehörten, wurden von ihm nicht gewünscht, aber den vielen um seine

Gesundheit Bangenden zuliebe doch geduldet. Auch als Schwerkranker hielt der Maharshi so lange wie möglich am gewohnten Tagesverlauf fest. Trotz zunehmender Schmerzen – er lehnte es ab, schmerzlindernde Mittel zu nehmen – und offenkundigem körperlichen Verfall bestand er bis zuletzt darauf, daß alle Besucher ihn zu sehen bekämen. Am 14. April 1950 war die Stunde gekommen, wo er seiner sterblichen Hülle entglitt. Doch war es kein Weggehen; denn so hatte er seinen Schülern versichert: «Man sagt, ich würde sterben. Aber ich gehe nicht fort. Wohin sollte ich gehen? Ich bin hier.»

Die Aufzeichnungen, die später als ‹Gespräche mit Sri Ramana Maharshi› veröffentlicht wurden, entstanden in der Zeit von 1935 bis 1939. Sie sind von einem alten Schüler Bhagavans entweder an Ort und Stelle gemacht oder noch am gleichen Tag aus der Erinnerung niedergeschrieben worden. Es handelt sich meistens um Zusammenfassungen dessen, was gesagt worden war. Ein wörtliches Mitschreiben war dem Chronisten, der bei den Gesprächen auch als Dolmetscher fungierte, nicht möglich. So ist die Sprache der ‹Gespräche mit Sri Ramana Maharshi› die des Schreibers. Doch sind die gesamten Niederschriften dem Meister vorgelegt worden; alles, was veröffentlicht wurde, hatte seine Billigung gefunden.

Aus Bhagavans Mund vernehmen wir die uralte Botschaft Indiens – hier aus eigener Erfahrung auf anschauliche Weise den Menschen von heute übermittelt. Es handelt sich aber nicht um allgemein erteilte Lehren. Bhagavan ging stets auf den Fragenden ein, gleichgültig, ob es sich um ein intellektbefangenes Weltkind oder einen schon lange auf dem Weg befindlichen Gottsucher handelte. Und doch betreffen seine Erklärungen alle; denn auf dem spirituellen Pfad treten immer die gleichen Schwierigkeiten auf, und sie müssen stets mit denselben Mitteln beseitigt werden.

In der vorliegenden Übersetzung wurden einige Passagen weggelassen, die sich mit spezifisch indischen religionswissenschaftlichen Theorien befassen. Mehrere Stellen, deren Sinngehalt bei wortgetreuer Übersetzung nicht klar zum Ausdruck kommt, sind frei übertragen worden.

Bensheim, Ostern 1984

Erich Wilzbach

# 1. Teil

## 7. Januar 1935

*Fr* Ist ein Meister zur Verwirklichung nötig?
*M* Die Gnade des Meisters trägt mehr zur Verwirklichung bei als Lehren, Vorlesungen, Meditation usw. Diese sind nur Hilfen zweiten Ranges, während die Gnade die erste und wesentliche Ursache ist.
*Fr* Welches sind die Hindernisse, die die Verwirklichung des Selbst vereiteln?
*M* Es sind die Denkgewohnheiten.
*Fr* Und wie kann man ihrer Herr werden?
*M* Indem man das Selbst verwirklicht.
*Fr* Das ist ein Teufelskreis.
*M* Es ist das ‹ich›, das solche Schwierigkeiten bereitet, Hindernisse schafft und dann unter den vermeintlichen Widersprüchen leidet. Suchen Sie herauszubekommen, wer die Fragen stellt, dann werden Sie das Selbst finden.
*Fr* Was haben wir für Hilfen zur Verwirklichung?
*M* Die Lehren aus heiligen Schriften und von Menschen, die das Selbst verwirklicht haben.
*Fr* Gehören zu diesen Lehren auch Unterredungen, Vorlesungen und Meditationen?
*M* Gewiß, aber es sind Hilfen zweiten Ranges, die wesentliche ist die Gnade des Guru.
*Fr* Wie lange dauert es, bis man das Ziel erreicht?
*M* Warum wollen Sie das wissen?
*Fr* Um hoffen zu können.
*M* Auch solch ein Wunsch ist ein Hindernis. Das Selbst ist immer da; es gibt nichts ohne Es. Seien Sie das Selbst – und Wünsche und Zweifel werden verschwinden. Das Selbst ist der Zeuge im Schlaf, im Traum und im wachen Dasein; diese Zustände gehören dem ‹ich› an, das Selbst reicht über das ‹ich› hinaus. Gab es Sie etwa nicht im Schlaf? Wußten Sie derweil, daß Sie schliefen oder der Welt nicht gewahr waren? – Nur im Wachzustand bezeichnen Sie die Erfahrung des Schlafes als Nichtgewahrsein; in Wirklichkeit ist das Bewußtsein während des Schlafes dasselbe wie das des Wachzustandes. Erkennen Sie dieses wachende Bewußtsein richtig, dann kennen Sie das Bewußtsein, das der Zeuge aller drei Zustände ist. Dieses Bewußtsein kann gefunden werden, wenn man das Bewußtsein sucht, welches im Tiefschlaf vorhanden ist.

*Fr* In dem Falle schlafe ich ein.
*M* Das schadet nichts.
*Fr* Da ist nur Leere.
*M* Wem erscheint diese Leere? Finden Sie das heraus! Sie können zu keiner Zeit sich selbst leugnen. Das Selbst ist immer da und bleibt durch alle Zustände hindurch bestehen.
*Fr* Soll ich verbleiben, als schliefe ich, und gleichzeitig beobachten?
*M* Ja. Gewahrsein ist der eigentliche Wachzustand; er ist ein Schlafzustand ohne Schlaf. Geht man dagegen seinen Gedanken nach, dann wird man von ihnen davongetragen und befindet sich in einem Labyrinth ohne Ausgang.
*Fr* Dann soll ich also auf der Spur der Gedanken zurückgehen bis zu deren Ursprung?
*M* Genau das. Auf diese Weise verschwinden die Gedanken, und allein das Selbst bleibt übrig. In Wirklichkeit gibt es für das Selbst weder innen noch außen; auch das sind Projektionen des ‹ich›. Das Selbst ist rein und absolut.
*Fr* Ich verstehe es, aber nur intellektuell. Trägt nicht auch der Intellekt zur Verwirklichung des Selbst bei?
*M* Ja, bis zu einer gewissen Stufe. Aber selbst dieses Ihr begrenztes Verstehen sollte ausreichen, um einzusehen, daß das Selbst über den Intellekt hinausgeht; dieser muß verschwinden, bevor das Selbst aufscheint.
*Fr* Wenn sich in mir das Selbst offenbart – hilft das anderen?
*M* Ja, ganz gewiß. Es ist die bestmögliche Hilfe. Es gibt aber gar keine anderen, denen geholfen werden müßte. Denn das verwirklichte Wesen sieht nur das Selbst, genau wie der Goldschmied nur das Gold in den unterschiedlichen Schmuckstücken sieht, wenn er sie abschätzt. Nur, wenn Sie sich als diesen Körper betrachten, gibt es Formen und Gestalten. Überschreiten Sie diese Vorstellung, dann verschwinden auch die andern zugleich mit Ihrem ‹Ich-bin-der-Körper-Bewußtsein›.
*Fr* Ist das mit Pflanzen, Bäumen usw. ebenso?
*M* Gibt es die überhaupt ohne das Selbst? – Finden Sie das heraus. Sie meinen, Sie sehen sie. Dieser Gedanke ist aus Ihrem Selbst gekommen. Suchen Sie herauszufinden, woher er aufsteigt; dann werden die Gedanken aufhören aufzusteigen, und nur das Selbst ist noch vorhanden.
*Fr* Ich verstehe das theoretisch; die Umwelt ist aber immer noch vorhanden.

*M* Ja. Es ist wie im Kino. Da ist die beleuchtete Leinwand, und die Schatten, die darüberhuschen, machen auf den Zuschauer den Eindruck der Darstellung eines Stückes. Ebenso wäre es, wenn in dem gleichen Stück auch eine Zuschauerschaft gezeigt würde. Die Zuschauer und das Geschaute würden dann nur die Leinwand sein. Wenden Sie das auf sich selbst an. Sie sind die Leinwand; das Selbst hat das ‹ich› hervorgebracht, das ‹ich› gibt seine Gedanken dazu, die sich als Welt, als Bäume, Pflanzen usw. darstellen, nach denen Sie fragen. In Wirklichkeit ist alles dieses nichts als das Selbst. Wenn Sie das Selbst erfahren, dann werden Sie sehen, daß Es alles ist, überall und immer. Es gibt nichts anderes als das Selbst.

*Fr* Ja, und doch verstehe ich es immer noch nur theoretisch. Aber die Antworten sind so einfach und schön und überzeugend.

*M* Schon der Gedanke: ‹Ich erkenne Es nicht›, ist ein Hindernis. Es ist tatsächlich so: Nur das Selbst *ist*.

### 8. Januar 1935

Während der Maharshi etwas las, kam ein alter Mann in die Halle und setzte sich. Dann fragte er leise:

Es heißt, daß die Verwirklichung über jede Möglichkeit einer Beschreibung hinausgehe und daß jeder Versuch, sie zu beschreiben, scheitere. Ist das so?

*M* Dieser Punkt wird in Vers 3 der *Acht Strophen auf Arunachala* erwähnt. Dort heißt es, daß es zwar unmöglich sei, über die Verwirklichung etwas auszusagen, daß es aber Anzeichen für ihr Vorhandensein gebe.

Der Alte schwieg. Dann überwältigte ihn eine Erregung. Sein Atem ging tief und schwer; er warf sich in demütiger Verehrung zu Boden und richtete sich erst nach Minuten wieder auf. Eine kleine Weile verharrte er noch schweigend, dann ging er. Ihm war offenbar eine Erleuchtung zuteil geworden; er hatte Bestätigung bei dem Maharshi gesucht und sie in dessen Antwort gefunden; demütig und bewegten Herzens hatte er die göttliche Vermittlung erkannt.

Jemand fragte nach der Bedeutung der Aussage in den *Upanishaden*:

‹Der Höchste Geist, *Brahman*, ist feiner als das Feinste und größer als das Größte.›

*M* Der Geist hat sogar die Struktur des Atoms erkannt, er ist also feiner als das Atom. Das, was jenseits des Geistes ist, ist feiner als der Geist. Übrigens hat Manickavachagar, der Tamilheilige, gesagt: ‹Wenn jedes der im Sonnenstrahl tanzenden Stäubchen ein Universum darstellt, dann stellt das ganze Sonnenlicht das Höchste Wesen dar.›

*19. Januar 1935*

Mr. Douglas Ainslie, englischer Aristokrat, Neffe eines früheren Gouverneurs von Madras, Schriftsteller und ehemaliges Mitglied der britischen Botschaften in Athen, Paris und Den Haag, benutzte die Gelegenheit, da er Gast der Regierung in Madras war, um den Maharshi aufzusuchen; er brachte ein Einführungsschreiben von Paul Brunton.

Am nächsten Tage wiederholte er seinen Besuch und blieb diesmal etwa eine Stunde. Beide Male wurde praktisch kein Wort gewechselt; nur die Augen sprachen – oder schwiegen.

Mr. Ainslie lebt sehr genügsam; er nimmt erst nach ein Uhr mittags etwas zu sich; seine Abendmahlzeit soll aus Kaffee und Zwieback bestehen. Er wandert täglich einige Meilen mit nüchternem Magen, spricht wenig und ist sehr gemessen in seinen Bewegungen. Er ist unverheiratet geblieben. Seine Stimme ist tief und leise; was er sagt, scheint von Herzen zu kommen. Sir John Woodroffe, Sir Sarvepalli Radhakrishnan und der Professor für Sanskrit an der Universität Oxford, Prof. Thomas, gehören zu seinen Freunden. Er sprach den Wunsch aus, die Veden rezitiert zu hören.

Am Montag kam ein Brief aus Riga, dessen Anfragen zufällig mit denen zusammentrafen, die Mr. Ainslie gestellt hatte. Es handelte sich um die Existenz abgeschiedener Seelen und wie man ihnen am besten dienen könne.

Die Antwort, die nach Riga bestimmt war, wurde ihm vorgelesen. Auszüge aus den Werken des Maharshi und aus den Veden wurden ihm vorgetragen; er fand die Rezitationen hervorragend.

Er kam am folgenden Nachmittag wieder und berichtete dem Maharshi zur Verwunderung der anderen von einer mystischen Erfahrung der vorangegangenen Nacht. Er hatte etwas wie ein elektrisches Licht in sich, im Herz-Zentrum auf der rechten Seite, leuchten sehen und die Sonne erlebt, als schiene sie in ihm. Der Maharshi lächelte nur und ließ ihn die Übertragung eines Abschnittes aus *Atmavidya* (Selbst-Erkenntnis) vorlesen, in dem davon gesprochen wird, daß die Verwirklichung im Erreichen des *atma*, des Selbst, bestehe, das Reines Bewußtsein sei und sich damit vom Geist, dem reflektierten Bewußtsein, unterscheide. Diese Erklärung sagte ihm zu.

Als nach seinem Fortgang über ihn gesprochen wurde, bemerkte der Maharshi:

Dieser Mann von siebzig Jahren zieht es nicht vor, sein Einkommen friedlich in seinem Heim zu verleben. Wie tief muß sein Sehnen sein, daß er sein Land verließ, eine Seereise von 6000 Meilen machte und die Anstrengungen einer langen Bahnfahrt im fremden Lande nicht scheute, ohne dessen Sprache zu kennen, unter den Wechselfällen eines einsamen Daseins, den Unbilden eines heißen Klimas ausgesetzt, unter Umständen, die ihm ungewohnt und unangemessen sind. Er könnte zufrieden in seinem Heim sitzen – aber sein Sehnen nach innerem Frieden führte ihn hierher.

Die andern sprachen darüber, daß man die Intensität seines strebenden Ernstes gut ermessen könne an den mystischen Erfahrungen, die er hier schon in den ersten vier Tagen seiner Anwesenheit gehabt habe.

Es wurde über abgeschiedene Seelen gesprochen. Der Maharshi nahm dazu Stellung:

Solange sich der Mensch mit seinem grobmateriellen Körper identifiziert, müssen ihm die Gedanken, wenn sie sich materialisieren, als wirklich vorkommen. Und da er sich einbildet, daß sein Körper von einem anderen physischen Wesen abstamme, ist dieser andere Körper für ihn ebenso wirklich wie der eigene. Da er hier einmal existiert hat, überlebt er den Tod, weil der Nachkomme noch da ist und glaubt, von dem anderen geboren worden zu sein. Unter diesen Umständen scheint auch die andere Welt wahr zu sein, und die abgeschiedenen Seelen genießen die Wohltat der Gebete, die für sie verrichtet werden. Von einem anderen Gesichtspunkt aus gesehen, ist das Selbst *(atma)* die Eine Wirklichkeit, der das entsprungen ist, das in sich selbst die Saat der Anlagen aus früheren Geburten enthält. Das Selbst erhellt das ‹ich›, dessen ererbte Anlagen und auch die Sinnesorgane, woraufhin die vorgegebenen Anlagen den Sinnen als das materialisierte Universum erscheinen und damit für das ‹ich›, welches das

Selbst widerspiegelt, wahrnehmbar werden. Das identifiziert sich mit dem Körper, verliert das Selbst aus der Sicht, und das Ergebnis ist dunkles Nichtwissen und das Elend des gegenwärtigen Lebens. Das ‹ich› steigt aus dem Selbst hervor und vergißt dieses dann: das nennt man Geburt. Man kann also sagen, daß die Geburt des Individuums den Tod der Mutter bedeutet. Der Wunsch, die Mutter zurückzuholen, ist in Wirklichkeit der Wunsch, das Selbst wiederzugewinnen – was dasselbe bedeutet wie Auflösung des ‹ich› oder Selbst-Verwirklichung. Das ist wahrhaftige Hingabe an die Mutter.

Dann las der Maharshi aus der Tamil-Übertragung des *Yoga Vasishta* die Geschichte von Deerga Tapasi vor, der zwei Söhne hatte.

Nach dem Tode der Eltern trauerte der Jüngere über deren Verlust, der Ältere aber tröstete ihn:

‹Weshalb betrauerst du den Verlust unserer Eltern? Ich will dir sagen, wo sie sind: Sie sind nur in uns, und sie sind wir selbst. Ist nicht der Lebensstrom durch ungezählte Verkörperungen, Geburten und Tode, Freuden und Leiden hindurchgegangen, genau wie das Wasser eines Stromes über Felsen, durch Höhlen, über Sandbänke, Erhebungen und Vertiefungen auf seinem Wege fließt? Der Strom bleibt davon unberührt. – Und wiederum sind Freuden und Leiden, Geburten und Tode gleich dem Wellenspiel auf der Oberfläche eines vorgespiegelten Wassers in der Fata Morgana des ‹ich›. Die einzige Wirklichkeit ist das Selbst, aus dem das ‹ich› auftaucht und Gedanken erschafft, die sich als das Universum darstellen, in dem Mütter und Väter, Freunde und Verwandte erscheinen und verschwinden. Sie sind nichts als Offenbarungen des Selbst, und die eigenen Eltern sind nicht außerhalb des Selbst. Es gibt also gar keinen Grund zur Trauer. Lerne das, verwirkliche es und sei glücklich.›

## 24. Januar 1935

Mr. W. Y. Evans-Wentz, bekannt als Herausgeber des *Tibetischen Totenbuches,* der Biographie des größten tibetischen Yogis, Milarepa, und eines Werkes über tibetische Geheimlehren, erschien mit einem Einführungsschreiben von Mr. Brunton. Er hatte Indien schon mehrfach besucht und war mit unserer Lebensweise vertraut. Er war von der Reise erschöpft und brauchte zunächst Ruhe. Erst am Nachmittag stellte er einige Fragen, die sich auf Yoga bezogen. Er wollte wissen, ob es richtig sei, Tiere wie Tiger, Hirsche usw. zu töten, um auf deren Fell Sitzhaltungen *(asanas)* zu üben.

*M* Der Geist ist der Tiger oder der Hirsch.
*Fr* Wenn alles Illusion ist, dann darf man also töten?
*M* Für wen ist alles Illusion? – Finden Sie das heraus! In Wirklichkeit ist jedermann in jedem Augenblick seines Lebens ein Selbst-Mörder.
*Fr* Welche Sitzhaltung *(asana)* ist die beste?
*M* Irgendeine, vielleicht *sukha asana* (Halb-Buddha-Stellung). Für *jnana,* den Pfad der Erkenntnis, ist die Sitzhaltung unwichtig.
*Fr* Läßt die Sitzhaltung auf die Wesensart des Betreffenden schließen?
*M* Ja.
*Fr* Was sind im Zusammenhang damit die besonderen Eigenarten und Wirkungen des Tiger- oder Hirschfelles, der Wolle usw.?
*M* Darüber wird in Yogabüchern berichtet. Derartige Eigenarten und Wirkungen hängen mit der guten oder schlechten magnetischen Leitfähigkeit des Materials zusammen. Für den Pfad der Erkenntnis ist das alles unwichtig. Die Sitzhaltung zielt in Wirklichkeit darauf ab, seinen Stand im Selbst zu finden und darin beständig zu verweilen. Es ist etwas Innerliches. Das andere bezieht sich auf Äußerliches.
*Fr* Welche Tageszeit ist für die Meditation am günstigsten?
*M* Was ist Zeit?
*Fr* Sagen Sie es mir!
*M* Zeit ist lediglich eine Vorstellung. Es gibt nur die Wirklichkeit. Wofür Sie diese auch immer halten mögen, dem paßt sie sich an. Nennen Sie sie Zeit, dann ist sie Zeit, nennen Sie sie Sein, dann ist sie Sein und so fort. Haben Sie sie erst einmal Zeit genannt, dann unterteilen Sie sie in Tage und Nächte, Monate, Jahre, Stunden, Minuten usw. Für den Pfad der Erkenntnis ist Zeit unwichtig. Aber einige dieser Regeln und Disziplinen mögen für den Anfänger nützlich sein.
*Fr* Worin besteht der Pfad der Erkenntnis *(jnana marga)*?
*M* Die Konzentration des Geistes ist beiden gemeinsam, dem Pfad der Erkenntnis und dem Yoga. Der Yoga strebt nach der Einswerdung des Individuums mit der wahren Wirklichkeit. Diese Wirklichkeit kann nichts Neues sein; sie muß auch jetzt da sein, und sie ist da.

Daher versucht man auf dem Pfad der Erkenntnis herauszufinden, wie die Trennung *(viyoga)* zustande gekommen ist. Die Trennung ist ja nur eine Trennung von der wahren Wirklichkeit.

Fr Was ist Illusion?

M Wer täuscht sich? Finden Sie das heraus, dann verschwindet die Illusion.
Immer möchten die Leute wissen, was Täuschung *(maya)*, was Illusion ist, und prüfen nicht, *wer* sich täuscht. Das ist töricht. Die Täuschung ist außen und unbekannt, der Sucher danach aber wird als bekannt vorausgesetzt und ist innen. Erkennen Sie erst einmal das Unmittelbare und Nahe, bevor Sie versuchen, das Entfernte und Unbekannte herauszubekommen.

Fr Rät der Maharshi zu einer besonderen Sitzhaltung für Europäer?

M Vielleicht ist es ganz nützlich, eine bestimmte Sitzhaltung einzunehmen. Es muß jedoch genau begriffen werden, daß Meditation nicht verhindert wird durch das Fehlen von solchen Stellungen *(asanas)* oder vorgeschriebener bestimmter Zeiten oder anderer Nebensächlichkeiten dieser Art.

Fr Empfiehlt der Maharshi eine besondere Methode für Europäer?

M Das hängt immer von den geistigen Anlagen des einzelnen ab; tatsächlich gibt es keine bestimmte und feste Regel.

Mr. Evans-Wentz stellte noch allerhand Fragen, von denen sich die meisten auf Yoga-Vorbereitungen bezogen. Der Maharshi beantwortete alle dahingehend, daß sie Hilfsmittel für den Yoga seien, der Yoga selbst aber nur ein Hilfsmittel zur Verwirklichung des Selbst, das das Ziel von allem sei.

Fr Ist Arbeit ein Hindernis für die Selbst-Verwirklichung?

M Nein. Für ein verwirklichtes Wesen ist allein das Selbst die Wirklichkeit; Tätigkeiten gehören lediglich der Welt der Erscheinungen an; sie berühren das Selbst nicht. Und wenn ein solcher Mensch handelt, dann hat er nicht das Gefühl, der Täter zu sein. Seine Handlungen geschehen unwillkürlich, und er bleibt ihnen gegenüber der Zeuge, ohne jede Bindung an sie.
Ein solches Handeln geschieht ohne Absicht. Selbst jemand, der auf dem Wege zur Erkenntnis ist, kann üben, während er einer Beschäftigung nachgeht. Für den Anfänger auf den ersten Stufen mag es schwierig sein; nach einiger Übung jedoch gelingt es, und die Arbeit wird nicht mehr als Meditationshindernis empfunden.

Fr Wie geht die Übung vor sich?

*M* Es ist die beständige Suche nach dem Ich, der Quelle des individuellen ‹ich›. Finden Sie heraus, ‹Wer bin ich?› Das reine Ich ist die Wirklichkeit: Absolutes Sein, Absolutes Bewußtsein, Absolute Seligkeit. Wird Das vergessen, dann kommt alles Elend zum Vorschein; wird Das festgehalten, dann berührt den Betreffenden kein Elend mehr.

*Fr* Ist nicht *brahmacharya* (Keuschheit) zur Verwirklichung des Selbst notwendig?

*M* Brahmacharya heißt ‹in *Brahman* lebend›; es steht in keinem Zusammenhang mit dem, was man gewöhnlich unter sexueller Enthaltsamkeit versteht. Ein wahrer *brahmachari,* d. h. einer, der in *Brahman* lebt, findet seine Seligkeit im *Brahman,* was dasselbe ist wie das Selbst. Weshalb sollte er nach andern Glücksquellen Ausschau halten? In Wirklichkeit ist nur das Auftauchen aus dem Selbst die Ursache allen Elends.

*Fr* Ist sexuelle Enthaltsamkeit eine unerläßliche Bedingung für die Ausübung des Yoga?

*M* Sie ist sicher eine Hilfe unter vielen andern Übungen zur Verwirklichung.

*Fr* Ist sie denn nicht unerläßlich? Kann ein verheirateter Mensch das Selbst verwirklichen?

*M* Sicherlich, es ist nur eine Frage der geistigen Reife. Verheiratet oder nicht – man kann das Selbst verwirklichen, da Es hier und jetzt gegenwärtig ist. Wäre dem nicht so und das Selbst wäre durch irgendwelche Bemühungen zu irgendeiner anderen Zeit erreichbar, oder Es wäre neu, oder etwas, was man erwerben müßte, dann wäre Es nicht des Strebens wert. Denn was nicht natürlich ist, kann auch nicht von Dauer sein. Daher sage ich, daß das Selbst immer gegenwärtig und allein *ist.*

*Fr* Da Gott allem innewohnt, dürfte man überhaupt nicht töten. Tut die Gesellschaft recht daran, dem Mörder das Leben zu nehmen? Oder darf es der Staat? In den christlichen Ländern beginnt man es für unrecht zu halten.

*M* Was hat den Mörder veranlaßt, das Verbrechen zu begehen? – Die gleiche Kraft spricht ihm das Urteil. Gesellschaft und Staat sind nur Werkzeuge in den Händen dieser Kraft. Sie sprechen von einem Leben, das genommen wurde; wie steht es aber mit den ungezählten, die in Kriegen geopfert werden?

*Fr* Genau. Töten ist auf jeden Fall Unrecht. Sind Kriege zu rechtfertigen?

M Der Verwirklichte, der immer nur im Selbst lebt, macht zwischen dem Verlust eines oder mehrerer oder aller Leben in dieser oder in anderen Welten keinen Unterschied. Selbst wenn er es wäre, der sie alle zerstörte, so würde eine solche reine Seele doch von keiner Sünde berührt.

Der Maharshi zitierte die *Bhagavad Gita,* Kapitel 18, Vers 17:

*Wer da frei*
*Vom Wahn des ‹ich› und seiner Täterschaft,*
*Und frei von Selbstsucht ist,*
*Der tötet nicht, selbst wenn er tötet,*
*Und bleibt ungebunden, was er auch tut.*

Fr Wirken sich denn Handlungen nicht in späteren Geburten auf den Täter aus?
M Sind Sie jetzt geboren? Weshalb denken Sie an andere Geburten? – In Wirklichkeit gibt es weder Geburt noch Tod. Mag der, der geboren ist, an den Tod denken und an Mittel, seine Wirkung zu mildern.
Fr Wie lange hat der Maharshi gebraucht, um das Selbst zu verwirklichen?
M Diese Frage wird gestellt, weil nur die Gestalt, die äußere Form, gesehen wird, eine Wahrnehmung, die eine Folge dessen ist, daß das ‹ich› sich mit dem grobmateriellen Körper identisch glaubt. Hält es sich für identisch mit dem subtilen Körper, dem Geistleib, wie im Traum, dann sind auch die Wahrnehmungen von der gleichen subtilen Natur; im Tiefschlaf fehlen sie ganz. War nicht auch dort noch ein Ich vorhanden? Andernfalls wäre die Erinnerung, geschlafen zu haben, unmöglich. Wer war es also, der schlief? – Sie sagen nicht während des Schlafes selbst, daß Sie schliefen; Sie sagen es erst jetzt, im Wachzustande. Daher kann dieses Ich nur dasselbe sein im Wachen, wie im Träumen und im Tiefschlaf. Finden Sie die allen drei Zuständen zugrundeliegende *Wirklichkeit* heraus: Das ist die wahre Wirklichkeit. In jenem Zustand herrscht allein das Reine Sein. In ihm gibt es weder ein ‹du›, noch ein ‹ich›, noch ein ‹er›; weder Gegenwart noch Vergangenheit noch Zukunft. Dieser Zustand ist jenseits von Zeit und Raum, jenseits der Möglichkeit, über ihn etwas auszusagen.
Er ist immer da.

Wie eine Bananenstaude Schößlinge aus den Wurzeln treibt, bevor sie Frucht trägt und danach eingeht, und diese Schößlinge, nachdem sie verpflanzt wurden, dasselbe tun, ebenso hinterließ vor Zeiten der ursprüngliche, uranfängliche Meister – der die Zweifel seiner *rishi*-Schüler schweigend löste – Schößlinge, die sich ebenso weiter vervielfältigen. Der Guru ist ein Schößling, ein Nachkomme jenes Dakshinamurti*. Ihre Frage entfällt, wenn das Selbst verwirklicht ist.

*Fr* Erfährt der Maharshi *nirvikalpa samadhi*?

*M* Bei geschlossenen Augen ist es *nirvikalpa,* bei offenen *savikalpa*: zwar unterscheidend, aber in absolutem Gleichmut. Dieser stets gegenwärtige Zustand ist der natürliche Zustand, *sahaja*.

*26. Januar 1935*

Mr. Evans-Wentz fragte:
Es gibt Yogis mit übersinnlichen Kräften. Wie denkt der Maharshi darüber?

*M* Diese Kräfte sind vom Hörensagen oder durch Augenschein bekannt. Damit gehören sie lediglich dem Bereich des Geistes an.

*Fr* Mr. Brunton erwähnt einen Yogi in Madras, der mit seinem Meister im Himalaya auf übersinnliche Weise in Verbindung steht.

*M* Das ist nicht wunderbarer als alle andere Telepathie auch. Telepathie kann es nicht ohne den Hörer, Television nicht ohne den Seher geben. Wo ist ein Unterschied zwischen dem Hören aus der Ferne oder aus der Nähe? Es geht nur um den *Hörer.* Ohne den, der hört, gibt es kein Hören, ohne den, der sieht, kein Sehen.

*Fr* Sie verlangen also von mir, das Subjekt zu betrachten, statt auf das Objekt zu sehen.

*M* Subjekt und Objekt erscheinen erst, nachdem der Geist aufgetaucht ist. Sie sind im Geist, genauso wie die übersinnlichen Kräfte.

---

* Dakshinamurti ist die Gestalt, die Siva annahm, um den vier Söhnen Brahmas zur höchsten Wahrheit zu verhelfen. Sie hatten sie vergebens durch Studium zu erreichen versucht. Siva-Dakshinamurti, den sie als jugendlichen Asketen am Wege unter einem Baum sitzend fanden, hob nur schweigend lächelnd die Rechte, zum *mudra* der Erkenntnis geformt – Daumen und Zeigefinger zum Ring geschlossen. Die Vier waren bereits Fortgeschrittene; so wurden sie auf der Stelle erleuchtet und fanden, was sie gesucht hatten, im Großen Schweigen Dakshinamurtis.

*Fr* Kann man die Erscheinung des Lichtes auf dem Arunachala sehen?
*M* Ja.
*Fr* Hat das Aufsuchen von Wallfahrtsorten wie des Berges Kailas, Benares usw. irgendwelche seelischen Wirkungen?
*M* Ja.
*Fr* Kommt dem Sterben in Benares irgendeine besondere Bedeutung zu?
*M* Ja, die Bedeutung wird klar ersichtlich, wenn das wahre Benares und das wahre Sterben darunter verstanden werden.
*Fr* Sie wollen damit sagen ‹im Selbst›?
*M* Ja.
*Fr* Es gibt im Körper sechs Zentren und entsprechende Zentren im Universum.
*M* Ja. Was im Universum ist, ist auch im Körper, und was im Körper ist, ist ebenso im Universum.
*Fr* Ist die Heiligkeit von Benares eine Glaubensangelegenheit, oder ist auch äußerlich etwas dran?
*M* Beides.
*Fr* Manche Menschen fühlen sich zu einem Wallfahrtsort hingezogen, andere zu einem andern. Hängt das mit der individuellen Wesensart zusammen?
*M* Ja. – Beachten Sie nur, wie Sie alle, die Sie an verschiedenen Orten geboren sind und in fremden Ländern leben, heute hier zusammengekommen sind. Welche *Kraft* hat Sie hergezogen? – Wenn Sie das verstanden haben, dann verstehen Sie auch die andere *Kraft*.

## 30. Januar 1935

Mr. Evans-Wentz fragte:
Ist Einsamkeit für einen Verwirklichten *(jnani)* notwendig?
*M* Einsamkeit ist im Geist des Menschen. Man kann mitten in der Welt sein und den Frieden des Geistes wahren; solch ein Mensch ist einsam. Ein anderer mag im Walde leben, aber unfähig zur Kontrolle seines Geistes sein; ihn kann man nicht einsam nennen. Einsamkeit ist eine Geisteshaltung. Ein Mensch, der an Wünschen hängt, findet keine Einsamkeit, wo er auch sein mag; der Losgelöste ist immer einsam.

*Fr* So könnte man also arbeiten, frei von Wünschen sein und somit Einsamkeit bewahren?
*M* Ja. Ichverhaftetes Wirken ist eine Fessel, während ein Wirken in Losgelöstheit den Handelnden nicht berührt; er ist, selbst während er arbeitet, in Einsamkeit.
*Fr* Es soll in Tibet Heilige geben, die in der Einsamkeit bleiben und dennoch der Welt wertvolle Hilfe leisten. Wie ist das möglich?
*M* Die Verwirklichung des Selbst ist die größte Hilfe, die der Menschheit zuteil werden kann; daher heißt es, daß diese Heiligen Hilfe leisten, obgleich sie in den Wäldern bleiben. Man sollte aber nicht vergessen, daß es Einsamkeit nicht nur in den Wäldern gibt. Man kann sie auch in Städten haben, mitten in weltlicher Tätigkeit.
*Fr* Sollten die Heiligen sich nicht lieber unter die Leute begeben, um ihnen zu helfen?
*M* Das Selbst allein ist die Wirklichkeit, die Welt und alles übrige sind es nicht. Verwirklichte Wesen betrachten die Welt nicht als von sich selbst getrennt.
*Fr* Demnach führt also die Verwirklichung zur Hebung des Menschengeschlechtes, ohne daß die Menschen dessen gewahr werden?
*M* Ja. Die Hilfe mag nicht wahrnehmbar sein und ist doch vorhanden. Ein Heiliger hilft der ganzen Menschheit, ohne daß diese es weiß.
*Fr* Wäre es aber nicht doch besser, wenn er sich unter die andern begeben würde?
*M* Es gibt keine andern, unter die man sich begeben könnte. Das Selbst ist die eine und einzige Wirklichkeit.
*Fr* Wäre der Segen für die Welt nicht größer, wenn es hundert Selbst-verwirklichte Menschen gäbe?
*M* Wenn Sie ‹Selbst-verwirklicht› sagen, dann bezieht sich das auf das Unbegrenzte, fügen Sie dem jedoch ‹Menschen› hinzu, dann begrenzen Sie damit den Sinn. Es gibt nur *ein* Unendliches Selbst.
*Fr* In Europa würde man nicht verstehen, daß ein Mann aus der Einsamkeit heraus Hilfe sein kann. Man glaubt dort, daß nur der nützlich ist, der in der Welt wirkt. Wann wird dieser Irrtum enden? Wird der europäische Geist auch weiterhin im Morast waten oder doch irgendwann die Wahrheit verwirklichen?
*M* Kümmern Sie sich nicht um Europa oder Amerika. Wo sind diese Länder außer in Ihrem Geist? Verwirklichen Sie Ihr Selbst – dann ist alles verwirklicht.

Wenn Sie von mancherlei Menschen träumen, dann aufwachen und sich Ihren Traum in Erinnerung rufen – versuchen Sie dann auch festzustellen, ob die Leute Ihrer Traumschöpfung ebenfalls aufgewacht sind?

*Fr* Was hält der Maharshi von der Theorie der Welt-Illusion, von *maya*?

*M* Was ist *maya*? – Sie ist nur Wirklichkeit.

*Fr* Ist sie nicht Täuschung?

*M* Der Ausdruck *maya* wird benutzt, um die Erscheinungen der Wirklichkeit zu bezeichnen. So ist *maya* also die Wirklichkeit.

*Fr* Es wird manchmal behauptet, Sri Sankara wäre lediglich ein Philosoph, aber nicht verwirklicht. Stimmt das?

*M* Weshalb sich über Sankara den Kopf zerbrechen? Verwirklichen Sie Ihr eigenes Selbst, andere mögen für sich sorgen.

*Fr* Christus heilte Kranke. Ist das nur eine okkulte Kraft gewesen?

*M* War Jesus gewahr, daß er Kranke heilte? Er kann sich seiner Kräfte persönlich nicht bewußt gewesen sein. Da ist folgende Geschichte: Jesus hatte einst einen Blinden geheilt; der Mann wurde im Laufe der Zeit zu einem bösen Menschen. Als Jesus ihm nach einigen Jahren wieder begegnete und seine Bosheit bemerkte, fragte er ihn nach der Ursache. Der Mann antwortete, daß er, solange er blind gewesen sei, keine Sünde hätte begehen können; seit Jesus ihn geheilt habe, sei er schlecht geworden – also trüge Jesus dafür die Verantwortung.

*Fr* War nicht Jesus ein Vollkommenes Wesen, der übersinnliche Kräfte besaß?

*M* Er kann sich persönlich dieser Kräfte nicht bewußt gewesen sein.

*Fr* Ist es nicht gut, okkulte Kräfte wie Telepathie und dergleichen zu erwerben?

*M* Telepathie oder Radio erlauben, aus der Ferne zu sehen oder zu hören. Es ist immer das gleiche Sehen und Hören, ob von nah oder fern. Der grundsätzliche Faktor ist der Seher oder der Hörer, das Subjekt. Ohne einen Hörer oder einen Seher gibt es kein Hören und Sehen; es sind beides lediglich Betätigungen des Geistes. Daher gehören auch die okkulten Wahrnehmungen nur dem Geiste an, nicht dem Selbst. Was uns aber nicht auf natürliche Weise zugehört, sondern erworben wird, kann nicht von Dauer sein und ist daher nicht wert, daß man sich darum bemüht.

Was sind okkulte Kräfte? Sie sind über das Normale hinausgehende Kräfte. Der Mensch besitzt begrenzte Kräfte und fühlt sich elend; er versucht, seine Fähigkeiten auszuweiten, um glücklich zu werden. Wird er es wirklich dadurch? Wenn jemand sich bei begrenzten Wahrnehmungen unglücklich fühlt, dann wird sein Elend wachsen im Verhältnis zur größeren Ausdehnung seiner Wahrnehmungen. Okkulte Kräfte machen nicht glücklich, sondern nur noch elender!

Im übrigen: Wozu? Der Okkultist will seine besonderen Fähigkeiten zur Schau stellen, um von anderen angestaunt zu werden. Er sucht Bewunderung, und findet er sie nicht, dann wird er mißgestimmt sein. Womöglich trifft er noch auf jemanden, der größere Kräfte als er besitzt. Das wird ihn eifersüchtig und damit unglücklich machen. Der größere Okkultist mag einem noch mächtigeren begegnen und so fort – bis einer kommt, der alles in einem Augenblick in die Luft bläst. Der ist der Größte. Es ist Gott, das Selbst.

Worin zeigt sich wahre Stärke – in der Schaffung von Wohlstand oder in der Hervorbringung von Frieden? Es unterliegt keinem Zweifel, daß das, was Frieden bewirkt, den höchsten Rang einnimmt.

Fr Aber der europäische oder amerikanische Durchschnittsmensch würde eine solche Einstellung nicht anerkennen; er will etwas zu sehen bekommen, durch Vorträge unterrichtet werden usw.

M Vorträge mögen die Zuhörer auf ein paar Stunden unterhalten, ohne wirklich Eindruck auf sie zu machen. Etwas Beständiges ist dagegen das Schweigen; es tut der ganzen Menschheit wohl.

Fr Schweigen wird aber nicht verstanden.

M Das macht nichts. Schweigen ist höchst beredt; viel beredter als Vorträge. Der Ur-Meister, Dakshinamurti, ist das Ideal. Er lehrte seine *rishi*-Schüler schweigend.

Fr Ja, damals kamen die Schüler zu ihm; da war das in Ordnung. Heute ist es anders; man muß sie aufsuchen, um ihnen helfen zu können.

M Diese Auffassung ist ein Zeichen von Unwissenheit. Die Kraft, die Sie geschaffen hat, hat auch die Welt geschaffen. Wenn sie für Sie sorgen kann, kann sie es ebensogut für die Welt.

Fr Wie denkt Bhagavan über die ‹verlorenen Seelen›, von denen Christus spricht?

M Überlegen Sie, was da verlorengehen soll. Gibt es überhaupt etwas zu verlieren? Worauf es ankommt, ist nur das, was natür-

lich ist; Es ist ewig und kann nicht vom ‹ich› erfahren werden. Was geboren wird, muß sterben; was erworben wird, muß verlorengehen.
Sind Sie geboren? Sie sind immer gegenwärtig.
Das Selbst kann niemals verlorengehen.
Fr Buddha rät zum achtfachen Pfade als dem besten, damit niemand verlorengehen möge.
M Ja. Er wird von den Hindus *raja Yoga* genannt.
Fr Soll man dem spirituell Strebenden zum Yoga raten?
M Yoga ist eine Hilfe, den Geist unter Kontrolle zu bekommen.
Fr Aber führt er nicht zu okkulten Kräften, die gefährlich sein sollen?
M Sie beschränkten Ihre Frage durch den Ausdruck ‹spirituell Strebende›. Sie meinten also nicht den, der okkulte Kräfte sucht.

## 31. Januar 1935

Mr. Elappe Chettiar, Mitglied des Gesetzgebenden Rates der Provinz Madras, ein einflußreicher Hindu, fragte:
Warum heißt es, daß die Erkenntnis, die aus dem Hören entsteht, nicht beständig sei, während die in der Kontemplation erworbene es sein soll?
M Andererseits heißt es auch, daß die Erkenntnis aus dem Hörensagen nicht beständig sei, aber die Erkenntnis aus eigener Erfahrung.
Es heißt in den heiligen Schriften, daß Hören zum intellektuellen Verständnis der Wahrheit führe, daß Meditation dieses Verständnis vertiefe und die Kontemplation schließlich die Verwirklichung der Wahrheit in der eigenen Erfahrung herbeiführe. Weiterhin heißt es, daß alles Wissen nicht beständig sei, sondern erst dann, wenn es so deutlich greifbar wie eine Stachelbeere in der hohlen Hand ist.
Es gibt jene, die versichern, daß das Hören allein genüge, damit jemand, der reif ist – da er sich vielleicht schon in früheren Leben die Befähigung dazu erworben hat –, die Wahrheit verwirkliche und im Frieden bleibe, sowie er nur einmal von ihr hört, während jemand, der noch nicht so befähigt ist, die oben beschriebene Stufenfolge durchlaufen muß, ehe er in *samadhi* eingehen kann.

Mrs. Pigott kam zu einem zweiten Besuch aus Madras. Sie stellte Fragen, die sich auf Ernährungsregeln bezogen.
Welche Diät ist für den geistig Strebenden vorgeschrieben?
M Leichte *sattva*hafte Nahrung in begrenzten Mengen.
Fr Was ist darunter zu verstehen?
M Brot, Früchte, Gemüse, Milch usw.
Fr In Nordindien wird auch Fisch gegessen. Gehört der dazu?
Der Maharshi antwortete nicht darauf.
Fr Wir Europäer sind an eine andere Ernährung gewöhnt; ein Wechsel würde die Gesundheit angreifen und den Geist schwächen. Ist es nicht notwendig, körperliche Gesundheit zu bewahren?
M Durchaus. Je schwächer der Körper, um so stärker ist der Geist.
Fr Ohne unsere gewohnte Ernährung leidet die Gesundheit, und der Geist verliert an Kraft.
M Was für eine Kraft meinen Sie damit?
Fr Die Kraft, sich von weltlichen Bindungen zu befreien.
M Die Art der Ernährung beeinflußt den Geist; er nährt sich mit von dem, was man ißt.
Fr Tatsächlich? Wie kann ein Europäer sich ganz auf *sattva*-Nahrung umstellen?
Der Maharshi wandte sich an Mr. Evans-Wentz:
Sie haben von unserer Nahrung gelebt. Ist sie Ihnen schlecht bekommen?
Mr. Evans-Wentz:
Nein, ich bin daran gewöhnt.
M Gewohnheit ist nur die Anpassung an die Umstände. Worauf es ankommt, ist der Geist. In Wirklichkeit ist der Geist dazu erzogen worden, bestimmtes Essen wohlschmeckend und gut zu finden. Das, was den Körper nährt, findet er im vegetarischen und im nichtvegetarischen Essen. Der Geist aber verlangt nach den Nahrungsmitteln, an die er gewöhnt ist und die er daher für wohlschmeckend hält.
Fr Gelten für den Verwirklichten ähnliche Einschränkungen?
M Nein. Der Verwirklichte ist unveränderlich und wird nicht mehr durch das beeinflußt, von dem er sich ernährt.
Fr Ist die Zubereitung von Fleischnahrung nicht Mord?
M Gewaltlosigkeit *(ahimsa)* steht unter den Vorschriften für die Lebenshaltung des Yogi obenan.
Fr Auch Pflanzen leben.
M Also auch die Bretter, auf denen Sie sitzen.

*Fr* Kann man sich nach und nach an vegetarische Ernährung gewöhnen?
*M* Ja, das ist der richtige Weg.
*Fr* Weshalb trinken Sie Milch, essen aber keine Eier?
*M* Kühe produzieren mehr Milch, als sie für ihr Kalb brauchen; es ist für sie eine Erleichterung, wenn sie vom Überschuß befreit werden.
*Fr* Aber die Henne kann ihre Eier doch auch nicht festhalten.
*M* Im Ei ist aber verborgenes Leben.

## 2. Februar 1935

Mr. Evans-Wentz:
Darf man mehr als einen Guru haben?
*M* Wer ist der Guru? – Letzten Endes ist er das Selbst. Es offenbart Sich nach außen als der Guru, den Entwicklungsstufen des Geistes entsprechend.
Meister – Guru – ist jemand, von dem man etwas lernt. So kann der Guru manchmal – wie im Falle von Dattatreya – sogar unbeseelter Natur sein. Gott, Guru und das Selbst sind identisch. Ein spirituell veranlagter Mensch hält Gott für alldurchdringend und betet Ihn an. Später bringt Gott ihn in Verbindung mit einem persönlichen Guru, und dieser wird für den Betreffenden ein und alles. Zuletzt lernt der gleiche Mensch durch die Gnade des Guru empfinden, daß die wahre Wirklichkeit sein eigenes Selbst und nichts anderes ist. So erfährt er, daß das Selbst der wahre Guru ist.
*Fr* Erteilt Sri Bhagavan Schülern die Einweihung?
Der Maharshi schwieg. Daraufhin übernahm es einer seiner Anhänger zu antworten:
Maharshi sieht niemanden als außerhalb seines Selbst an; so gibt es für ihn keine Schüler. Seine Gnade ist alldurchdringend, und er übermittelt sie jedem in seinem Schweigen.
*Fr* In welcher Weise trägt das Bücherwissen unserer Überlieferung zur Verwirklichung des Selbst bei?
Antwort: Nur soweit, als es die Neigung des Geistes zu spirituellen Dingen fördert.
*Fr* Und inwieweit fördert der Intellekt die Selbstverwirklichung?
Antwort: Nur soweit, als man ihn im ‹ich› absinken läßt – und dann das ‹ich› im Selbst.

## 4. Februar 1935

*Fr* Manchmal hören die Gedanken ganz plötzlich auf; dann steigt ebenso plötzlich Ich-Ich auf und bleibt. Es ist nur im Empfinden, nicht im Intellekt. Kann das richtig sein?

*M* Das ist ganz gewiß richtig. Die Gedanken müssen aufhören, der Verstand muß verschwinden, damit Ich-Ich aufsteigen und empfunden werden kann. Das Empfinden ist dabei der Hauptfaktor, nicht der Verstand.

*Fr* Außerdem passiert das nicht im Kopf, sondern in der Brust, auf der rechten Seite.

*M* So sollte es sein, denn dort ist das spirituelle Herz.

*Fr* Wenn ich dann nach außen blicke, verschwindet es. Was soll ich dagegen tun?

*M* Es festhalten.

*Fr* Wenn man, dessen eingedenk, tätig ist, werden solche Handlungen immer richtig sein?

*M* Sie sollten es sein. Solch ein Mensch kümmert sich jedoch nicht darum, ob seine Handlungen richtig oder falsch sind; sein Tun ist Gottes Tun und muß daher von selbst richtig sein.

*Fr* Wozu dann noch Ernährungsvorschriften?

*M* Ihre gegenwärtige spirituelle Erfahrung beruht auf dem Einfluß der Atmosphäre hier, sie wird außerhalb dieser kaum vorhalten. Sie entsteht sprunghaft. Damit sie zu einer dauernden wird, ist Übung unerläßlich. Ernährungsvorschriften tragen dazu bei, daß sich solche spirituellen Erfahrungen wiederholen. Ist man erst fest in der Wahrheit verwurzelt, dann fallen die Beschränkungen von selbst weg. Außerdem beeinflußt die Nahrung den Geist, und dieser muß rein bleiben.

Die Fragerin berichtete später einem Bewohner des Ashrams: Ich empfinde seine Ausstrahlung viel intensiver und kann das ‹ich›-Zentrum leichter erreichen als vorher.

Bei einer früheren Gelegenheit fragte B. V. Narasimha Swami: Wer bin ich? Wie kann man das herausfinden?

*M* Richten Sie die Frage an sich selbst! Der Körper und seine Funktionen sind nicht ‹ich›. Gehen Sie tiefer in sich hinein, der Geist und seine Funktionen sind nicht ‹ich›.

Der nächste Schritt stellt einen vor die Frage: Woher steigen diese Gedanken auf? Sie entstehen unwillkürlich und sind oberflächlich oder analysierend. Ihr Tätigkeitsbereich ist im Verstand. Wer ist

es, der sich ihrer bewußt ist? – Das Vorhandensein von Gedanken, ihre klaren Begriffe und ihre Wirkungen zeigen sich der Einzelpersönlichkeit. Die Analyse führt also zu der Schlußfolgerung, daß das Sondersein der Person sich als notwendig für das Vorhandensein von Gedanken und deren Folgerungen erweist. Dieses Sondersein ist das, was gewöhnlich mit ‹ich› bezeichnet wird, das Verstandeswesen. Aber auch dieses ist nur eine Hülle, nicht das wahre Ich.
Forscht man weiter, dann stellen sich die Fragen: ‹Wer ist dieses ‹ich›? Woher steigt es auf?› – Im Schlaf war es sich seiner nicht bewußt. Mit seinem Auftauchen wechselt der Tiefschlaf in Traum oder Erwachen hinüber. In diesem Augenblick träume ich jedoch nicht. Wer bin ‹ich› jetzt, im Wachzustand? Wenn ‹ich› im Schlaf meinen Ursprung habe, dann war ‹ich› darin jedenfalls von Nichtwissen verhüllt, denn ich war mir ja meiner nicht bewußt. Solch ein nichtwissendes ‹ich› kann nicht das sein, von dem die heiligen Schriften künden und das die Weisen bestätigen. Mein wahres Ich muß auch jenseits des Schlafes noch da sein; Ich muß gegenwärtig sein und auch das, was ich die ganze Zeit in Schlaf und Traum war, unbeeinflußt von den Besonderheiten aller dieser Zustände. Ich muß daher das uneingeschränkte Substrat, die Grundlage sein, auf der alle drei Zustände beruhen.
Kurz, das wahre Ich ist jenseits der fünf Hüllen.* Das, was zurückbleibt, nachdem alles verworfen wurde, was Nicht-‹ich› ist, ist das Selbst, *sat-chit-ananda*.
*Fr* Wie kann dieses Selbst erkannt oder verwirklicht werden?
*M* Durch das Überschreiten der Ebene der Relativität. Ein gesondertes Wesen, ‹ich›, erscheint, um etwas zu erkennen, was es als von sich getrennt empfindet, als Nicht-‹ich›, d. h. das Subjekt ist des Objekts bewußt; der Seher sieht das Gesehene.
Es muß eine Einheit vorhanden sein, die diesen beiden gemein-

---

* Die indische Auffassung versetzt das Individuum in drei ‹Körper›: den grobmateriellen der äußeren Erscheinung, den subtilen, der Träger aller Eigenschaften und geistigen Tätigkeiten ist, und den ursächlichen, den es im Tiefschlaf innehat. Eine andere Aufteilung spricht von fünf ‹Hüllen›, von denen die äußerste *annamayakosha*, ‹die Hülle aus Nahrung› ist, die den grobmateriellen Leib bildet, die innerste *anandamayakosha*, die ‹Hülle aus Seligkeit›, die Seligkeit des Nichtwissens im Tiefschlaf ist; von den drei mittleren nimmt *pranamayakosha*, die ‹Hülle aus Lebenskraft›, die Vitalfunktionen des materiellen Körpers wahr; *manomayakosha*, die ‹Hülle aus manas›, ergibt den Bereich des wahllosen Wahrnehmens und Empfindens; *vijnanamayakosha*, die ‹Hülle aus Erkenntnis›, stellt das denkende und urteilende Vernunftwesen dar.

sam zugrunde liegt; sie ist es, die als Ich aufsteigt. Dieses Ich ist seinem Wesen nach *chit,* Bewußtsein; *achit,* das fühllose Objekt, ist nur die Verneinung von *chit.* Demnach gehört das zugrundeliegende Wesenhafte dem Subjekt an, nicht dem Objekt. Sucht man nach dem Seher, bis alles Gesehene verschwindet, wird der Seher immer subtiler, bis der absolute Seher allein überlebt. Dieser Vorgang heißt das Verschwinden des Gesehenen, also der wahrgenommenen Welt.

*Fr* Weshalb muß die wahrgenommene Welt ausgeschaltet werden? Kann die Wahrheit nicht verwirklicht werden, während das Gesehene bleibt, was es ist?

*M* Nein. Die Ausschaltung des Gesehenen bedeutet die Ausmerzung des Gesondertseins von Subjekt und Objekt. Das Objekt ist unwirklich. Alles Gesehene, einschließlich des ‹ich›, ist Objekt. Wird das Unwirkliche ausgeschaltet, dann bleibt die wahre Wirklichkeit übrig. Wenn ein Seil irrtümlich für eine Schlange gehalten wird, dann genügt es, die irrige Wahrnehmung der Schlange zu beseitigen, damit die Wahrheit offenbar wird. Ohne diese Ausschaltung der Wahnvorstellung aber dämmert die Wahrheit nicht herauf.

*Fr* Wann und wie wird das Verschwinden der wahrgenommenen Welt erreicht?

*M* Es wird erreicht, wenn das relative Subjekt, nämlich der Geist, ausgeschaltet ist. Er ist der Schöpfer von Subjekt und Objekt, die Ursache dualistischer Vorstellung. Damit ist er die Ursache der irrigen Vorstellung eines begrenzten Selbst und des Elends, das die Folge eines solchen Irrtums ist.

*Fr* Was ist dieser Geist?

*M* Geist ist eine Form, in der sich Leben kundgibt. Einen Holzklotz oder eine raffinierte Maschine nennt man nicht Geist. Die Lebenskraft drückt sich als Lebensbetätigung aus, auch als das bewußte Phänomen, das wir Geist nennen.

*Fr* Wie ist die Beziehung zwischen Geist und Objekt? Tritt der Geist mit etwas in Kontakt, das von ihm verschieden ist, z. B. der Welt?

*M* Die Welt wird im Wach- und im Traumzustand ‹empfunden›, d. h. sie ist dann Gegenstand von Wahrnehmung und Denken, die beide Betätigungen des Geistes sind. Gäbe es diese Funktionen des wachen und träumenden Denkens nicht, dann gäbe es auch keine Wahrnehmung oder Schlußfolgerung vom Vorhandensein einer Welt. Im Tiefschlaf fallen diese Funktionen aus; damit sind Gegenstände und eine Welt für uns nicht vorhanden. Infolgedessen kann die Wirklichkeit der Welt nur durch den Geist hervorgerufen worden sein, durch sein Auftauchen aus dem Tiefschlaf, und diese Wirklichkeit wird verschlungen oder verschwindet wieder, wenn der Geist im Tiefschlaf sein reines Wesen wieder annimmt. Das Auftauchen und Verschwinden der Welt ist ein Vorgang, der der Herstellung und Wiedereinziehung eines Spinnennetzes gleicht; die Spinne ist der Geist. Es gibt aber ein Etwas, das allen drei Zuständen – Wachen, Träumen und Tiefschlaf – zugrunde liegt: Es wird im Hinblick auf den Menschen *atma,* das Selbst, im Hinblick auf die Welt als Ganzes *Brahman,* der Höchste Geist, genannt.

Solange *atma,* das Selbst, oder *Brahman,* der Höchste Geist, nicht offenbar ist, gibt es die Zweiheit im Relativen nicht, weder Subjekt und Objekt, weder Seher noch Gesehenes. Wird bei der Suche bis zur letzten Ursache des Offenbarwerdens vorgedrungen, dann stellt sich heraus, daß der Geist nur eine Kundgebung der wahren Wirklichkeit ist, die *atma* oder *Brahman* genannt wird. Der Geist wird auch als ‹Gedankenkörper› bezeichnet, die individuelle Seele als *jiva.*

Mit *jiva* ist die Persönlichkeit gemeint. Denken oder Geist gelten als einer ihrer Entwicklungszustände oder als einer der Wege, durch die der *jiva* sich selbst ausdrückt; vegetatives Leben stellt eine frühe Stufe oder Entwicklungsphase derartiger Ausdrucksmöglichkeiten dar. Dieser Geist bezieht sich oder wirkt stets auf irgend etwas ein, was Nicht-Geist, also Materie ist; aber niemals auf sich selbst. Deshalb existieren Geist und Materie nebeneinander.

*Fr* Wie können wir das Wesen des Geistes entdecken, d. h. seine letzte Ursache oder das Noumenon, das Ding an sich, aus dem Geist sich manifestiert.

*M* Stellt man eine Wertordnung der Gedanken auf, dann ist der überragend wichtigste der Gedanke ‹ich›. Er umfaßt die Vorstellung von der Person und ist die Wurzel aller anderen Gedanken. Jeder Gedanke, jede Vorstellung erhebt sich in einer Person und kein Gedanke kann unabhängig vom ‹ich› existieren. Es ist also das ‹ich›, das denkt. Die zweite und die dritte Person – du und er – erscheinen lediglich ‹mir›, der ersten Person, einem ‹ich›; sie tauchen erst auf, nachdem die erste Person aufgetaucht ist; so scheinen also die drei Personen gemeinsam aufzusteigen und zu versinken. Verfolgen Sie die Spur bis zur letzten Ursache des ‹ich› oder der Persönlichkeit. Die ‹ich›-Vorstellung erhebt sich in einem verkörperten Wesen und muß also zu einem Körper oder Organismus in Beziehung gebracht werden. Hat es seinen Sitz im Körper oder eine besondere Beziehung zu einem bestimmten Ort, so wie das Sprechen oder die Sinneswahrnehmungen ihre entsprechenden Gehirnzentren haben? Hat das ‹ich› also auch irgendein Zentrum im Hirn, im Blut oder in den Eingeweiden? Das Gedankenleben spielt sich in Gehirn und Rückenmark ab, die beide wieder vom Blutkreislauf ernährt werden, der die entsprechende Mischung aus dem Sauerstoff der Luft und den Aufbaustoffen der Nahrung in Nervensubstanz umsetzt. Das heißt also, daß das vegetative Leben, die Lebenskraft – Kreislauf, Atmung, Assimilation usw. – elementarer Bestandteil oder Substanz des Organismus ist. Somit kann der Geist als eine Ausdrucksform der Lebenskraft angesehen werden, als deren Sitz wiederum das spirituelle Herz angesprochen werden muß.

*Fr* Um nun auf die Kunst zu kommen, den Geist auszuschalten und an seiner Statt Intuition zu entwickeln: Handelt es sich dabei um zwei verschiedene Stufen mit einer möglicherweise neutralen Grundlage, die weder Geist noch Intuition ist? Oder schließt das Nichtvorhandensein geistiger Betätigung automatisch die Selbst-Verwirklichung ein?

*M* Für den Übenden gibt es zwei verschiedene Stadien. Es gibt das, was Sie neutrale Grundlage nennen: Tiefschlaf, Bewußtlosigkeit, Ohnmacht, Wahnsinn. Entweder fehlt hier die mentale Aktivität, oder das Bewußtsein des Selbst kommt nicht zur Entfaltung.

*Fr* Die wichtigste Frage zuerst: Wie wird der Geist ausgeschaltet oder das relative Bewußtsein überschritten?

*M* Der Geist ist von Natur rastlos. Beginnen Sie damit, ihn von dieser Eigenschaft zu befreien; geben Sie ihm Frieden, befreien Sie ihn von Ablenkungen; erziehen Sie ihn, nach innen zu schauen, und sorgen Sie dafür, daß dies zur Gewohnheit wird. Das ist durch das Nichtbeachten der äußeren Welt zu erreichen und das Entfernen von allem, was den Frieden des Geistes stört.

*Fr* Wie beseitigt man die Rastlosigkeit des Geistes?

*M* Seine Berührung mit dem Außen – mit Gegenständen, die von ihm verschieden sind – machen ihn rastlos. Als erstes sollte man daher solchen Dingen das Interesse entziehen. Dem folgt die Gewöhnung an Innenschau und Konzentration, deren Merkmal die Kontrolle über die äußeren Sinne und die inneren Fähigkeiten ist, und die in *samadhi* endet, dem Zustand des Geistes, wenn er durch nichts abgelenkt wird.

Fr Wie kann man das erreichen?

M Prüft man die vergängliche, flüchtige Natur der äußeren Gegebenheiten, dann führt das zum Nicht-Anhaften an irgend etwas. Daher ist *vichara,* das Nachforschen, von entscheidender Wichtigkeit. Wird *vichara* durch beständiges Üben automatisch, dann entsteht daraus eine Geringschätzung von Wohlstand, Ruhm, Behagen, Genuß usw. Die ‹ich›-Vorstellung klärt sich und wird damit weiterer Suche zugänglicher. Das letzte Ziel ist der Ursprung des ‹ich›, das ‹Herz›. Liegt jedoch dem Strebenden seiner Veranlagung nach dieser Pfad der Analyse durch Innenschau nicht, dann muß er *bhakti* pflegen, die Hingabe an ein Ideal, sei dieses nun Gott, der Guru, die Menschheit im allgemeinen, ethische Normen oder auch die Idee der Schönheit. Nimmt ein solches Ideal nach und nach den Betreffenden in Besitz, dann werden dadurch andere Verhaftungen geschwächt, d. h. es entwickelt sich auch hier Entsagung *(vairagya).* Gleichzeitig wird die Bindung an das Ideal immer stärker und schließlich beherrschend. Unmerklich damit wächst die Konzentration, mit oder ohne Visionen und direkte Hilfen.

Kann man sich auch zu diesem Pfad nicht entschließen, dann mag man die auf natürliche Weise beruhigende Atemkontrolle versuchen, die aus dem Yoga bekannt ist. Ist das Leben in Gefahr, dann dreht sich das ganze Interesse um den einen Punkt, es zu retten.

Wird der Atem angehalten, dann kann der Geist sich nicht mehr auf seine Lieblinge – die äußeren Objekte – stürzen. So gibt er Ruhe, wenigstens für die Zeitspanne der Atemübung. Da alle Aufmerksamkeit auf den Atem oder seine Regulierung gerichtet ist, fallen andere Interessen so lange aus. Leidenschaften sind bekanntlich von unregelmäßigem Atem begleitet, während Ruhe und Glück ihn langsam und gleichmäßig strömen lassen. Übergroße Freude kann tatsächlich ebenso schmerzhaft sein wie übergroße Qual; beiden ist stoßweises Atmen eigen. Der Geist wandelt sich durch Atemübungen und wird subtiler, er wird fähiger, innere und äußere Probleme zu bewältigen.

Ist ein Strebender seinen Anlagen nach für die beiden erstgenannten Methoden ungeeignet und durch die Umstände auch für diese dritte, dann muß er den Weg der guten Werke *(karma marga)* wählen. Seine edleren Instinkte werden offensichtlich und vermitteln ihm unpersönliche Freuden. Sein ego setzt sich weniger energisch durch und hat Gelegenheiten, seine guten Seiten zu entfalten. Dadurch wird der Mensch mit der Zeit reif für einen der andern drei Pfade. Seine Intuition kann sich schon allein durch diese Methode entwickeln.

*Fr* Kann eine Gedanken- oder Frageserie Selbsthypnose auslösen? Sollte man sich nicht vielmehr auf einen einzigen Punkt beschränken, indem man versucht, das flüchtige, nebelhaft wahrgenommene und schwer erfaßbare ‹ich› zu analysieren?

*M* Ja. Es ähnelt wirklich dem Starren ins Leere oder in einen glänzenden Kristall oder in Licht.

*Fr* Kann der Geist überhaupt auf diesen Punkt fixiert werden, und wie sollte das geschehen?

*M* Wird er abgelenkt, dann fragen Sie sofort: ‹Wer ist es, in dem diese ablenkenden Gedanken aufsteigen?› Das bringt sie unmittelbar zu dem ‹ich›-Punkt zurück.

*Fr* Wie lange kann der Geist im ‹Herzen› verweilen oder dort festgehalten werden?

*M* Die Zeitspanne wächst durch Übung.

*Fr* Was geschieht nach Ablauf einer solchen Zeitspanne?

*M* Der Geist kehrt zu seinem gegenwärtig normalen Zustand zurück, d. h. das Einssein im ‹Herzen› wird wieder verdrängt von der Vielfalt der wahrgenommenen Erscheinungen. Das nennt man den nach außen gehenden Geist; der dem ‹Herzen› zuströmende Geist heißt der ruhende Geist.

*Fr* Ist dieser ganze Vorgang lediglich intellektuell, oder gehört er überwiegend dem Empfinden an?

*M* Das letztere.

*Fr* Wieso hören alle Gedanken auf, wenn der Geist im ‹Herzen› ist?

*M* Durch den starken Glauben an die Wahrheit der betreffenden Lehren des Meisters.

*Fr* Und was wird durch diesen Vorgang gewonnen?

*M* a) Die Unterwerfung des Willens – und damit die Entwicklung von Konzentration;
b) Die Überwindung der Leidenschaften – und damit die Entwicklung von Leidenschaftslosigkeit;
c) Die Zunahme an Tugendhaftigkeit.

*Fr* Weshalb aber soll man vorzugsweise sein Denken auf den undenkbaren Punkt richten? Weshalb nicht andere Methoden anwenden, wie etwa Schauen in Licht, Anhalten des Atems, Hören von Musik, Lauschen auf innere Töne und Wiederholung von OM oder anderer Mantras?

*M* Weil das Starren in Licht den Geist nur einschläfert und den Willen nur für den Augenblick lähmt, aber keinen Dauererfolg bringt. Die Atemkontrolle betäubt den Willen ebenfalls nur, solange sie andauert. Das Lauschen auf innere Töne bringt ähnliche Ergebnisse – es sei denn, das Mantra wäre ein geweihtes und erwirke die Hilfe einer höheren Gewalt, um die Gedanken zu läutern und zu heben.

*Fr* Welche wechselseitige Beziehung besteht zwischen der Regelung des Denkens und der Regelung des Atems?

*M* Sowohl das intellektuelle Denken wie die Atmung und der Kreislauf – also die vegetativen Funktionen – sind nur verschiedene Aspekte einer Einheit, des individuellen Lebens. Von ihm hängen beide ab; ihm entspringen ebenso Vorstellungen – auch die der Persönlichkeit – wie die lebenswichtigen Funktionen. Wird die Atmung oder eine andere Lebensfunktion gewaltsam unterdrückt, dann wird damit auch das Denken unterdrückt. Wird das Denken gewaltsam verlangsamt und auf einen Punkt fixiert, dann verlangsamt sich auch die Atmung, wird gleichmäßig und beschränkt sich auf das geringste Maß, das sich mit Leben noch vereinbaren läßt. In beiden Fällen hört die ablenkende Vielfalt des Denkens zeitweilig auf. Die wechselseitige Beziehung zwischen beiden macht sich aber auch auf andere Art bemerkbar. Nehmen Sie den Lebenswillen. Er ist Denkkraft, die das Leben auch dann noch stützt und hält und den Tod verzögert, wenn alle vegetativen Kräfte schon fast erschöpft sind. Ohne diese Willenskraft wird das Sterben beschleunigt. Daher sagt man, daß das Denken Leben in das Fleisch bringe und von einem Körper auf einen andern übertrage.

*Fr* Gibt es Hilfsmittel zur Konzentration?

*M* Physisch dürfen die Organe, vor allem auch die des Stoffwechsels, nicht gereizt werden; daher die Regelung der Ernährung nach Menge und Art. Geboten ist reizlose Kost: Gewürze und zu viel Salz vermeiden, ebenso Zwiebeln, Wein, Opium usw. Vermieden werden müssen Darmträgheit, Schläfrigkeit, Erregung und alle Nahrungsmittel, die sie hervorrufen.

Mental sollte das Interesse immer nur auf eine Sache gerichtet werden; der Geist muß davon unter Ausschluß aller anderen Dinge völlig absorbiert sein. Das ist Zielgerichtetheit und Konzentration. Es mag dazu Gott oder ein Mantra gewählt werden. Der Geist nimmt dadurch an Kraft zu, lernt das Subtile begreifen und geht darin auf.

*Fr* Ablenkungen ergeben sich aber auch aus den uns innewohnenden Tendenzen. Können auch diese abgestreift werden?

*M* Ja. Es ist schon vielen gelungen, das dürfen Sie glauben! Und jene waren nur dazu imstande, weil sie daran glaubten, daß sie es meistern würden. Die Eindrücke und Neigungen aus früheren Leben *(vasanas)* können getilgt werden, und zwar durch Konzentration auf das, was frei von *vasanas* und dennoch deren eigentlicher Bestandteil ist.

*Fr* Wie lange muß solches Üben fortgesetzt werden?

*M* Bis der Erfolg da ist und die Yoga-Freiheit zu einer dauernden geworden ist. Erfolg zeugt den Erfolg. Ist eine Ablenkung gemeistert, dann kommt die nächste dran, und so fort, bis schließlich alle überwunden sind. Der Vorgang ist ähnlich der Belagerung einer feindlichen Festung, deren Besatzung Mann für Mann überwältigt wird, einer nach dem andern, wie sie sich zeigen.

*Fr* Was ist das Ziel dieses Vorgangs?

*M* Die Verwirklichung des Wirklichen.

*Fr* Was ist das Wesen der Wirklichkeit?

*M* Ein Sein ohne Anfang noch Ende – also ewig.
Ein Sein ohne Grenzen und Ende – also unendlich.
Ein Sein, das allen Gestalten, allen Veränderungen, allen Kräften, aller Materie und allem Geiste zugrunde liegt. Das Viele – die Wahrnehmungswelt – wechselt und vergeht, während dieses Eine – das Noumenon – immer währt.
Es ist das Eine, das an die Stelle der Dreiheit tritt, d.h. des Erkennenden, der Erkenntnis und des Erkannten. Die Dreiheit ist nur eine Erscheinung in Zeit und Raum, während die Wirklichkeit dahintersteht und über sie hinausreicht. Sie ist wie eine Luftspiegelung über der Wirklichkeit, das Ergebnis einer Täuschung.

*Fr* Wenn auch das ‹ich› eine Illusion ist, wer ist es denn, der diese Illusion abstreift?

*M* Das Ich wirft die Illusion des ‹ich› ab und bleibt trotzdem als Ich übrig – das ist das Paradoxe an der Selbst-Verwirklichung. Der Verwirklichte sieht jedoch darin keinen Widerspruch. Nehmen Sie *bhakti*: Ich nähere mich *Isvara,* dem höchsten Herrn, mit der Bitte, in Ihm aufzugehen. Dann übergebe ich mich Ihm in hingebungsvoller Sammlung. Was bleibt danach übrig? – Statt des ursprünglichen ‹ich› läßt die vollkommene Hingabe etwas zurück, das Gott ist, in dem das ‹ich› verlorengegangen ist. Es ist die höchste Form der Liebe *(parabhakti),* die Hingabe, als Höhepunkt von *vairagya,* der Entsagung.

Sie geben dieses und jenes ‹meines› Besitztums auf. Würden Sie statt dessen ‹mein› und ‹ich› aufgeben, dann wäre alles mit einem Mal aufgegeben, indem das Samenkorn des Eigentumsbegriffes verlorenginge. Auf solche Weise wird das Übel an der Wurzel oder im Keim vernichtet. *Vairagya,* die Kraft zum Verzicht, muß sehr groß sein, um dies zu vollbringen. Das Verlangen nach solchem Tun muß ebenso stark sein wie das des Menschen, der unter Wasser festgehalten wird und um sein Leben ringt in dem Versuch, den Kopf über Wasser zu bekommen.

*Fr* Können diese Schwierigkeiten nicht vermindert werden durch die Hilfe eines Meisters oder einer *Ishta Deva* (einer Gottheit, die man sich zur Andacht besonders aussucht)? Können sie uns nicht die Kraft vermitteln, unser Selbst zu sehen, wie es ist, und uns zur Selbst-Verwirklichung führen, indem sie uns in sich selbst verwandeln?

*M* *Ishta Deva* und Guru sind Hilfen – machtvolle Hilfen auf diesem Wege. Soll eine solche aber wirksam werden, dann erfordert das zusätzlich Ihr eigenes Bemühen. Die eigene Anstrengung ist eine unerläßliche Bedingung. Denn Sie sind es ja, der die Sonne sehen soll. Kann eine Brille oder die Sonne für Sie sehen? Sie selbst müssen Ihr wahres Wesen erschauen; dazu bedarf es keiner großen Hilfe.

*Fr* Wie verhalten sich mein freier Wille und die überwältigende Macht des Allmächtigen zueinander? Ist Gottes Allmacht mit dem freien Willen eines ‹ich› vereinbar? Ist Gottes Allwissenheit mit dem freien Willen eines ‹ich› vereinbar? Sind die Naturgesetze mit Gottes freiem Willen vereinbar?

*M* Ja. Der sogenannte freie Wille des Individuums ist die Gegenwart, wie sie den begrenzten Fähigkeiten seiner Einsicht und seines Willens erscheint. Das gleiche Individuum sieht aber auch, daß sein vergangenes Handeln im Rahmen einer Gesetzmäßigkeit abgelaufen ist, daß also sein ‹freier› Wille eines der Glieder in einer Kette von Gesetzmäßigkeiten war, und erkennt damit, daß es die Allmacht und die Allwissenheit Gottes war, die durch den scheinbar freien Willen des Individuums handelte. So gelangt der Mensch über das Scheinbare zu der Schlußfolgerung, daß das ‹ich› verschwinden muß. – Die Naturgesetze sind Offenbarungen des Willens Gottes und sind als solche niedergelegt.

*Fr* Nützt das Studium von Wissenschaften – Psychologie, Physiologie, Philosophie usw. – etwas im Hinblick auf diese Kunst der Yoga-Versenkung und das intuitive Erfassen vom Einssein des Wirklichen?

*M* Sehr wenig. Yoga verlangt einiges Wissen, das man sich aus Büchern holen kann. Was not tut sind jedoch praktische Anwendung, persönliches Beispiel, persönlicher Kontakt und persönliche Unterrichtung. Jemand mag sich selbst noch so gründlich davon überzeugen, daß er die Wahrheit intuitiv erfaßt habe – d. h. ihr Wesen und ihre Funktion. Die wirkliche Innenschau jedoch ist dem Empfinden näher verwandt als dem Intellekt und erfordert Übung und persönlichen Kontakt. Bloßes Bücherstudium nützt nicht viel. Und nach der Verwirklichung wird alle intellektuelle Fracht als Ballast über Bord geworfen. Es ist unerläßlich und natürlich, daß das ‹ich› beseitigt wird.

*Fr* Wie unterscheiden sich Traum und Wachen?

*M* Der Geist nimmt in Träumen verschiedene Körper an, die in diesen Körper zurückkehren, wenn er von Sinnesberührungen träumt.

*Fr* Was ist Glück? Wohnt es dem *atma* inne oder dem Objekt, oder beruht es auf dem Kontakt zwischen Subjekt und Objekt? Wir finden in unseren Angelegenheiten aber durchaus nicht das Glück. Wann entsteht es wirklich?

*M* Wenn wir in Berührung mit etwas Angenehmem kommen oder uns einer solchen entsinnen und wenn wir frei sind von Unerwünschtem oder von der Erinnerung daran, dann nennen wir das Glück. Solches Glück ist relativ und wird besser ‹Vergnügen› genannt.

Der Mensch verlangt aber nach absolutem und dauerndem Glück. Das wohnt nicht in Objekten, sondern nur im Absoluten. Es ist Friede, ebenso frei von Pein wie von Vergnügen; es ist ein neutraler Zustand.

*Fr* In welchem Sinne ist Glück unser wahres Wesen?

M  Vollkommene Seligkeit ist *Brahman*; vollkommener Friede ist der Friede des Selbst. Das allein ist Sein und Bewußtsein. – Zum gleichen Ergebnis kann man sowohl durch metaphysische Überlegungen als auch durch Ausübung von *bhakti* kommen.
Wir bitten Gott um Seligkeit und empfangen sie durch Seine Gnade. Wer Seligkeit gewähren kann, muß selbst Seligkeit sein und gleichermaßen unendlich. In diesem Sinne ist *Isvara,* der Persönliche Gott, unendliche Kraft und Seligkeit. *Brahman* ist unpersönliche und absolute Seligkeit. Die endlichen Einzelwesen, die ihren Ursprung aus dem *Brahman* und nächstdem aus *Isvara* ableiten, sind ihrem spirituellen Wesen nach Seligkeit. Ein Organismus funktioniert, biologisch gesehen, weil seine Funktionen Freude machen. Dazu gehört alles, was mit unserer Entwicklung zusammenhängt: Essen, Körperbetätigung, Ruhe und Geselligkeit. Die Philosophie der Vollkommenheit ist vielleicht diese: Unser Wesen ist uranfänglich eins, vollkommen und selig. Nehmen wir das einmal als wahrscheinlich an. Dann entsteht Schöpfung aus dem Auseinanderbrechen der ‹ganzen› Gottheit in Gott und Natur, *maya.*\* Diese *maya* ist zwiefach: *para,* die erhaltende Substanz, und *apara,* die fünf Elemente, Geist, Intellekt und ‹ich› (achtfältig).
Die Vollkommenheit des ‹ich› zerbricht irgendwann; ein Wunsch wird verspürt, aus dem das Verlangen aufsteigt, irgend etwas zu tun oder zu erlangen. Wird der Wunsch erfüllt, dann ist das ‹ich› glücklich und die ursprüngliche Vollkommenheit ist wiederhergestellt. Daher kann man sagen, daß Glück unser natürlicher Zustand, unser eigentliches Wesen ist. Freude und Leid sind relativ und beziehen sich immer auf unseren begrenzten Zustand, der durch die Befriedigung von Wünschen aufrechterhalten wird. Werden diese Vorgänge angehalten und die Seele taucht in *Brahman* ein, dessen Wesen tiefer Friede ist, dann erlebt die Seele anstatt relativer, befristeter Freuden den vollkommenen Frieden, die höchste Seligkeit. In diesem Sinne ist die Verwirklichung des Selbst Seligkeit; sie bedeutet, das Selbst als das grenzenlose geistige Schauen – nicht etwa Hellsehen – zu verwirklichen; es ist die höchste Form der Hingabe. *Samsara,* der Kreislauf von Tod, Leben und Wiedergeburt, erzeugt dagegen Leid.

---

\* *Maya* bezeichnet hier nicht den Begriff der Illusion, wie meistens, sondern steht für *para sakti,* die vom Absoluten ausgehende höchste Kraft.

*Fr* Weshalb nur ist *samsara,* die endlich gewordene Schöpfung und Offenbarung, so leidvoll und böse?
*M* Aus Gottes Willen.
*Fr* Wie kann Gott so etwas wollen?
*M* Das ist unerforschlich. Jener Kraft kann kein persönlicher Beweggrund untergeschoben werden; jenem Einen, Unendlichen, Allweisen, Allmächtigen Wesen kann kein Wunsch, kein Zweckwollen zugeschrieben werden. Gott ist von Handlungen, die in Seiner Gegenwart geschehen, unberührt; nehmen Sie als Vergleich die Sonne und das, was auf der Welt geschieht. Es hat keinen Sinn, dem Einen, bevor Es zu dem Vielen wurde, Verantwortung und Beweggründe zuzuschreiben. Den vorgezeichneten Lauf der Dinge aber als Gottes Willen anzusehen ist eine gute Lösung für das Problem des freien Willens. Ist der Geist beunruhigt infolge eines Gefühls des unvollkommenen und unbefriedigenden Charakters dessen, was uns zustößt, oder dessen, was von uns begangen oder unterlassen wird, dann ist es klug, das Gefühl der Verantwortung und des freien Willens fallen zu lassen und sich nur als das von dem Allweisen und Allmächtigen bestimmte Werkzeug zu betrachten und zu tun und zu leiden, wie es Ihm gefällt. Er trägt alle Lasten – und schenkt uns Frieden.

Ein andermal: Der Abend war still und bewölkt, es regnete gelegentlich und war infolgedessen kühl. Die Fenster der Halle waren geschlossen; der Maharshi saß wie gewöhnlich auf dem Sofa, vor ihm seine Anhänger. Es waren Besucher aus Cuddalore gekommen, unter ihnen ein Richter, begleitet von zwei älteren Damen. Der Richter begann ein Gespräch über die Unbeständigkeit aller weltlichen Dinge mit der Frage:
 Hat die Unterscheidung zwischen dem Wirklichen und dem Unwirklichen in sich selbst die Kraft, uns zur Verwirklichung des einen Unvergänglichen zu führen?
*M* Es ist von allen festgestellt und von allen wahren Suchern erfahren worden, daß allein das Verweilen im Höchsten Geist uns Es erkennen und verwirklichen läßt. Da Es aus uns und in uns besteht, so kann uns jeglicher Aufwand an Unterscheidung nur einen Schritt voranbringen, indem sie uns zu Entsagenden macht; indem sie uns anspornt, das Scheinbare als vergänglich abzustreifen und an der ewigen Wahrheit und Gegenwart allein festzuhalten.

Das Gespräch wandte sich dann der Frage zu, ob die Göttliche Gnade *(Isvara prasad)* zum Erreichen des universellen Reiches *(samrajya)* notwendig sei, oder ob nicht das ehrliche und angestrengte Bemühen des geistig Strebenden, es zu erreichen, ihn von selbst dorthin führe, woraus es keine Rückkehr zu Leben oder Tod gibt.

Ein unbeschreibliches Lächeln glitt über das heilige Antlitz des Maharshi, als er mit dem Ausdruck der Gewißheit antwortete:

Die Göttliche Gnade ist wesentlich zur Gott-Erkenntnis. Doch wird diese Gnade nur dem gewährt, der beharrlich und keine Mühe scheuend, dem Ziel zustrebt.

*Fr* In Yogabüchern werden sechs Zentren erwähnt, der *jiva*, die individuelle Seele, aber soll im ‹Herzen› wohnen. Stimmt das?

*M* Ja. Es heißt von ihr, daß sie sich während des Tiefschlafs im ‹Herzen›, während des Wachens im Hirn befinde. Man darf aber nicht den allbekannten Muskel mit vier Kammern, der zum Kreislauf gehört, als dieses ‹Herz› ansehen. Es gibt zwar Schriftstellen, die diese Ansicht stützen. Andere nehmen statt dessen eine Gruppe von Ganglien oder Nervenzellen in dieser Gegend an. Welche Anschauung die richtige ist, soll uns nicht interessieren. Wir sind mit nichts Geringerem als mit unserem Selbst befaßt, und das haben wir ganz sicher in uns. Darüber kann es weder Zweifel noch Meinungsverschiedenheiten geben.

In den Veden und anderen Schriften wird mit ‹Herz› der Ort bezeichnet, an dem das ‹ich›-Empfinden entspringt. Kann es aus einem bloßen Muskel entstehen? Es entspringt etwas rechts von der Mitte unseres Körpers. Das wahre Ich aber kann nicht lokalisiert werden, denn Es – das Selbst – ist alles; es gibt nichts außer Ihm. So müßte man also sagen, daß das ‹Herz›, als wahres Ich vorgestellt, der ganze Körper nicht nur unser selbst, sondern des ganzen Universums ist. Nur, um dem Übenden zu Hilfe zu kommen, weisen wir auf einen bestimmten Teil des Universums oder des Körpers hin. So wird also dieses ‹Herz› als der Sitz des Selbst bezeichnet. In Wirklichkeit aber sind wir überall; wir sind alles, was ist, und etwas anderes gibt es nicht.

*Fr* Es heißt, daß Göttliche Gnade nötig sei, um *samadhi*, den gedankenfreien Zustand des Geistes, zu erreichen.

Der Maharshi antwortete lächelnd:

Wir sind Gott – uns selbst als Gott zu erkennen ist Göttliche Gnade. So benötigen wir Göttliche Gnade, um Gottes Gnade zu erlangen!

*Fr* Es gibt aber auch eine Göttliche Gunst *(anugraham)*, die von der Göttlichen Gnade *(prasadam)* unterschieden wird.
*M* Der Gedanke an Gott ist Göttliche Gunst! Er ist Seinem Wesen nach Gnade. Nur durch Gottes Gnade denken Sie überhaupt an Gott.
*Fr* Aber ist nicht die Gnade des Guru das Ergebnis von Gottes Gnade?
*M* Weshalb zwischen den beiden unterscheiden? Der Guru ist Gott und nicht von Ihm verschieden.
*Fr* Nimmt man einen Anlauf, um ein rechtes Leben zu führen und das Denken auf das Selbst zu konzentrieren, dann folgt dem oft genug Stolpern und Sturz. Was ist dagegen zu tun?
*M* Am Ende wird alles in Ordnung kommen, denn es ist der beständige Antrieb Ihres eigenen Entschlusses, der Sie nach jedem Sturz und Zusammenbruch wieder auf die Füße stellt. Allmählich werden alle Hindernisse überwunden, und Ihr Schritt wird kräftiger. So wird am Ende alles richtig. Worauf es ankommt, ist die beständige Entschlossenheit.

Mr. N. Natessa Ayar, Rechtsanwalt in einer südindischen Stadt, orthodoxer Brahmane, fragte:

Sind die Götter Isvara oder Vishnu und deren heilige Wohnstätten Kailas oder Vaikuntha wirklich?
*M* Sie sind so wirklich wie Sie in diesem Körper.
*Fr* Ist ihnen ein Sein eigen, wie es mein Körper besitzt, oder sind sie reine Erdichtung, wie das Horn eines Hasen?
*M* Sie existieren.
*Fr* Dann müssen sie sich irgendwo aufhalten. Wo sind sie?
*M* Menschen, die sie gesehen haben, sagen, daß es sie gibt; so müssen wir deren Behauptung glauben.
*Fr* Wo sind sie?
*M* In Ihnen.
*Fr* Dann sind sie nur meine Vorstellung, also etwas, was ich hervorbringen und beherrschen kann?
*M* Das ist alles andere auch.
*Fr* Ich kann aber reine Fiktionen hervorbringen, z. B. das Horn eines Hasen, oder Teilwahrheiten, wie etwa eine Luftspiegelung, während es andererseits Tatsachen gibt, die von meiner Einbildung unabhängig sind. Gehören Isvara oder Vishnu zu denen?
*M* Ja.
*Fr* Ist Gott der kosmischen Auflösung unterworfen?

M   Weshalb sollte Er es sein? Der Mensch, der des Selbst gewahr wird, läßt die kosmische Auflösung hinter sich und wird befreit; wieso nicht Gott, der unendlich weiser und fähiger ist als er?
Fr  Existieren die geringeren Götter und die Dämonen auf ähnliche Weise?
M   Ja.
Fr  Wie sollen wir uns das Höchste Bewußtsein, *Chaitanya Brahman,* vorstellen?
M   Als Das, was *ist.*
Fr  Ist Es als Selbst-leuchtend zu denken?
M   Es ist jenseits von Licht und Finsternis. Diese beiden werden von der individuellen Seele wahrgenommen; das Selbst ist es, das sie dazu befähigt.
Fr  Soll Es erlebt werden in der Form von ‹Ich bin weder der Körper, noch der Täter, noch der, der genießt›?
M   Wozu alle diese Gedanken? Denken wir immerzu, daß wir Menschen sind? Hören wir auf, es zu sein, wenn wir nicht daran denken?
Fr  Soll man es denn verwirklichen durch die Worte der heiligen Schriften wie etwa ‹Dort gibt es keine Unterschiede›?
M   Wozu selbst das?
Fr  Genügt es denn, wenn wir nur denken ‹Ich bin wirklich›?
M   Alles Denken ist mit der Verwirklichung unvereinbar. Richtig ist es, die Gedanken, die sich mit uns selbst befassen, samt allen anderen auszuschließen. Denken ist eine Angelegenheit, Verwirklichen etwas ganz anderes.
Fr  Ist es nötig oder doch vorteilhaft, im Verlauf der spirituellen Entwicklung den Körper unsichtbar werden zu lassen?
M   Warum denken Sie darüber nach; sind Sie der Körper?
Fr  Nein. Aber fortgeschrittene Spiritualität muß doch eine körperliche Veränderung hervorrufen.
M   Was für eine körperliche Veränderung wünschen Sie sich und wozu?
Fr  Ist Unsichtbarsein nicht ein Anzeichen fortgeschrittener Spiritualität?
M   Wenn das der Fall wäre, dann müßten alle, die gesprochen, geschrieben und ihr Leben angesichts der andern verbracht haben, als Nichtwissende *(ajnanis)* angesehen werden.
Fr  Aber die Weisen Vasishta und Valmiki haben doch solche Kräfte besessen?

*M* Es mag ihr Schicksal gewesen sein, neben ihrer Weisheit solche Wunderkräfte *(siddhis)* zu entwickeln. Weshalb aber sollten Sie etwas Derartiges erstreben, das unwesentlich ist, sich aber als Hindernis für die wahre Erkenntnis erweist? Fühlt sich der Weise von seinem sichtbaren Körper unterdrückt?
*Fr* Nein.
*M* Ein Magier kann sich auf der Stelle unsichtbar machen. Ist er darum ein Weiser?
*Fr* Nein.
*M* Sichtbarsein und Unsichtbarsein nimmt Bezug auf einen Sehenden. Wer ist das? – Lösen Sie dieses Problem zuerst; die andern sind unwichtig.
*Fr* Die Veden enthalten Schöpfungsberichte, die einander widersprechen. An einer Stelle heißt es, daß der Äther zuerst geschaffen wurde, an anderer Stelle wird dies von der Lebenskraft *(prana)* behauptet. Wie soll man das in Einklang bringen? Setzt so etwas nicht die Glaubwürdigkeit der Veden herab?
*M* Verschiedene Seher erlebten zu verschiedenen Zeiten verschiedene Aspekte der Wahrheit, und jeder betonte den einen oder den anderen stärker. Weshalb lassen Sie sich von einander widersprechenden Behauptungen beunruhigen? Der wahre Sinn der Veden ist, uns das Wesen des unvergänglichen Selbst *(atma)* zu lehren und uns zu zeigen, daß wir Das sind.
*Fr* Diese Erklärung überzeugt mich.
*M* Dann behandeln Sie alles übrige als Hilfsargumente oder als Darlegungen für den Nichtwissenden, der der Entstehung der Dinge nachzugehen versucht.
*Fr* Ich bin ein Sünder; ich vollziehe weder die religiösen Opfer noch sonstige Riten. Werde ich aus diesem Grunde schlimme Wiedergeburten erleben? Rettet mich davor!
*M* Warum halten Sie sich für einen Sünder? Ihr Vertrauen in Gott genügt, um Sie vor Wiedergeburten zu bewahren. Bürden Sie alle Last Ihm auf.
Es heißt im *Tiruvachagam*: ‹Obgleich ich schlechter bin als ein Hund, hast Du es gnädig auf Dich genommen, mich zu bewahren. Du bist es, der diesen Wahn von Geburt und Tod aufrechterhält. Überdies: Bin ich die Person, die zu prüfen und zu urteilen hat? Bin ich hier der Herr? O Mahesvara, es steht bei Dir, mich durch Leiber kreisen zu lassen oder zu Deinen Füßen festzuhalten!›

Haben Sie Glauben, das wird Sie erretten.
*Fr* Herr, ich habe Glauben, und trotzdem habe ich Schwierigkeiten. Schwachheit und Unbeständigkeit befallen mich, wenn ich Konzentration geübt habe.
*M* Richtig ausgeführte Atemkontrolle muß die Kraft steigern.
*Fr* Ich habe meine Berufsarbeit und möchte doch immer in dauernder Kontemplation verbleiben. Wird nicht beides in Konflikt miteinander geraten?
*M* Nein. Während Sie beides ausüben und dabei Ihre Kräfte entfalten, lernen Sie, beidem gerecht zu werden. Sie werden anfangen, Ihre Berufstätigkeit als Traum zu empfinden. Die *Bhagavad Gita* sagt darüber: ‹Das, was allen Wesen Nacht ist, ist dem Yogi heller Tag, und wo alle andern wachen, dort ist es Nacht für den Weisen, der sieht.›
Ein Besucher fragte:
Was muß ich tun, um befreit zu werden?
*M* Lernen Sie, was Befreiung ist.
*Fr* Soll ich um sie beten?
*M* Anbetung und fromme Übungen führen zur Kontrolle des Geistes und zu Konzentration.
*Fr* Kann ich ein Bildnis anbeten oder ist das schädlich?
*M* Solange Sie sich für den Körper halten, macht es nichts aus.
*Fr* Wie gelangt man über den Kreislauf von Geburt und Tod hinaus?
*M* Lernen Sie, deren Bedeutung zu erkennen.
*Fr* Soll ich Haus und Familie verlassen?
*M* Was schaden diese Ihnen? Finden Sie zunächst einmal heraus, wer Sie sind!
*Fr* Muß man denn nicht alles aufgeben?
*M* Erkennen Sie zunächst, was der Kreislauf der Erscheinungen *(samsara)* wirklich bedeutet. Ist das, was Sie anführen, *samsara*? Hat es nicht Menschen gegeben, die mitten darin gelebt und die Verwirklichung erlangt haben?
*Fr* Wie sieht dann die praktische Übung im einzelnen aus?
*M* Das hängt vom Wesen und von den Fähigkeiten des Suchenden ab.
*Fr* Ich verehre ein Bildnis.
*M* Dann tun Sie das auch weiterhin. Es führt zur Konzentration. Erreichen Sie das Auf-eins-gerichtet-sein, dann kommt alles in Ordnung. Die Leute glauben, daß die Freiheit *(moksha)* irgendwo drüben ist und gesucht werden muß. Sie irren sich. Freiheit

besteht ausschließlich darin, das Selbst in sich zu erkennen. Konzentrieren Sie sich – und Sie werden es erreichen. Denn der Kreislauf aus Geburten und Toden *(samsara)* ist nur in Ihrem Geist.

Fr  Mein Geist ist sehr unbeständig. Was kann ich dagegen tun?
M  Richten Sie Ihre Aufmerksamkeit auf ein einziges Ding und versuchen Sie daran festzuhalten; dann wird alles richtig.
Fr  Es ist schwer, sich zu konzentrieren.
M  Üben Sie weiter, dann wird Ihnen Konzentration so leicht werden wie das Atmen. Das wird die Krönung Ihrer Bemühungen sein.
Fr  Sind Enthaltsamkeit und reine Nahrung dabei von Nutzen?
M  Ja, all dieses ist gut.
Fr  Muß ich nicht Yoga üben?
M  Was ist Yoga anderes als ein Hilfsmittel zur Konzentration?
Fr  Aber man braucht Hilfsmittel.
M  Atemregulierung und dergleichen sind solche Hilfsmittel.
Fr  Kann man Gott schauen?
M  Ja. Sie sehen dieses und jenes; weshalb sollten Sie nicht auch Gott sehen? Sie müßten dazu nur wissen, was Gott ist. Alle sehen immerzu Gott, sie wissen es nur nicht. Finden Sie heraus, was Gott ist. Die Leute sehen und sehen doch nicht, weil sie Gott nicht kennen.
Fr  Ist die Höchste Seele immer verschieden von uns?
M  Das wird allgemein geglaubt, ist aber falsch. Denken Sie sich diese als nicht verschieden von Ihnen, dann erleben Sie die Identität des Selbst mit Gott.
Fr  Spricht die *Advaita*-Lehre nicht von der Einswerdung mit dem Göttlichen?
M  Wo gibt es dabei ein ‹Werden›? Der Denker ist die ganze Zeit das wahrhaft Wirkliche; schließlich erkennt er diese Tatsache. Wir vergessen nur manchmal – wie in Schlaf und Traum – unsere Identität. Aber Gott ist ununterbrochenes Bewußtsein.
Fr  Ist nicht neben der Bildnisverehrung die Führung durch den Guru nötig?
M  Wie haben Sie denn begonnen – ohne Anweisung?
Fr  Gemäß den heiligen Schriften.
M  Ja. Irgend jemand erzählt Ihnen von Gott oder dem Erhabenen. Gott selbst ist Ihr Guru; was macht es aus, wer der Meister ist? In Wirklichkeit sind wir eins mit dem Meister, dem Erhabenen. Der

Meister ist Gott, das ist es, was man schließlich entdeckt. Es ist kein Unterschied zwischen dem menschlichen Guru und dem Gott-Guru.

Fr Ich hoffe, daß der Lohn für unsere guten Werke nicht ausbleiben wird!

M Sie werden gemäß Ihrem Schicksal ernten.

Fr Ist nicht ein weiser Meister, der uns den Weg zeigt, eine große Hilfe?

M Ja. Wenn Sie mit der Einsicht, die Sie haben, weiterarbeiten, dann werden Sie Ihrem Meister begegnen, da er selbst Sie suchen wird.

Fr Besteht ein Unterschied zwischen der Hingabe an den Höchsten und dem Yogapfad der Seher?

M Der Pfad der Erkenntnis *(jnana marga)* und der Pfad der Hingabe *(bhakti marga)* sind ein und dasselbe. Die Hingabe führt genauso zur Verwirklichung wie die Suche. Vollkommene Auslieferung bedeutet, daß Ihnen nie wieder der Gedanke ‹ich› kommt. Dann sind alle latenten Eindrücke ausgelöscht, und Sie sind frei. Weder am Ende des einen noch am Ende des anderen Pfades dürfen ‹Sie› als Sonderwesen weiterbestehen.

Fr Kommen wir nicht als Ergebnis guten Handelns in den Himmel?

M Der Himmel und verwandte Regionen sind ebenso wirklich wie die gegenwärtige Existenz. Wenn wir aber nachforschen, wer wir sind und das Selbst entdecken, was brauchen wir dann noch den Himmel?

Fr Sollte man nicht versuchen, die Wiedergeburt zu vermeiden?

M Ja. Finden Sie heraus, wer geboren ist und wer die Schwierigkeiten des gegenwärtigen Daseins hat! Denken Sie an Wiedergeburten oder an das gegenwärtige Dasein, wenn Sie schlafen? Suchen Sie herauszubekommen, woher Ihre augenblicklichen Probleme aufsteigen; dort liegt auch deren Lösung. Sie werden entdecken, daß es keine Geburt gibt, keine gegenwärtigen Schwierigkeiten, kein Unglücklichsein. Alles ist Das; alles ist Seligkeit. In Wirklichkeit gibt es keine Wiedergeburt; weshalb sich also über das Elend der Wiedergeburt grämen?

Fr Die Heiligen Sri Chaitanya und Sri Ramakrishna weinten vor Gott und hatten damit Erfolg. Sollte man das nicht auch tun?

M Ja. Es war eine gewaltige Kraft *(sakti)*, die jene durch alle ihre Erfahrungen zwang. Vertrauen Sie auf jene ungeheure Kraft, daß sie Sie ans Ziel bringt. Oft werden Tränen für ein Zeichen von

Schwäche gehalten; diese Großen waren gewiß nicht schwach. Derartige Symptome sind nur flüchtige Kennzeichen des großen Stromes, der einen davonträgt. Wir müssen auf das Ziel blicken, das jene erreicht haben.

Fr  Kann man diesen physischen Leib ins Nichts verschwinden lassen?

M  Was soll solch eine Frage? Können Sie nicht lieber herausfinden, ob Sie der Körper sind?

Fr  Können wir außer Sicht verschwinden, wie die Yogis Vasishta und Visvamitra?

M  Das sind lediglich physische Angelegenheiten. Können sie Gegenstand unseres Interesses sein? Sind Sie nicht das Selbst *(atma)*? Weshalb sich dann um anderes kümmern? Nehmen Sie das Wesentliche und weisen Sie alle Theorien als unnütz ab. Wer glaubt, daß physisches Verschwinden auf dem Wege zur Befreiung zählt, der irrt sich. Nichts dergleichen tut not. Wir sind nicht der Körper; was kann also daran gelegen sein, ob er auf die eine oder die andere Weise verschwindet? In solchen Phänomenen liegt kein großer Wert. Worauf beruht Über- oder Unterlegenheit? Es kommt nur auf das Erreichen des wahrhaft Wirklichen an. Die Hauptsache ist der Verlust des individuellen ‹ich›, nicht der Verlust des Körpers. Das Selbst mit dem Körper gleichzusetzen ist die eigentliche Bindung. Geben Sie diese falsche Haltung auf und erkennen Sie intuitiv das wahrhaft Wirkliche: darauf allein kommt es an. Wenn Sie ein Schmuckstück einschmelzen, ohne es vorher auf seine Echtheit geprüft zu haben – was macht es dann aus, wie es geschmolzen wird, alles auf einmal, oder nach und nach, oder welche Form es vorher gehabt hat? Das einzige, woran Sie interessiert sind, ist, ob es Gold ist.

Der Tote sieht seinen Körper nicht; es ist der Überlebende, der über die Art und Weise nachdenkt, in welcher der Körper abgeschieden ist. Der Verwirklichte kennt keinen Tod, weder mit noch ohne Körper; sein Gewahrsein bleibt sich gleich, und er sieht keine Unterschiede. Ihm ist der eine Zustand nicht wertvoller als der andere. Den Außenstehenden braucht auch das leibliche Schicksal eines Befreiten nicht zu kümmern; er soll sich an seine eigenen Angelegenheiten halten. – Verwirklichen Sie das Selbst, nachher ist immer noch Zeit, darüber nachzudenken, welche Todesart Sie vorziehen würden. Es ist die irrige Gleichsetzung des Selbst mit dem Körper, die Vorstellungen von ‹vorziehen› und dergleichen hervorruft. Sind Sie der Körper? Waren Sie seiner gewahr, als Sie letzte Nacht fest schliefen? Nein. Was ist es also, das jetzt da ist und Sie beunruhigt? Es ist das individuelle ‹ich›. Werden Sie es los und seien Sie glücklich!

Fr ‹Der höchste Geist, *Brahman,* ist wahrhaft wirklich, die Welt ist Illusion› ist die grundsätzliche Aussage Sri Sankaras. Andere aber behaupten, daß die Welt wirklich sei. Was ist richtig?

M Beide Feststellungen. Sie beziehen sich nur auf verschiedene Entwicklungsstadien und sind von verschiedenen Gesichtspunkten aus getroffen. Der Strebende beginnt mit der Definition, daß das, was wirklich ist, immer da ist; er schaltet die Welt als unwirklich aus, weil sie sich wandelt. ‹Nicht dies, nicht dies ...› Schließlich erreicht der Sucher das Selbst und erkennt Es als das Eine. Damit erkennt er aber auch, daß das, was er ursprünglich als unwirklich abgelehnt hat, an diesem Einen teilhat. Aufgegangen in der wahren Wirklichkeit, ist auch die Welt wahrhaft wirklich. In der Verwirklichung des Selbst gibt es nur Sein, nichts sonst. – Andererseits wird der Ausdruck ‹Wirklichkeit› verschieden angewandt und von einigen Denkern auch ungenau auf Objekte ausgedehnt. Sie behaupten, daß eine reflektierte Wirklichkeit Grade zuließe und nennen die folgenden:
1. *Vyavaharika satya,* die Wirklichkeit des Alltags: Ich sehe diesen Stuhl, daher ist er wirklich.
2. *Pratibhasika satya,* die Wirklichkeit der Täuschung: Man hält ein Seil für eine Schlange. Für den Betreffenden ist der Schein Wirklichkeit. Dieses Phänomen tritt zeitweilig und unter bestimmten Umständen auf.
3. *Paramartika satya,* die Höchste Wirklichkeit: Das, was wandellos immer dasselbe bleibt.
Wenn man den Begriff ‹Wirklichkeit› im weitesten Sinne anwendet, kann man sagen, daß die Welt sowohl die ‹Wirklichkeit des Alltags› als auch die ‹Wirklichkeit der Täuschung› umfaßt. Manche dagegen sprechen ihr selbst die ‹Wirklichkeit des praktischen Alltags› ab und halten sie lediglich für eine Projektion des Geistes; nach deren Meinung ist sie ausschließlich Täuschung *(pratibhasika satya).*

Yogi Ramiah berichtet über seine Erfahrungen:
In Gegenwart des Maharshi zu sitzen gibt dem Geist Frieden; ich saß oft drei bis vier Stunden hintereinander in Versenkung. Dann spürte ich, wie mein Geist Form annahm und von innen heraus-

kam. Durch beständige Übung und Meditation erreichte er das ‹Herz› und tauchte hinein. Das Ergebnis war Friede. Ich schloß daraus, daß das ‹Herz› der Ruheort des Geistes sei. Geht der Geist im ‹Herzen› auf, dann wird das Selbst verwirklicht. Das ist sogar schon im Stadium der Konzentration zu fühlen. Ich befragte Maharshi über Kontemplation. Er sagte folgendes:

M Wenn ein Mensch stirbt, dann wird ein Scheiterhaufen errichtet, der Leichnam wird darauf gelegt, und der Scheiterhaufen wird entzündet. Zuerst verbrennt die Haut, dann das Fleisch und die Knochen, bis der ganze Körper zu Asche wird. Was bleibt übrig? Der Geist.

Es erhebt sich die Frage: Gibt es deren einen oder zwei in diesem Körper? Wenn es zwei wären, wieso sagen dann die Menschen ‹ich› und nicht ‹wir›? – Es gibt also nur einen Geist. Wo steigt er auf, und was ist sein eigentliches Wesen? – Wenn man auf solche Weise nachforscht, verschwindet der Geist, und was dann übrigbleibt ist das reine Ich. Die nächste Frage heißt: ‹Wer ist dieses Ich?› Es ist das Selbst. – Das ist Kontemplation; so habe ich es gemacht. Durch diesen Vorgang wird die Bindung an den Körper zerstört, das ‹ich› verschwindet – das Selbst erstrahlt allein.

Eine andere Methode zur Auflösung des Geistes ist die Gemeinschaft mit großen Seelen, mit Yoga-Adepten. Sie sind ständig im *samadhi* – sie haben das Selbst für immer verwirklicht. Wer in Kontakt mit einem solchen Verwirklichten kommt und sich seinem Einfluß öffnet, wird darauf vorbereitet, den gleichen Weg zu gehen.

Ein gebildeter Besucher fragte Bhagavan nach *dvaita* und *Advaita*.
M Die Identifizierung mit dem Körper ist *dvaita,* die Nichtidentifizierung *Advaita*.

*28. März 1935*

Fr Bitte unterweisen Sie mich, wie man den Geist unter Kontrolle bringen kann!
M Dazu gibt es zwei Möglichkeiten. Die eine ist, zu ergründen, was der Geist ist, dann sinkt er ab. Die andere ist, die Aufmerksamkeit auf irgend etwas festzulegen; dann verhält er sich ruhig.

Der Frager schien nicht ganz befriedigt. Ein anderer seiner Gruppe fragte:
> Wir sind weltliche Menschen und haben diesen und jenen Kummer, mit dem wir nicht fertig werden können. Wir beten zu Gott, das nützt aber nicht viel. Was können wir tun?

M Gott vertrauen.
Fr Wir geben uns Ihm anheim, aber das nützt nichts.
M Wenn Sie sich ihm hingegeben haben, dann müssen Sie sich auch mit dem Willen Gottes zufriedengeben und dürfen sich nicht über etwas beklagen, was Ihnen vielleicht nicht gefällt. Die Dinge mögen ganz anders ausgehen, als es jetzt scheint. Kummer führt oft zum Glauben.
Fr Wir leben aber in der Welt. Da ist die Frau, da sind Kinder, Freunde und Verwandte; wir können nicht einfach ihre Existenz übersehen und uns dem Göttlichen Willen überlassen, ohne wenigstens etwas von unserer Persönlichkeit zurückzubehalten.
M Das heißt also, daß Sie sich Ihm nicht anheimgegeben haben, wie Sie behaupteten. Vertrauen Sie Gott!

Ein anderer Frager:
> Swamiji, ich habe Bruntons Buch *Yogis* gelesen; besonderen Eindruck hat auf mich das letzte Kapitel gemacht, in dem er behauptet, daß es möglich sei, bewußt zu sein, ohne zu denken. Ich weiß, daß man denken und dabei den Körper vergessen kann. Kann man ohne Geist denken? Ist es wirklich möglich, jenes Bewußtsein zu erreichen, das jenseits des Denkens liegt?

M Ja. Es gibt nur *ein* Bewußtsein, das im Wachen, im Traum und im Tiefschlaf fortbesteht. Im Schlaf gibt es kein ‹ich›. Der ‹ich›-Gedanke erhebt sich erst mit dem Erwachen, und gleichzeitig damit erscheint die Welt. Wo war dieses ‹ich› im Schlaf? Es muß auch dann vorhanden gewesen sein, wenn auch nicht in der gleichen Weise, in der Sie es jetzt empfinden. Das gegenwärtige ‹ich› ist lediglich der ‹ich›-Gedanke, während das Ich im Schlaf das wahre Ich ist; es bleibt fortdauernd bestehen. Es ist Bewußtsein.
Wenn Sie Es erkennen, dann werden Sie sehen, daß Es jenseits des Denkens ist.
Fr Können wir ohne Geist denken?
M Gedanken sind nichts anderes als irgendwelche anderen Betätigungen, sie stören das Höchste Bewußtsein nicht.
Fr Kann man die Gedanken anderer lesen?

Maharshi antwortete dem Frager wie gewöhnlich,
   daß er erst das eigene Selbst suchen möge, bevor er sich um
   andere kümmere. ‹Wo sind andere, die vom eigenen Selbst
   getrennt wären?›
Fr Wie sollen wir die höhere, die spirituelle, mit der niederen, der
   weltlichen Erfahrung in Übereinstimmung bringen?
M  Es gibt nur *eine* Erfahrung. Was sind ‹weltliche› Erfahrungen
   anderes als auf dem falschen ‹ich› aufgebaute? Fragen Sie den
   erfolgreichsten Mann der Welt, ob er sein Selbst kenne; er wird
   mit ‹Nein› antworten müssen. Was aber kann jemand wirklich
   wissen, ohne das Selbst zu kennen? Alles weltliche Wissen steht
   auf schwachen Füßen.
Fr Wie kann man das wahre Ich vom falschen unterscheiden?
M  Gibt es irgend jemanden, der seiner selbst nicht gewahr ist? Jeder
   kennt das Selbst – und erkennt Es doch nicht, ein merkwürdiges
   Rätsel.
Später fügte der Meister noch hinzu:
   Forscht man nach, ob es überhaupt so etwas wie ‹Geist› gibt,
   dann findet man, daß es ihn nicht gibt. Das ist Kontrolle des
   Geistes. Nimmt man andererseits den Geist als vorhanden an und
   versucht ihn unter Kontrolle zu bekommen, dann läuft das darauf
   hinaus, daß der Geist den Geist kontrollieren möchte, wie jener
   Dieb, der sich als Polizist gebärdete, der den Dieb fangen will –
   d. h. sich selbst. Auf diese Weise überdauert der Geist; er weicht
   sich selbst aus.


## 3. April 1935

Mr. Ekanatha Rao, Ingenieur, fragte Sri Bhagavan, ob zur Suche
Einsamkeit nötig sei.
M  Einsamkeit ist überall, das Individuum ist immer allein. Seine
   Aufgabe ist, die Einsamkeit in sich zu entdecken, nicht sie außen
   zu suchen.
Fr Die Alltagswelt lenkt zu sehr ab.
M  Sie dürfen sich nicht erlauben, abgelenkt zu werden. Ergründen
   Sie: Wer wird abgelenkt? Nach kurzer Übung wird sie Sie nicht
   mehr berühren.
Fr Aber selbst der Versuch ist unmöglich!
M  Machen Sie ihn – es ist weniger schwierig, als es scheint.

*Fr* Es kommt keine Antwort auf die Suchfrage.
*M* Der Suchende selbst ist die Antwort, eine andere kann gar nicht kommen. Was neu auftaucht, kann nicht wirklich sein; nur das ist wirklich, was immer ist.

## 6. April 1935

*Fr* Der Pfad der Verwirklichung ist schwierig. Weltliche Angelegenheiten sind leicht zu begreifen, dies leider nicht.
*M* Ja, denn der Geist ist immer auf der Jagd nach Wissen von außen, um die eigene innere Erkenntnis beiseite lassen zu können.
*Fr* Ein Aufenthalt von einem Tage bei Bhagavan ist gut, einer von zwei Tagen besser, noch besser einer von drei Tagen oder mehr. Wenn wir aber für immer hier blieben – wie sollte unsere weltliche Arbeit weitergehen?
*M* Es gilt zu begreifen, daß der Aufenthalt hier oder woanders dasselbe ist und die gleiche Wirkung hat.

## 12. April 1935

Sri Ramana Maharshi über Konzentration und Kontrolle des Geistes: Geist ist nichts als die Identifizierung des Selbst mit dem Körper. Damit wird ein falsches ‹ich› geschaffen, das aus sich heraus wieder falsche Erscheinungen schafft und sich unter ihnen umherbewegt; alles dieses ist Wahn. Das Selbst ist die einzige Wirklichkeit. Verschwindet diese irrtümliche Identifizierung, dann wird das Beharrende der wahren Wirklichkeit sichtbar. Das bedeutet nicht, daß die wahre Wirklichkeit nicht auch jetzt gegenwärtig sei. Sie ist immer da, bleibt ewig dieselbe und wird von jedermann erfahren; denn jeder weiß, daß er ist. ‹Wer ist er?› oder subjektiv ‹Wer bin ich?›

Das falsche ‹ich› ist mit Objekten verbunden; es ist sogar sich selbst Objekt. Objektivität aber ist Irrtum. Das einzige Subjekt, das es gibt, ist die Wirklichkeit. Verwechseln Sie sich nicht mit dem Objekt, nämlich dem Körper. Das läßt das falsche ‹ich› aufsteigen und im weiteren Verlauf die Welt und Ihre Handlungen darin mit allem Leid, das sich daraus ergibt. Halten Sie sich nicht für dies oder jenes oder irgend etwas; glauben Sie nicht, so oder so zu sein, oder der und der; Sie brauchen nur Schluß mit dem Irrtum zu machen; die Wirklichkeit offenbart Sich selbst. Die heiligen Schriften nennen das Selbst ewig-gegenwärtig und reden trotzdem von der Beseitigung des Nichtwissens. Wenn das Selbst ewig und gegenwärtig ist, wie kann es dann noch ein Nichtwissen geben? Wem sollte es angehören? – Diese Feststellungen scheinen einander zu widersprechen und führen doch den ernsthaften Sucher richtig. Denn wenn die einzige Wahrheit in einfachen Worten ausgesprochen wird, wie in *natwam naham neme janadhipah,* ‹nicht du, nicht ich, noch diese Könige› – dann kann er sie doch nicht begreifen.* Sprach nicht Krishna die letzte Wahrheit aus? Aber auch Arjuna konnte sie nicht fassen. Später sagte Krishna in einfachen Worten, daß die Menschen Ihn mit Seiner sichtbaren Gestalt verwechseln, während Er in Wirklichkeit weder geboren wäre noch sterben würde. Und trotzdem brauchte Arjuna die ganze *Gita,* damit ihm die Wahrheit klar wurde. Sehen Sie, das Selbst ist einfach Sein; es braucht nicht dies oder jenes zu sein. Es ist einfach Sein. Sei – und das Nichtwissen ist zu Ende. Forschen Sie nach, wem das Nichtwissen zugehört! Das ‹ich› steigt auf, wenn Sie aus dem Schlaf erwachen. Im Tiefschlaf behaupten Sie nicht, daß Sie schlafen, noch daß Sie im Begriff seien zu erwachen oder daß Sie lange geschlafen hätten, und trotzdem sind Sie vorhanden. Nur im Wachen sagen Sie, daß Sie geschlafen hätten; Ihr Wachsein schließt also den Schlaf mit ein. Verwirklichen Sie Ihr reines Sein! Erlauben Sie sich keine Verwechslung mit dem Körper; dieser ist nur das Ergebnis der Gedanken. Dann werden die Gedanken wie gewöhnlich spielen, Sie aber werden davon nicht mehr berührt. Sie hatten nichts mit dem Körper zu tun, als er schlief; so könnte es immer sein.

*Fr* Wie kann man solches Verhalten mit dem Geldverdienen vereinen, das für den Menschen, der in der Welt lebt, doch notwendig ist?

*M* Handeln bedeutet an sich keine Verhaftung; Gebundensein entsteht erst aus der falschen Anschauung: ‹Ich bin der Täter›. Lassen Sie solche Vorstellungen fallen, und Körper und Sinne werden ungehindert durch Ihr Dazwischentreten ihre Rolle spielen.

---

* Diese Stelle bezieht sich auf *Bhag. Gita* II, 12, wo Krishna lehrt: ‹Nie gab es eine Zeit, in der ich *nicht* war, noch du, noch diese Könige, noch werden wir jemals in Zukunft aufhören zu sein.› Dieses unzerstörbare Sein bezieht sich auf das Eine Selbst.

## 20. April 1935

Ein Besucher sprach von seinem Kummer über das Elend der Welt und hielt nicht mit seiner Meinung zurück, daß die Suche nach dem Selbst doch recht selbstsüchtig aussähe inmitten von soviel Leid ringsumher. Er schien die Lösung des Problems in selbstlosem Wirken zu sehen.
Der Maharshi antwortete darauf:
Das Meer weiß nichts von einer Welle; das Selbst nichts von einem ‹ich›.

Ein anderer Besucher fragte:
Ihr seid Bhagavan, so müßt Ihr wissen, wann ich *jnana,* die Weisheit, erreichen werde. Sagt es mir, bitte!
Der Meister antwortete:
Bin ich Bhagavan, dann gibt es für mich niemanden außer dem Selbst, daher auch keinen Weisen und keinen Nichtweisen. Andernfalls bin ich das gleiche wie Sie und weiß ebensoviel wie Sie selbst. Ich kann Ihre Frage also weder im einen noch im andern Falle beantworten.

## 24. April 1935

Verschiedene Besucher stellten Fragen, die sich schließlich alle zu der einen verdichteten, daß das ‹ich› nicht zu fassen sei, sosehr man sich auch darum bemühe.
Die Antwort des Maharshi lag auf der üblichen Linie:
Wer ist es, der behauptet, daß ‹ich› nicht zu fassen sei? Gibt es ein ‹ich›, das nicht zu fassen ist und ein anderes, das diese Behauptung aufstellt? Sind da zwei in der gleichen Person? Fragen Sie sich das selbst. Es ist der Geist, der behauptet, daß ‹ich› nicht zu fassen sei. Woher kommt dieser Geist? Erkennen Sie den Geist; Sie werden finden, daß er ein Mythos ist. König Janaka sagte von ihm: ‹Jetzt habe ich den Dieb entdeckt, der mir so lange geschadet hat. Jetzt werde ich kurzen Prozeß mit ihm machen und danach glücklich sein.›
*Fr* Wie kann man also das ‹ich› erkennen?
*M* Das Ich-Ich ist immer da; es gibt nichts zu erkennen. Es ist keine neue Erkenntnis, die erworben werden müßte. Was neu und

nicht immer gegenwärtig ist, verschwindet auch wieder; das Ich ist immer da. Nur die Aussicht darauf ist versperrt – durch Nichtwissen. Beseitigen Sie das Nichtwissen, und die wahre Erkenntnis leuchtet auf.

In Wirklichkeit gehören weder Nichtwissen noch Wissen dem Selbst *(atma)* an; sie haben Es nur überwuchert und müssen beseitigt werden. Daher heißt es vom Selbst *(atma)*, daß Es jenseits von Wissen und Nichtwissen sei. Es bleibt, was Es von Natur ist – das ist alles.

Fr  Wir sehen aber trotz aller Bemühungen keinerlei Fortschritt.
M   Von Fortschritt kann man nur bei Dingen reden, die neu erlangt werden müssen, während es hier um das Beseitigen des Nichtwissens geht und nicht um den Erwerb von Wissen. Was für einen Fortschritt könnte man auf der Suche nach dem Selbst erwarten?
Fr  Wie beseitigt man das Nichtwissen?
M   Während Sie in Ihrem Bett in Tiruvannamalai liegen, träumen Sie, daß Sie sich in einer andern Stadt befinden; die Szene ist für Sie wirklich. Ihr Körper aber bleibt hier auf Ihrem Bett in einem Zimmer liegen. Kann eine Stadt in Ihr Zimmer kommen, oder können Sie Tiruvannamalai verlassen und irgendwo anders hingehen und dabei Ihren Körper hier zurücklassen? Beides ist unmöglich.

Ihr Hiersein und Ihr Erleben in einer anderen Stadt sind unwirklich. Dem Geist erscheint beides aber wirklich. Das ‹ich› aus dem Traum verschwindet bald; dann erzählt ein anderes ‹ich› von dem Traum, das aber im Traum nicht mit dabei war: beide ‹ich› sind also unwirklich. Aber es gibt ein Substrat, die Grundlage des Geistes, aus der die vielen verschiedenen Szenen aufsteigen.

Mit jedem Gedanken erhebt sich ein ‹ich› und verschwindet wieder mit ihm; so werden in jedem Augenblick viele ‹ich› geboren und sterben ebenso schnell wieder. Die wirkliche Schwierigkeit ist der zählebige Geist. Finden Sie ihn, und Sie werden glücklich sein!

Sri Bhagavan las aus dem *Prabuddha Bharata* Kabirs Ausspruch vor:
  ‹Alle wissen, daß der Tropfen im Meer aufgeht, aber nur wenige wissen, daß das Meer im Tropfen aufgeht.›
  Das ist die höchste Hingabe *(para bhakti)*, schloß Bhagavan.

## 15. Mai 1935

Ein *sannyasi* bat um Aufklärung:
Wie erkennt man, daß die ganze Welt Gott ist?
M Wenn Ihre Anschauungsweise die der Weisheit sein wird, dann werden Sie erkennen, daß die ganze Welt Gott ist. Wie kann man, ohne den Höchsten Geist *(Brahman)* zu kennen, sehen, daß Er alles durchdringt?
Daraufhin fragte ein anderer nach dem Wesen der Wahrnehmung.
M Wahrnehmungen hängen von dem Zustand ab, in dem sich der Wahrnehmende befindet. Im Wachzustand nimmt der grobmaterielle Körper grobmaterielle Namen und Gestalten wahr; im Traum nimmt der mentale (Geist-)Leib mentale Schöpfungen in ihren mannigfachen Formen und Namen wahr; im traumlosen Tiefschlaf ist die Identifizierung mit dem Körper verlorengegangen. Infolgedessen fehlen Wahrnehmungen. Ebenso versetzt im transzendentalen Zustand die Identität mit *Brahman* den Menschen in Harmonie mit allem, und so gibt es dort nichts, was vom Selbst getrennt wäre.
Jemand stellte die Frage nach dem Wesen des Glücks.
M Glaubt jemand, daß er sein Glück äußeren Ursachen und seinem Besitz verdanke, dann ist es logisch, wenn er daraus den Schluß zieht, daß sein Glück größer werden müsse mit dem Größerwerden seines Besitztums, geringer mit dessen Schwinden. Demnach müßte sein Glück gleich Null sein, wenn er gar kein Eigentum mehr besäße. Wie steht aber die tatsächliche Erfahrung dazu? Stimmt sie mit dieser Vorstellung überein?
Im Tiefschlaf besitzt der Mensch nichts, nicht einmal den eigenen Körper – er weiß nichts von ihm. Statt unglücklich zu sein, ist er jedoch überaus glücklich. Jeder wünscht sich tiefen Schlaf. Daraus geht hervor, daß das Glück dem Menschen innewohnen muß und nicht auf äußeren Ursachen beruht. Man braucht nur das Selbst zu verwirklichen, um sich alles Glück zugänglich zu machen.
Ein gebildeter junger Mann fragte:
Wie können Sie sagen, daß das Herz auf der rechten Seite sei, da die Biologen es auf der linken finden?
M Richtig. Das körperliche Organ liegt links; das ist nicht zu leugnen. Das ‹Herz› jedoch, von dem ich rede, ist nicht körperlich und liegt rechts. Es entspricht meiner Erfahrung; ich brauche

dazu keine Autorität zu bemühen. Sie können jedoch eine Bestätigung dessen in einem bestimmten Buch über Ayurveda in Malayalam finden und in der *Sita-Upanishad*.

Mr. M. Frydman, ein Ingenieur, bemerkte zu dem Thema ‹Gnade›: Wenn eine Puppe aus Salz ins Meer taucht, dann kann auch ein wasserdichter Mantel sie nicht davor schützen, aufgelöst zu werden.

Der Maharshi ergänzte:

Die individuelle Persönlichkeit ist der wasserdichte Mantel.

Ein *sannyasi* fragte, wie man den Geist hindern könne, abgelenkt zu werden.

M Sie sehen die Objekte, weil Sie das eigene Selbst vergessen. Wenn Sie am Selbst festhalten, sehen Sie keine objektive Welt mehr.

Fr Nützt es etwas, heilige Silben (Mantras) zu wiederholen, auf die man zufällig stößt?

M Nein. Man muß dazu reif und in solch ein Mantra eingeweiht sein. – Ein König besuchte einst seinen Premierminister in dessen Palast, doch weigerte sich die Dienerschaft, dem Hausherrn die Ankunft des Gastes zu melden, da jener beim *japa* (Wiederholung des Mantra) sei und nicht gestört werden dürfe. Der Fürst wartete also, und als der Minister endlich erschien, fragte er ihn, welches Mantra er übe. Es handelte sich um *Gayatri*, das allerheiligste. Da verlangte der König, von dem Minister in dieses Mantra eingeweiht zu werden. Der aber bekannte, dazu nicht berechtigt zu sein. Infolgedessen lernte es der Fürst anderweitig, und als er seinen Minister wieder traf, zitierte er *Gayatri* und wollte wissen, ob es so richtig sei. Der Minister bestätigte, daß der Text einwandfrei sei, daß der König aber nicht dazu berechtigt sei, das Mantra zu rezitieren. Als dieser jetzt auf eine Erklärung drängte, rief der Minister einen Wachtposten herbei und befahl ihm, den König festzunehmen. Der gehorchte natürlich nicht; der König aber geriet in Zorn und befahl demselben Mann, den Minister zu ergreifen, was unverzüglich geschah. Der Minister lachte und erklärte das Ganze für die Erläuterung, die der König verlangt habe. Wieso? Nun, der Befehl war der gleiche, auch der Mann, der ihn ausführen sollte; nur die Autorität, die dahinterstand, war verschieden: ‹Als ich befahl, blieb die Wirkung aus; als Sie befahlen, trat sie unmittelbar ein. Ebenso ist es mit Mantras.›

Fr Wieso heißt es in den Schriften, der Weise sei einem Kinde gleich?

M Das Kind und der Weise sind einander in dem Sinne gleich, als Ereignisse ein Kind nur so lange interessieren, wie sie andauern. Das Kind hört auf, an sie zu denken, wenn sie vorbei sind. Daraus geht hervor, daß sie keinerlei Eindruck bei ihm hinterlassen; es wird geistig nicht von ihnen berührt. Einem Weisen geht es ebenso.
Fr Kann Schicksal jemals enden?*
M Die Taten *(karma)* tragen die Saat ihrer eigenen Zerstörung in sich.

Ein Besucher bat den Weisen, ihm irgend etwas zu sagen. Als er gefragt wurde, was er wissen wolle, antwortete er, daß er nichts wüßte und nur irgend etwas vom Maharshi hören möchte. Der Weise sagte darauf:

‹Du weißt, daß du nichts weißt.› Geh dieser Erkenntnis nach; das ist Befreiung *(mukti)*.

## 9. Juni 1935

Ein Besucher aus Cocanada fragte:
Mein Geist bleibt zwei, drei Tage lang klar und wird für die nächsten zwei, drei Tage träge, immer abwechselnd. Woran liegt das?
M Das ist ganz natürlich; es ist das Spiel der *gunas: sattva, rajas* und *tamas,*** die miteinander abwechseln. Ärgern Sie sich nicht über *tamas,* die dumpfe Trägheit; tritt aber *sattva,* die lichte Reinheit, ein, dann suchen Sie sie zu bewahren und zu nutzen.

Fr Was ist das ‹Herz›?
M Der Sitz des Selbst – wenn man es einmal so ausdrücken will.
Fr Entspricht es dem physischen Herzen?
M Nein. Es ist der Ort, aus dem das Ich-Ich aufsteigt.
Fr Was wird nach dem Tode aus der individuellen Seele, *jiva*?
M Das ist eine Frage, die den lebendigen *jiva* nicht beschäftigen sollte. Mag der entkörperte *jiva* fragen, wenn es ihm einfallen

---

\* Schicksal im Sinne von Handlung und Folge als Ursache und Wirkung.
\*\* *Gunas:* Die drei Kräfte, die die Kosmische Substanz *(prakriti)* bilden und im All und also auch im Menschen wirken: *rajas,* das Prinzip der Tätigkeit; *tamas,* das Prinzip der dumpfen Trägheit; *sattva,* das Prinzip des Gleichgewichts zwischen beiden, das Prinzip der Harmonie, der lichten Stille.

sollte. Inzwischen lassen Sie den verkörperten *jiva* sein gegenwärtiges Problem lösen, indem er entdeckt, wer er ist. Damit hören solche Fragen von selbst auf.
Fr Was ist Meditation *(dhyana)*?
M Die Sammlung auf einen Gegenstand wird gewöhnlich als Meditation bezeichnet, die Sammlung auf das gegenstandslose Sein dagegen nennt man *nididhysana* oder Selbsterforschung. Darunter versteht man das unablässige, unerschütterliche, wache Gewahrsein der Stille des gegenstandslosen Seins. Sowohl bei der Meditation wie bei der Selbsterforschung besteht bis zur Verwirklichung die Dreiheit von Seher, Gesehenem und Sehvorgang. *Dhyana* und *nididhyasana* sind, soweit sie den Strebenden betreffen, das gleiche. Beide sind identisch mit *bhakti,* Hingabe.
Fr Wie sollte *dhyana* geübt werden?
M Der Übende richtet seine ganze Aufmerksamkeit auf den Gegenstand seiner Meditation. Entsprechend der geistigen Veranlagung des einzelnen kann dies ein Aspekt Gottes, ein Mantra oder das Selbst sein. Da die Aufmerksamkeit gleichzeitig von anderen Dingen abgezogen wird, kann sich der Geist konzentrieren.

## 15. Juni 1935

Ein junger Mann hatte Bruntons Bücher gelesen und fragte:
Die Buddhisten behaupten, daß das ‹ich› unwirklich sei, während Brunton schreibt, man müsse über den ‹ich›-Gedanken hinausgehen und den Zustand des Ich erreichen. Was ist das Richtige?
M Man nimmt an, daß es zwei verschiedene Ich gibt: das niedere, vergängliche, in dem wir alle leben, und das höhere, wahre, das verwirklicht werden soll. Im Schlaf ist man sich seiner selbst nicht bewußt. Erst nach dem Erwachen weiß man, daß man geschlafen hat, nicht aber im Schlaf, wo es eine Differenzierung nicht gibt. Erst wenn man in das Körperbewußtsein eingetreten ist, gibt es solche unterschiedlichen Zustände wie Wachen, Träumen und Schlafen, die sich auf das Körper-‹ich› beziehen. Doch gerade dieses Bewußtsein ‹Ich bin der Körper›, in dem wir alle leben, hat einen Anfang und somit ein Ende. Was aber liegt ihm zugrunde? Woher kommt dieses ‹ich›? Wer ist dieses ‹ich›? Wer bin ich? Suchen Sie und finden Sie den Ursprung des ‹ich› – dann erleben Sie den Zustand des vollkommenen Seins.

*Fr* Wer ist dieses ‹ich›? Es scheint nur aus einer fortlaufenden Reihe von Sinneseindrücken zu bestehen. Das könnte der buddhistischen Auffassung entsprechen.

*M* Die Welt ist nicht außen; die Eindrücke können ihren Ursprung nicht außen haben, da die Welt nur durch ein Bewußtsein erkannt werden kann. Sie sagt nicht selbst, daß sie existiert; es ist nur *Ihr* Eindruck. Und selbst dieser Eindruck ist nicht beständig und nicht ununterbrochen. Im Tiefschlaf wird die Welt nicht erkannt; für den schlafenden Menschen existiert sie also nicht. Demnach ist die Welt eine logische Folge des ‹ich›. Finden Sie das ‹ich›; seinen Ursprung zu entdecken ist das letzte Ziel.

*Fr* Ich bin der Überzeugung, daß wir anderen Lebewesen kein Leid antun sollten. Heißt das, daß wir auch Mückenstiche aushalten müssen?

*M* Sie möchten selbst nicht leiden, wie könnten Sie da anderen Leid bereiten? So verscheuchen Sie die Moskitos, wenn Sie unter deren Stichen leiden.

*Fr* Ist es recht, daß wir andere töten, etwa Lebewesen wie Mücken oder Wanzen?

*M* Jedermann ist ein Selbstmörder: Der ewige, selige und natürliche Zustand ist durch dieses Leben des Nichtwissens erstickt worden. In diesem Sinne gründet sich das gegenwärtige Dasein auf den Mord des ewigen, uranfänglichen Seins. Ist das nicht Selbst-Mord? So ist demnach jeder ein Selbst-Mörder; warum sich über Morden und Töten beunruhigen?

Im Verlaufe eines weiteren Gesprächs äußerte der Besucher:
Die Welt sendet Eindrücke aus, und ich erwache.

*M* Kann die Welt existieren ohne jemanden, der sie wahrnimmt? Was war früher da, das Seins-Bewußtsein oder das aufsteigende Bewußtsein? – Das Seins-Bewußtsein ist immer da, ewig und rein; das individuelle Bewußtsein steigt auf und verschwindet wieder; es ist vergänglich.

*Fr* Existiert die Welt nicht für die andern auch, wenn ich schlafe?

*M* Diese Welt hält Sie selbst da zum Narren, wo Sie sie zu kennen meinen, solange Sie sich selbst nicht kennen. Sie ist das Ergebnis Ihres Geistes. Erkennen Sie Ihren Geist und blicken Sie dann auf die Welt! Dann werden Sie erleben, daß sie vom Selbst nicht verschieden ist.

*Fr* Ist nicht der Maharshi seiner selbst und seiner Umgebung ebenso deutlich gewahr, wie ich es bin?

M Wer fragt das? – Nicht der Verwirklichte. Solche Fragen stellt nur der Nichtwissende.

### 16. Juni 1935

Fr Wie ergeht es dem Familienvater beim Streben nach der Befreiung *(moksha)*?
M Weshalb halten Sie sich für einen Familienvater? Wenn Sie als *sannyasi* umhergingen, dann würde Sie der Gedanke: ‹Ich bin ein *sannyasi*› verfolgen. Ob Sie im Hause bleiben oder, ihm entsagend, in die Wälder gehen, Ihr Geist wird bei Ihnen sein. Die Quelle der Gedanken ist das ‹ich›; es ruft das Körper-Bewußtsein und die Welt hervor und läßt Sie meinen, Sie seien ein Familienvater. Würden Sie der Welt entsagen, dann würde es die Vorstellung ‹Familienvater› einfach durch die des ‹sannyasi› ersetzen, die Umgebung des Hauses durch die des Waldes; die mentalen Hindernisse aber würden bleiben. Sie wachsen in einer neuen Umgebung sogar noch. Ein Wechsel der Umgebung nützt gar nichts; das Hindernis ist der Geist. Er muß besiegt werden, sei es zu Hause oder in den Wäldern. Wenn Sie meinen, es im Walde zu können, weshalb nicht auch daheim? Weshalb also die Verhältnisse wechseln? Sie können sofort anfangen sich zu bemühen, in welcher Umgebung Sie sich auch befinden mögen!
Die Umwelt verläßt Sie nicht nach Ihrem Belieben. Sehen Sie mich an: Ich verließ das elterliche Haus. Sehen Sie sich an: Sie verließen Ihre häuslichen Verhältnisse. Was finden Sie hier? – Selbst wenn man jahrelang in *nirvikalpa samadhi* versunken bliebe: Wenn man daraus auftaucht, würde man sich in genau den Verhältnissen finden, die zu einem gehören. Das ist der Grund, weshalb Sankara *sahaja samadhi* so nachdrücklich vor *nirvikalpa samadhi* den Vorzug gibt.
Man muß im unwillkürlichen *samadhi,* d. h. im ursprünglichen Zustand, inmitten jeglicher Umgebung sein können.
Später sagte Sri Bhagavan:
Atemkontrolle kann innerlich oder äußerlich ausgeführt werden.
Die innere Atemregelung geht folgendermaßen vor sich:
    Ausatmung: ‹Ich bin nicht der Körper.› *(naham chinta)*
    Einatmung: ‹Wer bin ich?› *(koham)*
    Anhalten des Atems: ‹Ich bin Er.› *(soham)*

Durch diese Übung wird der Atem automatisch reguliert.
Die äußere Kontrolle ist für die, die nicht die Kraft haben, den Geist zu beherrschen. Da gibt es keinen Weg so sicher wie diesen, es sei denn den der Gemeinschaft mit einem Weisen. Ist man mit ihm zusammen, dann verleiht er einem die nötige Kraft, wenn auch von andern unbemerkt.
Die Atemübung *(pranayama)* muß nicht so genau gemacht werden, wie es im *hatha*-Yoga vorgeschrieben wird. Wenn man *japa, dhyana, bhakti* usw. übt, dann genügt schon ein wenig Atemkontrolle, um den Geist unter Kontrolle zu bekommen. Der Geist ist der Reiter, der Atem das Roß. *Pranayama* ist das Zurückhalten des Pferdes, wodurch auch der Reiter zurückgehalten wird.
Ein wenig *pranayama* genügt schon. Eine Art der Ausführung ist, den Atem zu beobachten. Der Geist, der mit der Beobachtung des Atems beschäftigt ist, wird damit von anderen Betätigungen abgezogen. Dadurch wird der Atem kontrolliert und damit gleichzeitig der Geist.
Rhythmisches Ein- und Ausatmen muß nicht sein, wenn es einem schwerfällt. Es genügt dann, während *japa* oder *dhyana* oder anderen Übungen den Atem kurze Zeit anzuhalten. Auch das ergibt gute Resultate.

### 18. Juni 1935

Fr  Kann Einssein *(Advaita)* auch durch *japa* verwirklicht werden?
M  Ja.
Fr  Ist das nicht eine Methode zweiten Ranges?
M  Hat man Ihnen geraten, *japa* zu üben oder über dessen Rang im Rahmen der Dinge zu diskutieren?

### 22. Juni 1935

Ein junger Mann kam, setzte sich schweigend und blieb etwas über eine Stunde. Im Begriff, sich zu verabschieden, fragte er:
  Wie verwirklicht man das Selbst?
M  Wessen Selbst? Finden Sie das heraus!
Fr  Wer bin ich?
M  Das müssen Sie selbst herausbekommen.

Fr  Ich weiß es nicht.
M  Überlegen Sie! Wer ist es, der behauptet: ‹Ich weiß es nicht›? Was ist es, das Sie nicht wissen? Und wer ist das ‹ich› in dieser Feststellung?
Fr  Jemand in mir.
M  Wer ist der ‹jemand›? In wem?
Fr  Vielleicht eine Art Kraft.
M  Suchen Sie nach ihr!
Fr  Wie verwirklicht man das Höchste Sein, *Brahman*?
M  Wenn Sie nicht einmal das Selbst kennen, wie wollen Sie da *Brahman* erkennen?
Fr  Die Schriften behaupten, *Brahman* durchdringe alles und also auch mich.
M  Finden Sie das Ich im ‹mich›; dann ist die Zeit gekommen, an *Brahman* zu denken.
Fr  Weshalb bin ich geboren?
M  Wer wurde geboren? Die Antwort ist die gleiche auf alle Ihre Fragen.
Fr  Wer bin ich also?
M  *(lächelnd)* Sind Sie gekommen, um mich zu examinieren und auszufragen? *Sie* müssen sagen, wer Sie sind!
Fr  Im tiefen Schlaf verläßt die Seele den Körper und ist anderswo; wenn sie wieder in ihn zurückkehrt, erwache ich. Stimmt das?
M  Was ist es, was den Körper verläßt?
Fr  Vielleicht eine Kraft?
M  Finden Sie diese Kraft heraus.
Fr  Der Körper ist aus fünf Elementen zusammengesetzt. Was sind das für Elemente?
M  Wie wollen Sie diese Elemente erkennen, ohne das Selbst zu kennen?

Nachdem der junge Mann gegangen war, bemerkte der Meister später:

Gut. Das wird schon in ihm wirken.

### 4. Juli 1935

Mr. Raganathan Rao I. C. S. fragte:

In der *Srimad Bhagavad Gita* gibt es eine Stelle, die besagt, daß es das beste sei, das eigene *dharma* zu erfüllen; dem eines anderen zu folgen wäre dagegen gefahrvoll. Was bedeutet in diesem Zusammenhange ‹das eigene *dharma*›?

M Die allgemein übliche Deutung versteht darunter die Pflichten der sozialen Rangordnung und die der verschiedenen Kasten. Auch die äußere Umgebung muß dabei in Betracht gezogen werden.

Fr Wenn damit das *dharma* der Kastenordnung gemeint ist – das gibt es nur in Indien. Die *Gita* müßte aber weltweit angewandt werden können.

M Eine Kastenordnung gibt es in jedem Lande in der einen oder anderen Form. Die Stelle bedeutet vielmehr, daß man an dem Einen Selbst, *atma,* festhalten und von Ihm nicht abweichen soll. Das ist der tiefere Sinn.

*Atma dharma* heißt im Selbst weilen, in Ihm gibt es weder Verwirrung noch Furcht. Schwierigkeiten entstehen erst, wenn etwas anderes außer einem selbst auftaucht.

Wird das Selbst, der *atma,* in seiner Einzigkeit erfahren, dann gibt es nichts anderes mehr und somit auch keine Ursache zu Befürchtungen.

Der Mensch im gewöhnlichen Zustand verwechselt das *dharma* des Nicht-Selbst mit dem Selbst und leidet darunter. Erkennt er das Selbst und wohnt in Ihm, dann ist damit alle Furcht, aller Zweifel zu Ende. Aber auch, wenn man *dharma* deutet, als bezöge es sich nur auf die Kasten, kann sein Sinn nur der gleiche sein.

*Dharma,* die Pflichterfüllung im vorgezeichneten Rahmen, trägt nur Frucht, wenn sie selbstlos geübt wird. Man muß erkennen, daß man nicht selbst der Täter ist, sondern lediglich das Werkzeug einer höheren Macht. Mag diese höhere Macht tun, was sie für richtig hält; ich handle lediglich auf ihre Weisung. Sind die Handlungen nicht mein, dann können es auch deren Folgen nicht sein.

Denkt und handelt man auf solche Weise, wo gibt es da Schwierigkeiten? In diesem Sinne ist es völlig belanglos, ob es sich um Kasten-*dharma* oder um allgemein weltliche Tätigkeiten handelt. Solche Zweifel sind begreiflich. Die orthodoxe Auslegung kann mit dem Dasein des modernen Menschen nicht in Einklang gebracht werden, der gezwungen ist, auf mancherlei Arten für seinen Lebensunterhalt zu arbeiten.

Fr Die *Gita* unterstreicht das Tun.

*M* Was sagte Krishna, als Arjuna sich zu kämpfen weigerte? ‹Solange du dich weigerst, hast du das Gefühl, der Täter zu sein. Wer bist du aber, daß du meinst, du könntest etwas tun oder es unterlassen? Gib die Meinung auf, daß du der Handelnde seist; solange dieses falsche Empfinden nicht verschwunden ist, bist du zum Handeln verpflichtet. Du stehst unter dem Einfluß einer höheren Macht; du gibst es selbst zu durch deine Weigerung, dich ihr zu unterwerfen.
Erkenne jene Macht statt dessen lieber an und unterwirf dich ihr als Werkzeug. Im übrigen: Wenn du dich weigerst, wirst du gezwungen werden; sei also lieber ein williges als ein unwilliges Instrument.
Verankere Dich vielmehr im Selbst und handle der Natur gemäß ohne den Gedanken der Täterschaft; dann werden die Ergebnisse dich nicht berühren. Das erst ist männlich und heldenhaft.›
Insofern ist das ‹Weilen im Selbst› Summe und Substanz der Lehre der *Gita*. In dem, der tief im Selbst ruht, steigen solche Zweifel gar nicht auf; es gibt sie nur vorher.

*Fr* Was kann dann solch eine Antwort dem Fragenden nützen?
*M* Worte sind Träger einer Kraft und damit wirkungsvoll im Laufe der Zeit, auch wenn sie nicht sofort begriffen werden.

*Fr* Auf welche Weise überwältigt einen der Schlaf?
*M* Wenn der, der dies fragt, im Wachzustand weiß, wer es ist, der wach ist, dann weiß er auch, wie Schlaf zustandekommt. Die Frage stellt sich nur dem Wachenden, nicht dem Schlafenden. Es muß also leichter sein, das Selbst im Wachzustand als im Schlaf zu erkennen.
*Fr* Ich weiß, auf welche Weise ich wach bin, weiß aber nicht, wie Schlaf entsteht. Meines Wachzustandes bin ich gewahr; wenn mir z. B. jemand meinen Stock wegnehmen wollte, würde ich ihn daran hindern; das kann ich aber nicht im Schlaf- oder Traumzustand. Der Beweis für den Wachzustand liegt also auf der Hand; wie aber den Schlafzustand beweisen?
*M* Ihr Nichtwissen ist der Beweis des Schlafzustandes, Ihr Gewahrsein der, daß Sie wach sind.
*Fr* Mein Erwachen erkenne ich daran, daß ich die Augen öffne. Auf welche Weise aber überkommt mich der Schlaf?
*M* Auf die gleiche Weise, in der der Schlaf Sie überfällt, überfällt Sie auch das Erwachen.

*Fr* Ich nehme aber das Einschlafen nicht ebenso wahr wie das Wachsein.
*M* Das macht nichts.
*Fr* Bitte sagt mir, was Schlaf ist, ohne große Erläuterungen. Man müßte wissen, was Schlaf-an-sich ist. Ich möchte eine wirkliche Vorstellung vom Schlaf haben.
*M* Das ist der Schlaf selbst.
*Fr* Was ist zur Erlösung besser, verheiratet oder ein Einsiedler zu sein?
*M* Was Sie für besser halten.
*Fr* Visvamitra strauchelte nicht, solange er verheiratet war, aber als Einsiedler. Könnte das nicht auch anderen passieren?
*M* Visvamitra war in seinem Einsiedlerleben ebenso lauter wie in seiner Ehe ... und ebenso unlauter.
*Fr* War er ein Weiser, ein *rishi*?
*M* Wenn er unlauter war, dann war er es nicht.
*Fr* Kann er es nachträglich noch geworden sein?
*M* Gewiß, infolge rechter Hingabe könnte er ein guter *rishi* geworden sein. Reue und Gebet bringen alles in Ordnung.
*Fr* Was habt Ihr erreicht mit all Eurer jahrelangen Askese?
*M* Ich habe erreicht, was erreicht werden soll; ich sehe, was gesehen werden soll.
*Fr* Können es alle sehen?
*M* Ich sehe nur das, was alle sehen. Es wohnt in allem.
*Fr* Ist das der Weg, um Es zu sehen?
*M* Es kommt nicht auf die Methode an. Aus welcher Richtung die Pilger auch heranströmen, sie treffen sich alle am Ziel, der Kaaba.
*Fr* Bitte nennt mir zwei Lehrsätze über den Erlösungsweg, wie Ihr ihn kennt.
*M* Was weiß ich von Lehrsätzen? Alles ist Lehre. Die einzige Lehre ist Anbetung.

## 5. Juli 1935

Sri Bhagavan über das Große Schweigen *(mouna)*:
Das in äußerer Einsamkeit sich selbst auferlegte Schweigen ist erzwungen, dagegen gipfelt Zurückhaltung im Gespräch mit anderen schließlich im Schweigen, denn dann hat der Betreffende sein Sprechen unter Kontrolle. Bevor er sprechen kann, muß der

Sprecher auftauchen; ist er anderweitig beschäftigt, dann hält er mit der Sprache zurück. Der einwärts gewandte Geist ist anderweitig beschäftigt; ihm liegt nichts am Reden.
*Mouna,* das große Schweigen, hat als Übungsweg den Sinn, die mentale Aktivität einzuschränken, die sich aus dem Reden ergibt. Wird der Geist auf andere Weise unter Kontrolle gebracht, dann ist es nicht nötig, *mouna* zu üben, denn es wird zum natürlichen Zustand.
Vidyaranya hat zwar behauptet, daß zwölf Jahre erzwungenes Schweigen das absolute Schweigen hervorbrächte, d. h., daß man dadurch die Fähigkeit zum Sprechen verliere. Das kommt aber der Stummheit eines Tieres näher als allem anderen. Das ist nicht *mouna.*
*Mouna* ist ununterbrochenes Sprechen (d. h. sprechen als übermitteln); Nichthandeln ist ununterbrochenes Tun.

### 6. Juli 1935

Mr. Ekanatha Rao fragte:
Soll man beim Üben von *dhyana* (Kontemplation) die Augen schließen, oder können sie offenbleiben?
M  Beides kann geschehen. Wichtig ist allein, daß die ganze Aufmerksamkeit des Geistes der Stille zugewandt wird und intensiv in ihr verbleibt. Manchmal geschieht es, daß bei geschlossenen Augen bisher verborgene Gedanken machtvoll hervorsprudeln. Zu anderen Zeiten fällt es schwer, sich mit offenen Augen sammelnd nach innen zu wenden. Dies erfordert große Sammlungsfähigkeit, denn gegenständliche Wahrnehmungen machen bewegt und unruhig, während man mit geschlossenen Augen still und unbewegt in der Betrachtung geblieben wäre. Bei der Meditation kommt es in erster Linie darauf an, intensiv und wachsam dem Zustand der Stille inne zu sein, ihn tiefer und tiefer zu erleben, ohne sich von äußeren Gegenständen oder von aus dem Inneren kommenden Gedanken ablenken zu lassen.
Fr  Was ist *sphurana* (eine schwer zu beschreibende, aber deutliche Empfindung im Herzzentrum)?
M  *Sphurana* spürt man bei den verschiedensten Gelegenheiten, wie bei Angst, Aufregung und dergleichen. Obwohl es immer da ist und überall, spürt man es bei besonderen Ereignissen in einem

besonderen Zentrum; man verbindet es mit vorausgegangenen vermeintlichen Ursachen und verwechselt es mit körperlichen Reaktionen. Dabei ist es ohnegleichen und rein: Es ist das Selbst, das man spürt. Wird der Geist auf *sphurana* gerichtet, und man empfindet Es dauernd und unwillkürlich, dann ist das ein Vorgeschmack der Verwirklichung.

*Sphurana* ist rein; Subjekt und Objekt gehen aus Ihm hervor. Hält der Mensch sich irrtümlich für das Subjekt, dann müssen die Objekte notwendigerweise als von ihm verschieden auftreten. Sie werden periodisch zurückgezogen und projiziert und erschaffen so die Welt und den Genuß, den das Subjekt an ihr hat. Empfindet der Mensch sich jedoch als die Filmleinwand und Subjekt und Objekte als Bilder, die auf sie projiziert werden, dann kann es keine Verwechslung mehr geben; er beobachtet nur deren Erscheinen und Verschwinden, ohne davon in seinem Selbst gestört zu werden.

Ein hoher Beamter fragte:
Wenn bei der Beförderung Jüngere vorgezogen werden, dann regt man sich darüber auf. Kann die Suchfrage ‹Wer bin ich?› einem helfen, den Geist unter solchen Umständen zu beruhigen?

M  O ja. Die Suchfrage wendet den Geist nach innen und macht ihn still.

Fr  Ich übe die Anbetung der Persönlichen Gottheit und glaube daran. Wird mir das zur Erlangung von *jnana,* der wahren Erkenntnis, helfen?

M  Bestimmt wird es das! *Upasana,* die Übung, trägt zur Konzentration des Geistes bei. Damit wird der Geist frei von anderen Gedanken und erfüllt von der Gestalt, über die meditiert wird. Der Geist wird zu ihr – und so ganz rein. Wird dann die Frage gestellt: ‹Wer ist der Anbeter?›, dann wird als Antwort das Selbst erfahren.
Die jetzige Schwierigkeit besteht darin, daß Sie glauben, Sie seien der Handelnde; das ist jedoch ein Irrtum.
Es ist die Höhere Gewalt, durch die alles geschieht; der Mensch ist nur Werkzeug. Bejaht er dieses Postulat, dann hat er keine Schwierigkeiten, andernfalls fordert er sie heraus.
Nehmen Sie z. B. jene Eckgestalt des Tempelturms, die dessen Last auf ihren Schultern zu tragen scheint. Haltung und Gesichtsausdruck bieten das Bild großer Anstrengung, denn die Bürde ist

gewaltig. Dabei ruht der Turm in Wirklichkeit auf seinen eigenen Fundamenten in der Erde. Die Gestalt ist lediglich Teil des Turmes; sie *scheint* ihn nur zu tragen. Ist das nicht seltsam? Genauso geht es dem Menschen mit seinem Empfinden der Täterschaft.

Dann wurde dem Besucher *Ulladhu Narpadu,* ‹*Vierzig Verse über Das, was ist*›, vorgelesen. Danach fragte er:
Wieso läßt man während des Übens die Zweiheit gelten, da es doch am Ziel nur das Eine gibt?

M Manche Leute meinen, daß man zum Üben bei dualistischen Vorstellungen beginnen muß; an diese ist dabei gedacht. Sie glauben an einen Gott, den der Mensch anbeten und über den er meditieren müsse; zuletzt gehe die verkörperte Seele, *jiva,* in Gott auf. Andere behaupten, daß das Höchste Wesen und die verkörperte Seele immer gesondert bleiben und niemals miteinander verschmelzen. Wie das alles am Ziel auch sein mag, das braucht uns jetzt nicht zu beunruhigen. Alle sind sich darüber einig, daß der *jiva ist.* Möge der Mensch also diesen *jiva* herausfinden, d. h. sein Selbst; dann hat er immer noch Zeit herauszufinden, ob das Selbst im Höchsten aufgeht, ob es Teil dieses Höchsten ist oder von Ihm unterschieden bleibt. Wir wollen den Schluß nicht vorwegnehmen.
Bewahren Sie sich einen offenen Geist, tauchen Sie einwärts und entdecken Sie das Selbst, dann wird ihnen die Wahrheit aufgehen. Weshalb im voraus entscheiden, ob das Letzte das Eine sei, ob absolut, eingeschränkt oder Zwei? Das hat doch keinen Sinn. Was jetzt behauptet wird, wird durch Logik und Verstand erkannt; der Verstand aber leitet sein Licht aus dem Selbst ab. Wie kann das nur reflektierte und nur teilweise vorhandene Licht des Verstandes sich das ganze, das Ur-Licht vorstellen? Der Verstand kann das Selbst nicht erreichen; wie kann er da dessen Wesen ermitteln?

Fr Einer der Verse spricht davon, daß die auf früheren Stufen so sorgsam studierten heiligen Schriften am Ende nutzlos sind. In welchem Stadium werden sie überflüssig?

M Wenn das Wesentliche verwirklicht worden ist. Der Wert der heiligen Schriften beruht darauf, daß sie auf das Vorhandensein einer höheren Macht, des Selbst, hinweisen und auf den Weg, der zu Ihr führt. Nur das ist wichtig an ihnen. Ist dies innerlich erarbeitet, dann wird der Rest überflüssig. Sie sind nur so umfangreich, um sich dem unterschiedlich entwickelten Verständnis der Suchenden anzupassen. Während man die Stufenleiter erklimmt und erkennt, daß die Region, die man hinter sich ließ, immer nur die Stufe zu einem höheren Zustand war, werden diese überwundenen Sprossen eine nach der anderen zu *purvapaksha*, zur ‹ersten Hälfte› ... bis das Ziel erreicht ist. Nur das Ziel allein bleibt übrig; alles andere ist überflüssig geworden. Was lesen wir nicht alles zusammen! Behalten wir das alles? Nein. Aber vergessen wir jemals das Wesentliche? Das Wesentliche durchdringt den Geist, der Rest wird vergessen. Ebenso geht es mit den heiligen Schriften.

Der Tatbestand ist der, daß der Mensch sich als begrenzt ansieht; dadurch entsteht die Schwierigkeit. Diese Vorstellung ist falsch. Er kann es selbst ausprobieren: Im Schlaf war keine Welt da, kein begrenztes ‹ich› und kein Leid. Irgend etwas wacht aus diesem glücklichen Zustand auf und sagt ‹ich›. Diesem ‹ich› erscheint die Welt. Selbst nur ein Pünktchen in der Welt, wünscht es sich mehr zu sein und gerät dabei in Schwierigkeiten.

Wie glücklich war der Mensch vor dem Aufsteigen des ‹ich›! Nur dieses ist die Ursache seiner gegenwärtigen Nöte. Möge er dieses ‹ich› zu dessen Quelle zurückverfolgen, und er wird einen undifferenzierten glücklichen Zustand erreichen, der Schlaf ist, ohne Schlaf zu sein.

Das Selbst bleibt in jedem Augenblick das gleiche; darüber hinaus gibt es nichts mehr zu erringen. Alle Begrenzungen haben wir uns irrtümlich auferlegt; so entsteht die Notwendigkeit, über sie hinaus zu kommen.

Es ist wie bei den zehn Toren, die einen Fluß durchwateten und nur ‹neun› zählten, als sie sich am anderen Ufer überzeugen wollten, ob alle hinübergekommen waren. Als sie den vermeintlichen Verlust laut beklagten, gesellte sich ein Vorübergehender zu ihnen und ließ sich ihren Kummer berichten. Er entdeckte bald ihren Irrtum: daß jeder alle anderen gezählt, sich selbst aber ausgelassen hatte. Der freundliche Fremde versetzte jedem von ihnen einen Schlag und forderte sie auf, die Hiebe zu zählen. Da zählten sie ‹zehn› und waren wieder froh.

Und die Moral von der Geschichte: Der zehnte Mann war nicht neu hinzugekommen; er war immer dabei gewesen; nur ihre Torheit hatte all diesen Kummer verursacht.

Oder: Eine Frau vermißte einst eine bestimmte Halskette und begann sie zu suchen und bei Nachbarinnen Umfrage danach zu halten. Eine ihrer Freundinnen entdeckte den vermißten Schmuck am Hals ihrer Besitzerin und machte diese darauf aufmerksam. Sie griff danach, fühlte ihn und war glücklich. Hatte sie die Halskette neu bekommen? – Auch hier verursachte wieder Nichtwissen den Kummer und Erkenntnis das Glück.
Nicht anders ist es mit dem Menschen und dem Selbst. Es gibt nichts Neues zu erlangen; nur die Unkenntnis über das Selbst ist die Ursache des gegenwärtigen Leidens; die Erkenntnis des Selbst macht glücklich.
Im übrigen: Was neu erworben werden muß bedingt, daß es vorher nicht da war. Was einmal fehlte, kann wieder verschwinden. Die Erlösung ist eine dauernde, weil das Selbst in jedem Augenblick vorhanden und damit ewig ist.
So sind die Bemühungen des Menschen lediglich auf die Beseitigung des Nichtwissens gerichtet, und die Weisheit scheint nur aufzusteigen, doch ist sie wirklich und ewig gegenwärtig.
Der Besucher grüßte den Meister zum Abschied und fügte hinzu: Man sagt, daß das Opfer im Rachen des Tigers endgültig verloren sei. Diese Bemerkung gilt der Begegnung mit dem wahren Guru: Wer in dessen wunderbaren Bann gerät, kann sich dem nicht wieder entziehen.


Jemand brachte Bhagavan die Nachricht vom Tode eines Bekannten. Er sagte:
Gut. Die Toten sind wirklich glücklich, sie sind die lästige Form – den Körper – los. Der Tote trauert nicht, nur der Überlebende. Fürchten die Menschen den Schlaf? Im Gegenteil, sie suchen ihn, und nach dem Erwachen sagt jeder, daß er selig geschlafen habe. Man bereitet sich geradezu auf den tiefen Schlaf vor; und doch ist Schlaf nur vorübergehender Tod, Tod nur ein längerer Schlaf. Stirbt der Mensch jedoch noch zu Lebzeiten, dann ist er nicht mehr über den Tod anderer betrübt.
Wir existieren immer – mit und ohne Körper, im Wachen, im Traum und im Schlaf. Warum sollte man dann am Körper hängen, der begrenzt und einengt, behindert und fesselt? Jeder sollte sein unsterbliches Selbst finden und dann für immer glücklich sein.

## 13. Juli 1935

Fr  Wird die Welt auch nach der Verwirklichung des Selbst noch wahrgenommen?
M  Wer fragt das, ein Weiser oder ein Unweiser?
Fr  Ein Unweiser.
M  Erkennen Sie den, dem die Frage einfällt. Sie kann erst beantwortet werden, wenn man den Fragenden erkannt hat. Kann die Welt oder der Körper sagen, daß es sie gibt, oder sagt es der, der sie wahrnimmt? Es muß einer da sein, der die Objekte sieht. Finden Sie zunächst diesen Seher heraus. Weshalb sich jetzt darüber beunruhigen, was nachher sein wird?
Was macht es schon aus, ob die Welt wahrgenommen wird oder nicht? Verlieren Sie etwas dadurch, daß Sie sie jetzt sehen, oder gewinnen Sie etwas dadurch, daß Sie sie im Tiefschlaf nicht sehen? Es ist unwichtig, ob die Welt wahrgenommen wird oder nicht.
Der Unweise sieht den Weisen tätig und wird dadurch verwirrt. Die Welt wird von beiden wahrgenommen, aber der Standpunkt ihr gegenüber ist verschieden. Nehmen Sie als Beispiel einen Film. Über die Leinwand bewegen sich Bilder; gehen Sie hin und halten Sie sie fest. Was ergreifen Sie? Lediglich die Leinwand. Und wenn die Bilder verschwinden – was bleibt übrig? Wieder nur die Leinwand. Nicht anders steht es mit der Welt. Wenn sie erscheint, fragen Sie sich, wem sie erscheint. Halten Sie das Substrat, das Wesenhafte des ‹ich› fest. Wenn Sie sich an dieses halten, was macht es dann aus, ob die Welt erscheint oder verschwindet?
Der Unweise hält die Welt für wirklich, während der Weise sie lediglich als Ausdruck des Selbst sieht. Es ist vollkommen belanglos, ob das Selbst sich auf diese Weise manifestiert oder aufhört, es zu tun.

## 15. Juli 1935

Ein Brief war angekommen, der einige Fragen enthielt, die sich auf Erinnerung, Schlaf und Tod bezogen. Auf den ersten Blick schienen sie gewichtig zu sein, aber recht schwierig zu beantworten. Als sie dem Meister vorgelegt wurden, entwirrte er den Fragenkomplex sehr bald mit dem Hinweis, daß nur der Mangel an Unterscheidung zwischen dem wahren und dem falschen ‹ich› schuld an diesem Durcheinander sei. Die Eigenschaften und Besonderheiten gehören dem falschen, nicht dem wahren Ich an; unsere Bemühungen sind nur darauf gerichtet, unser Nichtwissen zu beseitigen. Danach hören sie auf, und wir entdecken, daß das wahre Selbst immer da ist. Es braucht keine Bemühungen, als Selbst zu verbleiben.

*21. Juli 1935*

Mr. K. S. N., ein Eisenbahnbeamter, sagte:
   In meiner Meditation gibt es eine Unsicherheit. Wenn ich mich frage: ‹Wer bin ich?›, dann gehen meine Überlegungen folgendermaßen weiter: Ich sehe meine Hand. Wer sieht sie? Mein Auge. Wie sehe ich mein Auge? In einem Spiegel. Ich muß also auch einen Spiegel haben, um mich zu sehen. Meine Frage ist nun: ‹Was in mir könnte als Spiegel in diesem Sinne dienen?›
M  Warum fragen Sie dann: ‹Wer bin ich?› Weshalb erzählen Sie von Schwierigkeiten und dergleichen? Sie könnten ganz ruhig bleiben. Weshalb geraten Sie außer Fassung?
Fr Diese Art zu fragen hilft mir, mich zu konzentrieren. Ist Konzentration der einzige Gewinn?
M  Was wollen Sie noch mehr? Auf die Konzentration kommt es an. Was ist es denn, was Sie aus der Ruhe bringt?
Fr Ich werde abgelenkt.
M  Die Suche nach dem ‹ich› bezweckt, dessen Quelle zu finden. Ist diese gefunden, dann ist erreicht, was Sie erstreben.

Dr. Rahakamal Mukerjee, ein bekannter Professor mittleren Alters, von freundlichem, einnehmenden Wesen, der Yoga und Meditation übt, hatte einige übersinnliche Erfahrungen gemacht und hoffte, der Maharshi möchte ihm deren Sinn aufdecken. Er findet das Ringen um die Verwirklichung des Selbst schwer und erbat die Hilfe des Meisters. Er fragte:
   Ich fühle zu Zeiten, daß *Bhuma* (das Höchste Bewußtsein) Unendlichkeit ist und daß ich begrenztes Bewußtsein bin. Ist das richtig?
M  *Bhuma,* die Vollkommenheit, allein *ist.* Sie ist das Unendliche. Aus ihr steigt dieses endliche Bewußtsein auf und verbindet sich

mit etwas Begrenztem. Damit wird es zu reflektiertem Bewußtsein. Lassen Sie dieses individuelle Bewußtsein im Höchsten Bewußtsein aufgehen; das ist es, was geschehen muß.

*Fr* Bhuma, die Vollkommenheit, ist also eine Eigenschaft des Höchsten Bewußtseins.

*M* *Bhuma* ist das Höchste. Wo man keinen anderen sieht und nichts hört, ist Vollkommenheit. Es ist unbestimmbar und unbeschreibbar. Es ist so wie Es ist.

*Fr* Eine unermeßliche Weite wird erfahren; wahrscheinlich genau unterhalb von *Bhuma,* oder Ihm sehr nahe. Habe ich recht?

*M* *Bhuma* allein *ist* – sonst nichts. Alles andere ist in Ihrem Geist.

*Fr* Wenn ich den Geist überschreite, empfinde ich die unermeßliche Weite.

*M* Ja, genau.

Der Professor wandte sich zu seiner Begleiterin, die etwas weiter weg von ihm saß, und übertrug ihr das Gespräch in Hindi. Sie fragte darauf:

Was ist der Unterschied zwischen Meditation und Abgelenktsein?

*M* Es gibt keinen Unterschied. Sind Gedanken da, dann ist es Abgelenktsein; sind keine da, ist es Meditation. Meditation ist aber nur eine Übung, im Unterschied zum wirklichen Zustand des Friedens.

*Fr* Wie übt man Meditation?

*M* Halten Sie alle Gedanken fern!

*Fr* Wie kann man dann Arbeit mit Meditation vereinen?

*M* ‹Wer ist der Arbeitende?›, ist die Frage, die der sich stellen muß, der arbeitet. Sie sind immer das Selbst, nicht der Geist. Es ist der Geist, der solche Probleme aufwirft. Arbeit geht nur in Gegenwart des Selbst vor sich; sie behindert die Verwirklichung nicht. Was uns beunruhigt, ist die falsche Identifizierung des Arbeitenden. Diesen Irrtum müssen Sie loswerden.

Der Professor fragte:

Ist nicht der Zustand des Unbewußten dem Unendlichen Bewußtsein sehr nahe?

*M* Bewußtsein ist das einzige, was zurückbleibt, und nichts darüber hinaus.

*Fr* Sri Bhagavans Schweigen ist allein schon eine wunderbare Kraft. Es ruft Seelenfrieden in uns hervor.

*M* Schweigen ist ein nie endendes Mitteilen, dessen Wirken durch Gespräche nur gehemmt wird. Im Schweigen ist man im engsten

Kontakt mit der Umgebung. Dakshinamurtis Schweigen allein beseitigte alle Zweifel der vier Weisen. Schweigen ist die Darlegung des Wahren; ihm wohnt eine mächtige Kraft inne. Um sprechen zu können, brauchen wir Sprechorgane, doch die Beredsamkeit des Schweigens bedarf keiner Hilfsmittel – sie ist jenseits des Denkens. Sie ist transzendiertes Sprechen – das unausgesprochene Wort, *para vak*.

Fr Gibt es in der Verwirklichung noch Erkenntnis?

M Die Abwesenheit von Wissen ist Schlaf. Es gibt Wissen in der Verwirklichung, aber es unterscheidet sich von dem gewöhnlichen Wissen, welches nur eine Beziehung zwischen Subjekt und Objekten darstellt. Es ist absolutes Wissen. Wissen hat zwei Bedeutungen:
1. *vachyartha* = *vritti* = buchstäbliche Bedeutung des Wissens,
2. *lakshyartha* = *jnana* = Selbst = das wahre Wissen = absolute Erkenntnis.

Fr Mit *vritti*, der Geistestätigkeit, ‹sieht› man das wahre Wissen.

M Ganz recht, doch verwechselt man *vritti* mit Erkenntnis. *Vritti* ist eine Geistesregung. Sie sind aber nicht der Geist; Sie sind jenseits von ihm.

Die Dame:
Zuzeiten wird das Verlangen unwiderstehlich, seinen Geist in der Form des Höchsten Seins verweilen zu lassen.

M Das ist gut. Es muß fortgesetzt werden, bis es natürlich, *sahaja*, wird. Dann gipfelt es in dem eigenen wahren Wesen, dem Selbst.

Später gab Sri Bhagavan noch weitere Erläuterungen:

*Vritti* wird oft irrtümlich für Bewußtsein gehalten. Es ist aber nur eine Erscheinungsform und wirkt im Bereich des reflektierten Bewußtseins. Wahre Erkenntnis liegt jenseits des relativen Wissens und des Nichtwissens; sie hat nicht die Form einer Geistesregung, *vritti*. In ihr gibt es weder Subjekt noch Objekt.

*Vritti* gehört dem tätigen Geist *(rajas)* an. Der ruhende Geist *(sattva)* ist frei von *vritti*. Das Ruhende *(sattva)* ist Beobachter des Bewegten *(rajas)*. Es ist zweifellos reines Bewußtsein, und doch spricht man von einem *sattva*haften Geist. Man weiß sich als Zeuge, und das ist noch eine Funktion des reflektierten Bewußtseins *(abhasa)*. Dieses Wissen um den Zeugen setzt einen denkenden Geist voraus. Der Geist selbst ist reflektiertes Bewußtsein. Ruht es in sich, nennt man es den *sattva*haften Geist. Das ist der Geist eines zu Lebzeiten Verwirklichten *(jivanmukta)*, von dem man auch sagt, daß sein Geist tot sei. Ist es nicht paradox, daß ein Verwirklichter einen Geist haben soll, der tot ist? Das ist ein Zugeständnis, das man im Gespräch mit Nichtwissenden machen muß. Es wird auch behauptet, daß der Geist des Verwirklichten identisch sei mit *Brahman*. Wie kann man ihn dann aber einen *Brahmavid*, einen Brahmankenner, nennen. *Brahman* ist niemals ein Objekt, das man kennen kann, obwohl das Wort *Brahmavid* in diesem Sinne verwendet wird.

Man gesteht dem Verwirklichten und *Isvara*, dem Höchsten Wesen, einen *sattva*haften Geist zu, ‹denn wie könnte sonst›, so argumentiert man, ‹ein Verwirklichter überhaupt leben und handeln›. Der *sattva*hafte Geist ist demnach ein Zugeständnis an den Intellekt, das er für seine Beweisführung benötigt. In Wirklichkeit ist der *sattva*hafte Geist Absolutes Bewußtsein. Das beobachtete Objekt und der Beobachtende gehen schließlich ineinander auf; dann herrscht allein in Erhabenheit das Absolute Bewußtsein. Das ist nicht der Zustand der Leere *(sunya)*, des dumpfen Nichtwissens; es ist die Wirklichkeit des Selbst. Einige behaupten, daß zuerst der Geist aus dem Bewußtsein aufsteige und danach das reflektierte Bewußtsein *(abhasa)*, andere wiederum meinen, daß *abhasa* früher als der Geist erscheine. Tatsächlich entstehen beide gleichzeitig.

Der Professor bat Sri Bhagavan, ihm seine Gnade auch dann zu schenken, wenn er bald wieder tausend Meilen entfernt sein würde.
Sri Bhagavan antwortete,
> daß Zeit und Raum mentale Begriffe wären, daß jedoch das wahre Selbst jenseits von Geist, Zeit und Raum sei. Entfernung zähle nicht im Selbst.

Der Begleiterin dieses Besuchers fiel die Trennung vom Meister noch schwerer. Er tröstete sie:
> Stellen Sie sich vor, daß Sie immer bei mir sind; das wird Ihnen das richtige Empfinden geben.

Die Gäste gingen nach Dunkelwerden. –

In der Zeitung ‹Hindu› erschienen Berichte über Universitätsvorlesungen dieses Besuchers, in denen er die Notwendigkeit einer Geburtenkontrolle betonte und die mancherlei Möglichkeiten erörterte, durch die der Mensch zum Gefühl seiner Verantwortlichkeit gelange, aus der heraus eine Geburtenkontrolle automatisch erfolge.
Der Meister bemerkte dazu beiläufig:
> Laßt sie lieber die Methode entdecken, wie man stirbt (als individuelles ‹ich›).

## 25. September 1935

Mr. K. S. N. fragte nach *japa*. Der Maharshi antwortete:
*Japa* wird in drei aufeinanderfolgenden Stufen vollzogen: zunächst als gesprochenes Wort, dann im Geiste und später als Meditation; schließlich ist es unwillkürlicher und unaufhörlicher *japa*. Dann ist der *japa*-Ausübende eins mit dem Selbst geworden. Der beste aller *japas* ist ‹Wer bin ich?›.

## 27. September 1935

Mr. Ekanatha Rao fragte:
Was tut man in seiner Verzweiflung, wenn man keinerlei Ermutigung vom Meister empfängt – viel weniger seine Gnade?
M  Das ist lediglich Nichtwissen. Es gilt, die Frage zu stellen, wer verzweifelt ist und so fort. Es ist das Trugbild des ‹ich›, das sich nach dem Schlaf erhebt und solchen Gedanken zum Opfer fällt.
Fr  Wenn aber aus Mangel an Ermutigung der Ansporn fehlt?
M  Findet man nicht eine Art Frieden in der Meditation? Das ist das Zeichen des Fortschreitens. Dieser Friede wird tiefer und dauernder bei fortgesetzter Übung und führt schließlich ans Ziel. Die *Bhagavad Gita* spricht im letzten Vers des XIV. Kapitels vom *gunatita*, von dem, der die *gunas* (Eigenschaften, Neigungen, Umstände) hinter sich gelassen hat. Das ist die letzte Stufe.
Die früheren sind *asuddha sattva*, das unlautere Wesen, *misra sattva*, das gemischte, und *suddha sattva*, das reine Wesen.
Unlauter ist ein Wesen, wenn es von *rajas* (Rastlosigkeit) und *tamas* (Trägheit) überwältigt wird; gemischt, wenn es sich, als reines Sein, gelegentlich durchsetzt; als *suddha sattva*, das reine Wesen, überwältigt es *rajas* und *tamas*. Nach dieser Stufenfolge tritt dann der Zustand ein, der die *gunas* überschreitet.

Mr. Frydman schrieb in einem Brief: ‹Maharshi ist nicht nur bei mir, wenn ich an ihn denke, sondern auch, wenn ich nicht an ihn denke; wie könnte ich sonst leben?›
Mr. Grant Duff schrieb: ‹Bestellen Sie bitte Maharshi meine Empfehlungen. Er erscheint in meinen Gedanken nicht nur als die Antwort auf meine Fragen, sondern auch als lebendige Gegenwart.›

## 29. September 1935

Mr. K. S. N. sprach davon, daß er nicht ganz überzeugt davon sei, daß sich das spirituelle Leben mit den weltlichen Tätigkeiten vereinen ließe. Eine Arbeit könne nicht zur Zufriedenheit durchgeführt werden, ohne daß man den Geist auf sie konzentriere.

Maharshi zitierte einige Verse aus dem *Yoga Vasishta* und fuhr fort: Der Geist ist nur eine Projektion aus dem Selbst, die im Wachzustande erscheint. Im Tiefschlaf erzählen Sie nicht, wessen Sohn Sie sind und dergleichen. Sowie Sie erwachen, behaupten Sie, der und der zu sein, erkennen die Welt usw. Die Welt ist nur *lokah*, nach dem Wort ‹*lokyate iti lokah*›, das, was wahrgenommen wird, ist die Welt. Zu wem gehört das Auge, das sie sieht? Es gehört dem ‹ich› an, welches periodisch aufsteigt und absinkt. Sie aber sind immer da. So ist also Das, was jenseits des ‹ich› ist, das Reine Bewußtsein, das Selbst.

Im Tiefschlaf taucht der Geist nur unter; er wird nicht zerstört. Das, was untertaucht, taucht wieder auf; das bezieht sich auch auf die Meditation. Der Geist, der ausgelöscht wurde, kann dagegen nicht wieder erscheinen. Daher muß es das Ziel des Yogis sein, den Geist aufzulösen und nicht in *laya,* den Zustand, in dem er nur vorübergehend zur Ruhe kommt, abzusinken. Aus der Stille der Meditation ergibt sich zwar *laya,* doch das ist nicht genug. Um den Geist völlig aufzulösen, bedarf es ergänzender Übungen. Es hat Leute gegeben, die mit einem belanglosen Gedanken in *samadhi* eingegangen sind und mit dem gleichen Gedanken wieder erwachten, obgleich inzwischen Generationen über die Erde dahingegangen waren. Solch ein Yogi hat seinen Geist nicht erlöst. Dessen Erlösung besteht darin, ihn nicht anzuerkennen als ein vom Selbst gesondertes Etwas. Auch jetzt ist der Geist nicht; erkennen Sie das. Und wie könnten Sie das besser als in den Betätigungen des Alltags? Sie gehen ganz automatisch vonstatten. Erkennen Sie, daß der Geist, der sie scheinbar veranlaßt, tätig zu sein, nicht wirklich ist, sondern nur ein Trugbild, das vom Selbst ausgeht. Das ist die Methode, wie man den Geist vernichtet.

Als der Meister in der Bibel die Stelle ‹Sei still und erkenne, daß Ich Gott bin› (Psalm 46) suchte, fand er bei Salomo:
    Es gibt nur Einen allein und keinen Zweiten› und ‹Des weisen Mannes Herz ist rechter Hand, das Herz des Toren links.

Ein Mann aus Masula fragte:
Wie verwirklicht man das Selbst?

M  Jedermann erfährt das Selbst in jedem Augenblick seines Lebens.
Fr  Es wird aber nicht so verwirklicht, wie man gern möchte.
M  Richtig. Die gegenwärtige Erfahrung ist verschieden von der wirklichen. Das, was nicht ist, wird mit dem, was ist, verwechselt.
Fr  Wie findet man das Selbst?
M  Es gibt kein Suchen nach dem Selbst. Ein Suchen kann nur den Dingen gelten, die Nicht-Selbst sind. Man kann nur alles Nicht-Selbst ausmerzen; dann leuchtet das Selbst von allein auf.
Man nennt Es mit verschiedenen Namen: *atma,* Gott, *kundalini,* Mantra ... Halten Sie irgendeinen davon fest, und das Selbst offenbart sich Ihnen. Gott ist niemand anderes als das Selbst, *kundalini* zeigt sich jetzt als der Geist; wird er zu seiner Quelle zurückverfolgt, dann ist er *kundalini.* Die Wiederholung des Mantra *(japa)* führt zur Ausschaltung anderer Gedanken und zur Konzentration auf das Mantra; schließlich verschmilzt dieses mit dem Selbst – und erstrahlt als das Selbst.
Fr  Wie lange ist ein Guru nötig, wenn man das Selbst verwirklichen will?
M  Der Guru ist so lange nötig, wie es den *laghu* gibt. (Ein Wortspiel: *guru* = schwer und *laghu* = leicht). *Laghu* entsteht infolge der selbstauferlegten falschen Einschränkungen des Selbst. Wird Gott angebetet, dann gewährt Er Beständigkeit in der Hingabe, die schließlich zur Übergabe wird. Dem, der sich Ihm übergibt, erweist Gott die Gnade, sich ihm als Guru zu nahen. Der Guru, Gott, leitet den Hingebungsvollen, sagt ihm, daß Gott in ihm wohnt und Er das Selbst ist. Das führt zur Wendung des Geistes nach innen und schließlich zur Verwirklichung.
Das eigene Bemühen ist dabei unerläßlich bis zur Verwirklichung. Das Selbst sollte sich unwillkürlich offenbaren, sonst ist das Glück nicht vollkommen. Ein Bemühen in der einen oder anderen Form muß also beibehalten werden, bis dieser Zustand der völlig ungezwungenen Verwirklichung des Selbst erreicht ist.
Fr  Unser Alltagsleben verträgt sich schlecht mit derartigem Bemühen.
M  Weshalb halten Sie sich für tätig? Nehmen Sie zum Beispiel Ihre Reise. Sie verließen Ihr Heim in einem Wagen, nahmen den Zug, stiegen in Tiruvannamalai aus, nahmen wieder einen Wagen und

fanden sich in diesem Ashram ein. Wenn Sie gefragt werden, dann sagen Sie, Sie wären den ganzen weiten Weg hierher gereist. Stimmt das? Ist es nicht vielmehr Tatsache, daß Sie blieben, so wie Sie waren, und den ganzen weiten Weg die Beförderungsmittel sich bewegten? Wie Sie jetzt jene Bewegungen mit Ihren eigenen verwechseln, so machen Sie es ebenso mit Ihren anderen Aktivitäten. Es sind nicht Ihre eigenen; es sind Gottes Tätigkeiten.

Fr Eine solche Vorstellung wird zur Leere im Geiste führen und tut dem Fortgang der Arbeit nicht gut.
M Erreichen Sie diese Leere, und berichten Sie mir nachher davon.
Fr Es heißt, daß ein Besuch bei Weisen zur Verwirklichung des Selbst beitrage?
M Ja, das tut er.
Fr Wird mein Besuch bei Ihnen sie bei mir hervorrufen?
M (nach kurzer Pause) Was soll hervorgerufen werden – bei wem? Denken Sie darüber nach; ergründen Sie es! Wer zweifelt? Wird die Quelle aufgespürt, dann verschwindet der Zweifel.

Ein anderer Besucher fragte:
Die Tiere scheinen trotz ihrer Umgebung und deren Veränderungen immer mit ihren eigenen Naturgesetzen in Harmonie zu sein, während der Mensch sich über seine Sozialordnung hinwegsetzt und sich an kein System gebunden fühlt. Das sieht nach Degeneration aus, während die Tiere beständig sind – oder irre ich?
M (nach einer langen Pause) Die *Upanishaden* und andere heilige Schriften sagen, daß der Mensch Tier sei, solange er noch nicht zum verwirklichten Wesen wurde. – Vielleicht ist er manchmal sogar ärger als sie.

## 3. Oktober 1935

Ein ergebener und schlichter Anhänger Bhagavans hatte seinen einzigen, dreijährigen Sohn verloren. Er kam am nächsten Tage mit seiner Familie in den Ashram. Der Meister wandte sich ihnen zu:
Übung des Geistes hilft einem, Kummer und schmerzliche Verluste tapfer zu ertragen. Aber der Verlust der eigenen Nachkommen ist wohl der schwerste von allen. Leid gibt es nur so lange, als man sich selbst in einer bestimmten Gestalt sieht. Geht man

über sie hinaus, dann erkennt man, daß das Eine Selbst ewig ist. Es gibt weder Tod noch Geburt; was geboren wird, ist nur der Körper. Der aber ist eine Schöpfung des ‹ich›, das allerdings niemals ohne Körper wahrgenommen wird; es wird stets mit ihm gleichgesetzt. Worauf es ankommt, ist das Denken. Der sensible Mensch soll darüber nachdenken, ob er auch im tiefen Schlaf von seinem Körper wußte. Weshalb fühlt er ihn im Wachzustand? Und dennoch: Obgleich der Körper im Schlaf nicht empfunden wurde – war nicht doch das Selbst vorhanden? Wie war der Mensch im Tiefschlaf – wie ist er im Wachen? Was ist der Unterschied? Das ‹ich› steigt auf, das ist Erwachen, und gleichzeitig mit ihm steigen die Gedanken auf. Man muß herausfinden, wem diese Gedanken angehören. Woher steigen sie auf? Sie müssen dem bewußten Selbst entspringen. Das zu begreifen, wenn auch nur dunkel, trägt schon dazu bei, den ‹ich›-Gedanken auszulöschen. Daraufhin wird die Verwirklichung des Einen Unendlichen Seins ermöglicht. In diesem Zustand gibt es keine Einzelpersönlichkeiten mehr, nur noch das Ewige Sein; so kann es auch keinen Gedanken an Tod oder Klage geben.

Hält jemand sich für geboren, dann kann er der Angst vor dem Tode nicht entgehen. Möge er herausfinden, ob er geboren ist oder ob es Geburt irgendeiner Art für das Selbst gibt. Er wird entdecken, daß das Selbst immer existiert, daß der Körper, der geboren wurde, sich in Denken umwandelt, und daß das Auftreten des Denkens die Wurzel allen Übels ist. Finden Sie heraus, woher die Gedanken auftauchen. Dann werden Sie im ewiggegenwärtigen Selbst ruhen und frei sein von der Vorstellung von Geburt und der Furcht vor dem Tod.

Ein Anwesender fragte, wie man das machen müsse.

M Die Gedanken sind lediglich latente Eindrücke, *vasanas,* die sich in zahllosen früheren Daseinsformen angesammelt haben. Das Ziel ist deren Auflösung. Der Zustand ohne *vasanas* ist uranfängliches Sein und der Zustand ewiger Reinheit.

Fr Ich verstehe es noch nicht ganz.

M Jeder ist sich des ewigen Selbst bewußt. Er sieht so viele Menschen sterben und hält sich doch für ewig, weil es die Wahrheit ist. So setzt sich unwillkürlich die natürliche Wahrheit durch. Getäuscht wird der Mensch, weil er das bewußte Selbst mit dem fühllosen Leib verwechselt. Diese Täuschung muß aufhören.

Fr Wie hört sie auf?

M  Das, was geboren wird, muß sterben. Die Täuschung ist nur eine Begleiterscheinung des ‹ich›, das aufsteigt und absinkt. Die wahre Wirklichkeit kennt keinen Auf- und Untergang. Sie besteht ewig. Der Meister, der das verwirklicht hat, stellt es fest, und der Schüler hört und überdenkt seine Worte und verwirklicht das Selbst.
Es bedarf keiner Mühe, das ewig-gegenwärtige Selbst zu verwirklichen, denn die Verwirklichung ist immer da. Nur die Illusion braucht beseitigt zu werden. Manche behaupten nun, das Wort von den Lippen des Meisters beseitige sie augenblicklich; andere halten Meditation und dergleichen zur Verwirklichung nötig. Beide haben recht; sie sprechen lediglich von verschiedenen Standpunkten aus.
Fr  Ist *dhyana* (Kontemplation) unumgänglich?
M  Die *Upanishaden* sagen, daß selbst die Erde in ewigem *dhyana* ruht.
Fr  Wie kann äußeres Wirken zur Verwirklichung beitragen? Wird es nicht die ohnehin schon schwere Last, die ja beseitigt werden soll, noch schwerer machen?
M  Selbstloses Handeln läutert den Geist und trägt dazu bei, ihn in der Meditation nach innen zu wenden.
Fr  Und wenn man nun unaufhörlich meditierte, ohne tätig zu sein?
M  Versuchen Sie es. Die *vasanas* (latente Neigungen) werden es nicht zulassen. *Dhyana* wird nur Schritt für Schritt erworben, entsprechend dem allmählichen Schwächerwerden der *vasanas* dank der Gnade des Meisters.

## 15. Oktober 1935

Dr. Bernhard Bey, ein amerikanischer Chemiker, interessiert sich seit etwa zwanzig Jahren für *Vedanta* und besuchte gelegentlich einer Indienreise den Meister. Er fragte:
Wie lerne ich, mich zu konzentrieren? Ich versuche, das Licht zu finden.
Der Meister fragte ihn, was er bislang an Versuchen unternommen habe. Er sagte, daß er sich auf die Nasenwurzel konzentriert habe, daß der Geist aber abirre.
M  Gibt es einen Geist?
Einer der Anwesenden warf leise ein:

Der Geist ist nur eine Ansammlung von Gedanken.
M Wem gehören die Gedanken? – Wenn Sie versuchen, den Ort des Geistes ausfindig zu machen, dann verschwindet er, und das Selbst bleibt allein zurück. Was braucht es denn noch ein ‹Auf-einen-Punkt-gerichtet-sein› oder sonst etwas?
Fr Das ist schwer zu verstehen. Wenn etwas Konkretes gesagt wird, dann kann man es leicht begreifen. *Japa, dhyana* usw. sind viel konkreter.
M ‹Wer bin ich?› ist der beste *japa*. Und was könnte konkreter sein als das Selbst? Es ist in jedem Augenblick im Bereich der Erfahrung eines jeden. Weshalb versuchen, irgend etwas zu erhaschen und das Selbst dabei außer acht zu lassen? Jeder sollte zunächst einmal das bekannte Selbst ausfindig zu machen suchen, statt nach einem unbekannten Etwas im Jenseits zu fahnden.
Fr Wo soll ich über das Selbst meditieren – ich meine, in welcher Region des Körpers?
M Das Selbst muß offenbar werden; das ist alles, was nötig ist.
Jemand fügte leise hinzu:
In der Brust, rechts der Mittellinie, ist das ‹Herz›, das der Sitz des Selbst *(atma)* ist.
Ein anderer sagte:
In diesem Zentrum tritt die Erleuchtung ein, wenn das Selbst verwirklicht ist.
M Ganz recht.
Fr Wie wendet man den Geist von der Welt ab?
M Gibt es eine Welt – ich meine, vom Selbst gesondert? Sagt die Welt, daß sie existiert? Sie sind es, der behauptet, es gäbe eine Welt. Finden Sie den heraus, der das behauptet.

## 16. Oktober 1935

Es ging um die Unterschiede zwischen den verschiedenen *samadhis*.
M Sind die Sinne in Dunkelheit versunken, dann ist es Tiefschlaf, sind sie im Licht des Reinen Gewahrseins eingegangen, dann ist es *samadhi*. Ebenso wie der Reisende, der in einer Kutsche eingeschlafen ist, der Bewegungen des Anhaltens oder des Ausspannens der Pferde nicht gewahr ist, so ist der *jnani* im *sahaja samadhi*, im ‹natürlichen› *samadhi*, des Geschehens um ihn herum, seines Wachens, Träumens und Tiefschlafs nicht gewahr. Hier ent-

spricht der Tiefschlaf dem Ausspannen der Pferde und der *samadhi* ihrem Anhalten, da die Sinne zur Tätigkeit bereit sind, so wie die Pferde nach dem Halt der Kutsche bereit sind, wieder weiterzuziehen.

Im *samadhi* neigt sich der Kopf nicht, weil die Sinne wach, wenn auch untätig sind, während der Kopf im Schlaf niedersinkt, weil die Sinne in Dunkelheit versinken. Im *kevala samadhi* sind die vitalen und mentalen Tätigkeiten, Wachen, Träumen und Schlafen nur untergetaucht, bereit, wieder aufzutauchen, sowie ein anderer Zustand als *samadhi* eintritt. In *sahaja samadhi* ist die Wahrnehmung der vitalen und mentalen Tätigkeiten und der drei Zustände beendet und kommt nie wieder. Andere sehen zwar, daß der Verwirklichte handelt, z. B. ißt, spricht, sich umherbewegt usw. Er selbst ist sich dieses Tuns jedoch nicht bewußt. Die Tätigkeiten gehören lediglich seinem Körper an, nicht seinem wahren Selbst. Er gleicht dem schlafenden Reisenden – oder dem kleinen Kinde, das auch nicht gewahr wird, wenn man es aus tiefem Schlaf holt, um es zu füttern. Es behauptet am nächsten Tage, daß es keine Milch bekommen habe und ohne sie schlafen gegangen sei, und wenn man versucht, ihm die Tatsache ins Gedächtnis zurückzurufen, kann man es nicht überzeugen. So ist es auch mit *sahaja samadhi*.

Mr. Grant Duff fragte den Meister nach dessen Erlebnis mit einem Mungo. Bhagavan erzählte:

Es war während des Arudrafestes, das auch mein Geburtstag ist. Ich lebte noch auf dem Berg, im Skandasramam. Scharen von Besuchern strömten aus der Stadt bergaufwärts. Ein Mungo, der größer war als die gewöhnlichen – mit goldfarbenem Fell, nicht grau wie üblich, und ohne den schwarzen Flecken am Schweif, den die wilden Mungos haben –, lief ohne Scheu durch dieses Menschengewühl. Die Leute hielten ihn für ein zahmes Tier, das jemandem in der Menge gehöre. Er lief geradewegs auf Palaniswami zu, der eben in der Quelle bei der Virupaksha-Höhle badete. Er streichelte das Tier und liebkoste es. Es folgte ihm in die Höhle, untersuchte dort jede Ecke und jeden Winkel genau und gesellte sich dann wieder zur Menge, die weiter dem Skandasramam zustrebte. Ich bemerkte es. Jeder war von seiner reizenden Erscheinung und seiner Furchtlosigkeit entzückt. Es kam zu mir, sprang mir auf den Schoß und ruhte dort eine Weile aus. Dann richtete es sich wieder auf, blickte um sich, sprang vom Schoß und begann den Platz abzusuchen. Ich folgte ihm, damit ihm nicht von unachtsamen Besuchern oder von den Pfauen ein Leid geschähe. Zwei der Pfauen betrachteten es höchst neugierig, der Mungo aber bewegte sich unbekümmert von einer Stelle zur anderen und verschwand schließlich in den Felsen südöstlich des Skandasramam.

Der gleiche Besucher fragte nach der Beziehung zwischen Gedächtnis, Willen und beider Verhältnis zum Geist.

M  Es sind Funktionen des Geistes. Der Geist entsteigt dem ‹ich› und das ‹ich› dem Selbst.

### 6. November 1935

Der Meister erklärte die wahre Bedeutung des christlichen Glaubens folgendermaßen:

Christus ist das ‹ich›, das Kreuz der Körper. Wenn das ‹ich› gekreuzigt wird und stirbt, dann überlebt das Absolute Sein, Gott, und dieses glorreiche Weiterleben wird Auferstehung genannt.

Major A. W. Chadwick, Engländer und glühender Verehrer des Maharshi, fragte:

Weshalb rief Christus am Kreuz aus: ‹Mein Gott, warum hast du mich verlassen›?

M  Ein Verwirklichter hat seine Befreiung schon zu Lebzeiten, hier und jetzt, erreicht. Es ist nicht wichtig, wie, wo und wann er seinen Körper verläßt. Manch einer mag scheinbar leiden, andere im *samadhi* verscheiden, noch andere mögen vor ihrem Tode ins Unsichtbare verschwinden. Das bedeutet keinen Unterschied in ihrer Weisheit. Das Leiden ist nur Leiden in den Augen des Außenstehenden, nicht für den Weisen selbst, denn er hat die irrige Gleichsetzung von Selbst und Körper hinter sich gelassen.

Fr  Was bedeutet Christus in der Erleuchtung des Apostels Paulus?

M  Erleuchtung ist immer absolut, d. h. nicht mit Gestaltetem verbunden. Apostel Paulus identifizierte seine Erleuchtung mit dem Christusbewußtsein erst, nachdem er sich wieder seiner selbst bewußt war.

Fr  Aber Paulus liebte Christus keineswegs.

M  Es ist gleich, ob er ihn liebte oder haßte — der Gedanke an

Christus war da. Christusbewußtsein und Verwirklichung des Selbst sind das gleiche.
Ein andermal deutete Bhagavan die christliche Trinität mit den Worten:
Gott der Vater steht für *Isvara,*
Gott der Sohn steht für den Guru,
Gott der Heilige Geist steht für das Selbst.
Gott erscheint dem Frommen in der Gestalt eines Guru, der ihm zeigt, daß der Heilige Geist in ihm ist, d. h., daß Gott Geist ist und dieser Geist allem innewohnt und daß Er erkannt werden muß, was dasselbe ist wie die Verwirklichung Gottes.

M *Karpura arati,* das Schwenken der Kampferflamme während des *puja* ist Symbol für das Verbrennen des Geistes durch das Licht der Erleuchtung; *vibhuti,* die heilige Asche, bezeichnet *Siva,* das absolute Sein; *kunkuma,* der Zinnoberpuder, *sakti,* die Höchste Kraft.
*Vibhuti* hat zwei Bedeutungen: *para vibhuti* und *apara vibhuti. Apara vibhuti* ist die heilige Asche; *para vibhuti* ist das, was übrigbleibt, wenn alle Schlacke vom Feuer der Erkenntnis verbrannt ist: das ist Absolutes Sein.

Ein Besucher aus Bengalen fragte:
Wie kontrolliert man den Geist?
M Was nennen Sie ‹den Geist›?
Fr Wenn ich niedersitze, um an Gott zu denken, dann schweifen meine Gedanken zu anderen Dingen ab. Ich möchte diese Gedanken unter Kontrolle haben.
M Die *Bhagavad Gita* sagt, daß es die Natur des Geistes sei, umherzustreifen. Man muß die Gedanken dazu bringen, sich auf Gott zu besinnen. Nur lange Übung bringt den Geist unter Kontrolle und macht ihn stetig. Das Abirren des Geistes ist eine Schwäche, die infolge der ständigen Vergeudung seiner Kraft in Form von Gedanken entstanden ist. Bringt man ihn dazu, sich auf *einen* Gedanken zu konzentrieren, dann bewahrt er seine Energie und erstarkt.
Fr Was ist mit Geisteskraft gemeint?
M Die Fähigkeit, sich auf *einen* Gedanken zu konzentrieren, ohne abgelenkt zu werden.
Fr Wie erreicht man das?

*M* Durch Übung. Der Fromme konzentriert sich auf Gott, der Wahrheitssucher forscht nach dem Selbst. Die Praxis ist für beide gleich schwierig.

*Fr* Selbst wenn es einmal gelingt, den Geist auf der Suche nach dem Selbst festzuhalten, dann entschlüpft er einem nach langem Kampf doch, und man wird dessen erst nach einer ganzen Weile gewahr.

*M* Das ist einmal so. In den Frühstadien kehrt der Geist erst nach langen Pausen zur Suche zurück; bei fortgesetzter Übung werden die Zwischenräume kürzer, und schließlich schweift er überhaupt nicht mehr ab. Dann wird die schlummernde Kraft, *sakti*, offenbar. Der *sattva*hafte Geist ist frei von Gedanken, während der *rajas*hafte Geist damit angefüllt ist. Der *sattva*hafte Geist löst sich selbst im Strom des Lebens auf.

*Fr* Kann man den Geist daran hindern, in das Gedankenstadium einzutreten, bevor man diesen ‹Strom› erfahren hat?

*M* Ja, denn der ‹Strom› existiert vor dem Geist.

## 7. November 1935

Ein Besucher fragte:
Manche sagen, man solle lediglich über gegenständliche Dinge meditieren. Es könne Unheil daraus entstehen, wenn man dauernd versuche, den Geist abzutöten.

*M* Unheil für wen? Kann es Unheil geben, unabhängig vom Selbst? Das ungebrochene Ich-Ich ist das unendliche Meer; das ego, der ‹ich›-Gedanke, ist nur eine Wasserblase darauf; sie wird *jiva*, die individuelle Seele, genannt. Die Blase ist auch Wasser; wenn sie platzt, geht sie wieder im Meer auf; aber auch als Blase ist sie nur ein Teil des Ozeans. Ohne Einsicht in diese schlichte Wahrheit lehrt man mit viel Aufwand zahllose Methoden unter allerlei Bezeichnungen: Yoga, *bhakti, karma,* und jede wieder in mancherlei Formen und bis in alle Einzelheiten hinein, und erreicht doch nichts, als daß die Suchenden verleitet und verwirrt werden. Nicht anders steht es mit Religionen, Bekenntnissen und Dogmen. Welchen Zweck haben sie alle? Nur den einen, das Selbst zu erkennen.

Man hält für unmittelbare Erkenntnis, wenn Objekte durch die Sinne wahrgenommen werden. Aber kann irgend etwas so

unmittelbar sein wie das Selbst, das andauernd erfahren wird, auch ohne Beihilfe der Sinne?
Sinneswahrnehmungen können nur indirekte, nicht direkte Erkenntnis vermitteln. Nur das eigene Gewahrsein ist unmittelbare Erkenntnis, und es ist die gemeinsame Erfahrung aller. Um das eigene Selbst zu erkennen, d. h. dessen bewußt zu sein, sind keinerlei Hilfen nötig.
Das Eine Unendliche Ungeborene Ganze wird Seiner Selbst als Ich gewahr. Dies ist Sein Ur-Name. Alle anderen Bezeichnungen, z. B. auch OM, sind später entstanden. Befreiung ist lediglich, des Selbst gewahr zu bleiben. Gewähr für diese Behauptung ist der große Ausspruch der Veden ‹Ich bin *Brahman*›. Obgleich dieses Ich immer erfahren wird, muß die Aufmerksamkeit doch darauf gelenkt werden. Dann erst steigt die Erkenntnis auf. Daher die Notwendigkeit für die Unterweisung durch *Upanishaden* und große Weise.

### 9. November 1935

M  Alle sind immer ihres eigenen Selbst gewahr. Aber – o Wunder! Sie halten das, was nicht ist, für das, was ist, oder sie sehen die Erscheinungen als verschieden vom Selbst an. Nur solange es einen gibt, der erkennt, gibt es Erkenntnisse verschiedener Art: direkte, durch Schlußfolgerung erworbene, intellektuelle usw.
Würde der verschwinden, der erkennt, dann würden sie alle mit ihm zusammen verschwinden; der Wert dieser Erkenntnisse ist auf der gleichen Stufe wie seine eigene Erkenntnis.
Ein Mann bat den Meister um Vergebung seiner Sünden. Der Meister antwortete ihm, daß es genüge, wenn er dafür sorge, daß sein Geist ihm keine Schwierigkeiten mehr bereite.

### 13. November 1935

Von Major A. W. Chadwick wurde folgende Frage aufgeworfen:
Der amerikanische Mystiker Edward Carpenter schreibt in einem seiner Bücher, daß er zu verschiedenen Malen das Selbst verwirklicht habe, daß die Wirkung einige Zeit angehalten, aber allmäh-

lich nachgelassen habe und schließlich wieder verlorengegangen sei. In der *Ramana Gita* heißt es dagegen: Ist *granthi* (der Knoten, die Bindung) einmal durchtrennt, dann ist er es für immer. Anscheinend hat die Bindung dieses Mystikers sogar nach der Verwirklichung des Selbst noch weiterbestanden. Wie ist das möglich?

Der Meister zitierte aus dem *Kaivalya* folgendes:

Nachdem der Schüler den all-erstrahlenden, einheitlichen, ungebrochenen Zustand der Absoluten Seins-Bewußtseins-Seligkeit erfahren hatte, überantwortete er sich dem Meister und bat ihn demütig, ihn wissen zu lassen, wie er des Meisters Gnade vergelten könne. Der Meister antwortete: ‹Meine Belohnung besteht aus deiner immerwährenden ungebrochenen Seligkeit. Entgleite ihr nicht!›

Fr Wie kann man von der Höchsten Seligkeit abirren, wenn man sie einmal erlebt hat?

M O, man kann! Es kommt vor. Die Neigungen, die uns seit undenklichen Zeiten anhaften, ziehen manchen wieder herab; so überwältigt ihn das Nichtwissen von neuem.

Fr Was hindert einen, dauernd in der ungebrochenen Seligkeit zu weilen, und wie kann man dessen Herr werden?

M Die Hindernisse sind

1. Nichtwissen, das einen das reine Sein wieder vergessen läßt.
2. Zweifel, der selbst vor dieser Erfahrung nicht haltmacht, ob das Erlebnis der Seligkeit wirklich oder unwirklich war.
3. Irrtum, in Gestalt der Vorstellung ‹Ich bin der Körper› und ‹die Welt ist wirklich›.

Man wird ihrer Herr durch das Hören, das Überdenken und die Meditation der Wahrheit.

Der Meister fuhr fort:

Es gibt vorübergehende und andauernde Erfahrungen. Die Erfahrung des Selbst kann eine vorübergehende sein und durch Meditation zu einer dauernden gemacht werden. Bei der zeitlich begrenzten Erfahrung ist die Bindung noch nicht vollständig gelöst; sie überdauert in subtiler Form und setzt sich im Laufe der Zeit wieder durch. Erst wenn die Bindung mit Stumpf und Stiel ausgemerzt ist, kommt es zur bleibenden Selbst-Erfahrung.

In der *Srimad Bhagavad Gita* wird von *yogabhrshta* gesprochen, von denen, die vom Pfade abgewichen sind. Damit können nur Menschen gemeint sein, die eine nur vorübergehende Erfahrung des Selbst hatten.

*Fr* Ist dann der Weg des Hörens, Überdenkens und Meditierens der Wahrheit nur für wenige gedacht?

*M* Es gibt zwei Möglichkeiten: Gewöhnlich wird einem die Wahrheit von einem Meister verkündet und erläutert. Besser ist jedoch, sich selbst die Frage zu stellen und in sich selbst die Antwort zu suchen und zu finden, in Gestalt des ungeteilten Ich-Ich.
Diese Erfahrung zu überdenken ist die zweite Stufe. Die dritte: darin in voller Konzentration zu bleiben.

*Fr* Kann die vorübergehende Erfahrung als *samadhi* bezeichnet werden?

*M* Nein. *Samadhi* gehört der dritten Stufe an.

*Fr* Dann sieht es aber doch so aus, als wenn diese Methode des Hörens der Wahrheit auf wenige beschränkt bliebe.

*M* Die Suchenden bilden zwei Klassen: Die einen haben die ihnen anhaftenden Neigungen durch beständige Hingabe schon überwunden und so ihren Geist geläutert. Sie machen dann bestimmte Erfahrungen, verstehen aber nicht, was ihnen geschieht. Sowie sie aber von einem wirklichen Meister unterwiesen werden, entsteht daraus die dauernde Erfahrung.
Die anderen Suchenden müssen große Anstrengungen machen, um das Ziel zu erreichen. Wie kann ihnen das Hören, Überdenken und Meditieren der Wahrheit helfen? Sie müssen Übungen mit einbeziehen und kommen so zur Verwirklichung des Selbst.
Die vierte Stufe ist die letzte, die Befreiung. Sogar hierbei werden noch Grade unterschieden:
1. *Brahmavid:* Der *Brahman* kennt. Es ist die Bezeichnung für den Yogi, der die vierte der sieben Yogastufen und damit die Befreiung erreicht. Die folgenden Ausdrücke bezeichnen den Yogi der fünften, der sechsten und der letzten Yogastufe.
2. *Brahmavidvara*
3. *Brahmavidvarya*
4. *Brahmavidvarishta*
Doch ist ihnen allen gemeinsam, daß sie tatsächlich zu Lebzeiten Befreite sind.

*Fr* Leute aus dem Westen sprechen davon, daß sie ein Aufblitzen des kosmischen Bewußtseins erlebt haben. Was ist das für eine Erfahrung?

*M* Sie kam wie ein Blitz und verschwand ebenso wieder. Das, was einen Anfang hat, muß auch enden. Nur die Verwirklichung des ewig gegenwärtigen Reinen Bewußtseins ist von Dauer.

Es ist tatsächlich immer bei uns. Jeder weiß: Ich bin! Niemand kann sein eigenes Dasein verleugnen! Der Mensch im Schlaf ist seiner selbst nicht gewahr, während er es im Wachen ist; er ist aber immer die gleiche Person; es hat sich nichts an ihm geändert. Im tiefen Schlaf war er nur seines Körpers nicht gewahr, er war also ohne Körper-Bewußtsein; im Wachen spürt er ihn als solchen, das ist Körper-Bewußtsein. Der Unterschied liegt also im Auftauchen eines Körper-Bewußtseins, nicht in irgendeiner Veränderung des Wahren, Reinen Bewußtseins. Körper und Körper-Bewußtsein entstehen gemeinsam und versinken zusammen. All dies läuft darauf hinaus, daß es im Tiefschlaf keine Beschränkungen gibt, während sie im Wachzustand da sind. Diese Beschränkungen bewirken Gebundenheit; das Gefühl ‹Der Körper bin ich› ist der Irrtum. Dieses falsche ‹ich›-Gefühl muß verschwinden. Das wahre Ich ist immer da, hier und jetzt. Es taucht nicht neu auf, um wieder zu verschwinden; was ist, muß immer sein. Was neu erscheint, geht auch wieder verloren. Vergleichen Sie Wachzustand und Tiefschlaf: im einen erscheint der Körper, im anderen nicht. Das Reine Bewußtsein war vor dem Körper da und wird ihn überdauern. Tatsächlich gibt es niemanden, der nicht sagt: ‹Ich bin›. Die Ursache allen Unheils ist die irrige Vorstellung: ‹Ich bin dieser Körper›; sie muß fallengelassen werden. Das ist Verwirklichung. Verwirklichung besteht weder im Erwerb einer neuen Fähigkeit, noch ist sie eine solche. Sie ist nur die Beseitigung aller Irrtümer.

*Fr* Ich versuche den Körper loszuwerden.
*M* Der Mensch kann sich seiner Kleider entledigen und sich danach leichter und freier fühlen. Das Selbst ist jedoch unbegrenzt und nicht auf den Körper beschränkt. Wie will man dann den Körper loswerden? Wo will man ihn lassen? Wo immer der Körper auch sein mag, er gehört einem noch.
Die höchste Wahrheit ist so einfach. Sie ist nichts anderes, als im Ur-Zustand sein. Das ist alles, was darüber gesagt zu werden braucht.
Aber man muß sich wundern, daß zur Übermittlung dieser schlichten Wahrheit so viele Religionen, Glaubensbekenntnisse, Methoden und widersprüchliche Auffassungen unter den Menschen entstehen konnten. Wie schade! Wie schade!

*Fr* Die Menschen sind mit dem Einfachen nicht zufrieden; sie möchten es kompliziert haben.

M   Genau. Und weil sie etwas bis ins einzelne Ausgearbeitetes, etwas Interessantes, etwas Rätselhaftes wollen, sind die vielen Religionen entstanden, von denen jede so kompliziert ist; und jede Glaubensvorstellung in jeder Religion hat wieder ihre eigenen Anhänger und Gegner.
So ist ein Durchschnittschrist nicht eher zufrieden, als bis er hört, daß Gott irgendwo in fernen Himmeln thront und von uns nicht ohne Hilfe erreicht werden kann. Nur Christus kennt Ihn, und Christus allein kann uns führen. Bete Christus an und sei errettet! Sagt man ihm die schlichte Wahrheit ‹Das Reich Gottes ist *in* euch›, dann genügt ihm das nicht; er möchte komplizierte und weitreichende Bedeutungen in eine solche schlichte Feststellung hineinlesen. Nur ein reifer Geist ist fähig, die schlichte Wahrheit in ihrer ganzen Nacktheit zu begreifen.

Der Frager sprach später von einer gewissen unwillkürlichen Angst, die ihn manchmal während der Meditation überkomme. Er habe das Empfinden, als ob sich sein Bewußtsein vom materiellen Leibe trenne; das löse die Angst aus.
M   Wer hat Angst? Sie entsteht aus der Gewohnheit, den materiellen Körper für das Selbst zu halten. Wenn sich die Erfahrung dieser Trennung zwischen Körper und Geist wiederholt, wird man damit vertraut, und die Angst hört auf.

*19. November 1935*

Mr. Ramachandar, ein Besucher aus Ambala, fragte, wo das ‹Herz› sei und was Verwirklichung bedeute.
M   Mit ‹Herz› ist nicht das physische Herz gemeint; es ist spiritueller Natur. *Hridayam* bedeutet *hrit* plus *ayam*: ‹Dies ist das Zentrum›. ‹Herz› ist das, aus dem die Gedanken aufsteigen, von dem sie sich nähren und in dem sie sich auflösen. Aus den Gedanken besteht der Geist, und sie sind es, die das Universum gestalten. Das ‹Herz› ist das Zentrum von allem.
Fr   Wie erkennt man es?
M   Es gibt niemanden, der auch nur für Augenblicke das Selbst nicht erlebt, denn niemand wird behaupten, daß er jemals von ‹sich selbst› getrennt sei. Er *ist* das Selbst. Dieses Selbst ist das ‹Herz›.

*Fr* Das verstehe ich nicht.
*M* Sie existieren, auch wenn Sie tief schlafen, und Sie existieren, wenn Sie erwachen: in beiden Zuständen ist also das gleiche Selbst vorhanden. Der Unterschied liegt nur im Gewahrsein und Nichtgewahrsein der Welt. Die Welt geht mit dem Geist auf und unter. Das, was auf- und untergeht, ist nicht das Selbst. Das Selbst läßt den Geist aufsteigen, hält ihn in Gang und löst ihn wieder auf; so ist das Selbst das zugrundeliegende Prinzip.
Wenn man Sie fragt, wer Sie sind, dann legen Sie die Hand rechts auf die Brust und sagen: ‹Ich bin ...› Damit verweisen Sie unwillkürlich auf das Selbst. Sie *wissen* also vom Selbst. Der Einzelmensch fühlt sich nur deshalb elend, weil er Geist und Körper mit dem Selbst verwechselt; dieser Irrtum fälscht seine Erkenntnis. Das einzige, was nötig ist, ist das Ausmerzen dieses falschen Wissens; daraus ergibt sich die Verwirklichung von selbst.
*Fr* Wie bringt man den Geist unter Kontrolle?
*M* Was ist der Geist? Wessen Geist?
*Fr* Der Geist schweift dauernd umher, ich kann ihn nicht zügeln.
*M* Umherschweifen gehört zur Natur des Geistes. Sie sind aber nicht der Geist. Er springt auf und sinkt wieder ab; er ist nicht von Dauer, sondern vergänglich, während Sie ewig sind.
Es gibt nichts als das Selbst, und es geht lediglich darum, im Selbst zu verbleiben. Nehmen Sie den Geist nicht wichtig; wenn man seine Quelle sucht, verschwindet er und läßt das unberührte Selbst zurück.
*Fr* Dann braucht man sich also um die Kontrolle des Geistes gar nicht zu bemühen?
*M* Wenn Sie das Selbst verwirklichen, dann ist kein Geist mehr da, den Sie kontrollieren könnten; er verschwindet einfach, und das Selbst strahlt auf.
Dem Verwirklichten ist es gleich, ob sein Geist tätig oder untätig ist, er sieht allein das Selbst, denn Geist, Körper und Welt sind nicht gesondert; sie steigen aus dem Selbst auf und versinken darin. Können sie dann verschieden vom Selbst sein? – Gewahren Sie nur das Selbst; weshalb sich um diese Schatten kümmern? Wie könnten sie das Selbst berühren?
Sri Bhagavan erläuterte ferner:
Das Selbst ist das ‹Herz›. Das ‹Herz› ist selbstleuchtend. Wenn das Licht aus dem ‹Herzen› aufsteigt und das Hirn erreicht – den Sitz

des Geistes –, dann wird die Welt wahrgenommen, d. h. durch das reflektierte Licht des Selbst, mit Hilfe des Geistes. Ist der Geist erhellt, dann gewahrt er die Welt; ist er es nicht, dann gewahrt er sie nicht. Wird er nach innen gewandt, der Quelle des Lichtes zu, dann hört jedes Erkennen von Objekten auf, und das Selbst allein strahlt als das ‹Herz›.

Der Mond leuchtet, indem er das Sonnenlicht reflektiert. Er macht die Objekte deutlich, nachdem die Sonne untergegangen ist. Geht sie aber auf, dann denkt niemand mehr an den Mond, auch wenn seine blasse Scheibe noch am Himmel zu sehen ist.

Ähnlich ist es mit dem Geist und dem ‹Herzen›. Der Geist ist nützlich wegen des von ihm reflektierten Lichtes; er wird gebraucht, um Objekte zu erkennen. Wird er nach innen gewandt, dann erstrahlt die Quelle der Erleuchtung von selbst, und der Geist bleibt blaß und nutzlos wie der Mond im Tageslicht.

Ein *sannyasi* fragte:
Es heißt, das Selbst sei jenseits des Geistes und werde doch durch den Geist verwirklicht.

‹Der Geist kann es nicht denken›, ‹Es kann vom Geist nicht gedacht werden› und ‹Allein der Geist kann Es verwirklichen›. Wie sind diese Widersprüche miteinander in Einklang zu bringen?

M  Das Selbst, *atma,* wird vom ‹toten Geist›, von *mruta manas,* verwirklicht, d. h. vom Geist, der von Gedanken frei und nach innen gewandt ist. Dann erkennt er die eigene Quelle und wird Das. Es ist nicht dasselbe, wie wenn das Subjekt ein Objekt wahrnimmt.

Sollen in einem dunklen Raum Gegenstände wahrgenommen werden, dann gehört dazu eine Lampe, um ihn zu erhellen, und Augen, die erkennen. Ist die Sonne aber aufgegangen, dann braucht man keine Lampe mehr, um die Gegenstände zu erkennen, viel weniger, um die Sonne selbst zu sehen; es genügt, daß Sie die Augen der selbstleuchtenden Sonne zuwenden.

Mit dem Geist ist es ähnlich: Um Gegenstände zu erkennen, ist das reflektierte Licht des Geistes nötig; um das ‹Herz› zu sehen, genügt es, wenn der Geist nach innen Ihm zugewandt wird. Dann verliert er sich in Ihm, und das ‹Herz› erstrahlt allein.

Später zitierte Sri Bhagavan einige Verse aus dem *Kaivalya* und erläuterte:

Das Höchste
(Absolute Erkenntnis; Zeuge; das selbstleuchtende Innerste;
das ‹Herz›, das Selbst)
↓

Das Individuum
(Der *jiva*, der Erkennende, der aus *vritti*, der Regung des
Geistes und des reflektierten Lichtes, in latenter Form besteht.)
↓

Die Vernunft innen und der nach außen strebende Geist
(*buddhi* und *manas* bestehend aus *vritti* und reflektiertem Licht,
als Schößling: *antahkarana*, das Innere Organ)

| Wandlungsformen des Geistes, die Gestalt von Objekten annehmen | gewöhnliches Wissen |

bilden zusammen die Welt, wie wir sie wahrnehmen.

---

Das Selbst    (Absolute Erkenntnis)
↓

Der *jiva* (*pramatr*, der Erkennende)
↓

Vernunft und Geist (*pramana*, Wahrnehmung)

| Wandlungsformen des Geistes, als Objekte wahrgenommen | Erkanntes (*phala chaitanya*) |

---

*Fr* Wie erreicht man das ‹Herz›?
*M* Wo sind Sie denn *jetzt*, daß Sie das ‹Herz› *erreichen* möchten? Stehen Sie abseits vom Selbst?
*Fr* Ich bin in meinem Körper.

M  An einer besonderen Stelle oder im ganzen Körper?
Fr Überall. Ich bin auf den ganzen Körper ausgedehnt.
M  Von wo aus dehnen Sie sich aus?
Fr Das weiß ich nicht.
M  Ja. Sie sind immer im ‹Herzen›; Sie sind niemals anderswo, so daß Sie Es erreichen müßten. Denken Sie darüber nach, wie Sie im tiefen Schlaf und wie Sie im Wachzustand sind. Auch diese Zustände gehören nicht Ihnen an; sie gehören dem ‹ich› an. Das Reine Bewußtsein bleibt in allen Zuständen unverändert dasselbe.
Fr Ich verstehe es wohl, kann es aber nicht empfinden.
M  Von wem sagen Sie das? Finden Sie das heraus.
Fr Es ist alles so schwierig.
M  Schon die Vorstellung ‹schwierig› ist falsch; sie verhilft Ihnen nicht zu dem, was Sie wünschen. Ich frage nur wieder: ‹Wer findet es schwierig?›
Fr Ich sehe, daß ich um das ‹ich› nicht herumkomme.
M  Weil Sie immer Das sind und niemals davon entfernt sein können. Es gibt nichts, was so einfach wäre, wie das Selbst zu sein; es erfordert keinerlei Mühe, keinerlei Hilfe. Man braucht nur die falsche Identität aufzugeben und in seinem ewigen, natürlichen innewohnenden Zustand zu verbleiben.

Der Frager kam am folgenden Tage mit einer Bitte wieder:
Es heißt, daß man die Unterweisung durch einen Guru brauche, daß Bücherstudium allein nichts nütze. Ich habe viele Bücher gelesen, aber keine praktische Hilfe in ihnen gefunden. Bitte, sagt mir, was ich tun soll, wie ich es tun soll, zu welchen Zeiten, an welchen Orten usw.
Der Meister schwieg. Sein Schweigen schien zu sagen:
Habe Frieden und sei still, hier und jetzt, das ist alles.
Der Frager konnte es aber nicht so auslegen; er verlangte nach etwas Greifbarerem.

Am folgenden Tage äußerte Sri Bhagavan:
Solche Leute suchen nach einem Mantra für *japa,* nach *dhyana,* Yoga oder etwas Ähnlichem. Aber was kann man ihnen mehr sagen, wenn sie nicht berichten, was sie bisher versucht haben? Und wiederum: Wozu *japa* usw.? Wer ist es, der *japa* ausführt? Wer erntet dessen Früchte? Können sie nicht nach dem Selbst

Ausschau halten? Und selbst wenn sie von anderen angewiesen werden, *japa* oder *dhyana* zu üben, dann tun sie das wohl eine Zeitlang, aber immer mit dem Blick auf irgendwelche Ergebnisse, etwa Visionen, Träume oder okkulte Kräfte. Und finden sie diese nicht, dann sagen sie, sie machten keine Fortschritte oder die vorgeschriebene Askese hätte keine Wirkungskraft. Visionen und dergleichen sind aber kein Maßstab des Fortschritts; die bloße Ausübung von Askese ist bereits Fortschritt; aber es gehört Ausdauer dazu. Darüber hinaus müssen sie Vertrauen zu ihrem Mantra oder zu ihrer Gottheit haben und auf Seine Gnade warten. Das tun sie nicht. Schon das nur einmal ausgesprochene Mantra hat seine eigene gute Wirkung, ob der Betreffende dessen nun gewahr wird oder nicht.

## 28. November 1935

Mr. Kishoilal, ein Beamter des Eisenbahnministeriums, kam aus Delhi. Er wirkte schlicht, vornehm und würdig; wegen seiner Magengeschwüre hatte er sich in der Stadt ein Unterkommen gesucht.
Er berichtete, daß er vor etwa fünf Jahren mit dem Studium der religiösen Literatur begonnen habe; er sei ein *bhakta* Sri Krishnas. Er konnte Krishna in allem spüren, was er sah; die Gottheit erschien ihm oft und beglückte ihn tief. Seine Arbeit lief wie von selbst, ohne daß er sich zu mühen brauchte; alles schien durch Krishna zu geschehen. Später kam er mit einem Mahatma in Kontakt, der ihm zum Studium des *Vedanta* und zur Hingabe an das ungestaltete Sein riet. Seitdem hat er gegen siebenhundert philosophische Werke gelesen, darunter selbstverständlich die *Upanishaden, Ashtavakra, Avadhuta* und die *Bhagavad Gita*. Auch die Werke des Maharshi hat er auf englisch studiert; sie haben großen Eindruck auf ihn gemacht.
Als er einmal todkrank war, quälte ihn nur der Gedanke, daß er es bis jetzt versäumt hatte, Sri Ramana aufzusuchen. Mit diesem Besuch wollte er jetzt das Versäumte nachholen. Er bat nun um die Berührung und die Gnade des Meisters.
Sri Bhagavan zitierte:
&lsaquo;Ich bin der *atma,* das Selbst. *Atma* ist der Guru. *Atma* ist auch die Gnade.&rsaquo; Niemand ist ohne den *atma;* man steht immer in Verbindung mit Ihm. Eine äußere Berührung ist unnötig.

*Fr* Ich verstehe. Ich meinte auch nicht eine äußere Berührung.
*M* Nichts ist näher als das Selbst *(atma)*.
*Fr* Ja. Vor drei Monaten etwa erschien mir Sri Krishna und sagte: ‹Was bittest du mich immer um das Unpersönliche, das Ungestaltete? Es ist lediglich das Selbst. Dieses ist in allem, und alles ist im Selbst.›
*M* Das enthält die ganze Wahrheit und ist von Ihnen doch nur indirekt erfahren worden. In Wirklichkeit gibt es nichts als den *atma*; die Welt ist nur eine Projektion des Geistes. Der Geist entstammt dem *atma*; so ist der *atma* allein das Eine Wesen.
*Fr* Und es ist doch so schwer zu verwirklichen.
*M* Da gibt es nichts zu verwirklichen. Er ist der Ewige, Reine, Bewußte Zustand der Freiheit, natürlich und dauernd. Es gibt nichts Neues zu erwerben; man muß nur das Nichtwissen loswerden. Das ist alles.
Dieses Nichtwissen muß zu seiner Quelle zurückverfolgt werden. Wem gehört das Nichtwissen an, und was ist es, was man nicht weiß? So gibt es Subjekt und Objekt, die Zweiheit, die kennzeichnend für die Tätigkeit des Geistes ist. Der Geist entstammt dem *atma,* dem Reinen Bewußtsein, dem Selbst.
*Fr* Ja. Nichtwissen kann aus sich selbst nicht existieren.
Der Gast hatte nach seinem Besuch alle Lust zum Lesen und zum Lernen aus Büchern verloren.

Der Maharshi hatte die berühmte Aussage der *Chandogya-Upanishad* zitiert: ‹... durch dessen Erkennen alles Unbekannte erkannt wird›. Madhavaswami fragte daraufhin:
Spricht nicht die *Upanishad* von neun Lehrmethoden im Hinblick auf das *Tat twam asi* (Du bist Das)?
*M* Nein. Nicht so. Es gibt nur eine Methode. Uddalaka begann mit den Worten: ‹Es gibt nur Sein ...› und erläutert dies an Svetakesus' Fasten.
1. *Sat,* das Sein im Individuum, wird durch das Fasten deutlich gemacht.
2. Dieses Sein ist in allen gleich, wie Honig, der von verschiedenen Blüten zusammengetragen wird.
3. Das Sein der Individuen unterscheidet sich also nicht voneinander, wie schon der Zustand des tiefen Schlafes erkennen läßt. Es erhebt sich die Frage: Weshalb erkennt es denn nicht jeder im Tiefschlaf?

4. Weil im Schlaf das Persönlichkeitsbewußtsein verlorengegangen ist; in ihm bleibt nur *sat,* das Reine Sein, zurück. Veranschaulichung: Flüsse, die sich im Meer verlieren. Wenn sie sich verloren haben, kann dann noch von *sat* gesprochen werden?
5. Sicherlich – im gleichen Sinne, als wenn der zurückgeschnittene Baum weiterwächst. Das ist ein sicheres Zeichen seines Seins. Aber ist es auch im Schlafzustand vorhanden?
6. Ja, nimm das Beispiel vom Salz im Wasser. Die Anwesenheit des im Wasser aufgelösten Salzes ist verborgen; aber wenn es auch unsichtbar ist, so können doch andere Sinne es wahrnehmen. Wie kann man es also erkennen, was ist das andere ‹Mittel›?
7. Es ist die Suche, das Nachforschen, wie es der Mann anstellte, der mitten im Gandhara-Walde sich selbst überlassen blieb und doch heimfand.
8. In Evolution und Involution, in Offenbarwerdung und Auflösung existiert *sat* allein. *Tejah parasyam devatayam* – Das Licht geht im Höchsten auf.
9. In der Feuerprobe wird der Mann, der die Unwahrheit spricht, verletzt; das Feuer macht seine Lüge offenbar. Die Wahrheit beweist sich selbst. Der wahre Mensch, der Verwirklichte, lebt glücklich, ohne von falschen Erscheinungen wie Welt, Geburt, Tod usw., berührt zu werden, während der Nichtwissende sich elend fühlt.

Uddalaka erläutert dann im einzelnen, wie alles aus *sat* hervorgeht.

*Fr* Wenn wir immer eins mit dem Sein sind, warum sind wir dessen nicht gewahr?

*M* Wie der Honig, der aus den verschiedenen Blüten zusammengetragen wird, die Masse in den Waben bildet und kein Einzeltropfen mehr erkennen läßt, woher er stammt, so weiß auch der Mensch nichts von seiner Einzelpersönlichkeit, wenn er in Tiefschlaf, Tod oder ähnlichen Zuständen in *sat* ist, denn er gleitet in diese Zustände hinein, ohne dessen gewahr zu werden. Erwacht er jedoch wieder, dann gewinnt er damit seine ursprünglichen individuellen Besonderheiten zurück.

*Fr* Der Honig wird zur Masse und besitzt keinerlei charakteristische Besonderheiten mehr, obgleich er aus verschiedenen Blüten gesammelt wurde, und niemals kehren die Tropfen wieder zu ihrem Ursprungsort zurück, während die Individuen aus dem tiefen Schlaf als diejenigen wieder aufwachen, die sie vorher waren. Wie steht es damit?

M Es ist wie mit den Flüssen, die im Meere münden und dabei ihre Besonderheiten verloren haben: Ihr Wasser verdunstet, kehrt als Regen zu den Bergen zurück und fließt den Flußlauf entlang wieder zum Meere ... So verlieren die Individuen ihre Besonderheiten, wenn sie einschlafen, und wachen als die gleichen Individuen entsprechend ihren früheren *vasanas* (latente Eindrücke) wieder auf, ohne dessen gewahr zu werden. So geht *sat* selbst im Tode nicht verloren.

Fr Wie geht das zu?

M Wie bei einem Baum, der auch wieder weiterwächst, nachdem er beschnitten wurde; solange die Lebensquelle nicht beschädigt ist, wird er wachsen. Auf ähnliche Weise sinken beim Tode die *samskaras* (latente Neigungen) in das ‹Herz› ab; sie vergehen nicht mit. Sie sind es, die zu einem bestimmten Zeitpunkt aus dem ‹Herzen› wieder aufsprießen; so werden die *jivas*, individuelle Seelen, wiedergeboren.

Fr Wie kann das weite All aus solchen in das ‹Herz› abgesunkenen subtilen Eindrücken wieder aufsprießen?

M Ebenso wie der riesige Feigenbaum aus einem winzigen Samenkorn aufgeht.

Fr Wenn der Ursprung *sat* (Sein) ist, wieso wird Es nicht gefühlt?

M Wir können Salz in seiner festen Form erkennen. Es wird jedoch unsichtbar, wenn es sich in Flüssigkeit auflöst. Dann müssen wir schon den Geschmackssinn zu Hilfe nehmen, um es wahrzunehmen. Ähnliches gilt für das Sein *(sat)*. Obwohl der Verstand es nicht zu begreifen vermag, kann es erlebt werden.

Fr Wie geschieht das?

M Wie ein von Räubern überfallener, geblendeter und allein im Dschungel zurückgelassener Mann sich zurechtfragt und so schließlich doch nach Hause findet, so befragt der, der durch Nichtwissen geblendet ist, andere, die nicht mehr blind sind, sucht seine eigene Quelle und kehrt zu ihr zurück.

Fr Der *jnani* und der *ajnani* sterben auf die gleiche Weise. Wieso wird dann der Nichtweise wiedergeboren, der Weise aber nicht?

M Wie der Unschuldige bei der Feuerprobe von dem glühenden Eisen nicht verletzt, der Schuldige aber gebrannt wird, so geht der *jnani* bewußt in *sat* ein und darin auf, während alle anderen dessen nicht gewahr werden, wenn sie darin eingehen und ebenso unbewußt wieder daraus hervorgehen zu neuer Geburt.

### 29. November 1935

Swami Yogananda erschien mit vier Begleitern. Er ist groß, wirkt vornehm und ist sehr gut gekleidet. Sein dunkles Haar fällt ihm bis über die Schultern. Die Besucher nahmen das Frühstück im Ashram ein.

Mr. C. R. Wright, der Sekretär Swami Yoganandas, fragte: Wie soll ich Gott verwirklichen?
M  Gott ist eine unbekannte Wesenheit, außerdem außen, während das Selbst immer bei Ihnen ist – Sie sind es. Weshalb lassen Sie das Nahe aus und gehen auf die Suche nach dem, was fern ist?
Fr  Was ist denn das Selbst?
M  Jedermann kennt es; man ist sich nur nicht darüber klar. Sie sind immer. Dieses rein Seiende ist das Selbst. ‹Ich Bin› ist Gottes Name. Von allen Definitionen Gottes ist keine so genau wie der biblische Ausspruch im Exodus, Kap. 3,14: ‹Ich bin, der Ich bin›.* Es gibt auch andere Aussagen, wie *Brahmaivaham* (Ich bin allein *Brahman*), *Aham Brahmasmi* (Ich bin *Brahman*) und *Soham* (Ich bin Er). Aber keine ist so unmittelbar wie der Name Jehova

---

* Herr Dr. Schröder, Lüneburg, war so freundlich, uns die Ansicht des Sprachwissenschaftlers für Hebräisch zu dieser dunklen und so überaus wichtigen Bibelstelle mitzuteilen:
‹Der hebräische Text der Exodusstelle (3,14) lautet: *ehjeh aser ehjeh* (s = sch). *ehjeh* ist 1. Sing. Imperf. von *hajah*, sein. Es gibt in den semitischen Sprachen keine besonderen Formen für Zeitstufen (Vergangenheit, Gegenwart, Zukunft). Das sogenannte Imperfekt des Hebräischen bezeichnet, kurz gesagt, die Handlung als unvollendet, andauernd, während das Perfekt sie als vollendet darstellt. Die Zeitstufe ergibt sich aus dem Zusammenhang. Die Imperfekt-Form *ehjeh* hat Luther mit ‹Ich werde sein› übersetzt. Richtiger ist ‹Ich bin›.
*aser* ist im wesentlichen ein undeklinierbares Zeichen der Relation. Ein Relativpronomen hat das Hebräische noch nicht gebildet. Haupt- und Nebensatz werden noch ohne jede Verbindung nebeneinander gestellt, z. B. ‹Wohl dem Manne, Jahwe rechnet ihm die Sünde nicht zu› = ‹Wohl dem Manne, dem Jahwe die Sünde nicht zurechnet›, oder die Relation wird, wie hier, durch *aser* bezeichnet. Also: ‹Ich bin derjenige, der Ich bin› oder ‹das, was ich bin›. Daß *aser* in seltenen Fällen auch einer deutschen Konjunktion, so unserem ‹daß› entsprechen kann, kommt für die in Frage stehende Stelle kaum in Betracht.›
Wir übernehmen die Übersetzung ‹Ich bin, der Ich bin›, da sie der Erfahrung des Weisen unmittelbar entspricht, und zwar in beiden Deutungen, die man ihr unterlegen könnte. Mit der einen: ‹Ich bin, der Ich *bin*› wäre ausgesagt, daß das Göttliche Reines Sein ist; die andere ‹Ich bin der, der Ich bin› würde ausdrücken, daß das Göttliche ist, wie Es eben ist, d. h. daß es keine Möglichkeit gibt, irgend etwas darüber in Worte zu fassen. (Daß Es unmittelbar erfahrbar ist, beweist das Erlebnis des Moses selbst.)

= Ich Bin. Das Absolute Sein ist ‹Das, was ist›. Es ist das Selbst. Erleben Sie das Selbst bewußt, dann wissen Sie, wer Gott ist, denn tatsächlich ist Gott niemand anders als das Selbst.

*Fr* Weshalb gibt es gut und böse?

*M* Das sind relative Begriffe. Es gehört ein Subjekt dazu, um zu wissen, was gut und böse ist. Dieses Subjekt ist das ‹ich›. Spüren Sie der Quelle des ‹ich› nach; die Suche endet im Selbst. Die Quelle des ‹ich› ist Gott; diese Definition Gottes wird Ihnen konkreter und daher verständlicher sein.

*Fr* Wie erlangt man Seligkeit?

*M* Seligkeit kann man nicht erlangen. Sie sind immer diese Seligkeit. Der Wunsch danach wird aus dem Gefühl der Unvollständigkeit heraus geboren. Wer empfindet diese Unvollständigkeit? Forschen Sie dem nach! Im Tiefschlaf waren Sie glücklich; jetzt sind Sie es nicht. Was verdeckt die Seligkeit? Es ist das ‹ich›. Ergründen Sie seinen Ursprung, und Sie werden finden, daß Sie Seligkeit sind.

Da gibt es nichts Neues zu erreichen. Sie müssen nur Ihr Nichtwissen loswerden, das Sie glauben ließ, Sie seien etwas anderes als Seligkeit.

Für wen besteht dieses Nichtwissen? Doch nur für das ‹ich›. Ergründen Sie seinen Ursprung, dann löst es sich auf, und Seligkeit allein bleibt übrig. Sie sind Das, hier und jetzt. Dadurch werden alle Zweifel beseitigt. Die Zweifel steigen aus dem denkenden Geist auf, der aus dem ‹ich› geboren ist. Suchen Sie die Quelle des ‹ich›, und das Selbst offenbart sich – Es allein bleibt übrig. Das Universum ist nicht vom Selbst verschieden – es ist das unermeßlich weite Selbst.

*Fr* Was ist die beste Lebensweise?

*M* Das hängt davon ab, ob man ein Verwirklichter *(jnani)* ist oder nicht *(ajnani)*. Ein Verwirklichter sieht nichts, was vom Selbst getrennt oder verschieden wäre. Er erlebt alles als das Selbst. Es ist falsch, sich eine Welt vorzustellen, in der es einen Körper gibt, mit dem man sich identifizieren könnte. Wer die Wahrheit erfährt, wird erkennen, daß das Universum und das, was sich jenseits davon befindet, im Selbst enthalten sind. Betrachtet man die Dinge mit den physischen Augen, dann nimmt man nur ihre Stofflichkeit wahr. Schaut man hingegen mit subtilen Augen, d. h. mit den Augen des Geistes, dann erscheinen einem auch die anderen entsprechend subtil. Wird das Auge jedoch zum Selbst,

dann gibt es nichts mehr, was man getrennt vom Selbst wahrnehmen könnte.
Später fragte der Yogi:
Wie kann man die Menschen spirituell fördern? Was soll man sie lehren?
M Das richtet sich nach den Anlagen des einzelnen und nach der jeweiligen Reife des Geistes. Eine Unterweisung in der Masse kommt nicht in Frage.
Fr Weshalb läßt Gott Leiden in der Welt zu? Könnte Er es in seiner Allmacht nicht mit einem Schlage beseitigen und die weltweite Gottesverwirklichung herbeiführen?
M Leiden ist der Weg zur Verwirklichung Gottes.
Fr Könnte Er es nicht anders bestimmen?
M Es *ist* der Weg.
Fr Sind Yoga, Religion usw. Mittel gegen Leid?
M Sie sind Hilfen, es zu überwinden.
Fr Weshalb muß es nur Leid geben?
M Wer leidet? Was ist Leiden?
Eine Antwort blieb aus. Schließlich stand der Yogi auf, erbat den Segen Sri Ramanas für seine eigene Arbeit und sprach sein tiefes Bedauern aus, daß er so bald fort müsse. Er wirkte aufrichtig und fromm und schien bewegt.

### 13. Dezember 1935

Zwei Herren aus Ambala (Punjab) hatten sich einige Wochen hier aufgehalten. Bevor sie sich verabschiedeten, fragte der eine von ihnen Sri Bhagavan, wie er die spirituelle Trägheit seiner Freunde oder der Leute im allgemeinen beseitigen könne.
M Haben Sie Ihre eigene spirituelle Trägheit schon überwunden? – Die Kraft, die am Werk ist, Ihre eigene Trägheit zu beseitigen, arbeitet auch in den anderen.
Gewiß gibt es die Willenskraft, mit der Sie auf andere einwirken können. Die gehört aber einer niederen Ebene an und ist unerwünscht. Kümmern Sie sich zunächst einmal um sich selbst.
Fr Und wie beseitige ich meine eigene spirituelle Trägheit?
M Wessen Trägheit ist es? – Ergründen Sie es: Wenden Sie sich nach innen. Richten Sie alles auf die Suche nach dem Selbst aus. Die Kraft, die Ihnen dabei hilft, wird auch den anderen helfen.

14. Dezember 1935

Eine amerikanische Besucherin befragte Sri Ramana über seine Erfahrungen im *samadhi*. Als ihr nahegelegt wurde, lieber ihre eigenen Erfahrungen zu berichten und sich zu vergewissern, ob sie korrekt seien, antwortete sie, daß die Erfahrungen des Maharshi bestimmt korrekt seien und es daher wichtig sei, sie zu kennen, während ihre eigenen unwichtig seien. Sie wollte wissen, ob der Maharshi seinen Körper im *samadhi* heiß oder kalt empfände, ob er die ersten dreieinhalb Jahre seines Aufenthaltes in Tiruvannamalai im Gebet verbracht habe und dergleichen.

M  Samadhi überschreitet Geist und Sprache und kann nicht erklärt werden. Auch der Zustand des Tiefschlafes kann nicht beschrieben werden; viel weniger kann man etwas über den Zustand im *samadhi* aussagen.
Fr  Ich weiß aber, daß ich im Tiefschlaf meiner unbewußt bin.
M  Bewußtheit und Unbewußtheit sind nur Wandlungsformen des Geistes; *samadhi* überschreitet den Geist.
Fr  Sie könnten doch sagen, womit er Ähnlichkeit hat.
M  Das werden Sie nur im *samadhi* selbst erfahren.


16. Dezember 1935

Ein Besucher erkundigte sich nach der Methode der *Brahman*-Meditation.
M  Befreitsein heißt, nicht zu denken – auch nicht ‹Ich bin *Brahman*› oder ‹Alles ist *Brahman*›.
Der Frager brachte dann das inspirierte Handeln zur Sprache.
M  Lassen Sie alle Tätigkeiten einfach geschehen; sie berühren das Selbst nicht.


17. Dezember 1935

Als Mr. Paul Brunton während der Lektüre des *Upadesa Manjari* auf die Darlegung stieß, daß das ‹ich›, die Welt und Gott unwirklich seien, schlug er vor, für ‹Gott› einen anderen Ausdruck zu wählen oder wenigstens ein näher bestimmendes Adjektiv hinzuzufügen, also etwa ‹die Schöpferische Kraft› oder ‹der Persönliche Gott›.

Sri Bhagavan erläuterte,
daß Gott *Samashti* bedeute, d. h. ‹alles, was ist, *plus* des Reinen Seins›, in der gleichen Weise wie ‹ich› ‹das Individuum *plus* des Reinen Seins› bedeute und die Welt ‹die Vielfalt *plus* des Reinen Seins›.
Das Reine Sein ist in all diesen Fällen das Wirkliche, das ‹alles› die ‹Vielfalt› und ‹das Individuum› in jedem Falle das Unwirkliche. Versucht man das Wirkliche mit dem Unwirklichen zu verbinden, dann besitzt das ebenfalls keine Realität. Das bedeutet, daß beide – *sat* und *asat,* das Wirkliche und das Unwirkliche – transzendiert werden müssen. Die wahre Wirklichkeit ist das, was alle Begriffe überschreitet, einschließlich den Begriff Gottes. Soweit eine Bezeichnung für ‹Gott› benutzt wird, kann sie nicht richtig sein. Einzig der hebräische Name Jehovah = Ich Bin, drückt Das, was damit bezeichnet werden soll, korrekt aus. Das Absolute Sein ist jenseits der Ausdrucksmöglichkeit. Die beanstandete Bezeichnung könne und brauche daher nicht durch eine andere ersetzt zu werden.
Gelegentlich erwähnte Mr. Brunton,
daß es in vorgeschichtlicher Zeit zwar Spiritualität, jedoch keinen bedeutenden Intellekt gegeben habe; dieser habe sich erst später entwickelt.
Sri Bhagavan wies darauf hin,
daß es der Intellekt sei, der die Frage ‹Wessen Intellekt?› stelle. Die Antwort heiße: ‹Des Selbst›. So ist also der Intellekt ein Werkzeug des Selbst; Es braucht ihn, um mit ihm die Vielfalt zu ermessen. Der Intellekt ist weder das Selbst noch von diesem zu trennen. Nur das Selbst ist ewig, der Intellekt ist lediglich *eine* Wandlungsform des Geistes.
Was man gemeinhin Entwicklung nennt, ist in Wirklichkeit die Entwicklung der Vielfalt. Intellekt hat es immer gegeben; der Schöpfer ‹schafft› heute wie früher. Betrachten Sie daraufhin Ihren eigenen Zustand von Tag zu Tag. Im Tiefschlaf ist kein Intellekt vorhanden, dagegen jetzt. Das kleine Kind besitzt keinen Intellekt; er entwickelt sich erst mit den Jahren. Wie könnte sich aber Intellekt offenbaren oder entwickeln, ohne daß er als Saatkorn im Tiefschlaf und im Kind vorhanden wäre? Weshalb muß man diese Grundtatsache erst aus der Geschichte lernen? Das Wahrheitsniveau der Geschichte entspricht lediglich dem Wahrheitsniveau des Geschichtsschreibers.

Ein Telugu-Besucher fragte nach *karma*-Yoga.
Sri Bhagavan sagte ihm,
   er solle handeln wie ein Schauspieler auf der Bühne. Allen Handlungen liegt *sat,* das Absolute Seiende, als Prinzip zugrunde, wie der Bühnengestalt die Privatperson des Schauspielers. ‹Behalten Sie das im Gedächtnis und handeln Sie danach!›

## 23. Dezember 1935

Baron v. Veltheim-Ostrau, ein deutscher Besucher, fragte:
   Zwischen der Erkenntnis des Selbst und der Erkenntnis der Welt müßte es eine Harmonie geben, sie sollten sich nebeneinander entwickeln. Ist es nicht so? Stimmt der Maharshi dem zu?
*M* Ja.
*Fr* Jenseits des Intellekts, doch bevor noch die Wahrheit aufgeht, gleitet die Welt in Gestalt von Bildern im Bewußtsein vorüber. Stimmt das?
Sri Ramana wies auf eine Parallelbemerkung im *Dakshinamurti stotram* hin, die von Bildern ‹wie in einem Spiegel› spreche, und auf die Worte der *Upanishad* ‹... wie im Spiegel, so in der Welt der Manen; wie im Wasser, so in der Welt der Gandharven; wie Schatten und Sonnenlicht in der Brahma-Welt›.
*Fr* Geht nicht seit 1930 ein spirituelles Erwachen über die ganze Welt?
*M* Diese Entwicklung gibt es nur von Ihrem Standpunkt aus.
Dann bat der Besucher, der Maharshi möge in ihm einen höheren Bewußtseinszustand hervorrufen und ihm eine Botschaft übermitteln, wenn auch vielleicht unausgesprochen, so doch verständlich.
Er erhielt darauf keine Antwort.

## 25. Dezember 1935

Mr. M. Frydman:
   Wir haben einige merkwürdige Erlebnisse, auch ohne daß Wünsche der Ausgangspunkt dazu wären. Woraufhin mögen die entstehen?
*M* Der Wunsch braucht im Moment nicht aktuell zu sein; es genügt,

daß er früher einmal bestand. Wenn Sie ihn jetzt auch vergessen haben mögen, so trägt er doch Frucht zur gegebenen Zeit. Aus diesem Grunde wird vom *jnani* (Verwirklichter) behauptet, daß *prarabdha karma* selbst an ihm wirksam bleibe, wenn es auch nur für den Außenstehenden so aussieht.

Fr  Es heißt vom *jiva* (individuelle Seele), daß er durch *karma* gebunden sei. Ist das richtig?

M  Lassen Sie *karma* seine Früchte selbst ernten. Sie sind nur so lange der Erntende, wie Sie ‹der Handelnde› sind.

Fr  Wie wird man vom *karma* frei?

M  Ergründen Sie, um wessen *karma* es sich handelt, dann werden Sie erkennen, daß nicht Sie der Handelnde sind; damit sind Sie frei. Für diese Erkenntnis ist die Gnade Gottes nötig, um die Sie zu Ihm beten sollten; verehren Sie Ihn und meditieren Sie über Ihn. Das Handeln, das ohne eigenes Bemühen, d. h. also unwillkürlich geschieht, bindet nicht; auch der *jnani* ist tätig. – Solange das Empfinden besteht, selbst ‹der Handelnde› zu sein, kann es kein Handeln ohne Einsatz von Energie und ohne Absicht geben. Es gibt zweierlei Arten von Absicht: Die eine bindet; die andere bindet nicht. Die erstere muß aufgegeben, die letztere gepflegt werden. Es gibt keine Wirkung ohne vorangegangenes Handeln, kein Handeln ohne vorangegangene Absicht; selbst *mukti*, die Befreiung, muß ‹mit Absicht› angestrebt werden, solange das Gefühl, Handelnder zu sein, noch besteht.

Ein Ceylonese fragte:
Welches ist der erste Schritt zur Verwirklichung des Selbst? Bitte helft mir! Bücherlesen hat keinen Sinn.
Ein anderer:
O ja – das ist unser aller Anliegen.

M  Richtig. Könnte das Selbst in Büchern gefunden werden, dann wäre es leicht zu verwirklichen. Was kann erstaunlicher sein, als daß wir das Selbst – unser Selbst – in Büchern suchen? Kann man es dort etwa finden? Allerdings haben Bücher manchen Leser schon veranlaßt, sich diese Frage zu stellen und dann das Selbst in sich zu suchen.

Fr  Bücher sind absolut nutzlos; man sollte alle verbrennen. Es nützt nur das gesprochene Wort; nur die Gnade hilft wirklich.

Andere steuerten zu dem lebhaft geführten Gespräch je nach Verständnis bei, bis man schließlich zur ursprünglichen Frage zurückfand.

Mr. Rangachari, ein Telugu-Gelehrter vom College in Vellore, erkundigte sich nach *nishkama karma,* dem selbstlosen Tun, erhielt aber keine unmittelbare Antwort. Nach einiger Zeit ging Sri Bhagavan hügelaufwärts spazieren; unter denen, die ihn begleiteten, war der Gelehrte. Unterwegs hob der Maharshi einen dornigen Ast vom Wege auf, setzte sich nieder und begann ihn zu bearbeiten. Er schnitt die Dornen ab, glätttete die Knoten und polierte den Ast mit einem rauhen Blatt; das Ganze dauerte geraume Zeit. Jeder staunte, welch ein schönes Stück aus dem dornigen Ast geworden war.

Als die Spaziergänger wieder aufbrachen, begegnete ihnen ein Hütejunge mit Schafen, der seinen Stock verloren hatte. Sri Bhagavan händigte ihm den neuen ein und ging weiter.

Der gelehrte Frager hatte verstanden: Dies war *nishkama karma,* die Antwort auf seine Frage.

Damals gehörten vier Hunde zum Ashram. Sri Bhagavan erwähnte, daß diese Hunde nichts fräßen, von dem er nicht vorher genommen habe. Der gelehrte Besucher fand das so unwahrscheinlich, daß er es auf die Probe stellen wollte. Er legte den Hunden ein paar Bissen vor, die sie jedoch tatsächlich nicht anrührten. Erst nachdem Sri Bhagavan nach einiger Zeit ein wenig davon genommen und gegessen hatte, fielen sie darüber her und verschlangen es.

Etwas später brachte ein Mann zwei Pfauen als Geschenk, denen zunächst die Augen verbunden worden waren. Als man ihnen die Binde abnahm und sie neben Bhagavan freigab, flüchteten sie. Sie wurden eingefangen und zurückgebracht, flogen aber wieder davon. Bhagavan bemerkte daraufhin: ‹Es hat keinen Zweck, zu versuchen, sie hier zu halten. Sie sind geistig nicht so reif wie diese Hunde.› In der Tat erwiesen sich auch weitere Versuche, die Pfauen zu halten, als vergeblich.

Aus Gesprächen des Meisters mit zwei Moslems:
*Fr* Hat Gott Gestalt?
*M* Wer sagt das?
*Fr* Wenn Gott ohne Gestalt ist, kann dann Bildnisverehrung richtig sein?
*M* Lassen Sie einmal Gott als unbekannt beiseite. Wie ist es mit Ihnen, haben Sie Gestalt?
*Fr* Ja, ich bin dies hier, so und so.
*M* Sie sind also ein Mensch mit Gliedern, etwa 1,70 m groß, bärtig usw.

*Fr* Gewiß.
*M* Sehen Sie sich im Tiefschlaf auch so?
*Fr* Ich merke nach dem Erwachen, daß ich geschlafen habe; ich schließe daraus, daß ich auch im Schlaf derselbe war.
*M* Wenn Sie der Körper sind – weshalb wird der dann nach dem Tode begraben? Er müßte sich dagegen wehren.
*Fr* Nein, ich bin die subtile individuelle Seele, *jiva,* im grobmateriellen Körper.
*M* So sehen Sie selbst, daß Sie in Wirklichkeit *ohne* Gestalt sind und sich nur für den Augenblick mit dem Körper gleichsetzen. Weshalb sollten Sie also nicht die gestaltlose Gottheit in einer Gestalt verehren, solange Sie sich selbst für gestaltet halten?

## 1. Januar 1936

Während den Weihnachtstagen ist die Zahl der Besucher noch angestiegen.
*Fr* Wie erreicht man das Bewußtsein des Eins-Seins?
*M* Wie sollte ‹man› es ‹erreichen› können, da *Sie* das Bewußtsein des Eins-Seins sind? Ihre Frage ist in sich selbst die Antwort.
*Fr* Was ist *atma,* das Selbst, *anatma,* das Nicht-Selbst, und *paramatma,* das Höchste Selbst?
*M* Atma ist das individuelle Selbst; alles andere läßt sich daraus erklären. Das Selbst ist ewig-gegenwärtig, und doch möchte jeder das Selbst erkennen. Was für eine Hilfe sollte dazu nötig sein, sich selbst zu erkennen? Die Menschen möchten das Selbst als etwas Neues erleben: Es ist jedoch ewig und immer dasselbe. Sie möchten Es als gleißendes Licht oder auf andere Art erfahren – wie wäre das aber möglich? Es ist weder Licht noch Dunkelheit, *na tejo, na tamah;* Es ist, so wie Es ist; Es kann nicht beschrieben werden. Die beste Definition ist: ‹Ich bin, der Ich bin›. Und wenn die Schriften vom Selbst berichten, Es sei von Daumengröße, vom Umfang der Spitze eines Haares, ein elektrischer Funke, ungeheuer an Ausdehnung und feiner als das Feinste – dann fehlt solchen Feststellungen tatsächlich jede Grundlage. Es ist Sein, aber weder wirklich noch unwirklich; Es ist Erkenntnis, aber weder Wissen noch Nichtwissen. Wie könnte Es da definiert werden? Es ist einfach Sein.
Bhagavan bezog sich auf Thayumanavar und zitierte als dessen be-

deutsamste Feststellung: ‹Wenn das ‹ich› verschwindet, dann wird von selbst ein anderes Ich-Ich in seiner ganzen Herrlichkeit offenbar›; und aus dem *Skandar Anubhuti* zog er heran: ‹Weder wirklich noch unwirklich, weder Finsternis noch Licht: Es *ist*.›
Jemand berichtete, daß ein *siddha* in Kumbakonam behaupte, er hätte die Schwächen in Sri Sankaras System – das sich nur im Transzendenten bewege, das Alltagsleben aber außer acht lasse – überwunden. Man müsse fähig sein, übersinnliche Kräfte im Alltag anzuwenden, müsse also ein *siddha* werden, um vollkommen zu sein.
Sri Bhagavan wies auf einen Vers Thayumanavars hin, in dem alle *siddhis*, alle okkulten Kräfte, verurteilt werden. Übrigens erwähne das gleiche Werk *mouna*, das spirituelle Schweigen, an zahlreichen Stellen, definiere den Ausdruck aber nur einmal als den Zustand, der sich von selbst offenbare, wenn das ‹ich› ausgelöscht sei. Dieser Zustand sei jenseits von Licht und Finsternis; er werde nur mit dem Ausdruck ‹Licht› bezeichnet, weil sich ein eigener dafür nicht finden ließe.


*3. Januar 1936*

Dr. Mohammed Hafiz Syed, Mohammedaner, Professor für Persisch und Urdu an der Universität Allahabad, fragte:
  Was ist der Zweck dieser äußerlichen körperlichen Manifestation?
M  Diese körperliche Manifestation hat Ihre Frage veranlaßt?
Fr Das ist richtig. Ich bin von *maya* umhüllt. Wie befreie ich mich davon?
M  Wer ist von *maya* umhüllt? Wer möchte frei werden?
Fr Meister, wenn ich gefragt werde ‹Wer?›, dann erkenne ich ein unwissendes ‹ich›, zusammengesetzt aus Körper, Geist und Sinnen.
  Nachdem ich Paul Bruntons Buch gelesen hatte, habe ich diese Suchfrage ‹Wer?› ausprobiert. Drei- oder viermal fühlte ich mich erhoben, ein Zustand, der einige Zeit währte und dann verblaßte. Wie wird man fest gegründet im wahren Ich? Bitte gebt mir einen Anhaltspunkt und helft mir!
M  Was neu auftaucht, muß im Laufe der Zeit wieder verschwinden.
Fr Bitte nennt mir die Methode, mit der man die ewige Wahrheit erreicht!
M  Sie sind Das. Können Sie sich jemals vom Selbst trennen? Sie selbst zu sein, erfordert kein Bemühen, da Sie immer Das sind.

Fr  Wenn ich hier bin, ist mein Geist ruhig und rein *(sattvic)*; sobald ich aber fortgehe, verlangt er nach so vielerlei anderem.
M  Ist dieses vielerlei andere von Ihnen verschieden? Es gibt keine Objekte ohne das Subjekt.
Fr  Und wie soll ich das erkennen?
M  Da Sie Das sind, was wollen Sie noch erkennen? Gibt es zwei Selbste, damit das eine das andere erkennen kann?
Fr  Ich kann nur immer wieder fragen: Wie kann man die Wahrheit in all diesem erkennen und erfahren?
M  Es gibt nichts Neues zu erlangen. Alles, was geschehen muß, ist, das Selbst vom Nichtwissen zu befreien. Das Nichtwissen ist die Identifizierung des Selbst mit allem Nicht-Selbst.
Fr  Ja. Und doch verstehe ich es noch nicht. Ihr müßt mir helfen. Jeder hier wartet auf Eure Gnade. Auch Ihr müßt einmal nach der Hilfe eines Guru oder Gottes verlangt haben. Gebt jetzt diese Gnade weiter und rettet mich.

Bevor ich hierherkam, verlangte es mich sehr, Euch zu sehen; aber irgendwie fand sich keine Gelegenheit dazu. Als ich jetzt von Bangalore aus nach Hause zurückfahren wollte, begegnete ich Mr. Frydman und anderen, die mich herschickten. Ihr habt mich hergezogen, ähnlich wie seinerzeit Paul Brunton von Bombay aus, der seine Schiffspassage schon gebucht hatte und verfallen ließ.

Und doch zögerte ich bei meiner Ankunft. Würde man mir wirklich erlauben, mich Euch zu nähern und mit Euch zu sprechen? Meine Zweifel waren bald behoben; hier vor Euch sind wirklich alle gleich. Ich habe gemeinsam mit Euch und anderen meine Mahlzeiten eingenommen. Wenn ich das meinen Leuten daheim erzähle, dann werden sie es mir nicht glauben; die Brahmanen dort würden keinen Schluck Wasser mit mir trinken. Ihr dagegen habt mich und alle anderen in Eure Gemeinschaft aufgenommen, während Gandhi schwer darum ringt und es doch nicht schafft, diesen Zustand im Lande herzustellen. Ich bin sehr glücklich in Eurer Gegenwart.

Ich betrachte Sri Krishna als wahren Gott, weil er gesagt hat: ‹Wen der Anbeter auch anrufen mag in seiner Andacht – er betet immer nur Mich an, und Ich errette ihn.› Während alle anderen sagen: ‹Erlösung gibt es nur durch mich›, ist Krishna allein so weitherzig; so spricht wirklich nur Gott. Und hier bei Euch finde ich dieselbe Art Gleichheit.

## 4. Januar 1936

Ein andermal fragte Dr. Syed:
Soll man den Weg des Handelns oder den Weg der Entsagung gehen, wenn man spirituell vorankommen möchte?
M Können Sie aus dem Selbst herausgehen? Was heißt also ‹entsagen› oder ‹aufgeben›?

Ein Amerikaner fragte nach *sat sanga,* der ‹Gemeinschaft mit Weisen›.
M Sat (Sein) ist in uns.
Fr In der Schrift ‹Wer bin ich?› sagen Sie, daß das ‹Herz› der Sitz des Geistes sei. Stimmt das?
M Der Geist ist das Selbst, *atma.*
Fr *Atma* selbst oder dessen Projektion?
M Das ist dasselbe.
Fr Der Mensch des Westens sieht im Geist das höchste Prinzip, während der des Ostens genau entgegengesetzter Meinung ist; wieso?
M Wo die Psychologie endet, beginnt die Philosophie. Das Persönlichkeitsbewußtsein entsteht und wird wahrgenommen, aber wir vermögen auch ohne es zu existieren, wie jeder anhand seiner eigenen Erfahrungen feststellen kann.
Fr Im tiefen Schlaf scheine ich aber nicht zu existieren.
M Das sagen Sie, wenn Sie wach sind; was jetzt spricht, ist der Geist. Im tiefen Schlaf existieren Sie jenseits von Geistesregungen.
Fr Immerhin läßt die Philosophie des Westens ein Höheres Selbst zu, das den Geist beeinflußt.

Der Amerikaner fragte:
Wirken sich Entfernungen auf die Gnade aus?
M Zeit und Raum sind in uns; Sie sind immer in Ihrem Selbst. Wie könnten Zeit und Raum Sie berühren?
Fr Im Bereich eines Radiosenders hört man auf kürzere Entfernung früher.
Sie sind Hindu, wir sind Amerikaner. Macht das einen Unterschied aus?
M Nein.
Fr Man kann sogar die Gedanken der anderen lesen.
M Das beweist, daß alle eins sind.

*5. Januar 1936*

Einige Franzosen und Amerikaner besuchten den Ashram. Sie fragten mancherlei, darunter:
 Was ist die Botschaft des Ostens an den Westen?
M Alle gehen auf das gleiche Ziel zu.
Auf eine andere Frage antwortete Sri Bhagavan:
 Wie kommen Sie dazu, ‹Ich bin› zu sagen? Brauchen Sie ein Licht, um ‹sich› zu finden? Oder haben Sie es aus Büchern kennengelernt?
Fr Aus Erfahrung.
M Ja. Erfahrung ist der richtige Ausdruck. Sie umschließt Subjekt und Objekt, Erfahrung ist unbegrenzt.

*6. Januar 1936*

Brahmachari Lakshmana von der Ramakrishna-Mission fragte:
 Die Suche ‹Wer bin ich?› ist selbst ein Gedanke; wie kann er durch den Vorgang zerstört werden?
M Als Sita im Walde von den Frauen gefragt wurde, welcher von den *rishis,* unter denen sich auch Rama befand, ihr Gatte sei, verneinte sie bei jedem, auf den die Frauen zeigten; als sie auf Rama wiesen, schlug sie nur die Augen nieder; ihr Schweigen war beredt.
Ähnlich sind die Veden höchst beredt in ihrem *neti-neti* (nicht dies, nicht dies), dann verstummen sie. Ihr Schweigen ist der wahre Zustand. Das ist die Bedeutung der Erläuterung durch Schweigen. Wird die Quelle des ‹ich›-Gedankens erreicht, dann verschwindet er, und was zurückbleibt, ist das Selbst.
Fr Die *Yoga Sutras* Patanjalis sprechen von Identifizierung.
M Mit dem Höchsten identisch zu werden ist nur ein anderer Ausdruck für die Auflösung des ‹ich›.

Mr. Subha Rao fragte:
 Was ist *mukhya prana,* der Haupt*prana*strom?
M Aus ihm steigen das ‹ich› und die Lebenskraft, *prana,* auf. Manchmal wird er auch *kundalini* genannt. – Das Reine Bewußtsein wird niemals geboren; es ist ewig; das ‹ich› jedoch wird geboren und mit ihm die anderen Gedanken. Sie kommen zum Vorschein,

weil sie mit dem absoluten Bewußtsein verbunden sind, nicht anders.

Fr  Was ist *moksha,* die Befreiung?

M  Moksha bedeutet, zu erkennen, daß Sie ungeboren sind. ‹Sei still und erkenne, daß Ich Gott bin!› – Es heißt ‹erkenne›, nicht ‹denke›! Schweigen ist ‹nicht denken›.

Fr  In der Brust sollen sich sechs Organe von verschiedener Farbe befinden, unter ihnen das Herz, zwei Finger breit rechts von der Mittellinie. Das ‹Herz› ist aber gestaltlos. Sollen wir uns nun vorstellen, daß es eine Form habe und darüber meditieren?

M  Nein. Nur die Frage ‹Wer bin ich?› ist nötig. Was bleibt, sowohl im Tiefschlaf wie im Wachen, ist immer das gleiche. Im Wachzustand kommt nur das Unglücklichsein hinzu und das Bemühen, es zu beseitigen. Wenn Sie gefragt werden, wer vom Schlaf erwacht ist, dann antworten Sie ‹ich›; darauf wird Ihnen gesagt, Sie sollen sich an dieses ‹ich› halten. Geschieht es, dann offenbart sich das ewige Sein von selbst. Das Entscheidende ist die Suche nach dem ‹ich›, nicht die Meditation über das Herzzentrum. Es gibt kein ‹innen› oder ‹außen›; beide bedeuten entweder dasselbe oder gar nichts.
Natürlich gibt es auch die Übung der Meditation über das Herzzentrum. Das ist aber nur eine Übung und nicht die Suche. Nur der, der über das ‹Herz› meditiert, behält das Gewahrsein, wenn die Tätigkeit des Geistes aufhört und alles still wird; die, die über andere Zentren meditieren, können dieses Gewahrsein nicht festhalten, sondern ziehen erst mit dem wieder aktiv gewordenen Geist den Schluß, daß er still war.

Ein gebildeter Besucher fragte:
Gibt es ein Absolutes Sein? In welcher Beziehung steht es zum relativen Dasein?

M  Sind beide verschieden voneinander? Alle Fragen erheben sich lediglich im Geist; er steigt mit dem Erwachen auf und sinkt im Tiefschlaf ab; solange es ihn gibt, so lange gibt es auch derartige Fragen und Zweifel.

Fr  Das Absolute kann nur über viele Stufen des Fortschritts erreicht werden. Gibt es verschiedene Grade der Wirklichkeit?

M  Nein, einen Gradunterschied gibt es nur in den Erfahrungen der individuellen Seele, *jiva,* nicht in der wahren Wirklichkeit. Wenn etwas neu gewonnen werden kann, dann kann es auch wieder verlorengehen. Das Absolute aber ist ewig – hier und jetzt.

*Fr* Weshalb bleibt Es dann vor mir verhüllt?

*M* Vor wem verhüllt? Sagt Ihnen das Absolute, daß Es verhüllt sei? Es ist der *jiva,* der behauptet, irgend etwas verhülle das Absolute. Suchen Sie herauszubekommen, vor wem es sich scheinbar verhüllt.

*Fr* Wieso kann es in der Vollkommenheit Unvollkommenheit geben? Ich meine, wie wurde das Absolute zum Relativen?

*M* Wer sieht ‹Relatives› und ‹Unvollkommenheit›? Das Absolute ist nicht unvollkommen und fragt nicht; das Unbewußte, die Körperwelt, kann nicht fragen. Zwischen diesen beiden steigt etwas auf, das diese Fragen stellt und diese Zweifel empfindet. Wer ist das? Ist es der, der nur jetzt da ist, oder der, der ewig ist?
Sie sind vollkommen; wieso empfinden Sie sich als unvollkommen? Alle Religionen lehren: Wie die Erfahrungen auch immer aussehen mögen, der, der erfährt, ist immer derselbe.
‹Ich› ist *purna,* Vollkommenheit. Im Tiefschlaf gibt es keine Vielfalt; schon das erweist die Vollkommenheit.

*Fr* Wenn ich aber vollkommen bin, wieso empfinde ich es nicht?

*M* Im tiefen Schlaf empfinden Sie auch keine Unvollkommenheit. Da das Ich des Tiefschlafs also vollkommen ist, wieso empfindet das wachende ‹ich› sich als unvollkommen? – Weil das, was sich als unvollkommen empfindet, ein ‹wilder› Seitentrieb ist, eine Sonderung aus dem Unendlichen, eine Abspaltung aus dem Göttlichen.

*Fr* Ich bin derselbe in allen drei Zuständen. Hat das ‹ich› mich unterdrückt, oder habe ich mich selbst darin verwickelt?

*M* Kann irgend etwas eintreten, ohne daß Sie dabei wären?

*Fr* Ich bin immer derselbe.

*M* Nur weil sie es sehen, scheint es hinzugekommen zu sein. Empfanden Sie diesen Unterschied im Schlaf? Was ist jetzt neu da?

*Fr* Die Sinne und der Geist.

*M* Wer behauptet das, der Schlafende? – Dann hätte er die Frage auch im Schlaf stellen sollen. Der Schlafende hat den Halt verloren, ein ‹wilder› Seitentrieb hat sich abgesondert und spricht jetzt. Kann irgend etwas neu auftauchen ohne Das, was ewig und vollkommen ist? – Diese Art Gespräche sind endlos. Lassen Sie sich nicht darauf ein. Machen Sie Schluß damit und wenden Sie sich nach innen. Diskussionen haben kein Ende.

*Fr* Gewährt mir die Gnade, die allen diesen Schwierigkeiten ein Ende macht! Ich bin nicht hergekommen, um zu debattieren; ich möchte nur lernen.
*M* Dann lernen Sie zunächst, was Sie sind. Dazu brauchen Sie weder Bücher noch heilige Schriften, noch Gelehrsamkeit. Es geht um die schlichte Erfahrung. Der Zustand des reinen Seins ist immer und überall gegenwärtig. Sie haben den Halt an sich selbst verloren und suchen Führung bei anderen. Der Zweck der Philosophie ist, Sie einwärts zu wenden. ‹Kennst du dein Selbst, dann kann dich nichts Böses mehr treffen. Da du mich darum batest, habe ich es dich gelehrt.›
Das ‹ich› steigt nur auf, um Sie, das Selbst, festzuhalten. Halten Sie sich selbst fest, und das ‹ich› wird verschwinden. Bis dahin bleibt es dabei, daß der Weise sagt: ‹Da ist› – und der Nichtweise fragt: ‹Wo?›
*Fr* Die Lösung des Problems liegt also im ‹Erkenne dich Selbst!›
*M* Sehr richtig.

*M* Innerhalb der *Advaita*-Lehre gibt es zwei Richtungen. Die eine vertritt die Auffassung, daß die ganze Schöpfung unmittelbar entstanden sei, die andere nimmt an, daß eine allmähliche Entwicklung stattgefunden habe.
Der *Tantra-Advaita* fußt auf drei Grundprinzipien: Welt, Seele und Schöpfer. Alle drei sind wirklich, doch die Wirklichkeit beschränkt sich nicht auf sie, sondern geht darüber hinaus. Die wahre Wirklichkeit ist ohne Grenzen – Welt, Seele und Schöpfer können nicht getrennt von ihr existieren. Man ist sich einig darüber, daß die Wirklichkeit alles durchdringt. Sie wohnt jeder Seele inne, die somit Trägerin des ewigen Seins ist. Die Idee von der Begrenztheit des Wissens entspringt der Eigenvorstellung des Menschen.
Das dem Menschen innewohnende Seinswissen ist unendlich. Es wird durch die Stille vom beschränkten Wissen abgegrenzt. Diese Wahrheit wurde von Dakshinamurti, dem Ur-Guru, offenbart. Wer jedoch an den mit dem Persönlichkeits-‹ich› verbundenen Vorstellungen Welt-Seele-Schöpfer festhält, erfährt diese als Realität.
Es ist richtig, Bildnisse der Gottheiten werden uns in allen Einzelheiten nahegebracht, wobei jedem Detail eine besondere Bedeutung zukommt. All diese Symbole sollen uns auf die

Wirklichkeit des Seins hinweisen, die sich jenseits von Name und Form befindet.
*Saiva-Siddhanta* und *Vedanta* haben das gleiche Ziel: das Ewige Sein. Deshalb wurde auch Sri Sankara, der Künder der *Advaita*, zum Schöpfer inniger Lieder und Gedichte zum Preise der Götter.

Der Frager erklärte dann, daß sein Vertrauen in die Lehren des *Saiva Siddhanta* und *Vedanta* erschüttert worden sei nach der Lektüre von *Bahai*-Schriften. ‹Rettet mich›, bat er.
M Erkennen Sie das Selbst, das hier und jetzt gegenwärtig ist, dann werden Sie fest stehen und nicht wanken.
Fr Die Bahai können Gedanken lesen.
M Das ist durchaus möglich. Ihre Gedanken werden von einem anderen gelesen, der Ihren Geist kennt: Das ist die ewig-gegenwärtige Wahrheit, die verwirklicht werden muß. Die Wahrheit wankt nicht.
Fr Gewährt mir Eure Gnade!
M Die Gnade ist immer; sie wird nicht ausgeteilt. Weshalb grübeln Sie darüber nach, ob Bahaiullah oder andere Inkarnationen existierten oder nicht? Erkenne dich selbst! – Sehen Sie alles als die Wahrheit an, auch ihn. Könnte er ohne die Wahrheit existiert haben? Ihre Glaubensanschauungen können sich wandeln, nicht aber die Wahrheit.
Fr Zeigt mir die Wahrheit des *Siddhanta* und der anderen heiligen Schriften!
M Folgen Sie deren Anweisungen, und wenn Sie dann noch Zweifel haben, dann können Sie fragen. Das Befolgen jener Anweisungen wird Sie sicher zu *mouna,* in die Stille, führen. Nur die Objekte der Außenwelt werden als verschieden wahrgenommen.
Folgen Sie den Anweisungen der heiligen Schriften, dann hören alle Unterschiede auf. Niemand als der Sohn des Königs kann Prinz genannt werden; nur Das, was vollkommen ist, wird Vollkommenheit genannt.
Man sollte sich nicht nur mit dem bloßen Schülerdasein, mit der Einweihung, den Zeremonien der Hingabe und dergleichen zufriedengeben; es sind nur äußere Formen.
Vergessen Sie nie die Wahrheit, die allen Erscheinungsformen zugrundeliegt.
Fr Was bedeutet das Schweigen Dakshinamurtis?

*M* Es gibt dafür viele Erklärungen von Gelehrten und Weisen. Nehmen Sie irgendeine, die Ihnen gefällt.\*

*14. Januar 1936*

Wieder einmal wurde nach dem ‹Herzen› gefragt.
Sri Bhagavan antwortete, daß man das Selbst suchen und verwirklichen solle, das ‹Herz› werde seine Rolle dabei auch ohne unser Zutun spielen. Es ist der Ort der Verwirklichung; man kann von ihm aber weder sagen, daß es ‹innen› noch ‹außen› sei.
*Fr* Hat Sri Bhagavan das ‹Herz› als den Punkt der Verwirklichung in seiner ersten oder einer der früheren Erfahrungen empfunden?
*M* Ich habe erst begonnen, den Ausdruck zu benutzen, nachdem ich ihm in der Literatur begegnet bin, da ich fand, daß er meiner eigenen Erfahrung entspricht.

*15. Januar 1936*

Drei europäische Damen, die am Treffen der Theosophen teilgenommen hatten, besuchten den Ashram und fragten:
Ist das ganze Schema, der der Welt zugrundeliegende Plan, wirklich gut, oder ist es ein Irrtum, ein Fehlgriff, aus dem wir das Beste machen müssen?
*M* Der Plan ist wirklich gut; der Irrtum ist auf unserer Seite. Wenn wir ihn in uns berichtigen, dann ist das Schema in Ordnung.
*Fr* Können Sie uns irgendeine Anleitung geben, wie wir es herausbekommen könnten – etwa indem wir uns dessen erinnern, was wir während des Schlafes tun.
*M* Dazu brauchen Sie keine Anleitung. Jeder macht die Erfahrung, daß er gut geschlafen hat und im Schlaf nichts wußte. Und nichts anderes wird dabei erlebt.
*Fr* Die Antwort befriedigt uns nicht. Wir wandern im Schlaf in der

---

\* Eine solche Antwort drückt mehr aus als die Resignation vor dem offenkundigen Nichtbegreifen des Fragers: Sie enthält den wichtigen Hinweis, daß es nicht darum geht, dem Schweigen Dakshinamurtis (und dem des Maharshi) die ‹richtige› Bedeutung beizulegen, die doch nur wieder ‹gedacht› sein kann, sondern darum, dieses Schweigen selbst zu erreichen. Es ist eine genaue Parallele zur bekannten ‹Blumenpredigt› des Buddha, die daraus bestand, daß er seinen ‹Zuhörern› schweigend eine Blume zeigte.

Astralebene umher, können uns dessen aber nicht entsinnen.
M Die Astralebene hat mit den Träumen zu tun, nicht mit dem Tiefschlaf.
Fr Was halten Sie für die Ursache des Leidens auf der Welt? Und was können wir dazu tun, es zu beseitigen, als einzelne wie als Kollektiv?
M Verwirklichen Sie das Selbst. Das ist alles, was not tut.
Fr Können wir unsere Erleuchtung beschleunigt herbeiführen, um in größerem Rahmen dienen zu können – und wie?
M Da wir uns selbst nicht helfen können, müssen wir uns vollkommen dem Höchsten hingeben. Dann sorgt Er für uns – wie für die Welt.
Fr Was halten Sie für das letzte Ziel?
M Die Verwirklichung des Selbst.
Fr Wie finden wir den Guru, der jedem bestimmt ist?
M Intensive Meditation verhilft dazu.

Einige Tage lang hielt sich Dr. G. H. Mees, ein junger Holländer, hier auf. Er fragte:
Mir kommt es vor, als erlebte ich im tiefen Schlaf eine Art *samadhi*. Kann das sein?
M Es ist das wachende ‹ich›, das die Frage aufwirft, nicht das aus dem Schlaf. Wenn Sie den Zustand des Wachschlafes erreichen, welcher derselbe ist wie *samadhi*, und dabei wachbleiben, werden sich keine Zweifel ergeben, denn *samadhi* ist unser natürlicher Zustand; er liegt allen drei Zuständen zugrunde. Erreichen wir *samadhi* im Wachzustand, dann überdauert er auch im Tiefschlaf. Die Unterscheidung zwischen Bewußtem und Unbewußtem gehört der Sphäre des Geistes an, die im Zustand des Wachschlafes überschritten wird.

Fr Ist der buddhistische Standpunkt richtig, daß es keine unvergängliche Wesenheit gibt, die der Vorstellung von einer individuellen Seele entspricht? Verträgt sich das mit der hinduistischen Anschauung eines sich wiederverkörpernden ‹ich›? Ist die Seele ein unsterbliches Wesen, das sich immer wieder verkörpert, wie der Hinduismus lehrt, oder ist sie lediglich eine Anhäufung mentaler Neigungen, *samskaras*?
M Das wahre Selbst überdauert und bleibt unberührt. Das ‹ich›, das sich wiederverkörpert, gehört der niederen Ebene, dem Denken, an, die durch die Verwirklichung des Selbst überschritten wird.

Wiederverkörperungen entstehen infolge eines ‹unechten Seitentriebes›; dieser wird von den Buddhisten in Abrede gestellt. Unser gegenwärtiger Zustand ist eine Folge der Vermengung von *chit* (dem höchsten Bewußtsein) mit *jada* (dem Bewußtlosen).

Brahmachari Lakshmana von der Ramakrishna Mission fragte: Kann man sich vorstellen, Zeuge der eigenen Gedanken zu sein?
M Es ist nicht der natürliche Zustand. Es ist nur eine Vorstellung, eine Hilfe, den Geist zu beruhigen. Das Selbst ist immer der Zeuge, ob man Es sich nun als solchen vorstellt oder nicht. Zu einer derartigen Vorstellung liegt keine Notwendigkeit vor, außer für den genannten Zweck. Das Beste ist jedoch, das Selbst zu sein und zu bleiben. –

Ein hoher Finanzbeamter aus Mysore fragte:
Hat die Lektüre von Bruntons *Yogis* auch für uns Inder einen Zweck?
M Ja, sie ist für alle zu empfehlen.
Fr Körper, Sinne usw. sind nicht das Ich, das wissen wir alle. Wie setzt man das aber in die Praxis um?
M Durch die in jenem Buche erwähnte dreifache Methode.
Fr Ist Atemkontrolle zur Suche nötig?
M Nicht unbedingt.
Fr In dem Buch steht, daß man in ein Zwischenstadium der Leere gerät.
M Ja, aber bleiben Sie nicht darin stecken. Ergründen Sie, wer diese Leere erfährt.
Fr Es heißt dort auch, daß sie auf dem Pfade der Hingabe nicht auftritt.
M Auch auf ihm gibt es einen latenten Zustand der Unbewußtheit, *laya*, aus dem der Geist nach einer gewissen Zeit wieder erwacht.

*19. Januar 1936*

Mr. Elappa Chettiar, Mitglied des gesetzgebenden Rates von Salem, fragte:
Genügt es, den Geist nach innen zu wenden, oder sollen wir über ‹Ich bin *Brahman*› meditieren?
M Die Hauptsache ist, daß der Geist nach innen gewendet wird. Für die Buddhisten ist der Strom des ‹ich›-Empfindens schon Befrei-

ung, während für uns dieser Strom von einem ihm zugrundeliegenden Substrat ausgeht – der einzigen Wirklichkeit.
Weshalb also meditieren ‹Ich bin *Brahman*›? Nur die Auflösung des ‹ich› ist Befreiung; sie kann aber nur erreicht werden, wenn man dem ‹ich›-Empfinden nachgeht. Wenn der Sucher dann das ‹ich› nicht losläßt, kann er die Leere nicht erfahren. Ansonsten endet die Meditation im Schlaf.
Es existiert zwar die ganze Zeit hindurch nur ein Ich; aber hin und wieder steigt der falsche ‹ich›-Gedanke auf, während das intuitive Ich immer im eigenen Glanz erstrahlt, auch ehe es offenbar wird. Man wird nicht mit dem grobmateriellen Leib geboren, sondern erst, wenn das ‹ich› geboren wird. Um frei zu sein, braucht nichts neu gewonnen zu werden; Freiheit ist nur der ursprüngliche Zustand, der ewig unverändert immer gegenwärtig ist.

*Fr* Was ist wahre Wirklichkeit?
*M* Die wahre Wirklichkeit muß immer wirklich sein; Sie kann daher weder Name noch Gestalt haben; Sie ist Das, was jenen zugrundeliegt. Selbst grenzenlos, ist Es doch die Grundlage alles Begrenzten. Selbst wirklich, ist es doch die Grundlage alles Unwirklichen. Die wahre Wirklichkeit ist das, was ist; Sie ist, so wie Sie ist. Sie ist jenseits der Sprache, jenseits aller Begriffe wie ‹Sein›, ‹Nichtsein› und dergleichen.
*Fr* Kann die Verwirklichung, *jnana,* wieder verlorengehen, wenn sie einmal erreicht wurde?
*M* *Jnana,* die wahre Erkenntnis, braucht Zeit, sich zu festigen, nachdem sie sich erst einmal offenbart hat. Zwar liegt das Selbst im Bereich der unmittelbaren Erfahrung jedes einzelnen, aber Es ist anders, als man Es sich vorstellt. Es ist eben wie Es ist. Diese Erfahrung ist *samadhi.*
Das Selbst bleibt verhüllt in Gegenwart von *vasanas* (latente Neigungen) und offenbart sich in deren Abwesenheit. Eine unbeständige Erkenntnis des Höchsten genügt noch nicht, um Wiedergeburten zu verhindern. Solange noch *vasanas* vorhanden sind, kann *jnana* nicht erhalten bleiben. Es stimmt, daß in der Nähe eines Vollendeten die *vasanas* aufhören sich zu betätigen, daß der Geist still wird und sich daraus *samadhi* ergibt, ebenso wie Feuer bei Anwendung bestimmter Methoden nicht versengt. Auf solche Weise gewinnt der Schüler die wahre Erkenntnis und die

rechte Erfahrung in Gegenwart des Meisters. Aber um unerschüttert darin verharren zu können, sind weitere Bemühungen nötig; erst dann wird er Es als sein wahres Wesen erkennen und dadurch zu Lebzeiten befreit sein.

*Samadhi* bei geschlossenen Augen ist zwar gut; man muß aber weitergehen, bis man verwirklicht, daß Handeln und Nichthandeln einander nicht feind sind. Es ist ein Zeichen von Nichtwissen, wenn man Angst hat, *samadhi* könnte durch Handeln verlorengehen. *Samadhi* muß für jeden zum natürlichen Lebenszustand werden.

Es gibt diesen Zustand, der jenseits von Mühe und Mühelosigkeit liegt. Bis man ihn erreicht hat, muß man sich bemühen. Aber wenn man diese Glückseligkeit einmal gekostet hat, dann wird man immer von neuem versuchen, sie wiederzugewinnen. Niemand, der einmal die Seligkeit dieses Großen Friedens erfahren hat, möchte ohne sie sein oder sich anderweitig in Anspruch nehmen lassen.

Für einen *jnani,* einen Weisen, ist es ebenso schwierig, sich mit Gedanken zu befassen, wie es für den *ajnani,* den Nichtweisen, schwierig ist, sich von ihnen zu befreien.

Der Durchschnittsmensch glaubt, sich nicht zu kennen; er hat viele Gedanken und kann das Denken gar nicht anhalten. Den *jnani* berührt keinerlei Tätigkeit; sein Geist ruht immer im ewigen Frieden.

## 20. Januar 1936

Mr. Prakasa Rao aus Bezwada fragte:
Wird die Täuschung *(maya)* nicht schon unwirksam, noch bevor die Identität mit *Brahman* verwirklicht ist? Oder dauert sie selbst nachher noch an?

M  Die Illusion überdauert nicht, wenn die *vasanas* zunichte gemacht worden sind. In der Zeit zwischen der Erkenntnis der Identität und dem Erlöschen der *vasanas* allerdings gibt es sie noch.

Fr  Kann der ganze Bereich von *chitta* (des denkenden Geistes) erkannt werden?

M  Oh – ist das die Identität mit *Brahman?*
Wenn das Nichtwissen verschwindet, offenbart der Rest sich selbst. Es ist ‹Erfahrung›, nicht ‹Wissen›.

## 23. Januar 1936

Mr. Paul Brunton fragte, ob der Berg *Arunachala* innen hohl sei.
M  Die *Puranas* behaupten es. – Auch vom ‹Herzen› wird gesagt, es sei ein Hohlraum, aber wenn man hineindringt, erweist es sich, daß es unendliches Licht ist. Auf ähnliche Weise ist der Berg Licht; dieses Licht bedeckt alle Höhlen usw. darin.
Fr Es sind Höhlen darin?
M  Ich habe in Visionen Höhlen darin gesehen und Städte mit Straßen, ja – eine ganze Welt.
Fr Auch *siddhas*?
M  Man sagt, daß der Berg der Aufenthalt aller *siddhas* sei.
Fr Sind nur *siddhas* darin oder auch andere?
M  Genau wie in dieser Welt.
Fr Es sollen auch *siddhas* im Himalaya wohnen.
M  Zum Himalaya gehört der Kailas, der Aufenthaltsort Sivas. Dieser Berg hier ist Siva Selbst. So muß also Seine Wohnstätte auch hier sein, wo Er Selbst ist.
Fr Glaubt Bhagavan dies alles – daß der Hügel hohl ist, usw.?
M  Alles hängt vom Standpunkt des Beschauers ab. Sie selbst haben in einer Vision Einsiedeleien und dergleichen auf dem Berge gesehen; Sie haben es in Ihrem Buch beschrieben.
Fr Ja. Aber auf der Oberfläche des Berges. Die Vision war in mir.
M  Das ist es: Alles ist im eigenen Selbst. Um die Welt zu sehen, muß einer da sein, der sieht; ohne das Selbst könnte es keine Welt geben. Das Selbst umfaßt alles – Es ist alles. Es gibt nichts außer dem Selbst.
Fr Was ist das Geheimnis dieses Berges?
M  Was Sie in *Secret Egypt* gesagt haben: ‹Das Mysterium der Pyramide ist das Mysterium des Selbst› – das gilt auch hier: ‹Das Geheimnis des Berges ist das Geheimnis des Selbst.›

Mr. Chadwick:
   Ich weiß nicht, ob das Selbst verschieden vom ‹ich› ist.
M  Wie waren Sie in tiefem Schlaf?
Fr Das weiß ich nicht.
M  Wer weiß es nicht – ist es nicht das Wach-‹ich›? Wollen Sie Ihr Vorhandensein im Schlaf verneinen?
Fr Ich war und ich bin, aber ich weiß nicht, wer im tiefen Schlaf da war.

*M* Genau. Der wache Mensch sagt, daß er im Tiefschlaf nichts wußte. Jetzt nimmt er Objekte wahr und weiß, daß er da ist, während es im Tiefschlaf weder Objekte noch Zuschauer noch sonst etwas gab. Aber der, der jetzt spricht, der war auch im Tiefschlaf vorhanden. Was ist der Unterschied zwischen diesen beiden Zuständen? Jetzt sind Objekte da und das Spiel der Sinne mit ihnen; im Schlaf fehlte beides. Inzwischen ist ein Etwas neu aufgestiegen, nämlich das ‹ich›, das mit Hilfe der Sinne sein Spiel treibt, Objekte sieht, sich mit dem Körper vermengt und behauptet, es sei das Selbst. Tatsächlich existiert das, was im Schlaf da war, auch jetzt ununterbrochen weiter fort. Denn das Selbst ist unveränderlich. Es ist das Persönlichkeits-‹ich›, das sich dazwischendrängt. Das, was aufsteigt und wieder verschwindet, ist das ‹ich›, das, was unverändert bleibt, ist das Selbst.

Mr. Prakasa Rao:
Was ist die Ursache von *maya*?
*M* Was ist *maya*?
*Fr* Falschwissen, Täuschung.
*M* Wer täuscht sich? Es muß einer da sein, der getäuscht wird. Täuschung ist Unkenntnis. Ihrer Meinung nach sieht das nichtwissende Selbst die Objekte. Wenn es aber die Objekte nicht gibt, wie kann es dann *maya* geben? *Maya* ist *ya ma* (was nicht ist); was übrigbleibt, ist das wahre Selbst. Da Sie sagen, daß Sie Objekte sähen oder daß Sie die Eine wahre Wirklichkeit nicht erkennen können – gibt es denn zwei Selbste, eines als Erkennender und das andere als das erkennbare Objekt? Niemand wird das Vorhandensein von zwei Selbsten in sich behaupten wollen. Der vom Schlaf erwachte Mensch sagt von sich, daß er tief geschlafen und nichts wahrgenommen habe; er behauptet nicht, daß der Schläfer von dem gegenwärtig Wachenden verschieden sei. Es gibt nur ein Selbst: Dieses Selbst ist immer gewahr; Es ist unveränderlich.
*Fr* Was ist der Astralleib?
*M* Haben Sie nicht einen Körper im Traum, und ist der nicht verschieden von dem, der im Bett liegt?
*Fr* Leben wir über den Tod hinaus? Überlebt der Astralleib den physischen Tod?
*M* Ebenso wie Sie nach allerlei Erfahrungen aus dem Traum erwachen, so findet sich auch nach dem physischen Tod ein anderer Leib ein und so fort.

*Fr* Es heißt, daß der Astralleib noch vierzig Jahre nach dem Tode lebe.
*M* Im gegenwärtigen Körper nennen Sie den Traumkörper ‹astral›. Taten Sie das auch während des Traumes? Nein. Ihrem damaligen Standpunkt nach schien das wirklich zu sein, was Ihnen jetzt ‹astral› vorkommt, dagegen der wache Körper ‹astral›. Wo ist da der Unterschied zwischen einem Astralleib und dem anderen? – Es gibt keinen.
*Fr* Es gibt Gradunterschiede der Wirklichkeit.
*M* Zu sagen, daß der Traumkörper jetzt unwirklich sei und dieser Körper im Traum unwirklich wäre, ergibt noch keine Gradunterschiede der Wirklichkeit. Im Tiefschlaf fehlt überhaupt jedes Körperempfinden. Es gibt immer nur das Eine, und das ist das Selbst.

Mr. Paul Brunton:
Weshalb sprechen alle Religionen von Göttern, Himmeln, Höllen und dergleichen.
*M* Nur, um den Leuten klarzumachen, daß jene gleicher Art sind wie diese Welt und daß nur das Selbst allein wirklich ist. Die Religionen nehmen immer den Standpunkt des jeweiligen Suchers ein.
Denken Sie z. B. an die *Bhagavad Gita*: Als Arjuna sich zu kämpfen weigerte, um nicht Freunde und Verwandte töten zu müssen, antwortete ihm Sri Krishna: ‹Weder ich noch du noch jene Könige waren zu irgendeiner Zeit nicht, noch werden sie jemals nicht sein. Nichts ist geboren, nichts stirbt ...› Als er jedoch im späteren Verlauf der Unterredung mit Arjuna erwähnte, daß Er die gleiche hohe Weisheit der Sonnengottheit und durch sie Ikshvaku usw. vermittelt habe, fragte Arjuna zweifelnd: ‹Wie ist das möglich, da Ihr doch jung an Jahren seid und jene zu ganz anderen Zeitaltern lebten?› Sri Krishna begriff Arjunas Denkweise und antwortete ihm: ‹Wir haben beide viele Wiedergeburten erlebt. Ich kenne meine alle, du kennst die deinen nicht.›
Solche Feststellungen scheinen einander zu widersprechen, tun es aber in Wirklichkeit nicht, wenn man den Standpunkt des jeweils Fragenden in Betracht zieht. Im gleichen Sinne hat Christus von sich gesagt, daß er vor Abraham gewesen sei.
*Fr* Was bezwecken die Religionen mit solchen Darstellungen?

M  Sie wollen lediglich die wahre Wirklichkeit des Selbst herausstellen.
Fr Bhagavan spricht immer nur vom höchsten Standpunkt aus.
M  (lächelnd) Die Leute wollen die schlichte und nackte Wahrheit nicht verstehen, die stets gegenwärtige und ewige Erfahrung der Wahrheit ihres Alltags: die Wahrheit des Selbst. Gibt es denn irgend jemanden, der des Selbst nicht gewahr wäre? Aber sie wollen nicht einmal davon hören, während sie an einem Jenseits höchst interessiert sind – an Himmel, Hölle und Wiedergeburt. Sie ziehen nun einmal das Geheimnisvolle der nackten Wahrheit vor, und die Religionen tun ihnen den Gefallen und kommen ihnen entgegen – nur, um sie, wenn auch auf Umwegen, letzlich doch zum Selbst zu führen. Wohin Sie immer abschweifen mögen – Sie müssen schließlich zum Selbst zurückkehren. Weshalb dann nicht lieber gleich, hier und jetzt, im Selbst sein und bleiben?
Jene anderen Welten erfordern einen, der sie sieht und über sie nachdenkt: Das Selbst. Ihre Wirklichkeit ist gleichen Grades mit der des Betreffenden, der sie sieht oder über sie nachdenkt; so sind sie also nicht verschieden vom Selbst. Auch der Nichtwissende sieht nur das Selbst, wo er meint, Objekte wahrzunehmen; er sieht nur nicht klar und identifiziert das Selbst mit den Objekten, mit Leib und Sinnen, und verliert sich in der Welt. Subjekt und Objekt – alles geht im Selbst auf; in Ihm gibt es weder den, der sieht, noch das, was er sieht; denn Seher und Gesehenes sind das Selbst. Und es gibt auch nicht etwa viele Selbste; alle sind nur das eine Selbst.

## 26. Januar 1936

Sri Bhagavan antwortete Miss Leena Sarabhai, einer kultivierten Inderin:
Der innere Gleichmut ist der Zustand des Glücks; die Aussagen der Veden ‹Ich bin dies oder das› sind lediglich Hilfsmittel, den inneren Gleichmut zu erlangen.
Fr Dann ist es also falsch, sich ein Ziel zu setzen?
M  Gäbe es ein Ziel, das erreicht werden müßte, dann wäre es eins, das nicht von Dauer wäre; das Ziel muß bereits da sein. Es ist das ‹ich›, das ein Ziel erreichen möchte; aber das Ziel existiert schon

vor dem ‹ich›. Nur weil wir existieren, scheint es auch ein ‹ich› zu geben.
Sehen wir das Selbst als ‹ich› an, dann werden wir das ‹ich›; sehen wir Es als Geist an, dann werden wir der Geist; sehen wir Es als Körper an, dann werden wir der Körper. Es ist das Denken, das auf so vielerlei Weise ‹Hüllen› schafft. Das Spiegelbild des Lichtes im bewegten Wasser scheint sich zu bewegen; kann man diese Bewegung des Lichtes zum Stillstand bringen? Wenn sie aufhört, würden Sie nicht mehr das Wasser, sondern nur noch das Licht bemerken. So beobachten Sie nicht das ‹ich› und seine Betätigungen, sondern nur das Licht, das dahinter steht. Das ‹ich› ist der ‹ich›-Gedanke, das wahre Ich ist das Selbst.

*Fr* So ist es nur ein Schritt bis zur Verwirklichung.

*M* Die Verwirklichung ist sogar schon da. Der von Gedanken freie Zustand ist bereits der wahre Zustand. Verwirklichung ist keine Handlung, die vollzogen werden müßte. Gibt es überhaupt jemanden, der seines Selbst nicht gewahr ist? Gibt es jemanden, der seine eigene Existenz verneint. Wenn man von ‹Verwirklichung› spricht, dann schließt das notgedrungen zwei Selbste ein, das eine, das verwirklicht, und das andere, das verwirklicht werden soll. Man versucht, etwas zu verwirklichen, was bislang noch nicht verwirklicht ist. Wie ist es überhaupt möglich, daß wir unser Selbst nicht erkennen, nachdem wir doch unser Dasein für selbstverständlich halten?

*Fr* Infolge der Aktivität des Geistes.

*M* Genau. Es ist der Geist, der zwischen uns und unserem Glück steht und es vor uns verhüllt. Woher wissen wir, daß wir existieren? – Wenn Sie antworten, weil wir die Welt um uns gewahren, dann frage ich: Woher wissen Sie denn, daß Sie auch im tiefen Schlaf existieren?

*Fr* Wie wird man den Geist los?

*M* Ist es der Geist, der sich selbst töten möchte? Das kann er nicht. So ist es Ihre Aufgabe, das wahre Wesen des Geistes ausfindig zu machen; damit erfahren Sie, daß es gar keinen Geist gibt. Wird das Selbst gefunden, dann ist nirgends mehr Geist, und bleibt man im Selbst, dann braucht man sich über den Geist nicht mehr zu beunruhigen.

*Fr* Wie wird man die Angst los?

*M* Was ist Angst? Nur ein Gedanke. Wenn außer dem Selbst nichts mehr da ist, dann entfällt auch die Ursache zur Angst. Wer ist es, der ‹etwas anderes› sieht? Zuerst steigt das ‹ich› auf und sieht Objekte ‹außen›. Steigt kein ‹ich› auf, dann ist das Selbst allein da und nichts ‹anderes›. Denn alles, was sich ‹außerhalb› von einem befindet, verlangt den ‹Seher› innen. Sucht und findet man Ihn, dann steigt kein Zweifel, keine Angst mehr auf – und nicht nur die Angst, sondern auch alle anderen Gedanken, die sich um das ‹ich› scharten, verschwinden zugleich mit ihm.

Fr Diese Methode scheint einen schneller voranzubringen als die übliche, die Eigenschaften ausbildet, welche angeblich zur Erlösung notwendig sind?

M Ja. Alle Eigenschaften gruppieren sich um das ‹ich›; verschwindet dieses, dann ergibt sich daraus die Verwirklichung von selbst. Im Selbst gibt es weder gute noch böse Eigenschaften; es ist jenseits aller Eigenschaften. Diese gehören allein dem Geist an. – Wo es Einheit gibt, ist auch Zweiheit; die Ziffer eins läßt alle anderen Ziffern erscheinen. Die Wahrheit ist weder eins noch zwei; Sie ist, wie sie ist.

Fr Es ist aber schwierig, in den gedankenfreien Zustand zu kommen.

M Überlassen Sie den gedankenfreien Zustand sich selbst. Sie haben nichts mit ihm zu tun. Beim Gehen setzt man unwillkürlich einen Fuß vor den anderen. So sollten alle Handlungen ablaufen. Der gedankenfreie Zustand wird davon nicht berührt.

Fr Wie unterscheidet und beurteilt man aber seine Handlungen?

M Die Unterscheidung kommt von selbst. Sie ist intuitiv.

Fr Es kommt also allein auf die Intuition an?

M Alle, die große Wahrheiten entdeckt haben, haben sie in den stillen Tiefen des Selbst gefunden.

Das ‹ich› gleicht dem Schatten, den wir auf den Boden werfen; es wäre töricht, ihn begraben zu wollen. Das Selbst existiert allein; wird Es eingeschränkt, dann ist Es das ‹ich›; wird Es nicht eingeschränkt, dann ist Es unendlich, die wahre Wirklichkeit.

Wasserblasen entstehen voneinander gesondert und sind zahlreich, das Meer ist nur eines; ebenso gibt es viele ‹ich›, das Selbst aber existiert ganz allein.

Erkennen Sie die wahre Wirklichkeit, wenn Ihnen gesagt wird, daß Sie nicht das ‹ich› sind! – Weshalb halten Sie sich immer noch für das ‹ich›? Weil der Versuch, es mittels Denkens loszuwerden, der Anweisung gleicht: ‹Du darfst aber nicht an den Affen denken, wenn du die Medizin einnimmst›, d. h., es ist unmöglich. Das ist das Verhalten der Durchschnittsmenschen. Wenn die wahre Wirklichkeit dargestellt wird – weshalb dann die Meditation ‹Sivoham› (Ich bin Er) oder ‹Aham Brahmasmi› (Ich bin *Brahman*) fortsetzen? Es gilt, deren tieferen Sinn aufzuspüren und zu begreifen; nur die leeren Formeln zu wiederholen genügt nicht.

Verwirklichung ist nur der Verlust des ‹ich›; zerstören Sie es, indem Sie sein Wesen zu erkennen versuchen. Da das ‹ich› keine selbständige Wesenheit ist, verschwindet es durch diesen Vorgang automatisch, und die wahre Wirklichkeit erscheint von selbst. Das ist die direkte Methode; alle anderen Methoden halten dagegen am ‹ich› fest. Sie versuchen, die vielen Fragen zu beantworten, die laufend auftauchen, und die Lösung der ewigen Frage wird bis zuletzt verschoben. In dieser Methode ist die letzte Frage die einzige, die überhaupt gestellt wird, und sie wird an den Anfang gesetzt. Es sind keine *sadhanas,* Übungsmethoden, nötig, um sich auf diese Suche zu begeben.

Es gibt kein größeres Mysterium als dieses: Daß wir, die wir die wahre Wirklichkeit sind, sie erreichen wollen. Wir bilden uns ein, daß es etwas gäbe, das unsere Wirklichkeit vor uns verbirgt, und daß dies zerstört werden müsse, bevor wir die Wirklichkeit gewinnen können. Es ist geradezu lächerlich. Und es wird ein Tag heraufdämmern, an dem Sie über Ihre jetzigen Bemühungen lachen werden. Aber Das, was an jenem Tage Ihres Lachens da sein wird, das ist jetzt und hier bereits gegenwärtig.

Fr Dann ist das Ganze nur ein großes vorgetäuschtes Spiel?
M Ja. Auch im *Yoga Vasishta* heißt es: ‹Das Wirkliche ist vor uns verborgen, und das Falsche liegt klar zutage.› Tatsächlich erfahren wir nur die wahre Wirklichkeit – und dennoch erkennen wir sie nicht. Ist das nicht das Wunder aller Wunder? Die Frage ‹Wer bin ich?› ist die Axt, mit der die ‹ich›-Vorstellung zerstört wird.

Einem kanaresischen *sannyasi* antwortete Sri Bhagavan: ‹Geist› kennt unterschiedliche Grade, Verwirklichung ist vollkommen; sie kann vom Geist nicht begriffen werden. *Sarvajnatva,* die All-Erkenntnis, bedeutet *sarvam* (alles) zu sein; ‹das alles› gehört nur dem Geiste an. Das Bekannte und Unbekannte bilden zusammen ‹das alles›. Haben Sie den Geist überschritten, dann bleiben Sie als das Selbst zurück. Ihre gegenwärtige Erkenntnis ist begrenzt; jene wahre Erkenntnis ist unbegrenzt und kann daher von dieser nicht verstanden werden. Hören Sie auf, der Erkennende zu sein – das ist Vollkommenheit.

27. Januar 1936

Ein Besucher aus dem Gujarat erwähnte, daß er die Konzentration auf den Ton, *nada,* übe, und wollte wissen, was der Maharshi von der Methode halte.
M Die Methode, über *nada* zu meditieren, ist eine anerkannte Methode. Ihre Anhänger halten sie für besonders wirksam; ihrer Meinung nach ist sie der leichteste und unmittelbarste Weg.
*Nada* schmeichelt einen in *samadhi* hinein, wie ein Kind mit Hilfe von Wiegenliedern in den Schlaf gesungen wird; *nada* führt den Frommen an die Stätte des Herrn auf angenehme Weise, wie ein König dem von langer Reise heimkehrenden Sohn seine Musiker zum Willkomm entgegenschickt.
*Nada* verhilft zur Konzentration. Aber nachdem man *nada* erlebt hat, sollte man nicht aus dem Weg das Ziel machen. *Nada* ist nicht das Ziel. Das dem Zugrundeliegende muß festgehalten werden, sonst entsteht Leere. Zwar ist das Zugrundeliegende auch in der Leere gegenwärtig, aber der Übende würde ihrer nicht gewahr werden, wenn die verschiedenen *nadas* aufhören. Damit man das Gewahrsein auch in der Leere behält, muß man sich auf das eigene Selbst besinnen. Die Meditation über den Ton ist gut; sie ist noch besser, wenn sie mit der Suche *(vichara)* verbunden wird. In diesem Falle besteht *nada* aus *chinmaya* und *tanmaya,* aus der Erkenntnis und dem Selbst. Sonst trägt es nur zur Konzentration bei.

28. Januar 1936

Sri Bhagavan antwortete auf die Frage eines *sadhu,* ob *bhakti* darin bestünde, den Körper zu vergessen:
Was kümmern Sie sich um den Körper? Üben Sie *bhakti* und beunruhigen Sie sich nicht darüber, was aus dem Körper wird.

Mr. und Mrs. Kelly, ein älteres amerikanisches Ehepaar, und andere ihrer Gesellschaft wollten wissen, was sie tun könnten, um sich trotz der Unbequemlichkeit der vorgeschriebenen Haltung und der lästigen Moskitos konzentrieren zu können.
M Die Unbequemlichkeiten würden Sie nicht stören, wenn Ihre Konzentration richtig wäre. Denken Sie einfach nicht daran;

lassen Sie sich in ihrer Meditation nicht ablenken. Wie können Sie erwarten, das Selbst zu verwirklichen, wenn Sie nicht einmal die Kraft und Ausdauer haben, ein paar Mückenstiche zu ertragen? Das Selbst muß mitten im Trubel des Daseins verwirklicht werden. Wenn Sie es sich bequem machen und zu Bett gehen, dann schlafen Sie ein. Stellen Sie sich den Schwierigkeiten, aber bleiben Sie dabei fest in der Meditation gegründet.

### 31. Januar 1936

Der Amerikaner war etwas schwerhörig. Von jung an gewöhnt, sich auf sich und seine Fähigkeiten zu verlassen, machte er sich jetzt Sorgen wegen des Nachlassens seiner Hörfähigkeit.
M  Sie haben sich nicht auf sich selbst, sondern auf Ihr ‹ich› verlassen. Es ist gut, wenn dieses ‹ich›-Vertrauen jetzt einen Stoß bekommt und Sie das wahrhafte Selbst-Vertrauen lernen. Ihr Gehörleiden ist kein Grund zur Beunruhigung. Die Unterwerfung der Sinne ist eine notwendige Vorbedingung für die Verwirklichung. So hat Gott nun einen Ihrer Sinne für Sie bezwungen. Um so besser.
Der Besucher meinte, daß er zwar Sinn für den Humor in der Antwort habe, daß aber seine Selbstachtung nach wie vor darunter leide.
M  Nur das Selbst existiert. Fühlen Sie sich verletzt, wenn Sie sich selbst tadeln oder sich wegen irgendeines Irrtums auslachen? – Wenn Sie sich an das Selbst halten, dann gibt es niemanden sonst, der Sie verspotten könnte. Wenn Sie die Welt sehen, haben Sie den Halt am Selbst verloren. Tun Sie das Entgegengesetzte: Halten Sie sich an das Selbst, dann wird die Welt gar nicht auftauchen.

### 1. Februar 1936

Mrs. Kelly wünschte zu wissen, wie sie lernen könne, richtig zu meditieren.
Sri Bhagavan fragte sie, ob sie mit Hilfe des Rosenkranzes *japa* ausgeführt habe. Sie antwortete verneinend.
M  Haben Sie über Gott und Seine Eigenschaften nachgedacht?
Fr  Ich habe über solche Themen gelesen und Gespräche geführt.

M  Nun, wenn Sie solche Dinge im Geiste bewegen, ohne ihnen durch die Sinneswerkzeuge Ausdruck zu geben, dann ist das Meditation.
Fr  Ich meinte die Meditation, die in ‹Wer bin ich?› beschrieben wird.
M  Sehnen Sie sich so intensiv nach ihr, daß der Geist in der Hingabe dahinschmilzt! Wenn Kampfer brennt, bleibt kein Rückstand. Der Geist ist wie Kampfer: Hat er sich im Selbst aufgelöst, daß auch nicht die leiseste Spur zurückbleibt, dann ist das die Verwirklichung des Selbst.

### 4. Februar 1936

Einige Besucher aus Peshawar stellten Fragen. Zu ihnen gehörte ein belesener und ernst wirkender junger Mann, der überzeugt davon war, daß *paramatma,* das Höchste Selbst, verschieden von *jivatma,* dem individuellen Selbst, sei.
Sri Bhagavan beseitigte seine Zweifel mit der Feststellung:
Trennen Sie die begrenzenden Beifügungen – *param* und *jiva* – von *atma* ab und sagen Sie, ob Sie dann noch einen Unterschied finden. Sollte das Problem später wieder auftauchen, dann fragen Sie sich: ‹Wer zweifelt? Wer ist der Denker?› – Machen Sie ihn ausfindig, und Ihre Zweifel verschwinden.

### 5. Februar 1936

Am nächsten Tage fragte der gleiche junge Mann nach *pranayama.*
M  *Pranayama* als *jnana*-Übung ist ein innerlicher Vorgang:
‹Na-aham› – ‹Ich bin nicht dies› – Ausatmen,
‹Koham› – ‹Wer bin ich?› – Einatmen,
‹Soham› – ‹Ich bin Er› – Anhalten des Atems.
Das ist *vichara,* die Suche; sie führt zu dem gewünschten Ergebnis.
Jemand, der noch nicht so weit fortgeschritten ist, um sie anzuwenden, kann mit Hilfe der Meditation den Atem und damit den rastlosen Geist zur Ruhe bringen. Die Kontrolle des Geistes bewirkt automatisch die Kontrolle des Atems, d. h., der Atem wird unwillkürlich geregelt, ohne daß die Aufmerksamkeit auf das Ein- oder Ausatmen gerichtet würde.

Wem auch dies zu schwierig ist, der muß üben, den Atem zu regeln, um den Geist zu beruhigen. Diese Ruhe hält aber nur so lange an, wie der Atem unter Kontrolle ist, sie ist also nur vorübergehend. *Pranayama* ist natürlich kein Ziel, sondern muß weiterentwickelt werden zu *pratyahara**, *dharana* und *samadhi,* den höheren Stufen der Geisteskontrolle. Das fällt dem leichter, der vorher *pranayama* geübt hat, denn diese Yogaübung dient auch der Kontrolle des Geistes.

Der Fortgeschrittene wird sich unmittelbar der Geisteskontrolle zuwenden, ohne seine Zeit mit Atemkontrolle zu vergeuden. Die Entwicklung der Atemkontrolle allein kann okkulte Kräfte erzeugen, nach denen so viele verlangen.

Auf die Frage nach Ernährungsvorschriften antwortete Sri Bhagavan: Leichte Kost in mäßigen Mengen.

Auf eine Frage nach der Wirkungsweise von *bhakti*:

Solange *vibhakti,* die Sonderung von Gott, besteht, muß *bhakti* angestrebt werden, solange *viyoga,* die Trennung, besteht, muß Yoga geübt werden. Solange es die Zweiheit gibt, muß es Gott und den Frommen geben. Nicht anders ist es mit *vichara,* der Suche. Solange gesucht wird, gibt es auch Zweiheit; erst mit dem Aufgehen in der Quelle wird die Einheit erreicht. Ebenso mit *bhakti*: Wird die Gottheit, der die Verehrung gilt, verwirklicht, dann bleibt allein die Einheit übrig. Auch der Gedanke ‹Gott› kommt vom Selbst, wird durch das Selbst gedacht und ist das Selbst; so ist Gott mit dem Selbst identisch. Sagt man also jemandem, er solle Gott lieben, und er tut das unverzüglich, dann ist alles in Ordnung. Es gibt aber auch eine weitere Art von Menschen, die sich anders besinnen und überlegen: ‹Da sind also zwei, ich und Gott. Bevor ich mich daran begebe, den so fernen Gott zu erkennen, will ich erst einmal das mir nähere und unmittelbare ‹ich› untersuchen.› Für diese ist *vichara marga,* der Pfad der Suche, gedacht. Im Endeffekt besteht zwischen *bhakti* und *vichara* kein Unterschied.

Der gleiche Besucher fragte nach dem Wesen von *samadhi,* und wie man dahin gelangen könne.

M  Wenn der, der nach dem Wesen von *samadhi* und der Methode zu dessen Erlangung fragt, verschwindet, dann ist das Ergebnis *samadhi.*

---

* Zurückziehen der Sinne, Konzentration, Kontemplation.

Major Chadwick:
Ein einziger Blick eines Weisen soll wirksamer sein als alles Beten vor Götterbildnissen, als Wallfahrten usw. Ich bin schon drei Monate hier, merke aber nicht, daß ich durch den Blick des Meisters reifer geworden wäre.

M Der Blick hat läuternde Wirkung. Läuterung kann man nicht sehen. Wie ein Stück Kohle lange braucht, um sich zu entzünden, ein Stück Holzkohle weniger lange und Schießpulver augenblicklich aufflammt, so reagieren Menschen, die mit Mahatmas in Berührung kommen, in verschiedenem Grade.

Mr. Cohen:
Ich erreiche in der Meditation einen Zustand, den man mit ‹Frieden› bezeichnen könnte; es ist eine kontemplative Gemütsverfassung. Was muß der nächste Schritt sein?

M Dieser Friede ist die Verwirklichung des Selbst; er sollte nicht gestört werden. Man muß nur diesen Frieden anstreben.

Fr Er befriedigt mich aber nicht ganz.

M Weil er nur vorübergehend eintritt. Ist er erst zum Dauerzustand geworden, dann heißt er Verwirklichung.

## 9. Februar 1936

Fr Ist Einsamkeit dem Üben förderlich?

M Was nennen Sie Einsamkeit?

Fr Sich von anderen fernhalten.

M Wozu sollte das gut sein? Es ist nur von der eigenen Unsicherheit eingegeben. In der Einsamkeit würden Sie nur fürchten, daß Sie durch Eindringlinge gestört werden und die Einsamkeit verlorengeht.
Im übrigen: Wie wollen Sie die Gedanken, auf die es ja ankommt, in der Einsamkeit auslöschen? Ginge das nicht ebensogut in Ihrer jetzigen Umgebung?

Fr Der Geist wird jetzt zu sehr abgelenkt.

M Warum geben Sie ihm nach? Einsamkeit bezweckt, den Geist ruhig werden zu lassen; das kann aber auch mitten unter Menschen geschehen. Nicht die Einsamkeit tilgt die Gedanken, sondern die Übung, und die gleiche Übung können Sie überall machen.

Fr  Bei der Suche nach dem ‹ich› wird der Sucher auf einer gewissen Stufe angewiesen, geistig eine passive Haltung einzunehmen, damit die Gnade einfließen kann. Wie kann eine passive Haltung positive Ergebnisse zeitigen?
M  Das Selbst ist immer da, Es braucht nicht erst neu erworben zu werden.
Fr  Ich wollte fragen, wie es kommt, daß durch eine passive Haltung Gnade erlangt werden kann?
M  Stellen Sie diese Frage etwa ohne Gnade? – Gnade ist am Anfang, in der Mitte und am Ende; Sie ist das Selbst. Infolge der falschen Identifizierung des Selbst mit dem Körper wird der Guru als ‹verkörpert› angesehen. Von seinem eigenen Blickpunkt aus ist er aber nur das Selbst, und nur das Selbst allein existiert. Der Guru sagt Ihnen, daß das Selbst allein *ist*; bedeutet das nicht, daß das Selbst Ihr Guru ist? Woher sollte die Gnade sonst kommen? Sie kommt nur aus dem Selbst. Das Offenbarwerden des Selbst ist ein Offenbarwerden der Gnade und umgekehrt. All diese Probleme erheben sich nur infolge des falschen Blickpunktes und der daraus folgenden Erwartung von Dingen ‹von außen›. Für das Selbst ist aber nichts ‹außen›.
Fr  Unsere Fragen werden von unserem Standpunkt aus gestellt, und Sri Bhagavans Antworten erfolgen von seinem Standpunkt aus; so beantworten Sie die Fragen nicht nur, sondern entziehen ihnen gleichzeitig die Grundlage.

## 11. Februar 1936

Mr. Frydman:
König Janaka hatte das Selbst verwirklicht, und regierte trotzdem sein Reich. Verlangt nicht Handeln die Betätigung des Geistes? Was ist die logische Grundlage für das Wirken des Geistes eines Weisen?

M  Sie sagen ‹Janaka war ein *jnani* und trotzdem tätig ...› Stellt Janaka die Frage? Sie ist lediglich Ihrem Geist entsprungen. Der *jnani* ist nichts gewahr außer dem Selbst; ihm kommen solche Zweifel nicht.
Fr  Wahrscheinlich spielt es sich für ihn wie ein Traum ab; so wie wir von unseren Träumen sprechen, so denkt der *jnani* von seinem Tun.

*M* Auch der Traum gehört nur Ihrem Geiste an – und dieser Versuch einer Erläuterung desgleichen.
*Fr* Ich verstehe: Alles ist *Ramana-maya* – gestaltet aus dem Selbst.
*M* Somit gibt es weder einen Dualismus noch ein Gespräch darüber.
*Fr* Hilft nicht der Mensch, indem er das Selbst verwirklicht, der Welt viel wirksamer, als auf jede andere Weise?
*M* Falls man die Welt als gesondert vom Selbst ansieht.

## 12. Februar 1936

Mr. Cohen wollte wissen, ob *kevala nirvikalpa samadhi* zur Verwirklichung des Selbst unumgänglich nötig sei.
*M* Sie sind immer im Selbst – jetzt, in *kevala samadhi,* im tiefen Schlaf, in der Verwirklichung. Wenn Sie den Halt am Selbst verlieren und sich mit Körper oder Geist identifizieren, dann scheinen diese Zustände Sie zu überwältigen, oder es gleicht der Leere in einem Trancezustand, während Sie tatsächlich das immerwährende Selbst sind.
*Fr* Sri Aurobindo lehrt, daß das Licht, das seinen Sitz im Kopf hat, ins Herz hinuntergebracht werden müßte.
*M* Ist nicht das Selbst im ‹Herzen›? Wie kann das alldurchdringende Selbst von einem Ort zum anderen befördert werden?
*Fr* Erfahren auch der *karma*-Yogi und der *bhakta* jenen Zustand der Leere?
*M* Wenn Sie sich auf einen Punkt konzentrieren, dann gehen Sie schließlich in ihm auf; dieses Aufgehen nennen Sie Leere. Alle anderen Merkmale verschwinden, und das Selbst allein bleibt übrig. Auch der *karmi* und der *bhakta* machen die gleiche Erfahrung.

## 13. Februar 1936

Ein älterer Mann aus Anantapur erhob sich, als die Veden in der Halle rezitiert wurden, mit den Worten:
Nicht-Brahmanen dürfen nicht zuhören, wenn die Veden rezitiert werden.
*M* Das ist nicht Ihre Sache. Kümmern Sie sich um das, weshalb Sie hierhergekommen sind. Weshalb vergeuden Sie Ihre Zeit mit solchen Dingen? – Sie sagen: ‹Ich hörte die Rezitation.› Wer ist

dieses ‹ich›? Wenn Sie erst dessen Bedeutung kennen, dann wird so etwas Sie nicht mehr anfechten.
‹In den Schriften steht das und das; das paßt nicht mehr in die heutige Zeit. Ich werde die Welt reformieren und die Schriften neu schreiben ...›, sagen die Leute, und machen seit undenklichen Zeiten ihre Dummheiten. Solche Weltverbesserer kommen und gehen, die alten Schriften bleiben. Weshalb sich mit solchen Dingen aufhalten? Wenn jeder sich nur um seine eigenen Angelegenheiten kümmert, dann wird schon alles recht.

*23. Februar 1936*

Eine Dame mittleren Alters, eine Maharashta, die viel gelesen hatte und die Konzentration auf den Punkt zwischen den Augenbrauen übt, geriet dabei gelegentlich ins Zittern und fühlte Angst; sie sah kein Vorwärtskommen. Sie bat um Rat.
Maharshi riet ihr,
nicht den zu vergessen, der sieht. Sie verlege zwar den Vorgang des Sehens zwischen die Augenbrauen, behielte aber nicht den ‹Sehenden› im Sinn. Erinnere man sich immer an den Seher, dann sei alles in Ordnung.

*24. Februar 1936*

Dr. Henry Hand, ein etwa siebzigjähriger Amerikaner, fragte:
Was ist das ‹ich›?
*M* Da das ‹ich› etwas in Ihnen und nicht außerhalb von Ihnen ist, muß es Ihnen selbst klar sein.
*Fr* Wie kann man es definieren?
*M* Auch die Definition geht vom ‹ich› aus; so muß es sich selbst definieren.
*Fr* Was ist die Seele?
*M* Finden Sie das ‹ich›, dann haben Sie die Seele gefunden.
*Fr* Sind sie denn dasselbe?
*M* Die Seele kann ohne das ‹ich› sein, das ‹ich› aber nicht ohne die Seele, Sie sind wie die Wasserblase und der Ozean.
*Fr* Das klärt die Angelegenheit. Was ist *atma*?
*M* *Atma* und Seele sind dasselbe.

Ein anderer Amerikaner fragte nach Gedankenformen.
M Spüren Sie die Quelle der Gedanken auf, und sie werden verschwinden.
Fr Gedanken können sich aber materialisieren.
M Wo Gedanken vorhanden sind, da materialisieren sie sich auch; wenn sie verschwinden, dann ist nichts mehr da, was sich materialisieren könnte. Außerdem, wenn Sie sich als physisches Wesen empfinden, dann ist auch die Welt physisch. Suchen Sie herauszubekommen, ob Sie wirklich physisch sind.
Fr Wie kann ich Gottes Welt nützlich sein?
M Suchen Sie festzustellen, ob ‹ich› verschieden vom Göttlichen Wesen der Welt ist. Sie sind unfähig, sich selbst zu helfen; so suchen Sie nach dem Göttlichen Wesen, das Ihnen helfen soll, der Welt zu helfen, Dieses Göttliche führt sie aber ohnehin und hat Sie unter Kontrolle. Wohin gehen Sie im tiefen Schlaf? – Woher kommen Sie?
Fr Ich stehe unter dem Einfluß von Gedanken und Handlungen.
M Gedanken und Handlungen sind dasselbe.

Fr Gibt es eine Möglichkeit, übersinnliche Erscheinungen zu haben, z. B. die von Schutzengeln?
M Das, was gesehen wird, entspricht in seiner Art immer dem, der es sieht.
Fr Aber eine Gruppe von Sehern sieht das gleiche.
M Weil hinter allem nur ein Seher steht; die Vielfalt ist nur Schein. Nehmen Sie diese Vielfalt auch im Schlaf wahr?
Fr Wir sehen Abraham Lincoln, der schon vor langer Zeit gestorben ist.
M Gibt es ein Objekt ohne den, der sieht? – Die Erfahrungen mögen tatsächliche sein, deren Ausdrucksformen entsprechen aber immer nur der Eigenart dessen, der sie sieht.
Fr Einer meiner Mitarbeiter fiel im Krieg. Neun Jahre nach seinem Tod wurde eine Gruppenaufnahme von Freunden gemacht; auf dem Photo erscheint sein Bild mit. Wie ist das zu erklären?
M Vielleicht materialisierte Erinnerungen . . . Suchen Sie die Ursache.
Fr Auf welche Weise?
M Bei äußeren Wegen können Richtungen angegeben werden, aber es liegt in Ihnen. Suchen Sie in sich. Das Selbst ist stets verwirklicht. Irgend etwas noch nicht Erfahrenes könnte neu gesucht werden, das Selbst aber ist in Ihren Erfahrungen.

Fr  Ja, ich erkenne mich selbst.
M  Mich selbst – sind da zwei, ‹mich› und ‹selbst›?
Fr  Ich meinte es nicht so.
M  Wer ist es, der erkannt hat oder nicht?
Fr  Es gibt nur ein Selbst.
M  Ihre frühere Frage erhebt sich aber nur, wenn zwei Selbste vorausgesetzt werden. Lassen Sie die falsche Identifizierung des Selbst mit dem Nicht-Selbst fallen.
Fr  Ich spreche von einer höheren Bewußtseinsstufe.
M  Es gibt keine Stufen.
Fr  Wieso wird dann der Mensch nicht auf der Stelle erleuchtet?
M  Der Mensch ist die Erleuchtung selbst; er erleuchtet andere.
Fr  Unterscheidet sich Ihre Lehre von der anderer?
M  Sie ist ein Pfad unter anderen; Verwirklichung aber gibt es nur eine.
Fr  Die Leute sprechen aber von vielen Methoden.
M  Das hängt mit der unterschiedlichen Mentalität zusammen.
Fr  Was ist Yoga?
M  Yoga, die Vereinigung, ist der Pfad für den, der sich als *viyoga*, als getrennt, empfindet. Es gibt aber nur das Eine. Wenn Sie das Selbst verwirklichen, dann gibt es keinen Unterschied mehr.
Fr  Hat das Bad im Ganges eine spirituelle Wirkung?
M  Der Ganges ist in Ihnen, und dieser Ganges läßt Sie nicht vor Kälte erschauern; baden Sie in ihm!
Fr  Sollen wir hin und wieder die *Gita* lesen?
M  Immer.
Fr  Dürfen wir die Bibel lesen?
M  Bibel und *Gita* sind dasselbe.
Fr  Die Bibel lehrt, daß der Mensch in Sünde geboren ist.
M  Mensch zu sein ist Sünde. Im tiefen Schlaf war kein Empfinden eines ‹Mensch-seins› da, erst das Körper-Bewußtsein bringt die Vorstellung von Mensch-sein und Sünde mit sich. Die Geburt des Denkens ist die Sünde.
Auf eine andere Frage antwortet der Meister:
  Jeder sieht immer nur das Selbst. Auch die göttlichen Gestalten sind nur gleich Wasserblasen im Meer der wahren Wirklichkeit, oder gleich Bildern, die sich über eine Filmleinwand bewegen.
Fr  Die Bibel sagt, daß die menschliche Seele verlorengehen könne.
M  Der ‹ich›-Gedanke ist das ‹ich›, das geht verloren. Das wahre Ich ist ‹Ich bin, der Ich bin›.

*Fr* Manche Lehren Aurobindos stehen im Widerspruch zu denen der Mutter des Ashrams.
*M* Liefern Sie sich zunächst an das Selbst aus, nachher können Sie versuchen, jene Widersprüche miteinander in Einklang zu bringen.
*Fr* Was ist Entsagung?
*M* Das ‹ich› aufzugeben.
*Fr* Gilt es auch Besitz aufzugeben?
*M* Vor allem den Besitzer!
*Fr* Die Welt würde verwandelt sein, wenn alle Leute ihren Besitz zugunsten anderer aufgäben.
*M* Geben Sie zunächst sich selbst auf; nachher können Sie sich um das übrige kümmern.

Auf eine andere Frage antwortete Sri Bhagavan:
Eine Methode scheint leichter zu befolgen zu sein als eine andere, weil sie dem eigenen Wesen entspricht. Es hängt davon ab, was man früher geübt hat.

*Fr* Könnte man die Verwirklichung nicht augenblicklich erleben?
*M* Die Verwirklichung ist nichts Neues, sie ist ewig. Von einer augenblicklichen oder einer allmählichen Verwirklichung kann keine Rede sein.
*Fr* Gibt es eine Wiederverkörperung?
*M* Eine Wieder-Verkörperung kann es nur dann geben, wenn Sie jetzt verkörpert sind. Sie sind aber nicht einmal jetzt geboren.

Eine Antwort auf eine andere Frage:
Die Wurzel aller Krankheiten ist das ‹ich›. Geben Sie es auf, und es wird keine Krankheit mehr geben.

*Fr* Wenn nun alle der Welt entsagen wollten – könnte es dann überhaupt noch eine Alltagswelt geben? Wer würde pflügen, wer ernten?
*M* Verwirklichen Sie zunächst, dann wollen wir weiter sehen. Die Hilfe durch Verwirklichung geht über jede Hilfe durch Worte, Gedanken und Taten hinaus. Haben Sie erst einmal Ihre eigene wahre Wirklichkeit begriffen, dann wird Ihnen auch die der *rishis* und Meister klar sein.
*Fr* Weshalb bestehen die Meister so auf Schweigen und aufnahmebereiter Haltung?
*M* Was ist Schweigen? Es ist der Ausdruck des Ewigen.

*Fr* Worin besteht die aufnahmebereite Haltung des Geistes?
*M* Sich geistig nicht ablenken zu lassen.
*Fr* Hat es einen Zweck, Amerika und Indien einander näher zu bringen, indem man die Gebildeten beider Länder zusammenführt, etwa durch Austausch von Professoren und dergleichen.
*M* Das wird sich von selbst ergeben. Es gibt eine Kraft, die auch die Schicksale der Nationen lenkt. – Derartige Fragen entstehen nur, wenn Sie die Verbindung mit der wahren Wirklichkeit verloren haben. Besteht Amerika gesondert von Ihnen – oder Indien? Halten Sie daran fest, und sehen Sie, was sich dann ergibt.

*Fr* Sri Ramakrishna bereitete Vivekananda vor – durch was für eine Kraft?
*M* Es gibt nur Eine Kraft in allem.
*Fr* Welcher Art ist sie?
*M* Sie ist gleicher Art wie die, durch die Eisenfeilspäne vom Magneten angezogen werden. Die Kraft ist aber innen, nicht außen, d. h. Ramakrishna war in Vivekananda. Wenn Sie Vivekananda für einen Körper halten, dann war Ramakrishna auch einer; tatsächlich sind es beide nicht. Vivekananda hätte nicht in *samadhi* eingehen können, wäre Ramakrishna nicht in ihm gewesen.

*Fr* Weshalb leidet man, wenn man von einem Skorpion gestochen wird?
*M* Was ist die Ursache, daß Körper und Welt erscheinen?
*Fr* Sie sind Teile des kosmischen Geistes.
*M* Dann lassen Sie den Kosmischen Geist sich um solche Geschehnisse kümmern. Wenn der einzelne es wissen möchte, dann muß er sein Selbst entdecken.
*Fr* Es gibt Yogis, die Salpetersäure trinken, Gift schlucken, durch Feuer gehen und dergleichen. Können sie das, weil sie ihren Schwingungszustand zu verändern gelernt haben?
*M* Überlassen Sie solche Phänomene dem physischen Leib. Sie sind nicht dieser Körper; weshalb sich über etwas beunruhigen, was Sie nicht sind? Hätte das Selbst irgendeine Gestalt, dann könnte es von Objekten beeinflußt werden; da Es ohne Gestalt ist, kann es von ihnen nicht berührt werden.
*Fr* Was heißt ‹Meer der Liebe›?
*M* Heiliger Geist, Verwirklichung, Liebe und noch manches andere sind nur verschiedene Bezeichnungen für dasselbe Das.

Mr. N. Subba Rao:
Was ist *Visishtadvaita*, eingeschränkter Monismus?
M  Das gleiche wie *Advaita*.
Fr Die Anhänger des *Visishtadvaita* wollen aber von *maya* nichts wissen.
M  Wir sagen: Alles ist *Brahman*›; sie sagen: ‹*Brahman* ist in allem›.
Fr Sie sehen die Welt als Wirklichkeit an.
M  Wir auch. Sri Sankara hat nur gesagt: ‹Sucht die Wirklichkeit zu erkennen, die der Welt zugrundeliegt.› Das, was der eine *maya*, Illusion, nennt, bezeichnet der andere mit ‹Wandelbarkeit›. Das Ziel ist bei beiden dasselbe.
Dr. Hand:
Maharishi, haltet uns nicht für schlechte Burschen!
M  Das brauchen Sie mir nicht zu sagen, aber Sie sollten sich auch selbst nicht dafür halten.
Alle lachten und entfernten sich dann, da es fünf Uhr geworden war.
Einige Minuten später bemerkte Sri Bhagavan:
Wenn sie noch einen Tag länger hier sind, werden sie mit ihren Fragen am Ende sein und still werden.

Mr. Subba Rao:
Gibt es nicht Menschen, die in *samadhi* eingehen?
M  Ist jetzt hier nicht *samadhi*?
Fr Er ist also ewig.
M  Wäre er das nicht, wie könnte er dann wirklich sein?
Fr Und dann?
M  Es gibt kein ‹dann›, das etwas anderes wäre als ‹jetzt›.
Fr Es kommt uns aber so vor.
M  Wem?
Fr Dem Geist.
M  Was ist der Geist? Wer bin ich?
Schweigen.

Ein Besucher fragte, ob es möglich sei, Alter und Krankheit durch Aufnehmen göttlicher Kraft abzuwenden oder zu beseitigen.
M  Sie können sogar den Körper selbst beseitigen.
Fr Wie nimmt man die göttliche Kraft auf?
M  Sie ist ja schon da; man braucht sie nicht erst ‹aufzunehmen›. Das könnte man nur, wenn sie außerhalb von uns selbst wäre. Sie sind

es aber selbst; so kann von ‹aufnehmen› oder ‹abgeben› keine Rede sein.
Fr  Muß man irgendwelchen Regeln folgen, z. B. Diät einhalten?
M  Das besteht alles nur in der Vorstellung.

Ein anderer Besucher war bekümmert, weil er keinen Erfolg in der Konzentration auf das Eine hatte.
M  Ist es nicht auch in diesem Augenblick das Eine? – Es ist immer nur das Eine; Vielfalt gibt es nur in Ihrer Phantasie. Das Eine Sein braucht nicht erst erworben zu werden.

Jemand erwähnte, daß der Verwirklichte keiner Nahrung mehr bedürfe.
M  Jeder begreift nur so viel, wie es seinem Entwicklungsgrad entspricht.

Fr  Wie bringt man den Geist unter Kontrolle?
M  Halten Sie ihn fest.
Fr  Wie macht man das?
M  Was ist der Geist? – Versuchen Sie das herauszubekommen. Er ist lediglich die Summe der Gedanken.
Fr  Wie kommt man vom Sexualtrieb los?
M  Indem man von der Vorstellung läßt, daß der Körper das Selbst sei. Das Selbst ist geschlechtslos.
Fr  Wie verwirklicht man das?
M  Da Sie sich für den Körper halten, sehen sie auch den anderen als Körper an; daraus entsteht die Unterscheidung der Geschlechter. Sie sind aber nicht der Körper. Seien Sie das wahre Selbst, dann gibt es für Sie kein Geschlecht mehr.

Fr  Kann ein Yogi seine vergangenen Leben kennen?
M  Kennen Sie Ihre gegenwärtige Existenz schon so gut, daß Sie die Vergangenheit kennen möchten?
Entdecken Sie das gegenwärtige Leben, das übrige wird sich ergeben. Wir leiden schon an unserem gegenwärtigen begrenzten Wissen; wollen Sie sich mit noch mehr Wissen belasten – um noch mehr zu leiden?
Fr  Fördert Fasten die Verwirklichung?
M  Fasten können Sie nur zeitweilig. Das wahre Hilfsmittel ist geistiges Fasten. Fasten selbst ist kein Ziel, es muß mit der

spirituellen Entwicklung verbunden werden. Ständiges Fasten schwächt außerdem den Geist; dann fehlt ihm die zur Suche nötige Kraft. Essen Sie lieber mäßig, und setzen Sie dabei Ihre Übungen fort.

*Fr* Es heißt aber, daß zehn Tage, nachdem man nach einem Monat des Fastens wieder Nahrung zu sich genommen habe, der Geist rein und stetig würde und auf immer so bliebe.

*M* Ja, wenn die spirituelle Suche während der Zeit des Fastens in der richtigen Weise aufrechterhalten worden ist.

Auf eine andere Frage antwortete der Meister:

Die beste Unterweisung ist, wenn Herz zum Herzen spricht – und Herz dem Herzen lauscht.

*Fr* Ist nicht doch die Führung durch den Guru nötig?
*M* Sind Sie vom Guru getrennt?
*Fr* Aber es ist wichtig, ihm nahe zu sein.
*M* Was bedeutet schon physisches Nahesein? Es kommt allein auf den Geist an; der muß Berührung mit ihm haben.

## 28. Februar 1936

*Fr* Was ist der Unterschied zwischen *dhyana,* der Meditation, und *vichara,* der Suche?

*M* Es kommt auf das gleiche hinaus. Wer zur Suche nicht fähig ist, muß meditieren. In der Meditation ‹Ich bin *Brahman*› oder ‹Ich bin *Siva*› vergißt er sich selbst und hält ununterbrochen an ‹*Brahman*› oder ‹*Siva*› fest: Das endet schließlich damit, daß ein *Brahman*- oder *Siva*-Sein zurückbleibt, das er als Reines Sein verwirklicht, d. h. als Selbst.

Wer sich dagegen auf die Suche begibt, beginnt mit der Frage ‹Wer bin ich?› an sich selbst festzuhalten und erkennt dadurch das Selbst.

*Fr* Kann die Erkenntnis, die man durch die unmittelbare Erfahrung gewinnt, nachträglich wieder verlorengehen?

*M* Das *Kaivalya Navanita* behauptet es. Ist die unmittelbare Erfahrung gewonnen, ohne daß alle *vasanas* (latente Neigungen) ausgelöscht worden sind, dann ist sie nicht stetig; man muß sich also bemühen, die *vasanas* auszulöschen; andernfalls wird man nach dem Tode wiedergeboren. – Der eine behauptet, daß die unmittelbare Erfahrung sich schon aus dem ‹Hören› der Wahrheit durch den Meister ergäbe; der andere, daß das Überdenken sie hervorbringe, und wieder ein anderer besteht auf der Kontemplation oder auch auf dem *samadhi*. Das sieht auf den ersten Blick sehr verschieden aus, ist es aber nur an der Oberfläche; letztlich meinen alle das gleiche. Unerschütterlich aber bleibt die wahre Erkenntnis erst, nachdem alle *vasanas* ausgerottet worden sind.

### 29. Februar 1936

Fr  Herr, wie kann man den Griff des ‹ich› lockern?
M  Indem man ihm keine neuen *vasanas* zuführt.
Fr  Keine noch so große Anzahl von *japa*-Wiederholungen hat es schwächen können!
M  Oho! Es wird entsprechend schwächer werden und verschwinden.

### 2. März 1936

Dr. Hand, der Amerikaner, fragte:
Gibt es nicht zwei Methoden, um die Quelle des ‹ich› aufzuspüren?
M  Nein. Es gibt nur eine Quelle und nur eine Methode.
Fr  Was ist der Unterschied zwischen Meditation und Suche?
M  Meditation ist nur möglich, indem das ‹ich› aufrechterhalten bleibt: hier ist das ‹ich› und dort das Meditationsobjekt; die Methode ist eine indirekte.
Aber in Wirklichkeit existiert das Selbst ganz allein. Sucht man das ‹ich›, d. h. seine Quelle, dann verschwindet es; was übrigbleibt, ist das Selbst. Diese Methode ist also eine direkte.
Fr  Was habe ich demnach zu tun?
M  Am Selbst festzuhalten.
Fr  Auf welche Weise?
M  Sie sind auch jetzt das Selbst, Sie verwechseln nur dieses individuelle Bewußtsein mit dem Absoluten Bewußtsein, ein Irrtum, der auf Nichtwissen beruht. Das Nichtwissen verschwindet mit dem ‹ich›. Das einzige, was Sie tun müssen, ist, das ‹ich› zum Verschwinden zu bringen. Die Verwirklichung ist bereits da; man braucht nicht zu versuchen, Sie zu erreichen. Denn Sie ist nichts

Neues, nichts außerhalb von Ihnen. Sie *ist* immer und überall – auch jetzt und hier.

### 3. März 1936

Mr. N. Subba Rao fragte:
Im *Visishtadvaita* wird behauptet, daß die Verwirklichung des eigenen Selbst der Verwirklichung des Höchsten Selbst vorausgehe. Die Schwierigkeit scheint beträchtlich zu sein.

M  Was ist die Verwirklichung ‹des eigenen Selbst›? – Sind da zwei Selbste, von denen das eine das andere erkennt? – Nein. Erreichen Sie also zunächst die Verwirklichung des Selbst und urteilen Sie dann weiter.

Fr  Aber auch die *Bhagavad-Gita* sagt, daß es einen Gott gebe, dessen Körper die Summe aller Seelen sei.

M  Alle sind sich darüber einig, daß das ‹ich› ausgelöscht werden muß. So wollen wir damit anfangen. Es gibt auch *Advaita*-Anhänger, die von *nana jivatva*, ‹verschiedenen Seelen›, sprechen. Für die eigene spirituelle Entwicklung ist das alles unwichtig. Verwirklichen Sie zunächst das Selbst und sehen Sie dann weiter.

Dr. Hand am Tage vor seinem Abschied:
Maharshi! Wißt Ihr von einer Bruderschaft unsichtbarer Weiser?

M  Wenn sie unsichtbar sind – wie soll man sie dann sehen?
Fr  Im Bewußtsein.
M  Es gibt nichts außerhalb des Bewußtseins.
Fr  Gibt es dort auch keine Individualität? – Ich fürchte mich davor, mein individuelles Wesen zu verlieren. Bleibt man sich nicht wenigstens seines Menschseins bewußt?
M  Weshalb sich davor fürchten, die Individualität zu verlieren? Was ist Ihr Zustand im Tiefschlaf? Sind Sie sich dann auch Ihrer Individualität bewußt?
Fr  Vielleicht.
M  Ich möchte Ihre Erfahrung kennen? Wenn es dort eine Individualität gäbe, wäre es dann Tiefschlaf?
Fr  Das kommt darauf an, wie man den Ausdruck auslegt. Was sagt der Maharshi?
M  Der Maharshi kann nichts über Ihre Erfahrung sagen. Er zwingt Ihnen von sich aus nichts auf.

*Fr* Ich weiß. Deshalb liebe ich ihn und seine Lehre so sehr.
*M* Bereiten Sie sich nicht vor, schlafen zu gehen, ganz ohne Angst, Ihre Individualität im tiefen Schlaf zu verlieren? – Weshalb sich also jetzt davor fürchten?
*Fr* Was ist das Nirwana des Buddha?
*M* Der Verlust der Individualität.
*Fr* Mir graut vor diesem Verlust. Kann es im Nirwana nicht auch menschliches Bewußtsein geben?
*M* Gibt es zwei Selbste? – Denken Sie über Ihre gegenwärtige Erfahrung des Schlafes nach und antworten Sie.
*Fr* Ich möchte lieber daran glauben, daß ein individuelles Bewußtsein auch im Nirwana zurückbleibt.

Ein wenig später erstieg der Gast noch einmal den Berg und umwanderte ihn. Er war von mittags 12 Uhr bis gegen 8 Uhr abends unterwegs. Bei seiner Rückkehr hielt er einen eindrucksvollen Vortrag über die Landwirtschaft, die sozialen Verhältnisse, das Kastensystem Indiens und die Charaktereigenschaften seiner Bewohner.

## 10. März 1936

*Fr* Was ist *mahat*?
*M* Das reflektierte Licht aus dem Absoluten Bewußtsein. Wie ein Saatkorn quillt, bevor es sprießt, und danach wächst, so projiziert das Absolute Bewußtsein Licht, das als ‹ich› offenbar wird und dann als Körper und Weltall erscheint.

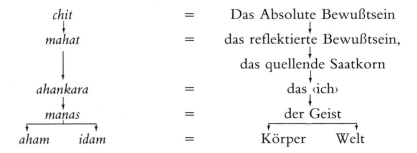

Mr. Chadwick fragte:
Ist *mahat* dasselbe wie Kosmisches Bewußtsein?
*M* Ja, vor der Geburt des ‹ich› und des Universums. Es enthält alles dieses. Und wie Filmbilder auf der Leinwand erst sichtbar wer-

den durch das Licht, das von einem Punkt aus projiziert wird, so werden der Körper und alle anderen Objekte erst in jenem reflektierten Bewußtsein sichtbar. In diesem Sinne ist es also Kosmisches Bewußtsein.
Der Körper und alle Objekte sind in subtiler Form im Gehirn vorhanden. Richtet sich das Licht auf das Gehirn, dann werden dessen Eindrücke als Körper und Welten offenbar. Und da das ‹ich› sich mit Begrenzungen identifiziert, so werden Körper und Welt für getrennte Dinge gehalten.
Sie liegen in Ihrem Zimmer mit geschlossenen Augen im Bett und träumen von London, von der Menge der Menschen dort, und halten einen bestimmten unter denen für sich selbst. London und alles übrige würde niemals in diesem Zimmer oder in Ihrem Gehirn Platz haben, und doch nehmen Sie solch weite Räume und auch Zeiträume wahr. Sie können nur aus dem Gehirn projiziert sein. Ist es nicht ein Wunder, daß die riesige Schöpfung sich im Gehirn entfaltet, da doch die Welt so groß und das Gehirn so klein ist? – Auch die Filmleinwand ist begrenzt, und Sie wundern sich gar nicht, wie eine so lange Folge von Geschehnissen auf einer so kleinen Fläche dargestellt werden kann. Ebenso ist es mit dem Gehirn und den Objekten der sogenannten Wirklichkeit.

*Fr* Demnach ist Kosmisches Bewußtsein nicht das gleiche wie Verwirklichung.

*M* Das Kosmische Bewußtsein bildet den Hintergrund des ‹ich›. Man könnte es *Isvara* nennen, dann wäre das ‹ich› der *jiva*. *Isvara* kann aber auch als das Absolute angesehen werden; das bedeutet dasselbe, denn das Bewußtsein, das *Isvara* durchdringt, ist das Absolute.

$$
\begin{array}{ccc}
para & = & \text{Das Absolute} \\
\downarrow & & \downarrow \\
Isvara & = & \text{Kosmisches Bewußtsein} \\
\overbrace{\hphantom{jiva\ \ jagat}} & & \overbrace{\hphantom{Individuelles\ Bewußtsein\ \ Welt}} \\
jiva \quad jagat & = & \text{Individuelles Bewußtsein} \quad \text{Welt}
\end{array}
$$

*11. März 1936*

Mr. Frydman hatte Swami Ramdas besucht, der auf eine Frage geantwortet hatte, daß es für ihn selbst keine Geburten mehr gäbe. Mr. Frydman wies dann darauf hin, daß man sich über eine Wieder-

geburt keine Sorgen zu machen brauche, denn es werde wieder den gleichen Rama, den gleichen Ramdas, die gleiche Suche nach Rama und die gleiche Seligkeit der Verwirklichung geben. Was könnte man gegen eine Wiederholung dieses ‹Rama-Spieles› einwenden?
Ramdas hatte zugestimmt, daß nichts dagegen einzuwenden sei und daß es eine Freude und ein Spiel sein würde. Frydman berichtete noch, daß Ramdas hinzugefügt hätte, daß er erlebt habe, wie Rama in ihm aufgegangen und glücklich in dieser Vereinigung gewesen sei. Sie seien beide dasselbe, und trotzdem gäbe es Ramdas und Rama, die Vereinigung beider und die Seligkeit dieser Erfahrung.
Mr. Frydman fragte Sri Bhagavan um seine Meinung darüber.
*M* Es ist alles so wahr wie das gegenwärtige Geschehen.

Später meinte Mr. Frydman, daß Schlaf ein Zustand des Vergessens sei und Wachen Geistestätigkeit und daß der Geist im Schlaf lediglich latent bleibe.
*M* Dann gab es *Sie* im Schlaf nicht?
*Fr* Doch. Aber in einem Zustand des Vergessens. Es muß ein Zeuge dieses Vergessens und des Geistes da sein, der sagt, daß ‹ich› in beiden Zuständen fortdaure.
*M* Wer sollte dieser Zeuge sein? – Sie sprechen von ‹beobachten›. Um etwas zu beobachten, muß ein Objekt und ein Subjekt da sein. Es sind beides mentale Schöpfungen. Die Vorstellung des Zeugen gehört dem Geiste an. Wenn es einen Zeugen des Vergessens gegeben hat, sagte er ‹Ich beobachte Vergessen›? *Sie* sind es, der jetzt, und zwar mit dem Geiste, feststellt, daß es diesen Zeugen gegeben haben muß. Wer war er? – Sie müssen antworten: ‹ich›. Wer ist nun wieder dieses ‹ich›? Sie identifizieren sich mit dem ego und sagen ‹ich›. Ist also dieses ego-ich der Zeuge? – Es ist der Geist, der spricht. Er kann nicht Zeuge seiner selbst sein. Sie setzen sich selbst Grenzen und glauben dann, daß es einen Zeugen gegeben haben müsse für Geist und Vergessen. Sie sagen auch ‹Ich bin der Zeuge›. Aber der, der das Vergessen beobachtet, muß sagen ‹Ich beobachte Vergessen›. Der gegenwärtige Geist kann sich diese Funktion nicht anmaßen.
Die ganze Situation wird also unhaltbar. Das Reine Bewußtsein ist unbegrenzt. Nachdem es begrenzt wird, maßt es sich diese Stellung eines Zeugen einfach an. In Wirklichkeit gibt es nichts zu beobachten. Es ist einfach Sein.
*Fr* *Yad gatva na nivartanta tad dhama paramam mama.* Meine höchste

      Stätte ist dort, von wo es keine Rückkehr gibt, ist man einmal dorthin gegangen. Was ist dieses ‹dhama› – ist es nicht das Absolute jenseits des Kosmischen Bewußtseins?
*M* Ja.
*Fr* *Na nivartante* (keine Rückkehr) bedeutet, nicht wieder vom Nichtwissen umhüllt zu werden.
*M* Ja.
*Fr* Darf man den Schluß daraus ziehen, daß auch die, die das Kosmische Bewußtsein erreicht haben, den Fesseln des Nichtwissens noch nicht entronnen sind?
*M* Es ist dasselbe, was mit der Feststellung gemeint ist, daß alle Welten, selbst die Brahmawelt, einen nicht von der Wiedergeburt befreien. Die *Bhagavad Gita* sagt: ‹Für den, der Mich erreicht, gibt es keine Wiedergeburt mehr ... Alle anderen sind gebunden.› Außerdem: So lange Sie glauben, daß es *gati,* ein ‹Gehen› gibt – wie es in dem Ausdruck *gatva,* ‹gegangen›, enthalten ist –, so lange gibt es auch eine ‹Rückkehr›. In *gati* ist aber auch Ihr Geborenwerden mit enthalten. Was ist Geburt? – Es ist die Geburt des ‹ich›.
Sind Sie geboren, dann erreichen Sie irgend etwas, und haben Sie es erreicht, dann kehren Sie zurück. Wenden Sie sich von diesen Wortspielereien ab. Seien Sie, wie Sie *sind.* Untersuchen Sie, wer Sie sind und verbleiben Sie als das Selbst, ohne Geburt, ohne Gehen, Kommen und Wiederkehr.
*Fr* Das ist wahr. Aber so oft wir diese Wahrheit auch hören, Sie entschlüpft uns immer wieder, und wir vergessen sie.
*M* Eben. Daher die Notwendigkeit, so oft daran zu erinnern.

Im Laufe des Tages wurde ein bestimmtes Photo vermißt, um das Sri Bhagavan besorgt zu sein schien. Mr. Frydman fragte, als was Sri Bhagavan eine solche Angelegenheit ansähe. Der Maharshi antwortete:
      Nehmen wir einmal an, Sie träumten davon, daß Sie mich mit nach Polen nähmen. Dann wachen Sie auf, erzählen mir Ihren Traum und fragen mich, ob ich das gleiche geträumt hätte oder davon wüßte, oder als was ich den Traum ansähe.
*Fr* Dann sind Sie der Dinge gar nicht gewahr, die sich vor Ihnen zutragen?
*M* Es ist alles nur das Spiel Ihrer Gedanken; dazu gehören auch Ihre Fragen.

## 13. März 1936

Ein Herr aus Bombay:
 Ich stellte der Mutter des Sri Aurobindo-Ashram folgende Frage: ‹Ich halte meinen Geist leer, ohne Gedanken aufsteigen zu lassen, damit sich Gott in Seinem wahren Wesen zeigen möge. Ich bemerke aber nichts.› Die Antwort war dem Sinne nach: ‹Die Haltung ist richtig. Die Kraft wird von oben herabkommen als unmittelbare Erfahrung.›
 Der Besucher fragte, was noch zu tun bleibe.
M Seien Sie, was Sie sind. Es gibt nichts, das von oben herabkäme oder sich zeigte. Alles was nottut ist, das ‹ich› loszuwerden. Das, was ist, ist immer da. Auch jetzt sind Sie Das; Sie sind nicht von Ihm gesondert. Die Leere wird von Ihnen wahrgenommen. Sie sind also da und sehen daher die Leere. Worauf warten Sie noch?
 – Der Gedanke ‹Ich habe nicht gesehen›, die Erwartung, ‹etwas› zu sehen, und der Wunsch, ‹etwas› zu erreichen, sind alles Auswirkungen des ‹ich›. Es ist das ‹ich›, das alles dieses sagt, nicht Sie. Seien Sie Sie selbst und nichts sonst!
 Sich *muladhara* unten, das ‹Herz› in der Körpermitte und das Kopfzentrum im Kopf oder über diesem vorzustellen, ist alles falsch. Mit einem Wort: *Denken ist nicht eure wahre Natur!*
 Wir nehmen die Spreu anstatt des Weizens, auf den es doch ankommt. Wir lesen die Artikel in der Zeitung, doch das Papier, auf dem sie gedruckt sind, beachten wir nicht. Doch gerade auf die Grundlage, die Substanz, kommt es an. Wenn wir sie erkennen, wird uns alles andere nicht verborgen bleiben.
Fr Sie sagten, daß das einzig Eine, was ist, die wahre Wirklichkeit ist. – Was ist dieses einzig Eine?
M Das einzig Eine ist *sat,* Sein, das als die Welt, die Dinge und wir selbst erscheint.
Fr Was ist *atma,* das Selbst. Ist *atma* endgültig?
M Erleben Sie zunächst, was *atma* ist. Wenn wir das wissen, dann mögen wir fragen, ob Er endgültig ist oder nicht. – Was bezeichnen Sie übrigens mit *atma*?
Fr Der *jiva* ist *atma*. (Die individuelle Seele ist das Selbst.)
M Finden Sie heraus, was die Einzelseele *(jiva)* ist! Was ist der Unterschied zwischen ihr und dem Selbst *(atma)*? Ist die Einzelseele etwas vom Selbst Getrenntes? Oder ist sie mit Ihm identisch? Alles, was Sie wahrnehmen, ist begrenzt, denn was

geschaffen ist, muß wieder zugrundegehen. Nur das Ungeschaffene ist unbegrenzt, endlos. Das, was ist, entzieht sich der üblichen Wahrnehmung. Unsere Aufgabe ist es daher, das zu ergründen, was erscheint. Dann löst es sich auf – das Ziel ist erreicht. Das, was ist, ist ewig, das, was neu erscheint, geht wieder verloren.

Fr  Was geschieht nach der Geburt des Menschen, was geschieht dann mit der Einzelseele?

M  Wir wollen zunächst erkennen, was wir sind. Wir haben keine richtige Vorstellung dessen, was wir sind, und bevor wir die nicht haben, läßt sich eine solche Frage nicht beantworten. – Was ist es also, das geboren wird? Wen nennen Sie einen Menschen? – Wenn Sie, statt nach ihm zu suchen, ergründeten, wer und wie Sie jetzt sind, dann würden sich jene Probleme gar nicht erst stellen. Sie sind derselbe in Tiefschlaf, Traum und Wachen. Ist der ‹ich›-Gedanke der *jiva* oder der Körper? Ist dieses Denken unser wahres Wesen oder die Erfahrung, daß wir leben?

Fr  Warum ist die Suche nach dem *atma* nötig?

M  Wenn Sie nicht nach *atma* suchen, dann schleicht sich die Suche nach weltlichen Dingen ein, und Sie suchen nach dem, was nicht ist, statt nach dem, was ist. Haben Sie erst einmal gefunden, was Sie suchen, dann hört damit auch *vichara,* die Suche, auf, und Sie ruhen in Ihm. Solange man den Körper mit *atma* verwechselt, scheint *atma* verlorengegangen zu sein, und man wird angewiesen, nach Ihm zu suchen; *atma* selbst aber geht niemals verloren; Er ist immer. – Manchmal wird mit *atma* auch der Körper bezeichnet, manchmal ein Sinneswerkzeug; es wird von *jivatma* und *paramatma* und von allem möglichen noch geredet; der Ausdruck *atma* wird auf verschiedene Weise verwandt. Die Suche nach *atma* bezweckt, Das zu erkennen, was *atma* wirklich ist.

Fr  Ich behaupte, daß der physische Körper eines Menschen, der infolge ununterbrochener Meditation über das Selbst in *samadhi* eingegangen ist, nicht regungslos zu sein braucht. Ob tätig oder untätig: Der Geist, der auf eine solche Meditation festgelegt ist, wird nicht von Körper oder Sinnen in Mitleidenschaft gezogen. Eine Geistesbetätigung ist nicht unbedingt eine notwendige Vorbedingung zu physischer Tätigkeit.
Dagegen versicherte jemand anders, daß physische Rastlosigkeit ganz gewiß *nirvikalpa samadhi* verhindere.
Was ist die Meinung des Maharshi?

M  Sie haben beide recht. Sie meinen *sahaja nirvikalpa samadhi*, der andere *kevala nirvikalpa samadhi*. In diesem, dem *kevala nirvikalpa samadhi*, ruht der Geist im Licht des Selbst. (Im Tiefschlaf dagegen in der Dunkelheit des Nichtwissens.) Der Betreffende unterscheidet zwischen *samadhi*, der Rückkehr aus dem *samadhi* und der Tätigkeit danach. Die Rastlosigkeit des Körpers, des Sehens, der Lebenskraft und des Geistes, das Wahrnehmen von Objekten und Tätigkeit sind für diesen Behinderungen.

Im *sahaja nirvikalpa samadhi* dagegen hat der Geist sich im Selbst aufgelöst und ist nicht mehr da. Die oben erwähnten Unterschiede und Hindernisse gibt es daher in diesem Falle nicht. Die Tätigkeiten solch eines Wesens ähneln dem Essen eines schlaftrunkenen Kindes; der Zuschauer nimmt die Tätigkeiten wahr, das Kind aber nicht.

Der Kutscher, der auf seinem Wagen eingeschlafen ist, ist sich der Bewegung des Wagens nicht bewußt, denn sein Geist ist in Dunkelheit versunken. Ähnlich ist sich der Verwirklichte seiner körperlichen Tätigkeiten nicht bewußt, da sein Geist tot ist, aufgelöst im Bewußtsein der Seligkeit, im Selbst.

Die Ausdrücke ‹Meditation› und ‹*samadhi*› werden in der Frage locker gehandhabt; genaugenommen bezeichnet Meditation eine geistige Bemühung, während *samadhi* jenseits jeder Bemühung liegt.

| *Schlaf* | *kevala samadhi* | *sahaja samadhi* |
|---|---|---|
| Der Geist ist: | Der Geist ist: | Der Geist ist: |
| 1.) lebendig, | 1.) lebendig, | 1.) tot, |
| 2.) im Vergessen versunken | 2.) im Licht versunken | 2.) im Selbst aufgegangen, |
| | 3.) liegt wie ein Eimer am Seil in der Tiefe des Brunnens und kann | 3.) wie ein Fluß, der im Meer aufgegangen ist und seine Identität verloren hat. |
| | 4.) mittels des anderen Seilendes wieder heraufgezogen werden. | 4.) Ein Fluß kann aus dem Meer nicht zurückgeholt werden. |

Das wahre Wesen des Geistes ist Gewahrsein, Reines Bewußtsein. Wird er dagegen vom ‹ich› beherrscht, dann ist er als Fähigkeit des Denkens oder Fühlens oder Begründens tätig. Der Kosmische Geist, der von keinem ‹ich› begrenzt wird, nimmt nichts als getrennt von Sich wahr und ist daher einzig Gewahrsein. Dies ist auch die Bedeutung des Bibelwortes ‹Ich bin, der Ich bin›.

Der vom ‹ich› beherrschte Geist erschöpft seine Kraft und wird zu schwach, um dem Ansturm der Gedanken zu widerstehen. Der Geist ohne ‹ich› – im tiefen, traumlosen Schlaf – ist glücklich. Daraus geht deutlich hervor, daß Glück und Elend nur Stimmungen des Geistes sind; leider ist es nicht ganz leicht, die ‹schwache› Stimmung gegen die ‹starke› auszutauschen. Betriebsamkeit ist Schwäche und macht daher elend; ein In-sich-Ruhen ist Kraft und ist daher beglückend. Im Schlaf ist die Kraft nicht offenbar und steht deshalb auch nicht zur Verfügung.

Der Kosmische Geist, der in einigen seltenen Wesen offenbar wird, hat die Macht, in anderen den individuellen (schwachen) Geist mit dem universellen (starken) Geist der inneren Tiefe zu verbinden. Solch ein seltenes Wesen wird Guru genannt und ist das offenbar gewordene Göttliche.

## 19. Mai 1936

Mr. M. Oliver Lacombe von der Sorbonne in Paris ist auf einer Indienreise und kam aus Pondicherry herüber. Er hat die *Bhagavad Gita,* die *Upanishaden* und die *Sutras* gelesen – selbstverständlich im Sanskrit-Original. Er fragte:

Ist die Lehre des Maharshi die gleiche wie die Sri Sankaras?

*M* Die Lehre des Maharshi ist lediglich Ausdruck seiner eigenen Erfahrung und Verwirklichung. Es sind die anderen, die feststellen, daß sie mit der Sri Shankaras übereinstimme.

*Fr* So ist es. – Könnte man die gleiche Verwirklichung auch in anderer Form ausdrücken?

*M* Der Verwirklichte wird immer seine eigene Ausdrucksweise anwenden. Der beste Ausdruck ist Schweigen.

*Fr* Was hält der Maharshi von *hatha*-Yoga und der *Tantra*-Praxis?

*M* Der Maharshi übt an keiner der vorhandenen Methoden Kritik. Sie sind alle gut zur unentbehrlichen Läuterung des Geistes. Denn nur der geläuterte Geist ist fähig, seine Methode zu erfassen und an ihrer Praxis festzuhalten.

*Fr* Welcher ist der beste Yoga: *Karma, jnana, bhakti* oder *hatha*?

*M* Siehe Vers 10 der *Upadesa Sara*: ‹Im Selbst verbleiben entspricht allen zusammen im höchsten Sinne.›
Im traumlosen Schlaf gibt es weder Welt noch ‹ich› noch Unglücklichsein – aber das Selbst. Im Wachzustand sind alle diese vorhanden – und außerdem das Selbst.
Man braucht nur alles Geschehen in seiner Flüchtigkeit und Endlichkeit zu erkennen, um das ewig-gegenwärtige Glück des Selbst zu verwirklichen. Ihr wahres Wesen ist Seligkeit. Finden Sie Das, dem alles übrige überlagert wird; dann bleiben Sie als das reine Selbst zurück.

*Fr* Ja. Es läuft alles darauf hinaus, alle fremden Begrenzungen zu beseitigen, um das ewig-gegenwärtige Selbst zu entdecken. Das sagt auch Sankara. Da gibt es nichts zu gewinnen noch zu verlieren.

*M* Genauso ist es.

*Fr* Wie soll der Strebende normalerweise handeln?

*M* Ohne sich selbst mit dem Handelnden gleichzusetzen. – Hatten Sie z. B. Ihren Besuch hier schon in Paris beabsichtigt?

*Fr* Nein.

*M* Sehen Sie, wie Sie absichtslos handeln? – Die *Gita* sagt, daß der Mensch nicht ohne Tun sein könne. Der Zweck unserer Geburt wird erfüllt werden, ob wir es nun wollen oder nicht. Lassen Sie den Zweck sich selbst erfüllen.

*Fr* Weshalb gibt es so viele Methoden? Sri Ramakrishna z. B. sagt, daß *bhakti* das beste Mittel zur Erlösung sei.

*M* Das richtet sich nach den Neigungen des Strebenden. – Sie haben die *Gita* gelesen. Sri Krishna sagt darin: ‹Niemals gab es eine Zeit, in der Ich noch Du, noch diese Könige nicht waren, noch wird es sie in Zukunft geben. Was unwirklich ist, existiert niemals; doch was wirklich ist, wird nie verschwinden. Alles, was jemals war, ist auch jetzt und wird immer sein.›
Späterhin erwähnt er dann: ‹Ich lehrte diese Wahrheit Aditya; er gab sie an Manu weiter.› Arjuna fragte daraufhin: ‹Wie ist das möglich? Ihr seid erst vor noch nicht langer Zeit geboren. Wie könnt Ihr dann Aditya gelehrt haben?› Antwortete Sri Krishna: ‹Die Vergangenheit sah viele unserer Geburten. Ich kenne die meinen, du kennst die deinen nicht. Ich erzähle dir, was in jenem

vergangenen Leben geschehen ist.› Schauen Sie: Derselbe Krishna, der damit begann, zu sagen, daß es weder Ihn noch Arjuna, noch diese Könige jemals nicht gegeben habe, spricht dann von verschiedenen früheren Geburten. Krishna widerspricht hier nicht sich selbst, wenn es auch so aussieht. Er paßt sich nur der Verständnisfähigkeit Arjunas an und spricht zu ihm von dessen Ebene aus.

In der Bibel gibt es eine Parallelstelle, wo Jesus sagt: ‹Ehe denn Abraham war, bin Ich› – die Lehren der Weisen sind Zeit, Ort, Menschen und Umgebungen angepaßt.

Der Besucher verabschiedete sich mit Bedauern ... Der Maharshi aber unterbrach ihn lächelnd:

Es gibt weder Scheiden noch Wiederkehr.

Und der Franzose bemerkte spontan:

Er hat Zeit und Raum überschritten.


Ein zahmes Streifenhörnchen wohnte mit in der Halle und pflegte abends in seinen kleinen Käfig zu schlüpfen. Als eines Tages der Maharshi ihm bedeutete, daß es Schlafenszeit sei, mischte sich ein Besucher mit dem Bemerken ein, daß man ihm wohl Wasser geben müsse; es sei durstig an solch einem heißen Abend. Dieser Besucher verkündete jedem, der es hören oder auch nicht hören wollte, daß er das transzendentale Bewußtsein besitze, und wollte mit dieser Bemerkung jetzt zeigen, daß ihm die Sprache der Tiere vertraut sei. Als er keine Antwort bekam, wiederholte er seine Worte. Nach einer Pause sagte der Maharshi:

Wahrscheinlich sind Sie durstig nach Ihrer langen Meditation in der Sonnenhitze auf den heißen Felsen und möchten trinken.

*Fr* Ich habe getrunken.

*M* Das Streifenhörnchen hat keinen Durst. Sie brauchen ihm den Ihren nicht zu unterstellen.

Der Maharshi erklärte den übrigen Anwesenden die Unterhaltung:

Ich bemerkte heute, wie er auf den heißen Felsen stand, das Gesicht mit geschlossenen Augen der Sonne zugewandt. Ich wartete eine Weile, wollte ihn dann aber nicht stören und ging weiter. Jeder tut, was ihm gefällt.

*Fr* Was ich tat, geschah unbewußt, ohne Absicht.

*M* Oh – ich verstehe. Wir anderen handeln immer nur absichtlich. Sie dagegen haben anscheinend bereits alles hinter sich gelassen.

*Fr* Es geschah nicht zum ersten Male. Ihr selbst inspirriert mich und

veranlaßt mich zu allem Tun. Wie könnt Ihr mich dann fragen, weshalb ich dies oder jenes tue?
M Ich verstehe. Sie handeln unter meiner Kontrolle. Demnach müssen auch die Früchte dieses Tuns als meine und nicht als die Ihren angesehen werden.
Fr Ganz ohne Zweifel. Ich handle nicht aus freiem Willen; ich habe gar keinen eigenen Willen.
M Genug jetzt mit dem Unfug. Sie sind hoch erhaben über dem gewöhnlichen Treiben. Nur wir anderen handeln aus persönlichen Motiven.
Fr Aber Sie haben selbst in einem Ihrer Werke gesagt, daß Handeln automatisch vor sich gehen könne.
M Genug! Sie und ein anderer Besucher verhalten sich wie höhere Wesen. Sie haben beide voll ausgelernt; Sie brauchen nichts mehr zu lernen. – Ich würde dies alles nicht sagen, wären Sie nicht so oft hierhergekommen. Tun Sie, was Sie nicht lassen können; Sie werden diese Überspanntheiten des Anfängerstadiums in einiger Zeit selbst im richtigen Licht sehen.
Fr Aber ich bin doch schon so lange in diesem Zustand.
M Genug!

Mr. Cohen, einer der Ashram-Bewohner, hatte sich über die verschiedenen Yoga-Systeme geäußert.
M Patanjalis erstes *Sutra* läßt sich auf alle Yoga-Systeme anwenden. Die Methoden unterscheiden sich, doch das Ziel ist dasselbe: das Aufhören der mentalen Tätigkeit, das Stillwerden des Geistes. Solange Mühe aufgewendet wird, um dieses Ziel zu erreichen, spricht man von Yoga. Man kann auch sagen: die Bemühung selbst ist Yoga. Die Stillung der Geistesregungen kann auf verschiedene Weise erfolgen:
1. Erforschung des Geistes. Wenn der Geist erforscht wird, hört seine Tätigkeit ganz von selbst auf. Der tätigkeitsfreie reine Geist ist das Selbst. Dies ist der Weg der Erkenntnis *(jnana)*.
2. Die Suche nach dem Ursprung des Geistes, dem Quell der Gedanken. Man nennt diesen Ursprung auch Gott, Selbst oder Bewußtsein.
3. Festhalten an einem oder Sammlung auf einen Gedanken. Wird genügend lange und intensiv geübt, verschwinden alle anderen Gedanken, bis letzlich auch dieser Gedanke sich auflöst.

4. *Hatha* Yoga.
Diese Methoden haben eines gemeinsam: Sie führen alle zum selben Ziel. Bei der Beobachtung der Gedanken ist es unbedingt notwendig, im Gewahrsein zu verbleiben, sonst schläft man dabei ein. Daß das Gewahrsein das Wichtigste ist, geht daraus hervor, daß Patanjali auch noch nach der Übung des *pranayama* (Atemübungen) größten Wert auf Gedankenkontrolle, innere Sammlung und Meditation legt. Und das, obwohl durch *pranayama* allein der Geist schon zur Ruhe gebracht werden kann. Wozu dann noch die anderen Methoden? Weil nur mit ihnen das Verbleiben im Gewahrsein gewährleistet ist. Der durch *pranayama* zu erreichende Zustand, der übrigens auch mit Hilfe bestimmter Drogen herbeigeführt werden kann, bringt nicht die Befreiung, weil es am unabdingbaren Gewahrsein mangelt.

## 3. Juni 1936

Der Maharshi erläuterte im Laufe eines Gesprächs:
Wen verlangt es schon nach Befreiung? Jeder sucht nur das Glück – auch das Glück, das im Sinnesgenuß liegt. Diese Frage wurde einem Guru gestellt, der darauf antwortete: ‹Richtig. Denn das Glück, das sich aus Sinnesgenuß ergibt, ist das gleiche wie das der Befreiung – nur nicht so beständig. Der Wunsch nach Befreiung ist eine der vier Vorbedingungen, um sie zu erreichen. Dieser Wunsch ist allen gemeinsam. So können auch alle zu dieser Erkenntnis des Selbst gelangen.›
Es wird tatsächlich auf der ganzen Welt kaum einen Menschen geben, der alle erforderlichen Eigenschaften so vollkommen besitzt, wie es die *Yoga Sutras* verlangen. Trotzdem sollte man die Suche nach der Erkenntnis des Selbst nicht aufgeben.
Jeder ist das Selbst, jeder erfährt das Selbst, er ist dessen nur nicht gewahr. Er identifiziert den Körper mit dem Selbst und fühlt sich elend. Das ist das größte aller Wunder. Man ist das Selbst. Weshalb Es nicht erkennen und allem Unglück ein Ende machen? Anfangs muß man dem Strebenden sagen, daß er nicht der Körper ist, weil er glaubt, nur der Körper zu sein, während er doch der Körper und alles übrige ist. Der Körper ist nur ein Teil. Das ist es, was er schließlich erkennen muß. Zunächst muß er das Reine Bewußtsein von allem, was Nicht-Bewußtsein ist, unter-

scheiden lernen und lernen, nur dieses Bewußtsein zu sein. Später erkennt er dann, daß auch das Nicht-Bewußtsein nicht vom Reinen Bewußtsein getrennt ist.
Das ist *viveka,* die spirituelle Unterscheidung. Die anfängliche spirituelle Unterscheidung muß bis ans Ende durchgehalten werden: Ihr Ergebnis ist die Befreiung.

Willensfreiheit oder Schicksalszwang? – Schicksal ist das Ergebnis vergangenen Handelns; es betrifft den Körper. Laßt ihn handeln, wie es ihm gemäß ist; was habt ihr mit ihm zu schaffen? Wieso beachtet ihr ihn überhaupt? – Willensfreiheit und Schicksalszwang dauern ebenso lange, wie der Körper dauert. Die Weisheit jedoch, *jnana,* überschreitet beide. Das Selbst ist jenseits von Erkennen und Nichtwissen. Geschieht irgend etwas, dann geschieht es aufgrund vergangenen Tuns, des göttlichen Willens und anderer Faktoren.

## 6. Juni 1936

Mr. Iharka von der Universität Benares führte tiefes Leid zu Bhagavan: Er hatte Frau und Kinder durch den Tod verloren. Wie kann er inneren Frieden finden?
M  Geburt und Tod, Freude und Leid, kurz: das ‹ich› und die Welt bestehen nur im Geist; wird er aufgelöst, dann werden sie verschwinden. Wohlgemerkt: aufgelöst, nicht nur beruhigt. Denn wenn der Geist während des Schlafens ruht, dann weiß er zwar auch von nichts; erwacht er aber, ist alles wieder wie zuvor und des Leides ist kein Ende. Wird jedoch der Geist aufgelöst, dann hat das Leid keine Grundlage mehr und verschwindet zusammen mit dem Geist.
Fr  Wie zerstört man den Geist?
M  Suchen Sie ihn, dabei verschwindet er.
Fr  Das verstehe ich nicht.
M  Der Geist ist nichts als ein Gedankenbündel. Die Gedanken steigen auf, weil ein ‹Denker› da ist, das ‹ich›. Wird nach diesem ‹ich› geforscht, dann verschwindet es automatisch. Geist und ‹ich› sind dasselbe; das ‹ich› ist der Wurzelgedanke, aus dem alle anderen Gedanken aufsteigen.
Fr  Wie sucht man den Geist?

M  Tauchen Sie nach innen. Sie gewahren dann, daß der Geist im Innern aufsteigt. So sinken Sie in sich hinein und suchen nach ihm.
Fr  Ich verstehe immer noch nicht, wie man das macht.
M  Sie üben *pranayama,* doch die nur mechanische Kontrolle des Atems bringt Sie nicht zum Ziel. Das kann lediglich als Hilfsmittel gelten. Sie müssen sich während der Übung mit ungeteilter Aufmerksamkeit an den ‹ich›-Gedanken halten und seinen Ursprung suchen. Dann werden Sie feststellen, daß sich dort, wohin der Atem absinkt, die Quelle des ‹ich›-Gedankens befindet. Beide sinken und steigen gemeinsam. Wenn Atem und ‹ich›-Gedanke still geworden sind, offenbart sich dort ein leuchtendes, ununterbrochenes Ich-Ich-Sein ohne Grenzen. Das ist das Ziel, für das es verschiedene Namen gibt: Gott, Selbst, *kundalini, sakti,* Bewußtsein, Yoga, *bhakti, jnana* usw.
Fr  Ich verstehe es immer noch nicht ganz.
M  Machen Sie einen Versuch; das wird Sie von selbst zum Ziel bringen.

## 9. Juni 1936

Fr  Wie sind die drei Methoden zu verstehen, die im 2. Kapitel der *Ramana Gita* erwähnt sind?
M  Das Anhalten des Atems führt vorübergehend zum Stillwerden des Geistes; es ist ein Hilfsmittel, um den Geist zu beherrschen. Manche praktizieren die Regulierung des Atems, die im rhythmischen Einatmen, Anhalten des Atems und Ausatmen besteht. Umgekehrt ist es auch möglich, den Atem automatisch zu regulieren, indem man den Geist still werden läßt. Eine weitere Übung ist die Beobachtung des Ein- und Ausatmens. Es scheint sich um drei Methoden zu handeln. Da aber alle zum gleichen Ziel führen, kann man sie als eine einzige Methode betrachten. Der Übende wählt diejenige aus, welche ihm aufgrund seiner Entwicklungsstufe und seiner Neigungen am besten liegt. – Im Grunde gibt es nur zwei Wege: den Weg der Selbsterforschung und den Weg der Hingabe. Beide führen aufeinander zu, ergänzen sich und bilden schließlich eine Einheit.
Fr  Ich sehe nichts auf der Suche nach dem ‹ich›.
M  Weil Sie daran gewöhnt sind, sich selbst mit dem Körper und das

Sehen mit den Augen zu identifizieren, sagen Sie, Sie sähen nichts. Was soll es da auch zu sehen geben? Wer soll sehen? Und wie?
Es gibt nur ein Reines Bewußtsein, das sich als ‹ich›-Gedanke manifestiert, sich für den Körper hält, sich durch die Augen nach außen projiziert und dadurch die Objekte rundum ‹sieht›. Die ‹Person› ist im Wachzustand begrenzt und erwartet daher, etwas von sich Verschiedenes zu sehen, und ihre Sinneswahrnehmungen sind ihr Gewähr für die Richtigkeit des Gesehenen. Sie wird jedoch nicht zugeben, daß der Seher, das Gesehene und der Vorgang des Sehens nur Kundgebungen des einen Reinen Bewußtseins sind, des Ich-Ich. Meditieren hilft, über die Täuschung hinauszukommen, daß das Selbst sichtbar sein müsse. In der Wahrheit gibt es nichts zu sehen! – Wie empfinden Sie denn das ‹ich› jetzt? Brauchen Sie einen Spiegel dazu, um sich zu sehen? – *Das Gewahrsein ist das Ich.* Erkennen Sie die Wahrheit.

*Fr* Bei der Suche nach dem Ursprung der Gedanken werde ich eines ‹ich› gewahr. Es befriedigt mich aber nicht.

*M* Richtig; weil Sie diese ‹ich›-Wahrnehmung mit einer Form verbinden, wahrscheinlich der Körperform. Mit dem reinen Selbst kann nichts verbunden werden. Das Selbst ist die mit nichts verbundene Reine Wirklichkeit, in deren Licht der Körper, das ‹ich› und alles übrige erscheinen. Wenn Sie alle Gedanken gestillt haben, bleibt nur das Reine Bewußtsein übrig.
Dieses reine Ich-Ich erscheint, wenn Sie eben aus dem Schlaf erwachen, bevor Sie die Welt gewahren. Halten Sie es fest, ohne wieder einzuschlafen und ohne irgendwelchen Gedanken zu erlauben, von Ihnen Besitz zu ergreifen. Wird Das festgehalten, dann macht es nichts mehr aus, ob man die Welt sieht, denn dann bleibt der Seher von den Erscheinungen unberührt.

Gul und Shirin Byramjee, zwei Parsi-Damen aus Ahmedabad, waren heute angekommen und fragten abends den Maharshi:
Bhagavan, wir führen seit Kindertagen ein spirituelles Leben, haben mancherlei Philosophisches gelesen – u. a. die *Upanishaden, Yoga Vasishta, Bhagavad Gita* – und neigen zum *Vedanta*. Wir versuchen zu meditieren, kommen aber nicht voran. Wir möchten zur Verwirklichung kommen, wissen aber nicht wie. Würdet Ihr uns wohl helfen?

*M* Wie meditieren Sie?

*Fr* Ich beginne mit der Frage ‹Wer bin ich?›, schalte den Körper, den Atem und schließlich den Geist als Nicht-‹ich› aus – und dann weiß ich nicht weiter.

*M* Schön, aber der ganze Vorgang ist bisher nur intellektuell. Alle Schriften verweisen tatsächlich auf ihn, um den Sucher zur Erkenntnis der Wahrheit zu führen. Da diese nicht direkt ‹gezeigt› werden kann, ist der intellektuelle Vorgang zunächst nicht zu umgehen.

Aber sehen Sie selbst: Der, der alles Nicht-‹ich› ausschließt, kann nicht das ‹ich› ausschließen. Um festzustellen: ‹Dies bin ich nicht› oder ‹Ich bin das›, muß ein ‹ich› da sein. Dieses ‹ich› ist nur das ego, der ‹ich›-Gedanke; erst nachdem dieser ‹ich›-Gedanke aufgestiegen ist, steigen alle anderen Gedanken auf. Er ist somit der Wurzelgedanke. Wird die Wurzel herausgerissen, dann sind damit alle anderen Gedanken gleichzeitig beseitigt. Suchen Sie daher die Wurzel, das ‹ich›. Fragen Sie sich: ‹Wer bin ich?›, und finden Sie dessen Ursprung, dann werden alle Gedanken verschwinden, und das reine Selbst bleibt übrig.

*Fr* Wie macht man das?

*M* Das Ich ist immer da – im tiefen Schlaf, im Traum und im Wachen. Der, der im Schlaf da ist, ist derselbe, der jetzt spricht. Das Ich-Empfinden ist immer da, oder wollen Sie etwa Ihr Dasein ableugnen? Nein; Sie sagen ‹Ich bin›. Finden Sie heraus, wer ist.

*Fr* Ich verstehe es auch so nicht. Ihr sagt, dieses ‹ich› sei das falsche. Wie kann man es ausmerzen?

*M* Sie brauchen das falsche ‹ich› nicht auszumerzen. Wie könnte das ‹ich› sich selbst beseitigen?

Das einzige, was Sie tun müssen, ist, seinen Ursprung zu finden und dort zu verharren; darüber hinaus können Sie gar nicht gehen. Das, was darüber hinausgeht, wird für sich selbst sorgen. In diesem Punkt sind wir hilflos: Kein eigenes Bemühen kann Es erreichen.

*Fr* Wenn Ich immer bin, hier und jetzt – weshalb kann ‹ich› es nicht empfinden?

*M* Das ist es eben. Wer sagt, daß er es nicht empfindet? Sagt es das wahre oder das falsche ‹ich›? Untersuchen Sie das; Sie werden finden, daß es das falsche ‹ich› ist. Dieses falsche ‹ich› ist das eigentliche Hindernis, das beseitigt werden muß, weil es das wahre Ich verbirgt. Das Empfinden, daß ‹ich› nicht verwirklicht habe, verhindert die Verwirklichung. Tatsächlich sind Sie bereits verwirklicht; es gibt nichts Weiteres, das verwirklicht werden müßte; anderenfalls würde die Verwirklichung neu sein. Aber was geboren wird, muß auch sterben. Wäre die Verwirklichung nicht ewig, sie wäre nicht wert, erlebt zu werden. Daher ist das, was wir suchen, nicht etwas, was erst neu zu geschehen hätte, sondern lediglich das, was von Ewigkeit her besteht und nur noch nicht erkannt wurde, weil etwas da ist, was das verhindert. Wir brauchen nur die Behinderung – das Nichtwissen – zu beseitigen. Überwinden Sie dieses Nichtwissen, und es ist alles gut.

Das Nichtwissen aber ist identisch mit dem ‹ich›-Gedanken; finden Sie dessen Quelle, und er wird verschwinden.

Der ‹ich›-Gedanke gleicht einem Phantom, das zwar nicht greifbar ist, aber gleichzeitig mit dem Körper auftaucht, sich mit ihm entwickelt und wieder mit ihm verschwindet. Das Körper-Bewußtsein ist das falsche ‹ich›; geben Sie es auf, indem Sie seine Quelle aufspüren. Der Körper selbst sagt nicht: ‹Ich bin›; Sie sagen: ‹Ich bin dieser Körper›. Suchen Sie herauszubekommen, wer dieses ‹ich› ist; bei der Suche nach seiner Quelle wird es verschwinden.

*Fr* Und das wird die Seligkeit sein?

*M* Seligkeit und Seins-Bewußtsein sind eins; alles, was über das ewige Sein ausgesagt wird, bezieht sich ebenso auf die Seligkeit. Sie ist Ihr wahres Wesen, das jetzt unter dem Nichtwissen verborgen ist. Beseitigen Sie das Nichtwissen, und die Seligkeit wird sich offenbaren.

*Fr* Müssen wir nicht die letzte Wirklichkeit von Welt, Seele und Gott zu erkennen suchen?

*M* Das sind alles nur Vorstellungen, die das ‹ich› erfindet; sie steigen erst nach dem ‹ich›-Gedanken auf. Haben Sie von ihnen im tiefen Schlaf etwas gewußt? Wenn die Vorstellungen wirklich wären – müßten sie nicht auch im tiefen Schlaf da sein? Sie hängen ausschließlich vom ‹ich›-Gedanken ab – oder sagt etwa die Welt zu Ihnen: ‹Ich bin die Welt›? Sagt der Körper: ‹Ich bin der Körper›? Sie sind es, der sagt: ‹Dies ist die Welt›, ‹dies ist der Körper› usw. Es sind also nur Ihre Vorstellungen. Ergründen Sie, wer Sie sind. Damit kommen Sie an das Ende aller Zweifel.

*Fr* Was wird nach der Verwirklichung aus dem Körper, existiert er noch oder nicht? – Wir sehen verwirklichte Wesen ganz wie andere Menschen tätig sein.

*M* Diese Frage verlangt jetzt keine Antwort; stellen Sie sie nach der Verwirklichung – wenn Sie dann noch Lust dazu haben sollten. Überlassen Sie die verwirklichten Wesen sich selbst; weshalb wollen Sie sich über sie Gedanken machen?
Tatsache ist, daß nach der Verwirklichung der Körper und alles andere nicht mehr als verschieden vom Selbst empfunden werden.

*Fr* Wenn Gott nur immer Sein, Bewußtsein und Seligkeit ist – weshalb versetzt er uns in solche Schwierigkeiten? Weshalb erschuf Er uns?

*M* Kommt Gott und sagt Ihnen, daß Er Sie in Schwierigkeiten versetzt hat? Sie behaupten das. Es ist wieder das falsche ‹ich›. Wenn es verschwindet, behauptet niemand mehr, daß Gott dieses oder jenes erschaffen habe.
Das, was ist, sagt nicht: ‹Ich bin›, denn es besteht darüber keinerlei Zweifel. Nur im Zweifelsfalle müßte man sich daran erinnern: ‹Ich bin ein Mensch›. Sonst verfällt man nicht auf solch einen Gedanken. Nur wenn man zweifelte, ob man eine Kuh oder ein Büffel sei, käme einem zum Bewußtsein, daß man weder das eine noch das andere, sondern ein Mensch ist. Das wird aber wohl niemals eintreten. Ebenso steht es mit dem Sein und dessen Verwirklichung.

## 10. Juni 1936

Einige Damen fragten, ob der Mensch als Tier wiedergeboren werden könne.

*M* Ja. Es ist wohl möglich, wie im *Jada Bharata* von dem königlichen Weisen berichtet wird, der als Hirsch wiedergeboren wurde, weil er einen zahmen Hirsch so sehr geliebt hatte.

*Fr* Kann die individuelle Seele sich in tierischer Verkörperung spirituell weiterentwickeln?

*M* Es ist möglich, kommt jedoch äußerst selten vor.

*Fr* Was ist die Gnade des Guru? Wie wirkt sie?

*M* Der Guru ist das Selbst.

*Fr* Wie führt sie zur Verwirklichung?

*M* Gott, Guru und Selbst sind das gleiche. Ein Mensch beginnt unzufrieden mit der Welt zu sein und betet zu Gott um Erfüllung seiner Wünsche. Das Gebet läutert seinen Geist so weit, daß es ihm wichtiger wird, Gott zu erkennen, als seine Wünsche befriedigt zu sehen. Dann beginnt Gottes Gnade offenbar zu werden. Er nimmt die Gestalt eines Guru an und gesellt sich als solcher zu dem Frommen, lehrt ihn die Wahrheit, läutert seinen Geist durch seine Lehren und den Kontakt mit ihm; der Geist gewinnt an Kraft und wird so fähig, sich nach innen zu wenden. Meditation läutert ihn weiter, so daß er schließlich ohne die geringste Regung still in sich ruht. Diese Stille *ist* das Selbst.

Der Guru ist außen und innen; von außen her versetzt er dem Geist einen Stoß, damit er sich nach innen wende; im Innern zieht er ihn zum Selbst und verhilft ihm zur Ruhe. Das ist Gnade. Somit besteht also zwischen Gott, dem Guru und dem Selbst kein Unterschied.

Später stellten die Besucherinnen mehrere Fragen, die sich auf ihre gegenwärtige Unfähigkeit bezogen, das ‹bereits verwirklichte› ewige Selbst zu erkennen. Das Kennzeichen der Verwirklichung sei Seligkeit – und die fehle.

M  Es gibt nur ein Bewußtsein. Wir sprechen zwar von mehreren Arten von Bewußtsein, wie Körper-Bewußtsein, Selbst-Bewußtsein und dergleichen, das sind aber nur relative Zustände des einen Absoluten Bewußtseins. Ohne Bewußtsein gibt es weder Zeit noch Raum; sie treten nur im Bewußtsein auf. Es kann mit einer Filmleinwand verglichen werden, auf die jene als Bilder projiziert werden und sich bewegen wie im Film. Das Absolute Bewußtsein ist unser wahres Wesen.

Fr Wo steigen diese Objekte auf?
M  Genau dort, wo auch Sie aufsteigen. Erkennen Sie zunächst das Subjekt, und fragen Sie dann nach dem Objekt.
Fr Das Subjekt ist nur ein Aspekt meiner Frage.
M  Das Subjekt schließt das Objekt mit ein; dieser eine Aspekt ist allumfassend. Sehen Sie zuerst sich selbst und dann die Objekte. Was nicht in Ihnen ist, kann auch nicht außen auftreten.
Fr Die Erläuterung befriedigt mich noch nicht.
M  Sie werden erst befriedigt sein, wenn Sie die Quelle erreicht haben; bis dahin wird Ruhelosigkeit vorherrschen.

Fr Besitzt das Höchste Wesen Eigenschaften oder nicht?
M  Erkennen Sie zuerst, ob Sie Eigenschaften haben oder nicht.
Fr Was ist *samadhi*?
M  Unser wahres Wesen.

*Fr* Wieso gehört dann Anstrengung dazu, ihn zu erreichen?
*M* Wer strengt sich an?
*Fr* Maharshi kennt mein Nichtwissen.
*M* Sie wissen, daß Sie ‹nicht wissen›? Das zu erkennen ist schon nicht mehr Nichtwissen.
Alle heiligen Schriften verfolgen den einen Zweck, zu ergründen, ob es zweierlei Bewußtsein gibt, aber jedermanns Erfahrung erweist, daß es nur eines gibt. Kann dieses sich teilen – wird im Selbst eine Teilung irgendwelcher Art erfahren? Erwacht man aus dem Schlaf, dann ist man derselbe, der man im Schlaf war; das erfährt jeder. Der Unterschied beruht auf dem Standpunkt, der eingenommen wird. Da Sie sich einbilden, als der ‹Sehende› von dem, was Sie erfahren, gesondert zu sein, entsteht dieser Unterschied; die Erfahrung beweist aber, daß Ihr Wesen die ganze Zeit dasselbe bleibt.
*Fr* Wie entsteht Nichtwissen?
*M* Tatsächlich kann es so etwas wie Nichtwissen gar nicht geben. Jeder ist letztlich die Erkenntnis selbst; er merkt es nur nicht. Wenn das Nichtwissen beseitigt ist, kommt die Weisheit, die immer vorhanden ist, zum Vorschein. Es geht mit ihr wie mit der Perlenkette, die man irrtümlicherweise verloren zu haben glaubte, oder wie mit dem zehnten Toren, der ertrunken zu sein schien, weil alle sich selbst beim Zählen ausließen.
*Fr* Könnten wir nicht vom Äußeren her ins Innere kommen?
*M* Gibt es denn diesen Unterschied? Erleben Sie ‹äußerlich› und ‹innerlich› auch im Schlaf?
Dieser Unterschied geht nur den Körper an und steigt erst mit dem Körper-Bewußtsein auf. Der sogenannte Wachzustand ist selbst eine Illusion.
Schauen Sie nach innen, dann wird die ganze Welt voll des Höchsten Geistes sein. Es heißt, die Welt sei eine Illusion. Die Illusion ist in Wirklichkeit die eine Wahrheit.
Sogar die materiellen Wissenschaften verfolgen die Entstehung der Welt zurück bis an den Ursprung, der eine subtile Ur-Materie ist, eine höchst subtile Energie.
Gott ist derselbe für die, die behaupten, die Welt sei wirklich, wie für deren Gegner. Verschieden ist nur der jeweils eingenommene Standpunkt. Sie brauchen sich nicht in derartige Dispute zu verwickeln. Das Ziel ist für alle ein und dasselbe. Blicken Sie nur auf das Ziel.

## 14. Juni 1936

Mr. Cohen erbat eine Erklärung des Ausdrucks ‹blendendes Licht›, den Paul Brunton im letzten Kapitel von *Yogis* verwendet hatte.

M  Da die Erfahrung nur mit dem Geist gemacht wird, erscheint sie zuerst als ein Aufflammen von Licht – die Tätigkeit des Geistes als ‹Empfangsstation› hat noch nicht aufgehört. Er funktioniert in dieser Erfahrung jedoch schon von seiner Unendlichkeits-Ebene aus.

Was *nirvikalpa samadhi* angeht – den *samadhi* ohne Unterscheidung, die erhabene, selige Höchste Ruhe –, so besteht er aus Reinem Bewußtsein, das sowohl die Erkenntnis wie das Nichtwissen erhellt; dieser Zustand ist jenseits von Licht und Finsternis. Daß er nicht Finsternis sein kann, ist klar; aber kann man sagen, er sei auch nicht Licht? – Normalerweise werden Objekte nur bei Licht wahrgenommen; ist es daher falsch zu sagen, daß die Verwirklichung des Selbst ein Licht erfordere? – Das *Licht* bedeutet hier das Reine Bewußtsein, das sich als das Selbst offenbart.

Auch von Yogis wird berichtet, daß ihnen in ihrer Übungspraxis Licht- und Farbphänomene als Vorläufer der Verwirklichung erschienen.

Die Göttin Parvati führte einst ein Leben der Askese, um das Höchste zu verwirklichen. Auch sie hatte verschiedene Lichterscheinungen, wies sie aber alle zurück, da sie vom Selbst ausgingen, das unverändert blieb wie zuvor. Daraus schloß sie, daß jene nicht das Höchste sein konnten. Sie setzte ihre Askese fort und erlebte ein Licht ohne Grenzen. Sie entschied, daß auch dieses nur ein Phänomen sei und nicht die Höchste Wirklichkeit und setzte ihre Askese weiter fort, bis sie den transzendentalen Frieden erfuhr. Da erkannte sie, daß dieser das Höchste war und das Selbst die einzige wahre Wirklichkeit.

Die *Taittiriya Upanishad* sagt: ‹Suche *Brahman* durch Entsagung›, und weiterhin: ‹Entsagung ist *Brahman*›; in einer anderen *Upanishad* heißt es: ‹Es ist die Entsagung, die allein aus Weisheit besteht›, und: ‹Dort scheint nicht Sonne noch Mond, noch Sterne, viel weniger dieses Feuer; alle diese erstrahlen aus Seinem Licht.›

Weiterhin wurde der Maharshi um seine Ansicht gebeten über den Yoga Sri Aurobindos, der den Anspruch erhebt, über die Erfahrungen der vedischen *rishis* hinaus vorgedrungen zu sein, und über die Haltung der Mutter im gleichen Ashram, die von ihren Schülern erwartet, daß sie den fortgeschrittenen Zustand jener *rishis* als Anfangsstadium betrachten sollen.

M  Sri Aurobindo empfiehlt die vollkommene Hingabe. Wir wollen erst einmal das tun und die Ergebnisse abwarten und notfalls dann weiter darüber reden, nicht jetzt. Über transzendentale Erfahrungen zu diskutieren hat keinen Sinn für Menschen, die ihre individuellen Begrenzungen noch nicht hinter sich gelassen haben. Lernen Sie, was wahre Hingabe ist: Sie bedeutet, in die Quelle des ‹ich› zu tauchen, das ‹ich› dem Selbst auszuliefern. Alles, was uns lieb ist, ist uns um des Selbst willen lieb. Wir liefern unser ‹ich› an das Selbst aus und lassen die Höchste Kraft, d. h. das Selbst, damit machen, was Es will. Das ‹ich› gehört Ihm bereits; wir haben gar kein Recht auf es, nicht einmal so, wie es jetzt ist. Da wir aber annehmen, wir hätten ein Recht darauf, so müssen wir es hingeben.

Fr  Und wie ist das mit dem Herabholen des göttlichen Bewußtseins von droben?

M  Ist es nicht schon im Herzen? – ‹O Arjuna, Ich bin in der Höhle des Herzens›, sagt Krishna – ‹Der, der in der Sonne ist, ist auch im Menschen›, lautet ein Mantra in den *Upanishaden.* – ‹Das Reich Gottes ist in Euch›, sagt die Bibel. – So stimmen alle darin überein, daß Gott in uns ist. Was sollte da noch herabzuholen sein? Von wo? Wer soll was holen und weshalb?
Verwirklichung bedeutet allein, das zu beseitigen, was uns am Erkennen der ewigen, innewohnenden, wahren Wirklichkeit hindert. Die Wirklichkeit *ist*. Sie braucht nicht erst den Platz zu wechseln.

Fr  Und Sri Aurobindos Anspruch, bei der Verwirklichung des Selbst anzufangen und sich von da aus weiter zu entwickeln?

M  Lassen Sie uns erst verwirklichen, dann werden wir weiter sehen.

Der Maharshi sprach dann noch von anderen Theorien:
So halten die Anhänger des *Visishtadvaita,* des eingeschränkten Non-Dualismus, dafür, daß das Selbst zunächst zu verwirklichen sei und die verwirklichte individuelle Seele der universellen Seele dann auszuliefern wäre; nur dann sei sie vollkommen. Der Teil müsse um des Ganzen willen aufgegeben werden; das erst sei Befreiung. Die einfache Verwirklichung des Selbst halte zu früh inne, wenn sie bereits bei der Isolierung des reinen Selbst stehenbleibe.

Die *siddha*-Gläubigen behaupten, einer, der seinen Körper als Leiche hinterlasse, könne die Befreiung nicht erlangt haben und würde wiedergeboren. Nur die, deren Leiber sich in Raum oder in Licht auflösten oder auf andere Art plötzlich verschwänden, seien Befreite. Die Anhänger von Sankaras *Advaita* blieben bei der Verwirklichung des Selbst stehen, die noch nicht das letzte Ziel sei. Tatsache ist: Es gibt nur die eine wahre Wirklichkeit. Sie wird von Diskussionen nicht berührt. Lassen Sie uns diese Wirklichkeit sein und bleiben und uns nicht in eitle Diskussionen über ihre Natur verwickeln.

## 15. Juni 1936

Ein traurig aussehender Besucher aus dem Punjab, ein Weltreisender, hatte *hatha*-Yoga geübt und Meditation nach der Methode ‹Ich bin *Brahman*›. Er erreichte damit in wenigen Minuten eine Leere, fühlte sein Hirn sich erhitzen und geriet in Todesangst. Er erbat Maharshis Rat und Führung:

M Wer sieht die Leere?
Fr Ich weiß, daß ich sie sehe.
M Das Reine Bewußtsein, Zeuge dieser Leere, ist das Selbst.
Fr Die Antwort befriedigt mich nicht; ich kann das nicht erkennen.
M Eine Todesfurcht gibt es nur, nachdem der ‹ich›-Gedanke aufgestiegen ist. Wessen Tod fürchten Sie? Wer fürchtet? Sie identifizieren das Selbst mit dem Körper; solange das geschieht, ist auch die Angst da.
Fr Ich bin dann meines Körpers nicht gewahr.
M Wer sagt, daß er ‹nicht gewahr› sei?
Fr Ich verstehe nicht.

Als er dann aufgefordert wurde, seine Meditationsmethode genauer zu beschreiben, antwortete er:

‹Aham Brahmasmi› (Ich bin *Brahman*).

M ‹Ich bin *Brahman*› ist nur ein Gedanke. Wer hegt ihn? – *Brahman* selbst sagt das nicht; es liegt kein Grund dazu vor. Aber auch das wahre Ich kann es nicht sagen, denn Ich ist immer *Brahman*. So ist die Aussage lediglich ein Gedanke. Wessen Gedanke? – Alle Gedanken steigen aus dem unwirklichen ‹ich› auf, d. h. aus dem ‹ich›-Gedanken. Verweilen Sie deshalb im gedankenfreien Zustand.

*Fr* Wenn ich fortfahre, mich auf den Ausspruch zu konzentrieren, dann vergesse ich ihn schließlich, mein Gehirn wird heiß, und ich fürchte mich.

*M* Ja, der Geist ist im Hirn konzentriert, daher tritt dort auch das Empfinden der Hitze auf. Schuld daran ist der ‹ich›-Gedanke. – Da ist also zuerst die Vorstellung ‹Ich bin *Brahman*›; sie wird vergessen, der ‹ich›-Gedanke steigt auf und gleichzeitig mit ihm die Todesangst. Denken und Vergessen gibt es nur für das ‹ich›-Empfinden. Halten Sie dieses fest, dann verschwindet es wie ein Phantom. Was übrigbleibt, ist das wahre Ich: Es ist das Selbst. ‹Ich bin *Brahman*› ist nur ein Hilfsmittel zur Konzentration; es hält andere Gedanken fern. Nur dieser eine Gedanke bleibt bestehen. Ergründen Sie, wessen Gedanke er ist. Sie werden finden, daß er aus dem ‹ich› kommt. Und woher kommt dieser ‹ich›-Gedanke? Dringen Sie tief ein – der ‹ich›-Gedanke wird verschwinden, und das Höchste Selbst wird aufstrahlen. Eines weiteren Bemühens bedarf es nicht.

Wenn dann dieses eine wahre Ich allein übrigbleibt, dann sagt es nicht: ‹Ich bin *Brahman*›. Wiederholt ein Mensch etwa: ‹Ich bin ein Mensch›? Weshalb soll er verkünden, ein Mensch zu sein, wenn niemand es bestreitet? Da *Brahman,* das wahre Ich, allein ist, so ist auch niemand da, Es anzuzweifeln, und es besteht daher keine Notwendigkeit, ‹Ich bin *Brahman*› zu wiederholen.

## 17. Juni 1936

Mr. Varma, ein höherer Postbeamter des Departements Delhi, hatte nach glücklicher Ehe seine Frau durch den Tod verloren und suchte Trost in seinem Leid. In Büchern konnte er ihn nicht finden; er hatte auch nicht das Bedürfnis, Fragen zu stellen; er wollte nur still in der Gegenwart des Maharshi sitzen dürfen und daraus so viel Seelenruhe schöpfen, als ihm möglich war.

Bhagavan sprach zu ihm, aber wie in eigenen Gedanken, mit langen Pausen dazwischen:

Es heißt, daß die Frau die andere Hälfte des Mannes sei; so ist ihr Tod sehr schmerzlich. Und doch entsteht dieser Schmerz nur, weil man ihn vom Standpunkt des Körpers sieht; er verschwindet, wenn man das Selbst erkennt. Die *Brahadaranyaka Upanishad* sagt: ‹Die Frau ist einem lieb, weil die Liebe aus dem Selbst kommt.› Werden die Frau und alle anderen als das Selbst angesehen, wie kann es dann noch einen Schmerz geben? – Immerhin, solche Schicksalsschläge erschüttern auch einen Philosophen.

Im tiefen Schlaf sind wir glücklich, denn dann sind wir das reine Selbst. Wir sind es jetzt aber auch. Im tiefen Schlaf gab es weder Frau noch andere, noch auch nur ein ‹ich›. Jetzt ist alles da und verursacht Freude oder Leid. Warum sollte nicht das Selbst, das den tiefen Schlaf so selig sein ließ, dieses sein seliges Wesen auch jetzt fortsetzen? Das einzige, was uns daran hindert, ist die falsche Identifizierung des Selbst mit dem Körper.

In der *Bhagavad Gita* heißt es: ‹Das Unwirkliche hat kein Sein, das Wirkliche hört niemals auf, zu sein; diese Wahrheit ist von den Sehern erschaut worden, die das Wesen der Dinge kannten.› – ‹Das Wirkliche ist ewig wirklich, das Unwirkliche ist ewig unwirklich.› – Und wiederum: ‹Es ist nicht geboren, noch stirbt Es, noch hört Es auf zu sein; ungeboren, ununterbrochen, ewig, uralt, wird Es nicht getötet, wenn der Leib getötet wird.› Demnach gibt es weder Geburt noch Tod. Geburt ist im Wachzustand, Tod ist Schlaf.

War Ihre Frau bei Ihnen, wenn Sie in Ihren Dienst gingen oder tief schliefen? Nein. Sie waren zufrieden, weil sie in Gedanken wußten, daß Ihre Frau irgendwo war, während Sie jetzt meinen, sie sei nicht mehr da. Der Unterschied besteht nur in Ihren Gedanken und wird so zur Ursache des Leides; das Leid lebt von dem Gedanken, daß Ihre Frau nicht mehr ist. Das ganze Unheil wird vom Geist angerichtet; dieser Bursche bringt es fertig, sich selbst Schmerzen zu bereiten, selbst da, wo Freude sein könnte. Freude und Schmerz sind Schöpfungen des Geistes.

Andererseits: Warum die Toten betrauern? Sie sind aus ihren Banden befreit. Trauer ist die Kette, die der Geist schmiedet, um sich mit ihr an die Toten zu fesseln.

‹Jemand ist gestorben? Jemand ist verdorben? – Sei selbst gestorben, selbst verdorben!› Dann gibt es keinen Schmerz mehr über den Tod eines anderen. Diese Art ‹Tod› bedeutet die Auslöschung des ‹ich› noch zu Lebzeiten des Menschen. Bleibt das ‹ich›, dann fürchtet der Mensch den eigenen Tod und betrauert den eines anderen. Er brauchte es nicht mehr, wenn er dem zuvorkäme. Die Erfahrung des tiefen Schlafes lehrt deutlich, daß das Glück darin besteht, körperlos zu sein, und die Weisen bestätigen diese Erfahrung, wenn sie von der Befreiung nach Aufgabe des

Leibes sprechen. So erklärt es sich, daß der Weise seinen Körper mit der gleichen Einstellung ‹trägt›, mit der ein Arbeiter, der um des Lohnes willen schafft, eine Last schleppt. Und wie der Lastenträger sich erleichtert fühlt, wenn er seine Bürde am Bestimmungsort los wird, so fühlt sich auch der Weise erleichtert, wenn er zu dem vom Schicksal bestimmten Zeitpunkt seine ‹Last›, den Körper, ‹ablegen› darf. Ihre Frau ist von ihrer Leibesbürde befreit worden. Wenn Sie nicht im Körperdenken verhaftet wären, würden Sie erkennen, daß auch Ihnen damit ein Teil Ihrer Last abgenommen worden ist.

Nun, es gibt sogar Menschen, die, obwohl sie die wahren Lehren von der Befreiung nach dem Tod kennen, trotzdem eine Art der Befreiung propagieren, bei der dem Körper eine unverzichtbare Rolle zugewiesen wird. Der Körper soll daher – mit Hilfe irgendwelcher geheimnisvoller Kräfte – ewig erhalten bleiben.

Ihr Leid wird enden, wenn Sie die körperbezogene Einstellung aufgeben und als das Selbst leben. Trauer ist nicht der Maßstab wahrer Liebe; sie verrät lediglich die Liebe zum Gegenstand, zur Gestalt. Das ist aber nicht Liebe. Wahre Liebe erkennt man an der Gewißheit, daß der Gegenstand der Liebe das Selbst ist und als solches nicht vergänglich sein kann.

Aber es ist wahr, daß solch ein Leid in der Gemeinschaft mit Weisen gelindert wird.

### 18. Juni 1936

Der Maharshi sprach über Selbst-Erleuchtung:

‹Ich›-Vorstellung und ‹ich› sind identisch. Die Verwirklichung des Selbst wird als Ich-Erleuchtung erlebt. Das Ich erstrahlt ewig als Ich-Ich unter der intellektuellen Schicht. Es ist reine Erkenntnis; relative Erkenntnis beruht lediglich auf Vorstellungen. Auch die Seligkeit, die mich zuinnerst unter der ‹Schale aus seliger Lust› *(anandamaya-kosha)* im traumlosen tiefen Schlaf umfängt, gehört noch in den Bereich der Vorstellungen. Ohne die Erfahrung, auch wenn sie nur vage sein sollte, kann man nicht bewußt sagen: ‹Ich habe selig geschlafen.› Erfahrung aber ist nicht denkbar ohne das Element der relativen Erkenntnis, denn eine Erfahrung, die mir nicht zum Bewußtsein kommt, ist keine Erfahrung.

Seligkeit ist das dem Selbst innewohnende Wesen. Ein gewisses

Ausmaß an relativer Erkenntnis muß selbst für die Verwirklichung der Höchsten Seligkeit zugestanden werden; man könnte sie als ‹feiner als das Feinste› bezeichnen.

Die Bezeichnung *vijnana,* klare Erkenntnis, wird sowohl auf die Verwirklichung des Selbst wie auf die Erkenntnis von Objekten angewandt. Das Selbst ist Weisheit. Sie wirkt sozusagen in zwei Richtungen. Wird sie mit dem ‹ich› verbunden, dann ist sie objektive Erkenntnis, wird sie des ‹ich› entkleidet, dann ist sie das Universale Selbst. Mit *vijnana* wird ein bestimmter geistiger Zustand bezeichnet, daher sagen wir auch, daß der Weise, der das Selbst verwirklicht hat, zwar durch seinen Geist erkennt, daß dieser Geist aber rein ist. Wir sprechen ja auch davon, daß der in Tätigkeit vibrierende Geist unlauter, der ruhende dagegen rein ist. Der reine Geist selbst ist *Brahman*; daraus folgt, daß der Geist des Weisen nichts anderes ist als Brahman.

In der *Mundaka Upanishad* heißt es: ‹Wer *Brahman* erkennt, wird zum Selbst des *Brahman*.› Ist das nicht absurd: Es zu erkennen und zu werden? Es sind leere Worte. Der Weise ist *Brahman* – das ist alles. Mentale Funktion ist notwendig, um seine Erfahrung mitzuteilen.

Es wird von ihm gesagt, er kontempliere über die ununterbrochene Unendlichkeit; auch vom Schöpfer, von Suka und anderen wird ausgesagt, daß sie niemals von dieser Kontemplation abweichen.

Aber auch ‹Kontemplation› ist nur ein leeres Wort. Wie kann man über etwas kontemplieren, wenn nicht Betrachter und Betrachtetes getrennt vorhanden sind? Kann das Ungeteilte Eine ‹betrachtet› werden? Oder welche ‹Tätigkeit› könnte das Unendliche ausüben? – Sagen wir auch, daß ein Fluß, nachdem er ins Meer mündete, zum meerähnlichen Fluß geworden sei? Wie können wir dann von einer Kontemplation reden, die zu einer ununterbrochenen geworden ist, da es sich um die ununterbrochene Unendlichkeit handelt? Die Feststellung muß in dem Sinne verstanden werden, in dem sie gemacht wurde. Sie bezeichnet das Aufgehen im Unendlichen. Sie ist ein stillschweigendes Zugeständnis an die Funktion des Geistes.

Götter und Weise erleben das Göttliche fortwährend und ewig, ohne daß ihre Schau in irgendeinem Augenblick verdunkelt würde. Daß ihr Geist tätig wäre, wird nur von den Zuschauern

vermutet; tatsächlich ist er es nicht. Die Annahme beruht auf dem Gefühl von Individualität derer, die ihre Schlußfolgerungen ziehen. In der Abwesenheit von Individualität gibt es keine Geistestätigkeit. Individualität und Geistestätigkeit gehören zueinander; das eine gibt es nicht ohne das andere.
Das Licht des Selbst kann nur in der Geistesebene erfahren werden. Auch diese Erkenntnis – wie jede andere auch – beruht letztlich darauf, daß das Selbst Reine Erkenntnis ist.

Mr. Cohen hat über die Natur des spirituellen Herzens nachgedacht, ob es schlägt, und wenn nicht, wie man es dann spüren könne?

*M* Dieses ‹Herz› ist von dem physischen verschieden; nur das letztere schlägt. Das ‹Herz› ist der Sitz der spirituellen Erfahrung; das ist alles, was von ihm ausgesagt werden kann.
Genau wie ein Dynamo den Kraftstrom für Lichtanlagen, Ventilatoren usw. liefert, genauso liefert die Ur-Kraft die Energie für den Herzschlag, die Atmung usw.

*Fr* Wie wird das Ich-Ich-Bewußtsein empfunden?
*M* Als ununterbrochenes Gewahrsein. Es ist einfach Bewußtsein.
*Fr* Können wir es erkennen, wenn es aufdämmert?
*M* Ja, als Bewußtsein. Sie sind es auch jetzt. Es kann nicht verkannt werden, wenn es rein ist.
*Fr* Weshalb verwenden wir ein Zentrum wie das ‹Herz› zum Meditieren?
*M* Weil Sie das Reine Bewußtsein suchen. Wo könnten Sie es sonst finden – außen? Sie können es nur innen finden; so werden Sie also veranlaßt, sich nach innen zu wenden. Und das ‹Herz› ist der Sitz des Bewußtseins oder das Bewußtsein selbst.
*Fr* Worüber sollen wir meditieren?
*M* Wer ist der Meditierende? Fragen Sie das zuerst. Verbleiben Sie dieser Meditierende – dann brauchen Sie nicht zu meditieren.

Mr. Das, Lektor für Physik an der Universität Allahabad, fragte: Steht und fällt nicht das Verstandesbewußtsein mit dem Menschen?
*M* Wessen Verstandesbewußtsein ist es? Des Menschen. Es ist also nur sein Werkzeug.
*Fr* Ja. Aber überlebt es den Tod des Menschen?
*M* Weshalb an den Tod denken? – Prüfen Sie lieber, was in ihrem Schlaf geschieht. Was erfahren Sie dann?

*Fr* Aber Schlaf ist ein vorübergehender Zustand, der Tod jedoch nicht.

*M* Der Schlaf ist das Zwischenglied zwischen zwei Wachzuständen, der Tod das Zwischenglied zwischen zwei aufeinanderfolgenden Geburten; beide gehen vorüber.

*Fr* Ich meine: Wenn der Geist sich entkörpert, führt er dann das Verstandesbewußtsein mit sich?

*M* Der Geist entkörpert sich nicht. Es gibt verschiedenartige Körper; er mag gerade keinen grobmateriellen Körper besitzen, dann hat er aber immer noch einen subtilen, wie im Schlaf, Traum oder Wachtraum. Das Verstandesbewußtsein verändert sich nicht; die Körper sind verschieden je nach den Umständen.

*Fr* Dann ist also der Geistleib der Astralkörper?

*M* Der Intellekt ist auch jetzt ein Astralleib.

*Fr* Wie ist das möglich?

*M* Wieso nicht? Sie scheinen anzunehmen, daß der Intellekt nicht begrenzt sein kann wie ein Körper. Aber auch er ist nur eine Anhäufung gewisser Faktoren. Was ist der Astralkörper anderes?

*Fr* Aber der Intellekt ist doch eine Hülle?

*M* Ja. Aber ohne den Intellekt könnte auch die Hülle nicht erkannt werden. Wer behauptet, daß es fünf Hüllen gäbe? Ist es nicht der Intellekt, der das feststellt?

Tiefschlaf ist nur der Zustand der Nicht-Zweiheit; kann dann der Unterschied zwischen der individuellen und der allumfassenden Seele noch weiterbestehen? Der Begriff ‹Schlaf› schließt das Vergessen aller Unterschiede mit ein, und dies allein bildet das Glück.

Schauen Sie, wie sorgfältig sich die Leute betten, um dieses Glück zu erreichen. Weiche Kissen, warme Bettdecken und alles übrige hat doch nur den Sinn, einen guten Schlaf herbeizuführen, d. h. also, dem Wachsein ein Ende zu machen, denn das weiche Bett und alles übrige sind im tiefen Schlaf selbst völlig überflüssig. Das ist ein gutes Gleichnis für den Weg zur Verwirklichung: Alles Bemühen hat lediglich den Sinn, das Nichtwissen zu beenden. Nach der Verwirklichung ist Anstrengung überflüssig.

Völlige Hingabe genügt. Sich hingeben heißt, sich an den Ursprung des eigenen Seins wegzugeben. – Täuschen Sie sich nicht durch die Vorstellung, dieser Ursprung sei ein Gott außerhalb

Ihrer selbst! Die eigene Quelle ist nur in einem selbst; geben Sie sich ihr hin, d. h. suchen Sie diese Quelle und tauchen Sie in sie ein. Nur, weil Sie sich vorstellen außerhalb ihrer zu sein, fragen Sie: ‹Wo ist die Quelle?› – Die Vishnuiten behaupten, daß der Zucker die eigene Süße nicht schmecken könne und daß daher einer vorhanden sein müsse, der den Zucker schmeckt und genießt. Gleichermaßen könne das Individuum nicht das Höchste Wesen sein und gleichzeitig die Seligkeit dieses Zustandes genießen. Es müsse daher einerseits die Individualität und andererseits das Göttliche aufrechterhalten bleiben, damit ein Genießen zustande kommen könne. Ist Gott aber ein totes Objekt wie der Zucker? Und wie kann man sich selbst weggeben und trotzdem seine Individualität wahren wollen für einen höchsten Genuß? – Weiterhin behaupten sie, daß die Seele, die die göttlichen Regionen erreiche und dort bleibe, dem Höchsten Wesen diene. Kann der schmeichlerische Klang des Wortes ‹dienen› den Höchsten täuschen? Weiß er nicht Bescheid? Wartet Er etwa auf die Dienste solcher Leute? Würde Er – das Reine Bewußtsein – nicht vielmehr fragen: ‹Wer seid ihr, die ihr euch erdreistet, Mir dienen zu wollen – wer seid ihr ohne Mich?›
Weiterhin nehmen sie an, daß die individuelle Seele, wenn sie des ‹ich› entkleidet, rein werde und damit geeignet sei, den Leib des Herrn mit zu bilden, so daß also der Herr der Hohe Geist wäre und die geläuterten Seelen Seinen Leib und Seine Glieder darstellten. Aber kann es eine Seele für die Seelen geben? Und wieviel Seelen gibt es überhaupt? Die Antwort müßte dann lauten: ‹Es gibt viele individuelle und eine Höchste Seele.› Was ist in diesem Falle die ‹Seele›? Sie kann nicht der Körper, die Sinne usw. sein, sondern müßte das sein, was nach Ausschaltung aller dieser Elemente übrigbleibt. So müßte die Existenz einer Höchsten Seele anerkannt werden, selbst nachdem die Seele als das verwirklicht wurde, was nicht mehr ausgeschaltet werden kann. Wie kann sie dann aber die endgültige Wirklichkeit sein? – Wenn diese Schlußfolgerung richtig gezogen wird, dann ist die von jenen als unveräußerliche Wirklichkeit bezeichnete Seele nicht die wahre Seele. Schuld an dieser ganzen Verwirrung ist das Wort ‹Seele›, ‹atma›. Der gleiche Ausdruck ‹atma› wird verwandt, um Körper, Sinne, Geist, Lebensprinzip, individuelle Seele und das Höchste Sein zu bezeichnen. Diese allzu großzügige Anwendung hat die Vorstellung hervorgerufen, daß *jivatma,* die individuelle Seele,

dahingehe, um den Leib von *paramatma,* dem Höchsten, zu bilden. Vers 20 im Kap. 10 der *Bhagavad Gita* aber erweist, daß der Herr *atma,* das Selbst aller Wesen ist: ‹Ich, o Arjuna, bin das Selbst, das im Herzen aller Wesen weilt.› Heißt es da etwa: ‹... das Selbst aller Selbste›? – Taucht man in das Selbst, dann bleibt keinerlei Individualität zurück; man wird zur Quelle selbst. Was ist in diesem Falle die ‹Auslieferung›? Wer soll was ausliefern und an wen? Das Eingehen in das Selbst ist Hingabe, Weisheit und Suche.
Auch der Heilige Nammalvar, selbst ein Vishnuit, sagt: ‹Solange ich am ‹ich› und ‹mein› festhielt, wanderte ich in einem Labyrinth und kannte mein Selbst nicht. Als ich Es erkannte, begriff ich, daß ich selbst Du bin und alles ‹mein› auch nur Du.›
So, sehen Sie, ist auch die Hingabe nichts anderes, als sich selbst zu erkennen. Das anerkennt auch die Schule des eingeschränkten Monismus, der *Visishtadvaita.* Aber sie beharrt dann trotzdem – um an ihren traditionellen Lehren festhalten zu können – auf der Behauptung, daß die Individuen Teil des Höchsten seien, sozusagen dessen Glieder. Auch ihre Tradition spricht davon, daß die individuelle Seele geläutert und danach dem Höchsten ausgeliefert werden müsse; danach ginge das ‹ich› verloren, und man gelange nach dem Tode in Vishnus Reich, um sich endlich des Höchsten – des Unendlichen – zu erfreuen.
Es ist schon Anmaßung, zu behaupten, wir seien von unserem Ursprung getrennt; aber es ist arglistige Täuschung, wenn dem hinzugefügt wird, daß man, des ‹ich› entkleidet, rein würde und trotzdem die Individualität beibehalte, lediglich um sich des Höchsten zu erfreuen oder Ihm zu dienen. Was ist das für eine Doppelzüngigkeit, sich erst etwas anzueignen, was in Wirklichkeit Ihm gehört, und sich dann zu erdreisten, Ihn erfahren oder Ihm dienen zu wollen! Sollte Er alles dies nicht wissen?

*19. Juni 1936*

Mr. B. C. Das fragte, wie sich freier Wille und Schicksalszwang miteinander vereinbaren ließen:
M Um wessen Willen handelt es sich dabei? – Sie mögen antworten ‹um meinen›. Sie sind aber jenseits von Wille und Schicksal. Bleiben Sie das, dann haben Sie beide hinter sich gelassen. Das heißt, das Schicksal durch den Willen besiegen. Das Schicksal

kann besiegt werden; es ist nichts als das Ergebnis vergangenen Handelns.

Ich existiere jetzt. Ich bin der, der sich freut. Ich genieße die Früchte des Tuns. Ich war in der Vergangenheit und werde in der Zukunft sein. Wer ist dieses Ich? Wenn Sie entdecken, daß Es das Reine Bewußtsein jenseits von Tun und Erleiden ist, dann haben Sie Freiheit und Glück erreicht. Dann bedarf es keines Bemühens mehr, denn das Selbst ist vollkommen, und so bleibt nichts mehr zu erreichen übrig.

Solange noch das Empfinden einer Individualität besteht, ist man Täter und Leidender. Geht es jedoch verloren, dann wirkt nur noch der göttliche Wille und lenkt den Lauf des Geschehens. Dann sehen lediglich die anderen ein Individuum, da sie die göttliche Kraft, die durch diese Person wirkt, nicht wahrnehmen können. Entsagung und Schulung sind für die anderen Individuen bestimmt, nicht für befreite Seelen.

Die Gebote der heiligen Schriften, gut zu sein, setzen Willensfreiheit voraus und damit die Möglichkeit, stärker zu werden als das Schicksal. Das wird erreicht durch Weisheit; das Feuer der Weisheit verzehrt alles Tun. Weisheit aber wird erworben durch die Gemeinschaft mit Weisen – oder doch zum mindesten in der entsprechenden geistigen Atmosphäre.

Es ist eine andere Kraft, die den Menschen bewegt, wenn er meint, er täte alles selbst. Er gleicht dem Lahmen, der sich damit brüstet, wie er kämpfen und den Feind verjagen würde, wenn man ihm nur auf die Beine helfe. Handeln wird durch Wünsche veranlaßt. Wünsche steigen erst auf, nachdem das ‹ich› aufgestiegen ist, und dieses ‹ich› verdankt sein Entstehen jener Höheren Gewalt, von der sein Dasein abhängt und ohne die es gar nicht bestehen kann. Was soll also dieses Geschwätz: ‹Ich tue›, ‹ich handle› oder ‹ich veranlasse›?

Ein verwirklichtes Wesen kann gar nicht anders als ein Segen für die Welt sein. Sein Dasein allein ist schon das höchste Gut.

Mr. B.C. Das:
    Yoga bedeutet Vereinigung. Vereinigung wessen womit?

M  Richtig. Yoga setzt eine vorangegangene Trennung voraus und bedeutet die Wiedervereinigung. Wer soll mit wem vereinigt werden? – Sie sind der Sucher, der die Vereinigung mit etwas wünscht, das von Ihnen getrennt sein soll. Ihr Selbst ist aber das, was am allerwenigsten von Ihnen getrennt ist. Sie sind des Selbst immer gewahr; suchen Sie es zu erkennen und seien Sie Es; Es wird Sich zum Unendlichen ausweiten. Dann gibt es kein Yogaproblem mehr.

*Fr* Sind Steine dazu bestimmt, immer Steine zu bleiben?
*M* Wer sieht Steine? Sie werden nur von Ihren Sinnen wahrgenommen, die ihrerseits wieder durch Ihren Geist in Tätigkeit gesetzt worden sind. So sind die Steine nur in Ihrem Geist vorhanden. Wessen Geist ist es? – Der Frager muß das selbst herausbekommen. Hat man erst das Selbst gefunden, dann entsteht solch eine Frage gar nicht.
Das Selbst ist uns näher als die Objekte. Finden Sie das wahre Subjekt, und die Objekte werden für sich selbst sorgen. Objekte werden von verschiedenen Personen verschieden gesehen, dem jeweiligen Gesichtspunkt entsprechend; daraus haben sich mancherlei Theorien ergeben. Wer aber ist der Seher, der Erkenner dieser Theorien? Sie sind es. Finden Sie Ihr Selbst, dann lösen sich alle diese Hirngespinste auf.

*Fr* Was ist der Geist?
*M* Ein Gedankenbündel.
*Fr* Wo ist dessen Ursprung zu suchen?
*M* Im Reinen Bewußtsein, dem Selbst.
*Fr* Dann sind Gedanken also nicht wirklich.
*M* Nein, die einzige Wirklichkeit ist das Selbst.

*M* *Pradakshina,* der Hinduritus des Umschreitens von Bildnissen, Symbolen und heiligen Stätten, bedeutet: ‹Alles ist in mir›. Man sagt, das Umwandeln des heiligen Berges Arunachala bedeute in Wahrheit das Umwandeln der ganzen Welt und sei genauso wirksam; das heißt also, daß die ganze Welt in diesem Berg beschlossen liegt. Der Rundgang um den Tempel des Arunachala ist ebensogut, und der Rundgang um sich selbst, die Drehung um die eigene Achse, ist nicht weniger wertvoll. So ist alles im Selbst beschlossen. Die *Ribhu Gita* drückt es in den Worten aus: ‹Ich halte still, indes unzählige Welten – als Vorstellungen meines Geistes – in mir kreisen.› Diese Meditation ist der höchste *pradakshina.*

## 20. Juni 1936

Mr. B. C. Das fragte, weshalb der Geist sich trotz wiederholter Versuche nicht einwärts wenden ließe.

M  Das kann nur durch Übung und Leidenschaftslosigkeit und daher nur allmählich erreicht werden. Eine Kuh, die gewohnheitsmäßig auf fremden Weidegründen grast, wird sich nicht so leicht auf den Stall beschränken lassen. Sie verweigert die erste Zeit selbst das leckerste Gras und das feinste Futter, mit dem der Besitzer sie zu locken versucht; später nimmt sie es zwar an, aber die innere Neigung, herumzustreunen, wird sich immer wieder durchsetzen und sie veranlassen, auszureißen. Sie gewöhnt sich nur langsam an den Stall. Aber schließlich kommt es sogar dahin, daß sie nicht einmal mehr davonläuft, wenn sie freigelassen wird. Ebenso geht es mit dem Geist: Hat er erst einmal das innere Glück entdeckt, dann treibt er sich nicht mehr draußen herum.

Mr. Ekanatha Rao, ein häufiger Besucher, fragte:
Gibt es, je nach den Umständen, Abstufungen in der Meditation?

M  Ja, die gibt es. Zuzeiten ist es leicht zu meditieren, zu anderen Zeiten ist es einem einfach unmöglich, trotz wiederholter Anläufe. Die Ursache ist das Wirken der drei *gunas*.

Fr  Haben unsere Tätigkeiten und Verhältnisse Einfluß darauf?

M  Nein, das Hindernis ist das Empfinden, der ‹Täter› zu sein.

## 22. Juni 1936

Maharshi las G. U. Popes Übersetzung des *Tiruvachakam* und kam zu den Strophen, die über das Empfinden der heißesten Gottesliebe sprachen, die den ganzen Körper erschüttere und Fleisch und Knochen gleichsam aufzulösen scheine. Er bemerkte dazu:
Manickavachagar, der Dichter des *Tiruvachakam*, ist einer der Weisen, deren Leib sich schließlich in gleißendem Licht auflöste, ohne einen Leichnam zurückzulassen.

Jemand fragte, wie das zugehen könne. Maharshi antwortete,
daß der grobmaterielle Leib nur die konkrete, die greifbare Form des subtilen, des Geistleibes, darstelle. Wenn der Geist dahinschmelze und sich in Licht auflöse, dann würde der Körper bei diesem Vorgange mitverzehrt. Auch von Nandanar

werde berichtet, daß sein Körper im blendenden Licht verschwunden sei.

Mr. Chadwick wies auf den Bibelbericht über Elias hin und wollte wissen, ob auch das Verschwinden des Leibes Christi aus dem Grabe etwas damit zu tun haben könne.

M  Nein. Der Leib Christi blieb als Leichnam zurück, der zunächst bestattet wurde, während jene anderen keinen Leichnam zurückließen.

Im Laufe des Gesprächs sagte der Maharshi,
    daß der subtile Leib aus Licht und Ton bestehe und der grobmaterielle Körper nur dessen greifbare Gestalt sei.

Der Physikprofessor fragte, ob dieses Licht und dieser Ton durch die Sinne wahrnehmbar wären.

M  Nein, sie sind übersinnlich. Es ist etwa folgendermaßen:

|  | Das Höchste Sein *Isvara* | Individuum *jiva* |
|---|---|---|
| Grobmateriell | Universum | Körper |
| Subtil | Ton und Licht (*nada* und *bindu*) | Geist und Lebenskraft (*prāna*) |
| Ursprung | Das Selbst *(atma)* transzendental *(param)* | Das Selbst *(atma)* transzendental *(param)* |

Beide sind letzlich das gleiche. Der subtile Leib des Schöpfers ist der mystische Ton ‹*Aum*›, der Ton und Licht ist. Das Universum löst sich in Ton und Licht auf und danach in die Transzendenz, in das Höchste.

Maharshi deutete den Namen ‹Arunachala›:
    aruna = rot, hell wie das Feuer. Aber dies ist kein gewöhnliches Feuer, das nur heiß ist; es ist das Feuer der Weisheit, das weder heiß noch kalt ist.
    achala = Berg.

So ist Arunachala der Berg der Weisheit.

29. Juni 1936

Mr. A. Bose, ein Ingenieur aus Bombay, fragte:
Fühlt Bhagavan mit uns? Dürfen wir seine Gnade erwarten?
M  Sie stehen bis an den Hals im Wasser und flehen trotzdem um Wasser. Klagt jemand, der bis an den Hals im Wasser steht, über Durst? Ist der Fisch durstig – oder das Wasser?
Fr  Wie kann man den Geist vernichten?
M  Zunächst einmal: Gibt es einen Geist? Was Sie ‹Geist› nennen, ist eine Illusion; sie geht von Ihrem Denken aus. Ohne die grobmateriellen und die subtilen Sinne sind Sie des Körpers oder des Geistes gar nicht gewahr. Sie können aber ohne diese Sinne sein. In einem solchen Zustand schlafen Sie entweder, oder Sie sind nur des Selbst gewahr. Dieses Selbst-Gewahrsein ist immer da; so bleiben Sie das, was Sie in Wirklichkeit sind, und Ihre Frage erhebt sich nicht.
Fr  Verhindert das Körper-Bewußtsein die Verwirklichung?
M  Wir sind immer jenseits von Körper und Geist. Haben Sie allerdings das Gefühl, daß Ihr Körper das Selbst sei, dann ist das natürlich ein Hindernis.
Fr  Nützen Körper und Geist denn dem Selbst irgend etwas?
M  Ja – insofern, als sie zur Verwirklichung beitragen.

30. Juni 1936

Maharshi hatte heute im *Siva Purana* geblättert. Er äußerte sich im Zusammenhang damit:
Siva hat zwei Aspekte: Den transzendentalen und den immanenten; im ersten ist er das unsichtbare, transzendentale Wesen, der zweite wird durch das *linga,* das Symbol *Sivas,* versinnbildlicht. Jenes allererste *linga,* das als Arunachala offenbar wurde, steht bis auf den heutigen Tag. Das Ereignis selbst begab sich, als der Mond im Orion stand, also im Dezember; verehrt wurde Arunachala als *linga* zum ersten Male an Sivaratri, der Nacht *Sivas,* die auch heute noch heilig gehalten und gefeiert wird.
Dann erzählte Sri Bhagavan die Geschichte, wie Parvati Rama auf die Probe stellte:
Als Rama, tief bekümmert über den Verlust seiner Gemahlin Sita, mit seinem Bruder Lakshmana durch die Wälder streifte auf

der Suche nach der Verlorenen, begegneten sie Siva und Parvati. Siva grüßte Rama im Vorbeigehen. Parvati war überrascht und bat Ihn um eine Erklärung, weshalb Er, der Herr des Alls, der von allen angebetet würde, sich herablasse, Rama zu grüßen, einen ganz gewöhnlichen Sterblichen, der, bekümmert um den Verlust seiner Gemahlin, in Seelenqual hilflos in der Wildnis herumirre. Siva antwortete:

‹Rama handelt nur, wie ein Mensch unter solchen Umständen zu handeln pflegt; das hindert ihn aber nicht daran, sich seines Selbst bewußt zu sein. Schließlich ist er die Inkarnation Vishnus und eines Grußes würdig. Du magst ihn aber auf die Probe stellen, wenn du willst.›

Parvati überlegte einen Augenblick; dann nahm sie die Gestalt der vermißten Sita an und erschien Rama, der immer noch voller Kummer nach der Geliebten rief. Als er die Göttin in der Gestalt Sitas erblickte, lächelte er und begrüßte sie:

‹O Parvati, Du bist hier. Wo ist Siva? Aber weshalb hast Du Sitas Gestalt angenommen?›

Parvati fühlte sich beschämt und erzählte ihm alles, das von Sivas Gruß seinen Ausgang genommen hatte. Rama aber antwortete:

‹Wir sind alle nur Aspekte *Sivas,* die Ihn anbeten, wenn sie Ihn erblicken, und Seiner eingedenk sind, wenn sie Ihn nicht sehen.›

Ramakrishna Swami, seit langem ein ergebener Verehrer des Maharshi, zitierte die ersten Worte der zweiten Strophe aus der Hymne der *Fünf Edelsteine über Arunachala* und fragte nach deren Bedeutung. Maharshi erläuterte eingehend:

Das All ist gleich einem Gemälde auf Leinwand gemalt: Die Leinwand ist Arunachala. Das, was aufsteigt und absinkt, ist gestaltet aus dem, aus dem es aufsteigt. Der endgültige Sinn des Universums ist der Gott Arunachala. Meditiert man über Ihn oder über den Seher, das Selbst, dann ist ein ‹ich› als geistige Vibration da, auf das alles zurückzuführen ist. Spürt man die Quelle dieses ‹ich› auf, dann bleibt das uranfängliche Ich-Ich allein übrig; dieses aber entzieht sich jeder Darstellung. Der Sitz der Verwirklichung ist innen; der Wahrheitssucher kann sie nicht als ein Objekt außerhalb seiner selbst finden. Dort herrscht reine Seligkeit, die der Wesenskern von allem ist, was existiert. Und der einzige Zweck unseres gegenwärtigen Daseins ist, uns nach innen zu wenden und Es zu verwirklichen, sonst nichts.

*Fr* Wie vernichtet man die uns innewohnenden latenten Eindrücke und Neigungen restlos?
*M* Die Verwirklichung ist der Zustand, in dem das geschieht.
*Fr* Heißt das, daß diese Eindrücke und Neigungen schon beim Auftauchen verbrannt werden sollten, indem man am Selbst festhält?
*M* Sie verbrennen von selbst, wenn Sie bleiben, was Sie wirklich sind.

## 1. Juli 1936

Mr. B. C. Das fragte:
Meditation ist nur möglich, wenn der Geist unter Kontrolle ist, die Kontrolle kann aber nur durch Meditation erreicht werden. Ist das nicht ein Teufelskreis?
*M* Ja, beide hängen voneinander ab. Sie müssen gleichzeitig nebeneinander entwickelt werden. Übung und Leidenschaftslosigkeit führen nach und nach zum Erfolg. Die Haltung der Leidenschaftslosigkeit hindert den Geist daran, sich nach außen zu wenden, und alle Übung zielt darauf, ihn nach innen gerichtet zu halten. Es herrscht dabei zwar ein gewisser innerer Kampf zwischen der Kontrolle – die ja bewußt ist – und der meditativen Kontemplation; im Laufe der Zeit siegt aber die Kontemplation. Übung ist notwendig. Sie muß der Gewöhnung eines widerspenstigen Stieres an seinen Stall ähneln, den man mit zartem Grün immer wieder hineinlockt, bis er das Umherstreunen von selbst läßt.
Dann las der Meister einen Vers aus dem *Tiruvachakam* von Manikkavasagar vor, dessen Text sich an den Geist wendet:
‹O summende Biene (der Geist)! Warum machst du dir die Mühe, winzige Honigtröpfchen aus tausend Blüten zu sammeln? Es gibt Einen, von dem du den ganzen Honigvorrat auf einmal haben kannst, wenn du nur an Ihn denkst, Ihn erschaust oder von Ihm sprichst. Wende dich nach innen und summe Ihm vor!›
*Fr* Soll man sich in der Meditation geistig eine Gestalt vorstellen und als Ergänzung Gottes Namen lesen oder singen?
*M* Was ist geistige Vorstellung anderes als Meditation?
*Fr* Sollen wir die Gestalt durch die Wiederholung eines Mantras ergänzen oder durch das Verweilen bei göttlichen Eigenschaften?
*M* Wenn einen die Neigung zu *japa* führt, dann wird aus dem gesprochenen Mantra schließlich das geistig wiederholte – und das ist das gleiche wie Meditation.

Mr. Bose: Eine Form bedeutet aber Dualität. Kann das gut sein?
M  Jemand, der so fragt, sollte sich lieber dem Pfade der Suche zuwenden; für ihn ist *bhakti* (Hingabe) nicht das richtige.
Fr  Meine Meditation wird von einer Leere unterbrochen; ich sehe keinerlei Gestalt.
M  Natürlich nicht.
Fr  Und was ist mit dieser Leere?
M  Wer sieht sie? Sie müssen doch da sein. Der Zeuge dieser Leere ist das Bewußtsein.
Fr  Heißt das, daß ich immer noch tiefer eindringen muß?
M  Ja. – Und vergessen Sie nicht: Es gibt keinen Augenblick, in dem Sie nicht sind.

## 2. Juli 1936

Dr. Popatlal Lohara hatte mancherlei gelesen, u. a. *Upadesa Sara*. Er hatte Heilige, *sadhus* und Yogis aufgesucht, es müssen sehr viele gewesen sein, denn er sprach von tausendfünfhundert. Ein *sadhu* in Trimbak hatte ihm gesagt, daß er noch Schulden zu begleichen habe, danach erst könne er die Verwirklichung erreichen. Seine einzige Schuld, wie er glaubte, hätte damals darin bestanden, daß er seinen Sohn noch nicht verheiratet hatte. Inzwischen war dies geschehen, und er meinte nun, damit seiner karmischen Verpflichtungen ledig zu sein. Er suchte Bhagavans Führung, um von seinem ‹mentalen Unglücklichsein› frei zu werden ... denn es bestand weiterhin, trotz der Beseitigung aller Verpflichtungen.
M  Welchen Text von *Upadesa Sara* haben Sie gelesen?
Fr  Den Sanskrit-Text.
M  Er enthält die Antwort auf Ihr Problem.
Fr  Ich kann es aber trotz größter Anstrengung nicht schaffen, meinen Geist ruhig zu behalten – ich versuche es seit achtzehn Jahren.
Der Meister zitierte aus *Upadesa Sara*:
  ‹Den Geist im Herzen aufgehen zu lassen ist *karma, bhakti, yoga* und *jnana*.› Das ist kurz und bündig die ganze Wahrheit.
Fr  Das befriedigt meine Suche nach dem Glück nicht. Ich bin einfach unfähig, meinen Geist stetig zu bekommen.
Der Maharshi zitierte aus der gleichen Schrift:
  ‹Das ständige Erforschen, was der Geist ist, bewirkt dessen Verschwinden. Das ist der direkte Pfad.›

*Fr* Wie ergründet man ihn dann?
*M* Der Geist ist nur ein Bündel aus Gedanken, die ihre Wurzeln im ‹ich›-Gedanken haben. Wer nach dem Ursprung des ‹ich›-Gedankens forscht, für den verschwindet das ‹ich›. Das ist die wahre Suche. Dabei wird das wahre Ich entdeckt, das aus sich selbst erstrahlt.
*Fr* Dieser ‹ich›-Gedanke steigt in mir auf. Ich kenne aber das Selbst nicht.
*M* Das sind alles nur mentale Begriffe. Sie identifizieren sich jetzt mit dem falschen ‹ich›, dem ‹ich›-Gedanken. Er steigt auf und sinkt wieder ab, während es dies für das wahre Ich nicht gibt. In Ihrem wahren Sein gibt es keine Unterbrechung: Sie, der schlief, sind jetzt wach. Im Schlaf waren Sie nicht unglücklich, während Sie es jetzt sind. Was ist dazwischen geschehen, das diesen Unterschied heraufbeschwören konnte?
In Ihrem Schlaf gab es den ‹ich›-Gedanken nicht, während er jetzt da ist; Sie nehmen das wahre Ich nicht wahr, weil das falsche sich davor breit macht. Dieses falsche ‹ich› hindert Sie an der wahren Erkenntnis. Suchen Sie herauszubekommen, woher es aufsteigt, dann verschwindet es, und Sie werden nur noch das sein, was Sie wirklich sind: Absolutes Sein.
*Fr* Wie macht man das? So weit bin ich noch nicht vorgedrungen.
*M* Suchen Sie nach der Quelle des ‹ich›-Gedankens; das ist alles, was dabei zu tun ist. – Das Universum existiert nur aufgrund des ‹ich›-Gedankens; wenn dieser Gedanke verschwunden ist, dann ist auch das Elend verschwunden. Aber das falsche ‹ich› verschwindet nur, wenn nach seiner Quelle geforscht wird.

Als der Maharshi, von einem Gang zurückkehrend, von den Felsen herab jemanden unten im Ashram in einem Schaukelstuhl sah, bemerkte er:
Siva schenkte all sein Besitztum Vishnu, begab sich in Wildnisse, Wälder und Verbrennungsstätten und lebte von Erbetteltem. Er war der Ansicht, daß Besitzlosigkeit eine höhere Stufe auf der Leiter des Glücks einnimmt als Besitz.
*Fr* Inwiefern?
*M* Weil sie von Sorge befreit. Besitztum schafft Sorge, denn es muß bewahrt und verwendet werden. Nichtbesitz kennt keine solche Angst. Daher verzichtete Siva auf alles zugunsten Vishnus und ging seiner Wege. Das höchste Glück liegt in der Besitzlosigkeit.

Dr. Lohara fragte nach dem Sinn eines bestimmten Verses in *Upadesa Sara*.

M  Der, der im Schlaf da war, ist auch jetzt im Wachen da. Im Schlaf fühlt man sich glücklich, im Wachzustand elend; denn im Schlaf fehlte der ‹ich›-Gedanke, der das Wachen beherrscht. Der Zustand des Glücklichseins ohne ‹ich› im Schlaf ist mühelos; das Ziel ist, diesen Zustand jetzt im Wachen hervorzurufen. Das erfordert Bemühen.

|             Schlaf              |         Wachzustand         |
| ------------------------------- | --------------------------- |
| Müheloses Glücklichsein,        | Kein Glücklichsein          |
| Kein ‹ich›-Gedanke              | ‹ich›-Gedanke               |

Bringen Sie dieses Wesenhafte des Schlafes in den Wachzustand hinüber – das ist Verwirklichung. Das Bemühen darum muß jedoch darauf gerichtet sein, den ‹ich›-Gedanken auszumerzen, nicht darauf, in das wahre Ich einzudringen. Das wahre Ich ist ewig und bedarf Ihres Bemühens nicht, um aufzustrahlen.

Fr  Warum sinkt der Geist nicht schon während des Meditierens in das ‹Herz› ab?

M  Ein auf dem Wasser treibender Körper sinkt nicht ohne weiteres unter, man muß schon nachhelfen. Eine solche Hilfe ist die Atemkontrolle, wodurch der Geist beruhigt wird. Er muß aber wach bleiben, und die Meditation ist beharrlich fortzusetzen, auch dann noch, wenn der Geist ruhig geworden ist. Dann sinkt er ins Herz ab, anstatt in Zwischenzuständen zu verharren, in denen Selbstzufriedenheit vorherrscht.

Man kann den im Wasser treibenden Körper mit Gewichten beschweren und so zum Sinken bringen. Das wäre in unserem Falle dem Zusammensein mit einem Verwirklichten vergleichbar. Dieses Zusammensein bedeutet nicht nur körperliche, sondern auch seelische Nähe. Der äußerlich sichtbare Meister veranlaßt den Geist, sich nach innen zu wenden. Er ist aber auch im ‹Herzen› des Suchers und zieht dessen einwärts gerichteten Geist zu sich.

Diese Frage erhebt sich übrigens nur, wenn man die Meditation als Übung wählt und sie dann schwierig findet. Übt man nur ein wenig Atemkontrolle, wird der Geist geläutert. Die latenten

Eindrücke und Neigungen, die den Geist am Absinken hindern, werden durch Atemkontrolle und durch Gemeinschaft mit Weisen beseitigt.

Tatsächlich ist der Geist immer im ‹Herzen›, aber aufgrund seiner latenten Neigungen bleibt er rastlos und ist sich damit dieses Tatbestandes nicht bewußt. Werden diese Neigungen unwirksam gemacht, wird er ruhig und friedvoll.

Durch Atemkontrolle wird der Geist aber nur zeitweise beruhigt, da die latenten Neigungen erhalten bleiben. Wenn dagegen der Geist im Selbst aufgeht – das wird durch Meditation erreicht –, dann kehrt Friede ein, und alle Probleme haben ein Ende.

Jemand fragte, wie er seinen natürlichen Urzustand erkennen könne.
M  Absolutes Freisein von Gedanken ist der Zustand, der solch ein Erkennen ermöglicht.

## 3. Juli 1936

Ein Besucher aus Tirukoilur fragte, ob nicht auch das Studium der heiligen Schriften die Wahrheit offenbare.
M  Es genügt nicht.
Fr  Wieso nicht?
M  Nur *samadhi,* der transzendentale Geisteszustand, kann die Wahrheit offenbar machen. Gedanken werfen einen Schleier über die wahre Wirklichkeit, und so kann Sie außer im *samadhi* nicht deutlich werden.
Fr  Kann es im *samadhi* noch Gedanken geben?
M  Nein, nur das Empfinden ‹Ich bin›.
Fr  Ist dieses ‹Ich bin› nicht auch ein Gedanke?
M  Das ‹Ich bin› ist ohne individuelles ‹ich› und daher nicht Denken. Sinn und Bedeutung dieses Ich ist Gott. Im ‹Ich bin› wird das große ‹Sei still› erfahren.

## 4. Juli 1936

M  Wir sind unserm Wesen nach Seligkeit; wieso verlangen wir dauernd nach Glück? – Dieses Verlangen loszuwerden, ist in sich selbst die Erlösung. Die heiligen Schriften verkünden: ‹Du bist

Das›, und diese Erkenntnis zu vermitteln ist ihr Sinn. Die Verwirklichung muß also darin bestehen, daß Sie herausbekommen, wer Sie in Wirklichkeit sind, um dann Das zu bleiben, d. h. das Selbst. Das dauernde Wiederholen von ‹Ich bin das› oder ‹nicht dies› ist letztlich Zeitvergeudung. Für den Wahrheitssucher liegt die Arbeit in ihm selbst, nicht außerhalb von ihm.

Beim Mittagessen bat ein Besucher den Meister um einen Bissen von dessen eigener Portion als *prasad*.
M  Essen Sie, ohne sich des ‹ich› bewußt zu sein, dann wird alles, was Sie essen, zu *prasad* des Erhabenen.
Nach dem Essen kam er noch einmal scherzend darauf zurück:
Sehen Sie, wenn ich Ihnen von meinem Essen abgegeben hätte, dann würden alle anderen auch etwas haben wollen. Was bliebe dann für mich übrig, wenn ich alles verteilen müßte? – Um *prasad* zu bitten ist nicht die wahre Hingabe; von meiner Mahlzeit zu essen ist ohne Bedeutung. Üben Sie wahre Hingabe.

### 8. Juli 1936

Heute morgen lauerte das zahme Streifenhörnchen des Meisters sichtlich auf eine Gelegenheit, nach draußen zu entwischen; der Meister bemerkte lächelnd:
Alle wollen nur immer ausreißen; der Trieb nach ‹draußen› ist nicht auszurotten. Das Glück aber liegt innen, nicht außen.

### 20. Juli 1936

Fr  Kann man die Wahrheit aus den heiligen Schriften und durch Bücherstudium verwirklichen?
M  Nein. Solange im Geist noch *vasanas*, latente Eindrücke und Neigungen, vorherrschen, kann man die Wahrheit nicht verwirklichen; und Büchergelehrsamkeit selbst ist solch eine Neigung. Verwirklichung ist nur im *samadhi* möglich.
Fr  Was ist *mouna*, das große Schweigen?
M  *Mouna* bedeutet nicht, den Mund zu halten; es ist die ewige ‹Sprache›.

*Fr* Das verstehe ich nicht.
*M* *Mouna* ist der Zustand, der jenseits von Sprache und Denken liegt.
*Fr* Wie erreicht man ihn?
*M* Halten Sie irgendeine Vorstellung fest und verfolgen Sie sie zurück zu ihrem Ursprung; aus solcher Konzentration ergibt sich die Stille. Wenn die Übung selbstverständlich wird, endet sie in Stille. Meditation ohne geistige Tätigkeit ist Schweigen. Den Geist zu unterwerfen ist Meditation. Tiefe Meditation ist die Sprache des Ewigen.
*Fr* Wie geht aber weltliches Wirken weiter, wenn man das Schweigen beobachtet?
*M* Wenn Frauen mit dem Wassergefäß auf dem Kopf vom Brunnen kommen, dann schwatzen sie zwar miteinander, geben aber gleichzeitig sehr gut acht auf die Last auf ihrem Kopf. Ebenso kann ein Weiser tätig sein, ohne daß dies sein inneres Schweigen stört, da sein Geist in *Brahman* ruht. Nur ein Weiser ist wahrhaft fromm.

Ein mohammedanischer Besucher fragte nach *asanas*, den Yoga-Haltungen des Körpers.
*M* Das Verweilen in Gott ist die einzig richtige Haltung.

Mr. T. K. S., ein eifriger Anhänger des Maharshi, war in Aufregung, weil jemand in der Stadt abfällig über den Meister gesprochen und er ihm nicht geantwortet hatte. Er fragte den Meister, was die Buße für dieses Versäumnis sei.
*M* Geduld, mehr Geduld! Toleranz, mehr Toleranz!

Zwei Anhänger des Maharshi erörterten lebhaft die Nachricht vom Tode König Georgs V. Der Meister warf ein:
Was geht es euch an, wer gestorben oder verdorben ist? Stirb und verdirb selbst, indem du eins wirst mit der Höchsten Liebe.

Ein andermal antwortete der Meister auf eine Reihe von Fragen:
Es gibt einen Zustand, in dem die Worte enden und das Schweigen herrscht.
*Fr* Wie teilt man aber dann einander die Gedanken mit?
*M* Das ist nur nötig, solange man glaubt, vom anderen getrennt zu sein.

*Fr* Wie erreicht man den Frieden?
*M* Er ist unser natürlicher Zustand; der Geist versperrt den Weg zu ihm; daher gilt unser Ergründen nur dem Geist. Erforschen Sie ihn, und er wird verschwinden.
Es gibt keine Wesenheit, die sich ‹Geist› nennt. Weil Gedanken auftauchen, vermuten wir ein Etwas, aus dem sie kommen; dieses Etwas nennen wir ‹Geist›. Prüfen wir es aber näher, dann sehen wir, daß es gar nicht vorhanden ist. Mit dem Verschwinden dieses Irrtums erschließt sich uns immerwährender Friede.
*Fr* Was ist *buddhi*?
*M* Die Fähigkeit des Denkens und Urteilens; aber das sind alles nur leere Bezeichnungen. Sei es das ‹ich›, der Geist oder *buddhi* – es ist dasselbe. Wessen Geist? Des ‹ich›. Ist das ‹ich› wirklich? Nein. Wir meinen das ‹ich›, wenn wir ‹Geist› sagen.
*Fr* Emerson sagt: ‹Die Seele antwortet der Seele durch sich selbst – nicht durch Worte›.
*M* Sehr richtig. – Soviel Sie auch lernen mögen, Sie werden die Grenzen des Wissens nicht erreichen. Sie versuchen Zweifel zu lösen und übersehen dabei den, der sie stellt. Halten Sie den Zweifler fest, und die Zweifel werden verschwinden.
*Fr* Dann löst sich das Problem von selbst in der Erkenntnis des Selbst auf?
*M* Richtig.
*Fr* Und wie erkennt man das Selbst?
*M* Prüfen Sie, was Es ist. – Was Sie jetzt für das Selbst halten, ist in Wirklichkeit entweder der Geist oder der ‹ich›-Gedanke. Da alle anderen Gedanken erst nach dem ‹ich›-Gedanken aufsteigen, so müssen Sie sich an ihn halten. Dann verschwinden auch alle anderen, und das Selbst bleibt allein zurück.
*Fr* Die Schwierigkeit ist nur, das zu erreichen.
*M* Um ein ‹Erreichen› geht es dabei nicht, denn Es ist ewig, also auch hier und jetzt. Müßte das Selbst neu gewonnen werden, es wäre nicht von Dauer.
*Fr* Wie erreicht man den Gleichmut, den Frieden, das innere Gleichgewicht? Was ist die beste Methode?
*M* Ich habe es schon beantwortet: Ergründen Sie den Geist; schalten Sie ihn aus, und Sie selbst bleiben übrig. Lassen Sie Ihren Standpunkt den der Weisheit werden, dann werden Sie erkennen, daß die Welt Gott ist.
Es ist nur eine Frage des Standpunktes. Sie sind es, der alles

durchdringt: erkennen Sie sich selbst und alles wird verstanden. Aber Sie haben jetzt den Halt am Selbst verloren und zweifeln an anderen Dingen.
Fr  Wie erkennt man das Selbst?
M  Gibt es zwei Ich? Wie erkennen Sie ihr eigenes Vorhandensein – müssen Sie sich dazu mit diesen Ihren Augen sehen? Fragen Sie sich das selbst. Wie entsteht diese Frage? Bleibe ‹ich› übrig, um sie zu stellen oder nicht? Kann ‹ich› mein Selbst wie in einem Spiegel finden?
Da Ihr Blick nach außen gerichtet ist, ist das Selbst aus Ihrer Sicht verschwunden, und Ihre Schau ist eine äußere geworden. Das Selbst wird aber nicht in äußeren Objekten gefunden. Wenden Sie den Blick nach innen, tauchen Sie tief ein – und Sie werden das Selbst sein.
Fr  Hängt die Entdeckung des Selbst von der Einhaltung der Kastenregeln ab, oder dürfen wir sie vernachlässigen?
M  Nicht am Anfang. Beachten Sie sie einstweilen noch; sie wirken als Bremse gegen die Launenhaftigkeit des Geistes. Er wird dadurch geläutert.
Fr  So kann das Nicht-Erkennbare nur durch die Gnade des Nicht-Erkennbaren erkannt werden.
M  Es trägt dazu bei, das Ziel zu erreichen. Das ist die Gnade.
Fr  Wie bremst man den Geist?
M  Wird ein Dieb sich selbst verraten? Wird der Geist sich selbst finden? – Der Geist kann den Geist nicht suchen. Sie übersehen das Wirkliche, halten sich an den Geist, der unwirklich ist, und versuchen darüber hinaus festzustellen, was er ist. Gab es den Geist in Ihrem Schlaf? Nein. Jetzt ist er da; er ist also nicht von Dauer. Können Sie den Geist finden? Der Geist ist nicht Sie. Sie glauben, Sie wären der Geist, und fragen mich daher, wie Sie ihn zügeln können. Wenn es ihn gäbe, dann könnte er auch gezügelt werden; es gibt ihn aber nicht. Begreifen Sie diese Wahrheit, indem Sie sie zu ergründen suchen. Das Erforschen des Unwirklichen ist fruchtlos; suchen Sie daher die wahre Wirklichkeit, das Selbst. Das ist der Weg, um den Geist zu bemeistern. Es gibt nur Eines, das wahrhaft wirklich ist.
Fr  Und was *ist* dieses eine wahrhaft Wirkliche?
M  Es *ist* das, was *ist*. Alles andere ist nur Erscheinung. Vielfalt ist nicht Sein Wesen. – Wir lesen die gedruckten Buchstaben in der Zeitung, beachten jedoch nicht das Papier, das die Grundlage

bildet. Ebenso werden Sie von den Manifestationen des Geistes gefesselt und vergessen den Hintergrund, die wahre Wirklichkeit. Wer ist schuld daran?

*Fr* Gibt es für das Selbst eine Grenze?
*M* Was ist das Selbst?
*Fr* Die Seele des Individuums.
*M* Was ist die ‹Seele› des ‹Individuums›? Besteht zwischen den beiden ein Unterschied, oder sind sie identisch?

Alles, was neu erscheint, muß wieder verschwinden, alles, was erschaffen wird, fällt der Zerstörung anheim. Das Ewige wird nicht geboren, noch stirbt es. Wir verwechseln jetzt die Erscheinungen mit der Wirklichkeit, aber jede Erscheinung trägt ihr Ende in sich selbst.

Was ist es, das neu erscheint? – Wenn Sie die Antwort darauf nicht finden können, dann liefern Sie sich vorbehaltlos an die Grundlage, das Substrat aller Erscheinungen, aus, dann wird als letztes die wahre Wirklichkeit übrigbleiben.

*Fr* Was geschieht mit dem Menschen nach dem Tode?
*M* Beschäftigen Sie sich mit der lebendigen Gegenwart; die Zukunft wird für sich selbst sorgen. Kümmern Sie sich nicht um die Zukunft! Der Zustand vor der Schöpfung und der Vorgang der Schöpfung werden in den Schriften behandelt, damit Sie die Gegenwart erkennen lernen. Da Sie behaupten, Sie wären geboren, so antworten jene Ihnen mit ‹Ja› und fügen hinzu, daß Gott Sie geschaffen habe.

Aber sehen Sie Gott oder überhaupt irgend etwas in Ihrem Schlaf? Wenn Gott wirklich ist – weshalb erstrahlt er nicht auch in Ihrem Schlaf? *Sie sind immer.* Sie sind jetzt der gleiche, der Sie im Schlaf waren, Sie sind nicht verschieden von dem, der schlief. Weshalb soll es also Unterschiede in den Empfindungen oder Erfahrungen der beiden Zustände geben?

Stellten Sie im Schlaf die Frage nach Ihrer Geburt – oder die andere: ‹Wohin gehe ich nach dem Tode?› Weshalb denn jetzt im Wachzustand an solche Dinge denken? Lassen Sie das, was geboren ist, an seine Geburt denken, an ein Heilmittel dagegen, an die Ursache und die Folgen.

Was ist Geburt? – Sie bezieht sich auf den ‹ich›-Gedanken oder auf den Körper. Ist das ‹ich› vom Körper gesondert oder identisch mit ihm? Wie ist dieser ‹ich›-Gedanke aufgestiegen – ist er Ihre wahre Natur oder irgend etwas anderes?

*Fr* Wer soll diese Fragen stellen?
*M* Genau – das ist es! All dieses hat nie ein Ende.
*Fr* Sollen wir uns dann still verhalten?
*M* Probleme berühren den nicht mehr, der die Verwirrung des Denkens hinter sich gelassen hat.
*Fr* Ihre Feststellungen laufen darauf hinaus, die Suche zu beenden.
*M* Wenn die Suche nach dem Selbst aufhört, dann tritt an deren Stelle die Suche nach der Welt.
Widmen Sie sich der Suche nach dem Selbst, dann wird das Nicht-Selbst verschwinden und das Selbst übrigbleiben. Das ist die Selbstergründung des Selbst. Der eine Ausdruck ‹Selbst› ist gleichbedeutend mit Geist, Körper, Mensch, Individuum, dem Höchsten und allem anderen.

Mr. M. Frydman:
Man stellt sich Dinge vor und genießt sie kraft seiner Vorstellung. Solche Schöpfungen sind Brahma, dem Schöpfer, eigen. Kann man sie auch dem Menschen, Seinem Geschöpf, zuschreiben?
*M* Auch das ist nur ein Gedanke von Ihnen.
*Fr* Krishnamurti sagt, daß der Mensch versuchen müsse, das ‹ich› zu finden; dann verschwinde es, denn es sei nur ein Bündel von Umständen, nichts weiter. Seine Lehre scheint der des Buddha sehr nahe zu kommen.
*M* Ja. – Das Wesentliche bleibt jenseits der Ausdrucksmöglichkeit.

## 13. August 1936

*Fr* Was ist *karma*?
*M* Das, was bereits begonnen hat sich auszuwirken, heißt *prarabdha karma*. Das, was dem großen Vorrat angehört und später Frucht tragen wird, ist *sanchita karma*. Es ist bunt zusammengewürfelt wie das Korn, das die Dörfler für ihr Grünfutter einhandeln. Dieses Tauschkorn besteht aus Reis, Gerste, ragi und so fort, von denen im Wasser einiges obenauf bleibt, anderes untersinkt. Manches von diesem angesammelten Tun mag gut, anderes schlecht oder unwichtig sein. Wenn das kräftigste aus diesem aufgehäuften Handeln in einer nächsten Geburt sich auszuwirken beginnt, dann wird es damit zum *prarabdha karma* dieses Daseins.

Einer derer, die später immer beim Maharshi waren, fragte, als er zum ersten Male zu ihm kam:
Was ist der Weg zur Befreiung?
Der Maharshi antwortete:
Der Weg, auf dem man sich bereits befindet.

## 22. September 1936

In einem Gespräch mit einem Besucher sagte Maharshi:
Nur der Weise, der das Selbst verwirklicht hat, kann ein guter *karma* Yogi sein. Laßt sehen, was geschieht, wenn das Empfinden der eigenen Täterschaft verschwunden ist? Sri Sankara rät zum Nichttun. Aber hat er nicht seine Kommentare geschrieben und an Disputationen teilgenommen? – Kümmern Sie sich nicht um Tun oder Nichttun; erkennen Sie sich selbst! Danach wollen wir sehen, um wessen Tun es sich handelt. – Lassen Sie die Handlung sich selbst vollziehen. Solange einer da ist, der sich als den Handelnden empfindet, muß er die Ergebnisse seines Tuns ernten. Hält er nicht mehr sich für den Handelnden, dann haftet kein Tun mehr an ihm; er ist zum Asketen geworden, der dem weltlichen Leben entsagt hat.

*Fr* Wie ist das ‹ich› entstanden?

*M* Das braucht man nicht zu wissen. Erkennen Sie die Gegenwart. Weshalb kümmern Sie sich um die Vergangenheit, wenn Sie nicht einmal diese kennen?

*Fr* Woran können wir erkennen, ob ein Tun unser Tun ist oder nicht?

*M* Wenn der Handelnde am Ergebnis seines Tuns nicht mehr interessiert ist, dann haftet es nicht mehr an ihm.

*Fr* Genügt es, wenn man das intellektuell begreift?

*M* Wie wollen Sie etwas in die Praxis übertragen, was Sie nicht vorher intellektuell verstanden haben? Lernen Sie zunächst es zu begreifen, und bleiben Sie dann nicht dabei stehen, sondern setzen Sie es in die Praxis um.

Der Maharshi fuhr fort:
Wenn Sie sich zu einem bestimmten philosophischen System bekennen, dann sind Sie gehalten, die anderen zu verdammen. Man kann aber nicht von allen Leuten die gleiche Einstellung erwarten; jeder handelt seinem Temperament und seinen Ein-

drücken aus früheren Daseinsformen gemäß. Weisheit, Hingabe und Tun greifen ineinander. Die Meditation über Formen entspricht der Verfassung des betreffenden Geistes; sie hat den Sinn, von anderen Objekten loszukommen und sich auf eines zu beschränken; sie führt zum Ziel. Zu Beginn ist es nicht möglich, den Geist im ‹Herzen› festzuhalten. So sind Hilfen nötig. – Krishna sagt einmal, daß ‹Ich, du und diese Könige nie geboren wurden›, und später, an anderer Stelle, daß Er vor Aditya usw. geboren sei. Arjuna zweifelt daran. Deshalb ist gewiß, daß die Gottesvorstellungen eines jeden seinem Entwicklungsstadium entsprechen. Sie sagen, Sie seien der Mensch des Wachzustandes, nicht der des Schlafes. Wenn also schon für das Individuum verschiedenartige Verkörperungen gelten, sollten nicht Gottes Möglichkeiten unendlich sein? – Welcher Methode man auch folgen mag: Die Weisen bejahen jede, denn sie führt wie alle anderen zum Ziel.

*Fr* Gibt es Himmel und Hölle?
*M* Zunächst muß es jemanden geben, der dorthin geht. Sie gleichen Traumwelten; auch im Traum gibt es Zeit und Raum. Welche ist wahr, die Traum- oder die Wachwelt?
*Fr* So müssen wir uns von Gier, Zorn usw. befreien.
*M* Sie brauchen nichts anderes aufzugeben als die Gedanken. Es muß Sie geben, wenn Sie irgend etwas wahrnehmen können. *Sie* sind das Selbst; Es ist ewig-bewußt.
*Fr* Sind Wallfahrten und dergleichen gut.
*M* Ja.
*Fr* Was muß man tun, um das Selbst zu erreichen?
*M* Das ‹ich› muß verschwinden. Das Selbst braucht nicht ‹erreicht› zu werden: gibt es auch nur einen einzigen Augenblick, in dem das Selbst nicht ist? Es ist nichts Neues. Seien Sie, so wie Sie sind. Was neu ist, kann nicht beständig sein; was wirklich ist, muß immer da sein.
*Fr* Was bedeuten das Opfer durch Weisheit *(jnana yajna)* oder andere Opfer?
*M* Dafür gibt es andere Disziplinen. Alles Üben gilt der Erlangung der höchsten Erkenntnis *(jnana)*.
*Fr* Sind befreite Seelen *(jivanmuktas)* untereinander verschieden?
*M* Was macht es aus, ob sie sich äußerlich voneinander unterscheiden? In ihrer Weisheit, ihrer Erkenntnis, ist kein Unterschied.

*Fr* Kann man, wenn man einem Meister treu ist, trotzdem andere anerkennen?
*M* Es gibt nur einen Guru; er ist nicht körperlich. – Solange noch Schwachheit vorhanden ist, muß eine kraftvolle Stütze vorhanden sein.
*Fr* J. Krishnamurti sagt, daß kein Guru notwendig sei.
*M* Wie will er das wissen? Das kann man erst nach der Verwirklichung sagen, nicht vorher.
*Fr* Sie haben diesen Zustand durch große Anstrengungen erreicht; was sollen wir Armen tun?
*M* Wir sind in unserem Selbst; wir sind nicht in der Welt.
*Fr* Und was sind dann Himmel und Hölle?
*M* Sie tragen Himmel und Hölle in sich; Ihr Begehren, Ihr Zorn usw. erzeugen diese Regionen; sie sind Traumwelten gleich.
*Fr* Die *Gita* sagt, daß der, der seine Aufmerksamkeit auf den Raum zwischen den Augenbrauen richtet und den Atem anhält, den Höchsten Zustand erreicht. Wie macht man das?
*M* Sie sind immer im Selbst, ein ‹Es erreichen› gibt es nicht. Der Ort zwischen den Augenbrauen ist nichts als ein Punkt, um zu Meditationszwecken die Aufmerksamkeit darauf zu richten.
*Fr* Sie haben vom ‹Herzen› als dem Sitz der Meditation gesprochen?
*M* Ja, das stimmt.
*Fr* Was ist das ‹Herz›?
*M* Das Zentrum des Selbst, und das Selbst ist das Zentrum aller Zentren. Dieses ‹Herz› ist ein spirituelles, kein physisches Zentrum.
*Fr* Der Ausdruck ‹jnana› bedeutet die Verwirklichung der Weisheit. Derselbe Ausdruck wird aber auch auf die Methode angewandt. Weshalb?
*M* ‹Jnana› schließt die Methode mit ein, weil sie es ist, mit der schließlich die Verwirklichung erzielt wird.
*Fr* Darf jemand, der selbst noch unvollkommen ist, seine Erkenntnisse weitergeben?
*M* Darüber entscheidet sein *prarabdha karma* (das *karma* seines jetzigen Lebens). Im 7. Kapitel der *Bhagavad Gita* fragt Arjuna, ob auch *karma,* Handeln, eine Übungsmethode sei. Krishna bejaht dies für den Fall, daß *karma* ohne das Empfinden der eigenen Täterschaft ausgeübt wird.
Im gleichen Sinne wird Handeln von heiligen Schriften gebilligt, die es sonst ablehnen. Abgelehnt wird ein Handeln, das in der

Überzeugung der eigenen Täterschaft vollzogen wird. Versuchen Sie sich nicht, sich vom Tun abzuwenden – es wäre Ihnen nicht möglich. Geben Sie statt dessen das Gefühl der Täterschaft auf, dann wird Ihr Tun automatisch vor sich gehen – oder allmählich ein Ende finden. Ist, Ihrem gegenwärtigen *karma* entsprechend, Handeln Ihr Schicksal, dann werden Sie handeln, ob Sie wollen oder nicht; ist Nichthandeln Ihre Bestimmung, dann wird auch dann nichts aus einem Handeln werden, wo Sie es beabsichtigen. Janaka, Suka handelten auch, aber ohne ‹ich›. Handeln geschieht aus allen möglichen Beweggründen, manchmal sogar selbstlos und im Dienst des öffentlichen Wohles. Aber selbst dann wird noch Beifall erwartet; so ist es in Wirklichkeit eigensüchtiges Handeln.

*Fr* Was ist das Eine, durch dessen Erkenntnis alle Zweifel gelöst werden?

*M* Erkenne den, der zweifelt. Läßt man nicht mehr von ihm los, können keine Zweifel mehr aufsteigen. Wiederum: Hört der Zweifler zu existieren auf, können ebenfalls keine Zweifel aufsteigen. Woher sollten Sie kommen? Zweifel müssen also zum Verschwinden gebracht werden, indem man den Zweifler ausrottet. Der Zweifler ist der Geist.

*Fr* Wie soll man das machen?

*M* Die Suchfrage heißt: ‹Wer bin ich?›

*Fr* Dürfen wir *japa* üben?

*M* Weshalb denken: ‹Ich übe *japa*›? Stellen Sie die Suchfrage, und die Gedanken hören auf. Das, *was ist,* nämlich das Selbst, wird unausweichlich übrigbleiben und sich offenbaren.

*Fr* Ist *hatha*-Yoga nötig?

*M* Es ist ein Hilfsmittel – aber nicht unerläßlich. Das hängt vom einzelnen ab. Die Suche ist wichtiger als Atemkontrolle. Auch im *Yoga Vasishtha* rät Chudala dem König zur Suche, um das ‹ich› zu vernichten.

Die wahre Wirklichkeit kann erfahren werden, indem man sich an den Atem oder an die Vernunft hält; *hatha*-Yoga tut das erste, die Suche das andere.

Selbst für den Alltag empfehlen uns die heiligen Schriften, gewisse Riten und Atemkontrolle zu vollziehen, bevor wir uns an eine Arbeit begeben, sei sie weltlich oder nicht.

*Fr* Besitzt der *jnani* noch irgendeine Art von Individualität nach der Verwirklichung?
*M* Wie könnte er sie zurückbehalten?

*Fr* Ich meditiere ‹neti, neti›, ‹nicht dies, nicht dies›.
*M* Nein, das ist nicht Meditieren. Finden Sie die Quelle. Wenn Sie sie erreichen, verschwindet das falsche ‹ich›, und das wahre Ich wird erfahren. Das erste kann nicht gesondert vom zweiten existieren.

## 24. September 1936

Mr. Duncan Greenless, Madanapalli, schrieb:
Zuzeiten erlebt man das deutliche Aufblitzen eines Bewußtseins, dessen Zentrum außerhalb des ‹ich› ist und dieses mit einzuschließen scheint. Was können wir nach Bhagavans Meinung tun, um diese Lichtblicke zu erlangen, festzuhalten und auszudehnen? Gehört das Zurückziehen in die Einsamkeit dazu?
Sri Bhagavan antwortete:
‹Außerhalb› – für wen? Außerhalb und innerhalb kann es nur so lange geben, wie es Subjekt und Objekt gibt. Und für wen gelten wiederum diese beiden? Sie werden sich im Subjekt auflösen. Suchen Sie festzustellen, wer das Subjekt ist; die Suche führt zum Reinen Bewußtsein jenseits des Subjekts.
Das gewöhnliche ‹ich› ist der Geist; er hat seine Grenzen. Das Reine Bewußtsein jedoch ist jenseits aller Begrenzungen und ist durch die oben gezeigte Suche zu erreichen.
‹Erlangen›: Das Selbst ist immer da; man suche das zu beseitigen, was die Offenbarung des Selbst verhindert.
‹Festhalten›: Ist das Selbst erst einmal erkannt, dann begreift man, daß Es *immer gegenwärtig* ist; Es geht niemals verloren.
‹Ausdehnen›: Es gibt keine Ausdehnung des Selbst, denn Es dehnt sich weder aus, noch zieht Es sich zusammen.
‹Zurückziehen›: Im Selbst zu verbleiben ist Einsamkeit, denn es gibt nichts außer dem Selbst. Zurückziehen kann man sich nur von einem Ort zum andern, aber weder der eine noch der andere ist vom Selbst getrennt. Da alles das Selbst ist, so ist ein Sich-Zurückziehen unmöglich.
Die beste Übung ist die Suche nach dem Selbst.

# 2. Teil

## 23. August 1936

*Fr* Die Welt ist materialistisch. Wie kann man das ändern?
*M* Ob materialistisch oder spirituell, das hängt von Ihrem Standpunkt ab. Nehmen Sie den richtigen Standpunkt ein; der Schöpfer wird sich um seine Schöpfung kümmern.
*Fr* Wie kann man sich am besten der Zukunft versichern?
*M* Sorgen Sie für die Gegenwart, die Zukunft sorgt für sich selbst.
*Fr* Die Zukunft resultiert aus der Gegenwart. Was soll ich tun, um eine gute Zukunft zu haben? Oder soll ich mich still verhalten und gar nichts tun?
*M* Wer äußert diesen Zweifel? Wer sucht nach einer Richtschnur für sein Handeln? Suchen Sie den, dem die Zweifel kommen! Wenn Sie ihn gefunden haben, werden die Zweifel verschwinden. Da Sie den Halt am Selbst verloren haben, belästigen Sie diese Gedanken.
Wenn die Welt gesehen wird, erheben sich Zweifel und Besorgnisse um die Zukunft. Halten Sie am Selbst fest, und all das wird verschwinden.
*Fr* Wie macht man das?
*M* Diese Frage ist wichtig für die Angelegenheiten des Nicht-Selbst, doch nicht für das Selbst. Zweifeln Sie an der Existenz Ihres eigenen Selbst?
*Fr* Nein. Trotzdem möchte ich wissen, wie das Selbst verwirklicht werden kann. Gibt es dazu eine Methode?
*M* Bemühen Sie sich! Um an Wasser zu kommen, muß man einen Brunnen bohren. Ähnlich wird das Selbst durch Nachforschen verwirklicht.
*Fr* Manchem fällt es leicht, Wasser zu finden; andere haben dabei große Schwierigkeiten.
*M* Aber die Feuchtigkeit der Erde verrät Ihnen, daß Wasser vorhanden ist. Ebenso sind Sie sich des Selbst bereits vage gewahr. Ergründen Sie Es! Wenn das Bemühen zum Ziel geführt hat, wird Es in Seinem Licht erstrahlen.
*Fr* Wie bringt man den Geist dazu, nach innen zu schauen?
*M* Durch beständige Übung. Der Geist ist Intelligenz, die zu ihrer eigenen Auflösung führt. Dann wird das Selbst offenbar.
*Fr* Wie löst man den Geist auf?
*M* Man kann Wasser nur durch Bohren finden. So müssen Sie auch das Selbst suchen. Dabei wird der Geist aufgelöst.

## 29. August 1936

*Fr* Wie kann man sich dem Leid entziehen?
*M* Hat Leid eine Gestalt? Leid ist nur unerwünschtes Denken, dem der Geist nicht widerstehen kann, weil er nicht stark genug ist.
*Fr* Wie gewinnt man die nötige Geisteskraft?
*M* Durch Hinwendung zu Gott.
*Fr* Es ist schwierig, über den uns innewohnenden Gott zu meditieren.
*M* Dann lassen Sie Gott beiseite; aber halten Sie am Selbst fest!
*Fr* Wie übt man *japa*?
*M* Man unterscheidet die bloß mechanische von der bewußten Wiederholung, bei der man sich ganz auf das Mantra sammelt. Nur die letztere macht den Geist stärker.
*Fr* Aber der Geist ist nicht beständig genug zum Meditieren.
*M* Das liegt an seinem Mangel an Kraft.
*Fr* *Sandhya* (Andachten) werden gewöhnlich – wie auch andere religiöse Pflichten – ganz mechanisch vollzogen. Hat das überhaupt einen Sinn? Ist es da nicht besser, *japa* oder andere Praktiken zu wählen, deren Bedeutung man kennt?
*M* Hm! Hm!
*Fr* Es heißt, daß uns nach dem Tode die Wahl gelassen würde, ob wir erst die Früchte unserer guten Taten ernten und danach unsere Sünden abbüßen wollen oder umgekehrt. Stimmt das?
*M* Warum Fragen aufwerfen, die sich auf das Geschehen nach dem Tode beziehen? Warum fragen: ‹Bin ich geboren worden, und werde ich die Früchte meines *karmas* ernten müssen?› Sie werden sich das nicht fragen, wenn Sie schlafen. Warum nicht? Sind Sie jetzt verschieden von dem, der dann schläft? Nein. Warum stellen Sie diese Fragen jetzt und nicht im Schlaf? Finden Sie das heraus!

Eine Maharani sprach, sanft und leise, aber klar verständlich.
Maharajji, ich betrachte es als großes Glück, daß ich Sie sehen und hören darf. Ich habe alles, was sich ein Menschenherz nur wünschen kann ...
Ihre Stimme brach. Mit großer Anstrengung beherrschte sie ihre Bewegung und fuhr fort.
Ich habe alles, was ich wünsche ... nur ... nur nicht den Frieden des Herzens ... Da ist etwas, was diesem entgegensteht – wahrscheinlich mein Schicksal.

*M* Gut, was gesagt werden mußte, ist gesagt worden. Aber was ist Schicksal? Es gibt kein Schicksal. Geben Sie sich hin, dann ist alles gut! Überlassen Sie die ganze Verantwortung Gott! Tragen Sie die Last nicht selbst. Was kann das Schicksal Ihnen dann noch anhaben?

*Fr* Es ist mir nicht möglich, mich hinzugeben.

*M* Ja, vollständige Hingabe ist anfangs nicht möglich, aber wenigstens teilweise müßte es allen gelingen, die sich bemühen. Sie wird im Laufe der Zeit vollkommen werden. Was kann man sonst machen? Wenn der Friede des Geistes fehlt – Sie können ihn nicht erzwingen. Nur durch Hingabe kann er erreicht werden.

*Fr* Ist es möglich, daß schon durch teilweise Hingabe das Schicksal aufgehoben wird?

*M* O ja, das ist möglich.

*Fr* Aber ist nicht Schicksal die Folge von vergangenem *karma*?

*M* Liefert man sich Gott aus, dann kümmert Er sich darum.

*Fr* Wie kann Er es aufheben, wo es doch Sein Wille ist?

*M* Alles ist nur in Ihm.

*Fr* Wie kann man Ihn sehen?

*M* Wird der Geist nach innen gerichtet, dann offenbart sich Gott als Bewußtsein.

*Fr* Gott ist in allem, in allen Objekten, die wir um uns sehen. Es heißt, wir müßten Gott in ihnen allen erschauen.

*M* Gott ist in allem – und in dem, der alles sieht. Dort muß man Ihn suchen. Er kann nicht außen gefunden werden. Um Objekte sehen zu können, braucht man den Geist. Sich in ihnen Gott vorzustellen, ist ein geistiger Vorgang. Er findet aber nicht auf der Ebene der Wirklichkeit statt. Nur das innere Reine Bewußtsein wird, wenn es frei ist vom Geist, als Gott empfunden.

*Fr* Es gibt wundervolle Farben. Sie zu betrachten, ist eine wahre Freude. Wir können Gott in ihnen sehen.

*M* Das sind alles nur Vorstellungen.

*Fr* Es gibt noch anderes als schöne Farben. Ich erwähnte sie nur als Beispiel.

*M* Auch das sind lediglich Vorstellungen.

*Fr* Da ist auch der Körper samt seinen Sinnen und der Geist. Die Seele benutzt all dieses, um die Dinge zu erkennen.

*M* Objekte sind genauso Vorstellungen wie Gefühle und Gedanken. Der Geist erscheint, nachdem der ‹ich›-Gedanke aufgestiegen ist. Woher kommt das ‹ich›? Aus dem abstrakten Bewußtsein, der Reinen Intelligenz.

*Fr* Ist das die Seele?

*M* Seele, Geist oder ‹ich› sind bloße Worte, es sind keine wirklichen Wesenheiten. Bewußtsein ist die einzige Wahrheit.

*Fr* Kann uns dieses Bewußtsein Freude bereiten?

*M* Sein Wesen ist Seligkeit. Letztlich gibt es nichts außer dieser Seligkeit. Tatsächlich ist niemand da, um Freude zu genießen. Der Genießende und die Freude – beide gehen im Bewußtsein auf.

*Fr* Im gewöhnlichen Leben haben wir es abwechselnd mit Freude und Leid zu tun. Sollte es nicht ausschließlich Freude geben?

*M* Freude kommt zustande, wenn der Geist einwärts gewendet wird, und Leid, wenn man ihn nach außen richtet. Tatsächlich gibt es nur Freude; erst ihre Abwesenheit hat Leid zur Folge. Unser Wesen ist Freude – Seligkeit *(ananda)*.

*Fr* Kann man das als Seele bezeichnen?

*M* Seele und Gott sind nur Vorstellungen im Geist.

*Fr* Also ist Gott nur eine Vorstellung?

*M* Ja. Denken Sie im Schlaf an Ihn?

*Fr* Schlaf ist ein dumpfer Zustand.

*M* Wenn Gott wirklich wäre, müßte Er immer da sein. Sie bleiben im Schlaf und im Wachen dieselbe. Wäre Gott ebenso wirklich wie Ihr Selbst, müßten sowohl Er als auch das Selbst im Schlaf vorhanden sein. Der Gedanke an Gott erhebt sich aber nur im Wachzustand. Wer ist es, der jetzt denkt?

*Fr* Ich denke.

*M* Wer ist dieses ‹ich›? Wer spricht jetzt? Ist es der Körper?

*Fr* Der Körper spricht.

*M* Nein, der Körper spricht nicht. Sprach er etwa im Schlaf? Wer ist dieses ‹ich›?

*Fr* Das ‹ich›, das im Körper ist.

*M* Sind Sie im Körper oder außerhalb des Körpers?

*Fr* Ich bin ganz sicher im Körper.

*M* Sind Sie es auch im Schlaf?

*Fr* Ich bleibe auch während des Schlafes im Körper.

*M* Sind Sie dessen gewahr?

*Fr* Nein, denn der Schlaf ist ein Zustand der Dumpfheit.

*M* Tatsache ist, daß Sie weder im Körper noch außerhalb von ihm sind. Schlaf ist der natürliche Seins-Zustand.

*Fr* Dann muß Schlaf ein besserer Zustand sein als dieser.
*M* Es gibt keinen besseren oder schlechteren Zustand. Sie sind im Tiefschlaf, im Traum und im Wachzustand genau die gleiche. Tiefschlaf ist ein Zustand des Glücks; in ihm gibt es kein Elend. Das Gefühl des Mangels, des Schmerzes und des Unglücklichseins steigt nur im Wachzustand auf. Was für eine Veränderung hat stattgefunden? Sie bleiben dieselbe in beiden Zuständen, aber Sie sind nicht immer glücklich. Warum? Weil im Wachzustand der Geist aufgetreten ist; er erhebt sich mit dem ‹ich›-Gedanken. Der ‹ich›-Gedanke aber steigt aus dem Bewußtsein auf. Bleibt man in diesem Bewußtsein, wird man immer glücklich sein.
*Fr* Der Tiefschlaf ist der Zustand, in dem der Geist ruhig ist. Ich halte ihn für weniger angenehm als den Wachzustand.
*M* Warum ersehnen dann alle den Schlaf herbei, wenn dem so wäre?
*Fr* Es ist der Körper, der Schlaf braucht, wenn er müde ist.
*M* Schläft denn der Körper?
*Fr* Ja, es ist der Zustand, in dem der Abnützung des Körpers entgegengewirkt wird.
*M* Schön. Aber ist es der Körper, der schläft und aufwacht? Sie sagten eben, der Geist sei im Schlaf ruhig. Aber alle drei Zustände betreffen den Geist.
*Fr* Sind es nicht Zustände der Seele, die sich durch die Sinne oder auf andere Art auswirken?
*M* Sie betreffen weder die Seele noch den Körper. Die Seele bleibt stets rein; sie ist die Grundsubstanz aller Zustände. Der Wachzustand geht vorüber: ‹Ich bin›. Der Traum endet: ‹Ich bin›. Der Tiefschlaf vergeht: ‹Ich bin›. Die Zustände sind wie Bilder, die sich in einem Film über die Leinwand bewegen. So wie die Leinwand von den Bildern unberührt bleibt, so wird auch das Ich durch die verschiedenen Zustände nicht beinflußt. – Sind Sie im Tiefschlaf Ihres Körpers gewahr?
*Fr* Nein.
*M* Wie können Sie aber behaupten, der Körper schliefe, wenn Sie gar nicht wissen, daß er da ist?
*Fr* Weil ich ihn nach dem Aufwachen wieder vorfinde.
*M* Das Körpergefühl ist ein Gedanke; der Gedanke gehört dem Geist an; der Geist steigt nach dem ‹ich›-Gedanken auf – der ‹ich›-Gedanke ist also der Wurzelgedanke. Wenn man an ihm festhält, verschwinden alle anderen Gedanken. Dann gibt es weder Körper noch Geist.

*Fr* Was bleibt dann zurück?
*M* Das Selbst in Seiner Reinheit.
*Fr* Wie kann man den Geist zum Verschwinden bringen?
*M* Man braucht nicht zu versuchen, ihn zu zerstören. Ein Wunsch ist auch ein Gedanke. Wenn man nach dem sucht, der denkt, verschwinden die Gedanken.
*Fr* Verschwinden sie von selbst? Es sieht so schwierig aus.
*M* Sie verschwinden, weil sie unwirklich sind. Der Gedanke an Schwierigkeit ist selbst ein Hindernis auf dem Weg zur Verwirklichung; er muß überwunden werden. Es ist nicht schwierig, als das Selbst zu verbleiben.
*Fr* Es erscheint einfacher, an Gott zu denken, als ohne Gedanken zu bleiben.
*M* Ist es nicht absurd, wenn man es leicht findet, auf andere Dinge zu schauen, und so schwierig, nach innen zu blicken. Es müßte gerade umgekehrt sein.
*Fr* Aber ich verstehe es nicht. Es kommt mir so schwierig vor.
*M* Das Denken an Schwierigkeit ist das Haupthindernis. Schon ein wenig Übung wird Sie eines Besseren belehren.
*Fr* Worin besteht die Übung?
*M* In der Suche nach der Quelle des ‹ich›.
*Fr* Das heißt also, Zurückgehen zum Zustand vor der Geburt.
*M* Weshalb an Geburt und Tod denken? Sind Sie tatsächlich geboren? Das Aufsteigen des Geistes wird Geburt genannt. Nach dem Geist erhebt sich der Körpergedanke – der Körper wird wahrgenommen. Dann kommen die Gedanken an die Geburt, an den Zustand vor der Geburt, an den Tod und an den Zustand nach dem Tod. Alle diese Gedanken bewegen sich im Geist. – Wer ist eigentlich geboren?
*Fr* So wie ich hier bin, betrachte ich mich als geboren.
*M* Solange es sich um den Körper handelt, dürfen wir von Geburt sprechen. Aber das Selbst ist weder geboren, noch stirbt es. Da kann es auch nichts Neues geben. Die Weisen erkennen alles im Selbst. In ihm gibt es keine Vielfalt und daher auch weder Geburt noch Tod.
*Fr* Wenn der Tiefschlaf ein so glücklicher Zustand ist, warum möchte man dann nicht für immer in ihm bleiben?
*M* Man ist tatsächlich immer in diesem Schlaf. Der gegenwärtige Wachzustand ist nichts anderes als ein Traum, und einen Traum kann es nur im Schlaf geben. Schlaf liegt allen drei Zuständen zu-

grunde. Auch das Offenbarwerden dieser drei Zustände ist wiederum nur ein Traum, der seinerseits Schlaf ist. Auf diese Weise wechseln die Zustände in endloser Reihenfolge miteinander ab. Diesen Zuständen ähnlich, sind auch Geburt und Tod nur Träume in einem Schlaf. In Wirklichkeit gibt es weder Geburt noch Tod.

### 8. September 1936

Zwei Parsi-Damen nahmen regen Anteil an der Diskussion.
Wir wissen, daß sich das Selbst jenseits des ‹ich›-Gedankens befindet, aber unser Wissen ist nur theoretisch. Wir haben das nicht erfahren. Welche praktischen Möglichkeiten gibt es für uns, das Selbst zu verwirklichen?
M  Verwirklichung ist nichts, was neu erworben werden müßte. Sie ist bereits da. Alles, was nottut, ist, den Gedanken loszuwerden, daß Sie nicht verwirklicht seien.
Fr  Dann braucht man es gar nicht zu versuchen.
M  Nein. Stille im Geist, innerer Friede ist bereits Verwirklichung. Es gibt keinen Augenblick, in dem das Selbst nicht existierte.
Solange sich Zweifel melden, muß man versuchen, sie loszuwerden. Sie sind die Folge der Identifizierung des Selbst mit dem Nicht-Selbst. Verschwindet das Nicht-Selbst, bleibt das Selbst allein zurück. Um irgendwo Raum zu schaffen, genügt es, Gegenstände, die im Wege stehen, zu entfernen. Es ist nicht nötig, neuen Raum hinzuzufügen.
Die Abwesenheit von Gedanken bedeutet nicht Leere. Jemand muß da sein, um diese Leere zu erkennen. Wissen und Nichtwissen gehören dem Geist an; sie sind aus der Dualität geboren. Das Selbst aber befindet sich jenseits von Wissen und Nichtwissen. Es ist selbst Licht. Das Selbst braucht nicht von einem anderen Selbst gesehen zu werden; es gibt keine zwei Selbste. Was nicht das Selbst ist, gehört dem Nicht-Selbst an, und dieses kann das Selbst nicht erkennen. Das Selbst hört und sieht nicht. Es befindet sich als Reines Bewußtsein jenseits von all dem.
Eine Frau, die eine kostbare Kette am Hals trägt, bildet sich ein, diese verloren zu haben, und geht auf die Suche nach ihr. Schließlich macht sie eine Freundin auf den Irrtum aufmerksam. Die Frau hatte selbst das Gefühl des Verlustes geschaffen, die Angst der Suche und die Freude der Entdeckung. Ähnlich verhält es sich

mit dem Selbst. Es ist die ganze Zeit über da, ob Sie nach ihm suchen oder nicht. Und wie die Frau nach der Beseitigung ihres Irrtums zu einem Gefühl des Glücks findet, so findet man nach der Beseitigung des Unwissens, der falschen Identifizierung, zum Selbst, das tatsächlich, wie die Halskette, immer vorhanden war. Das wird Verwirklichung genannt. Es gibt jedoch nichts Neues zu verwirklichen. Nur die Unwissenheit muß weichen, das ist alles. Bei der Suche nach dem ‹ich› kann es zu einem Zustand bloßer Gedankenleere kommen. Doch die Suche muß so lange weitergehen, bis der Geist ganz und gar verschwunden ist. Finden Sie heraus, wer Denker und Sucher sind, und alle Gedanken werden verschwinden!

Fr  Dann wird das ‹ich›, der Denker, allein übrigbleiben.
M  Dieses ‹ich› ist das Reine Ich, frei von Gedanken. Es ist identisch mit dem Selbst. Solange die falsche Identifizierung andauert, wird es weiterhin Zweifel geben, neue Fragen werden sich erheben, und all das wird kein Ende nehmen. Die Zweifel werden erst dann aufhören, wenn das Nicht-Selbst verschwunden ist. Das Ergebnis wird die Verwirklichung des Selbst sein. Es bleibt niemand übrig, der zweifeln oder fragen könnte. Alle diese Zweifel können nur in einem selbst gelöst werden; mit Argumenten kann man nichts ausrichten. Verbleiben Sie bei dem, der denkt! Nur wenn man nicht an dem Denkenden festhält, entstehen im Geist Zweifel; dann erscheinen all die äußeren Objekte, die die Welt ausmachen.

Die Sprache ist nur ein Werkzeug zur Gedankenübermittlung. Sie wird dann gebraucht, wenn Gedanken aufgestiegen sind. Gedanken aber steigen erst auf, nachdem sich der ‹ich›-Gedanke erhoben hat. Deshalb liegt allen Gesprächen der ‹ich›-Gedanke zugrunde. Wenn man aber verbleibt, ohne zu denken, dann versteht man den andern mit Hilfe der universalen Sprache des Schweigens.

Das Schweigen ‹spricht› immer; es ist ein ewiger Strom von ‹Worten›, der durch gewöhnliches Sprechen zeitweise unterbrochen wird. Worte behindern diese stumme Sprache. In einem Draht fließt Elektrizität. Trifft sie bei ihrer Bewegung auf Widerstand, glüht sie als Lampe auf oder bringt einen Ventilator zur Rotation. Im Draht verbleibt sie als elektrische Energie. Ähnlich ist Schweigen der ewige Strom der Sprache, der durch Worte nur behindert wird.

Was man selbst nach jahrelangen Gesprächen nicht begreift, kann in einem Augenblick des Schweigens erkannt werden. So hat einst Siva in der Gestalt von Dakshinamurti die vier Söhne Brahmas, des Schöpfers der Welt, schweigend zur Erleuchtung geführt. Das ist die höchste und wirksamste Sprache.

Es wurde die Frage aufgeworfen, ob das Ich-Ich-Bewußtsein dasselbe sei wie *nirvikalpa samadhi* oder etwas, was diesem voranginge. Sri Ramana bemerkte dazu, daß die winzige Höhlung im Herzen stets geschlossen sei, durch die Suche *(vichara)* sich jedoch öffne mit dem Ergebnis, daß das Ich-Ich-Bewußtsein erstrahle. Es sei dasselbe wie *samadhi*.

Fr  Was ist der Unterschied zwischen Ohnmacht und Schlaf?

M  Schlaf überwältigt den Menschen plötzlich. Eine Ohnmacht tritt langsamer ein; es wird eine Spur von Widerstand aufrechterhalten. Verwirklichung ist während einer Ohnmacht möglich, nicht aber im Schlaf.

Fr  In welchem Zustand befindet sich der Mensch unmittelbar vor dem Sterben?

M  Wenn jemand nach Atem ringt, dann zeigt das an, daß er seines Körpers nicht mehr bewußt ist. Der Geist hat bereits Halt an einem anderen Körper gefunden, ohne sich von dem alten völlig gelöst zu haben. Während eines solchen Ringens nach Luft tritt von Zeit zu Zeit ein besonders tiefer Atemzug auf, der das Pendeln zwischen zwei Körpern anzeigt. Ich bemerkte das sowohl bei meiner Mutter als auch bei Palni Swami.

Fr  Dient der neue Körper, von dem die Rede war, der nächsten Wiederverkörperung?

M  Ja. Während der Sterbende nach Luft ringt, befindet er sich in einer Art Traumzustand und ist seiner Umgebung nicht gewahr.

Hier sei daran erinnert, daß Sri Bhagavan die letzten zwölf Stunden vor dem Hinscheiden seiner Mutter an ihrer Seite verbrachte. Während dieser Zeit hielt er mit der einen Hand ihren Kopf, während die andere auf ihrer Brust ruhte. Was sollte damit bewirkt werden? Er selbst sagte später, daß er so lange gebraucht habe, um den noch widerstrebenden Geist der Mutter dazu zu bringen, im Herzen aufzugehen.

Die Seele hatte noch eine Reihe subtiler Erfahrungen zu durchlaufen, und durch Bhagavans Berührung wurde ein Strom erzeugt, der die Seele schließlich ganz ins Herz hineinzog. Die *samskaras* widerstehen zunächst, und es beginnt ein Ringen zwischen der spirituellen Kraft, die durch die Berührung entsteht, und den dem Geist innewohnenden Tendenzen, das so lange andauert, bis diese sich vollständig aufgelöst haben und die Seele ins Herz gelangt ist. Dort ruht sie in ewigem Frieden. Das ist Befreiung.

Das Aufgehen des Geistes im Herzen wird von den Verwirklichten wahrgenommen. Die Wahrnehmung ähnelt dem Läuten eines Glöckchens.

Als Bhagavan am Bett des sterbenden Palni Swami saß, nahm er seine Hand weg, nachdem er dieses Zeichen gehört hatte, aber der Geist entfloh sofort wieder. So konnte Palni Swami zwar zu einer höheren Form der Wiedergeburt gelangen, aber nicht zur Befreiung. Wegen dieser Erfahrung mit seinem langjährigen Betreuer ließ Bhagavan die Hand noch einige Minuten auf der Brust seiner Mutter ruhen, nachdem er das Zeichen des Einsinkens der Seele ins Herz vernommen hatte. Damit war die Befreiung der Mutter vollendet.

*15. September 1936*

M Der *jnani* sagt: ‹Ich bin der Körper›, und der *ajnani* sagt dasselbe. Was ist der Unterschied? ‹Ich bin› ist die Wahrheit, und der Körper ist die Begrenzung. Der *ajnani* begrenzt das Ich auf den Körper. Das Ich ist während des Schlafes unabhängig vom Körper gegenwärtig; Es ist das gleiche Ich, das auch im Wachzustand zugegen ist. Man stellt Es sich zwar im Körper existierend vor, doch ist Es tatsächlich ohne Körper. Die falsche Aussage ‹Ich bin der Körper› wird vom ‹ich› getroffen. Der Körper ist nicht in der Lage, das zu sagen. Falsch ist es, sich das Ich als etwas vorzustellen, was Es nicht ist. Es ist Bewußtsein und kann daher nicht der fühllose Körper sein. Das Wirken des Körpers wird dem Ich zugeschrieben. Das Ergebnis ist Elend. Ob der Körper arbeitet oder nicht, das Ich bleibt frei und glücklich. Der *ajnani* beschränkt das Ich auf den Körper – das ist der ganze Irrtum. Das Ich des *jnani* schließt den Körper und alles andere ein. Die ganze Verwirrung wird von etwas verursacht, das zwischen Körper und Ich entsteht.

Fr Wenn der *jnani* sagt: ‹Ich bin der Körper› – was geschieht dann mit ihm, wenn er stirbt?

M Er identifiziert sich niemals mit seinem Körper.

*Fr* Sie stellten aber eben fest, daß der *jnani* sagt: ‹Ich bin der Körper›.
*M* Ja. Sein Ich schließt den Körper mit ein, denn für ihn gibt es nichts, was vom Ich getrennt wäre. Fällt der Körper fort, so ist das für das Ich kein Verlust; Es bleibt trotzdem dasselbe. Der Körper ist ohne Bewußtsein und kann keine Fragen stellen. Das Ich ist unsterblich und stellt keine Fragen. Wer stirbt dann, und wer stellt Fragen?
*Fr* Für wen sind all die heiligen Schriften? Für das Ich können sie nicht sein, sie müssen das unwirkliche ‹ich› betreffen. Das wirkliche braucht sie nicht. Es ist merkwürdig, daß für das ‹ich› so viele heilige Schriften geschrieben wurden.
*M* Sehr richtig. Der Tod ist nur ein Gedanke, nichts weiter. Wer denkt, schafft neue Probleme. Lassen Sie den Denker erzählen, was mit ihm geschieht, wenn er tot ist. Das wahre Ich aber schweigt. Man sollte davon abkommen zu denken: ‹Ich bin dies – ich bin das›. Auch nur zu denken ‹dies› oder ‹das› ist bereits falsch. Das alles sind Begrenzungen. Nur ‹Ich bin› ist die Wahrheit, wobei Ich und das Schweigen identisch sind. Wenn der eine sich für ‹dies›, der andere für ‹das› hält, prallen die Meinungen aufeinander. Daher gibt es so viele Religionen. Die Wahrheit bleibt immer dieselbe; sie wird durch keinerlei Lehren, Behauptungen oder Diskussionen beeinflußt.
*Fr* Was ist der Tod? Wird er durch den Verlust des Körpers verursacht?
*M* Wünschen Sie sich das nicht auch für Ihren Schlaf? Was soll daran schlimm sein?
*Fr* Da weiß ich aber, daß ich wieder aufwache.
*M* Ja, wieder ein Gedanke. Gedanken beherrschen das Leben. Im Freisein von ihnen liegt unser wahres Leben – unendliche Seligkeit.

*24. September 1936*

*M* Es gibt zweierlei Arten von Nichtwissen *(ajnana)*:
1. das Selbst vergessen,
2. das Selbst infolge von Hindernissen nicht erkennen können.
Dem Denken läßt sich mit bestimmten Methoden ein Ende bereiten. In den Gedanken leben die Anlagen und Neigungen wieder auf, die von vergangenen Leben in Samenform zurückge-

blieben sind. Aus ihnen erwächst die Vielfalt der Lebewesen und Dinge, in der all unsere Schwierigkeiten begründet sind. Eine der erwähnten Methoden besteht im Hören der Wahrheit aus dem Mund des Meisters *(sravana)*. *Sravana* kann unmittelbar ‹zünden›; dann verwirklicht der Hörende die Wahrheit sofort. Das geschieht aber nur bei sehr fortgeschrittenen Schülern.

Die anderen spüren, daß sie nicht fähig sind, die Wahrheit vollständig zu begreifen, auch nicht nach wiederholtem Hören. Was ist die Ursache? Der Geist ist noch nicht bereit. Die Hindernisse, die beseitigt werden müssen, sind Nichtwissen, Zweifel und irrtümliche Identifizierung.

a) Um das Nichtwissen völlig zu beseitigen, muß der Schüler die Wahrheit so lange hören, bis seine Kenntnis vollständig ist.

b) Um Zweifel zu beseitigen, muß er das, was er gehört hat, so lange überdenken, bis er von allem Zweifel befreit ist.

c) Um die irrtümliche Identifizierung des Selbst mit dem Nicht-Selbst (Körper, Sinne, Geist, Intellekt) aufzuheben, muß der Geist zu intensiver Sammlung fähig werden.

Ist dies alles erreicht, dann sind damit die Hindernisse beseitigt. Das Ergebnis ist *samadhi* – es herrscht Friede.

Manche finden, man sollte niemals aufhören, sich um das Hören, Überdenken und um die Sammlung des Geistes zu bemühen. Das geschieht aber nicht durch Bücherlesen, sondern nur dadurch, daß man den Geist beständig nach innen richtet.

Der Lernende kann ein *kritopasaka* oder ein *akritopasaka* sein. Der erstere ist fähig, das Selbst auf den geringsten Anstoß hin zu verwirklichen. Nur eine Spur von Zweifel steht dem noch im Wege, der leicht dadurch beseitigt wird, daß er die Wahrheit nur ein einziges Mal aus dem Munde des Meisters hört. Er erreicht *samadhi* unmittelbar. Es ist anzunehmen, daß er das notwendige Hören, Überdenken und Konzentrieren bereits in früheren Leben hinter sich gebracht hat.

Für den anderen sind all diese Hilfen noch notwendig. Ihm steigen selbst nach wiederholtem Hören noch Zweifel auf. Er darf diese Hilfen deshalb so lange nicht aufgeben, bis er *samadhi* erreicht hat. *Sravana* beseitigt die Illusion, daß das Selbst mit dem Körper eins wäre. *Manana* (Überdenken) läßt deutlich werden, daß Erkenntnis und Selbst identisch sind. *Nididhyasana* (Auf-eins-gerichtet-Sein) offenbart das Selbst als Unendlichkeit und Glückseligkeit.

Jemand fragte den Maharshi, wie er zu abfälligen Äußerungen stünde,

die durch einen ihm wohlbekannten Mann in der Öffentlichkeit gemacht wurden. Bhagavan lachte.
M  Ich erlaube sie ihm gern. Ich habe sie ihm schon erlaubt, und er mag auch noch andere dazu veranlassen, dasselbe zu tun. Nur sollen sie mich in Ruhe lassen. Wenn aufgrund dieser Skandalgeschichten niemand mehr zu mir kommt, hat er mir damit einen großen Dienst erwiesen. Ich habe auch nichts dagegen einzuwenden, wenn er die Geschichten in die Zeitung bringt oder Bücher darüber schreibt, um damit Geld zu machen. Solche Bücher werden sich besser verkaufen als andere. Warum sollte er das nicht tun? Er tut mir einen sehr großen Gefallen.

### 29. September 1936

Ein anderes Mal kam dasselbe Thema zur Sprache. Als erwähnt wurde, daß der Verleumder aufgrund seines unüberlegten Handelns in Schwierigkeiten geraten sei, zeigte sich Bhagavan besorgt um die Sicherheit des Mannes und meinte mit offensichtlicher Sympathie:
Obwohl wir ihm erlaubt haben, auf seine Weise Geld zu verdienen, ist er in Schwierigkeiten geraten. Wenn er von unserer Großzügigkeit Gebrauch gemacht und feinfühlig gehandelt hätte, wäre es ihm gut gegangen. Aber was können wir jetzt noch tun?

Eine junge, vornehme Dame, die einen intelligenten, aber auch besinnlichen Eindruck machte, stellte einige Fragen:
Wir haben von Ihnen, Maharajji, als der edelsten und gütigsten Seele gehört und schon lange gewünscht, Sie zu sehen. Ich war schon einmal hier, im vorigen Monat, konnte aber nicht so lange in Ihrer heiligen Gegenwart bleiben, wie ich gewünscht hatte. Ich konnte es unter den vielen Leuten nicht aushalten und lief davon, nachdem ich ein oder zwei einfache Fragen gestellt hatte. In unserer Gegend haben wir keinen heiligen Mann wie Sie. Ich bin an sich glücklich, da ich alles habe, was ich mir nur wünschen kann. Was mir aber zum wirklichen Glück fehlt, ist der Friede des Geistes. Ihr Segen möge mir dazu verhelfen.
M  Wenn Sie den *bhakti*-Weg gehen, wird sich Ihr Wunsch erfüllen.
Fr  Was soll ich im einzelnen tun, um den Frieden des Geistes zu finden?
M  Gebet und Hingabe können Ihnen zu diesem Frieden verhelfen.

*Fr* Bin ich denn würdig, diesen Weg zu gehen?

*M* Es steht jedem frei, ein spirituelles Leben zu führen. Ob alt oder jung, ob Mann oder Frau – niemand ist davon ausgeschlossen.

*Fr* Das höre ich gern. Ich bin jung, doch schon verheiratet und habe Haushaltspflichten zu erfüllen. Läßt sich der Weg der Hingabe mit diesen Aufgaben vereinbaren?

*M* Gewiß. – Sie sagen: ‹Ich bin ...›, aber was sind Sie wirklich? Sie sind nicht dieser Körper, sondern Reines Bewußtsein. Ihre Haushaltspflichten, ja, die ganze Welt, sind nur Erscheinungen aus diesem Reinen Bewußtsein. Es bleibt von alldem völlig unberührt. Was sollte Sie daran hindern, Ihr eigenes Selbst zu sein?

*Fr* Ja. Ich kenne bereits in Grundzügen die Lehre des Meisters. Es geht um die Suche nach dem Selbst. Aber ich bezweifle nach wie vor, daß sich eine solche Suche mit dem gewöhnlichen Leben in Übereinstimmung bringen läßt.

*M* Das Selbst ist immer da. Sie sind es. Es gibt nichts als Sie. Nichts kann von Ihnen getrennt sein. Aus dieser Sicht stellt sich die Frage gar nicht.

*Fr* Ich muß deutlicher werden. Obwohl ich hier eine Fremde bin, muß ich die Ursache meiner Schwierigkeiten klarlegen. Ich habe Kinder. Ein Knabe – er war mir ein guter Sohn – starb im Februar. Ich verging fast vor Kummer. Das Leben widerte mich an. Da beschloß ich, ein spirituelles Leben zu führen. Meine Pflichten als Hausfrau erlauben mir aber nicht, daß ich mich zurückziehe. Das ist mein Problem.

*M* Zurückgezogenheit bedeutet, im Selbst zu verbleiben. Sonst nichts. Es wird nicht gefordert, die Umgebung zu wechseln, was nur wieder neue Verstrickung brächte, oder sich von der konkreten Welt abzuwenden und sich in eine trügerische Mentalwelt zu verlieren.

Erinnern Sie sich des Schlafzustandes! Haben Sie, solange er andauerte, irgendwelche Geschehnisse wahrgenommen? Wenn der Sohn oder die Welt wirklich wären, müßten sie dann nicht auch im Schlaf da sein? Sie können Ihre Existenz während des Schlafs nicht verneinen, auch können Sie nicht bestreiten, daß Sie da glücklich waren. Sie waren die gleiche Person, die jetzt spricht und Zweifel äußert. Wie Sie sagen, sind Sie nicht glücklich. Sie sind es aber im Schlaf gewesen. Was ist inzwischen geschehen, daß das Glück des Schlafes verschwunden ist? Das ‹ich› ist aufgestiegen. Es ist der Neuankömmling im Wachzustand; im

Schlaf war kein ‹ich› vorhanden. Die Geburt des ‹ich› ist die Geburt der Person; eine andere Geburt gibt es nicht. Was jedoch geboren wird, muß auch sterben. Töten Sie das ‹ich›! Sie brauchen nicht zu fürchten, daß das, was einmal tot ist, wiederkommt. Das Selbst bleibt auch nach der Auflösung des ‹ich› bestehen. Das bedeutet Seligkeit – Unsterblichkeit.

*Fr* Wie macht man das?

*M* Trachten Sie danach, zu erkennen, wer diese Zweifel hat. Wer zweifelt? Wer ist der, der denkt? Es ist das ‹ich›. Lassen Sie es nicht los, dann werden die anderen Gedanken versiegen. Das ‹ich› bleibt rein zurück. Es ist das Reine Bewußtsein.

*Fr* Das scheint sehr schwierig zu sein. Können wir auch auf dem *bhakti*-Pfad vorankommen?

*M* Das hängt vom einzelnen und seiner Veranlagung ab. *Bhakti* ist, wenn man es genau nimmt, dasselbe wie *vichara*.

*Fr* Ich dachte an eine bestimmte Meditation.

*M* Meditation richtet sich auf eine Form. Das vertreibt die Gedanken. Der Gedanke an Gott beherrscht alle anderen. Das ist Konzentration. Und so ist es auch bei *vichara*.

*Fr* Können wir Gott auch in konkreter Gestalt sehen?

*M* Ja. Er wird im Geist gesehen, auch in konkreter Gestalt. Er ist aber nur im Geist des Anbetenden. Gestalt und Erscheinung der göttlichen Offenbarung werden von seinem Geist bestimmt. Aber das ist nicht das Endgültige, denn es besteht noch das Empfinden der Zweiheit.
Nachdem Gott wahrgenommen worden ist, beginnt die Suche. Sie endet mit der Verwirklichung des Selbst. So ist die Suche die letzte Wegstrecke.
Für einige kommt *vichara* in Frage, andere finden *bhakti* leichter.

*Fr* Hat Mr. Brunton Sie nicht in London gesehen? Oder war das nur ein Traum?

*M* Er hatte eine Vision. Er sah mich in seinem Geist.

*Fr* Sah er Sie nicht als diesen Körper?

*M* Ja, aber trotzdem nur in seinem Geist.

*Fr* Wie kann ich das Selbst erreichen?

*M* Es gibt kein Erreichen des Selbst. Könnte Es erreicht werden, dann würde das bedeuten, daß Es nicht hier und jetzt ist, sondern neu erworben werden müßte. Was aber neu erworben wird, geht auch wieder verloren; es ist daher nicht von Dauer. Was aber nicht beständig ist, ist nicht wert, daß man danach strebt. Darum sage ich, daß das Selbst nicht erreicht werden kann. Sie sind das Selbst, Sie sind bereits Das. Aber Sie sind sich Ihres glückseligen Zustandes noch nicht bewußt. Das Nichtwissen hat einen Schleier über die reine Seligkeit geworfen. Alles Bemühen muß darauf gerichtet sein, dieses Nichtwissen loszuwerden. Es ist nicht bloße Unwissenheit, es ist Falschwissen, das in der irrigen Identifizierung des Körpers und des Geistes mit dem Selbst gipfelt. Diese irrige Identifizierung muß aufhören; dann bleibt das Selbst allein übrig.

Fr  Wie soll das geschehen?
M   Durch das Forschen nach dem Selbst.
Fr  Das ist schwierig. Glauben Sie, daß ich das Selbst verwirklichen kann? Bitte sagen Sie es mir! Es sieht so schwierig aus.
M   Sie sind bereits das Selbst. Die Verwirklichung ist allen eigen, sie macht keine Unterschiede zwischen den Suchern. Die Hindernisse sind eben diese Zweifel ‹Kann ich verwirklichen?› oder das Gefühl ‹Ich habe nicht verwirklicht›. Befreien Sie sich davon!
Fr  Um so weit zu kommen, müßte man das Selbst wenigstens einmal erfahren haben. Wie kann man sich von den quälenden Gedanken befreien, solange man diese Erfahrung noch nicht gemacht hat?
M   Auch die Gedanken gehören dem Geist an. Sie sind da, weil Sie sich mit dem Körper identifizieren. Wenn Sie von diesem Irrtum lassen, verschwindet das Nichtwissen, und die Wahrheit wird offenbar.
Fr  Und doch empfinde ich es als schwierig. Es gibt Anhänger des Maharshi, die seine Gnade erfuhren und ohne besondere Schwierigkeiten verwirklichten. Auch ich möchte dieser Gnade teilhaftig werden. Da ich fern von hier lebe und für mich als Frau das Reisen nicht einfach ist, kann ich nicht so oft kommen, wie ich gerne möchte. Es ist möglich, daß ich nie wiederkehre. Ich brauche Ihre Gnade! Ich möchte mich Ihrer erinnern, wenn ich wieder zu Hause bin. Möge es dem Maharshi gefallen, meine Bitte zu erhören.
M   Wohin gehen Sie? Nirgendwohin. Selbst angenommen, Sie wären der Körper; ist Ihr Körper von Lucknow nach Tiruvannamalai gekommen? Sie haben in einem Wagen gesessen, und ein Fahrzeug nach dem anderen hat sich vorwärtsbewegt. Schließlich sagen Sie, Sie seien hierhergekommen. Tatsache ist, daß Sie nicht der Körper sind; in Ihnen hat sich nichts geändert. Bleiben Sie

also hier, auch nach dem, was wie eine Abreise aussieht. Es sind nur die Schauplätze, die sich verändern.
Und was die Gnade anbetrifft, so ist sie in Ihnen. Wenn sie außen wäre, nützte sie Ihnen nichts. Die Gnade ist das Selbst; Sie sind niemals außerhalb ihres Wirkungsbereichs. Die Gnade ist immer da.

*Fr* Wenn ich nur an Sie denke, so wie ich Sie jetzt vor mir sehe, wird das meinen Geist gewiß stärker machen. Und sicher werden Sie dann auch an mich denken. Ich möchte nicht allein auf mein Eigenbemühen bauen, das ohnehin nur schwach ist.

*M* Die Gnade ist das Selbst. Ich sagte schon: Wenn Sie sich an den Maharshi erinnern, hat das Selbst Sie dazu veranlaßt. Ist nicht die Gnade schon hier? Gibt es einen Augenblick, in dem sie nicht in Ihnen wirkt? Ihr Erinnern ist die Ankündigung der Gnade. Es ist aber auch schon die Antwort; es ist das Selbst, und das ist Gnade. Es gibt keinen Grund, sich zu sorgen.

*Fr* Kann ich mich auch im Alltagsleben spirituellen Übungen widmen?

*M* Ganz gewiß. Das sollte man tun.

*Fr* Ist denn das Leben ‹in der Welt› nicht ein Hindernis? Raten nicht alle heiligen Schriften zur Entsagung?

*M* Das sogenannte weltliche Leben spielt sich nur in Ihrem Geist ab. Die Welt sagt nicht: ‹Ich bin die Welt›, sonst müßte sie immer da sein, auch in Ihrem Schlaf. Da sie im Schlaf aber nicht existiert, ist sie nur flüchtiger Natur und hat daher keine Kraft. Sie wird vom Selbst leicht überwunden. Nur das Selbst ist von Dauer. Wirkliche Entsagung deckt sich mit der Abkehr von der Identifizierung des Selbst mit dem Nicht-Selbst.

*Fr* Weshalb verließen Sie Ihr Heim, als Sie noch jung waren?

*M* Das ist mein *prarabdha* (Schicksal dieses Lebens). Die Daseinsform dieses Lebens wird von unserem Handeln in früheren Inkarnationen bestimmt. Mein *prarabdha* ist dieses, Ihr *prarabdha* ist ein anderes.

*Fr* Soll ich nicht auch lieber dem weltlichen Leben entsagen?

*M* Wenn Ihnen das bestimmt wäre, würden Sie nicht fragen.

*Fr* Ich soll also mein weltliches Leben fortsetzen und mich spirituellen Übungen widmen. Habe ich da eine Chance, mich noch in diesem Leben zu verwirklichen?

*M* Diese Frage wurde schon beantwortet. Sie sind stets das Selbst. Ernstes Bemühen ist niemals vergebens, es hat immer Erfolg.

## 30. September 1936

*Fr* Sri Ramakrishna berührte Vivekananda, und dieser verwirklichte die Seligkeit. Kann das denn sein?

*M* Sri Ramakrishna berührte nicht alle in dieser Absicht. Er führte auch nicht die Verwirklichung herbei. Vivekananda hatte die nötige Reife und sehnte sich nach der Verwirklichung. Er muß die vorangehenden Stadien in vergangenen Leben durchschritten haben. Ein solches Geschehen ist nur bei reifen Seelen möglich.

*Fr* Kann das gleiche Wunder bei allen bewirkt werden?

*M* Wenn sie reif dazu sind. Auf das Reifsein kommt es an. Ein starker Mensch beherrscht einen schwächeren Menschen, ein starker Geist einen schwächeren Geist. Mit einem solchen Fall haben wir es hier zu tun.

*Fr* Wie vermag der Geist in das ‹Herz› zu entsinken?

*M* Jetzt sieht sich der Geist als Teil der Vielfalt des Universums. Zeigt sich diese Vielfalt nicht, verbleibt er in seinem ursprünglichen Zustand, im ‹Herzen›. In das ‹Herz› eingehen bedeutet, von jeder Ablenkung freizubleiben.

Das ‹Herz› ist die einzige Wirklichkeit. Der Geist dagegen hat nur eine flüchtige Existenz. Um das Selbst zu verwirklichen, ist es nötig, in das ‹Herz› einzugehen.

Da der Mensch sich mit dem Körper identifiziert, sieht er die Welt als getrennt von sich. Diese irrige Identifizierung findet statt, weil er aus seinem Urzustand herausgetreten ist. So wird ihm geraten, diese falschen Ideen aufzugeben, zu seiner Quelle zurückzufinden und als das Selbst zu verbleiben. In diesem Zustand gibt es keine Unterschiede mehr und auch keine Fragen. Der einzige Zweck aller heiligen Schriften ist es, den Menschen zu veranlassen, die eigene Spur zur ursprünglichen Quelle zurückzuverfolgen. Er braucht dazu nichts Neues zu erwerben. Er muß lediglich seine falschen Vorstellungen aufgeben. Statt dessen versucht er, etwas Fremdes und Geheimnisvolles zu erjagen, weil er glaubt, daß sein Glück sich anderswo finden lasse. Das ist der Fehler.

Solange der Mensch in seinem Selbst verbleibt, herrscht Glückseligkeit. Doch in seiner Unwissenheit kann er es einfach nicht fassen, daß bloßes Stillesein diese Glückseligkeit in sich birgt. Hier gibt es nur eins: Er muß den finden, dem diese Zweifel kommen.

Fr  Wie bringt man Leidenschaften unter Kontrolle?
M  Wer hegt diese Leidenschaften? Finden Sie es heraus! Wenn Sie das Selbst bleiben, wird sich herausstellen, daß es nichts gibt, das vom Selbst, also von Ihnen, getrennt wäre, und daß eine Kontrolle gar nicht nötig ist.
Fr  Wenn jemand stirbt, den wir lieben, leiden wir. Sollen wir solchen Kummer vermeiden, indem wir alle Menschen gleich lieben, oder indem wir überhaupt nicht lieben?
M  Wenn jemand stirbt, bringt das Leid für die Zurückgebliebenen. So sieht es aus. Aber wer leidet tatsächlich? Es ist das ‹ich›. Wenn dieses auch stirbt, hat alles Leiden ein Ende. Das ist der einzige Weg.
Und nun zu den beiden Möglichkeiten, die Sie erwähnten. Sie kommen auf ein und dasselbe hinaus. Wenn alle nur das eine Selbst sind, wer ist dann da, um geliebt oder nicht geliebt zu werden?
Fr  Was haben wir unter dem Sonnenpfad und unter dem Mondpfad zu verstehen? Welcher ist leichter zu gehen?
M  Der Sonnenpfad ist *jnana,* der Mondpfad Yoga. Man spricht davon, daß nach der Läuterung der 72 000 *nadis* (subtile Nervenbahnen) der Geist in die *sushumna* (Nervenbahn in der Wirbelsäule) eintritt. Anschließend steigt er bis zur *sahasrara,* die ihren Sitz im Gehirn hat, und dort fließt der Nektar.
Das sind alles bloße Vorstellungen. Der Mensch steckt ohnehin schon voller Ideen über Welt und Leben, nun kommen noch diese aus dem Yoga hinzu. Dabei ist es doch der Zweck aller Bemühungen, den Menschen von sämtlichen Vorstellungen zu befreien und ihn zu veranlassen, als das reine Selbst zu verbleiben – als das Absolute Bewußtsein, ohne Gedanken. Weshalb nicht direkt darauf zugehen? Wozu neue Bürden den schon vorhandenen hinzufügen?

### 1. Oktober 1936

Der Direktor einer Schule in Gwalior stellte Fragen:
In seiner Schrift *Sad Vidya* hat Bhagavan festgestellt: ‹Menschen ohne Schulbildung haben es einfacher als Gebildete, die ihr ‹ich› nicht durch die Suche nach dem Selbst zerstört haben.› Welchen Rat könnte dann Bhagavan einem Schulmeister geben, dem das

aus dem Herzen gesprochen ist? Wie verhält man sich als Erzieher, damit der Wunsch nach Bildung und intellektuellem Wissen das wichtigere Streben nach Gott nicht in den Hintergrund geraten läßt? Läßt sich beides miteinander vereinbaren? Wenn nicht, von welchem Alter an und auf welche Weise können junge Leute am besten zur Suche nach der inneren Wahrheit angeregt werden?

M  Das Lernen selbst ist nicht zu verurteilen, sondern der Stolz auf das Wissen und der Wunsch nach Anerkennung. Lernen, Wissen, Bildung – all das kann nützlich und gut sein, wenn es hilft, bescheiden zu bleiben und den Weg zur Wahrheit zu finden.

Ein amerikanischer Besucher zitierte aus der *Srimad Bhagavatam*:
‹Betrachte das Selbst in dir als reinen Äther, der in allen Wesen ist und auch außerhalb von ihnen!›
‹Schäme dich nicht, dich selbst vor einem Kastenlosen, einem Esel oder einer Kuh niederzuwerfen!›
‹Solange du das Ich noch nicht in allen wahrnimmst, verehre alle mit Körper und Geist!›
‹Aus wahrer Erkenntnis heraus betrachte alles als Brahma! Ist das verstanden, dann sind alle Zweifel beseitigt, und du verbleibst im Selbst.›

Fr  Es erhebt sich die Frage, ob dies ein geeigneter Pfad zur Verwirklichung des einen Selbst ist. Fällt es nicht manchen leichter, Bhagavan in allem zu sehen, was dem Geist begegnet, als das Höchste durch die Frage ‹Wer bin ich?› zu suchen?

M  Ja. Wenn Sie Gott in allem sehen, denken Sie dabei an Gott? Sie müssen Gott im Geist behalten, wenn Sie Ihn überall sehen wollen. Gott im Geist zu behalten führt zu *dhyana,* dem Zustand vor der Verwirklichung. Verwirklichung ist nur im Selbst möglich; *dhyana* muß ihr vorangehen. Es ist gleich, ob Sie über Gott oder das Selbst meditieren; das Ziel ist dasselbe.
Dem Selbst aber können Sie nicht entkommen. Sie wollen Gott in allem sehen – nur nicht in sich selbst? Wenn alles Gott ist, sind Sie dann nicht in diesem ‹alles› eingeschlossen? Und wenn Sie Gott sind, ist es dann ein Wunder, daß auch die anderen Gott sind? Schon für das Üben muß ein Seher und Denker da sein. Wer ist es?

Fr  Durch Dichtung, Musik, *japa,* das Betrachten schöner Landschaften oder das Lesen von Lebensläufen großer Seelen hat man gelegentlich ein tiefes Empfinden der All-Einheit. Ist dieses Gefühl einer seligen Ruhe, in der das persönliche ‹ich› keinen Platz hat, das ‹Eingehen in das Herz›, von dem Bhagavan spricht? Würde dieses Gefühl, wenn man es vertiefte, zu *samadhi* und schließlich zu einem direkten Erlebnis des Wirklichen führen?

M Es gibt dieses Glücksgefühl bei bestimmten Erlebnissen; es ist das gleiche Glück, das dem Selbst innewohnt. Tatsächlich ist es niemals abwesend. Sie entsinken in dieses reine Selbst bei Gelegenheiten, die Sie als angenehm empfinden. Dabei offenbart sich die in sich selbst ruhende Seligkeit. Sie nehmen irrtümlich an, daß Sie dieses Glück den betreffenden Erlebnissen zu verdanken hätten. Es befindet sich aber in Ihnen. Bei diesen Gelegenheiten tauchen Sie, allerdings unbewußt, in das Selbst ein. Wenn derselbe Vorgang bewußt vonstatten geht, nennt man es Verwirklichung. Das ist es, wozu ich Ihnen verhelfen möchte.

Fr Wenn das Selbst immer verwirklicht ist, dann brauchen wir nur still zu sein. Stimmt das?

M Wenn Sie still sein können, ohne sich zu betätigen, ist es sehr gut. Wenn Sie es nicht können, was nützt es dann, still zu bleiben, soweit es um die Verwirklichung geht? Doch auch solange sich jemand verpflichtet fühlt tätig zu sein, sollte er sein Bemühen um die Verwirklichung des Selbst nicht aufgeben.

Bhagavan äußerte sich zu einer Frage nach Gradunterschieden bei *jnana*.

Die sieben *jnana bhumikas* (Erkenntnisstufen) sind
1. *Subhechcha* (Wunsch nach Erleuchtung)
2. *Vicharana* (Hören und Überdenken)
3. *Tanumanasi* (Geistesstille)
4. *Sattvapatti* (Selbst-Verwirklichung)
5. *Asamsakti* (Frei vom Verhaftetsein)
6. *Padarthabhavani* (Nichtwahrnehmung von Objekten)
7. *Turyaga* (Jenseits von Worten)

Ein junger Mann aus Dindigul sagte zu Bhagavan,
es sei ihm in den wenigen Tagen, die er hier verbracht habe, klar geworden, daß nur eines wichtig sei: die Suchfrage ‹Wer bin ich?›. Er möchte nun noch wissen, ob zusätzliche Übungen nützlich seien. Außerdem fragte er, ob die Suche nur in Gegenwart des Gurus vorgenommen werden solle.

M Die Suche muß dem Ursprung des ‹ich› gelten.

*Fr* Die Menschen bemühen sich sehr, das höchste Gut des Lebens zu erlangen. Aber sind sie auf der richtigen Spur? Sri Bhagavan hat eine höchst bedeutsame Askese vollzogen und das Ziel erreicht. Er wünscht, daß alle es erreichen, und ist bereit, ihnen zu helfen. Seine eigene Askese soll – stellvertretend – andern das Erlangen des Ziels erleichtern. Sie brauchen nicht mehr selbst durch all die Mühen und Härten hindurchzugehen. Habe ich recht?

*M* (lächelnd) Wenn dem so wäre, dann könnte man leicht das Ziel erreichen. Es ist aber so, daß jeder sich selbst bemühen muß.

In der *Sunday Times* erschien ein Auszug aus dem Buch «Als Einsiedler im Himalaya», der sich mit der Erinnerung an frühere Verkörperungen beschäftigt. Der Autor, Paul Brunton, erwähnt buddhistische Methoden, mit denen diese Fähigkeiten geweckt werden können.

*M* Es gibt Leute, die sind nur an ihrer Vergangenheit und an ihrer Zukunft interessiert. Die Gegenwart beachten sie nicht. Die Last der Vergangenheit aber erzeugt das gegenwärtige Elend. Der Versuch, sich der Vergangenheit zu erinnern, ist schiere Zeitvergeudung.

Professor Dr. Syed, Mohammedaner, erzählte von einem skeptischen Freund, der ihn, nachdem er über den Maharshi berichtet hatte, fragte: «Und wo sind die Wunder, die Ihr Maharshi bewirkt hat?» Er hatte ihm geantwortet: «Das größte Wunder ist der innere Friede. Der Maharshi besitzt ihn.» «Und was haben wir davon?» hatte der andere daraufhin gefragt. «Eben dieser Friede wird allen Besuchern zuteil. Jeder erfährt das täglich in der Gegenwart des Maharshi.» Ist nicht solcher Friede das einzige Kriterium für die Gegenwart eines *Mahatmas*? Gibt es sonst noch etwas?

Sri Bhagavan illustrierte seine Worte mit einer Legende.

Ein frommer Mann namens Tatvaroyar hatte eine besondere Hymne zu Ehren seines Meisters Swarupananda gedichtet. Einige Gelehrte legten dagegen Protest ein, weil diese Art von Hymnen nur Helden vorbehalten sei, die mehr als tausend Elefanten im Kampf getötet hätten, während Swarupananda nichts dergleichen getan habe und völlig unbekannt irgendwo untätig herumsitze. Er verdiene eine solche Hymne nicht. Daraufhin lud Tatvaroyar alle Kritiker ein, zu seinem Meister zu kommen und sich davon zu überzeugen, daß er tausend Elefanten auf einmal töten könne. Die Gelehrten willigten ein und begaben sich zu Swarupananda. Unmittelbar nach ihrer Ankunft wurden sie von einem seligen Frieden überwältigt, der einige Tage andauerte. Als sie wieder zu sich kamen, verbeugten sie sich ehrfürchtig vor Meister und Jünger und erklärten sich für höchst befriedigt. Swarupananda hatte alle Kriegshelden übertroffen, da er alle ‹ich› unterwerfen konnte – eine weit größere Leistung als das Töten von tausend Elefanten.

Die Lehre ist klar: Es gibt nur einen Beweis dafür, daß wir uns in der Gegenwart eines Heiligen befinden. Das ist der dort herrschende Friede.

## 20. Oktober 1936

Fr  Sri Bhagavan sagt, daß das ‹Herz› das Selbst sei. Die Psychologie lehrt aber, daß Bosheit, Neid, Eifersucht und alle anderen Leidenschaften ihren Sitz im Herzen hätten. Wie läßt sich das miteinander vereinbaren?

M  Der ganze Kosmos ist in der Höhlung des ‹Herzens› enthalten, die nicht größer ist als ein Nadelöhr. Die Leidenschaften bilden einen Teil des Kosmos; sie gehören zum Bereich des Nichtwissens.

Fr  Wie kam Nichtwissen zustande?

M  Nichtwissen ist *maya,* das, was nicht ist. Daher sollte sich diese Frage gar nicht erheben. Trotzdem ist sie gestellt worden. Fragen Sie besser: ‹Zu wem gehört das Nichtwissen?› Es umfaßt Subjekt und Objekt. Verbleiben Sie als das Subjekt, und es wird kein Objekt mehr da sein.

Fr  Was haben wir unter Nichtwissen zu verstehen?

M  Es ist die Unkenntnis des Selbst. Wer ist es aber, der nichts vom Selbst weiß? Es kann doch nur das Selbst sein, das das Selbst nicht kennt. Kann es aber zwei Selbste geben?

Fr  Sieht Bhagavan die Welt als Teil seiner selbst? Oder sieht er sie anders?

M  Das Selbst allein existiert, nichts sonst. Nur aus Unwissenheit wird es in verschiedenen Formen gesehen. Die Welt ist kein zweites Selbst neben dem Selbst. Sie ist weder verschieden vom Selbst noch ein Teil davon.

*Fr* Ist die Welt nicht eine Spiegelung im Selbst?
*M* Zu einer Spiegelung bedarf es eines Objekts und eines Spiegelbildes. Das Selbst entzieht sich solchen Deutungen.
*Fr* Sieht Bhagavan denn die Welt nicht?
*M* Wen meinen Sie mit Bhagavan?
*Fr* Einen *jiva* (verkörperte Seele), der weiter fortgeschritten ist als ich.
*M* Wenn Sie den *jiva* verstehen, der Sie selbst sind, dann verstehen Sie auch den anderen *jiva*.
*Fr* Ich bin nicht an Diskussionen interessiert. Ich möchte lernen. Bitte lehren Sie mich!
*M* Wenn Sie lernen wollen, sind Diskussionen unvermeidlich. Lassen Sie all dies beiseite. Denken Sie an Ihren Schlaf! Sind Sie sich in jenem Zustand eines Gebundenseins bewußt? Suchen Sie dann nach Befreiung? Sind Sie sich auch nur des Körpers bewußt? Das Gefühl des Gebundenseins gehört dem Körper an; darüber hinaus gibt es kein Gebundensein, kein Material, um jemanden zu binden, noch jemanden, der gebunden ist. Dies alles erscheint in Ihrem Wachzustand. Überlegen Sie, wem es erscheint!
*Fr* Dem Geist.
*M* Beobachten Sie den Geist! Dazu ist es nötig, daß Sie Abstand von ihm gewinnen, denn Sie sind nicht der Geist. Schließlich werden Sie finden, daß nur das Selbst übrigbleibt.
*Fr* Glaubt Bhagavan an Evolution?
*M* Von Evolution kann man nur dort sprechen, wo es verschiedene Entwicklungsstufen gibt. Wie kann es aber da eine Entwicklung geben, wo keine Unterschiede vorhanden sind?
*Fr* Warum sagt Krishna: ‹Nach mehreren Wiedergeburten gelangt der Sucher zur Erkenntnis und wird Mich schließlich erkennen!› Demnach muß es doch eine Entwicklung von Stufe zu Stufe geben.
*M* Wie beginnt die *Bhagavad Gita*? ‹Weder war ich nicht noch du, noch diese Könige ...›, und ‹Weder wird Es geboren, noch stirbt Es je ...› Es gibt also weder Geburt noch Tod, noch eine Gegenwart, die Ihrer Vorstellung entspräche. Wirklichkeit war, ist und wird sein; sie ist wandellos. Später fragte Arjuna Sri Krishna, wie er behaupten könne, er habe vor Aditya gelebt? Da antwortete Krishna ihm entsprechend, da er sah, daß Arjuna ihn als seine physische Erscheinungsform betrachtete. Die Anweisung ist für den bestimmt, der die Vielfalt sieht. In Wirklichkeit gibt es weder

Gebundensein noch Befreiung. Vom Standpunkt des *jnani* aus gesehen besitzt weder das eine noch das andere Realität.
Fr So sind alle frei?
M Was heißt ‹alle›?
Fr Um sich durch eine Folge von Geburten spirituell zu entwickeln, sind aber lange Zeiten des Übens nötig.
M Übung braucht man nur, um jede Störung des innewohnenden Friedens fernzuhalten. Das ist keine Frage der Zeit. Lassen Sie diesen Gedanken sofort fallen! Sie sind immer in Ihrem natürlichen Zustand, ob Sie üben oder nicht.
Fr Wenn das so ist, warum verwirklichen dann nicht alle das Selbst?
M Das ist die gleiche Frage, nur anders formuliert. Daß Sie diese Frage stellen zeigt, daß Sie noch der Übung bedürfen. Tun Sie es also! Der natürliche Zustand ist ohne Fragen und Zweifel.
Gott schuf den Menschen, der Mensch schuf Gott. Beide riefen nur Namen und Formen ins Dasein. Tatsächlich wurden weder Gott noch Mensch geschaffen.

## 21. Oktober 1936

Die Aristokratin kam nach wenigen Tagen zurück. Sie ging direkt zu Bhagavan, grüßte ihn und sagte:

Das letzte Mal war ich mit Mann und Kindern hier. Ich mußte mich um sie kümmern und hatte nur wenig Zeit. Auch mußte ich den Ashram bald wieder verlassen. Jetzt bin ich wiedergekommen, um still hier zu sitzen und Bhagavans Gnade aufzunehmen. Möge er meinen Geist stärken!

In der Halle waren keine Besucher mehr. Sie setzte sich auf einen einfachen Teppich ihm gegenüber. Er lächelte:

Ja, Schweigen ist die edelste Sprache. Das übliche Reden hindert nur das Gespräch von Herz zu Herzen.

Die Besucherin saß still. Bhagavan ruhte zurückgelehnt auf dem Sofa. Sein Blick war stetig auf sie gerichtet; er lächelte gütig. Beide verhielten sich eine Stunde lang schweigend. Dann hob die Dame an zu sprechen:

Nun muß ich wieder aufbrechen. Der Fluß zwischen Bangalore und Tiruvannamalai ist über seine Ufer getreten; auf meinem Weg sah ich einen Autobus, der von den Fluten umgeworfen worden war. Trotzdem fürchtete ich die Überquerung nicht und kam sicher hierher. Ich möchte aber noch bei Tageslicht zurückfahren.

Diesmal werde ich nicht wie das letzte Mal sagen, daß ich vielleicht nicht wiederkäme. Ich weiß es nicht, es mag so sein. Der Maharshi wird meinen Geist stark machen.

Ich sehne mich nach *bhakti,* und ich wünschte, daß diese Sehnsucht noch wächst. Selbst die Verwirklichung bedeutet mir nichts. Laßt mich in meiner Sehnsucht stark sein.

M  Wo solch eine Sehnsucht waltet, wird die Verwirklichung eintreten, selbst wenn nicht nach ihr verlangt wird. *Subhechcha* (Wunsch nach Erleuchtung) ist das Tor zur Verwirklichung.

Fr  Es komme, wie es wolle. Mir genügt die Sehnsucht. Auch wenn ich von hier fort bin, darf meine Hingabe nicht nachlassen. Möge Bhagavan mir die nötige Kraft geben! Solch eine Sehnsucht kann nur durch seine Gnade bewirkt werden; ich selbst kann sie nicht zustandebringen.

Bei einem früheren Besuch habe ich verschiedenes gefragt, konnte aber Bhagavans Antworten nicht folgen. Ich nahm mir vor, nichts mehr zu fragen, sondern nur in seiner Gegenwart zu sitzen und die Gnade aufzunehmen, die mir vielleicht zuteil werden könnte. So habe ich diesmal keine Fragen gestellt. Wenn ich nur seine Gnade haben darf!

M  Ihre wiederholten Besuche hier weisen auf diese Gnade hin.

Sie war überrascht und sagte:

Ich war soeben im Begriff, Maharshi zu fragen, ob Er mich gerufen habe; denn heute morgen erklärte mein Mann plötzlich: ‹Wir haben zwei freie Tage vor uns. Wenn du willst, kannst du den Maharshi besuchen.› Ich war höchst überrascht und glücklich; ich faßte es als einen Ruf des Maharshi auf.

M  Eine höhere Macht führt Sie. Möge es so bleiben!

Fr  Aber ich kann sie nicht erkennen. Bitte lassen Sie mich Ihrer gewahr werden!

M  Diese höhere Macht weiß, was zu geschehen hat. Vertrauen Sie Ihr!

Der moslemische Professor stellte Fragen:

Es heißt, daß man keine Wünsche haben dürfe. Aber da sind die Bedürfnisse des Körpers. Was macht man da?

M  Der Wahrheitssucher muß mit dreierlei ausgestattet sein: 1. *Iccha,* 2. *bhakti* und 3. *sraddha. Bhakti* und *sraddha* (Glaube) kennen

Sie. *Ichcha* bedeutet die Befriedigung körperlicher Bedürfnisse (Essen, Trinken usw.) ohne innere Abhängigkeit davon. Ohne diese innere Unabhängigkeit gibt es keinen Fortschritt in der Meditation.

Fr  Es gibt geringwertige und edle Wünsche. Müssen wir nicht die geringeren in höhere umwandeln?

M  Ja.

Fr  Sie erwähnten die Befriedigung körperlicher Bedürfnisse, von denen man nicht abhängig sein solle. Ich esse drei- bis viermal am Tag und muß dem Körper auch sonst noch manches zugestehen. Das alles ist mir sehr lästig. Gibt es einen Zustand, in dem ich frei bin vom Körper und seinen Zwängen?

M  Das Handeln an sich ist nicht nachteilig; nur das Verhaftetsein an die Handlung schadet. Es ist nichts gegen drei oder vier Mahlzeiten am Tag einzuwenden. Sie dürfen nur nicht sagen: ‹Ich möchte dieses essen, nicht das usw.› Im übrigen nehmen Sie diese Mahlzeiten im Laufe der vielen Stunden des Wachzustandes zu sich; während des Schlafes essen Sie nicht. Führt der Schlaf deshalb zur Befreiung? Es ist falsch, anzunehmen, daß schiere Untätigkeit zur Befreiung führe.

Fr  Es soll *jivanmuktas* (zu Lebzeiten Befreite) und *videhamuktas* (nach dem Tod Befreite) geben.

M  Es gibt keine Befreiung; wo sollten dann die Befreiten sein?

Fr  Sprechen die Schriften der Hindus nicht von der Befreiung?

M  *Mukti,* die Befreiung, ist gleichbedeutend mit dem Selbst. *Jivanmukti,* die Befreiung bei Lebzeiten, und *videhamukti,* die Befreiung nach dem Ablegen des Körpers, sind Begriffe für den Nichtwissenden. Der *jnani* weiß weder von einer Befreiung noch von einer Bindung. Von Gebundensein, Befreiung und den verschiedenen Arten der Verwirklichung wird nur im Hinblick auf den Nichtwissenden gesprochen. Es soll ihm damit ermöglicht werden, seine Unwissenheit zu beseitigen. Tatsächlich gibt es nur *mukti* – sonst nichts.

Fr  Das mag von Bhagavans Standpunkt aus richtig sein, aber wie ist das mit uns?

M  Der Unterschied zwischen ‹Er› und ‹ich› ist das Hindernis auf dem Weg zur Erkenntnis *(jnana).*

Fr  Niemand kann bestreiten, daß Bhagavan auf einer höheren Stufe steht als wir. Wird er mich zu sich hinaufziehen?

M  Waren Sie im Schlaf dieser ‹Stufeneinteilung› gewahr?

*Fr* Ich kann meinen Schlafzustand nicht mit meinem jetzigen Zustand vergleichen.

*M* Das brauchen Sie auch nicht. Die drei Zustände wechseln in Gegenwart des unveränderlichen Selbst ab. Entsinnen Sie sich Ihres Schlafzustandes. Das ist Ihr wirklicher Zustand. In ihm gab es keine Stufen. Der Gedanke daran erhob sich erst, als der ‹ich›-Gedanke aufgestiegen war.

*Fr* Wie erreicht man das Selbst?

*M* Das Selbst braucht nicht erreicht zu werden, denn Sie sind es bereits.

*Fr* Es gibt ein unveränderliches und ein sich wandelndes Selbst in mir, also zwei Selbste.

*M* Die Wandelbarkeit ist nur ein Gedanke. Alle Gedanken steigen nach dem ‹ich›-Gedanken auf. Beobachten Sie, wem die Gedanken kommen, dann verschwinden diese. Indem Sie die Quelle des ‹ich›-Gedankens aufspüren, verwirklichen Sie das vollkommene Ich-Ich. Ich ist der Name des Selbst.

*Fr* Soll ich über ‹Ich bin *Brahman*› *(Aham Brahmasmi)* meditieren?

*M* Die Übung sollte nicht darin bestehen, ‹Ich bin *Brahman*› zu denken. Jeder weiß um sein Ich-Sein und braucht sich nicht ständig daran zu erinnern. *Brahman* ist als Ich in jedem gegenwärtig. Nötig ist nur, dieses Ich zu entdecken.

*Fr* Ist nicht in den Schriften die Rede davon, daß man sich der Hüllen (nach der *Vedanta*-Lehre liegt das Selbst unter fünf übereinanderliegenden Schichten, *koshas,* verborgen), die das Wahre verschleiern, entledigen solle?

*M* Nach dem Aufsteigen des ‹ich›-Gedankens entsteht die irrige Identifizierung des ‹ich› mit dem Körper, den Sinnen und dem Geist. Das ‹ich› wird also irrtümlich mit ihnen gleichgesetzt, und das wahre Ich gerät außer Sicht. In diesem Zusammenhang wird vom Abwerfen der Hüllen gesprochen. Damit ist aber nicht das Loswerden des Nicht-Selbst gemeint, sondern das Auffinden des wirklichen Selbst.

Das wirkliche Selbst ist das vollkommene, unendliche Ich-Ich. Es ist ewig – ohne Ursprung und Ende. Das andere ‹ich› wird geboren und stirbt – es ist vergänglich. Beobachten Sie, wem die ständig wechselnden Gedanken kommen! Sie werden entdecken, daß sie nach dem ‹ich›-Gedanken aufsteigen. Bleiben Sie bei diesem Wurzelgedanken, ohne die anderen zu beachten, dann werden diese schließlich verschwinden. Verfolgen Sie den ‹ich›-

Gedanken zurück bis zu seiner Quelle – und das Selbst wird sich offenbaren.
*Fr* Es ist schwierig, dem zu folgen. Ich verstehe es theoretisch. Doch die praktische Anwendung bleibt mir schleierhaft.
*M* Die anderen Methoden sind für die, die den Weg der Erforschung nicht gehen können. – Sogar um ‹Ich bin *Brahman*› zu wiederholen oder auch nur daran zu denken, muß ein Ausführender da sein. Wer ist das? Es ist das Ich. Seien Sie dieses Ich! Das ist die direkte Methode des Forschens nach dem Selbst.
*Fr* Ich bin des ‹ich› gewahr, und doch haben meine Schwierigkeiten noch kein Ende gefunden.
*M* Dieser ‹ich›-Gedanke ist nicht rein. Er ist befleckt durch die Verknüpfung mit Körper und Sinnen. Beobachten Sie, wer die Schwierigkeiten empfindet! Sie werden wieder zum ‹ich›-Gedanken geführt. Halten Sie ihn fest, dann verschwinden die anderen Gedanken.
*Fr* Wie macht man das? Das ist das Problem.
*M* Denken Sie: ‹Ich, ich, ich› – und halten Sie daran fest, unter Ausschluß aller anderen Gedanken.

## 23. Oktober 1936

Das Gespräch drehte sich um Tiere, die die Nähe Bhagavans suchten. In diesem Zusammenhang erwähnte Bhagavan einen Vers der Tamildichterin Auvai:
Die alte Dame hatte eines Tages ein Lied zum Ruhme des Gelehrten Kambar gehört. Sie dichtete daraufhin folgendes:
‹Jeder ist auf seine besondere Weise bedeutend. Was ist Kambars Gelehrsamkeit im Vergleich zu der Kunstfertigkeit, mit der die Vögel ihre Nester, die Bienen ihre Waben, die Ameisen ihre Bauten und die Spinnen ihre Netze herstellen?›
Als ich noch in einer Höhe des Berges lebte, hatte ich Gelegenheit, die Kunstfertigkeit der weißen Ameisen zu bewundern. Ich sah eine Hütte, die teilweise abgebrochen werden mußte, damit die Ameisen, die sich in den Lehmwänden eingenistet hatten, vertrieben werden konnten. In den Höhlungen der Wände sah man regelrechte Ameisenstädte, die von schwarzgetünchten Mauern umgeben und untereinander durch Straßen verbunden waren. Auch den Netzbau von Spinnen habe ich beobachtet. Es

ist faszinierend, mit welcher Sorgfalt und Präzision die Spinne ihr Netz fertigt. Ebenso beeindruckend sind die Bauten der Wespen. So verfügt jedes Tier über ganz besondere Fertigkeiten. Doch sollten wir weder Kambar noch diese Tiere wegen ihrer Leistungen bewundern. All das geschieht ausschließlich durch die Kraft und nach dem Willen Gottes.

*Fr* Was sollen wir unter Erlösung verstehen? Was meinte Christus damit?

*M* Erlösung für wen – und wovon?

*Fr* Für das Individuum – von Kummer und Leid.

*M* Wer leidet?

*Fr* Der Geist.

*M* Sind Sie der Geist?

*Fr* Ich werde erklären, wie ich zu der Frage komme. Ich meditierte über die Gnade, die Christus einigen seiner Jünger erwiesen hatte, die dann erlöst wurden. Ähnlich sehe ich es bei Bhagavan. Ist nicht seine Gnade der Gnade Christi gleich und kann daher Erlösung bewirken? Darauf zielte meine Frage.

*M* Ja. Richtig.

*Fr* In Ihrer Schrift *Wer bin ich?* wird vom ‹Sehen des Wesentlichen› gesprochen. Dazu gehört ein Seher und das Gesehene. Wie kann das mit der Höchsten Einheit übereinstimmen?

*M* Warum fragen Sie nach Erlösung und Befreiung von Leid? Wer danach fragt, ist in Gefahr, das für wirklich zu halten. Die Fakten sehen jedoch anders aus. Das ‹Sehen› ist ohne Bewußtsein nicht möglich. In diesem sind Subjekt und Objekt enthalten. Kann es ein ‹Sehen› getrennt vom Selbst geben? Das Selbst umfaßt alles: Sehen, Seher und Gesehenes.

*Fr* Wie unterscheidet man das persönliche ‹ich› vom vollkommenen Ich-Ich?

*M* Das, was aufsteigt und wieder absinkt, ist das vergängliche ‹ich›. Das, was weder Ursprung noch Ende hat, ist das beständige Ich-Ich-Bewußtsein.

*Fr* Wird das fortwährende Denken an das Selbst den Geist so weit verfeinern, daß er schließlich nur noch an das Höchste denkt?

*M* Der friedvolle Geist ist das Höchste. Er wird rastlos, wenn er von Gedanken befallen wird. Der Geist ist nichts anderes als die dynamische Kraft *(sakti)* des Selbst.

*Fr* Sind die ‹Hüllen› Materie und vom Geist verschieden?

*M* Es gibt keinen Unterschied zwischen Materie und Geist. Auch die

moderne Wissenschaft hat herausgefunden, daß alle Materie Energie ist. Energie = Kraft = *sakti*. Daher ist alles in *Siva* und *sakti* enthalten, das heißt im Selbst und im Geist.
Die ‹Hüllen› sind lediglich Erscheinungsformen. Sie besitzen an sich keine Wirklichkeit.

*Fr* Wie viele Stunden muß man täglich der Meditation widmen?
*M* Meditation ist Ihr wahres Wesen.
*Fr* Sie wird es sein, wenn ich die nötige Reife habe, doch jetzt ist es noch nicht soweit.
*M* Sie werden sich dessen erst später bewußt. Doch bedeutet das nicht, daß Ihr Wesen jetzt nicht Meditation wäre.
*Fr* Und wie ist es mit der Übung?
*M* Meditation muß immer geübt werden.
*Fr* Ein persischer Mystiker sagt: ‹Es gibt nichts als Gott!› Im Koran steht: ‹Gott wohnt in allem!› Ist das nicht ein Widerspruch?
*M* Es gibt kein ‹alles›, das von Gott getrennt wäre und das von Ihm durchdrungen werden müßte. Er allein ist!
*Fr* Ist es moralisch zu rechtfertigen, daß ein Mann seine Pflichten als Familienvater aufgibt, wenn er einsieht, daß es seine höchste Pflicht ist, ständig an das Selbst zu denken?
*M* Der Wunsch, bestimmten Dingen zu entsagen, ist an sich schon ein Hindernis. Wer im Selbst verbleibt, hat allem entsagt. Selbst-Sein und Entsagung sind identisch.
*Fr* Das ist wahr von Bhagavans Standpunkt aus. Aber für uns ... Meine Arbeit verlangt den größten Teil meiner Zeit und meiner Kraft. Oft bin ich zu müde, um mich der Meditation zu widmen.
*M* Das Hindernis liegt in dem Gefühl: ‹ich arbeite›. Forschen Sie nach, wer arbeitet! Dann wird die Arbeit Sie nicht binden; sie wird automatisch vor sich gehen. Bemühen Sie sich nicht zu arbeiten, aber auch nicht, der Arbeit zu entsagen! Was geschehen soll, wird geschehen. Wenn Ihnen bestimmt ist, nicht zu arbeiten, dann werden Sie trotz größter Bemühung keine Arbeit finden; ist es Ihnen jedoch bestimmt zu arbeiten, dann können Sie ihr nicht ausweichen. Überlassen Sie alles der Höheren Macht! Sie können nicht nach Wunsch verzichten oder nicht verzichten.
*Fr* Es wird von dem allem innewohnenden Gott gesagt, Er wohne im Äther des Herzens. Wie ist das zu verstehen?
*M* Wohnen wir nicht auch an einem Ort? Sagen Sie nicht, Sie seien im Körper? Ähnlich wird von Gott behauptet, Er wohne im Herzlotus. Der Herzlotus ist nicht eigentlich ein Ort. Die Angabe

einer Ortsbezeichnung dient denen, für die zunächst nur relatives Wissen in Frage kommt. Da Gott überall ist, gibt es keinen besonderen Ort für Ihn. Da wir im Körper zu sein glauben, glauben wir auch geboren zu sein. Im Tiefschlaf aber denken wir weder an den Körper noch an Gott, noch an eine Methode der Verwirklichung. Nur im Wachzustand halten wir am Körper fest und glauben, in ihm zu wohnen.

Das Höchste Sein ist das, aus dem der Körper geboren wird, in dem er lebt und in das er sich wieder auflöst. Da wir glauben im Körper zu wohnen, wird solche Unterweisung erteilt. Sie ist als Anweisung zu verstehen: ‹Blick nach innen!›

Fr Wie erlangt man Gnade?
M Genauso, wie man das Selbst erlangt.
Fr Was bedeutet das praktisch für uns?
M Hingabe an das Selbst.
Fr Es heißt, die Gnade sei das Selbst. Soll ich mich denn meinem eigenen Selbst hingeben?
M Ja, an das Eine, dessen Gnade gesucht wird. Gott, Guru, Selbst – das sind verschiedene Namen für dieselbe Kraft.
Fr Könnten Sie es bitte noch deutlicher sagen!
M Solange Sie sich für diese Person halten, glauben Sie an Gott. Wenn Sie zu Ihm beten, kommt Er als Guru zu Ihnen. Wenn Sie dem Guru dienen, offenbart Er sich als das Selbst. Das ist die ganze Erklärung.
Fr Katastrophen richten vielerorts großes Unheil an. Was ist die Ursache?
M Wer bemerkt all dieses?
Fr Damit kann man dem Elend nicht begegnen. Ich sehe es um mich herum.
M Im Schlaf waren Sie weder der Welt noch ihrer Leiden gewahr; Sie sind es nur in Ihrem Wachzustand. Verbleiben Sie in dem Zustand, in dem Sie nicht davon behelligt wurden! Wenn Sie der Welt nicht gewahr sind, können auch deren Leiden Sie nicht erreichen. Blicken Sie nach innen, suchen Sie das Selbst. Dann hat die Welt samt ihren Leiden aufgehört zu bestehen.
Fr Das ist doch Selbstsucht.
M Die Welt ist nicht außen. Da Sie sich mit dem Körper verwechseln, sehen Sie die Welt außen und bemerken deren Leiden. Diese sind aber nicht wirklich. Suchen Sie die Wirklichkeit, und befassen Sie sich nicht mit unwirklichen Angelegenheiten.

*Fr* Es gibt bedeutende Menschen, die in der Öffentlichkeit wirken. Auch sie können die Probleme der Welt nicht lösen.
*M* All diese Personen sind ichbezogen, daher ihre Hilflosigkeit. Verblieben sie im Selbst, wäre es anders.
*Fr* Warum helfen die wahrhaft Großen nicht?
*M* Woher wissen Sie, daß sie nicht helfen? Öffentliche Reden, soziale Zuwendungen und materielle Hilfen werden vom Schweigen der Weisen weit übertroffen. Diese bringen mehr zustande als andere.
*Fr* Und was können wir tun, um den Zustand der Welt zu verbessern?
*M* Wenn *Sie* ohne Leid sind, wird auch anderswo keins sein. Die jetzige Schwierigkeit beruht darauf, daß Sie die Welt außen sehen und glauben, daß sie leide. Aber die ganze Welt und das Leid sind in Ihnen. Wenn Sie nach innen schauen, gibt es kein Leid.
*Fr* Gott ist vollkommen. Warum schuf Er eine unvollkommene Welt. Das Werk sollte doch das Wesen seines Schöpfers versinnbildlichen.
*M* Wer fragt das?
*Fr* Ich, die Person, die vor Ihnen sitzt.
*M* Sind Sie von Gott getrennt, daß Sie so fragen?
Solange Sie sich für den Körper halten, sehen Sie die Welt außen und unvollkommen. Gott ist vollkommen und Sein Werk desgleichen. Sie sehen es als unvollkommen infolge Ihrer irrigen Identifizierung.
*Fr* Warum offenbart sich das Selbst als diese elende Welt?
*M* Damit Sie auf die Suche nach Ihm gehen. Ihre Augen können sich selbst nicht sehen. Blicken Sie in einen Spiegel, und Sie sehen sich.
Mit der Schöpfung ist es ähnlich. ‹Sieh zuerst dich selbst – und du siehst die ganze Welt als das Selbst!›
*Fr* Es kommt also darauf an, daß ich immer nach innen blicke.
*M* Ja.
*Fr* Soll ich denn die Welt überhaupt nicht sehen?
*M* Sie werden nicht angewiesen, die Augen vor der Welt zu schließen. Sie sollen nur zuerst sich selbst sehen und dann die ganze Welt als das Selbst.
Sehen Sie sich als den Körper, dann erscheint die Welt außen. Erleben Sie sich als das Selbst, dann erscheint Ihnen die Welt als *Brahman*.

*Fr* Ich habe Ihre *Fünf Hymnen für Arunachala* gelesen. Sie sind ein *advaitin* (Vertreter der Lehre vom Einen ohne Zweites). Wie können Sie dann Gott ein getrenntes Sein zusprechen?

*M* Der Gottsuchende, Gott und die Hymnen sind alle das Selbst.

*Fr* Aber Sie verehren diesen Berg wie ein göttliches Wesen.

*M* Sie identifizieren das Selbst mit dem Körper. Warum sollte der Verehrende das Selbst nicht mit Arunachala identifizieren?

*Fr* Gott ist überall. Warum soll man Ihn als Berg verehren? Im übrigen gibt es viele Berge. Warum ist gerade Arunachala ausgewählt worden?

*M* Was hat Sie und all die anderen Menschen hierhergezogen?

*Fr* Sri Bhagavan.

*M* Und was hat mich hierhergebracht? – Die Kraft Arunachalas. Diese Kraft kann nicht ignoriert werden. Man muß sie innen suchen und nicht außen. Arunachala ist das Selbst.

*Fr* In den heiligen Schriften werden verschiedene Ausdrücke für das Göttliche benutzt: *atma* (Selbst), *paratma* (das Höchste Selbst), *para* (das Höchste) und viele andere. Welche Gradunterschiede werden damit bezeichnet?

*M* Sie bedeuten alle dasselbe, werden aber verschieden verstanden je nach dem Reifegrad dessen, der sie benutzt.

*Fr* Aber warum so viele Bezeichnungen für ein und dasselbe?

*M* Es geschieht den Umständen entsprechend; sie bedeuten alle das Selbst.

*Fr* Soll ich mich auf die rechte Seite der Brust konzentrieren, wenn ich über das ‹Herz› meditiere?

*M* Das ‹Herz› ist nicht physisch. Meditation soll sich weder auf die rechte noch auf die linke Seite richten, sondern auf das Selbst. Jeder weiß ‹Ich bin›. Wer ist das Ich? Es ist weder innen noch außen, weder rechts noch links. ‹Ich bin› – das ist alles.

Das ‹Herz› ist das Zentrum, aus dem alles entspringt. Da Sie die Welt sehen, den Körper und alles andere, heißt es, daß es ein Zentrum für all das gibt, das ‹Herz› genannt wird. Wenn Sie im ‹Herzen› sind, erkennen Sie, daß es weder ein Zentrum ist noch eine Ausdehnung hat. Es gibt nichts anderes. Wessen Zentrum könnte es also sein?

*Fr* Könnte man das Selbst als einen Gegenstand und das Nicht-Selbst als seinen Schatten ansehen?

*M* Gegenstand und Schatten bestehen nur für den, der einen Schatten sieht, ihn irrtümlicherweise für den Gegenstand hält und nun einen Schatten des Schattens wahrzunehmen glaubt. Doch für den, der nur der Wirklichkeit gewahr ist, gibt es weder einen Gegenstand noch einen Schatten.

Fr Als Buddha gefragt wurde, ob es ein ‹ich› gäbe, schwieg er; er schwieg auch, als er gefragt wurde, ob es kein ‹ich› gäbe. Er schwieg immer noch, als die Frage nach Gott aufgeworfen wurde – und ebenso, als man das Dasein Gottes in Zweifel zog. Seine einzige Antwort auf alles dies war Schweigen. *Mahayana*- und *Hinayana*-Schulen haben ihn daraufhin zum Atheisten erklärt. Aber wenn er Atheist gewesen wäre, hätte er dann von Nirwana gesprochen, von Geburten und Toden, von *karma,* Reinkarnationen und *dharma,* dem rechten Leben? Ich halte diese Deutung für falsch. Oder?

M Sie haben recht.

## 27. Oktober 1936

Fr Läßt sich die *Vishnu*-Lehre, die Lehre von der Verehrung Gottes, mit der Lehre von der Einheit *(Advaita)* vereinbaren?

M Die Vertreter der *Vishnu*-Lehre nennen sich *visishtadvaitins,* sie stehen also nicht außerhalb der *Advaita*-Lehre. Das Individuum umfaßt die Seele, das ‹ich› und den stofflichen Körper. Gleicherweise umfaßt Gott das Höchste Sein, die Welt und die Individuen.

Fr Setzt Hingabe nicht Zweiheit voraus?

M Das Selbst der *advaitins* ist der Gott der Gottliebenden *(bhaktas).*

Fr Gibt es eine geistige Hierarchie aller Begründer der Religionen, die über das Wohl der Menschheit wacht?

M Vielleicht gibt es sie, vielleicht auch nicht. Im besten Fall ist es eine Vermutung. Selbst-Sein hingegen ist selbst-bezeugend. Seien Sie Ihres Seins gewahr, und jegliches Spekulieren erübrigt sich. Man mag an eine solche Hierarchie glauben oder nicht – sich selbst kann keiner verleugnen.

Fr Was meint Bhagavan zur Hingabe an das Göttliche im Alltag und zur Weltentsagung?

M Beides wird in den Schriften erwähnt.

Fr Welcher Weg ist besser?

M Schauen Sie das Selbst in seiner Einfachheit. Es ist reiner Friede. Sieht man das Selbst zusammen mit der Welt, dann ist Es der

Friede in der Handlung. Mit anderen Worten: Der nach innen gerichtete Geist ist reines Sein, der nach außen gerichtete ist das Innesein der Welt als Sein. Doch wie dem auch sei: alles ist das Selbst.

Ähnlich verhält es sich mit den geistigen Hierarchien. Auch sie können nicht getrennt vom Selbst bestehen. Sie sind und bleiben im Selbst und als das Selbst. Selbst-Verwirklichung ist das Ziel aller.

### 5. November 1936

Im Laufe eines Gesprächs erwähnte jemand ein Erlebnis, das Mr. Brunton und eine Begleiterin auf ihrem nächtlichen Heimweg hatten: Sie sahen den halben Berg in einem hellen Licht, das langsam von Norden nach Süden zog.

M  Es wird von diesem Berg gesagt, er sei Weisheit in sichtbarer Gestalt.
Fr  Wie kann sie dem physischen Auge sichtbar sein?
M  Sambandar singt in einer Hymne: ‹Ich singe im Geist von dem Einen, der mein Herz gefangen hat.› Demzufolge muß sein Geist in das ‹Herz› abgesunken sein. Und doch ist da noch die Erinnerung, die den Heiligen später von Gott singen läßt.

Es wurde von einem jungen Schüler Bhagavans und seinen besonderen Erfahrungen gesprochen. Er lebte in guten Verhältnissen, war gesund, gebildet und von nüchterner Gemütsart. Als er eines Tages zu Hause vor Bhagavans Bild meditierte, schien dieses plötzlich lebendig zu werden. Der junge Mann erschrak und rief nach seiner Mutter. Diese kam, zusammen mit anderen Angehörigen, und alle waren erschrocken über seinen Zustand. Er war ihrer zwar gewahr, befand sich aber immer noch im Banne einer fremden, geheimnisvollen Kraft, der er zu widerstehen suchte. Für kurze Zeit wurde er ohnmächtig. Als er wieder zu sich kam, überwältigte ihn von neuem die Furcht.

Als er später wieder nach Tiruvannamalai kam, hatte er das Vorgefühl einer ähnlichen Erfahrung; die Gegenwart Bhagavans aber schien den Anfall zu verhindern. Jedesmal aber, wenn er sich von der Halle entfernte, empfand er erneut die unwiderstehliche fremde Kraft und wurde von Angst geschüttelt.

Einer der Anwesenden fragte, ob es sich dabei um *saktipata,* die Herabkunft der göttlichen Kraft, handle?

M  Ja, das ist es. Ein Tor klammert sich in einer solchen Situation an seine innewohnenden Neigungen, der *jnani* tut es nicht. Das ist der einzige Unterschied zwischen beiden.

Fr  Aber es heißt doch, daß *saktipata* nur eintritt, wenn Verdienst und Schuld im Gleichgewicht sind.

M  Innere Läuterung *(malaparipaka),* Gleichgewicht der guten und bösen Taten *(karmasamya)* und göttliche Kraft *(saktipata)* bedeuten dasselbe.

Wenn einem Menschen, der noch seinen inneren Zwängen unterworfen ist, gesagt wird, daß er das Selbst sei, gerät sein Geist in Aufruhr. Er kann mit dieser gewaltigen Kraft nichts anfangen und fühlt sich Ihr hilflos ausgeliefert. Seine Erfahrungen entsprechen dem, was auch immer er sich unter dem Zustand ‹Ich bin das Selbst› vorstellt. Nur die göttliche Kraft allein führt den wahren Zustand herbei.

Ist der Mensch reif für die Unterweisung, und ist sein Geist im Begriff ins ‹Herz› abzusinken, dann wirkt die Unterweisung auf der Stelle – er verwirklicht das Selbst. Andernfalls entsteht immer ein innerer Kampf.

Sri Ramana Maharshi las in einer Zeitschrift den Bericht über die Reinkarnation eines Knaben. Dieser war jetzt dreizehn Jahre alt und besuchte die Schule in einem Dorf bei Lucknow. Als Dreijähriger pflegte er an verschiedenen Stellen zu graben. Auf Befragen gab er an, etwas zu suchen, was er früher in der Erde versteckt habe. Ein Jahr später fand in der Familie eine Hochzeit statt. Als die Gäste Abschied nahmen, äußerten sie im Scherz, die nächste Hochzeit, zu der sie wiederkommen wollten, würde die des Vierjährigen sein. Er wies das ernsthaft zurück mit den Worten: ‹Ich bin schon verheiratet, mit zwei Frauen.› Als die Angehörigen Näheres wissen wollten, verlangte er, in ein bestimmtes Dorf gebracht zu werden, wo er dann zwei Frauen als die seinen bezeichnete. Es stellte sich heraus, daß zwischen dem Todesdatum des Gatten dieser Witwen und der Geburt des Jungen zehn Monate vergangen waren.

Eine Zuhörerin fragte, ob es möglich sei, etwas über den Zustand eines Verstorbenen zu erfahren.

M  Manche werden unmittelbar nach ihrem Tod wiedergeboren, andere einige Zeit später; einige wenige kehren nicht auf diese

Erde zurück, sondern finden Erlösung in einer höheren Region. Sehr wenige werden in diesem Leben befreit.

*Fr* Ich meinte eigentlich nicht das. Ist es möglich, den Zustand eines Verstorbenen nach seinem Tode zu kennen?

*M* Es ist wohl möglich. Aber weshalb das versuchen? Alles darüber ist nur so wirklich wie der, der es zu erfahren sucht.

*Fr* Die Geburt eines Menschen, sein Leben und sein Tod sind für uns Tatsachen.

*M* Weil Sie das Selbst irrtümlich mit dem Körper identifizieren, stellen Sie sich auch den anderen als einen Körper vor. Aber weder Sie noch der andere sind Körper.

*Fr* Von meiner Ebene des Verstehens aus halte ich aber mich und meinen Sohn für wirklich.

*M* Geburt und Tod des Menschen sind nichts anderes als Geburt und Tod der ‹ich›-Vorstellung. Erst nach dem Aufsteigen dieser Vorstellung kommt es zur irrtümlichen Identifizierung des Selbst mit dem Körper. Aufgrund dessen identifizieren Sie die andern ebenfalls mit ihren Körpern und messen ihnen somit falsche Bedeutung bei. Ihr Körper wurde geboren, wuchs heran und wird einmal vergehen; dasselbe glauben Sie auch von Ihrem Sohn. Der Gedanke an ihn kam erst nach seiner Geburt und dauert nach seinem Tod fort. In Ihren Gedanken bleibt er Ihr Sohn, aber was ist aus ihm geworden? Er ist in sein Ursein zurückgekehrt, aus dem er kam. Er bleibt weiterhin eins mit Ihnen. Solange Sie sind, ist er auch. Sobald die Gleichsetzung mit dem Körper ein Ende hat und Sie sich Ihres Selbst-Seins bewußt geworden sind, wird die ganze Verwirrung aufhören. Sie sind unsterblich, und Sie werden auch die anderen als ewig erfahren. Bis zur Erlangung dieser Erkenntnis werden Leid und Schmerz andauern. Sie entspringen falschen Vorstellungen, die durch Nichtwissen und irrtümliche Identifizierung zustandegekommen sind.

*Fr* Möge Bhagavan mir durch seine Gnade die wahre Erkenntnis gewähren!

*M* Werden Sie den ‹ich›-Gedanken los. Solange das ‹ich› lebt, gibt es Leid. Wenn das ‹ich› zu existieren aufhört, endet auch das Leid. Denken Sie an Ihren Schlafzustand!

*Fr* Ja. Wenn ich mich aber dem ‹ich›-Gedanken zuwende, tauchen andere Gedanken auf und stören mich.

*M* Überlegen Sie, wessen Gedanken es sind, und sie werden verschwinden. Sie alle wurzeln in dem einen ‹ich›-Gedanken. Gehen Sie ihm nach, und die anderen Gedanken werden sich auflösen.

Zwei junge Männer aus Südindien befanden sich auf einer Wallfahrt nach dem Norden. Dort starb einer der beiden. Der andere, der noch nicht zurückkehren wollte, bat einen Pilger, der nach Süden zog, den Angehörigen seines Reisekameraden dessen Tod zu melden. Irrtümlicherweise verwechselte der Pilger die Namen der beiden, so daß die Eltern des Verstorbenen sich über das angebliche Wohlbefinden ihres Sohnes freuten, während die Eltern des Lebenden grundlos trauerten. Daraus ergibt sich, daß Freud und Leid nichts mit den Tatsachen zu tun haben brauchen, sondern auf bloßen Vorstellungen beruhen können. Dies alles ist das Werk der ‹ich›-Vorstellung. Wenn sie verschwindet, gibt es weder Freud noch Leid – nur noch ewige Glückseligkeit.

*Fr* Ich höre das zwar, kann es aber nicht begreifen. Ich bitte Bhagavan, mir zum Verständnis zu verhelfen.

In Mysore habe ich einen Wasserfall gesehen. Es war ein faszinierender Anblick. Die Wassermassen, die wie Finger nach den Felsen zu greifen schienen, stürzten unaufhaltsam in die Tiefe. Ich wurde an einen Menschen erinnert, der vergeblich versucht sich an seine Umgebung zu klammern. Und doch – auch ich verhalte mich nicht anders. Ich kann mir einfach nicht vorstellen, daß wir nicht mehr sein sollen als kurzlebige Blumen, Früchte oder Blätter. Zwar liebe ich Blumen, doch kann ich mich mit dieser Vorstellung nicht befreunden.

Nach einigen Minuten erwähnte die Sprecherin noch, daß sie in der Absicht gekommen sei, den Maharshi über den Tod und über Dinge, die damit zusammenhingen, zu befragen, daß sie es aber nicht zu tun brauche, da er eben das aus der Zeitung vorgelesen und besprochen habe, was sie wissen wollte.

## 9. November 1936

*Fr* Wo haben wir den Willen einzuordnen? Wo innerhalb der fünf ‹Hüllen› *(koshas)* paßt er hinein?

*M* Der ‹ich›-Gedanke steigt zuerst auf; dann erst folgen alle anderen Gedanken. Sie bilden den Geist. Er ist das Objekt, das ‹ich› ist das

Subjekt. Kann es einen Willen ohne ‹ich› geben? Er muß im ‹ich› enthalten sein. Der ‹ich›-Gedanke ist identisch mit der ‹Hülle des Intellekts› *(vijnanamaya kosha)*. Der Wille ist also darin enthalten.

## 10. November 1936

Eine Polin, die zum Hinduismus übergetreten war, brachte von einer Reise nach Kaschmir Aufnahmen mit. Bhagavan bemerkte dazu scherzend, daß wir nun alles gesehen hätten und uns die Mühen des Reisens sparen könnten.

*Fr* Ich möchte gerne einmal zum Kailas (Berg im Himalaya, der als Wohnstätte Sivas gilt).

*M* Zu solchen Orten kommt man nur, wenn es einem bestimmt ist. Außerdem ist es niemandem möglich, alles zu sehen. Es wird immer noch etwas übrigbleiben, wenn nicht in dieser Hemisphäre, dann in der anderen. Alles Wissen bleibt begrenzt.
Appar war schon alt und hinfällig, machte sich aber trotzdem auf den Weg zum Kailas. Unterwegs traf er auf einen anderen alten Mann, der versuchte, ihn von seinem Vorhaben mit dem Einwand abzubringen, daß die Reise viel zu anstrengend sei. Appar aber blieb hartnäckig und war bereit, dafür sein Leben aufs Spiel zu setzen. Da forderte ihn der Fremde auf, in einem Tempelteich, der am Wege lag, unterzutauchen. Appar gehorchte und fand das, was er suchte – den Kailas. Wo dies geschehen ist? In Tiruvayyar, neun Meilen von Tanjore entfernt. Wo ist dann der Kailas? Ist er irgendwo im Gebirge, in Tiruvayyar, oder ist er im Geist?
Ähnlich heißt es von anderen Wallfahrtsorten im Süden, daß sie der Aufenthaltsort Sivas seien, und Gläubige fanden es bestätigt. Es war wirklich so – von ihrem Standpunkt aus. Alles ist innen, nichts ist außen.

*Fr* Wie lange dauert es, bis man nach dem Tode wiedergeboren wird? Geschieht es sofort oder erst einige Zeit später?

*M* Sie wissen nicht, was Sie vor Ihrer Geburt waren, und möchten trotzdem wissen, was Sie nach dem Tod sein werden. Wissen Sie, was Sie jetzt sind?
Geburt und Wiedergeburt betreffen nur den Körper. Sie identifizieren das Selbst mit dem Körper und glauben, daß dieser geboren ist und sterben wird. Erkennen Sie Ihr wahres Wesen, und diese Fragen tauchen nicht auf!

Geburt und Wiedergeburt werden nur erwähnt, um Sie zu veranlassen, sich mit diesem Problem zu befassen und dabei zu erkennen, daß es weder Geburt noch Wiedergeburt gibt. Diese Vorgänge beziehen sich auf den Körper, nicht auf das Selbst. Erkennen Sie das Selbst, und lassen Sie sich nicht von Zweifeln stören!

Fr  Können Sie mir helfen, mich von *maya* zu befreien?
M  Was ist *maya*?
Fr  Das Verhaftetsein an die Welt.
M  War die Welt auch während Ihres Schlafes da? Gab es im Schlafzustand Verhaftetsein an die Welt?
Fr  Nein.
M  Haben Sie während des Schlafes existiert?
Fr  Vielleicht.
M  Dann sind Sie sich nicht sicher?
Fr  Doch, ich muß es bejahen.
M  Also sind Sie jetzt derselbe, der Sie im Schlaf waren?
Fr  Ja.
M  Man kann es so darstellen:

| Schlaf | Wachzustand |
|---|---|
| Keine Welt | Welt |
| Kein Verhaftetsein | Verhaftetsein |
| Das Selbst | Das Selbst |

Wer ist es demnach, der jetzt die Frage nach *maya* stellt?
Fr  Im Schlaf war kein Geist da. Die Welt und das Verhaftetsein an sie betreffen also nur den Geist.
M  So ist es. Sie gehören dem Geist an, nicht dem Selbst.
Fr  Ich war im Schlaf nichtwissend.
M  Wer sagt, daß er unwissend war? Ist er nicht jetzt auch unwissend? Das Nichtwissen wird jetzt von einem Selbst erwähnt, das sich nicht im Zustand der Reinheit befindet.
Fr  War Es denn im Schlaf rein?
M  Es sind Ihm keine Zweifel gekommen. Es fühlte sich weder vollkommen noch unvollkommen.
Fr  Solch ein Selbst ist allen eigen, sogar einer Leiche.
M  Aber weder der Schlafende noch der Tote stellen Fragen. Überlegen Sie, wer fragt! Sie selbst sind es. Waren Sie nicht auch im Schlaf da? Warum gab es da keine Unvollkommenheit? Das reine Selbst ist einfach Sein, völlig unabhängig vom Wachbewußtsein. Was Sie in Ihrem jetzigen Zustand als Bewußtsein bezeichnen, ist

von der Denktätigkeit und dem Körper abhängig. Das reine Bewußtsein hingegen bleibt auch während des Schlafes ohne diese Hilfsmittel gegenwärtig.
Fr Aber ich war im Schlaf des Bewußtseins nicht gewahr.
M Wer war seiner nicht gewahr? Sie geben zu: ‹Ich bin.› Sie geben zu: ‹Ich existierte im Schlaf.› Der Zustand des Seins ist Ihr Selbst.
Fr Wollen Sie damit sagen, daß der Schlaf die Verwirklichung des Selbst sei?
M Wieso reden Sie von Verwirklichung? Gibt es auch nur einen Augenblick, in dem das Selbst nicht verwirklicht ist? Wenn es einen solchen gäbe, könnte man einen anderen Augenblick als den der Verwirklichung bezeichnen. Es gibt aber nicht die kleinste Zeitspanne, in der das Selbst nicht existierte oder nicht verwirklicht wäre. Sogar jetzt sind Sie Selbst-verwirklicht!
Fr Ich spüre es aber nicht.
M Weil Sie das Selbst mit dem Körper verwechseln. Wenn Sie von diesem Irrtum lassen, wird Es sich Ihnen offenbaren.
Fr Ich weiß immer noch nicht, wie ich mich von dem Verhaftetsein an die Welt befreien kann.
M Dieses Verhaftetsein gibt es nicht im Schlaf; nur jetzt bemerken und empfinden Sie es. Es gehört nicht zu Ihrem wahren Wesen. Wen betrifft es denn eigentlich? Wird das wahre Wesen erkannt und das Selbst verwirklicht, verschwindet es. Nur so kann man sich aus der Verstrickung mit der Welt lösen. Einen anderen Weg gibt es nicht.

### 15. November 1936

Ein ehemaliger Schüler Bhagavans hatte einen Prozeß angestrengt, um seinen Anspruch auf den Posten eines Geschäftsführers des Ashrams durchzusetzen. Eine Kommission vernahm Sri Ramana Maharshi als Zeugen.
Fr Zu welchem *asramam* (hier: einer der vier Lebensabschnitte eines Brahmanen in Indien) gehört Bhagavan?
M *Atiasrama.*
Fr Was bedeutet das?
M Mein Zustand liegt jenseits der vier allgemein bekannten *asramams*.
Fr Ist das schriftgemäß?

M   Ja, es wird in den heiligen Schriften erwähnt.
Fr  Gibt es andere dieser Art außer Ihnen?
M   Vielleicht.
Fr  Hat es andere gegeben?
M   Suka, Rishabha, Jada Bharata und andere.
Fr  Sie verließen Ihre Familie in jungen Jahren, weil Sie sich Haus und Besitz nicht verbunden fühlten. Der Ashram hier verfügt aber über Eigentum. Wie ist das zu verstehen?
M   Ich habe keine materiellen Güter gesucht. Eigentum wird mir aufgedrängt; ich will es weder, noch lehne ich es ab.
Fr  Ist es für Sie persönlich bestimmt?
M   Es wird dem Swami (hier: spiritueller Mittelpunkt des Ashrams) gegeben. Man hält den Swami für einen Körper. Das ist dieser hier.
Fr  In dem Fall ist die Verhaftung an Besitz wieder erwacht?
M   Ich lehne nichts ab. Das ist alles, was ich dazu zu sagen habe.
Fr  Im praktischen Leben läuft das darauf hinaus, was ich gesagt habe.
M   In dem Sinne, als wir uns mit den alltäglichen Dingen abzugeben haben.
Fr  Erteilen Sie Unterweisung? Haben Sie es je getan?
M   Besucher fragen, und ich antworte, so gut ich kann. Es liegt an ihnen, wie sie meine Worte auffassen.
Fr  Ist es Unterweisung?
M   Wie soll ich wissen, wofür andere das halten?
Fr  Haben Sie Jünger?
M   Ich erteile keine formelle Einweihung und führe auch keine religiösen Zeremonien durch.
    Der Betreffende mag sich als mein Jünger oder Schüler bezeichnen; ich betrachte niemanden als solchen. Weder habe ich jemals um Einweihung ersucht, noch erteile ich solche. Weder bestätige ich, noch widerspreche ich, wenn Leute sich meine Jünger nennen. Aus meiner Sicht sind alle gleich. Ich betrachte mich weder als Jünger noch als Guru.
Fr  Wie kamen Sie dazu, Ihre Genehmigung zu den baulichen Veränderungen am Skandashram auf dem Berg zu geben? Es ist Tempelgelände; Sie hätten die Erlaubnis der zuständigen Stellen gebraucht.
M   Mich veranlaßte dieselbe Kraft dazu, die mich hierhergeführt hat und die mich hieß, auf dem Berg zu leben.

*Fr* Als Sie nach Ihrer Ankunft hier innerhalb einer Stunde Ihr Geld und alles übrige fortwarfen, taten Sie es, weil Sie nichts besitzen wollten. Sie rühren niemals Geld an. Noch viele Jahre danach hatten Sie keinen Besitz. Wie kommt es, daß der Ashram jetzt Spenden annimmt?

*M* Das hat sich später eingebürgert, nachdem einige begannen, in meinem Namen Geld zu sammeln. Ich habe es weder gebilligt noch untersagt, so blieb es dabei. Der eine kommt, der andere geht, und viele wollen etwas zur Unterstützung des Ashrams beitragen. Ich bin nicht dafür, daß Spenden angenommen werden, aber man hört nicht auf mich. Da meine Einwände nicht beachtet werden, lasse ich den Dingen ihren Lauf. So vergrößert sich der Besitz zwangsläufig.

*Fr* Weshalb unterzeichnen Sie nichts mit Ihrem Namen?

*M* Welcher ist mein Name? Ich weiß es nicht. Seit ich hierherkam, haben die Menschen mir von Zeit zu Zeit andere Namen gegeben. Wollte ich mit einem unterzeichnen, würden andere das vielleicht nicht anerkennen.

*Fr* Vermutlich rühren Sie nach wie vor weder Geld noch andere Gaben an?

*M* Manchmal geben mir die Leute Früchte in die Hand. Die berühre ich natürlich.

*Fr* Sie nehmen zwar Gaben verschiedener Art an, aber kein Geld. Warum?

*M* Weil ich Geld nicht essen kann. Was soll ich damit tun?

*Fr* Weshalb kommen Besucher?

*M* Sie müssen wissen, warum.

*Fr* Ich nehme an, daß Sie gegen niemanden Einwände erheben, der kommt und bleibt?

*M* Nein.

*Fr* Sie kümmern sich auch nicht darum, wie lange die Besucher bleiben?

*M* Nein. Sollte es mir nicht passen, ginge ich von hier weg. Das ist alles.

Anderntags fragte ein Anhänger Bhagavans, ein Rechtsanwalt, ob die Vernehmung ihn angestrengt habe.

*M* Ich brauchte meinen Geist nicht dazu in Anspruch zu nehmen. Daher war es keine Anstrengung. Von mir aus können sie mich tausend Tage lang vernehmen.

## 16. November 1936

*Fr* Führen die Übungstechniken des *Tantra* auch zur Verwirklichung des Selbst?
*M* Ja.
*Fr* Welche ist am wirksamsten?
*M* Das hängt vom Übenden ab.
*Fr* Welche Rolle spielt die *kundalini* bei der Selbst-Verwirklichung?
*M* Kundalini ist die Lebenskraft *(prana-sakti),* die in jedem die wesenseigenen Grundveranlagungen zur Entwicklung bringt.
*Fr* Es heißt, daß in den verschiedenen *chakras* bestimmte Gottheiten weilen. Kann man sie im Laufe seiner Bemühungen zu sehen bekommen?
*M* Wenn man es wünscht, kann man sie sehen.
*Fr* Ist *samadhi* zur Selbst-Verwirklichung unerläßlich?
*M* Selbst-Verwirklichung und *samadhi* bedeuten dasselbe.
*Fr* Es heißt, daß der Guru den Jünger zur Selbst-Verwirklichung bringen könne, indem er etwas von der eigenen Kraft auf ihn übertrage. Stimmt das?
*M* Ja. Aber der Guru ruft die Selbst-Verwirklichung nicht hervor. Er entfernt nur die Hindernisse. Das Selbst ist immer verwirklicht.
*Fr* Ist ein Guru zur Selbst-Verwirklichung notwendig?
*M* Solange Sie sich um Selbst-Verwirklichung bemühen, ist ein Guru nötig. Der Guru ist das Selbst. Sehen Sie ihn so, und betrachten Sie sich als das individuelle Selbst. Das Verschwinden dieses Gefühls der Zweiheit bewirkt die Auflösung des Nichtwissens. Solange es Zweiheit gibt, ist der Guru nötig. Da Sie sich für den Körper halten, halten Sie auch den Guru dafür. Sie sind aber nicht der Körper, noch ist es der Guru. Sie sind das Selbst, genau wie der Guru. Diese Erkenntnis leuchtet auf in dem Vorgang, den Sie Selbst-Verwirklichung nennen.
*Fr* Wie kann man erkennen, ob jemand fähig ist, Guru zu sein?
*M* Durch den Frieden des Geistes, den seine Gegenwart bewirkt, und durch die Achtung, die Sie für ihn empfinden.
*Fr* Wenn der Guru sich aber als unfähig erweist, was ist dann das Schicksal des Schülers, der ihm uneingeschränkt vertraute?
*M* Jedem nach seinem Verdienst.
*Fr* Was halten Sie von sozialen Reformen?
*M* Selbst-Reform bringt automatisch soziale Reformen mit sich.

Beschränken Sie sich auf die eigene Reform; die soziale Reform sorgt für sich selbst.

Fr Wie denken Sie über Gandhis Harijan-Bewegung (Bestrebungen, die Kastenlosen in die Gesellschaft einzugliedern)?

M Fragen Sie Gandhi selbst.

Fr Ist es nötig, ein Bad zu nehmen, wenn wir eine Leiche berührt haben?

M Der Körper ist eine Leiche. Solange man mit ihm in Berührung ist, muß man in den Wassern des Selbst baden.

Fr Wenn *Advaita* wahr ist, weshalb lehrte dann Madhvacharya *dvaita* (Dualismus)?

M Ist Ihr Selbst *dvaita* oder *Advaita*? Beide Lehren stimmen in der Forderung nach der Übergabe des ‹ich› überein. Erfüllen Sie zuerst einmal diese, dann können wir darüber reden, wessen Ansicht richtig ist.

Fr Weshalb verkündigen Sie Ihre Lehre nicht öffentlich, um die Menschen auf den richtigen Pfad zu bringen?

M Sie sind sich bereits sicher, daß ich das nicht tue. Wissen Sie, wer Ich bin und was ‹verkündigen› bedeutet?

Fr Ist es nicht grausam, daß die Witwen der Brahmanen sich das Haar scheren lassen müssen?

M Fragen Sie das Reformer oder solche, die in den Schriften der rechten Lebensführung *(dharma)* bewandert sind. Reformieren Sie sich selbst, dann sehen wir weiter!

## 17. November 1936

Fr Wie kann man sich von dem schlechten Einfluß der Gesellschaft befreien?

M Durch *sat sanga* (Zusammensein mit einem Verwirklichten). *Sat sanga* bedeutet *sanga* (Verbundensein) mit *sat*. *Sat* ist das Selbst. Da das zunächst noch nicht verstanden wird, muß die Gesellschaft von Weisen gesucht werden, die sich ihres Seins bewußt sind. Das ist *sat sanga*. Das Ergebnis ist Einwärts-gekehrt-Sein, das schließlich zur Verwirklichung des Selbst führt. Für wen ist eigentlich die ‹Gesellschaft›? Wen betrifft der schlechte Einfluß?

Fr Das Selbst.

M Nein. Das Selbst ist rein und unberührt. Die Unlauterkeiten betreffen nur das ‹ich›.

*Fr* Kann die Seele ohne Körper sein?
*M* Sie wird es in kurzer Zeit sein – im Tiefschlaf. Das Selbst ist ohne Körper, sogar jetzt.
*Fr* Darf ein *sannyasi* sich in die Niederungen des Alltagslebens begeben?
*M* Solange jemand denkt, er sei ein *sannyasi,* ist er keiner. Solange jemand nicht an die ‹Welt› denkt, ist er nicht ‹weltlich›, sondern ein *sannyasi.*

## 18. November 1936

*Fr* In der *Bhagavad Gita* heißt es: ‹Verwirkliche das Selbst mit reinem Geist, durch Selbsterforschung und durch Dienst für den Meister.› Wie läßt sich das miteinander vereinbaren?
*M* Gott, der Meister und das Selbst sind ein und dasselbe. Solange in Ihnen das Empfinden der Zweiheit herrscht, suchen Sie einen Meister. Sie betrachten ihn als ein von Ihnen getrenntes Wesen. Er lehrt Sie die Wahrheit kennen und offenbart Ihnen, daß sie Ihnen innewohnt.
*Fr* ‹Ich allein bin, nichts ist mein. Ich gehöre niemandem. Ich sehe niemanden, dem ich zugehörig bin, und niemanden, der mir zugehörig ist.› Bitte erklären Sie mir das!
*M* Das ist eine Aussage, die in verschiedenen Schriften, wie der *Bhagavata* und der *Maha Bharata,* aufgeführt ist. Es gibt nur ein Ich, aber viele persönliche Ichheiten (‹ichs›). Sie sind im alleinigen Ich enthalten, das unberührt von ihnen bleibt. Ich-Sein, das ist die alleinige Wirklichkeit. – Das ist die Hauptaussage des Zitats. Alles andere soll uns nur auf das von uns irrtümlich angenommene Getrenntsein hinweisen.
*Fr* Wenn das Selbst seiner gewahr ist, warum bin ich dann nicht jetzt seiner gewahr?
*M* Es gibt keine Zweiheit. Ihr gegenwärtiges Erkennen betrifft das ‹ich› und ist lediglich relativ. Relative Erkenntnis erfordert Subjekt und Objekt, während das Gewahrsein des Selbst absolut ist und kein Objekt braucht. Auch Erinnerung ist relativ; sie bedarf eines Objekts, das erinnert wird, und eines Subjekts, das sich erinnert. Wenn es aber keine Zweiheit gibt – wer ist dann da, um sich wessen zu erinnern?
*Fr* Was geschieht mit dem erschaffenen ‹ich›, wenn der Körper stirbt?

M ‹Ich› ist der ‹ich›-Gedanke. In seiner subtilen Form bleibt es ein Gedanke, während es in seiner groben Gestalt Geist, Sinne und Körper umfaßt. Sie verschwinden zusammen mit dem ‹ich› im Tiefschlaf. Und doch ist das Selbst noch da. Ähnlich ist es beim Sterben.
Das ‹ich› ist keine Wesenheit unabhängig vom Selbst, die durch sich selbst erschaffen oder zerstört werden könnte. Es funktioniert mit Unterbrechungen als ein Instrument des Selbst. Es erscheint und verschwindet; das kann man als Geburt oder Tod betrachten. Relatives Wissen gehört dem Geist an und nicht dem Selbst. Es ist daher illusorisch und nicht beständig. Nehmen Sie zum Beispiel einen Wissenschaftler. Er stellt die Theorie auf, daß die Welt rund sei, sucht das zu beweisen und leitet schließlich ein Gesetz daraus ab. Wenn er einschläft, verschwindet die ganze Idee; sein Geist ist leer geworden. Was bedeutet es jetzt noch, ob die Welt flach oder rund ist? Man sollte über das relative Wissen hinausgehen, ins Selbst eingehen und dort bleiben. Diese Erfahrung ist wirkliche Erkenntnis und bedarf des Verstehens durch den Geist nicht.

Fr Warum verkündigt Bhagavan seine Lehre nicht einer größeren Zahl von Menschen?

M Woher wollen Sie wissen, daß ich es nicht tue? Besteht Verkündigung darin, von einem Podium herab eine Rede zu halten? Verkündigen heißt, Erkenntnisse weitergeben. Das kann auch schweigend geschehen.
Wie denken Sie über einen Mann, der eine Stunde lang einem Vortrag zuhört und dann weggeht, ohne so beeindruckt zu sein, daß er sein Leben ändert? Vergleichen Sie ihn mit einem anderen, der eine Zeitlang in der Gegenwart einer hohen Seele zubrachte und sich dabei von Grund auf geändert hat. Was ist besser: lauthals zu predigen ohne Wirkung, oder schweigend stillzusitzen und Kräfte auszusenden, die anderen helfen können?
Wie entsteht denn Sprechen überhaupt? Da ist die abstrakte Erkenntnis. Aus ihr erhebt sich das ‹ich›, aus dem nacheinander Gedanken und Worte aufsteigen. Die Reihenfolge ist also: abstrakte Erkenntnis – ‹ich› – Gedanke – Wort. Worte sind also schon die Urenkel der ursprünglichen Quelle. Wenn Worte eine Wirkung auslösen können, um wieviel wirkungsvoller muß dann Predigen durch Schweigen sein. Urteilen Sie selbst.

Fr Warum können wir nicht im Tiefschlaf bleiben, so lange wir wollen, ähnlich, wie es uns im Wachen möglich ist?

*M* Tiefschlaf setzt sich im Wachzustand fort; wir sind immer im Tiefschlaf. Die Bewußtmachung dieses Sachverhaltes führt zu *samadhi*. Der normale Mensch kann nicht lange im Tiefschlaf bleiben, weil er von der Natur gezwungen wird, immer wieder daraus aufzutauchen. Sein ‹ich› ist nicht tot und erhebt sich von neuem. Der Weise dagegen sucht es bereits an der Quelle zu vernichten. Doch auch in ihm erhebt es sich immer wieder aufgrund seines *prarabdha*, des *karmas* der gegenwärtigen Existenz. Das ‹ich› erscheint in beiden, dem *jnani* und dem *ajnani*, mit dem Unterschied, daß sich das ‹ich› des *ajnani*, wenn es aufsteigt, der eigenen Quelle nicht bewußt ist, während der *jnani* sich ständig seiner transzendentalen Erfahrung bewußt bleibt, da er sein Gewahrsein unablässig auf deren Quelle gerichtet hält. Das ‹ich› des *jnani* ist nicht mehr gefährlich; es gleicht den Rückständen eines verbrannten Seils: damit kann man nichts mehr binden. Wenn wir unser Gewahrsein ständig auf unsere Quelle richten, wird das ‹ich› in ihr aufgelöst wie eine Puppe aus Salz im Meer.

*Fr* Sri Ramakrishna sagt, daß *nirvikalpa samadhi* nicht länger währen dürfe als 21 Tage. Dauere er länger, müsse der Betreffende sterben. Trifft das zu?

*M* Wenn *prarabdha*, das *karma* der gegenwärtigen Existenz, erschöpft ist, wird das ‹ich› vollständig aufgelöst, ohne eine Spur zu hinterlassen. Das ist endgültige Befreiung. Solange *prarabdha* noch nicht ganz abgebaut ist, steigt das ‹ich› in reiner Form selbst in *jivanmuktas* wieder auf. Ich bezweifle die Feststellung einer Höchstdauer von 21 Tagen für *samadhi*. Es heißt auch, daß Leute sterben müßten, wenn sie 30 oder 40 Tage fasten. Es gibt aber Menschen, die bis zu 100 Tage gefastet haben. Das bedeutet, daß für sie noch *prarabdha* vorhanden war.

*Fr* Wie wird Verwirklichung möglich gemacht?

*M* Vom absoluten Selbst geht ein Funke aus wie von einem Feuer. Dieser Funke ist das ‹ich›. Im Normalfall identifiziert sich der Mensch beim Aufsteigen des ‹ich› mit einem Körper; es kann nicht unabhängig von einem solchen existieren. Diese Verbindung ist *ajnana*, das Nichtwissen, dessen Auflösung Gegenstand unseres ganzen Bemühens ist. Wenn diese Neigung des ‹ich› zum Körper endet, ist das ‹ich› rein und geht in seinem Ursprung auf. Die irrige Identifizierung mit dem Körper muß aufgehoben sein, bevor es zur Befreiung kommen kann.

*Fr* Wie hebt man sie auf?

*M* In den Intervallen zwischen Schlaf- und Wachzustand sowie zwischen zwei Gedanken kann das ‹ich› in seiner ursprünglichen Reinheit erlebt werden. Es ähnelt einer Raupe, die von ihrem jeweiligen Halt erst läßt, wenn sie einen anderen gefunden hat. Sein reines Wesen kann dann erschaut werden, wenn es gerade keinen Kontakt mit Objekten oder Gedanken hat. Nutzen Sie das, indem Sie versuchen, die Intervalle bewußt zu erleben!
Wir existieren im Tiefschlaf, ohne mit Körper und Geist verbunden zu sein, während wir mit ihnen in den anderen beiden Zuständen in engster Beziehung stehen. Wären wir wirklich eins mit dem Körper, wie könnten wir dann im Tiefschlaf ohne ihn sein? Wir vermögen uns nur von dem zu trennen, was außerhalb von uns ist, nicht von dem, mit dem wir eins sind. Das ‹ich› ist also nicht eins mit dem Körper. Diese Tatsache muß im Wachzustand bewußtgemacht werden. Alles Nachdenken über diese drei Zustände hat nur den einen Sinn, uns zu dieser Einsicht zu führen.

*Fr* Wie verlaufen die Vorgänge des Einschlafens und des Aufwachens?

*M* Wenn es Abend wird, ruft die Henne ihre Küken herbei. Sie schlüpfen unter ihr Gefieder, um dort wohlbehütet die Nacht zu verbringen. Früh am Morgen kommen sie alle wieder hervor. Die Henne symbolisiert das ‹ich›, das am Abend alle Gedanken sammelt, wie diese ihre Küken, und dann zum Schlafzustand übergeht. Mit den Gedanken ist alles andere auch verschwunden. Am Morgen kommen die Gedanken wieder hervor, und mit ihnen ist alles andere auch wieder da.

*Fr* Womit können wir den Tiefschlaf vergleichen?

*M* In einer wolkendunklen Nacht kann man keine Einzelheiten unterscheiden und gewahrt nur dichte Finsternis, obgleich die Augen weit offen sind. Ähnlich sind wir im Tiefschlaf des Nichts gewahr.

*27. November 1936*

*Fr* Wie soll ich meditieren? Ich kann keinen Frieden finden.

*M* Friede ist Ihr wirkliches Wesen; er braucht nicht ‹gefunden› zu werden. Unsere Gedanken müssen verschwinden.

*Fr* Ich habe versucht sie auszuschalten, aber ohne Erfolg.

M  Die einzig wirksame Methode dazu nennt die *Gita*: ‹Wann immer der Geist fortstrebt, bring ihn zur Meditation zurück!›
Fr  Ich kann meinen Geist einfach nicht dazu bringen zu meditieren.
Ein anderer Besucher warf ein:
Ein Elefant sucht rastlos mit seinem Rüssel überall herum. Gibt man ihm aber eine Kette, dann hält er sie mit dem Rüssel fest und bleibt ruhig. Ähnlich ist der Geist so lange rastlos, als er kein Ziel findet; wird ihm ein Ziel gesetzt, bleibt er ruhig.
Fr  Nein, nein, das ist alles Theorie. Ich habe viel gelesen, ohne daß es etwas genützt hätte. Es ist mir nicht möglich, den Geist zu konzentrieren.
M  Konzentration ist unmöglich, solange noch latente Neigungen und Eindrücke vorherrschen. Sie behindern auch *bhakti*.
Der Dolmetscher schlug dem Frager vor, das Büchlein *Wer bin ich?* zu lesen.
Fr  Ich habe auch das gelesen; es hat mir nicht geholfen.
M  Durch Bemühung und Entsagung ...
Fr  Vielleicht fehlt mir die Kraft zur Entsagung.
M  Bemühung und Entsagung sind unerläßlich. Entsagung wirkt gegen das Verzetteln der Gedanken, Bemühung ist Konzentration auf einen Gedanken. Das eine ist der positive, das andere der negative Aspekt der Meditation.
Fr  Ich bin unfähig, das aus mir heraus zu erreichen. Ich suche eine Kraft, die mir hilft.
M  Ja, man nennt sie Gnade. Allein sind wir unfähig, denn der Geist ist schwach; wir brauchen die Gnade. Der Dienst für den Guru soll dazu verhelfen. Allerdings gibt es dabei nichts Neues zu erreichen. Genau wie ein schwacher Mensch von einem stärkeren beherrscht wird, so wird ein schwacher Geist in der Gegenwart von Weisen, deren Geist stark ist, leichter unter Kontrolle gebracht werden. Letztlich ist alles Gnade. Es gibt nichts anderes.
Der Besucher bat um den Segen des Meisters und verließ dann zusammen mit seiner Frau die Halle.

*29. November 1936*

M  Die Anhänger des *Vedanta* verstehen unter *maya* jene Kraft *(sakti)*, die der in *Siva* angenommenen Illusion zugrundeliegen solle. *Maya* hat keine unabhängige Existenz. Sie ist die Schöpferin der

illusionären Welt und treibt ihr Spiel mit all denen, die ihre
Machenschaften nicht durchschauen. Wenn ihr illusionäres
Wesen erkannt wird, verschwindet sie.
Für *Pratyabhijna* existieren *sakti* und *Siva* gleichzeitig. Das eine
kann nicht ohne das andere sein. *Siva* offenbart sich nicht,
während sich *sakti* durch ihren unabhängigen Willen *(swatantra)*
manifestiert. Ihre Manifestation spiegelt sich als Kosmos im
Reinen Bewußtsein wie Bilder in einem Spiegel. Und wie Bilder
im Spiegel nicht ohne diesen bestehen bleiben können, so kann
auch die Welt keine unabhängige Existenz haben. Nach dieser
Lehre ist *swatantra* eine Eigenschaft des Absoluten.
Sri Sankara, ein Vertreter des *Vedanta,* sagt, daß das Absolute
keine Eigenschaften besitze und daß *maya* nicht existiere und kein
wirkliches Sein besitze.
Worin unterscheiden sich die beiden Schulen? Sie meinen beide
dasselbe. Für beide hat die Welt keine reale Existenz, wie es bei
den Bildern in einem Spiegel der Fall ist. Auch das Ziel, die
Verwirklichung des Absoluten Bewußtseins, ist beiden gemeinsam.
Wenn die Welt als Bewußtsein erkannt wird, ist sie wirklich. In
dieser Wirklichkeit gibt es keine Verschiedenheit mehr. Diese
Aussagen sind in beiden Lehren enthalten; so stimmen sie darin
überein. Sie gebrauchen nur verschiedene Begriffe und verwenden unterschiedliche Lehrmethoden.

*30. November 1936*

Das Gespräch drehte sich um *karma.*
M *Karma* trägt Frucht, denn jede Ursache hat ihre Wirkung. Die
Beziehung zwischen Ursache und Wirkung beruht auf einer *sakti*
(Kraft), die wir Gott nennen. In diesem Sinne ist es Gott, der uns
die Früchte unseres eigenen Tuns zuteilt.

Ein Besucher hatte davon gesprochen, wie leicht man das Selbst
vergessen könne.
M Vergessen und Erinnern sind nur Gedankenformen. Sie werden
miteinander abwechseln, solange es Gedanken gibt. Die Wirklichkeit befindet sich jenseits von ihnen. Erinnern und Vergessen
müssen von etwas abhängen. Aber auch dieses ‹etwas› muß

fremd sein, sonst könnte es nicht vergessen werden. Es wird von jedermann ‹ich› genannt. Schaut man nach ihm aus, ist es nirgends zu finden, denn es ist nicht wirklich. Daher ist ‹ich› gleichbedeutend mit Illusion oder Nichtwissen *(maya, avidya, ajnana)*.

Das Ziel aller spirituellen Lehren ist es, zu der Erkenntnis zu führen, daß es niemals so etwas wie Nichtwissen gegeben hat. Nichtwissend könnte nur jemand sein, der seines Nichtwissens gewahr wäre. Gewahrsein aber ist *jnana*. *Jnana* ist ewig und wirklich. *Ajnana* dagegen ist temporär und unwirklich.

*Fr* Warum kann man nicht im Frieden verbleiben, wenn man die Wahrheit gehört hat?

*M* Weil dadurch noch nicht die *samskaras*, die innewohnenden Neigungen, zerstört sind. Und solange diese nicht zu existieren aufhören, wird es immer Zweifel und Verwirrung geben. Alles Bemühen ist darauf gerichtet, Zweifel und Verwirrung zu beseitigen. Zu diesem Zweck müssen deren Wurzeln herausgezogen werden, die *samskaras*. Diese werden durch Übungen, die der Guru vorschreibt, unwirksam gemacht. Die Durchführung bleibt dem Sucher überlassen, der selbst herausfinden muß, daß es kein Nichtwissen gibt. Zwar wird diese Wahrheit schon auf der Stufe des Hörens, *sravana*, gelehrt, aber da wird sie noch nicht zur Gewißheit. Um sie unerschütterlich zu machen, müssen *manana*, Überdenken, und *nididhyasana*, Kontemplation, angewandt werden. Diese beiden töten die Samen der *vasanas*, der geistigen Gewohnheiten, ab, so daß sie nicht mehr auskeimen können.

Einige außergewöhnliche Personen gewinnen die unerschütterliche Erkenntnis schon beim einmaligen Hören der Wahrheit. Der Anfänger braucht dazu länger.

Die Leute fragen: ‹Wie konnte Nichtwissen überhaupt entstehen?› Wir müssen darauf antworten: ‹Nichtwissen entstand niemals; es ist nicht wirklich. Das, was ist, ist einzig und allein Erkenntnis.›

*Fr* Warum kann ich das denn nicht erkennen?

*M* Wegen der *vasanas*. Finden Sie heraus, wer es ist, der nicht erkennt, und was er nicht erkennt. Dann wird Ihnen klar sein, daß es kein Nichtwissen gibt.

Einer der Anwesenden, ein Baumwollhändler aus Bombay, ist Kenner der *Srimad Bhagavad Gita* und hatte dazu einige Fragen.

*Fr* In der *Srimad Bhagavad Gita* heißt es an einer Stelle: ‹Es gibt nichts, was von mir verschieden ist›, und an einer anderen Stelle steht: ‹wie Perlen an einer Schnur›. Wenn es nichts gibt außer Sri Krishna, wie kann man da von den Dingen der Welt sagen, sie seien aufgereiht wie Perlen an einer Schnur?

*M* Es bedeutet, daß weder Schnur noch Perlen verschieden von Mir sind. So wie die Perlen nicht von der Schnur getrennt sind, so wenig ist die Schnur von Mir getrennt. Die Betonung liegt hier auf Einheit; der Eindruck von Vielfalt kann nur bei oberflächlicher Betrachtung entstehen.

*Fr* Aber Einheit ist doch erst da nach dem Aufgehen in Gott. Bis dahin haben wir es mit der Vielfalt zu tun. Also gilt für mich noch *samsara* (Kreislauf aus Geburt und Tod).

*M* Wo sind wir jetzt? Sind wir von Gott getrennt? *Samsara* und wir sind in Gott.

*Fr* Das mag die Erfahrung des *jnani* sein; bis *jnana*, Erkenntnis, aufdämmert, dauern die Unterschiede an. Für mich gibt es *samsara*.

*M* *Samsara* ist gleich *samskara*. (Der Kreislauf aus Geburt und Tod ist gleich den innewohnenden Tendenzen.)

*Fr* Richtig. ‹All dieses ist *Vasudeva*› (höchste Gottheit). Diese Wahrheit haben wir vergessen. Daher können wir uns nicht mit Gott identifizieren.

*M* Wo ist das Vergessen?

*Fr* Vielleicht im Traum.

*M* Wessen Traum?

*Fr* Des *jiva* (individuelle Seele).

*M* Wer ist der *jiva*?

*Fr* Er gehört dem höchsten Selbst an.

*M* Dann lassen Sie das höchste Selbst fragen.

*Fr* Ich werde meine Zweifel durch eine Illustration deutlicher machen.

*M* Wer interessiert sich dafür? Unmittelbare Erfahrung bedarf keiner Beispiele zur Erläuterung.

*Fr* Es gibt die unmittelbare Erfahrung, aber auch das Vergessen.

*M* Was wurde vergessen und von wem?

*Fr* Bitte hören Sie! Man träumt – die Traumwelt verschwindet beim Aufwachen.

*M* Wachen Sie genauso aus Ihrem gegenwärtigen Traum auf!

*Fr* Die Natur *(prakriti)* ist zu mächtig.

*M* Blicken Sie auf den Herrn *(purusha)*; was kann die Natur dann schon machen?
*Fr* Da ist ein Hindernis zwischen beiden.
*M* Zu wem gehört das Hindernis – zum Herrn oder zur Natur? Oder zu beiden?
*Fr* *Brahman* ist die Ursache.
*M* Dann muß *Brahman* fragen oder gefragt werden. Wer hat den Traum? Wer wird durch das Hindernis gestört? Sie sagen: ‹ich frage›. Wer ist dieses ‹ich›?
*Fr* Ich kann es nicht erkennen.
*M* Das Ich ist ewig. Es verschwände, wenn es etwas Wahrnehmbares wäre. Es ist aber Vollkommenheit. So kann es nicht als Objekt erfahren werden.
*Fr* Aber ich bin unvollkommen.
*M* Warum sprechen Sie von Unvollkommenheit? Warum sollten Sie nicht vollkommen sein? Empfanden Sie die Unvollkommenheit im Schlaf? Warum bleiben Sie jetzt nicht genau derselbe? Bringen Sie den Schlaf in den Wachzustand hinein! Dann wird alles in Ordnung sein. ‹Wo der Nichtwissende nur Nacht sieht, ist es Tag für den Weisen› *(Bhagavad Gita)*.
*Fr* Ja, ein Weiser müßte man sein!
*M* Wer ist ein Weiser? Ist er nicht auch ein Mensch?
*Fr* Spüren Sie es, wenn Sie einen Schlag bekommen? Wenn Sie das nicht spüren, ist das dann ein Zeichen von *jnana*?
*M* Ein Mensch, der unter dem Einfluß bestimmter Drogen oder von Alkohol steht, spürt es nicht. Ist er deshalb ein *jnani*? Ist *jnana* mit Empfindung unvereinbar?
*Fr* Es gibt den Seher, das Sehen und das Gesehene. Sie sind nicht charakteristisch für *jnana*.
*M* Im Schlaf, in Trance, während einer Geistesabwesenheit fehlt die Unterscheidungsfähigkeit. Halten Sie diese Zustände für *jnana*? Was hat sich in jenen Zuständen ereignet? Das, was ist, ist ewig. Der Unterschied besteht nur im Geist. Der Geist ist manchmal gegenwärtig, manchmal nicht. Die Wirklichkeit aber ist immer da. Sie ändert sich nicht. Sie ist immer Seligkeit – *ananda*.
*Fr* Seligkeit ist ein Ergebnis der Übung. Um welche handelt es sich?
*M* *Sadhana* besteht im Forschen nach dem, in dem all diese Zweifel aufsteigen.
*Fr* Im ‹ich› natürlich.
*M* Und von wo steigt das ‹ich› auf?

*Fr* Ich brauche Führung, um den Weg zu finden.
*M* Wenden Sie sich nach innen! Sie können den Weg nicht außen oder von außen finden.
*Fr* Ich bin außerstande, das ‹ich› zu finden. Ich komme einfach nicht weiter.
*M* Wie können Sie es finden, da es ja nicht von Ihnen getrennt ist? Lassen Sie das alles beiseite! Wo sind Sie jetzt? Wollen Sie sagen: ‹Ich bin nicht›?
*Fr* Was oder wie bin ich?
*M* Beschäftigen Sie sich nicht damit; lassen Sie es sein, wie es ist. Kümmerten Sie sich darum, als Sie schliefen? Dieselbe Person ist auch jetzt gegenwärtig. Sie sind derselbe im Schlaf und im Wachen.
*Fr* Schlaf und Wachen sind verschiedene Zustände mit verschiedenen Wirkungen ...
*M* Was macht das Ihnen aus? Das Selbst bleibt sich immer gleich.
*Fr* Der Geist ist in der Meditation nicht beständig.
*M* Wenden Sie ihn wieder und wieder einwärts, wenn er zu wandern beginnt!
*Fr* Wenn ich von Sorgen überwältigt werde, ist die Suche unmöglich.
*M* Weil der Geist zu schwach ist. Stärken Sie ihn!
*Fr* Womit?
*M* Gemeinschaft mit Weisen, Gebet, Atemkontrolle.
*Fr* Was passiert dann?
*M* Die Sorgen verschwinden, und das ist unser Ziel. Man kann das Glück nicht erwerben, da es unser ureigenes Wesen ist. Es bedarf lediglich der Beseitigung des Unglücklichseins; und dazu verhelfen einem diese Übungen.
*Fr* Die Gemeinschaft mit Weisen mag den Geist kräftigen, doch Übungen sind auch notwendig. Können Sie uns raten?
*M* Ja, Üben ist auch nötig. Dadurch sollen eingeborene Anlagen und Neigungen beseitigt werden. Aber auch die Übung kann nichts Neues erbringen.
*Fr* Sie soll mir Kraft geben.
*M* Üben ist Kraft. Es heißt, daß der Geist stark geworden ist, wenn alle Gedanken bis auf einen einzigen verschwunden sind. Wenn die Übung ihre volle Wirksamkeit erreicht hat, wird sie Sie zum Selbst führen.
*Fr* Wie sieht solches Üben aus?

*M* Es ist die Suche nach dem Selbst. Das ist alles. Richten Sie den Geist auf das Selbst!
*Fr* Welches Ziel muß man dabei im Auge behalten? Üben erfordert ein Ziel.
*M* Das Ziel ist das Selbst. Was könnte es sonst sein? Alle anderen Zielsetzungen sind für die, die noch nicht fähig sind, das Selbst zu suchen. Doch münden letztlich alle Wege in den einen, der zum Selbst führt.
Das Ergebnis allen Übens ist das Auf-eins-gerichtet-Sein. Der eine erreicht es schnell, der andere erst nach langem Üben. Alles hängt von der Intensität der Bemühung ab.
*Fr* Mehr als alles andere wird der Friede gepriesen. Wie kann man ihn erreichen?
*M* Er ist Ihr wahres Wesen, und er ist immer vorhanden. Friede und Selbst sind identisch. Weil man das Selbst mit dem Nicht-Selbst verwechselt, verliert man es aus dem Auge. Wenn diese Verwirrung erst einmal ein Ende hat, kann das Selbst nicht mehr vergessen werden.
*Fr* Wie erreicht man das?
*M* Durch die Suche nach dem Selbst. Auf-eins-gerichtet-Sein bedeutet das Aufhören jeder geistigen Tätigkeit. Kann man denn das Selbst, also sich selbst, jemals vergessen? Gibt es denn zwei Selbste?
Durch Üben werden die *samskaras* (innewohnenden Neigungen) beseitigt.
*Fr* Aber die Zahl der *samskaras* ist unendlich, und sie sind seit undenklichen Zeiten vorhanden.
*M* Auch dieser Gedanke ist ein *samskara*. Geben Sie ihn und die anderen irrigen Vorstellungen auf, und alle *samskaras* werden auf einmal verschwinden. Dann herrschen Ruhe und Frieden. Friede ist immer da, aber Sie erheben sich über ihn und verdecken so seine Gegenwart. Und dann sagen Sie: ‹Ich suche Frieden.›
*Fr* Kann der Friede nach und nach erreicht werden?
*M* Ja. Die *Bhagavad Gita* sagt: ‹Beruhige den Geist nach und nach.›
Etwas später fragte der Besucher, ob ein Herr G. um den 20. des Monats sich hier aufgehalten habe. Er sei nach seinem Besuch hier voller Freude gewesen.
*M* Wie kann ich die Namen aller Besucher kennen? Er mag hier gewesen sein. Alle sind voller Freude. Es gibt weder Name noch Form ... Im Alltagsleben werden sie allerdings gebraucht.

## 5. Dezember 1936

(Fortsetzung der Verhandlung vom 15. November 1936)

*Fr* Sie haben gesagt, daß Sie zum *atiasramam* gehören und sich damit jenseits der vier Lebensordnungen *(asramas)* befänden. Gibt es zu diesem Sachverhalt autoritative Aussagen?

*M* Ja, in den *Upanishaden,* in der *Suta Samhita,* der *Bhagavata* und in anderen Werken.

*Fr* Gelten für diese Lebensform bestimmte Regeln oder irgendwelche Einschränkungen?

*M* In den Schriften wird einiges erwähnt.

*Fr* Jeder *asramam* hat seine Meister. Gilt das auch für den *atiasramam*?

*M* Ja.

*Fr* Aber Sie erkennen keinen Meister an.

*M* Jeder hat einen Meister, auch ich bin davon nicht ausgenommen.

*Fr* Wer ist Ihr Meister?

*M* Das Selbst.

*Fr* Wie ist das zu verstehen?

*M* Der Meister kann innen oder außen sein; er kann sich innerlich offenbaren oder von außen mit einem in Verbindung treten.

*Fr* Können die, die dem *atiasramam* angehören, Besitz erwerben?

*M* Es gibt keine Einschränkung für sie. Sie können tun, was sie wollen. Von Suta heißt es, daß er verheiratet war und Kinder hatte.

*Fr* Dann lebte er ja wie ein normaler Familienvater.

*M* Ich habe bereits gesagt, daß sich ein solcher Mensch jenseits der anerkannten *asramas* befindet.

*Fr* Aber wenn er heiratet, Land besitzt usw., dann gehört er zum Stand der Familienväter.

*M* Das mag von Ihrem Standpunkt aus so aussehen.

*Fr* Kann ein solcher Mann seinen Besitz auch verkaufen?

*M* Vielleicht, vielleicht auch nicht. Das hängt alles von seinem *prarabdha (karma* des jetzigen Lebens) ab.

*Fr* Gibt es denn überhaupt noch *karma* für ihn?

*M* Sein Verhalten wird nicht von Regeln und Gesetzen bestimmt.

*Fr* Müssen Besucher Ihre Erlaubnis haben, wenn sie einige Tage hier bleiben wollen?

*M* Die Genehmigung, die von der Verwaltung des Asrams erteilt wird, gilt als meine. Die Besucher kommen wegen mir, und die Verwaltung ist wegen mir da. Solange gegenseitiges Einverständnis herrscht, mische ich mich nicht ein. Wenn Besucher hierherkommen und ich sie willkommen heiße, werden andere meinen Wünschen nicht entgegenhandeln. Alles, was im Geiste des Wohlwollens geschieht, hat meine Zustimmung.

Bhagavan wurde ein von ihm aufgezeichneter Vers vorgelegt, in dem er als Subrahmanya (Sohn Gottes) verehrt wurde.

*M* Ja, es ist meine Handschrift; die Anregung dazu gab Perumalswami.

*Fr* Stimmen Sie mit der darin enthaltenen Aussage überein?

*M* In dem Sinne, wie auch eine Statue als Subrahmanya verehrt wird.

### 13. Dezember 1936

*Fr* Ich finde in der Meditation keinen Weg nach innen.

*M* Wo sind wir sonst jetzt? Das ist unser wahres Wesen.

*Fr* Wenn dem so ist, so wissen wir es nicht.

*M* Was wissen wir nicht – und zu wem gehört solches Nichtwissen?

*Fr* Es gibt keine zwei Selbste, aber das Empfinden des Begrenztseins kann nicht geleugnet werden. Und dieses Begrenztsein ist schuld, daß ...

*M* Begrenztsein gehört nur dem Geist an. Fühlten Sie es im Tiefschlaf? Sie existieren im Schlaf, das werden Sie nicht verneinen. Dasselbe Selbst ist hier und jetzt, im Wachzustand. Jetzt reden Sie von Begrenzungen. Was ist passiert, um diesen Unterschied zwischen den beiden Zuständen hervorzurufen? Der Geist ist dafür verantwortlich. Im Schlaf war kein Geist da, während er jetzt tätig ist. Das Selbst aber existiert in Abwesenheit des Geistes.

*Fr* Ich verstehe es zwar, kann es aber nicht verwirklichen.

*M* Es wird nach und nach geschehen, durch Meditation.

*Fr* Zum Meditieren braucht man den Geist. Wie kann dann durch die Meditation der Geist getötet werden?

*M* Meditieren heißt, an einem Gedanken festhalten. Dieser eine Gedanke hält andere fern. Läßt sich der Geist ablenken, dann ist es ein Zeichen von Schwäche. Durch beständiges Meditieren gewinnt er an Kraft, und die Gedanken weichen schließlich, um den ewig gegenwärtigen Urgrund zu offenbaren. Dieser Zustand ohne Denken ist das Selbst. Der reine Geist ist das Selbst. Jeder sagt: ‹Ich bin der Körper› – es ist die Erfahrung des Weisen wie des Nichtweisen. Der Nichtwissende glaubt, daß das Selbst auf den Körper beschränkt sei, während der Weise weiß, daß der Körper nicht vom Selbst getrennt existieren kann. Für ihn ist das Selbst unendlich und schließt den Körper mit ein.

Ein Besucher gab seiner Freude darüber Ausdruck, daß er in der Gegenwart Bhagavans Frieden erlebe, der noch einige Zeit darüber hinaus währe. Er fragte dann, warum dieser Friede nicht dauernd bestehen bleibe.

M  Dieser Friede ist Ihr wahres Wesen. Andersgeartete Vorstellungen sind bloße Überlagerungen. Dies ist wahres *bhakti,* wahrer Yoga, wahres *jnana.* Sie können sagen, daß dieser Friede durch Bemühung zustandekomme, aber nur in dem Sinne, daß falsche Vorstellungen durch dieses Üben verschwinden. Das ist alles. Ihr wahres Wesen besteht ewig. Solche Lichtblicke sind Anzeichen für die bevorstehende Offenbarung des Selbst.

Das ‹Herz› ist das Selbst, und das ist weder innen noch außen. Der Geist ist Seine *sakti* (Kraft). Wenn der Geist auftaucht, scheinen das Universum und der Körper in ihm enthalten zu sein, während tatsächlich all dieses vom Selbst umschlossen ist und nicht von ihm getrennt sein kann.

## 14. Dezember 1936

Fr  Wie wird Meditation ausgeführt?
M  Genaugenommen bedeutet Meditation das Verweilen im Selbst. Gewöhnlich versteht man jedoch darunter das Bemühen, Gedanken auszuschalten, die während des Übens im Geist aufsteigen. Das Selbst zu sein entspricht Ihrem wahren Wesen. Bleiben Sie das, was Sie sind! Nur darauf kommt es an.
Fr  Aber da sind die Gedanken. Ist unser Bemühen nur darauf gerichtet, sie auszuschalten?
M  Ja. Wenn über einen einzigen Gedanken meditiert wird, werden dadurch andere Gedanken ferngehalten. Die Wirkung der Meditation liegt nur darin, die Gedanken fernzuhalten.
Fr  Es heißt, ‹den Geist fest auf das Selbst zu richten›. Aber das Selbst kann nicht gedacht werden.
M  Warum möchten Sie überhaupt meditieren? Nur weil Sie auf diesem Wunsch bestehen, wird Ihnen geraten, den Geist auf das Selbst zu richten. Warum bleiben Sie nicht einfach so, wie Sie

sind, ohne zu meditieren? Was ist dieser Geist? Wenn alle Gedanken ausgeschaltet sind, ist der Geist auf das Selbst gerichtet.
Fr Wenn ich etwas Konkretes habe, kann ich darüber meditieren. Das Selbst aber ist formlos.
M Die Meditation über Formen oder konkrete Objekte wird als *dhyana* bezeichnet, während die Suche nach dem Selbst *vichara* oder *nididhyasana* (Kontemplation) genannt wird.

## 16. Dezember 1936

Ein Herr aus dem Gujerat, der der Internationalen Religions-Konferenz als Delegierter von Baroda beigewohnt hatte, ist von Madras gekommen. Er macht den Eindruck eines gepflegten jungen Mannes, lebhaft und selbstbewußt.
Fr Bitte verhelfen Sie mir zur Verwirklichung von *atma – paramatma – sat-chit-ananda*!
M *Atma – paramatma – sat-chit-ananda* bedeuten ein und dasselbe, nämlich das Selbst. Das Selbst ist ewig verwirklicht, sonst würde Es keine Glückseligkeit in sich bergen. Wäre Es nicht ewig, dann müßte Es einen Anfang haben, denn was beginnt, endet auch. Nach einem zeitlich begrenzten Zustand zu suchen hat aber keinen Sinn. Tatsächlich handelt es sich um den Zustand des stets vorhandenen, immer wachen Friedens. Der Zustand der Seligkeit ist müheloses Gewahrsein – und das ist Verwirklichung.
Fr Ich verlange nicht nach intellektuellen Erklärungen; ich bin an praktischen Anweisungen interessiert.
M Ja, unmittelbare Erkenntnis bedarf keiner intellektuellen Auslegungen. Da das Selbst von jedem unmittelbar erfahren wird, sind sie ganz und gar nicht nötig. Jeder sagt: ‹Ich bin›. Gibt es darüber hinaus noch irgend etwas zu verwirklichen?
Fr Das ist mir nicht klar.
M Sie existieren, denn Sie sagen: ‹Ich bin›. Das bedeutet Existenz.
Fr Aber ich bin mir dessen nicht sicher, ich meine, meiner Existenz.
M Oh! Wer ist es denn, der jetzt spricht?
Fr Ich natürlich. Aber ob ich existiere oder nicht, dessen bin ich mir nicht sicher. Im übrigen führt es mich nirgendshin, wenn ich meine Existenz zugebe.
M Sogar um Ihr Dasein abzuleugnen, muß jemand da sein. Wenn Sie nicht existieren, ist auch keiner da, der fragt, und damit auch

keine Frage.
- *Fr* Nehmen wir also an, ich existiere.
- *M* Woher wissen Sie, daß Sie existieren?
- *Fr* Weil ich denke, fühle, sehe.
- *M* Sie wollen also damit sagen, daß Ihr Dasein sich daraus ableiten läßt. Im Tiefschlaf aber gibt es weder Fühlen noch Denken, und doch sind Sie da.
- *Fr* Aber nein, ich kann nicht sagen, daß ich im Schlaf da bin.
- *M* So verneinen Sie Ihr Dasein im Schlaf?
- *Fr* Ich mag im Schlaf da sein oder auch nicht. Gott allein weiß es.
- *M* Wenn Sie aus dem Schlaf erwachen, entsinnen Sie sich dann an das, was Sie taten, bevor Sie einschliefen?
- *Fr* Ich kann sagen, daß ich vor dem Schlafen und nachher existierte, ich kann aber nicht sagen, ob das auch während des Schlafes der Fall war.
- *M* Sie können aber sagen, daß Sie geschlafen haben?
- *Fr* Ja.
- *M* Woher wissen Sie das, wenn Sie sich nicht des Schlafzustandes erinnerten?
- *Fr* Daraus folgt noch nicht, daß ich im Schlaf existierte.
- *M* Wollen Sie damit sagen, daß ein Mensch jedesmal stirbt, wenn Schlaf ihn überkommt, und daß er wieder lebendig wird, wenn er erwacht?
- *Fr* Vielleicht. Gott allein weiß es.
- *M* Dann lassen Sie Gott kommen und die Lösung dieses Rätsels finden. Wenn man im Schlaf stürbe, fürchtete man sich schlafen zu gehen, genauso wie man den Tod fürchtet. Man schläft im Gegenteil gern. Weshalb sollte man aber den Schlaf schätzen, wenn er einem keine Freude bereitete?
- *Fr* Schlaf gewährt keine wirkliche Freude. Man schätzt ihn nur, weil durch ihn physische Ermüdung abgebaut wird.
- *M* Nun ja, das ist richtig. Immerhin ist einer da, der frei von Ermüdung ist.
- *Fr* Ja.
- *M* Demnach sind Sie im Schlaf da und jetzt auch. Sie waren im Schlaf glücklich ohne Fühlen, Denken usw. Sie sind jetzt derselbe. Warum sind Sie nicht ebenso glücklich?
- *Fr* Wie kann man behaupten, im Schlaf könne man glücklich sein?
- *M* Jeder sagt: ‹Ich schlief glücklich› oder ‹Ich habe selig geschlafen.›
- *Fr* Ich glaube nicht, daß das richtig ist. Schlaf ist nicht Seligkeit. Er

ist nur frei von Sorgen und Leid.
M Ihr Sein selbst ist Seligkeit; daher sagt man: ‹Ich habe selig geschlafen›. Das bedeutet nämlich, daß man im Schlaf in seinem unbefleckten Urzustand ist. Was die Sorgen anbetrifft: es sind keine da. Wo sind sie geblieben, da Sie von Ihrer Abwesenheit im Schlaf sprachen? Alle diese Mißverständnisse rühren von der irrigen Identifizierung des Selbst mit dem Körper her.
Fr Ich suche die Verwirklichung. Ich fühle nichts von meinem eingeborenen glücklichen Wesen.
M Weil Sie jetzt das Selbst mit dem Nicht-Selbst verwechseln. Auch das Nicht-Selbst ist nicht vom Selbst getrennt. Es besteht aber der Irrtum, daß der Körper als gesondert empfunden und das Selbst mit dem Körper verwechselt wird. Diese falsche Identität muß enden, damit das Glück offenbar werden kann.
Fr Ich bin außerstande, mir selbst zu helfen.
Einer der Zuhörer schlug die Hingabe an den Meister vor.
Fr Einverstanden.
M Ihr Wesen ist Glück. Sie sagen, Sie könnten das nicht erkennen. Trachten Sie danach, zu ergründen, was Sie an der Erkenntnis Ihres wahren Wesens hindert. Sie sind darauf hingewiesen worden, daß das Hindernis die falsche Identität ist. Merzen Sie den Irrtum aus!
Der Patient muß die Medizin einnehmen, die der Arzt verschrieben hat, damit er von seiner Krankheit geheilt wird.
Fr Der Patient ist zu schwach, um sich selbst zu helfen und gibt sich bedingungslos in die Hand des Arztes.
M Dann soll dem Arzt freie Hand gegeben werden, und der Patient muß sich lediglich still verhalten, ohne sich einzumischen. Bleiben Sie also ruhig, dann brauchen Sie sich nicht zu bemühen.
Fr Das ist wahrlich die wirksamste Medizin.
Überzeugen Sie mich von der Existenz Gottes!
M Die Verwirklichung Gottes ist selbstbezeugend.
Fr In welcher Beziehung steht *prarabdha,* das schicksalsbestimmende Geschehen, zu *purushakara,* dem Handeln aus eigener Initiative?
M *Prarabdha* kommt durch Handeln zustande, das auf *karma* beruht. Dazu gehört ein Handelnder. Ergründen Sie, wer dieser ist! *Purushakara* ist Handeln aus eigener Bemühung. Suchen Sie den, der sich bemüht! Dann wird sich die wahre Identität offenbaren. Der, der nach der Beziehung zwischen beiden fragt, ist selbst das Glied, das sie verbindet.

*Fr* Was haben wir unter *karma* und Wiedergeburt zu verstehen?
*M* Erkennen Sie den Täter, dann wird *karma,* das Tun, klar. Wenn Sie jetzt geboren sind, mag eine Wiedergeburt folgen. Stellen Sie fest, ob Sie überhaupt geboren sind!
*Fr* Helfen Sie mir, das Licht zu schauen!
*M* Das Gesehene schließt den mit ein, der es sieht. Finden Sie ihn – das Gesehene ist im Sehenden enthalten.

Der Hirt Poovan kennt Bhagavan seit dreißig Jahren, seit den Tagen, da Bhagavan noch in der Virupaksha-Höhle hauste. Er brachte damals gelegentlich Milch für die Besucher.
Vor etwa sechs Jahren war ihm ein trächtiges Schaf entlaufen. Nach dreitägiger Suche hatte er die Hoffnung aufgegeben, es wieder zu finden. Er nahm an, daß es wilden Tieren zum Opfer gefallen sei. Als er kurz darauf am Ashram vorüberging, sah ihn Bhagavan und erkundigte sich nach seinem Wohlbefinden. Der Hirt berichtete von dem verlorenen Schaf. Bhagavan sagte zunächst nichts dazu, forderte jedoch Poovan auf, ihm beim Wegräumen einiger schwerer Steine behilflich zu sein. Bereitwillig machte sich der Hirt ans Werk. Nach getaner Arbeit wies Bhagavan auf den Pfad, der zur Stadt führte, und sagte: ‹Geh hier entlang, dann wirst du dein Schaf finden.› Der Hirt machte sich auf den Weg und fand das Schaf zusammen mit zwei neugeborenen Lämmern.
Später meinte der Hirt:
‹Welch ein Bhagavan! Wieviel Kraft steckt doch in seinen Worten! Er ist gewaltig. Nicht einmal einen so armen Mann wie mich vergißt er. Immer erkundigt er sich freundlich nach meinen Kindern. Er gehört zu den wahrhaft Großen! Ich bin glücklich, wenn ich ihm auch nur den kleinsten Dienst erweisen kann.›

*18. Dezember 1936*

Mr. Cohen fragte:
Meditation geschieht im Wachzustand, wenn der Geist aktiv ist. Im Traum ist der Geist aber auch da. Warum kann man nicht auch während des Traumes meditieren?
*M* Fragen Sie das im Traum!
Es ist Ihnen gesagt worden, Sie sollen herausfinden, wer Sie sind. Statt dessen fragen Sie, ob man auch im Traum meditieren

könne. Entdeckten Sie den, der jetzt im Wachzustand ist, dann wird Ihnen klar, daß Traum und Tiefschlaf demselben zugehören. Sie sind der Zeuge von Wachzustand, Traum und Tiefschlaf, oder besser: diese ziehen an Ihnen vorüber. Solche Fragen steigen auf, weil Sie nicht meditieren. Tun Sie das, halten Sie an der Meditation fest und warten Sie dann ab, ob Ihnen noch solche Fragen kommen.

## 23. Dezember 1936

Fr  Meditation scheint mir direkter zu sein als Selbsterforschung. Sie hält sich unmittelbar an die Wahrheit, während bei der Suche die Wahrheit erst aus der Nicht-Wahrheit herausgesiebt werden muß.
M  Für den Anfänger ist Meditation über eine Form oder Gestalt geeigneter und leichter. Ständige Bemühung dieser Art führt zur Selbst-Erforschung, bei der dann die Wirklichkeit von der Nicht-Wirklichkeit unterschieden wird. Was nützt der Versuch, sich direkt an die Wahrheit zu halten, wenn man so zwiespältigen Geistes ist, daß man damit nichts anfangen kann?
Die Suche nach dem Selbst führt direkt zur Verwirklichung. Durch sie werden die Hindernisse beseitigt, die Sie glauben machen, daß das Selbst noch nicht verwirklicht sei.

## 25. Dezember 1936

Fr  Haben wir unter *vairagya* (Entsagung) das Aufgeben weltlicher Ziele und den Wunsch nach Erlösung zu verstehen?
M  Wer hat nicht diesen Wunsch?
Jeder sucht das Glück. Doch hält man irrtümlicherweise das Vergnügen, das ja das leidenschaffende Prinzip schon in sich birgt, für dieses Glück. Solch vermeintliches Glück ist vergänglich. Alle Bemühungen, denen dieser Irrtum zugrunde liegt, können nur zu kurzlebigen Freuden führen. Freud und Leid wechseln einander in der Welt ab. Echte Entsagung besteht darin, zwischen Leid- und Glückbringendem zu unterscheiden und sich ausschließlich dem letzteren zuzuwenden. Mit anderen Worten: Man muß das Glück, dem kein Leid folgt, suchen und sich dann

daran halten. Andernfalls strebt man gleichzeitig nach weltlicher Freude und nach wahrem Glück, wobei weder das eine noch das andere ganz erreicht werden kann.

Jemand bat um Belehrung über *nada* (mystischer, nur innerlich gehörter Ton).
M  Wer über ihn meditiert, erfährt ihn. Es gibt zehn Arten von *nadas*. Nach dem letzten, einem donnerähnlichen Ton, erreicht der Übende die innere Stille. Das ist der natürliche, ewige Zustand. *Nada, jothi* (Licht) und Suche bringen einen also zu dem gleichen Zustand.
Fr  Der Geist verhält sich eine kurze Weile ruhig und wird dann wieder aktiv. Was ist da zu tun?
M  Man muß sich des Friedens immer wieder erinnern. Er ist Ihr natürlicher, stets gegenwärtiger Zustand. Durch fortgesetzte Übung wird er zum Dauerzustand.

*26. Dezember 1936*

Eine Besucherin aus der Schweiz berichtete von einer Lichterscheinung. Während sie mit weit offenen Augen dagesessen sei, sei Bhagavans Gesicht vor ihr erschienen, engelsgleich, mit herrlichen Blumen bekränzt, ein kindhaftes Gesicht, das sie mit Liebe erfüllt habe.
M  Die Vision ist in Ihrem Geist. Paul Brunton sah mich als eine riesige Gestalt, Sie haben mich als ein Kind geschaut. Beides sind Visionen.
Lassen Sie sich nicht von Visionen täuschen!
Fr  Wenn man so viele Meilen entfernt in Europa lebt und Ihre Hilfe anruft ...
M  Wo ist Europa? Nur in Ihnen.
Fr  Ich bin hierhergekommen. Ich wünschte, Bhagavan käme auch einmal dorthin.
M  Sie sehen die physische Erscheinung und entdecken Begrenzungen. Auf dieser Ebene wirken sich Zeit und Raum aus. Solange Sie an den Körper denken, werden Sie auch andere Körper wahrnehmen und zwischen ihnen unterscheiden ... Ihr Erkennen des wirklichen Maharshi dagegen wird alle Zweifel beseitigen.

Sind Sie jetzt in Indien, oder ist Indien in Ihnen? Die Vorstellung, Sie seien in Indien, muß verschwinden. Indien ist in Ihnen. Um diese Wahrheit zu verstehen, sollten Sie an Ihren Schlaf denken. Empfanden Sie im Tiefschlaf, daß Sie in Indien oder Europa waren? Trotzdem existierten Sie als dieselbe, die Sie jetzt sind.
Der Raum ist in Ihnen. Der physische Körper befindet sich im Raum, aber nicht Sie. Brunton hatte seine Vision bei geschlossenen Augen. Sie sagen, die Ihren seien offen gewesen.

Fr Aber ich hatte noch nie Visionen, während er übersinnlich veranlagt ist.

Nach einigen Minuten fragte sie, ob es von Vorteil oder von Nachteil sei, Visionen zu haben.

M Es ist von Vorteil.
Wahrscheinlich haben Sie gerade an ein Kind gedacht, und das erschien in Ihrer Vision.

Fr Ich dachte an Siva, an Sein kindhaftes Antlitz.
M Sehen Sie!
Fr Aber Siva ist der Zerstörer ...
M Ja – von Leid.
Sie gehen bald schlafen. Wenn Sie am Morgen erwachen, werden Sie sagen: ‹Ich habe wunderbar geschlafen.› Was im Schlaf geschah, ist Ihr wahres Wesen. Das dauert auch jetzt fort, sonst wäre es nicht Ihre wahre Natur. Erleben Sie genau jetzt diesen Schlafzustand – er ist *Siva*.
Haben wir Gestalt? Finden Sie das heraus, bevor Sie an Sivas Gestalt denken! Existierten Sie nicht auch im Schlaf? Waren Sie sich da irgendeiner Gestalt bewußt? Sie existierten trotzdem. Das Ich, das im Schlaf da war, ist auch jetzt gegenwärtig. Ihrer Schlaferfahrung nach waren Sie nicht der Körper. Sie sind jetzt dieselbe – das heißt ohne den Körper. Sie waren auch ohne den Körper glücklich im Schlaf. Nur das, was andauert, kann das wahre Wesen sein. Im Schlaf war kein Körper da, einzig die Erfahrung des Glücklichseins. Sie dauert auch jetzt an. Das Selbst ist ohne Körper. Wenn Sie einen Körper haben, hat *Siva* auch einen. Wenn Sie keinen haben, hat auch *Siva* keinen.

Fr Was bedeutet hier *Siva*?
M Verkörperung der Glückseligkeit.
Sie war sehr erfreut und ging nach einer Weile. Anschließend unterhielten sich die Zurückgebliebenen. Ein Inder sagte:

Wie kommt es, daß wir, obwohl mit den Lehren unserer Überlieferung vertraut, unfähig sind, Bhagavans Lehren zu folgen, während die Fremden sie ohne weiteres begreifen, obgleich ihnen unsere Denkweise ungewohnt ist?

*M* Visionen sind besser als keine Visionen. Wer sie hat, wird auf diese Weise interessiert. Normalerweise sind diesen aus fernen Ländern kommenden Besuchern unsere Vorstellungen nicht so leicht zugänglich. Wenn sie sich jedoch damit vertraut gemacht haben, dann bleiben sie dabei. Darin liegt ihr Verdienst.

*Fr* Man muß etwas Konkretes haben, um darüber meditieren zu können. Wie kann man über ‹ich› meditieren?

*M* Wir sind der Welt der Formen verhaftet und brauchen daher eine konkrete Form, um darüber zu meditieren. Nur das, worüber wir meditieren, bleibt schließlich übrig; somit verschwinden alle anderen Gedanken.
Solange Sie die Meditation brauchen, sind andere Gedanken vorhanden. Wo aber sind Sie währenddessen? Denn Meditation kann ohne einen Meditierenden nicht geübt werden. Meditation zieht das Bewußtsein von allen Gedanken ab. Tauchen Sie in den Urgrund, dem diese entspringen. Manchmal geschieht das unbewußt, wie im Schlaf, in der Ohnmacht und im Tod. Aber Meditation bedeutet *bewußtes* Entsinken in den Urgrund. Dann verliert man jegliche Angst vor Ohnmacht oder Tod, weil man *bewußt* seiner Quelle inne wird.
Warum überhaupt den Tod fürchten? Tod kann nicht das Nicht-Sein bedeuten. Warum freuen Sie sich auf den Schlaf, aber nicht auf den Tod? Denken Sie jetzt nicht? Existieren Sie jetzt nicht? Haben Sie im Schlaf nicht existiert? Sogar ein Kind sagt, daß es gut geschlafen habe. Es gibt damit, wenn auch unbewußt, sein Dasein im Schlaf zu.
Bewußtsein ist unser wahres Wesen. Wir können gar nicht ohne es sein. Nur weil wir unserem begrenzten Bewußtsein glauben, nehmen wir an, im Schlaf ohne Bewußtsein gewesen zu sein. Wir sind der Welt der Formen, zu denen auch der Körper zählt, so fest verhaftet, daß wir das damit verbundene relative Bewußtsein mit unserem Selbst verwechseln. Oder behauptet jemand im Schlaf, daß er ohne Bewußtsein sei? Das sagt er nur jetzt im Wachzustand, aus dem Blickwinkel seines begrenzten Bewußtseins. Reines Bewußtsein ist jenseits von begrenztem Bewußtsein und vom

Unbewußten.
*Fr* Aber das habe ich noch nicht erfahren.
*M* Das wird im Laufe der Zeit noch kommen. Hingebungsvolle Gottesliebe führt dahin. Es heißt: ‹Mögest Du auch nicht einen Augenblick von mir weichen.› Aber kann Gott uns auch nur für einen Augenblick verlassen? Sie sind es, die es dem Geist erlauben, sich von Ihm abzuwenden. Er ist immer gegenwärtig. Kommt Ihr Geist zur Ruhe, meinen Sie, Er sei zurückgekehrt. Das ist lächerlich!

### 27. Dezember 1936

*Fr* Bitte erklären Sie *aham sphurana* (Licht des Ich-Ich).
*M* Das Ich wird im Tiefschlaf nicht erkannt. Im Wachzustand wird es zusammen mit dem Körper und der Welt, also mit dem Nicht-Selbst, wahrgenommen. Solches ‹ich› nennt man *aham vritti*. Wenn *aham* (Ich) ausschließlich das Selbst bezeichnet, dann ist es *aham sphurana*. Es ist dem *jnani* wesenseigen und wird von ihm *jnana* genannt. Die *bhaktas* bezeichnen es als *bhakti*. Obgleich es immer gegenwärtig ist, auch im Tiefschlaf, wird es nicht wahrgenommen. Es kann im Tiefschlaf nicht erkannt werden; zunächst muß es im Wachzustand verwirklicht worden sein. Es ist unser wahres Wesen, das allen drei Zuständen zugrundeliegt. Erst danach wird einem bewußt, daß es das immerwährende Selbst ist, dessen Sein von Wachzustand, Traum und Tiefschlaf nicht unterbrochen wird. In diesem Sinne ist es *akhandakara vritti*, ununterbrochene Erfahrung. *Vritti* wird hier in Ermangelung eines besseren Ausdrucks benutzt; man darf es nicht wörtlich als *vritti* (Gedankenregung) nehmen. *Vritti* ist kurzlebig. Es ist eingeschränktes, zielgerichtetes Bewußtsein oder absolutes Bewußtsein, das durch Gedanken, Empfindungen usw. unterbrochen ist. *Vritti* ist die Funktion des Geistes, während das immerwährende Bewußtsein den Geist übersteigt. Dies ist der natürliche Ur-Zustand des *jnani*, des befreiten Wesens. Es ist ununterbrochene Erfahrung, die deutlich wird, wenn das relative Bewußtsein absinkt.
*Aham vritti* (der ‹ich›-Gedanke) ist zeitlich begrenzt, *aham sphurana* (das Licht des Ich-Ich) leuchtet ewig. Wenn die Gedanken absinken, erstrahlt es in all seiner Pracht.

*31. Dezember 1936*

Es wurde über das Problem der Kastenlosen, der Unberührbaren, gesprochen.
M  Das Nicht-Selbst ist unberührbar. Die soziale Unberührbarkeit ist Menschenwerk, während die andere natürlich und göttlich ist.
Fr  Sollen die Unberührbaren in unseren Tempeln zugelassen werden?
M  Das mögen andere entscheiden.
Eine weitere Frage betraf die verschiedenen Verkörperungen Vishnus.
M  Lassen Sie uns zuerst unsere eigene Verkörperung erkennen, bevor wir uns für die Verkörperung anderer interessieren.

Bhagavan äußerte sich zu einer Frage über die Existenz Gottes.
M  Das Dasein Gottes gründet auf unserer Vorstellung von Gott. Lassen Sie uns zunächst erkennen, um wessen Vorstellung es sich dabei handelt! Die Vorstellung wird immer dem entsprechen, der sie hegt. Finden Sie heraus, wer Sie sind; das Problem wird sich dann von selbst lösen.

*1. Januar 1937*

Fr  Nachdem ich den Ashram im Oktober verlassen hatte, war ich noch etwa zehn Tage lang von Bhagavans Frieden eingehüllt. Sogar während ich arbeitete, spürte ich jenen Frieden des Einsseins. Es kam mir vor, als hätte ich es gleichzeitig mit zwei Bewußtseinszuständen zu tun. Es war ähnlich wie bei einem langweiligen Vortrag, dem man zuhört, obwohl man mit seinen Gedanken ganz woanders ist. Nach einiger Zeit verblaßte dieser Zustand, und der alte Stumpfsinn stellte sich wieder ein.
Meine Arbeit erlaubt es mir nicht, eine besondere Zeit für Meditation freizuhalten. Genügt es, sich während der Arbeit ständig des ‹Ich bin› zu erinnern oder es zu empfinden?
M  Es wird beständig werden, wenn der Geist stärker wird. Wiederholte Übung stärkt den Geist; er ist dann fähig, am Strom festzuhalten. Dann bleibt der Strom unverändert und ununterbrochen, ob Sie von der Arbeit in Anspruch genommen sind oder nicht.

*Fr* Ist keine besondere Meditation nötig?
*M* Meditation ist Ihr wahres Wesen. Sie nennen es Meditation, weil andere Gedanken Sie ablenken. Wenn diese nicht mehr da sind, bleiben Sie allein übrig, d.h. im Zustand der Meditation. Und das ist Ihr wahres Wesen, das Sie jetzt zu erlangen suchen, indem Sie andere Gedanken fernhalten. Dieses Fernhalten von Gedanken nennen Sie Meditation. Wenn diese Übung stetig wird, zeigt sich, daß ihr wahres Wesen dasselbe ist wie wahre Meditation. – Wenn Sie zu meditieren versuchen, wird die Gedankenflut stärker.

Sofort erhob sich ein Chor von Stimmen mit Fragen zu diesem Thema.
*M* Gedanken aller Art steigen in der Meditation auf. Das ist richtig so: was in Ihnen verborgen ist, wird hervorgeholt. Wie können die Gedanken vernichtet werden, wenn sie nicht aufsteigen? So können sie nacheinander getilgt werden. Auf diese Weise wird der Geist gestärkt.
*Fr* Es heißt, alle Gedanken seien *Brahman,* das Absolute.
*M* Ja, so ist es. Aber solange Sie die Gedanken für gesondert halten, müssen diese vermieden werden. Haben Sie sie jedoch als das Selbst erkannt, fallen diese Regeln weg. Denn alles, was ist, ist nur *Brahman*. Es gibt nichts außer *Brahman*.
*Fr* In der *Ribhu Gita* werden die Objekte als unwirklich bezeichnet. Dann wiederum enthält sie die Feststellung, daß sie alle *Brahman* und daher wirklich seien.
*M* Wenn Sie sie als etwas Getrenntes sehen, sind sie *asat* (unwirklich). Sehen Sie sie jedoch als *Brahman,* dann sind sie wirklich.
*Fr* Warum wird dann in der *Upadesa Sara* der Körper als empfindungslos bezeichnet?
*M* Nur deshalb, weil man den Körper als getrennt vom Selbst betrachtet. Wird das Selbst gefunden, dann wird erkannt, daß auch dieser Körper in Ihm ist. Danach wird niemand mehr eine solche Frage stellen oder behaupten, der Körper sei empfindungslos.
*Fr* Es heißt, *viveka* sei die Unterscheidung zwischen dem Selbst und dem Nicht-Selbst. Was ist das Nicht-Selbst?
*M* Tatsächlich gibt es gar kein Nicht-Selbst, denn auch dieses existiert im Selbst. Das Selbst spricht vom Nicht-Selbst, weil es sich selbst vergessen hat. Es stellt sich irgend etwas als Nicht-Selbst vor, das schließlich nichts anderes ist als es selbst.

## 2. Januar 1937

Am Nachmittag klagte die Schweizerin über Kopfschmerzen, die sie durch längere Meditation bekomme.

*M* Wenn erkannt wird, daß der Meditierende und die Meditation dasselbe sind, gibt es keine Klagen über Kopfschmerzen oder ähnliches mehr.

*Fr* Aber sie sind verschieden. Wie können wir sie als dasselbe ansehen?

*M* So sehen Sie es jetzt. Es gibt aber nur das Eine, und daher können keine Unterschiede gemacht werden. Durch Meditation verschwindet das relative Bewußtsein. Das bedeutet nicht Vernichtung, denn es geht im Absoluten Bewußtsein auf. Auch die Bibel sagt: ‹Das Reich Gottes ist in euch!› Wenn Sie sich für den Körper halten, ist es schwierig, diese Feststellung zu verstehen. Wenn Sie andererseits wissen, wer Sie wirklich sind, dann offenbart sich das Reich Gottes in Ihnen. Es sind Vorstellungen, die aufsteigen, nachdem das ‹ich› aufgestiegen ist. Richten Sie Ihren Blick nach innen, und machen Sie ihn beständig! Wenn Sie das absolute Gewahrsein verwirklicht haben, werden Sie erkennen, daß das Universum vom Absoluten nicht getrennt ist.

Da Sie nach außen schauen, sprechen Sie von ‹außerhalb›. Jetzt wird Ihnen geraten, nach innen zu blicken. ‹Innen› und ‹außen› bedingen einander. Tatsächlich ist das Selbst weder außen noch innen.

Spricht man vom Himmel, dann denkt man ihn sich oben oder unten, innen oder außen, weil man daran gewöhnt ist, im Rahmen von relativen Beziehungen zu denken. Man sucht nur objektives Wissen, daher diese Vorstellungen.

In Wirklichkeit gibt es weder oben noch unten, weder innen noch außen. Wären sie wirklich, dann müßten sie auch im traumlosen Schlaf vorkommen. Denn das Wirkliche muß dauernd und fortwährend sein. Empfanden Sie ‹innen› oder ‹außen› im Schlaf?

*Fr* Ich erinnere mich nicht.

*M* Wenn das der Fall gewesen wäre, könnten Sie sich erinnern. Aber Sie geben Ihre Existenz um jene Zeit zu. Dieses gleiche Selbst spricht auch jetzt. Das Selbst, das im Schlaf eine undifferenzierte Einheit war, ist jetzt differenziert und sieht daher auch Unterschiede. Das wahre Sein ist Eins, ohne objektives Erkennen. Es ist absolutes Bewußtsein. Das ist der Zustand des Glücks, wie er von allen hin und wieder erfahren wird. Dieser Zustand muß Ihnen auch im Wachzustand bewußt werden. Man nennt ihn *jagrat-sushupti* (Wachschlaf). Das ist *mukti* (Freiheit).

Fr  Dann ist es also das ‹ich›, das wiedergeboren wird.

M   Ja, aber was ist Wiedergeburt? Das Ich bleibt dasselbe. Neue Körper erscheinen und ziehen es an sich. Das Ich wechselt nicht. Es verläßt nicht einen Körper, um einen anderen zu suchen und zu finden. Beobachten Sie, was mit Ihrem Körper geschieht. Angenommen, Sie wollen nach London reisen. Wie stellen Sie das an? Sie nehmen einen Wagen, lassen sich zum Hafen fahren, gehen an Bord eines Dampfers und erreichen London in einigen Tagen. Was ist geschehen? Die Transportmittel haben sich fortbewegt, nicht Ihr Körper. Trotzdem behaupten Sie, Sie seien von einem Teil des Globus zu einem anderen gereist. Sie haben die Bewegungen der Vehikel auf Ihren Körper übertragen. Ähnlich ist es mit dem Ich. Wiederverkörperungen sind Überlagerungen. Was passiert in einem Traum? Treten Sie in die Traumwelt ein, oder steigt sie in Ihnen hoch? Sicherlich das letztere. Ebenso ist es mit der Wiederverkörperung. Das Ich bleibt die ganze Zeit unverändert.

Es gibt weder Zeit noch Raum in Ihrem Schlaf. Das sind Vorstellungen, die erst aufsteigen, nachdem der ‹ich›-Gedanke sich erhoben hat; vorher sind sie nicht da. Daher befinden Sie sich jenseits von Zeit und Raum. Der ‹ich›-Gedanke ist nur ein begrenztes ‹ich›; das wirkliche Ich ist unbegrenzt, allumfassend, jenseits von Zeit und Raum. Diese fehlen im Schlaf. Sofort nach dem Aufwachen, bevor Sie noch eine objektive Welt wahrnehmen, gibt es einen Zustand reinen Gewahrseins, der Ihr wahres Selbst ist. Dessen gilt es bewußt zu werden!

Fr  Aber ich bin seiner nicht gewahr.

M   Es ist kein Gegenstand, der wahrgenommen werden müßte. *Sie* sind es. Wer soll erkennen, und was soll erkannt werden?

Fr  Es heißt ‹Erkenne dich selbst› und ‹Erkenne, wer das Ich in dir ist›. Wie soll man das machen? Genügt es, das Mantra ständig mechanisch zu wiederholen, oder muß das bewußt geschehen?

M   *Ajapa* (*japa* ohne Worte) dauert ewig fort. Wenn Sie dessen aber nicht gewahr sind, sollten sie *japa* ausüben. Das bedarf der Bemühung, weil andere Gedanken ferngehalten werden müssen. Nach einiger Zeit wird *japa* innerlich wiederholt, bis schließlich *ajapa* und seine ewige Wirklichkeit erkannt wird. Dann werden

Sie gewahren, daß *japa* auch ohne Bemühung weitergeht. Dieser Zustand, in dem es keiner Anstrengungen mehr bedarf, ist der Zustand der Verwirklichung.

*Fr* Bhagavan sagte gestern, daß das äußere Tun automatisch weitergehe, während man mit der inneren Suche beschäftigt sei. Aus dem Leben Sri Chaitanyas wird erzählt, daß er, als er während seiner Vorlesungen an Krishna dachte, vergaß, wo er sich befand, und nur noch über Krishna sprach. Das läßt daran zweifeln, ob man die Arbeit ohne Schaden sich selbst überlassen kann. Sollte man nicht wenigstens einen Teil seiner Aufmerksamkeit auf die äußere Tätigkeit richten?

*M* Alles ist das Selbst. Ich frage Sie: Sind Sie vom Selbst getrennt? Kann die Arbeit getrennt vom Selbst vor sich gehen? Ist der Körper vom Selbst getrennt? Keines kann ohne das Selbst sein, denn dieses ist allumfassend. Also wird auch alles Geschehen weitergehen, ob Sie sich ihm widmen oder nicht; es wird automatisch erfolgen. Auf das Selbst ausgerichtet sein, schließt das Ausgerichtetsein auf die Arbeit mit ein.

*Fr* Die Arbeit wird darunter leiden, wenn ich nicht genügend auf sie achte.

*M* Sie glauben, Sie verrichteten die Arbeit, weil Sie sich mit dem Körper identifizieren. Aber der Körper und sein Handeln sind nicht vom Selbst getrennt. Was macht es daher aus, ob Sie sich der Arbeit widmen oder nicht? Angenommen, Sie gehen von einem Ort zum andern. Sie achten dabei nicht auf jeden Schritt und finden sich doch nach einiger Zeit an Ihrem Bestimmungsort. Sie stellen fest, daß die Arbeit, hier das Gehen, vonstatten ging, ohne daß Sie daran dachten. So ist es mit jeder Art von Tätigkeit.

*Fr* Das ähnelt dem Schlafwandeln.

*M* So ist es. Ein Kind, das im Schlaf gefüttert wird, behauptet vielleicht am nächsten Morgen, kein Abendessen bekommen zu haben. Die Mutter weiß es besser, doch das Kind bleibt bei seinem ‹nein›. Es war des Geschehens nicht gewahr. Schlafwandeln ist tatsächlich ein guter Vergleich für diese Art zu arbeiten. Nehmen wir ein anderes Beispiel. Der Fahrgast ist im Wagen eingeschlafen. Die Zugochsen gehen weiter, stehen still oder werden gar während der Reise ausgespannt. Er weiß von all dem nichts und findet sich an einem anderen Ort, wenn er aufwacht. Ohne daß er es bemerkt hat, ist die Reise beendet.

Noch ein Beispiel. Auf eine Kinoleinwand werden Bilder projiziert, aber diese berühren die Leinwand nicht, noch verändern sie sie. Der Zuschauer beachtet nur die Bilder, nicht die Leinwand, obgleich die Bilder ohne diese gar nicht wahrgenommen werden könnten. So können wir auch das Selbst als ‹Leinwand› betrachten, über die ‹Bilder›, hier die Geschehnisse, gleiten. Der Mensch ist der Geschehnisse gewahr, nicht aber des Selbst. Und doch ist er vom Selbst nicht getrennt. Das Geschehen geht weiter, ob es wahrgenommen wird oder nicht.

Fr  Im Kino gibt es aber noch den Filmvorführer.

M  Leinwand, Bilder, Lampen und alles andere, was für die Filmvorführung benötigt wird, besteht aus leblosen Materialien. Daher bedarf es des menschlichen Operators. Das Selbst braucht einen solchen natürlich nicht, denn es ist selbst Bewußtsein und daher unabhängig.

Fr  Ich bitte zu beachten, daß ich mit dem Filmvorführer nicht den Körper gemeint habe.

M  Die Notwendigkeit des Operators, des Handelnden, ergibt sich daraus, daß der Körper an sich empfindungslos ist.
   Da die Leute glauben, sie seien eigenständige Individuen, lehrte Krishna, daß Gott im Herzen jedes einzelnen sozusagen als Operator wirke. Tatsächlich gibt es weder Individuen noch einen Operator. Das Selbst umfaßt alles: die Leinwand, die Bilder, die Zuschauer, die Filmschauspieler, den Vorführer, das Licht und die Apparatur. Wenn Sie das Selbst mit dem Körper verwechseln und sich für den Handelnden halten, dann ist das so, als spiele der Zuschauer im Film mit. Stellen Sie sich vor, der Schauspieler wollte eine Szene ohne Leinwand spielen. Ähnlich verhält sich der Mensch, der glaubt, er könne ohne das Selbst handeln.

Fr  Hat das alles nicht Ähnlichkeit mit Schlafwandeln?

M  Alle Dinge und alles Handeln werden vom eigenen Standpunkt beurteilt. Ob wir von Wachschlaf oder Schlafwachen, von Traumschlaf oder Wachträumen sprechen: alles bedeutet letztlich dasselbe.

Fr  Wir müssen uns mit unserem physischen Körper in einer physischen Welt zurechtfinden. Wenn wir schlafen, während wir arbeiten, oder arbeiten, wenn Schlaf uns überkommt, mißlingt die Arbeit.

M  Schlaf ist nicht Nichtwissen; es ist Ihr reiner Zustand. Wachen ist nicht Erkenntnis; es ist Nichtwissen. Es gibt ein reines Gewahrsein im Schlaf und ein völliges Nichtwissen im Wachzustand. Ihr wahres Wesen umfaßt beides – und erstreckt sich darüber hinaus. Das Selbst ist jenseits von Wissen und Nichtwissen. Schlaf, Traum und Wachen sind Zustände, die am Selbst vorüberziehen. Sie nehmen ihren Verlauf, ob Sie ihrer gewahr sind oder nicht. Der Verwirklichte bleibt sich seines Seins stets bewußt, auch wenn Wach-, Traum- und *samadhi*-Zustände an ihm vorbeiziehen. Ihre Fragen werden vom Gesichtspunkt des *ajnani*, des Nichtwissenden, aus gestellt; andernfalls tauchten sie gar nicht auf.

Fr  Natürlich können sie nicht dem Selbst einfallen. Wer wäre da, um sie zu stellen? Leider aber habe ich das Selbst noch nicht verwirklicht.

M  Das ist das Hindernis auf Ihrem Weg. Sie müssen sich von der Idee befreien, daß Sie ein *ajnani* seien, der das Selbst erst noch verwirklichen müsse. Sie sind das Selbst. Gab es je eine Zeit, in der Sie vom Selbst getrennt gewesen wären?

Fr  Es ist also ein Experiment des Schlafwandelns ... oder des Wachträumens.

Bhagavan lachte.

## 3. Januar 1937

Am Vortag sagte Bhagavan, daß das Selbst im Tiefschlaf reines Bewußtsein sei. Den Übergang vom Schlafen zum Erwachen bezeichnete er als die beste Gelegenheit, das Selbst zu erkennen. Er wurde um eine Erläuterung gebeten.

M  Das Selbst ist im Schlaf reines Bewußtsein. Es entfaltet sich als Ich ohne ‹dies› im Übergangsstadium und manifestiert sich als ‹ich› und ‹dies› im Wachzustand. Daher muß man sich um die Verwirklichung mit Hilfe des Übergangs-Ich bemühen. Die Schlaferfahrung an sich ist ohne Bedeutung. Wird das Übergangs-Ich erkannt und verwirklicht, so ist damit die Grundwahrnehmung gefunden, die zum Ziel führt.

Es heißt, daß Tiefschlaf durch Nichtwissen gekennzeichnet sei. In Wirklichkeit herrscht im Tiefschlaf Absolutes Wissen, ohne daß das Individuum sich dessen bewußt wird, während Nichtwissen für den Wachzustand charakteristisch ist. Dieses Absolute Wissen oder Vollkommene Bewußtsein ist identisch mit *Brahman,* dem

Absoluten und Ewigen. Tatsächlich unterliegt Es allen drei Zuständen, ist jedoch nur im Tiefschlaf ohne jede Überlagerung, also in reiner Form, vorhanden.

Man unterscheidet *jnana* (Absolutes Wissen) von *vijnana* (begrenztes Wissen). Wachen ist der Zustand des begrenzten Wissens, wobei *vijnana* hier *ajnana* (Nichtwissen) gleichkommt. Dieses Nichtwissen ist stets an ein Individuum gebunden. Wenn dieses vom Nichtwissen zum Absoluten Wissen gelangt, wird es identisch mit *Brahman*. Wenn das Nichtwissen während des Tiefschlafs wegfällt, herrscht *Brahman* als Reines, Vollkommenes Bewußtsein vor.

In der *Aitareya Upanishad* heißt es, daß Vollkommenes Bewußtsein, begrenzte Erkenntnis, Nichtwissen und Gewahrsein das gleiche seien: *Brahman*. Wie kann Es aber erfahren werden, da Es doch Reine Erkenntnis ist? Im reinen Ich des Übergangsstadiums können wir Es erfahren. Das unreine ‹ich› des Wachzustandes ist zu einer solchen Erfahrung nicht fähig. Wie wird nun das reine Ich erkannt und verwirklicht? In der *Tripura Rahasya* und anderen Werken wird darauf hingewiesen, daß das Intervall zwischen zwei Gedanken diesem reinen Ich entspreche. An diesem reinen Ich gilt es bei der Bemühung, das Vollkommene Bewußtsein zu erreichen, festzuhalten. Die Bemühung ist nur mit Hilfe von *vrittis* (Geistesregungen) möglich. Diese sind daher bei dem Bestreben, zur Verwirklichung zu kommen, von Bedeutung.

In der *Viveka Chudamani* wird das reine Selbst als jenseits des Nichtwirklichen oder verschieden von diesem dargestellt. Das Nichtwirkliche ist hier das unreine ‹ich› des Wachzustandes. Auch das im Schlafzustand vorherrschende Selbst wird hier als verschieden von Wirklichkeit und Unwirklichkeit beschrieben. Beide Aussagen meinen das eine Selbst, das an anderer Stelle auch der alles beobachtende Zeuge genannt wird.

Wie kann man das reine Selbst mit dem unreinen ‹ich› erfahren? Der Mensch sagt: ‹Ich habe selig geschlafen.› Seligkeit war seine Erfahrung, denn wie könnte er von etwas sprechen, was er nicht erfahren hat? Wie konnte er aber Glückseligkeit im Schlaf erfahren, wo das reine Selbst vorherrscht, das ja diese Glückseligkeit ist? Wer ist es, der jetzt von dieser Erfahrung spricht? Nun, der Sprechende ist das unwissende Selbst, und dieses spricht vom reinen Selbst. Dieses unwissende Selbst, das im Schlafzustand vorhanden war, unterscheidet sich von dem ‹ich› des Wachzustandes: es ist sehr viel subtiler. Den glückseligen Zustand des vollkommenen Bewußtseins erlebt das unwissende Selbst mit Hilfe der dem Absoluten innewohnenden Kraft, durch die Es die Welt offenbart. Diese Erfahrung bleibt aber vage.

Ähnlich geht es uns mit dem Licht des Mondes, wenn wir es nur abgeschwächt durch das Laubdach der Bäume wahrnehmen. Das subtile nichtwissende Selbst scheint dem nichtwissenden Selbst des Wachzustandes offensichtlich fremd zu sein. Warum sollten wir überhaupt auf seine Existenz im Schlafe schließen? Sollten wir nicht einfach die Erfahrung der Glückseligkeit verneinen und es dabei belassen? Nein. Denn die Tatsache, daß wir im Schlaf glücklich waren, kann nicht bestritten werden; jedermann sucht den Schlaf und bereitet sein Bett, um die mit dem tiefen Schlaf verbundene Seligkeit zu erleben.

Die Folgerung ist, daß der Erkennende, die Erkenntnis und das Erkannte in allen drei Zuständen vorhanden sind, wenn auch in unterschiedlicher Feinheit. Im Übergangszustand ist das Ich rein, weil ‹dies› nicht bemerkt wird – das Ich herrscht vor. Warum werden wir dieses reinen Ich nicht auch jetzt und hier gewahr, ja, warum erinnern wir uns nicht einmal daran? Die Antwort lautet: weil wir das Ich noch nicht erkannt haben. Erkennen können wir es aber nur, wenn wir es bewußt erleben. Daher sollten Sie keine Mühe scheuen, um das Ich bewußt zu erfahren.

*Fr* Bhagavan hat gesagt, daß Wirklichkeit und Illusion dasselbe seien. Wie ist das zu verstehen?

*M* Die Anhänger der *tantrischen* Lehre und auch andere lehnen Sankaras Philosophie als ‹Weg der Illusion› *(maya vada)* ab, weil sie diese nicht richtig verstanden haben. Sankara machte drei wesentliche Aussagen: 1. *Brahman,* das Höchste, ist wirklich, 2. die Welt ist Illusion, 3. *Brahman* ist die Welt. Er beschränkt sich nicht auf die beiden ersten leichtverständlichen Behauptungen, sondern fügt ihnen noch eine dritte bei. Was bedeutet das? Es ist falsch, die Welt als etwas von *Brahman* Gesondertes zu betrachten. Sankaras Gegner verweisen in diesem Zusammenhang auf das Beispiel von dem Seil, das in der Dämmerung für eine Schlange gehalten wird. Das sei nur eine vorübergehende Täuschung; denn wenn man seinen Irrtum erkannt hat, ist die Illusion ein für allemal aufgehoben.

Man muß aber auch an Täuschungen denken, die, trotzdem sie

erkannt worden sind, weiter andauern. So bleibt eine Luftspiegelung, die uns in der Wüste eine Wasserstelle vorgaukelt, auch dann noch bestehen, wenn wir um ihren illusionären Charakter wissen; wir werden aber nicht mehr versuchen, dort unseren Durst zu stillen. Sri Sankara muß im Sinne beider Illustrationen verstanden werden. Die Welt ist eine Illusion. Doch selbst wenn man zu dieser Einsicht gelangt ist, tritt sie weiterhin in Erscheinung. Sie muß als *Brahman* gesehen werden und nicht als etwas von ihm Getrenntes.

Die Welt erscheint. Aber wem erscheint sie? Was würden Sie antworten? Sie müßten sagen: dem Selbst. Denn in Abwesenheit des erkennenden Selbst könnte sie nicht erscheinen. Daher ist das Selbst die Wirklichkeit. Die Welt ist wirklich, wenn wir sie als das Selbst sehen, und illusionär, wenn wir sie als gesondert vom Selbst betrachten.

Und was sagen die *Tantriker* und andere? Sie behaupten, die Welt sei wirklich, weil sie einen Teil der Wirklichkeit bildet, in der sie erscheint.

Bedeuten nicht beide Feststellungen dasselbe? Darauf fundiert meine Behauptung, daß ‹wirklich› und ‹illusionär› ein und dasselbe seien.

Die *Tantriker* fahren fort: Das Wasser der Luftspiegelung sei vollkommen illusorisch, ganz gleich, welche Beschaffenheit man ihr zumesse und wie man die Illusion betrachte, weil das Wasser nicht benutzt werden könne. Das Phänomen der Welt dagegen unterscheide sich davon, weil es zweckvoll sei. Wie könne man dann die beiden gleichsetzen?

Ein Phänomen kann nicht deshalb als wirklich angesehen werden, weil es einem oder mehreren Zwecken dient. Nehmen Sie den Traum als Beispiel. Traumschöpfungen sind durchaus zwecksprechend; sie dienen Traumzwecken. So löscht Traumwasser Traumdurst. Nur im Wachzustand hat die Traumschöpfung keine Geltung, während umgekehrt die Schöpfungen des Wachzustandes in den beiden anderen Zuständen bedeutungslos sind. Was nicht fortwährend besteht, kann nicht wirklich sein. Was wirklich ist, muß immer wirklich sein und nicht nur für kurze Zeit.

Mit den Schöpfungen des Zauberkünstlers ist es ebenso. Sie scheinen wirklich zu sein und sind doch nur Illusion. Auch das Universum kann nicht aus sich selbst wirklich sein, gesondert von der Wirklichkeit, die ihm zugrundeliegt. In einem Film wird ein Brand gezeigt. Verbrennt die Leinwand? Da erscheint ein Wasserfall. Macht er die Leinwand naß? Es werden Werkzeuge benutzt. Beschädigen sie die Leinwand?

Feuer, Wasser und alles andere sind Phänomene, die über die ‹Leinwand› *Brahman* (das Selbst) hinwegziehen; sie berühren Es nicht.

## 6. Januar 1937

Fr  Viele Besucher erzählen mir, daß ihnen hier Offenbarungen oder Visionen zuteil würden. Ich bin seit anderthalb Monaten hier und habe nichts dergleichen erlebt. Bin ich Ihrer Gnade nicht würdig? Ich empfinde es als Schande, daß ich Ihre Gnade entbehren soll, während Fremde von weither sich ihrer erfreuen. Wollen Sie bitte so freundlich sein und mir sagen, was ich tun kann, um diese Ungnade aufzuheben?

M  Visionen und Offenbarungen hängen von der Verfassung der Individuen ab. Außerdem sind sie ganz unwichtig. Auf den Frieden des Geistes kommt es an.

Fr  Der Friede des Geistes ist ein Ergebnis der Versenkung *(samadhi)*. Wie erreicht man das?

M  *Samadhi* ist lediglich die Abwesenheit der Gedanken, ein Zustand, der im Schlaf vorherrscht. Verschafft er Ihnen dauerhaften Frieden?

Fr  Es heißt in den Ashramschriften, daß *samadhi* notwendig sei.

M  *Samadhi* ist nichts, was neu erworben werden müßte, sondern Ihr natürlicher Zustand.

Fr  Aber ich fühle ihn nicht.

M  Sie haben sich in die Vorstellung verrannt, Sie könnten ihn nicht fühlen. Darin liegt das Hindernis.

Fr  Ich habe das Selbst nicht verwirklicht und bin mir deshalb dieses Zustandes nicht bewußt.

M  Sie wiederholen sich. Sie halten sich für das Nicht-Selbst. Das ist der ganze Irrtum. Beseitigen Sie das Mißverständnis, und alles wird Ihnen klar werden.

Fr  Theoretisch ist es mir schon klar, aber wie soll ich es ausführen?

M  Gibt es zwei Selbste, daß das eine von der Nicht-Verwirklichung des anderen sprechen könnte?

*Fr* Es bleibt für mich bloße Theorie. Wie komme ich zur *samadhi*-Erfahrung?

*M* Sie ist eine vorübergehende Erfahrung, die nur solange andauert wie der Zustand selbst. Danach melden sich die alten Neigungen *(vasanas)* wieder, und bevor diese nicht im *sahaja samadhi* (natürlicher und ursprünglicher Zustand, der andauert, ohne unterbrochen zu werden) ausgemerzt worden sind, bringt die *samadhi*-Erfahrung keinen wirklichen Erfolg.

*Fr* Aber sie muß doch dem *sahaja samadhi* vorangehen?

*M* *Samadhi* ist das Innesein des ursprünglichen natürlichen Seinszustandes, das von Tun und Erscheinungen völlig unberührt bleibt. Wenn erlebt wird, daß all das nicht gesondert vom Sein stattfindet, so ist das Selbst-Verwirklichung. Was nützt Ihnen eine vorübergehende *samadhi*-Erfahrung, wenn sie nicht zum immerwährenden Frieden führt. Erkennen Sie, daß Sie selbst in diesem Augenblick im Zustand des ewigen *samadhi* sind. Das ist alles.

*Fr* Aber wie soll ich das anfangen?

*M* Der reine Geist, frei von Gedanken, ist das Selbst. Der reine Geist ist jenseits des unreinen Geistes.

*Fr* Wenn *samadhi* mein ursprünglicher Zustand ist, warum heißt es dann, daß er der Verwirklichung vorausgehen solle?

*M* Es bedeutet, daß man ständig dieses ursprünglichen Zustandes gewahr bleiben soll. Nicht gewahr zu sein heißt, in das Dunkel des Nichtwissens zurückzufallen.

*Fr* Wie kann ich diesen hohen Grad an Aufmerksamkeit aufbringen, ohne vorher den gedankenfreien Zustand erlebt zu haben?

*M* Wenn Sie so darauf versessen sind, können Sie ihn mit Drogen herbeiführen. Das Resultat wird allerdings Süchtigkeit sein und nicht Befreiung. In einem nur vorübergehend stillen Geist, auch im *samadhi,* solange er noch nicht zum *sahaja samadhi* geworden ist, bleiben die einem innewohnenden Neigungen *(vasanas)* im Verborgenen bestehen. Das Ziel ist, sie aufzulösen.

Ein anderer Besucher:
Kann es zur Selbstverwirklichung kommen, bevor die *vasanas* gänzlich aufgelöst sind?

*M* Es gibt bindende und nicht bindende *vasanas*; die letzteren stehen einer Verwirklichung nicht im Wege.

*Fr* Wird der Selbstverwirklichte wiedergeboren?

*M* Wer verwirklicht ist, kann nicht wiedergeboren werden. Die

Ursache zur Wiedergeburt sind jene *vasanas*, die binden. Im Zustand der Selbstverwirklichung sind sie zerstört.

Fr  Die *vasanas* der Weisen behindern den Zustand der Verwirklichung nicht. Die Verwirklichten können auf die Vorgänge in der Welt blicken, ohne daß ihr glücklicher Zustand dadurch gestört wird. Das bedeutet doch, daß lediglich das Verhaftetsein bindet?

M  Ja. Verhaftetsein ist Gebundensein. Es verschwindet mit der Auslöschung des ‹ich›.

Fr  Es heißt, daß die Gnade des Guru zur Verwirklichung verhelfe.

M  Der Guru ist niemand anders als das Selbst.

Fr  Aber selbst Krishna und Rama hatten Gurus. Der Guru Krishnas war Sandipini, und der Guru Ramas war Vasishta.

M  Da der Geist des Suchers nach außen gerichtet ist, braucht er zunächst den verkörperten Guru, der ihm hilft, die Wendung nach innen zu vollziehen. Ist das geschehen, erkennt der Sucher, daß Guru und Selbst nicht voneinander verschieden sind.

Fr  Darf ich um die Gnade des Guru bitten?

M  Die Gnade ist immer da.

Fr  Ich spüre sie aber nicht.

M  Hingabe läßt einen die Gnade verstehen.

Fr  Ich habe Herz und Seele hingegeben, und trotzdem fühle ich die Gnade nicht.

M  Wenn Sie sich wirklich ausgeliefert hätten, würden Ihre Fragen gar nicht auftauchen.

Fr  Ich habe mich ausgeliefert, und trotzdem sind die Fragen da.

M  Die Gnade ist vollkommen, Ihre Hingabe ist unvollkommen. Wo sonst könnte der Fehler liegen?

Fr  Dann brauche ich Hilfe, um mich ganz hingeben zu können.

M  Thayumanavar dichtete: ‹Gelobt seist Du, der mir erlaubt, so viel über Dich zu hören und zu sprechen und Deinen Worten so weit zu folgen!›

*7. Januar 1937*

Fr  Wie kann man die Angst vor dem Tod überwinden?

M  Finden Sie zuerst heraus, ob Sie überhaupt geboren sind, bevor Sie an den Tod denken! Nur wer geboren ist, kann sterben. Auch im Schlaf sind Sie so gut wie tot. Warum dann den Tod fürchten?

Fr  Können Sie Näheres über den Schlafzustand sagen?

*M* Fragen Sie sich das selbst im Schlaf. Sie erinnern sich der Schlaf-Erfahrung nur, wenn Sie wach sind. Dann sagen Sie: ‹Ich habe gut geschlafen.›
*Fr* Wie können wir uns dieses Zustandes bewußt werden?
*M* Wenn Sie sagen: ‹Ich habe gut geschlafen›, dann muß dieser Feststellung eine Erfahrung zugrundeliegen. Es kann keine Erinnerung im Wachzustand ohne die vorangegangene Erfahrung im Schlaf geben.
*Fr* Können Sie das an einem Beispiel erläutern?
*M* Wenn Sie ins Wasser tauchen, um einen Gegenstand herauszuholen, sprechen Sie von dessen Auffinden auch erst, nachdem Sie wieder aufgetaucht sind. Sie sagen nichts, solange Sie sich unter Wasser befinden.
*Fr* Im Schlaf fürchte ich mich nicht, aber jetzt.
*M* Man kann sich nur fürchten, wenn man sich nicht als Teil der großen Einheit empfindet. Warum fürchten Sie sich denn?
*Fr* Weil ich Körper, Welt und alles, was damit zusammenhängt, wahrnehme.
*M* Warum beachten Sie das, wenn es Ihnen Furcht einjagt?
*Fr* Weil ich mich dem allem nicht entziehen kann.
*M* Aber Sie sind es doch, der das alles sieht. Fürchten Sie sich, oder fürchtet sich das, was Sie sehen?
*Fr* Ich bin es, der sich fürchtet.
*M* Sie fürchten sich, weil Sie das sehen. Wenn Sie es nicht beachten, ist keine Furcht da.
*Fr* Wie soll ich das im Wachzustand fertigbringen?
*M* Seien Sie das Selbst, dann gibt es nichts anderes, das Ihnen Furcht bereiten könnte.
*Fr* Jetzt verstehe ich. Wenn ich mein Selbst sehe, ist die Wahrnehmung vom Nicht-Selbst abgezogen und nur Glücklichsein bleibt übrig. Aber die Furcht vor dem Tod ist immer noch da.
*M* Nur wer geboren ist, kann sterben. Finden Sie heraus, ob Sie überhaupt geboren sind und der Tod Sie bedrohen kann.
*Fr* Es heißt, daß Yoga zum selbstlosen Handeln befähige. Wie erlangt man diese Fähigkeit?
*M* Handeln Sie, ohne sich um das Ergebnis zu kümmern! Halten Sie sich nicht für den Handelnden! Widmen Sie Ihr Tun Gott! Damit können Sie diese Fähigkeit erlangen.
*Fr* In der *Bhagavad Gita* heißt es: ‹Yoga ist Gleichmut.› Was haben wir hier unter Gleichmut zu verstehen?

M  Einheit in der Vielfalt. Das Universum wird jetzt für vielfältig gehalten. Sehen Sie in allem das Gemeinsame! Tun Sie das, dann folgt dem auf natürliche Weise das Empfinden der Gleichheit in den Gegensätzen. Das meint man gewöhnlich, wenn von Gleichmut gesprochen wird.
Fr  Wie findet man das Gemeinsame in der Vielfalt?
M  Es gibt nur einen Seher. Ohne ihn erscheinen keine Objekte. Soviel sich die Objekte auch ändern mögen – der Seher ändert sich nicht.
>            Geschick im Handeln ist Yoga,
>            Gleichmut ist Yoga,
>            Gib dich allein Mir hin,
>            Nur das Eine ohne Zweites.

Hier haben wir *karma,* Yoga, *bhakti* und *jnana.* Von verschiedenen Gesichtspunkten aus stellen sie alle nur die eine Wahrheit dar.
Fr  Ist dazu Gnade nötig?
M  Ja.
Fr  Wie gewinnt man göttliche Gnade?
M  Durch Hingabe.
Fr  Ich fühle sie aber trotzdem nicht.
M  Dann fehlt es an Ernsthaftigkeit. Hingabe darf nicht nur verbal sein. Wer sich hingibt, darf keine Bedingungen stellen.

Zur Veranschaulichung wurden einige Worte von St. Justinian vorgelesen:

> Beten ist nicht so sehr eine Sache der Worte; es muß aus dem Herzen kommen. Einswerden mit dem ‹Herzen› ist das wahre Gebet. Das ist Gnade.
> Der Gottergebene sagt: ‹Ich habe immer nur Dich gesucht. Jetzt, da ich des Selbst inne bin, erkenne ich, daß Du das Selbst bist. Selbst-Sein ist mein Alles. Du bist mein Alles.›

Fr  Eigensucht, Nichtwissen und Begehrlichkeit bilden Hindernisse auf dem Weg der Meditation. Wie überwindet man sie?
M  Indem man sich nicht von ihnen mitreißen läßt.
Fr  Dazu ist Gnade nötig.
M  Ja, Gnade ist der Anfang und das Ende. Sie bewirkt die Wendung nach innen, Beharrlichkeit und schließlich Verwirklichung. Daher die Mahnung: ‹Gib dich einzig Mir hin!› Hat man sich ganz und gar ausgeliefert, dann bleibt nichts zurück, was nach Gnade verlangen könnte. Man ist von der Gnade verschlungen worden.
Fr  Die Hindernisse sind mächtig und hemmen die Meditation.

*M* Wie können sie Sie hemmen, wenn Sie sich der Höheren Macht ausgeliefert haben. Wenn Sie die Hindernisse für mächtig halten, müssen Sie die Quelle dieser Kraft suchen und in ihr verbleiben. Was kann Sie dann noch behindern?

Im Laufe eines Gesprächs wies Bhagavan darauf hin, daß Selbst-Verwirklichung nur dem Strebenden möglich sei, der die nötige Reife besitze. Die Neigungen müßten ausgemerzt sein, bevor Erkenntnis aufdämmern könne. Man müsse bereit sein, um der Wahrheit willen alles zu opfern. Die Reife zeige sich in der uneingeschränkten Entsagung.

*Fr* Leid empfinden wir nur im Wachzustand. Warum ist das so?
*M* Wenn Sie des Selbst gewahr sind, tritt kein Leid auf.
*Fr* Wenn ich mich nach innen wende, um zu erkennen, wer ich bin, finde ich nichts.
*M* Wie war es denn während des Schlafes. Da existierte kein ‹ich›-Gedanke, und Sie waren glücklich. Im Wachzustand – nach dem Auftauchen des ‹ich›-Gedankens – stiegen Gedanken auf, und diese verdecken das Ihnen innewohnende Glück. Werden Sie diese Gedanken los! Ihr natürlicher Zustand ist Glückseligkeit, wie Ihr Schlaf beweist.
*Fr* Ich weiß nichts von meiner Schlaferfahrung.
*M* Aber Sie wissen doch, daß Sie im Schlaf Glück erfahren haben, sonst würden Sie nicht sagen: ‹Ich habe selig geschlafen.› Wenn kein Gedanke mehr da ist, kein ‹ich›, nur noch Sie selbst, dann sind Sie glücklich. Das ist die ganze Wahrheit. Es ist genau das, was uns das fundamentale Wort aus den *Veden*: *Tat twam asi* (Du bist Das) lehrt. Finden Sie Ihr Selbst – und ‹Das› ist gefunden.
*Fr* Was ist *Brahman*?
*M* Warum wollen Sie wissen, was *Brahman* ist? Existiert Es getrennt von Ihnen? Die Schrift sagt: ‹Du bist Das›. Das Selbst ist Ihnen ganz nah; Sie können nicht ohne Es sein. Erkennen Sie das Selbst! So verwirklichen Sie auch *Brahman*.
*Fr* Aber ich bin nicht imstande dazu. Ich bin zu schwach, um mein Selbst zu erkennen.
*M* In diesem Fall müssen Sie sich ohne Vorbehalt ausliefern. Dann wird sich die Höhere Macht von selbst offenbaren.
*Fr* Was habe ich unter bedingungsloser Auslieferung zu verstehen?
*M* Wenn man sich der Höheren Macht überlassen hat, bleibt niemand mehr, der Fragen stellen könnte. Entweder werden die Gedanken beseitigt, indem man am Wurzelgedanken ‹ich› fest-

hält, oder man liefert sich bedingungslos der Höheren Macht aus. Dies sind die einzigen Wege zur Verwirklichung.

*Fr* Was muß man tun, um von Gedanken frei zu werden? Genügt die Suchfrage ‹Wer bin ich›?

*M* Verbleiben Sie in der Stille, und Sie werden die Antwort erhalten!

*Fr* Es ist unmöglich.

*M* Deshalb muß die Suchfrage ‹Wer bin ich?› gestellt werden.

*Fr* Wenn ich die Frage stelle, kommt keine Antwort.

*M* Was für eine Antwort erwarten Sie? Sind *Sie* nicht da? Was wollen Sie sonst noch?

*Fr* Es tauchen immer mehr Gedanken auf.

*M* Begegnen Sie ihnen sofort mit ‹Wer bin ich?›!

*Fr* Soll ich das bei jedem Gedanken fragen? Ist die Welt nur ein Gedanke?

*M* Überlassen Sie diese Frage der Welt. Möge sie fragen: ‹Wie kam ich ins Dasein?›

*Fr* Wollen Sie damit sagen, daß das nichts mit mir zu tun habe?

*M* Im Tiefschlaf wird nichts wahrgenommen. Erst nach dem Erwachen sehen Sie all dieses. Die Welt tritt mit den Gedanken ins Dasein. Was kann sie demnach anderes sein als ein Gedanke?

*Fr* Was sollen wir tun, um dem Geist Ruhe zu geben?

*M* Halten Sie ihn fest, und bringen Sie ihn her, dann werden wir uns nach Mitteln und Wegen umsehen, mit denen wir ihn stillegen können.

*Fr* Ich wollte damit sagen, daß er ständig in Bewegung ist, selbst dann, wenn wir *japa* üben.

*M* *Japa* hat die Aufgabe, den Geist zu beruhigen.

*Fr* Welches Mantra ist dazu besonders geeignet?

*M* Irgendeines. Vielleicht *Gayatri* (Anrufung der Sonnengottheit).

*Fr* Genügt *Gayatri* als Mantra?

*M* Was kann *Gayatri* übertreffen. Es enthält die ganze Wahrheit. *Japa* führt zur Meditation und schließlich zur Selbst-Verwirklichung.

*Fr* Genügt es, wenn ich eine halbe Stunde täglich übe?

*M* Es sollte unablässig vollzogen werden. Üben Sie, solange es Ihnen möglich ist!

Bhagaven erläuterte die 6. Strophe der *Arunachala Ashtaka*.

In der letzten Zeile der 5. Strophe heißt es: ‹Gibt es das Eine?› Die Anfangsworte der 6. Strophe beantworten diese Frage: ‹Es gibt das Eine.› Es heißt dann weiter: ‹Obgleich es das Eine ist, spiegelt es sich dennoch durch seine schöpferische Kraft in einem winzigen Punkt wieder, dem ‹ich›. In diesem ‹ich›, das wie ein Transformator wirkt, treten die latenten Eindrücke kraft des wiedergespiegelten Lichtes als relatives Bewußtsein – Gedankenbewußtsein – in Erscheinung. Es ist das Wissen des Nichtwissens.

Das in diesem Leben sich auswirkende Schicksal manifestiert sich gemäß den inneren Eindrücken als die grobstoffliche Welt, die wiederum als Eindruck aufgenommen wird. Diese Kraft bezeichnet man auf der subtilen Ebene als Geist oder denkendes Gemüt und auf der physischen als Gehirn. Geist oder Gehirn dienen dem ewigen Sein als Verstärker, wodurch es sich als das weite Universum offenbart. Im Wach- und Traumzustand ist der Geist nach außen, im Tiefschlaf nach innen gerichtet. Das Höchste Sein bedient sich des Geistes als Mittler und tritt im Wach- und Traumzustand als Vielfalt in Erscheinung, während es im Tiefschlaf und in Zuständen der Bewußtlosigkeit in sich ruht. Sie sind daher immer nur Das! Was immer sich auch wandeln mag, Sie verbleiben als Sie selbst, als ewiges Sein. Nichts ist außer Ihnen!

Im folgenden erläuterte Bhagavan die vorangegangenen Verse.

Eine Filmplatte, die dem Sonnenlicht ausgesetzt war, kann keine Bilder mehr aufnehmen; desgleichen kann der Geist, nachdem er das Göttliche Licht erschaut hat, die Welt nicht mehr reflektieren. Überdies muß beachtet werden, daß die Sonne von Gott erschaffen wurde. Wenn ihre Strahlen so stark sind, daß sie das Entstehen von Bildern verhindern, wieviel machtvoller ist dann das Licht, das unmittelbar von Ihm kommt! Es heißt zu Recht, daß es nichts gibt außer Ihm, dem Einen und Einzigen.

Der winzige Punkt, der aus Dunkelheit besteht, ist das ‹ich› mit seinen latenten Neigungen. Wenn es als Subjekt aufsteigt, dehnt es sich als wahrnehmbare Objekte aus. Das ‹ich› kann nur erscheinen, wenn das Licht schwach ist. Im hellen Tageslicht sieht ein Seil nicht wie eine Schlange aus, und in tiefer Dunkelheit bleibt es unsichtbar, so daß keine Verwechslung eintreten kann. Nur im Halbdunkel, in der Dämmerung, kann ein Seil irrtümlich für eine Schlange gehalten werden. Ähnlich ist es bei dem Reinen Strahlenden Sein. Es kann nur als ‹ich› erscheinen, wenn Sein Licht von Dunkelheit durchsetzt wird. Diese Dunkelheit nennt man das Ursprüngliche Nichtwissen (Ur-Sünde). Das Licht, das diese Dunkelheit durchdringt, heißt Reflektiertes Licht und wird auch als Reiner Geist, *Isvara* oder Gott bezeichnet.

Im Reinen Geist ist auch der unreine Geist enthalten. Dieser wird als tätiger Geist oder als ‹ich› bezeichnet. Er kann nur durch erneute Reflexion entstehen; darum kann man sagen, daß das ‹ich› ein Produkt der zweiten Dunkelheit ist. Schließlich entsteht der stumpf-dumpfe Geist, der in der Folge als Welt wahrgenommen wird.

Vom Geist kann man sagen, daß er aus vier inneren Organen besteht; oder aus Gedanken; oder aus dem sechsten Sinn; oder aus Denken verbunden mit ‹ich›; oder aus einer Koppelung der Fähigkeiten zu erinnern und zu denken. Im letzteren Falle kann man ihn sich auch als aus zwei Teilen bestehend vorstellen: aus ‹ich› und Intellekt. Hierbei bildet das denkende Selbst oder das ‹ich› oder der Seher das Subjekt, und die Hülle des Geistes bildet das Gesehene oder das Objekt.

Wach-, Traum- und Schlafzustand haben ihren Ursprung in der Ursprünglichen Dunkelheit. Das Auftreten des Geistes und sein Wiederverschwinden bewirken mannigfaltige Vorgänge im Wach- und Traumzustand. Sie sind nur Erscheinungen des Reflektierten Lichtes auf der Grundlage des Selbst-leuchtenden Seins. All diese Tätigkeiten und Phänomene, ob sie nun das Individuum oder das Universum betreffen, werden von einer einzigen Macht gelenkt.

So wenig man ein Seil in völliger Dunkelheit zu erkennen vermag und so wenig man es im hellen Tageslicht für eine Schlange halten wird, so wenig kann die Welt im *samadhi* des Selbst-strahlenden Seins, im Tiefschlaf oder während einer Bewußtlosigkeit erscheinen. Nur im Reflektierten Licht (Licht vermengt mit Dunkelheit oder Wissen durchsetzt mit Nichtwissen) kann die Welt, welche abhängig ist von ihrer Quelle, erscheinen, sich entfalten und sich wieder auflösen. Hier vollzieht sich ein Spiel, bei dem das Eine, Einzige Sein Sich vielfältig vergegenständlicht und Sich wieder in Sich zurückzieht. Es muß eine Kraft *(sakti)* vorhanden sein, die dieses wunderbare Spiel spielt. Im Selbstleuchtenden Reinen Sein kann diese Kraft nicht wahrgenommen werden; doch kennt jedermann die Folgen Ihres Wirkens. Wie wunderbar!

Aus der sublimen ursprünglichen Aktivität dieser Kraft (Kraft-Vibrationen) resultiert *sattva*-durchwirkte Reflexion; aus ihr erhebt sich das *rajas*-hafte ‹ich›, dem *tamas*-beinhaltende Gedankenformen folgen, die gewöhnlich als Wissen bezeichnet werden. Ähnlich wie das Licht durch eine Linse auf die Leinwand projiziert wird, strahlt das Reflektierte Licht durch die Gedanken hindurch, bevor es sich als Welt hinter ihnen ausbreitet. Tatsächlich ist in den Gedanken bereits die ganze Welt als Same enthalten. *Isvara*, Individuum und Welt entstammen allesamt dem Reflektierten Licht, welches wiederum das Selbst-scheinende, Einzige Sein zur Grundlage hat.

Was ist nun dieser ‹ich›-Gedanke, dieses ‹ich›? Stellt es in diesem System Subjekt oder Objekt dar? Soweit wir es uns als Beobachter aller anderen Objekte des Wach- und Schlafzustandes denken, müssen wir es als Subjekt betrachten. Doch wenn man das Reine Selbst erkannt und verwirklicht hat, kann es nur noch Objekt sein.

Die Suche nach dem, in welchem der ‹ich›-Gedanke aufsteigt, wird *vichara* genannt.

‹Ich›-Gedanke und ‹dies›-Gedanke sind Ausstrahlungen desselben Lichts. Wenn das Reflektierte Licht vom ‹dies›-Gedanken frei ist, ist es auch frei von *rajas* und *tamas* und leuchtet als Ich-Ich immerfort. Dieser reine Zustand tritt beim Übergang vom Wachen zum Schlaf ganz kurzfristig ein. Wenn er verlängert wird, erkennen wir in ihm das Kosmische Bewußtsein oder *Isvara*. Das ist die einzige Möglichkeit, das Selbst-leuchtende Höchste Sein zu verwirklichen.

Weiterhin gibt es zwei Arten der Erfahrung im Tiefschlaf: Glückseligkeit und Nichtwissen. Nach dem Aufwachen erinnert man sich daran: ‹Ich schlief selig und war mir nichts mehr bewußt.› So sehen wir, daß sich die Kraft als Dunkelheit *(avarana)* und als Vielfalt *(vikshepa)* zeigen kann. Der Geist entsteht aus der Vielfalt.

### 10. Januar 1937

Bhagavan erinnerte sich an ein Vorkommnis aus der Zeit, als er noch auf dem Berg wohnte.

Einer seiner Schüler, Rangaswami Iyengar, begegnete in der Nähe des Skandashrams einem Leoparden und versuchte, ihn mit einem Steinwurf zu vertreiben. Das Tier nahm eine bedrohliche Haltung ein. Rangaswami bekam es mit der Angst zu tun und rannte um sein Leben. Auf dem Fluchtweg begegnete er Bhagavan, der ihn fragte, was denn los sei. Er keuchte nur ‹Leopard› und hastete weiter.

Bhagavan setzte seinen Weg fort und wurde nach wenigen Minuten des Leoparden gewahr. Als dieser den Meister erblickte, wandte er sich langsam ab und verschwand zwischen den Felsen.
Bei einer anderen Gelegenheit erzählte Bhagavan eine weitere Geschichte.

Man kann einen Frosch mit einem *hatha*-Yogi vergleichen. Über lange Zeit verhält er sich völlig bewegungslos, und nur das rhythmische Pulsieren an der Unterseite seines Halses zeigt an, daß noch Leben in ihm ist. Frösche können auf diese Weise ungewöhnlich lange ausharren. Man sagt, daß der Frosch seine Zunge halb verschlucke, so daß die Lebensfunktionen fast völlig zum Erliegen kommen. Es handelt sich hierbei um eine Methode, die auch im *hatha*-Yoga angewandt wird. Durch vorübergehende Aufhebung der Lebensfunktionen wird ein Zustand tiefer Bewußtlosigkeit herbeigeführt. Der Yogi stirbt nicht, aber jemand muß die Zunge aus der Rachenhöhle ziehen, um die Lebensfunktionen wieder zu aktivieren. Es grenzt an ein Wunder, daß es dem Frosch gelingt, seine – stark angeschwollene – Zunge wieder hervorzubringen und dann normal weiterzuleben.

## 11. Januar 1937

Bhagavan las aus der *Ramayana* einen Abschnitt vor, in dem von Hanuman die Rede war.
Bevor dieser mit einem gewaltigen Satz die Wasserstraße zwischen Indien und Sri Lanka überwand, hatte er den Sprung bereits innerlich vollzogen. Bhagavan wies anhand dieses Beispiels darauf hin, daß die Sammlung der Geisteskräfte der eigentlichen Handlung vorangehe, also eher zum Ziel führe als die Aktivierung der physischen Kräfte.

## 12. Januar 1937

M Jeder klagt über die Ruhelosigkeit des Geistes. Findet den Geist, dann werdet ihr Bescheid wissen! Es stimmt, daß die Gedanken häufiger aufsteigen, wenn man anfängt zu meditieren. Der Geist ist nur ein Bündel von Gedanken. Man kann das Sperrfeuer der Gedanken nicht gewaltsam durchbrechen. Gelingt es dagegen im Selbst zu verbleiben, ist es gut. Die es nicht können, müssen *japa* oder *dhyana* üben. Das wirkt wie die Kette, die man dem Elefanten gibt, damit er sie mit dem Rüssel festhält. Auch der Elefantenrüssel ist gewöhnlich ruhelos. Wird der Elefant durch die Stadt geführt, dann schwankt sein Rüssel in alle Richtungen. Gibt man ihm aber eine Kette zu tragen, dann wird seiner Unruhe ein Ende gesetzt. Ähnlich geht es mit dem rastlosen Geist. Wenn er mit *japa* oder *dhyana* beschäftigt ist, werden andere Gedanken abgewehrt, und der Geist konzentriert sich auf einen einzigen Gedanken. So wird er friedlich. Das heißt aber nicht, daß dieser Friede kampflos zustandekomme. Die Gedanken müssen erst außer Gefecht gesetzt werden.

Ein anderes Beispiel. Angenommen, eine Kuh strolcht umher und grast immer wieder auf den Weiden der Nachbarn. Sie wird diese Angewohnheit nicht so leicht aufgeben. Wie kann man sie an den Stall gewöhnen? Wird sie angebunden, dann wartet sie die nächste Gelegenheit ab, um wieder auszureißen. Lockt man sie mit leckerem Gras, dann nimmt sie zwar am ersten Tag ein Maulvoll, wartet aber im übrigen nur auf den Augenblick, wo sie wieder davonlaufen kann. Am nächsten Tag nimmt sie vielleicht zwei Maulvoll, und so jeden Tag ein bißchen mehr, bis sie sich ganz an diese Art der Fütterung gewöhnt hat. Es wird schließlich so weit kommen, daß man Gewalt anwenden muß, um sie dazu zu bringen, den Stall zu verlassen.

Ähnlich geht es mit dem Geist. Die latenten *vasanas* (Neigungen), die sich als Gedanken zeigen, veranlassen ihn, ‹draußen› herumzustreifen. Und solange noch *vasanas* da sind, müssen sie herauskommen. Alle Gedanken zusammen bilden den Geist. Untersucht man, was der Geist ist, dann weichen die Gedanken zurück, und der Sucher erkennt, daß sie aus dem Selbst aufsteigen. Es ist die Ansammlung von Gedanken, die wir Geist nennen. Erkennt man, daß die Gedanken aus dem Selbst aufsteigen und in ihrer Quelle verweilen, dann verschwindet der Geist – die Seligkeit des Friedens ist verwirklicht. Danach wird man es ebenso schwierig finden, Gedanken hervorzubringen, wie man es vorher schwierig fand, von ihnen frei zu werden. In unserem Beispiel ist der Geist die unruhige Kuh, die Gedanken sind des Nachbars Weide, und das eigene ursprüngliche Wesen, frei von Gedanken, ist der Stall. Die Seligkeit des Friedens ist so wunderbar, daß man nicht gestört werden möchte. Ein tief schlafender Mensch mag es nicht, wenn er geweckt wird. Die Seligkeit des Schlafes ist zu betörend, um sie der Arbeit zu opfern, die aus Gedanken geboren wird. Der gedankenfreie Zustand ist unser Ur-Zustand und ist voller Glückseligkeit. Muß es einem nicht schwerfallen, solch einen Zustand gegen einen von Gedanken besessenen und daher unglücklichen Zustand einzutauschen?

Möchte man aber in dem gedankenfreien Zustand bleiben, ist ernsthafte Bemühung unvermeidlich. Man muß sich den Weg freikämpfen, bevor man den Ur-Zustand wiedergewinnen kann. Hat man Erfolg in diesem Kampf und erreicht das Ziel, dann wird der Feind – die Gedanken – vom Selbst unterworfen und vernichtet. Die Gedanken sind es, die das Universum erschaffen. In ihrer Abwesenheit gibt es weder die Welt noch Gott, den Schöpfer. Das einzige Sein ist die Seligkeit des Selbst.

Als Prahlada, der Dämon *(asura)*, in *samadhi* versunken war, dachte Vishnu, der Gestalter und Erhalter der Welt, über die neue Lage nach: ‹Dieser Dämon ist in die Stille eingegangen, und mit ihm befinden sich alle Dämonen im Frieden. Es gibt keinen Krieg mehr, keinen Streit, kein Kräftemessen, ja, nicht einmal den Drang zur Macht. Wo das Machtstreben aber fehlt, gibt es weder Opferungen, noch können die Götter wirken, und es besteht nicht der geringste Anlaß, eine neue Schöpfung ins Leben zu rufen. Ich werde daher Prahlada und die anderen Dämonen aufwecken; sie werden die ihnen zugedachten Aufgaben erfüllen, und die Götter werden sie herausfordern. Jeder wird sich nach Kräften bemühen, die Vorherrschaft zu erringen. Die Opferriten werden erneut vollzogen, die Götter finden Anerkennung, die Schöpfung wird sich ausbreiten, und es wird zu Auseinandersetzungen kommen. Dann werde ich wieder genügend zu tun haben.›

Vishnu erweckte Prahlada, machte ihn zum schon zu seinen Lebzeiten Befreiten und gewährte ihm ewiges Leben. Die Dämonen nahmen den Kampf gegen die Götter wieder auf. So war die alte Ordnung erneut hergestellt, und die Welt konnte auf die alte Art und Weise ihr ewiges Spiel weitertreiben.

*Fr* Wie konnte Gott die Dämonen erwecken und damit immerwährenden Streit heraufbeschwören? Ist Gott nicht reines Gutsein?

*M* Gutsein ist nur ein relativer Begriff. Gut wird durch schlecht bedingt, wobei das eine die Umkehrung des anderen ist.

Die in der Halle Anwesenden lauschten aufmerksam den Worten Bhagavans. Einer von ihnen, den das Gehörte offensichtlich tief beeindruckt hatte, berichtete anschließend von einem eigenen Erlebnis:

Ich habe mich schon oft gefragt, wo der innere Strom beginnt, ob im Körper oder außerhalb. Während des Gesprächs empfand ich plötzlich, wie mein Körper immer subtiler wurde, bis das Körperbewußtsein schließlich ganz verschwand. Dann erhob sich in mir – klar und kraftvoll – die Frage: ‹Wer bin ich?› Ich hörte nur noch Ich – Ich – Ich, spürte eine grenzenlose Weite und sonst nichts. Nur noch vage nahm ich das Geschehen in der Halle wahr.

Nach der Rezitation der *Veden* standen die Leute auf, um sich zu verneigen. Auch ich wollte mich erheben, doch dieser Gedanke verließ mich sofort wieder. Ich verlor mich erneut in der Weite. Dann vernahm ich die Stimme Bhagavans. Ich nahm mich zusammen, stand auf und verneigte mich. Ein seltsames Gefühl hielt noch über eine halbe Stunde an. Ich kann das nicht vergessen. Es geht mir immer noch nach.

Bhagavan hatte ihm zugehört und schwieg einige Minuten. Dann meinte er:

Es mag den Anschein haben, daß man aus dem Körper heraustritt. Aber der Körper ist ja nichts anderes als ein Gedanke. Ohne Gedanken gibt es keinen Körper und somit kein Ein- und Austreten aus ihm. Jedoch glaubt man noch aus alter Gewohnheit, aus ihm herauszutreten.

## 17. Januar 1937

*Fr* Weshalb müssen sich die Menschen mit den Angelegenheiten dieser Welt abgeben, wobei sie immer wieder in Schwierigkeiten geraten? Sollten sie nicht frei sein? In der spirituellen Welt werden sie größere Freiheit haben.

*M* Die Welt ist nur spirituell. Sie unterscheiden eine materielle von einer spirituellen Welt, weil Sie sich mit Ihrem Körper identifizieren. Aber letztlich ist alles spirituell.

*Fr* Haben die entkörperten Seelen, die Geistwesen, eine tiefere Einsicht? Genießen Sie größere Freiheit?

*M* Sie bezeichnen die entkörperten Seelen als Geistwesen, weil Sie sich mit Ihrem Körper identifizieren. Von Ihren Begrenzungen aus reden Sie von deren Begrenzungen und versuchen, deren besonderen Fähigkeiten zu erkennen. Aber auch die ‹entkörperten› Seelen haben subtile Körper. Entkörpert bedeutet nur, dieses grobmateriellen Körpers ledig zu sein. Insofern Sie ihnen Individualität zusprechen, sind sie an subtile Körper gebunden. Die Begrenzungen dieser Seelen richten sich nach ihren besonderen Umständen. So wie Sie die Bürde Ihrer Begrenzungen spüren, werden jene die ihrigen empfinden.

Was ich mit Selbst meine, ist der absolute Geist und nicht ein relativer. Wenn Sie sich als das Selbst erleben, werden Sie sehen, daß diese Welt nur spirituell ist.

*Fr* Sind diese subtilen Körper vergänglich wie unsere Leiber? Werden sie wiedergeboren?

*M* Diese Fragen tauchen auf, weil Sie sich für den Körper halten. Dieser Körper wird geboren und stirbt, und wenn er vergeht, entsteht ein anderer. Das wird Wiedergeburt genannt. Aber sind Sie der Körper? Erst wenn Sie entdecken, daß Sie das Selbst sind, werden sie von materiellen und subtilen Verkörperungen frei sein. Dann wird es keine Begrenzungen mehr geben und keine Welt mehr. Auch die Frage nach Wiedergeburt kann nicht mehr gestellt werden.

Betrachten wir es noch einmal anders. Sie erschaffen sich im Traum einen Traumkörper und wirken mit ihm. Im Wachzustand erweist er sich als nichtexistent. Gegenwärtig halten Sie sich für diesen Körper und nicht für den Traumkörper. In Ihrem Traum wird dieser Körper vom Traumkörper als Täuschung empfonden. So sehen Sie, daß keiner von beiden wirklich sein kann, weil jeder es nur zur einen Zeit ist und zur anderen Zeit nicht.

Das, was wirklich ist, muß immer wirklich sein. Und sie sagen: Ich. Dieses Ich-Bewußtsein liegt allen drei Zuständen zugrunde. Das allein ist wirklich. Die drei Zustände sind es nicht; sie sind für den Geist da. Es ist der Geist, der Sie hindert, Ihr wahres Wesen zu schauen. Ihre wirkliche Natur ist wahre Glückseligkeit. Sie herrscht in Ihrem Tiefschlaf, während Sie in den beiden anderen Zuständen unter Begrenzungen leiden. Woher kommt der Unterschied? Im Tiefschlaf war kein Geist da, während er sich im Traum und im Wachzustand als aktiv erweist. Das Empfinden von Begrenztheit ist das Werk des Geistes. Was ist der Geist? Finden Sie es heraus! Wenn Sie nach ihm suchen, wird er von selbst verschwinden, denn er hat kein wirkliches Sein. Er ist aus Gedanken zusammengesetzt und löst sich auf, wenn keine Gedanken mehr da sind.

*Fr* Bin ich dann noch vorhanden?
*M* Wie war es im Schlaf? Da gab es keine Gedanken, keinen Geist, und doch waren Sie da.
*Fr* Wenn ich zu meditieren versuche, bin ich dazu nicht fähig, weil mein Geist umherwandert. Was soll ich tun?
*M* Ihre Frage beantwortet sich selbst. Sie sagen, daß Sie ohne Erfolg meditieren. *Sie* bedeutet das Selbst. Worauf konzentrieren Sie sich? Und wieso ohne Erfolg? Gibt es zwei Selbste, daß das eine sich auf das andere konzentrieren kann? Welches Selbst klagt jetzt über Erfolglosigkeit? Es kann nicht zwei Selbste geben, es gibt nur eins. Das braucht sich nicht zu konzentrieren.
Sie fragen, wo das Glück bleibe. Was hindert Sie daran, der Geist zu bleiben, der Sie im Schlaf waren? Sie geben selbst zu, daß es der umherwandernde Geist, das unruhige Gemüt, ist. Finden Sie ihn! Wenn sein Wandern aufhört, werden Sie entdecken, daß er das Selbst ist, Ihr Ich-Bewußtsein. Er befindet sich jenseits von Wissen und Nichtwissen.

*Fr* Ich bin sehr beschäftigt und finde kaum Zeit zum Meditieren. Was kann ich tun? Ist Atemkontrolle eine brauchbare Hilfe?
*M* Atem und Geist erheben sich aus der gleichen Quelle. Man kann die Quelle finden, indem man den Atem beobachtet oder indem man den Geist zurückverfolgt. Wenn Sie das letztere nicht können, vermag das erstere zweifellos eine Hilfe zu sein.
Wird nach dem Geist gesucht, dann hören die Gedanken auf. Das Ergebnis ist Friede – und der ist Ihr wahres Wesen. König Janaka sagte: ‹Jetzt habe ich den Dieb (den Geist) entdeckt, der mich meines wahren Wesens beraubt hat. Ich werde ihn auf der Stelle töten!› Die Störung durch Gedanken tritt ein, um das Selbst seines Friedens zu berauben. Die Störung ist identisch mit dem Geist. Wenn die Störung endet, heißt es, der Geist ziehe sich zurück. Das Selbst bleibt unberührt.
*Fr* Der Geist muß den Geist töten.
*M* Ja, wenn es den Geist gäbe. Die Suche nach ihm wird zeigen, daß es ihn gar nicht gibt. Wie kann aber etwas getötet werden, was es gar nicht gibt?
*Fr* Ist nicht geistig vollzogener *japa* besser als gesprochener?
*M* Die gesprochenen Mantras bestehen aus Lauten. Laute steigen

von Gedanken auf, denn man muß zuerst denken, bevor man Gedanken in Worten ausdrücken kann. Die Gedanken bilden den Geist. Daher ist geistig vollzogener *japa* besser als verbaler.

*Fr* Sollen wir nicht beides tun?

*M* Wozu noch sprechen, wenn *japa* zum geistigen Vorgang geworden ist? *Dhyana,* Kontemplation, und geistig vollzogener *japa* sind ein und dasselbe. Wenn die Gedanken aufhören einander zu jagen und ein Gedanke sich gegen alle anderen durchsetzt, spricht man von Kontemplation. Das Ziel von *japa* oder *dhyana* ist der Ausschluß aller Gedanken und die Beschränkung auf einen einzigen. Schließlich geht auch dieser eine in seiner Quelle auf, dem Absoluten Bewußtsein, dem Selbst. Der Geist ist von *japa* in Anspruch genommen und sinkt dabei in die eigene Quelle zurück.

*Fr* Es heißt, daß der Geist dem Gehirn entspringe.

*M* Wo ist das Gehirn? Im Körper. Ich behaupte, daß der Körper eine Projektion des Geistes ist. Sie sprechen vom Gehirn und denken dabei an den Körper. Der Geist schafft den Körper samt dem Gehirn; dann behauptet er, er würde dort wohnen.

*Fr* In einer seiner Schriften sagt Bhagavan, der Name Gottes müsse bis zu seiner Quelle zurückverfolgt werden. Sollte es nicht der Geist sein, dessen Quelle gefunden werden muß?

*M* Das alles sind nur Vorstellungen. Die Sammlung auf den Namen Gottes, *japa,* ist eine Hilfe, den Geist auf einen einzigen Gedanken festzulegen. Alle anderen Gedanken müssen verschwinden. Wird *japa* innerlich vollzogen, nennt man es Meditation oder *dhyana.* *Dhyana* ist Ihr wahres Wesen; es wird *dhyana* genannt, solange es noch Bemühung erfordert. Bemühung ist nötig, solange sich die Gedanken noch einmischen.

Wenn die Meditation keiner Mühe mehr bedarf, erkennen wir, daß sie unser wahres Wesen ist.

Am Morgen zitierte Bhagavan einige Sätze von St. Estelle:
‹Eure Feinde sind Wollust und andere Leidenschaften. Wenn ihr euch verletzt fühlt, wendet euch nach innen und findet dort die Ursache! Sie liegt nicht außen. Äußere Gründe verdecken lediglich die wahre Ursache. Da ihr euch nicht selbst verletzen könnt – sollte der allergnädige Gott euch verletzen wollen?›

Sri Bhagavan fügte hinzu, daß St. Estelle ein bedeutender Heiliger sei, dessen Lehren beherzigt werden sollten.

18. Januar 1937

Eine Amerikanerin, Mitglied der Internationalen Friedens-Liga, fragte Bhagavan nach seiner Meinung über die Bemühungen, den Frieden in der Welt zu verbreiten. Er antwortete, daß der Friede sich von ganz allein verbreite, wenn man den Frieden des Selbst erlange. Wie sollte man aber dazu beitragen können, wenn man selbst nicht im Frieden sei? Die Besucherin fragte weiterhin, ob der Osten ein wissenschaftliches System zur Verwirklichung des Selbst besäße.

M Sie sind bereits das Selbst. Es ist keine ausgeklügelte Wissenschaft notwendig, um das Selbst zu begründen.

Fr Das leuchtet mir ein. Aber es muß doch auch eine praktische Methode geben, die ich mit Wissenschaft bezeichnen möchte.

M Die Verwirklichung des Selbst ist vollzogen, wenn solche Gedanken aufhören. Man kann weder seinen Körper noch die Welt außerhalb des Selbst sehen. Man sieht alles andere nur, weil man das Selbst ist. Gott und Welt sind im eigenen Herzen. Erkennen Sie den, der sieht, und Sie werden entdecken, daß alles das Selbst ist. Ändern Sie Ihre Sicht! Schauen Sie nach innen! Finden Sie das Selbst! Wer ist die Grundlage von Subjekt und Objekt? Erforschen Sie das, und alle Probleme sind gelöst.

Der Fragerin wurde vorgeschlagen, die Broschüre *Wer bin ich?* zu lesen, bevor sie weitere Fragen stelle. Sie willigte ein.

M Polemische Auseinandersetzungen finden kein Ende. Nehmen wir beispielsweise *Vichara Sagara*. Der Autor meint, daß der Aussage, die Welt sei illusorisch oder unwirklich, eine Erfahrung zugrunde gelegen habe. Die Welt müßte also zum Zeitpunkt dieser Erfahrung wirklich gewesen sein. Müßte aber nicht das, was einmal wirklich war, immer wirklich sein? Nein, sagte er, auch wenn man niemals eine wirkliche Schlange gesehen habe, könne man doch durch ein Bild eine Vorstellung von ihr gewonnen haben und dann ein Seil mit einer Schlange verwechseln. Deshalb brauche die Welt also nicht wirklich zu sein.

Warum seine Zeit mit solchen fruchtlosen Erörterungen vergeuden? Wenden Sie Ihren Geist statt dessen nach innen, dann ist die Zeit nützlich verwendet.

Die Vereinigung mit dem Höchsten können Sie nur durch direkte Erfahrung und nicht durch Hörensagen erleben. Deshalb ist es am sinnvollsten, zu erforschen, wer man ist.

Warum wird dann überhaupt Gott ins Spiel gebracht?
Weil Sie die Welt sehen und wissen möchten, wie sie entstanden ist. Es wird gesagt, daß sie von Gott erschaffen wurde. Wenn Sie wissen, daß er Sie und alles andere erschaffen hat, ist Ihr Geist ein wenig zufriedengestellt. Doch ist das noch keine Erkenntnis. Diese gewinnen Sie nur, wenn Sie sich selbst erkennen – das ist Verwirklichung und Vollkommenheit.

Um auf die Polemik zurückzukommen – der Autor von *Vritti Prabhakara* gibt an, 350 000 Bücher gelesen zu haben, bevor er dieses Werk verfaßte. Was hat das für einen Sinn? Führt es zur Erkenntnis des Selbst? Auch *Vichara Sagara* steckt voller wissenschaftlicher Begriffe. Aber können diese dicken Wälzer einem wirklichen Zweck dienen? Trotzdem – einige Leute lesen sie und suchen dann Weise auf, nur um zu sehen, ob diese ihre Fragen beantworten können. Es ist für sie eine Quelle des Vergnügens, beim Lesen immer wieder neue Zweifel zu entdecken und sie dann zu beseitigen. Die Weisen ermutigen solche Leute nicht, da sie wissen, daß es schiere Zeitvergeudung bedeutet. Ermutigt man sie einmal, nimmt es kein Ende.

Nur das Forschen nach dem Selbst ist von Nutzen. Solche, die mit logischen Argumenten vertraut sind und die *Vritti Prabhakara*, *Vichara Sagara*, *Sutra Bhashya* oder ähnliche weitschweifige Werke lesen, können an einer kleinen Schrift wie *Truth revealed* (Enthüllte Wahrheit) keinen Gefallen finden, weil sie so viele *vasanas* angehäuft haben. Nur jene, deren Geist weniger getrübt oder ganz rein ist, wissen solche sinnvollen Schriften zu schätzen.

## 20. Januar 1937

Bhagavan erwähnte, daß er kein Gefühl in seinen Beinen habe, obwohl sie regelmäßig massiert würden. Doch was mache das schon aus, solange sie ihren Dienst täten und den Körper trügen. Im Laufe der Unterhaltung berichtete er,

daß Lichtstrahlen gefunden worden seien, die, wenn sie projiziert würden, zwar nicht den zeigten, der sie aussendet, ihn aber befähigen, die Handlung zu beobachten. Genauso ist es mit den *siddhas*. Sie sind reines Licht und können andere sehen, indes sie selbst nicht wahrgenommen werden.

Prabhulinga zum Beispiel begegnete auf seiner Wanderschaft in

Nordindien Goraknath. Dieser stellte seine Yogakräfte zur Schau und bewies, daß ein Schwert zwar seinen Arm treffen, aber nicht verletzen könne, da es bei dem Versuch stumpf würde. Er beherrsche die Kunst, den Körper gegen Verletzungen immun zu machen. Prabhulinga bot an, sich ebenfalls der Schwertprobe zu stellen. Das Schwert fuhr durch seinen Körper hindurch, als ob er Luft sei und ohne ihm im geringsten zu schaden. Der verblüffte Goraknath erkannte in Prabhulinga den Meister und bat ihn, sein Schüler werden zu dürfen.

Bhagavan erzählte eine andere Geschichte.

In einem Gespräch zwischen Siva und Parvati, seiner göttlichen Gemahlin, auf Kailas, dem heiligen Berg, behauptete Siva, daß der *siddha* Allama gegen alle Verführungskünste Parvatis gefeit sei. Parvati war davon nicht überzeugt und beschloß, Allama auf die Probe zu stellen. Zu diesem Zweck begab sie sich als wunderschöne und hochbegabte Königstochter auf die Erde. Sie sang regelmäßig in dem Tempel, in dem Allama seine Frömmigkeit durch die Kunst des Trommelspiels zum Ausdruck brachte. Die Königstochter war bezaubert von der himmlischen Musik und verliebte sich unsterblich in den frommen Trommler. Sie fand Mittel und Wege, ihn in ihrem Palast zu empfangen, aber als sie ihn umarmen wollte, entzog er sich ihr. Sie war krank vor Verlangen nach ihm. Da wurde ihr eine himmlische Jungfrau geschickt, die sie an ihre ursprüngliche Absicht erinnern sollte. Sie war entschlossen, Allama zu betören; es gelang ihr aber nicht. Schließlich kehrte sie unverrichteter Dinge zum Kailas zurück und mußte sich geschlagen geben. Daraufhin nahm sie die Gestalt einer frommen Brahmanin an, die sich ganz dem Dienst an das Göttliche weihte und wurde Schülerin Allamas. Da erkannte sie seine wahre Größe.

Die Geschichte von Nakkirar hat nichts mehr mit *siddhas* zu tun, doch will ich sie trotzdem erzählen.
Nakkirar vollzog am Ufer eines Tempelteiches geistige Übungen. Da bemerkte er, daß vor ihm ein Blatt von einem Baum gefallen war; mit einer Hälfte lag es im Wasser, mit der anderen auf dem Land. Plötzlich verwandelte sich die Hälfte im Wasser in einen Fisch, die Hälfte auf dem Land in einen Vogel. Beide waren durch das Blatt miteinander verbunden und bemühten sich ver-

zweifelt, ins jeweils eigene Element zu gelangen. Nakkirar beobachtete das höchst erstaunt, ohne zu merken, daß sich ihm ein Geist näherte. Dieser ergriff ihn und trug ihn davon. Er fand sich in einer Höhle wieder, in der sich bereits 999 Gefangene befanden. Alle waren *tapo brashtas* (Asketen, die sich von ihren geistigen Übungen hatten ablenken lassen).

*Fr* War Nakkirar auch ein *tapo brashta*?
*M* Ja. Er übte Meditation, als sich der merkwürdige Vorgang ereignete. Er durfte sich davon nicht ablenken lassen.
Übrigens schuf Nakkirar während seines Aufenthalts in der Höhle eine seiner berühmtesten Hymnen. Dafür erlangten er und alle anderen Gefangenen ihre Freiheit zurück.

## 21. Januar 1937

*Fr* Wann hört das sexuelle Verlangen auf?
*M* Wenn die Unterscheidung aufhört.
*Fr* Wie erreicht man das?
*M* Das andere Geschlecht und die Beziehungen zu ihm sind lediglich geistige Vorstellungen. In einer *Upanishad* heißt es, daß uns alle lieb sind, weil das Selbst von allen geliebt wird. Das Glück ist innen. Liebe ist nur das Selbst, und das wohnt allem inne. Suchen Sie sie nicht in der äußeren Form, dann hört jede Gegensätzlichkeit auf.

## 22. Januar 1937

*Fr* Wie wird das Selbst verwirklicht?
*M* Das Selbst wird jederzeit unmittelbar wahrgenommen. Es gibt keinen Augenblick, wo das nicht der Fall wäre. Wie soll man sich dessen vergewissern? Suchen Sie das Selbst, und Sie werden erkennen, daß Sie selbst es sind.
*Fr* Aber es heißt doch, die ‹Herzknoten› würden durchtrennt, und alle Zweifel endeten, wenn das Selbst gefunden sei. Der Ausdruck *drishti* (sehen) wird dabei benutzt.
*M* Das Selbst zu sein ist dasselbe, wie das Selbst zu sehen. Es gibt nicht zwei Selbste, daß das eine das andere sehen könnte.
*Fr* Ich weiß immer noch nicht, wie man das Selbst verwirklicht.

*M*   Es ist bereits verwirklicht. Man muß diese schlichte Tatsache erkennen, das ist alles.
*Fr*   Aber ich erkenne sie nicht. Was mache ich da?
*M*   Verneinen Sie Ihre Existenz?
*Fr*   Nein, wie könnte ich das?
*M*   Darin liegt schon die ganze Wahrheit.
*Fr*   Trotzdem erkenne ich sie nicht.
*M*   Finden Sie heraus, wer es ist, der ‹ich› sagt!
*Fr*   Ich sage ‹ich›.
*M*   Wer ist dieses ‹ich›? Ist es der Körper oder etwas, das nicht der Körper ist?
*Fr*   Es ist nicht der Körper, es ist etwas anderes.
*M*   Finden Sie es heraus!
*Fr*   Ich kann es nicht. Wie muß ich vorgehen?
*M*   Sie sind jetzt des Körpers gewahr. Im Tiefschlaf waren Sie es nicht, und trotzdem waren Sie existent. Nach dem Erwachen halten Sie sich erneut für den Körper und sagen: ‹Ich kann das Selbst nicht verwirklichen!› Sagten Sie das auch im Schlaf? Sie taten es nicht, weil Sie während des Schlafes im Selbst ruhten. Jetzt, da Sie sich in die Begrenzungen des Körpers zurückgezogen haben, behaupten Sie, Sie hätten nicht verwirklicht. Warum begrenzen Sie das Selbst und fühlen sich dann elend? Bleiben Sie in Ihrem wahren Sein glücklich! Sie empfanden im Schlaf nicht das ‹ich›, aber Sie empfinden es jetzt. Warum? Weil Sie am Körper festhalten. Finden Sie heraus, woher dieses ‹ich› kommt! Dann ist das Selbst verwirklicht. Der Körper ist empfindungslos; er kann nicht ‹ich› sagen. Das Selbst ist unbegrenzt, Es kann es ebenfalls nicht. Wer sagt also ‹ich›?
*Fr*   Ich verstehe es immer noch nicht. Wie finde ich das ‹ich›?
*M*   Ergründen Sie, woher es auftaucht! Dann verschwindet dieses ‹ich›, und das unendliche Selbst bleibt zurück. Dieses ‹ich› ist das Bindeglied zwischen dem Bewußten und dem Unbewußten. Weder der Körper noch das Selbst sind ‹ich›. Wer ist es dann? Woher steigt es auf?
*Fr*   Woher?
*M*   Finden Sie es heraus!
*Fr*   Ich kann es nicht. Bitte erleuchten Sie mich!
*M*   Es befindet sich nicht außen, sondern innen. Käme es von woanders her, könnten Sie dahin geführt werden. Da es in Ihnen ist, müssen Sie es selbst finden.

*Fr* Hat das ‹ich› seinen Sitz im Kopf?

*M* Entsteht der Gedanke ‹Kopf› nach dem ‹ich›, oder entsteht das ‹ich› im Kopf? Wenn das ‹ich› im Kopf wäre, warum lassen Sie dann den Kopf sinken, wenn der Schlaf Sie überwältigt? Sie würden ihn auch nicht heben und senken und hin und her bewegen, denn das Selbst, das Ich, bleibt stets unveränderlich, und so muß auch die Stelle sein, wo Es seinen Sitz hat.

*Fr* Wo kommt es dann her?

*M* Das ‹ich› kommt von innen. Im Schlaf gibt es kein ‹ich›. Erst unmittelbar vor dem Aufwachen erhebt sich der ‹ich›-Gedanke.

*Fr* Der ‹Herzknoten› soll zwischen den Augenbrauen liegen.

*M* Manche vermuten ihn zwischen den Augenbrauen, andere im Kreuzbein. Das alles ist vom Körper aus gesehen. Aber den Körper wird man erst nach dem ‹ich›-Gedanken gewahr.

*Fr* Ich kann mich aber nicht vom Verhaftetsein an den Körper lösen.

*M* Damit geben Sie zu, daß Sie nicht der Körper sind.

*Fr* Wenn dieser Körper Schmerzen hat, dann fühle ich sie; ich empfinde aber nicht die Schmerzen eines anderen Körpers. Daher bin ich an diesen Körper gebunden.

*M* Diese Identifizierung ist die Ursache von solchem Empfinden. Das ist der ‹Herzknoten›.

*Fr* Wie wird man ihn los?

*M* Zu wem gehört der ‹Knoten›? Warum wollen Sie ihn loswerden? Fragt er oder fragen Sie?

*Fr* Er kann nicht fragen, ich tue es.

*M* Wer ist dieses ‹ich›? Wenn Sie das ergründen, löst sich der ‹Knoten› auf.

*Fr* Der ‹Knoten› ist mit dem Körper eins. Der Körper ist da, weil er geboren wurde. Wie kann man verhindern, wiedergeboren zu werden?

*M* Wer ist geboren, das Selbst oder der Körper?

*Fr* Der Körper.

*M* Dann lassen Sie den Körper fragen, wie Wiedergeburten beendet werden können.

*Fr* Er kann nicht fragen. Daher frage ich.

*M* Wessen ist der Körper? Im Tiefschlaf waren Sie ohne ihn. Nachdem der ‹ich›-Gedanke sich erhoben hatte, tauchte der Körper auf. Zuerst wurde der ‹ich›-Gedanke geboren; die Geburt des Körpers kam erst danach. Wenn Sie die erste ‹Geburt› verhindern, wird die zweite nicht stattfinden.

*Fr* Wie hindert man den ‹ich›-Gedanken am Auftauchen?
*M* Durch die Suche nach dem Selbst.
*Fr* Ich versuche zu verstehen, aber es gelingt mir nicht. Kann ich das Selbst vielleicht durch *japa* finden? Wenn ja, sagen Sie mir bitte, wie!
*M* Warum *japa*? *Japa* ist etwas Künstliches. Sie können den natürlichen ewigen *japa* herausfinden, der immerzu in Ihnen abläuft.
*Fr* Vielleicht könnten Sie mir nähere Anweisungen geben?
*M* Wenn ich jemanden, der sich nicht durch einen Haufen Bücher hindurchgearbeitet hat, anweise, er solle ‹Rama-Rama› wiederholen, dann tut er es und bleibt dabei. Sage ich es zu jemandem, der viel gelesen hat und über die Dinge nachdenkt, dann hält er es bei dieser einfachen Übung nicht lange aus. Er wird bald denken: ‹Warum soll ich das tun? Wer bin ich, daß ich ein Mantra wiederholen soll. Laß mich erst einmal herausfinden, wer ich eigentlich bin, bevor ich weitermache.› So wird er mit *japa* aufhören und sich der Suche widmen.
*Fr* Das menschliche Auge sucht die Dinge der Außenwelt zu erfassen. Der Blick soll aber nach innen gerichtet werden. Wie kann man ihn dorthin lenken?
*M* Es ist nicht damit getan, den Augapfel einwärts zu drehen. Ist das Auge selbst der Seher, oder ist es nur Werkzeug für den, der sieht? Wenn das Auge allein sehen könnte, müßte auch ein Leichnam dazu fähig sein. Es ist aber so, daß etwas hinter dem Auge sich des Auges bedient, um zu sehen.
*Fr* Um die Glorie Gottes zu schauen, bedarf es des ‹göttlichen Blicks›. Das physische Auge kann nur auf gewöhnliche Art sehen.
*M* Oh! Ich verstehe, Sie möchten die Millionen Sonnen, von denen Sie gehört haben, in all ihrer Pracht und Herrlichkeit sehen.
*Fr* Ist es nicht möglich, Gottes Herrlichkeit im Glanz dieser Vielzahl von Sonnen zu schauen?
*M* Können Sie den Glanz einer einzigen Sonne ertragen? Warum wollen Sie gleich Millionen Sonnen sehen?
*Fr* Wenn man über den ‹göttlichen Blick› verfügt, muß das doch möglich sein. Krishna sagte: ‹Wo die Sonne nicht scheint ... dort bin ich zu Hause.› Also muß es doch einen Zustand geben, wo die Sonne macht- und wirkungslos ist. Das ist der göttliche Zustand.
*M* Lösen Sie das Problem, indem Sie Krishna finden.
*Fr* Krishna lebt nicht mehr.

M  Haben Sie das aus der *Gita* gelernt? Sagt Er nicht dort, Er sei ewig? Stellen Sie sich Ihn als Körper vor?
Fr Krishna lehrte, solange Er lebte. Seine Schüler haben verwirklicht. Ich suche auch so einen Guru.
M  Ist denn die *Gita* nichts mehr wert, seit Krishna Seinen Körper aufgab? Betrachtete Er Seinen Körper als Krishna?
M  Aber mich verlangt nach einem lebenden Guru, der die Wahrheit aus eigener Erfahrung kennt.
M  Würden Sie nicht auch den lebenden Guru mit seinem Körper verwechseln?

Später schloß Bhagavan das Gespräch ab, indem er noch einige Anmerkungen dazu machte.
Die ‹göttliche Schau› bedeutet ‹Selbst-leuchtend›; darauf weist der Ausdruck *divya* (göttlich) hin. Man kann dafür auch Selbst sagen. Wer soll denn den ‹göttlichen Blick› verleihen – und wer soll sehen? Die Leute lesen in Büchern, daß Hören, Überdenken und Kontemplieren nötig seien und daß man durch verschiedene *samadhis* gehen müsse, bevor man zur Verwirklichung komme. Daher alle diese Fragen. Warum irren sie durch dieses Labyrinth? Was gewinnen sie dabei? Am Ende entdecken sie, daß es des Suchens gar nicht bedurft hätte, da das Selbst immer und ewig vorhanden ist. Warum können sie das nicht schon in diesem Augenblick herausfinden?
Ein einfacher, ungebildeter Mensch gibt sich mit *japa* oder Anbetung zufrieden. Ein *jnani* ist es sowieso. All die Schwierigkeiten haben nur die Bücherwürmer. Nun ja, auch sie werden vorankommen.

## 23. Januar 1937

Fr Ist die direkte Hinwendung zu Gott nicht wirksamer als die Frage ‹Wer bin ich?›? Das ist eine positive Methode, während durch die Frage das Getrenntsein von Gott ausgedrückt wird.
M  Solange Sie nach der Verwirklichung streben, wird Ihnen der Rat gegeben, nach dem Selbst zu suchen. Daß Sie nach einer Methode suchen, weist auf Ihr Getrenntsein hin.
Fr Wäre es nicht besser zu sagen ‹Ich bin das Höchste Wesen›, als zu fragen ‹Wer bin ich?›?

*M* Wer trifft diese Feststellung? Finden Sie den!
*Fr* Ist nicht Meditation besser als die Suche?
*M* Meditation beinhaltet eine geistige Vorstellung, während die Suche der Wirklichkeit gilt. Meditation ist objektiv, die Suche ist subjektiv.
*Fr* Es muß aber einen wissenschaftlichen Zugang zu diesem Subjekt geben.
*M* Die Unwirklichkeit zu meiden und nach der Wirklichkeit zu streben ist wissenschaftlich.
*Fr* Ich wollte sagen, es muß eine allmähliche Auflösung geben, die zuerst den Verstand, dann die Intelligenz und schließlich das ‹ich› betrifft.
*M* Einzig das Selbst ist wirklich; alles andere ist unwirklich. Geist und Intelligenz sind nicht von Ihnen getrennt. In der Bibel heißt es: ‹Sei still und erkenne, daß Ich Gott bin!› Stillesein ist die einzige Voraussetzung zur Verwirklichung des Selbst.
*Fr* Wird der Westen diese Lehre jemals begreifen?
*M* Das ist keine Frage von Zeit und Raum. Verstehen hängt von der geistigen Reife ab. Was macht es da aus, wo man lebt.

Später betonte Sri Bhagavan noch einmal, daß der ganze *Vedanta* in den beiden biblischen Worten enthalten sei: ‹Ich bin, der Ich bin› und ‹Sei still und erkenne, daß Ich Gott bin!›

Jemand erwähnte, daß der Verfasser des Buches *Kosmisches Bewußtsein* feststelle, Verwirklichung sei nur innerhalb gewisser Altersgrenzen möglich.

*M* Sagt irgend jemand: ‹Ich muß vor oder nach einem bestimmten Alter ins Dasein treten?› Er *ist,* hier und jetzt.
   Solche Behauptungen führen irre, da die Leute dann glauben, daß sie das Selbst in dieser Verkörperung nicht mehr verwirklichen könnten. Das ist alles absurd.
*Fr* Nach der Rückkehr des Körper-Bewußtseins ...
*M* Was ist Körper-Bewußtsein? Sagen Sie uns das zuerst. Wer sind Sie, getrennt vom Bewußtsein? Der Körper ist vorhanden, weil ein Körper-Bewußtsein da ist, das aus dem ‹ich›-Bewußtsein kommt, welches wiederum dem Reinen Bewußtsein entsteigt.

   Reines Bewußtsein → ‹ich›-Bewußtsein → Körper-Bewußtsein → Körper.

Bewußtsein ist immer da. Was Sie jetzt für Körper-Bewußtsein halten, hat keine Realität.

In diesem Zusammenhang ist die Frage gestellt worden, wie es zum Selbstmord kommt. Warum tötet sich jemand selbst? Weil er unglücklich ist und dieses Unglücklichsein beenden möchte. Er tut es, indem er die Verbindung zum Körper unterbricht, der allem Unglücklichsein zugrunde zu liegen scheint. Doch es muß jemand da sein, der den Körper tötet und der den Selbstmord überlebt. Das ist das Selbst.

Fr  Sri Bhagavan sagt, daß der Zustand der Verwirklichung Freiheit von der Tyrannei der Gedanken bedeute. Aber haben nicht auch die Gedanken ihren Platz im Rahmen der Dinge – wenn auch vielleicht auf tieferer Ebene?

M  Die Gedanken steigen aus dem ‹ich›-Gedanken auf, der aus dem Selbst kommt. Daher manifestiert sich das Selbst als ‹ich› und als alle anderen Gedanken. Was macht es da aus, ob Gedanken da sind oder nicht?

Fr  Sind nicht gute Gedanken eine Hilfe auf dem Weg zur Verwirklichung, vielleicht auf einer tieferen Stufe?

M  Ja, indem sie schlechte Gedanken fernhalten. Doch vor der Verwirklichung müssen auch sie verschwinden.

Fr  Sind schöpferische Gedanken nicht ein Aspekt des Göttlichen und daher eine Hilfe?

M  Ja, aber nur in der eben erwähnten Weise. Sie müssen alle im Selbst verschwinden. Gedanken, auch gute, führen uns vom Selbst fort und bringen uns ihm nicht näher, denn das Selbst ist uns vertrauter als die Gedanken. *Sie* sind das Selbst, während die Gedanken dem Selbst fernliegen.

Fr  Demnach verschlingt das Selbst seine eigene Schöpfung, die zu seiner Verwirklichung verholfen hat. Die Zivilisation wiederum betet irrtümlich das von ihr Geschaffene an und sondert sich damit von dem ab, was zu ihrer Entwicklung beigetragen hat.

M  Sind Sie nicht etwas von Ihren Gedanken Verschiedenes? Existieren Sie nicht auch ohne diese? Können die Gedanken aber ohne Sie existieren?

Fr  Bewegt sich die Zivilisation nicht langsam aber sicher auf die Selbst-Verwirklichung zu?

M  Zivilisation gehört der Ordnung der Dinge an. Sie wird sich schließlich – wie alles andere – bei der Verwirklichung des Selbst auflösen.

*Fr* Steht ein untadeliger primitiver Mensch der Verwirklichung näher als ein zivilisierter Mensch, der von Intellekt und Denken beherrscht wird?
*M* Ein Verwirklichter mag aussehen wie ein Wilder, aber ein Wilder ist deshalb noch kein Verwirklichter.
*Fr* Sollte man annehmen, daß alles, was geschieht, von Gott gewollt und darum nur gut ist?
*M* Natürlich kann von Gott nur Gutes kommen. Dennoch ist alles, was geschieht und auch Gott selber nicht vom Selbst gesondert. Wie können Gedanken an andere Dinge aufsteigen, wenn Sie sich des Selbst bewußt bleiben?
*Fr* Schließt die Hingabe auch das Ertragen von Belästigungen durch Ameisen, Moskitos und Schlangen ein?
*M* Was es auch immer sein mag – ist es von Ihnen, dem Seher oder Denker, getrennt?

Eine Dame aus der Zuhörerschaft machte einen Einwurf:
Warum fühlen wir den Biß der Ameise, wenn diese nicht von uns getrennt ist?
*M* Wen beißt die Ameise? Den Körper. Sie sind nicht der Körper. Solange Sie sich mit dem Körper identifizieren, sehen Sie Ameisen und alles andere. Wenn Sie als das Selbst verbleiben, gibt es auch nichts anderes, das vom Selbst getrennt wäre.
*Fr* Der Körper fühlt aber den Schmerz des Bisses.
*M* Wenn der Körper ihn fühlt, lassen Sie den Körper fragen. Der Körper soll sich um sich selbst kümmern. Was macht das Ihnen aus?
*Fr* Bedeutet vollständige Hingabe, daß wir Lärm und andere Störungen, auch während unserer Meditation, hinnehmen müssen? Oder sollen wir eine Höhle suchen, um die Einsamkeit zu finden?
*M* Das Selbst wird von alldem nicht berührt. Es gibt keinen Ort, wo Es sich befindet, und darum kann von einem Ortswechsel im Zusammenhang mit dem Selbst nicht gesprochen werden.
*Fr* Und doch erscheint es uns manchmal nützlich zu sein, auch äußere Hilfe in Anspruch zu nehmen. Kann dem zugestimmt werden?
*M* Der Irrtum beruht auf der Identifizierung des Selbst mit dem Körper. Wenn Bhagavan der Körper wäre, dann könnten Sie den Körper fragen. Doch wenn Sie sich um Erkenntnis bemühen, wird Ihnen aufgehen, daß der, den Sie als Bhagavan ansprechen, nicht der Körper ist, sondern das Selbst.

Die Fragerin wies dann auf einen Artikel in Gandhis Zeitschrift *Harijan* hin, in dem es hieß, daß alles Gott sei und nichts dem Individuum zugehöre.

*M* Gott, Individuum und alles andere sind im Selbst enthalten.

*Fr* War Shelley (engl. Lyriker; 1792–1822) ein Verwirklichter? Folgende Verse stammen von ihm:

> In der Tiefe des menschlichen Geistes
> Thront ein göttliches Bild, so unendlich schön,
> Daß die unruhigen Gedanken, die in seine Nähe kommen,
> Es kniend anbeten. Dabei zittern sie und spiegeln wider
> Den Glanz seiner Gegenwart; und das Licht
> Durchdringt ihre traumhafte Struktur,
> Bis sie ganz erfüllt sind mit der Kraft der Flamme.

*M* Ja, das sind vorzügliche Verse. Der Dichter muß verwirklicht haben, was er schrieb.

*Fr* Selbst wenn einem die Hand abgehackt würde, dürfte man dessen nicht gewahr sein, denn die *Gita* erklärt, daß das Selbst vom Körper verschieden sei.

*M* Besteht *jnana* darin, den Schmerz einer Verletzung nicht zu empfinden?

*Fr* Sollte der *jnani* nicht gegen Schmerz empfindungslos sein?

*M* Physischer Schmerz hängt vom Körper-Bewußtsein ab; ohne dieses gibt es keinen Schmerz. Der Geist, der des Körpers nicht gewahr ist, empfindet dessen Schmerzen und Freuden nicht. Schmerzen hängen vom ‹ich› ab. Sie können ohne das ‹ich› nicht sein, aber das Ich wird von ihnen nicht berührt.

*Fr* *Vichara Sagara* zählt vier Hindernisse auf dem Weg zur Verwirklichung auf.

*M* Warum nur vier? Andere sprechen von neun. Eines davon ist der Schlaf. Was ist Schlaf? Das Gegenteil von Wachen; er ist nicht unabhängig vom Wachzustand. Der Schlaf ist das ungetrübte Selbst. Nur wenn Sie das Selbst vergessen, sagen Sie, daß Sie geträumt haben. Kann denn irgend etwas in Abwesenheit des Selbst existieren? Warum verlassen Sie das Selbst und halten am Nicht-Selbst fest? Sowie der Geist anfängt, sich nach außen zu richten, wenden Sie ihn auf der Stelle einwärts! Er ist es gewohnt, das Glück außerhalb zu suchen. Das Wissen darum, daß äußere Objekte niemals die Ursache des Glücks sein können, wird ihn umstimmen. Aus diesem Wissen heraus erwächst die Gelassenheit, *vairagya*. Nur in vollkommener Gelassenheit bleibt der Geist beständig gewahr.

Der Geist ist eine Mischung aus Wissen und Nichtwissen, aus Schlaf und Wachen. In ihm sind enthalten: Aktivität, Stumpfheit, Zerstreutheit, Latenz, Zielgerichtetheit.
Die Latenz umfaßt Tendenzen zu Abneigung, zum Verhaftetsein usw., die bis jetzt noch nicht in Erscheinung getreten sind.

Fr  Da *jivanmukti* (Befreiung zu Lebzeiten) selbst Seligkeit ist ...

M  Lassen Sie die Schriften aus dem Spiel. Was ist *jivanmukti*? Was ist Seligkeit? Was ist Befreiung? All das sind nur Worte. Können Sie vom Selbst unabhängig sein?

Fr  Nur haben wir keine Erfahrung von all dem.

M  Was nicht ist, ist niemals da; was ist, bleibt immer gegenwärtig, hier und jetzt. Das ist die ewige Ordnung der Dinge.
Brechen Sie die Macht des Geistes, indem Sie ihn suchen! Wenn der Geist ergründet wird, enden seine Tätigkeiten.
Eine andere Methode besteht darin, nach der Quelle des Geistes Ausschau zu halten. Die Quelle kann als Gott, als Selbst oder als Bewußtsein angesehen werden.
Man wird auch zum Ziel kommen, wenn man sich auf einen einzigen Gedanken konzentriert. Dann verschwinden alle anderen, und am Ende verschwindet auch dieser Gedanke. Man muß aber ganz gewahr bleiben, wenn man sich auf den Gedanken konzentriert, sonst schläft man ein.

Fr  Wie sucht man den Geist?

M  Atemkontrolle kann eine Hilfe sein, führt aber niemals allein zum Ziel. Während Sie sie automatisch ausüben, müssen Sie geistig wach bleiben. Besinnen Sie sich auf den ‹ich›-Gedanken und suchen Sie seine Quelle. Dann werden Sie entdecken, daß dort, wohin der Atem absinkt, der ‹ich›-Gedanke aufsteigt. Sie sinken zusammen ab und steigen zusammen auf. Wenn ‹ich›-Gedanke und Atem absinken, offenbart sich ein leuchtendes, unendliches Ich-Ich, das ununterbrochen da ist. Das ist das Ziel. Es wird verschieden benannt: Gott, Selbst, *kundalini-sakti,* Bewußtsein ...
Wenn Sie den Versuch mit der nötigen Sammlung unternehmen, wird er Sie zum Ziel bringen.
Willensfreiheit und Schicksalszwang dauern an, solange der Körper besteht. Die Weisheit aber überschreitet beide, denn das Selbst ist jenseits von Wissen und Nichtwissen.
Der Geist ist ein Bündel von Gedanken. Die Gedanken steigen auf, weil ein Denker da ist. Der Denker ist das ‹ich›. Wird nach

ihm gesucht, verschwindet er. Das ‹ich› und der Geist sind dasselbe. Das ‹ich› bildet den Wurzel-Gedanken, aus dem alle anderen Gedanken aufsteigen.

Fr  Es gibt Zeiten, wo Personen und Dinge eine vage, fast durchscheinende Form annehmen, so wie im Traum. Man hört auf, sie wie von außen wahrzunehmen, bleibt sich aber passiv ihrer Existenz bewußt, während man sich seiner selbst nicht bewußt ist. Im Geist herrscht eine tiefe Ruhe. Ist der Geist bei solchen Gelegenheiten fähig, in das Selbst zu tauchen, oder ist es ein unerwünschter Zustand, das Ergebnis einer Selbsthypnose? Soll man ihn herbeizuführen suchen, um zeitweiligen Frieden zu erleben?

M  Wenn Bewußtsein und tiefe Ruhe den Geist durchdringen, ist das genau der Zustand, der angestrebt werden muß. Da Sie noch nicht erkannt haben, daß es sich hierbei um das Selbst handelt, beweist das, daß dieser Zustand noch nicht dauerhaft geworden ist, sondern nur gelegentlich auftritt.

Das Wort ‹tauchen› trifft auf den nach außen strebenden Geist zu, den man umlenken und nach innen richten muß, so, als müßte er unter die Oberfläche von all dem tauchen, was außen ist. Wenn aber tiefe Ruhe herrscht, ohne daß das Bewußtsein behindert wird, wo ist da die Notwendigkeit zu ‹tauchen›? Solange es in diesem Zustand noch nicht zur Verwirklichung des Selbst gekommen ist, könnte man die darauf hinzielende Bemühung mit ‹tauchen› bezeichnen.

Fr  Ich habe eine Vorliebe für Kinder; vielleicht, weil die persönliche Gottheit (z.B. Krishna) manchmal als Kind dargestellt wird. Wie wird man diese Vorliebe los?

M  Halten Sie am Selbst fest. Warum denken Sie an Kinder und Ihre Vorliebe für sie?

Fr  Dieser dritte Besuch in Tiruvannamalai scheint den Egoismus in mir verstärkt zu haben, und mir fällt es schwer zu meditieren. Ist das eine unwichtige vorübergehende Erscheinung oder ein Zeichen dafür, daß ich diese Orte in Zukunft meiden sollte?

M  Das besteht nur in Ihrer Phantasie. Dieser und alle anderen Orte sind in Ihnen. Solche Vorstellungen müssen aufhören, so daß Orte nichts mehr mit den Tätigkeiten des Geistes zu tun haben. Nicht einmal Ihre eigene Umgebung haben Sie selbst bestimmt; sie ist eine Gegebenheit. Sie müssen über allem stehen und dürfen sich nicht darin verlieren.

*6. Februar 1937*

M Die heiligen Schriften erwähnen, daß man zwölf Jahre lang einem Guru dienen müsse, um die Verwirklichung des Selbst zu erlangen. Was tut dann der Guru? Händigt er sie an den Jünger aus? Ist das Selbst nicht immer verwirklicht? Was bedeutet diese allgemein verbreitete Ansicht denn? Der Mensch ist immer das Selbst, er weiß es nur nicht. Aus Unkenntnis verwechselt er sich mit dem Nicht-Selbst, z. B. mit dem Körper. Wenn das Nichtwissen ausgelöscht ist, hört die Verwechslung mit dem Körper auf, und die wahre Erkenntnis entfaltet sich. Ist der Mensch mit Weisen zusammen, fällt allmählich das Nichtwissen fort, bis es vollständig beseitigt ist. So offenbart sich das ewige Selbst. Wenn der Jünger sich dem Meister ausliefert, so bedeutet das, daß er keine Spur seiner Individualität zurückbehält; damit ist keine Ursache mehr vorhanden, sich elend zu fühlen. Das ewige Sein ist ausschließlich Glückseligkeit. Das wird dann offenbar.
Wenn das nicht richtig verstanden wird, glauben die Menschen, daß der Guru den Jünger etwas lehre wie *Tat twam asi,* und daß der Jünger das ‹Ich bin *Brahman*› verwirklicht. In ihrer Unkenntnis halten sie *Brahman* für etwas viel Größeres und Mächtigeres als irgend etwas anderes. Schon mit seinem begrenzten ‹ich› ist der Mensch so anmaßend und ungebärdig. Was wird daraus, wenn dieses selbe ‹ich› ins Riesige wächst? Es wird nur riesig unwissend und töricht sein. Dieses falsche ‹ich› muß verschwinden. Seine Vernichtung ist die Frucht des Dienstes für den Guru. Die Verwirklichung ist ewig und wird nicht erst durch den Guru neu hervorgerufen. Er hilft bei der Beseitigung des Nichtwissens, das ist alles.

*7. Februar 1937*

Dr. S. Iyer, ein pensionierter Beamter der Gesundheitsbehörde von Salem, las einen Artikel vor, der folgende Empfehlungen enthielt: ‹Erkennen, daß die Welt eine Illusion ist, Abwendung von allen weltlichen Vergnügungen, da sie als nutzlos erkannt werden, Bezähmung der Sinne, Verwirklichung des Selbst durch Meditation.›
Sri Bhagavan bemerkte dazu:
Wie erkennt man, daß die Welt vergänglich ist? Ohne ein Dau-

erndes, an dem festgehalten werden kann, ist die Vergänglichkeit der Welt nicht zu erkennen. Nur weil der Mensch bereits das Selbst ist und das Selbst die Ewige Wirklichkeit, wird die Aufmerksamkeit des Menschen dahin gelenkt, und er wird dazu veranlaßt, seine Aufmerksamkeit auf die Ewige Wirklichkeit, auf das Selbst, zu richten.

Ein Gedanke steigt als Subjekt und Objekt auf. Wird nur am Ich festgehalten, verschwindet alles andere. Das genügt, aber nur für die wenigen, die die nötige Einsicht haben. Die anderen argumentieren: ‹Die Welt, die während meines Schlafes existiert, ist auch vor meiner Geburt dagewesen und wird nach meinem Tode weiter da sein. Sehen sie nicht auch andere? Wie kann die Welt aufhören zu existieren, nur weil mein ‹ich› nicht mehr da ist?›
Um solche Menschen zufriedenzustellen, gibt es die Geschichten von der Entstehung der Welt und die verschiedenen philosophischen Systeme.

*8. Februar 1937*

Fr  Was ist *turiya*?
M   Es gibt nur drei Zustände: Wachzustand, Traum und Tiefschlaf. *Turiya* ist kein vierter; er ist das, was den dreien zugrunde liegt. Das wird nicht richtig verstanden, daher wird oft behauptet, daß er als vierter Zustand die einzige Wirklichkeit sei. Er ist tatsächlich von nichts getrennt; er ist die einzige Wahrheit, er ist Ihr wahres Wesen. Die drei anderen Zustände erscheinen als flüchtige Phänomene aus ihm und verschmelzen wieder mit ihm. Daher sind sie unwirklich.
Die Bilder in einem Film sind nur Schatten, die über die Leinwand gleiten. Sie erscheinen, bewegen sich vor- und rückwärts, wechseln miteinander ab und sind daher unbeständig, während die Leinwand die ganze Zeit unverändert bleibt.
Mit uns ist es nicht anders: Die Phänomene der Welt, innen und außen, sind nur vorübergehende Erscheinungen, die nicht unabhängig von unserem Selbst sind. Nur unsere Gewohnheit, sie als wirklich und außerhalb von uns zu sehen, ist dafür verantwortlich, daß sie unser wahres Wesen verbergen und alles andere zeigen. Wenn die immer gegenwärtige einzige Wirklichkeit, das

Selbst, gefunden ist, verschwindet alles andere und hinterläßt nur die Erkenntnis, daß es nichts anderes als das Selbst gibt.
*Turiya* ist nur ein anderer Name für das Selbst. Wir sind der Zustände des Wachens, des Traumes und des Tiefschlafs gewahr, aber nicht unser eigenes Selbst. Trotzdem ist das Selbst hier und jetzt; es ist die einzige Wirklichkeit. Es gibt nichts anderes. Solange die Identifizierung mit dem Körper andauert, scheint die Welt außerhalb von uns zu liegen. Verwirklichen Sie das Selbst, und alles andere verliert seine Realität.

Eine amerikanische Theosophin fragte:
Wie kann ich meinem Meister näherkommen?
M Wie weit sind Sie jetzt von ihm entfernt?
Fr Ich bin ihm fern. Aber ich möchte ihm näherkommen.
M Wenn Sie zuerst Ihr Selbst erkennen würden, dann könnten Sie danach herausfinden, wie weit entfernt der andere ist. Wer sind Sie jetzt? Sind Sie diese Persönlichkeit?
Fr Ja, ich bin die Persönlichkeit.
M Ist diese vom Selbst unabhängig?
Fr Manchmal.
M Wann?
Fr Ich will damit sagen, daß ich manchmal Lichtblicke der Wahrheit habe und manchmal nicht.
M Wer ist dieser Lichtblicke gewahr?
Fr Ich. Ich meine, meine Persönlichkeit.
M Ist diese Persönlichkeit beim Gewahrwerden vom Selbst getrennt?
Fr Was für ein Selbst?
M Was halten Sie für Ihre Persönlichkeit?
Fr Das niedrigere Selbst.
M Dann wollen Sie also sagen, daß das niedrigere Selbst unabhängig vom höheren Selbst ist?
Fr Ja, manchmal.
M Wer fühlt sich jetzt dem Meister fern?
Fr Das höhere Selbst.
M Hat das höhere Selbst einen Körper und sagt, daß der Meister ihm fern sei? Spricht es durch Ihren Mund? Sind Sie von ihm gesondert?
Fr Können Sie mir bitte einen Rat geben, wie ich üben muß, um gewahr zu sein, was ich ohne Körper tue, wie im Schlafzustand?
M Gewahrsein ist Ihr Wesen. Es ist im Tiefschlaf und im Wachzustand dasselbe. Wie könnte dieser Zustand neu erreicht werden?

*Fr* Aber ich erinnere mich nicht an das, was ich in meinem Schlaf getan habe.
*M* Wer sagt: ‹Ich erinnere mich nicht›?
*Fr* Ich sage es, jetzt.
*M* Im Schlaf waren Sie die gleiche. Warum sagen Sie es dann nicht?
*Fr* Ich erinnere mich nicht an das, was ich im Schlaf sage.
*M* Sie sagen im Wachzustand: ‹Ich weiß, ich erinnere mich.› Diese gleiche Persönlichkeit sagt: ‹Ich weiß es nicht, ich erinnere mich nicht an den Schlaf.› Warum taucht diese Frage nicht im Schlaf auf?
*Fr* Ich weiß nicht, was im Schlaf passiert. Daher frage ich jetzt.
*M* Die Frage betrifft aber den Schlafzustand und muß in ihm gestellt werden. Diese Art Fragen tauchen nur auf, weil Sie sich jetzt begrenzen und sich mit dem Körper identifizieren.
*Fr* Ich verstehe es intellektuell, kann es aber nicht nachvollziehen.
*M* Weil Sie sich als Teil der Vielfalt dieser Welt sehen, sagen Sie, Sie verstünden das Wesen des Einsseins und Sie hätten Lichtblicke und bestimmte Erinnerungen. Sie halten die Vielfalt für wirklich. Doch das stimmt nicht. Das Einssein ist die Wirklichkeit, und die Vielfalt ist irreal. Diese Vielfalt muß verschwinden, bevor das Einssein sich als Realität offenbaren kann. Es sendet keine Lichtblicke seines Seins in diese falsche Vielfalt hinüber. Im Gegenteil, diese Mannigfaltigkeit hindert uns daran, das immer leuchtende Licht der Wahrheit zu erkennen.

Andere setzten das Gespräch fort.

*M* Das Ziel aller Übung ist die Beseitigung des Nichtwissens, nicht die Verwirklichung. Diese ist immer gegenwärtig, hier und jetzt. Müßte sie neu erworben werden, dann würde das bedeuten, daß die wahre Wirklichkeit zu einer Zeit abwesend, zu einer anderen Zeit anwesend wäre. Dann wäre sie nicht permanent und daher nicht erstrebenswert. Die Wirklichkeit ist aber permanent und ewig und ist hier und jetzt da.
*Fr* Zur Beseitigung des Nichtwissens ist Gnade nötig.
*M* Sicherlich. Aber die Gnade ist immer vorhanden. Sie ist das Selbst. Sie ist nichts, was erst erworben werden müßte. Alles, was nottut, ist zu wissen, daß sie da ist. Die Sonne ist nur Helligkeit. Sie sieht keine Dunkelheit, während wir von der Dunkelheit reden, die bei ihrem Nahen flieht. Auf ähnliche Weise ist Nichtwissen nur ein Phantom und nicht wirklich. Wenn es als unwirklich erkannt wird, ist es endgültig beseitigt.

Wiederum, die Sonne ist da und leuchtet hell. Sie sind von Sonnenlicht umgeben. Trotzdem, wenn Sie die Sonne erkennen wollen, müssen Sie Ihre Augen ihr zuwenden und sie ansehen. Ebenso wird die Gnade allein durch Üben gefunden, obgleich sie hier und jetzt vorhanden ist.

Fr  Ich hoffe, daß man dann zunehmend Gnade erfährt, wenn man sich ständig bemüht, sich ihr hinzugeben.

M  Liefern Sie sich ein für allemal aus und lassen Sie es dabei bewenden.
Solange Sie das Gefühl, der Täter zu sein, zurückbehalten, sind noch Wünsche da; auch sie gehören zur Persönlichkeit. Erst wenn diese Empfindung der Täterschaft verschwunden ist, wird das Selbst erkannt, das immerfort strahlt. Das Gefühl, der Täter zu sein, bindet, und nicht das Handeln selbst.
‹Sei still und erkenne, daß Ich Gott bin.› Hier bedeutet das Stillsein die totale Auslieferung ohne eine Spur von Individualität. In diesem Stillsein kann es keine Gemütserregung mehr geben, und damit keine Wünsche, kein Gefühl, der Täter zu sein, keine Persönlichkeit. Wenn das alles aufhört, herrscht Ruhe. ‹Erkennen› bedeutet hier ‹Sein›; es ist nicht lediglich relatives Erkennen, und schließt Subjekt, Objekt und Erkennen ein.

Fr  Hilft der Gedanke ‹Ich bin Gott› oder ‹Ich bin das Höchste Wesen›?

M  ‹Ich bin, der Ich bin›. ‹Ich bin› *ist* Gott – nicht das Denken ‹Ich bin Gott›. *Verwirklichen* Sie ‹Ich bin›, denken Sie nicht ‹Ich bin›. Es heißt ‹Erkenne, daß Ich Gott bin›, nicht ‹Denke, daß Ich Gott bin›!

Später fuhr Bhagavan fort:

Es heißt ‹Ich bin, der Ich bin›. Das bedeutet, daß man als Ich verbleiben muß. Man ist immer das Ich, nichts anderes. Und doch fragt man ‹Wer bin ich?›. Nur das Opfer einer Illusion fragt ‹Wer bin ich?›, nicht ein Mensch, der seiner selbst gewahr ist. Es ist die falsche Identität des Selbst mit dem Nicht-Selbst, die Sie fragen läßt.
Verschiedene Straßen führen nach Tiruvannamalai, aber Tiruvannamalai ist immer dasselbe, auf welcher Landstraße es auch erreicht wird. Ähnlich richtet sich die Art und Weise, wie man sich dem Wesenskern nähert, nach der jeweiligen Persönlichkeit; aber der Kern bleibt immer derselbe.

Wiederum: Es wäre lächerlich, wollte man nach dem Wege dorthin fragen, wenn man schon in Tiruvannamalai ist. So wirkt es absurd, nach der Verwirklichung des Selbst zu fragen, da man es bereits ist. Sie sind das Selbst; bleiben Sie es, das ist alles. Die Fragen tauchen auf, weil Sie das Selbst jetzt irrtümlich mit dem Körper identifizieren. Das ist Nichtwissen und muß verschwinden. Nach seiner Beseitigung bleibt allein das Selbst übrig.

*Fr* Ist ein gebildeter Weiser nicht nützlicher für die Welt?
*M* Selbst ein Gelehrter muß sich vor einem Weisen ohne Schulbildung neigen.
Fehlende Bildung ist Nichtwissen, Bildung ist gelehrtes Nichtwissen. Beide kennen ihr wahres Ziel nicht. Der Weise dagegen ist nicht unwissend, weil es für ihn kein Ziel gibt.

*Fr* Weshalb gibt es Schlaf auf der Welt?
*M* Nur als Folge der Sünde.
*Fr* Kann man die Sünde beseitigen?
*M* Ja.
*Fr* Es heißt, sie endet nur, nachdem man von ihr befleckt worden ist.
*M* Wozu dann die Hingabe an Gott?
*Fr* Wie kann Schlaf überwunden werden?
*M* Indem Sie das ihm zugehörende Geschehen nicht beachten.
*Fr* Wie kann man das vollbringen?
*M* Durch die Suche nach dem Selbst.

Ein Besucher trug ein von ihm verfaßtes Gebet vor, in dem Bhagavan um Gnade und baldige Befreiung gebeten wurde.

*M* *Mukti,* Freiheit, kann nicht irgendwann erworben werden; sie ist immer da, hier und jetzt.
*Fr* Aber ich merke nichts davon.
*M* Die Erfahrung ist immer vorhanden. Man kann sich selbst nicht verleugnen.
*Fr* Das bezieht sich auf die Existenz, nicht auf das Glück.
*M* Existenz = Glück = Sein. *Mukti* umfaßt alles. Warum sucht man Befreiung? Weil man sich für gebunden hält. Tatsächlich aber gibt es kein Gebundensein, sondern nur Freiheit. Warum dann auf die Suche nach ihr gehen?
*Fr* Das ist wahr. Aber wir sind nichtwissend.
*M* Beseitigen Sie dieses Nichtwissen. Das ist alles, was zu geschehen hat.

## 14. Februar 1937

Es wurde eine Frage im Zusammenhang mit *mukti* aufgeworfen.
M  Alle Fragen, die sich auf *mukti* beziehen, sind genaugenommen absurd, denn *mukti* bedeutet die Befreiung vom Gebundensein. Es wird ein gegenwärtiges Gebundensein vorausgesetzt. Das gibt es aber nicht, und daher gibt es auch kein *mukti*.
Fr Die heiligen Schriften reden aber davon.
M  Die Schriften sind nicht für die Weisen geschrieben worden, denn die brauchen sie nicht. Auch die Nichtwissenden verlangen nicht nach ihnen. Nur die Suchenden sind an ihnen interessiert. Das bedeutet, daß die heiligen Schriften weder für die Weisen noch für die Unwissenden da sind.
Fr Von Vasishta heißt es, er sei ein *jivanmukta* (zu Lebzeiten befreit) gewesen, Janaka dagegen ein *videhamukta* (nach dem Tode befreit).
M  Warum über Vasishta oder Janaka reden? Wie steht es mit Ihnen?

Zwei Besucher unterhielten sich über Ganapati Muni, den Dichter und Freund von Sri Ramana Maharshi. Bhagavan warf ein:
Manche behaupten, *jnana*, die wahre Erkenntnis, und *upasana*, die Übung, seien die beiden Flügel, um in die Freiheit, *mukti*, zu fliegen. Was ist *jnana*, was *upasana*?
*Jnana* ist immer gegenwärtig. Es zu erlangen, bleibt das höchste Ziel. Solange man sich bemüht, spricht man von *upasana*. Ist das Ziel erreicht und Bemühung nicht mehr erforderlich, nennt man den erlangten Zustand *jnana*, was identisch ist mit *mukti*.
Fr Eine höhere Macht muß uns helfen, von allem Äußeren freizukommen.
M  Wer sieht dieses Äußere? Oder sagt es, daß es existiere? Dann mag auch die Welt sagen, daß sie existiert. Ist die Welt andererseits eine Projektion aus dem Innern, dann muß klar erkannt werden, daß sie gleichzeitig mit dem ‹ich›-Gedanken projiziert wird. In beiden Fällen ist das Ich die Grundlage; wird das Ich erkannt, ist auch alles andere erkannt.

Jemand warf ein,
daß Ganapati Muni zu sagen pflegte, daß er sich zwar in Indras Himmel versetzen und sagen könne, was Indra gerade tue, daß er aber nicht nach innen gehen und das Ich finden könne.
Sri Ramana Maharshi fügte hinzu,
daß Ganapati Muni auch gesagt habe, daß es leicht sei, vorwärts

zu gehen, aber unmöglich, sich rückwärts zu bewegen. Und wie weit man sich auch entferne – man bleibe immer gegenwärtig. Diese Wahrheit ist auch im *Isa-Upanishad* enthalten.

### 20. Februar 1937

Ein britischer Beamter aus dem Finanzministerium in Madras weilte mit seiner Frau einige Stunden in der Halle. Die Dame hatte einige Fragen.

Kompetente Leute im Westen behaupten, das spirituelle Zentrum der Welt befände sich in Indien. Stehen die herausragenden religiösen Persönlichkeiten Indiens, seine spirituellen Führer, untereinander in Verbindung? Können Kontakte zwischen ihnen und den religiösen Größen des Westens hergestellt werden?

M  Was verstehen Sie unter einem spirituellen Zentrum?
Fr  Ein spirituelles Zentrum ist der Sitz der spirituellen Führer.
M  Was verstehen Sie unter spirituellen Führern?
Fr  Im Westen herrscht eine Krise. Die Wissenschaft ist weit fortgeschritten, aber sie wird zu zerstörerischen Zwecken mißbraucht. Es gibt eine Bewegung, die darauf abzielt, sie konstruktiv nutzbar zu machen. Wenn das gelingt, wird es sich zum Besten der Welt auswirken. Die Führer dieser Bewegung sind die Erlöser.
M  Unter spirituellen Führern verstehen wir solche, die ‹spirituell› im Gegensatz zu ‹physisch› sind. Geist ist unbegrenzt und gestaltlos; das trifft auch auf das spirituelle Zentrum zu. Es gibt nur *ein* solches Zentrum. Ob West oder Ost, das Zentrum kann nicht verschieden sein, noch kann es lokalisiert werden. Da es unbegrenzt ist, schließt es die Führer, die Menschen, die Welt sowie die Kräfte der Zerstörung und des Aufbaus ein. Es gibt keine Unterscheidung. Sie sprechen von Kontakten, weil Sie an verkörperte Wesen als spirituelle Führer denken. Spirituelle Menschen aber sind nicht Körper; sie sind ihrer Körper gar nicht gewahr. Sie sind nur Geist, grenzenlos und gestaltlos. Sie und alle anderen bilden eine Einheit. Der Geist ist das Selbst. Wenn das Selbst verwirklicht ist, können alle diese Fragen nicht mehr auftauchen.

Fr  Die Verwirklichung des Selbst scheint so leicht zu sein und ist in der Praxis doch so schwer.
M  Was kann leichter sein? Der Geist ist uns näher als alles andere.

Wenn das nicht verwirklicht werden kann, wie sollte es leicht sein, etwas zu verwirklichen, was von uns getrennt und weit weg ist?
Fr  Die Verwirklichung des Selbst entzieht sich einem. Wie kann sie beständig gemacht werden?
M  Das Selbst kann sich einem niemals entziehen, denn es ist die einzige Wirklichkeit überhaupt. Das, was erscheint, verschwindet auch wieder und ist daher unbeständig.
Fr  Ja, das ist wahr. Wissen Sie, daß in der Theosophischen Gesellschaft meditiert wird, um Meister zu finden, sie zu führen?
M  Der Meister ist innen. Der Zweck der Meditation ist die Beseitigung des Nichtwissens, der irrigen Vorstellung, daß der Meister außen sei. Wäre er ein Fremder, auf dessen Ankunft Sie warten, dann müßte er auch wieder verschwinden. Was nützt einem solch ein vergängliches Wesen?
Solange Sie indessen glauben, daß Sie ein Individuum oder der Körper seien, solange ist auch ein Meister nötig, der in einem Körper erscheint. Wenn diese falsche Identifizierung aufhört, wird erkannt, daß der Meister das Selbst ist.
Schauen Sie, was im Schlaf geschieht. Da gibt es kein ‹ich›, kein Indien, keinen Suchenden, keinen Meister usw., und doch *sind* Sie – und glücklich dazu.
Das ‹ich›, Indien, der Suchende erscheinen jetzt, sind aber weder getrennt noch unabhängig von Ihnen.

Jemand fragte nach der Wiedergeburt.
M  Wiedergeburt gibt es nur so lange, wie es Nichtwissen gibt. Es gibt keine Verkörperung, weder jetzt noch vorher, noch wird es sie nach dem Tode geben. Das ist die Wahrheit.
Fr  Was ist das ‹ich›?
M  Das ‹ich› erscheint, verschwindet wieder und ist vergänglich, während das wirkliche Selbst immer fortdauert. Und obgleich Sie tatsächlich das wahre Selbst sind, identifizieren Sie irrtümlich das wirkliche Selbst mit dem ‹ich›.
Fr  Wie kommt dieser Fehler zustande?
M  Untersuchen Sie, ob er überhaupt zustandekommt.
Fr  Man muß das ‹ich› sublimieren, bis es zum wahren Selbst wird.
M  Das ‹ich› existiert überhaupt nicht.
Fr  Warum macht es uns dann solche Schwierigkeiten?
M  Wer hat die Schwierigkeiten? Auch diese sind nur eingebildet. Schwierigkeiten und Vergnügen hat nur das ‹ich›.

Fr  Weshalb ist die Welt so in Nichtwissen eingehüllt?
M  Sorgen Sie sich um sich selbst und lassen Sie die Welt für sich sorgen. Suchen Sie das Selbst. Wenn Sie der Körper sind, gibt es auch eine grobstoffliche Welt; sind Sie aber das Selbst, dann ist alles das Selbst.
Fr  Das trifft auf das Individuum zu; was ist aber mit allem anderen?
M  Erkennen Sie zuerst das Selbst, und sehen Sie dann, ob nachher noch Fragen auftauchen.

Fr  Gibt es Nichtwissen?
M  Für wen?
Fr  Für das ‹ich›.
M  Ja, für das ‹ich›. Beseitigen Sie das ‹ich›, und das Nichtwissen ist weg. Schauen Sie nach dem ‹ich› aus, und es verschwindet; einzig das wirkliche Selbst bleibt übrig. Das ‹ich›, das alles Nichtwissen enthält, ist nicht mehr zu sehen. In Wirklichkeit gibt es kein Nichtwissen. Alle heiligen Schriften verfolgen den Zweck, die Existenz von Nichtwissen zu widerlegen.
Fr  Wie kam es, daß das ‹ich› erschien?
M  Es gibt kein ‹ich›. Oder wollen Sie zwei Selbste annehmen? Wie kann es in Abwesenheit des ‹ich› Nichtwissen geben? Wenn Sie beginnen nachzuforschen, werden Sie finden, daß das Nichtwissen, entweder gar nicht vorhanden war oder verschwunden ist. Nichtwissen gehört zum ‹ich›. Warum denken Sie an das ‹ich› und leiden?
Was ist Nichtwissen andrerseits? Das, was nicht existiert. Das weltliche Leben erfordert jedoch eine solche Betrachtungweise. Nichtwissen ist nichts anderes als das Vergessen des Selbst. Kann es in Gegenwart der Sonne Dunkelheit geben? Wenn Sie das Selbst erkennen, wird es keine Dunkelheit, kein Nichtwissen und kein Elend mehr geben.
Es ist der Geist, der die Schwierigkeiten und das Elend empfindet. Die Dunkelheit kommt und geht niemals; schauen Sie zur Sonne, dann sehen Sie keine Dunkelheit; schauen Sie zum Selbst, und Sie werden entdecken, daß ein Nichtwissen nicht existiert.
Fr  Sri Ramakrishna und andere bemühten sich um Konzentration.
M  Solche Übungen führen zum Erkennen der Abwesenheit oder der Nichtexistenz des Nichtwissens. Niemand kann sein eigenes Sein verleugnen. ‹Sein› aber ist Erkenntnis, nämlich Gewahrsein. Aus diesem Gewahrsein ergibt sich die Abwesenheit des Nicht-

wissens; daher stimmt jeder ganz selbstverständlich dem Nichtvorhandensein des Nichtwissens zu. Warum leidet er dann trotzdem? Weil er denkt, er sei dieses oder jenes. Das ist falsch. ‹Ich bin› allein *ist,* nicht ‹Ich bin der und der› oder ‹Ich bin so und so›. Das Sein muß als umfassend geschaut und erlebt werden. Schwierigkeiten entstehen erst, wenn man es als Welt oder Teil dieser Welt zu sehen glaubt. Das ist die ganze Wahrheit.

Jeder gibt zu, daß er existiert. Er braucht nicht erst in den Spiegel zu schauen, um sich von seinem Vorhandensein zu überzeugen, denn er ist sich seines Seins durchaus bewußt. Aber er verwechselt sich mit seinem Körper. Warum eigentlich? Ist er sich seines Körpers im Schlaf bewußt? Nein, und doch hört er im Schlaf nicht auf zu sein. Er existiert auch dann, obgleich er ohne Körper ist. Woher weiß er, daß er auch im Schlaf existiert? Braucht er jetzt einen Spiegel, der ihm sein eigenes Sein zeigt? Es kommt nur darauf an, sich seines Seins bewußt zu werden.

*Fr* Wie erkennt man das Selbst?

*M* Das Selbst erkennen bedeutet, das Selbst zu sein. Können Sie denn sagen, daß Sie das Selbst *nicht* erkennen?

Verneinen Sie die Existenz Ihrer Augen, nur weil Sie sie nicht sehen können und Ihnen gerade kein Spiegel zur Verfügung steht? Ähnlich wissen Sie auch um die Existenz des Selbst, obwohl es nicht verkörpert ist.

Wenn Sie sagen ‹Ich kann das Selbst nicht erkennen›, meinen Sie die relative Erkenntnis, weil Sie daran gewöhnt sind. Diese eingefleischte Gewohnheit macht es so schwierig, das stets vorhandene Selbst zu erkennen. Daher Ihre Frage ‹Wie erkennt man das Selbst?›. Ihre Schwierigkeit liegt im ‹wie›. Wer soll denn das Selbst erkennen? Vielleicht der Körper?

Um dieser Art Nichtwissen zu begegnen, stellten die heiligen Schriften die Theorie von Gottes Spiel *(lila)* auf. Es heißt, daß Gott sich als Geist, Sinne und Körper verströme, um damit zu spielen. Wer sind Sie, zu behaupten, daß dieses Spiel Ihnen Schwierigkeiten bereite? Wer sind Sie, das Tun Gottes in Zweifel zu ziehen?

Ihre Pflicht ist *zu sein,* und nicht, dies oder jenes zu sein. ‹Ich bin, der Ich bin› enthält die ganze Wahrheit. Die Methode ist zusammengefaßt in ‹Sei still›. Was bedeutet dieses Stillsein? Es verlangt: Vernichte dich! – weil jede Form oder Gestalt die Ursache von Schwierigkeiten ist. Geben Sie die irrige Ansicht auf ‹Ich bin der und der›. Unsere heiligen Schriften sagen: ‹Es erstrahlt als Ich› *(ahamiti sphurati)*.

Fr  Was ist *sphurana* (hier: erstrahlen)?

M  Ich-Ich ist das Selbst, ‹Ich bin dies› oder ‹Ich und dies› ist das ‹ich›. Das Erstrahlen ist immer da; das ‹ich› ist vergänglich. Wird das Ich aufrechterhalten als ‹Ich allein›, dann ist es das Selbst; weicht es ab und sagt ‹dies›, dann ist es das ‹ich›.

Fr  Ist Gott vom Selbst getrennt?

M  Das Selbst ist Gott. ‹Ich bin› ist Gott. ‹Ich bin das Selbst, o Gudakesa›, sagt Krishna in der *Gita*.

Ihre Frage taucht auf, weil Sie das ‹ich› betrachten. Sie würde nicht auftauchen, wenn Sie am wahren Selbst festhielten; denn das wirkliche Selbst will nichts und kann nicht fragen. Und wenn Gott vom Selbst getrennt bliebe, dann wäre er ein Gott ohne Selbst, was absurd ist.

Fr  Was bedeutet *namaskara* (Niederwerfen).

M  Es bedeutet die Unterwerfung des ‹ich›. Und was hat das zu bedeuten? In seine Quelle, seinen Ursprung zurückzukehren. Aber Gott wird nicht durch äußerliches Kniebeugen, Verneigen und Sichniederwerfen getäuscht. Er sieht, ob an der Individualität festgehalten wird oder nicht.

Fr  Gibt es einen sechsten Sinn, um ‹Ich bin› zu empfinden?

M  Haben Sie ihn im Schlaf? Es gibt nur ein Sein, das durch die fünf Sinne offenbar wird. Oder glauben Sie, daß jeder Sinn unabhängig vom Selbst funktioniere und daß es fünf Sinne gäbe, die es einem sechsten ermöglichten, sie zu kontrollieren?

Es gibt eine Kraft, die durch diese fünf Sinne wirkt. Wie könnte man die Existenz dieser Kraft verneinen? Dann müßten Sie auch Ihre Existenz negieren. Bleiben Sie nicht sogar im Schlaf existent, wenn Ihr Körper gar nicht wahrgenommen wird? Dasselbe Ich ist auch jetzt vorhanden; daher bejahen wir unser Sein, ob ein Körper da ist oder nicht. Es muß etwas da sein, was die Arbeit der Sinne ermöglicht. Woher erscheinen sie, und wohin tauchen sie wieder ein? Wenn Sie sagen, daß diese allem zugrundeliegende Einheit nicht erkannt wird, anerkennen Sie damit diese Einheit: denn Sie sagen ja, daß es kein Zweites gibt, diese Einheit zu erkennen.

Alle diese Diskussionen bezwecken nur, sich vom Nichtwissen zu befreien. Das ist eine Frage der Befähigung, der Reife. Wenn das gelungen ist, wird alles klar sein.

*Fr* Kann nicht Gnade eine solche Fähigkeit im Sucher fördern?
*M* Überlassen Sie das Ihm. Liefern Sie sich ohne Vorbehalte aus. Eins von beiden muß geschehen: entweder Sie liefern sich aus, weil Sie Ihre Unfähigkeit einsehen und die Höhere Macht brauchen, um Ihnen zu helfen; oder Sie forschen der Ursache des Elends nach, erreichen die Quelle und verschmelzen mit dem Selbst. Auf jedem der beiden Wege werden Sie das Elend los. Gott verläßt keinen, der sich Ihm ausgeliefert hat.
*Fr* Wie verhält sich der Geist nach der Hingabe?
*M* Fragt das der Geist, der sich hingegeben hat?

Jemand fragte nach *visvarupa darsana*.
*M* *Visvarupa,* das universale oder kosmische Selbst, ist der Kosmos. Sri Krishna beginnt das Gespräch im II. Kapitel der *Bhagavad Gita* mit der Feststellung: ‹Ich habe keine Gestalt.› Im XI. Kapitel sagt er aber: ‹Erblicke Meine Form als das Universum.› Ist das folgerichtig? Er sagt auch: ‹Ich überschreite die drei Welten›, aber Arjuna sieht die drei Welten in Ihm. Sri Krishna sagt weiter: ‹Mich sehen weder Menschen noch Götter ...› – und doch sieht Arjuna sich selbst und die Götter in Ihm. Niemand kann Ihn sehen – aber Arjuna wurde mit der ‹göttlichen Schau› begabt, um Ihn zu schauen. Sind das nicht lauter Widersprüche?
Die Antwort darauf ist, daß es falsch verstanden wird. Ein Sehen mit den Augen anzunehmen, wäre absurd; subtiles Gewahrsein ist notwendig. Deshalb wurde Arjuna mit ‹göttlicher Schau› ausgestattet.
Aber führt eine solche Deutung zum rechten Verstehen? Sri Krishna sagt auch: ‹Ich bin die Zeit.› Hat die Zeit eine Form?
Aber wenn das Universum Seine Gestalt wäre, müßte es nicht eins und unveränderlich sein?
Warum sagt Sri Krishna zu Arjuna: ‹Sieh in Mir, was immer du zu sehen wünschst!› Das bedeutet, daß Seine Gestalt den Wünschen des Sehenden entspricht. Man spricht von ‹göttlicher Schau› und malt sich dann doch das Gesehene nach seinen eigenen Vorstellungen aus. Der Seher ist auch im Gesehenen. Was bedeutet das? Auch ein Hypnotiseur kann bewirken, daß Sie seltsame Vorgänge sehen. Das bezeichnen Sie als Trick, während das andere ‹göttlich› genannt wird. Warum diese Unterscheidung? Alles, was gesehen werden kann, ist nicht wirklich. Das ist die Wahrheit.

Fr Wie überwindet man die Identifizierung des Selbst mit dem Körper?
M Wie ist es denn im Schlaf?
Fr Im Schlaf herrscht Nichtwissen.
M Wie erkennen Sie Ihr Nichtwissen im Schlaf? Existierten Sie im Schlaf oder nicht?
Fr Ich weiß es nicht.
M Dann verneinen Sie, im Schlaf zu existieren?
Fr Ich muß meine Existenz zugeben.
M Wie kommen Sie zu dieser Schlußfolgerung?
Fr Durch Überlegung und Erfahrung.
M Müssen Sie überlegen, um eine Erfahrung zu erkennen?
Fr Ist Meditation analytisch oder synthetisch?
M Analyse und Synthese gehören dem Bereich des Intellekts an. Das Selbst überschreitet den Intellekt.

## 21. Februar 1937

Eine Besucherin war nahe daran, in Tränen auszubrechen, als sie Abschied nahm. Sie fragte:
Ich weiß, daß ein Leben nicht lang genug ist, um Befreiung zu erlangen. Aber kann ich in diesem Leben nicht wenigstens den Frieden des Herzens finden?
Der Meister sah sie liebevoll an.
M Das Leben und alles andere ist in *Brahman*. *Brahman* ist hier und jetzt. Forschen Sie dem nach.
Fr Ich übe seit vielen Jahren Meditation, und dennoch ist mein Geist nicht stetig genug, an der Meditation festzuhalten.
Bhagavan blickte sie fest an und schloß:
M Versuchen Sie es jetzt – und alles wird gut sein!

## 23. Februar 1937

Fr Ich übe *hatha*-Yoga. Nun finde ich ein verhärtetes Blutgefäß am Knöchel. Ist das von den Übungen verursacht worden?
M Das Blutgefäß würde sich auch ohne diese Übungen verhärtet haben. Es wird Sie, wenn Sie sich diesen Übungen unterziehen, weniger stören, als es sonst der Fall wäre. *Hatha*-Yoga ist ein

Reinigungsprozeß. Er verhilft Ihnen durch *pranayama* (Atemkontrolle) zu einem friedvollen Geist.

Fr  Soll ich *pranayama* üben? Hilft mir das?

M  *Pranayama* hilft den Geist zu beruhigen. Sie dürfen nur nicht dabei stehenbleiben, sondern müssen zu *pratyahara* (Entsagung), *dharana* (Konzentration des Geistes) und *dhyana* (Kontemplation) übergehen. Das wird schließlich zu guten Ergebnissen führen.

Fr  Wie überwindet man Wollust, Zorn, Erwerbsgier, Stolz und Eifersucht?

M  Durch *dhyana*.

Fr  Was ist *dhyana*?

M  *Dhyana* ist, an einem Gedanken festzuhalten und alle anderen abzuwehren.

Fr  Worüber soll man meditieren?

M  Über irgend etwas, was Ihnen zusagt.

Fr  Es heißt, daß es die gleiche Wirkung habe, ob man über *Siva*, Vishnu oder *Gayatri* meditiere. Was soll ich wählen?

M  Das, was Ihnen am meisten zusagt. Sie sind in ihrer Wirkung gleich. Doch sollte man bei dem bleiben, was man gewählt hat.

Fr  Wie meditiert man?

M  Konzentrieren Sie sich auf das, was Sie am liebsten haben. Wenn ein einziger Gedanke sich durchsetzt, bleiben die anderen Gedanken nach und nach weg und verschwinden schließlich ganz. Solange die Vielfalt vorherrscht, gibt es auch schlechte Gedanken; je mehr das Objekt der Liebe in den Vordergrund rückt, um so mehr gewinnen gute Gedanken an Kraft. Halten Sie daher an einem Gedanken fest. Das ist *dhyana*.

*Dhyana* bedeutet Kampf. Sobald Sie zu meditieren beginnen, sammeln sich andere Gedanken, werden stärker und versuchen den einen Gedanken zu überwinden, an dem Sie festhalten wollen.

Der gute Gedanke muß allmählich durch wiederholtes Üben an Kraft gewinnen. Wenn er erstarkt ist, schlägt er die anderen Gedanken in die Flucht. Das ist die königliche Schlacht, die in jeder Meditation geschlagen werden muß.

Man möchte sich vom Elend befreien. Dazu braucht man einen friedvollen Geist, also einen Geist, der nicht mehr durch Gedanken gestört wird. Dieser Friede des Geistes wird nur durch *dhyana* erreicht.

Fr  Wozu ist dann *pranayama* nötig?

M  Pranayama hilft dem, der die Gedanken nicht direkt kontrollieren kann. Es wirkt auf die Gedanken wie die Bremse auf den Wagen. Aber man sollte nicht dabei stehenbleiben. Wenn man in der Meditation genügend fortgeschritten ist, kommt der Geist auch ohne *pranayama* unter Kontrolle. Die Yoga-Haltungen erleichtern *pranayama,* das seinerseits wieder eine Hilfe für die Meditation darstellt. Das Ergebnis ist ein ruhiger Geist. Hierin liegt der Zweck des *hatha*-Yoga.
Wenn *dhyana* festgegründet ist, kann es nicht mehr aufgegeben werden. Es wird selbst dann weitergehen, wenn Sie mit Arbeit, Spiel oder anderem beschäftigt sind. Es wird sogar im Schlaf andauern. *Dhyana* muß so tief verwurzelt sein, daß es zur zweiten Natur wird.

Fr  Gibt es bestimmte Riten und Handlungen, die zur Entwicklung von *dhyana* beitragen?
M  *Dhyana* selbst ist Ritus, Handeln und Bemühung; es ist das intensivste von allen. Kein weiteres Bemühen ist nötig.
Fr  Auch nicht *japa* (die Wiederholung eines heiligen Namens)?
M  Ist *dhyana* nicht selbst eine Sprache? Warum also *japa* üben? Wird an *dhyana* festgehalten, dann ist nichts anderes mehr nötig.
Fr  Ist nicht ein Schweige-Gelübde hilfreich?
M  Ein Gelübde ist nur ein Gelübde. In gewissem Maße kann es eine Hilfe für *dhyana* sein. Aber was nützt es, den Mund zu halten und den Geist sich austoben zu lassen? Und wenn der Geist mit *dhyana* beschäftigt ist, wo ist da die Notwendigkeit zu sprechen? Nichts ist so gut wie *dhyana*.

Fr  Was ist unter *jnana-marga* (Pfad der Erkenntnis) zu verstehen?
M  Das habe ich schon oft erklärt. *Jnana* bedeutet die Verwirklichung der Wahrheit, und durch *dhyana* geschieht das. *Dhyana* hilft Ihnen an der Wahrheit festzuhalten, unter Ausschluß aller anderen Gedanken.
Fr  Warum gibt es so viele Götter?
M  Der Körper ist nur einer, aber wie viele Funktionen führt er aus? Die Quelle dieser Funktionen ist nur eine. Mit den Göttern ist es das gleiche.
Fr  Weshalb leidet der Mensch?
M  Sein Elend ist die Folge seines vielfältigen Denkens. Werden die Gedanken zusammengefaßt und auf einen einzigen konzentriert, dann gibt es kein Elend mehr, sondern nur noch Glück. Dann

fehlt sogar der Gedanke, daß ich etwas tue. Selbst das Ergebnis des Handelns wird nicht beachtet.

Fr  In manchen Werken ist von Schluchzen, von seligen Tränen, von Haaren, die zu Berge stehen usw. die Rede. Geschieht das während des *samadhi* oder vorher oder nachher?

M  Das alles sind Symptome von äußerst subtilen geistigen Regungen. Sie treten nur auf, solange es noch Dualismus gibt. *Samadhi* ist Vollkommener Friede; in ihm haben sie keinen Platz. Erst die Erinnerung an diesen *samadhi*-Zustand, nachdem man aus ihm wieder aufgetaucht ist, bringt diese Symptome hervor. Auf dem *bhakti*-Weg, dem Pfad der Hingabe, gehen sie dem *samadhi* voraus.

Fr  Nicht auf dem *jnana*-Pfad?

M  Vielleicht, das läßt sich nicht eindeutig sagen. Es hängt von der Natur des Individuums ab. Ist die Individualität völlig aufgegeben, können sie nicht auftreten. Sie werden aber offenbar, wenn auch nur die geringste Spur davon vorhanden ist.
Manickavachagar und andere Heilige haben von solchen Symptomen gesprochen. Sie berichteten von unwillkürlichen und unwiderstehlichen Tränenausbrüchen. Ich hatte die gleiche Erfahrung, als ich in der Virupaksha-Höhle lebte.

Fr  Vom Schlafzustand heißt es, er sei die Erfahrung der Seligkeit, und doch steigen einem die Haare nicht zu Berge, wenn man sich an ihn erinnert. Warum geschieht es, wenn man sich an den *samadhi*-Zustand erinnert?

M  *Samadhi* ist ein Schlaf im Wachzustand. Die Seligkeit ist überwältigend, und die Erfahrung ist sehr deutlich, was man vom Schlafzustand nicht sagen kann.

Fr  Könnte man es so formulieren, daß es im Schlaf weder Glücklichsein noch Unglücklichsein gibt, die Erfahrung also negativ ist und nicht positiv.

M  Aber die Erinnerung daran ist positiv. Der Mensch sagt: ‹Ich schlief selig›. Er muß also das Glücklichsein im Schlaf erfahren haben.

Fr  Besteht Seligkeit nur in der Abwesenheit von Unglücklichsein, oder ist sie etwas Positives?

M  Sie ist positiv. Das Verschwinden des Unglücklichseins und das Auftauchen des Glücks finden gleichzeitig statt. Die Seligkeit des *samadhi* ist eine ganz deutliche Erfahrung und die Erinnerung daran ebenso. Aber die Erfahrung im Schlaf ist anders.

## 21. März 1937

Ein Besucher hatte eine Hymne auf Sri Bhagavan verfaßt. Er las sie vor, legte sie ihm zu Füßen und verneigte sich. Nach einer Weile bat er um Unterweisung.

M  Die Unterweisung *(upadesa)* ist in *Upadesa Saram* enthalten.
Fr  Aber wichtig ist persönliche, mündliche Unterweisung.
M  Wenn es etwas gäbe, was bis jetzt neu und unbekannt gewesen ist, dann wäre *upadesa* angebracht. Hier handelt es sich aber darum, den Geist ruhig und gedankenfrei zu halten.
Fr  Das scheint unmöglich zu sein.
M  Aber genau das ist der ursprüngliche und ewige Zustand von allem.
Fr  In unserem aktiven Alltagsleben kann man ihn aber nicht wahrnehmen.
M  Das Alltagsleben ist von dem ewigen Zustand nicht getrennt. Diese Schwierigkeiten tauchen nur auf, solange man sich das tägliche Leben verschieden vom spirituellen Leben vorstellt. Wenn man das spirituelle Leben richtig wahrnimmt, wird man entdecken, daß das aktive Leben nicht von ihm verschieden ist.
Kann der Geist den Geist erfahren, indem er nach ihm als einem Objekt Ausschau hält? Man muß die Quelle der geistigen Funktionen suchen und finden.
Man erkennt das Selbst nicht wegen der Störungen durch die Gedanken. Das Selbst wird erst verwirklicht, wenn die Gedanken verschwinden.

Fr  ‹Nur einer in einer Million folgt seinem *sadhana* (geistiger Übungsweg) zur Vollendung› *(Bhagavad Gita* VII, 3).
M  ‹Wann immer der ungestüme Geist schwankt, zieh ihn auf der Stelle zurück und bring ihn unter Kontrolle› *(Bhagavad Gita* VI, 26). ‹Den Geist mittels des Geistes zu sehen›, verkünden die *Upanishaden.*
Fr  Ist der Geist ein begrenztes Attribut *(upadhi)*?
M  Ja.
Fr  Ist die Welt, die wir sehen, wirklich?
M  Sie ist so wahr wie der, der sie wahrnimmt. Subjekt, Objekt und Wahrnehmung bilden eine Dreiheit; die Wirklichkeit befindet sich jenseits davon. Subjekte, Objekte und Wahrnehmungen erscheinen und verschwinden wieder; die Wahrheit aber währt ewig.

*Fr* Subjekte, Objekte und Wahrnehmungen sind also nur zeitweilig vorhanden?
*M* Ja. Wenn man das Selbst in diesen Dingen sehen kann, wird man erkennen, daß sie keine reale Existenz haben und nicht gesondert vom Selbst bestehen können.

## 22. März 1937

*Fr* Es heißt, der Mensch sei göttlich. Warum bedauert er dann Vergangenes?
*M* Die Göttlichkeit bezieht sich auf seine wahre Natur, das Bedauern auf seine Erscheinungsform in der physischen Welt.
*Fr* Wie überwindet man das Bedauern?
*M* Indem man die Göttlichkeit in sich erkennt.
*Fr* Wie geschieht das?
*M* Durch Übung.
*Fr* Was für eine Übung?
*M* Meditation.
*Fr* Der Geist ist aber nicht beständig in der Meditation.
*M* Er wird es durch Übung werden.
*Fr* Wie bekommt man ihn dazu?
*M* Indem man ihn stärkt.
*Fr* Und wie stärkt man ihn?
*M* Er wird stark durch *sat sanga,* die Gemeinschaft mit Weisen.
*Fr* Sollen wir auch beten?
*M* Ja.
*Fr* Aber wie steht es mit dem, der nichts bereut?
*M* Er ist zweifellos ein vollendeter Yogi.
*Fr* Die Menschen führen Katastrophen wie Erdbeben und Hungersnöte an, um zu beweisen, daß es keinen Gott gebe. Was sollen wir dem entgegnen?
*M* Und woher soll dieses Unheil kommen?
*Fr* Sie sagen, von der Natur.
*M* Manche nennen es ‹Natur›, andere ‹Gott›.
*Fr* Sollen wir für die Zukunft vorsorgen oder uns in einem Leben ohne Sicherheiten um spirituelle Ziele bemühen?
*M* Gott wird für alles sorgen.

## 2. April 1937

Ein Besucher bat um eine Erläuterung von Bhagavans Gedicht *Atma Vidya* (Erkenntnis des Selbst).

M  Der Heilige Nandanar, der in dem berühmten Wallfahrtsort Chidambaram lebte, hatte in einem Lied seiner Überzeugung Ausdruck gegeben, daß nichts schwieriger sei als die Erkenntnis des Selbst. Dem wollte unser Freund Murugunar (seit Jahren dem Meister verbundener Tamil-Dichter) widersprechen. In den ersten Zeilen seines Gedichts sagt er, daß nichts leichter sei als *atma vidya,* denn das Selbst sei jedem jederzeit zugänglich, da Es in allem ist. Es bedürfe daher zu Seiner Erkenntnis keiner Bemühung.
Das ist wahr. Und wenn das Selbst offensichtlich allem zugrunde liegt, aber trotzdem vor uns verborgen zu sein scheint, so liegt das ausschließlich an der falschen Identifizierung mit dem Körper.

Fr  Wie kommt diese falsche Identifizierung zustande?

M  Infolge des Denkens. Wenn den Gedanken ein Ende gemacht wird, erstrahlt das wahre Selbst ganz von selbst.

Fr  Und wie kann man den Gedanken ein Ende setzen?

M  Finden Sie ihren Ausgangspunkt. Alle Gedanken sind an dem einen ‹ich›-Gedanken aufgereiht. Bezwingen Sie diesen, und alle anderen sind auch bezwungen.
Außerdem ist alle Kenntnis nutzlos, außer der Kenntnis des Selbst. Wenn das Selbst erkannt ist, erkennt man alles andere. Daher ist die Verwirklichung des Selbst die erste und einzige Pflicht des Menschen.

Fr  Wie bezwingt man den ‹ich›-Gedanken?

M  Wenn seine Quelle gefunden wird, taucht er nicht auf und ist damit überwunden.

Fr  Wo und wie findet man diese?

M  Es ist das Bewußtsein, das die Individuen befähigt, auf unterschiedliche Weise zu funktionieren. Das Selbst ist Reines Bewußtsein.
Alles, was zur Verwirklichung des Selbst erforderlich ist, ist die Befolgung der Forderung ‹Sei still›.

Fr  Was kann leichter sein als das?

M  So ist *atma vidya* das, was am leichtesten zu erreichen ist.

Ein Europäer fragte:
Wie beantworten Sie die Frage ‹Wer sind Sie?›?
- *M* Fragen Sie sich selbst: ‹Wer bin ich?›
- *Fr* Bitte sagen Sie mir, wie Sie die Antwort gefunden haben; ich werde sie selbst nicht finden können.
- *M* Kann sie durch Logik gefunden werden? Wissenschaftliche Analyse ist ein intellektueller Vorgang.
- *Fr* Nach J. C. Bose macht die Natur keinen Unterschied zwischen einem Wurm und einem Menschen.
- *M* Was ist Natur?
- *Fr* Das, was existiert.
- *M* Wie erkennen Sie diese Existenz?
- *Fr* Mit meinen Sinnen.
- *M* ‹Mein› schließt ein, daß Sie existieren. Sie sprechen aber von der Existenz eines anderen. Um von ‹meinen› Sinnen sprechen zu können, müssen Sie existieren. Es kann kein ‹mein› geben ohne ‹ich›.
- *Fr* Ich bin nur ein unwissender Mensch. Ich bin gekommen, um Sie, den großen Meister, zu fragen, was es mit dieser Existenz auf sich hat. Das Wort allein gibt keine Aufklärung. Er existiert, ich existiere und andere existieren. Was kann ich damit anfangen?
- *M* Wenn Sie das Sein eines anderen bejahen, beweisen Sie damit Ihr eigenes Sein. Sein ist Ihr Wesen.
- *Fr* Ich finde nichts Besonderes daran, daß irgend etwas existiert.
- *M* Können Sie die Existenz eines anderen leichter erkennen als Ihre eigene?
- *Fr* Was ist Neues an der Existenz von irgend etwas? Ich nehme Ihr Buch und lese, daß die Frage, die man sich selbst stellen soll, lautet: ‹Wer bin ich?›. Ich möchte wissen ‹Wer sind Sie?› Ich habe meine eigene Antwort. Wenn jemand anderes dasselbe sagt und ebenso Millionen anderer, dann ist die Wahrscheinlichkeit der Existenz des Selbst gegeben. Ich möchte eine positive Antwort auf die Frage und kein Spielen mit Worten.
- *M* Auf diese Weise bewegen Sie sich bestenfalls im Bereich der Wahrscheinlichkeit.
- *Fr* Ja. Es gibt keine Gewißheiten. Selbst Gott kann nicht mit absoluter Gewißheit bewiesen werden.
- *M* Lassen Sie Gott für den Augenblick beiseite. Wie steht es mit Ihnen selbst?
- *Fr* Ich suche einen Beweis des Selbst.

M  Sie suchen diesen Beweis durch andere. Obgleich jeder mit ‹du› angeredet wird, nennt er sich selbst ‹ich›. Das ist der Beweis. Es gibt überhaupt kein ‹du›, alle sind im Ich enthalten. Der andere kann nur erkannt werden, wenn ein Selbst postuliert wird. Ohne das Selbst existieren die anderen gar nicht.

Fr  Auch das ist nichts Neues. Als ich bei Sir C. V. Raman war, sagte er mir, daß die Theorie des Geruchs aus der Theorie des Lichts erklärt werden könne; Geruch brauche nicht länger chemisch gedeutet zu werden. Das ist jetzt etwas Neues, es ist Fortschritt. Das ist es, was ich meine, wenn ich sage, daß all die Feststellungen, die ich hier höre, nichts Neues seien.

M  Ich ist niemals neu; es ist ewig dasselbe.

Fr  Wollen Sie damit sagen, daß es gar keinen Fortschritt gäbe?

M  Fortschritt wird von dem nach außen gerichteten Geist wahrgenommen. Wird der Geist nach innen gerichtet und das Selbst gesucht, steht alles still.

Fr  Und die Wissenschaften – was wird aus denen?

M  Sie enden alle im Selbst.

## 5. April 1937

Fr  Was ist der Geist?
M  Versuchen Sie, ihn zu erkennen.
Fr  Er besteht aus Gedanken und deren Regungen.
M  Wessen Gedanken?
Fr  Gedanken sind das Wesen des Geistes.
M  Und woraus bestehen Gedanken?
Fr  Sie sind äußere Erscheinungen.
M  Richtig. Ist das Ihr Wesen?
Fr  Nein, das Wesen des Geistes.
M  Und was ist Ihr Wesen?
Fr  Das Licht Reinen Bewußtseins.
M  Weshalb zerbrechen Sie sich dann den Kopf über Gedanken und alles übrige?
Fr  Der Geist ist veränderlich und unbeständig.
M  Es heißt auch, daß der Geist nach innen gewandt werden und in das Selbst tauchen solle, daß es dabei nur langsam vorangehe, die Übung aber fortgesetzt werden müsse, bis er total im Selbst aufgegangen sei.

*Fr* Ich wünsche mir dazu Ihre Gnade.
*M* Sie ist immer bei Ihnen. Alles, was von Ihnen verlangt wird, ist, daß Sie sich nicht mit dem nach außen gerichteten Geist verwechseln, sondern das Selbst bleiben; das ist Gnade.

*Fr* Gibt es für den *jivanmukta* noch *prarabdha karma*?
Wer fragt das – ein *jivanmukta*?
*Fr* Nein, ich bin noch kein *mukta*.
*M* Warum überlassen Sie es dann nicht dem *jivanmukta* zu fragen?
*Fr* Weil ich es wissen möchte.
*M* Genau. Der *ajnani* hat Zweifel, der *jnani* nicht.
*Fr* Entsprechend der Lehre, daß es nichts Neues gibt *(ajatavada)*, sind die Erläuterungen Bhagavans richtig; aber kann ihnen auch in anderen Systemen zugestimmt werden?
*M* Im *Advaita vada* gibt es drei Methoden der Annäherung:
1) Der *ajatavada* wird charakterisiert durch: keinen Verlust, keine Schöpfung, keine einzige Bindung, keinen geistig Strebenden, keinen Wunsch nach Befreiung, keine Befreiung. Das ist die Höchste Wahrheit (Mandukya Karika II, 32).
Gemäß dieser Einsicht gibt es nur Eines, und dieses läßt keine Diskussion zu.
2) *Drishti Srishtivada* behauptet die Gleichzeitigkeit der Schöpfung. Beispiel: Zwei Freunde schlafen nebeneinander. Einer von ihnen träumt, er sei zusammen mit dem Freund in Benares gewesen und wieder zurückgekehrt. Nach dem Aufwachen erzählt er dem Freund, sie seien beide in Benares gewesen. Der streitet es ab. Beide haben recht, jeder von seinem Standpunkt, von seiner Erfahrung aus.
3) *Srishti Drishtivada* hält sich an die übliche Theorie: allmähliche Entstehung der Schöpfung und allmähliches Kennenlernen ihrer Formen.

*Karma* ist: *Prarabdha karma* (das gegenwärtige Schicksal, das durch das Tun in vergangenen Existenzen verursacht ist), *agami karma* (Handlungen, deren Wirkungen man in zukünftigen Leben erfährt) und *sanchita karma* (aus früheren Leben angesammeltes *karma*, das noch nicht verarbeitet wird). Für das *karma* muß es eine Handlung und einen Handelnden geben. Das kann nicht der Körper sein, denn der ist empfindungslos. *Karma* wirkt nur, solange die Vorstellung ‹Ich bin der Körper› vorhanden ist. Sobald jene Vorstellung überwunden wird, ist man ein *jnani*.

Ohne jene Idee kann es weder einen Handelnden noch eine Handlung geben. Ein *jnani* hat also kein *karma;* das ist seine Erfahrung, sonst ist er kein *jnani*. Der *ajnani* jedoch identifiziert den *jnani* mit dessen körperlicher Erscheinung, was der *jnani* selbst nicht tut. Daher glaubt der *ajnani,* daß der *jnani* handle, denn er sieht dessen Körper handeln, und fragt infolgedessen, ob der *jnani* nicht von *prarabdha* betroffen werde.

In den Schriften steht, daß *jnana* das Feuer sei, das alles *karma* verbrenne. ‹Alles› wird auf zweierlei Weise gedeutet:
1) Alles *karma* wird verbrannt, auch das gegenwärtige *karma* (*prarabdha*).
2) Alles *karma* wird verbrannt, außer dem gegenwärtigen.

Zur ersten Deutung: Wenn ein Mann, der drei Frauen hat, stirbt, können dann zwei von diesen Witwen geworden sein, die dritte aber nicht? Alle drei sind Witwen. Genauso ist es mit *prarabdha, agami* und *sanchita*. Wo kein Handelnder ist, kann keins von ihnen überdauern.

Die zweite Deutung soll nur den Zweifler zufriedenstellen. In ihr heißt es, daß alles *karma* verbrannt werde, mit Ausnahme von *prarabdha*. Es heißt, daß der Körper seine Funktionen fortsetze, für die er geboren wurde; das sei *prarabdha*.

Vom Standpunkt des *jnani* jedoch gibt es nur das Selbst, das sich in solcher Vielfalt offenbart. Es gibt keinen Körper und kein *karma* vom Selbst getrennt, daher kann kein Handeln den *jnani* berühren.

Fr Gibt es denn die Vorstellung ‹Ich bin der Körper› für den *jnani* nicht mehr? Wenn z.B. Bhagavan von einem Insekt gestochen wird, empfindet er es nicht?

M Er empfindet es und hat auch die Vorstellung ‹Ich bin der Körper›. Diese Vorstellung ist beiden gemeinsam, dem *jnani* und dem *ajnani,* mit dem Unterschied, daß der *ajnani* denkt ‹Ich bin nur der Körper›, während der *jnani* weiß, daß alles das Selbst ist oder ‹Alles ist *Brahman*›. Ist Schmerz da – laß ihn; er gehört auch zum Selbst. Das Selbst ist vollkommen.

Was die Handlungen des *jnani* angeht, so werden sie nur so genannt, sie bilden jedoch kein *karma* mehr. Im allgemeinen sind die Tendenzen zu den Handlungen in Form von *samskaras* in den Individuen verankert. Doch können sie nur so lange wirken, wie der Geist – beim *ajnani* ist das der Fall – produktiv ist. Der Geist des *jnani* ist nicht wirklich vorhanden; er hat ihn hinter sich gelassen. Da der *jnani* aber offensichtlich tätig ist, folgert man, daß er einen Geist haben müsse; aber dieser Geist ist nicht ‹produktiv› wie der eines *ajnani*. Daher heißt es, daß der Geist des *jnani* Brahman (Absolutes Sein) sei. Brahman ist nicht vom Geist des *jnani* verschieden. Die *vasanas* (Neigungen) können in einem Reinen Geist nicht gedeihen. Solch ein Geist ist leer und frei von *vasanas*.

Da aber im Fall des *jnani* ein gegenwärtiges *karma* angenommen wird, müssen auch *vasanas* vorhanden sein. Wenn sie existieren, dann sind sie nur Ursache zur Freude. Handlungen haben zweifache Wirkung: zum einen, um die Früchte zu ernten – zum anderen hinterlassen sie im Geist Eindrücke in Form von *samskaras,* die sich in späteren Leben manifestieren. Da der Geist des *jnani* leer ist, kann er keine Saat für zukünftiges *karma* behalten. Tatsächlich wird sein *karma* nur vom Standpunkt des *ajnani* aus gesehen; er selbst sieht seinen Körper nicht getrennt vom Selbst. Wie kann es da für ihn Gebundensein oder Befreiung geben? Er ist jenseits davon. Er ist nicht durch *karma* gebunden, weder jetzt noch jemals. Er weiß in bezug auf sich nichts von *jivanmukta* (Befreiung zu Lebzeiten) noch von *videhamukta* (Befreiung nach dem Tode).

Fr  Nach alldem sieht es so aus, als sei ein *jnani,* der alle *vasanas* verbrannt hat, der Höchste, und als bliebe er stets passiv wie ein Klotz oder ein Stein.

M  Nein, nicht notwendigerweise. *Vasanas* berühren ihn nicht. Wäre das nicht auch ein *vasana,* wie ein Klotz oder ein Stein zu verharren! *Sahaja* ist der natürliche Zustand, der immer gegenwärtig ist.

Das Gespräch blieb bei den *vasanas*. Sri Bhagavan sagte,
    daß gute und schlechte Neigungen immer gleichzeitig vorhanden seien, die einen könnten nicht ohne die anderen existieren; höchstens daß die einen überwögen. Gute Neigungen sollte man pflegen, aber schließlich müßten auch sie durch *jnana* (die Erkenntnis) zerstört werden.

Es wurde erwähnt, daß ein junger Mann, der sich im Ashram aufgehalten habe, ein Genie gewesen sei. In ihm seien latente Eindrücke aus früheren Existenzen stark zum Ausdruck gekommen.

Fr  Wie kann sich die Fähigkeit, bekannte Heilige frei zu zitieren, zeigen? Ist das *vasana* in Samenform?

M  Ja. Veranlagung ist erworbenes Wissen, das vorrätig gehalten wird und sich unter günstigen Umständen offenbart. Jemand mit starken *vasanas* versteht etwas, was ihm erklärt wird, viel schneller als ein anderer ohne oder mit nur schwachen *vasanas*.

Fr Gilt das auch für Erfinder?

M ‹Es gibt nichts Neues unter der Sonne.› Was wir Erfindung oder Entdeckung nennen, sind lediglich Wiederentdeckungen durch fähige Menschen mit starken *vasanas*.

Fr Ist das mit Newton, Einstein usw. auch so?

M Ja, sicher. Aber wie stark auch die *vasanas* sein mögen, sie werden sich nur in einem stillen Geist offenbaren. Jedermann erfährt gelegentlich, daß Versuche, sein Gedächtnis anzurufen, mißlingen, während das Gesuchte im Geist aufleuchtet, wenn er ruhig und still ist. Das sogenannte Genie ist jemand, der in früheren Existenzen viel gearbeitet hat, um Wissen zu erwerben, und es in Form von *vasanas* gespeichert hat. Jetzt konzentriert er seinen Geist, bis dieser mit der geistigen Vorstellung verschmilzt. In dieser Stille tauchen die verborgenen Ideen wieder auf. Aber es gehören auch günstige Bedingungen dazu.

## 6. April 1937

M Ohne selbst *jnana*, die Höchste Erkenntnis, zu besitzen, können Sie den Zustand eines *jnani* nicht verstehen. Es hat keinen Sinn, nach den Motiven der Handlungen Gottes zu fragen. Manche wollen wissen, weshalb Siva nackt im Daruka-Wald umherlief und die Keuschheit der Frauen der *rishis* auf die Probe stellte. Die *Puranas,* die dies berichteten, haben auch erzählt, daß Siva vordem die Götter und das Universum vor dem Verderben rettete, indem er das Hala-hala-Gift verschlang, das auftauchte, als das Urmeer aus Milch von den Göttern umgerührt wurde. Er, der die Welt vor dem tödlichen Gift rettete und die Strebenden zur Befreiung führte, bewegte sich dann nackt unter den Frauen. Solches Handeln bleibt dem gewöhnlichen Denken unbegreiflich; man muß ein *jnani* sein, um einen *jnani* oder um Gott zu verstehen.

Fr Welche Beziehung besteht zwischen *bhakti* und *jnana*?

M *Jnana* ist der ewige, ununterbrochene natürliche Zustand. Ist in ihm nicht auch die Liebe des Selbst enthalten? Ist das nicht *bhakti*?

*Fr* Götterbildnisse zu verehren scheint nicht gut zu sein. Der Islam betet den gestaltlosen Gott an.
*M* Und wie stellen Sie sich einen solchen Gott vor?
*Fr* Als dem Menschen innewohnend.
*M* Hat Gott nicht selbst dann Eigenschaften? Die Form ist nur eine Eigenschaft. Man kann Gott nicht ohne irgendeine Vorstellung von Ihm anbeten. Im übrigen, was nützt Ihnen eine Diskussion über die Gestalt oder die Gestaltlosigkeit Gottes? Finden Sie heraus, ob Sie eine Gestalt haben. Dann können Sie auch Gott verstehen.
*Fr* Ich nehme an, daß ich keine Gestalt habe.
*M* Schön. Im Schlaf haben Sie keine Gestalt, im Wachzustand identifizieren Sie sich aber mit einer Form. Suchen Sie herauszufinden, welches Ihr wirklicher Zustand ist. Und wenn Sie erkannt haben, daß Ihr Selbst gestaltlos ist, sollten Sie dann nicht Gott den gleichen Grad von Erkenntnis zugestehen und begreifen, daß auch Er ohne Gestalt ist?
*Fr* Aber da ist doch die von Gott geschaffene Welt?
*M* Wie erscheint die Welt? Wie sind wir? Wenn Sie das verstehen, dann erkennen Sie auch Gott und werden wissen, ob er Siva, Vishnu oder ein anderer ist – oder alle zusammengenommen.

*Fr* In den *Upanishaden* wird ein bestimmter Verlauf der Schöpfung beschrieben, in den *Puranas* ein anderer. Welcher von beiden ist wahr?
*M* Es gibt noch viele mehr, und sie sollen alle nur darauf hindeuten, daß die Schöpfung eine Ursache hat und ein Schöpfer da sein muß, damit man nach der Ursache fragt. Die Betonung liegt auf dem Zweck der Theorie und nicht auf dem Vorgang der Schöpfung. Außerdem wird die Schöpfung von jemandem wahrgenommen. Es gibt keine Objekte ohne Subjekt, d.h. die Objekte kommen nicht und sagen Ihnen, daß sie da seien, sondern Sie sind es, der behauptet, es gäbe Objekte. Objekte sind daher das, was der, der sie sieht, aus ihnen macht. Sie existieren nicht unabhängig vom Subjekt. Finden Sie heraus, was Sie sind, dann werden Sie auch verstehen, was die Welt ist. Hierzu zu verhelfen, ist der einzige Sinn aller Theorien.
*Fr* Die Seele ist nur ein winziges Teilchen, während die Schöpfung riesig ist. Wie können wir da Mutmaßungen anstellen?
*M* Das Teilchen spricht von der gewaltigen Schöpfung, zu der es gehört. Warum sollte es das nicht können?

Es gibt so viele Theorien. Sie stützen sich entweder auf die heiligen Schriften oder auf wissenschaftliche Aussagen. Sind sie jemals bis zur Endgültigkeit vorgedrungen? Das können sie gar nicht. Es heißt von *Brahman,* Es sei subtiler als das Subtilste und größer als das Größte. Subtilität ist auch das Wesen des Geistes – aber das Selbst liegt jenseits des Geistes. Auch die größten Dinge existieren nur in der Vorstellung, und Vorstellungen gehören dem Geist an – aber das Selbst liegt jenseits davon. So ist das Selbst subtiler als das Subtilste und größer als das Größte.

Es mag noch so viele Schöpfungstheorien geben – alle sind außerhalb von uns. Es sind ihnen keine Schranken gesetzt, denn Zeit und Raum sind unbegrenzt. Und doch sind sie nur im Geist. Erforschen Sie den Geist. Dann sind Zeit und Raum überschritten, und das Selbst ist verwirklicht.

Warum nach außen schauen und versuchen, die dort befindlichen Erscheinungen zu deuten? Das wird nie ein Ende finden. Wichtig ist nur: Ohne den Seher gibt es keine Objekte, die gesehen werden könnten.

*Fr* Welche Beziehung besteht zwischen *Brahman* (Absolutes Höchstes Sein) und *Isvara* (das Höchste Sein in seinem Aspekt als Herr der Welt)?

*M* Wenn *Brahman* in Beziehung zur Welt gesetzt wird, wird Es *Isvara* genannt.

*Fr* Ist es möglich, mit *Isvara* zu sprechen, wie Sri Ramakrishna es getan hat?

*M* Wenn wir miteinander reden können, warum sollten wir nicht auf die gleiche Weise zu *Isvara* sprechen können?

*Fr* Warum antwortet uns *Isvara* dann nicht?

*M* Das erforderte von uns Lauterkeit und Kraft des Geistes sowie Praxis in der Meditation.

*Fr* Offenbart sich Gott unter solchen Bedingungen?

*M* Solche Offenbarungen sind ebenso wirklich wie Ihre eigene Wirklichkeit. Anders ausgedrückt: Wenn Sie sich mit dem Körper identifizieren, dann sehen Sie grobsinnliche Objekte; wenn Sie sich im subtilen Körper oder auf der mentalen Ebene befinden wie z. B. im Traumzustand, dann sehen Sie subtile Objekte; in Abwesenheit jeder Identifizierung wie im Tiefschlaf sehen Sie nichts. Das, was gesehen wird, steht immer in Beziehung zu dem, der sieht. Das trifft auch auf die Visionen Gottes zu. Durch fortgesetzte Übung erscheint die Gestalt Gottes, über die meditiert wurde, im Traum und manchmal auch später im Wachzustand.

*Fr* Ist das der Zustand der Gott-Verwirklichung?
*M* Hören Sie, was vor Zeiten geschah:
Da lebte ein Heiliger namens Namdev. Er konnte Gott Vithoba sehen, mit ihm sprechen und spielen, wie wir es miteinander tun. Er verbrachte die meiste Zeit im Tempel, wo er sich mit Vithoba unterhielt.
Einmal versammelten sich einige Heilige, unter ihnen der große und weitbekannte Jnandev. Jnandev bat scherzhaft Gora Kumbhar, der ein Töpfer war, sein Können unter Beweis zu stellen und herauszufinden, welche der anwesenden Heiligen vorschriftsmäßig ‹gebrannt› seien wie seine Töpfe. Er nahm seinen Stock und klopfte damit sanft an jedermanns Kopf, um das zu prüfen. Als er zu Namdev kam, protestierte dieser beleidigt; die anderen lachten ihn aus. Zornig suchte er Vithoba im Tempel auf und beklagte sich. Vithoba aber antwortete, daß die Heiligen sehr gut wüßten, was sie täten. Diese unerwartete Antwort brachte Namdev noch mehr aus der Fassung. Er sagte: ‹Ihr seid Gott. Ich kann mich mit Euch unterhalten und mit Euch spielen. Kann ein Mensch Höheres erreichen?›
Vithoba lächelte: ‹Das wissen die Heiligen.› ‹Sagt mir, ob es irgend etwas gibt, das wirklicher ist als Ihr?› Vithoba entgegnete: ‹Wir sind einander so vertraut, daß mein Rat bei Dir nicht die gewünschte Wirkung haben wird. Suche den heiligen Bettler im Wald auf und erkenne die Wahrheit!›
Namdev tat, wie ihm geheißen, und fand den von Vithoba erwähnten Mann. Namdev war aber nicht beeindruckt von seiner Heiligkeit, denn er war nackt und schmutzig und lag auf dem Boden, mit den Füßen auf einem *linga* (Symbol des Göttlichen). Namdev wunderte sich, wieso dieser ein Heiliger sei. Der aber lächelte und fragte: ‹Hat Euch Vithoba hergeschickt?› Das erstaunte Namdev sehr, und er war jetzt geneigt zu glauben, daß dieser Mann ein Heiliger sei. Er fragte ihn: ‹Es heißt, Ihr seid ein Heiliger; wie könnt Ihr ein *linga* so entweihen?›
Der Heilige entgegnete: ‹Ich bin tatsächlich zu alt und schwach, um das Rechte zu tun. Bitte, nehmt meine Füße und legt sie dorthin, wo kein *linga* ist!›
So nahm Namdev die Füße des Heiligen und legte sie woanders

hin. Aber da war wieder ein *linga* darunter. Wo immer er auch die Füße hinlegte, da erschien ein *linga* unter ihnen. Schließlich legte er sie auf seinen Körper – und wurde im gleichen Augenblick in ein *linga* verwandelt. Da verstand er die Wahrheit, daß Gott allem innewohnt, und nahm Abschied.

Mehrere Tage lang ging er nicht zum Tempel. Da kam Vithoba zu ihm und fragte, weshalb er nicht käme? Namdev verneigte sich tief vor ihm und sagte:

‹Gibt es einen Ort, an dem Ihr nicht seid?›

Die Lehre, die man aus der Geschichte ziehen kann, ist deutlich: Visionen Gottes sind unterhalb der Ebene der Selbst-Verwirklichung anzutreffen.

Ein Besucher fragte nach *samadhi*.
M 1) An der Wirklichkeit festzuhalten, ist *samadhi*.
2) Sich darum bemühen, an der Wirklichkeit festzuhalten, ist *savikalpa samadhi*.
3) In die Wirklichkeit einzutauchen und der Welt nicht mehr gewahr zu sein, ist *nirvikalpa samadhi*.
4) In das Nichtwissen einzutauchen und der Welt nicht gewahr zu sein, ist Schlaf.
5) Mühelos im ursprünglichen, reinen, natürlichen Zustand zu verbleiben, ist *sahaja nirvikalpa samadhi*.

Fr Es heißt, daß die Erweckung der *kundalini* der Verwirklichung vorausgehen müsse und daß sie zur Erhitzung des Körpers führe. Ist das richtig?
M Die Yogis sprechen hier von der Kraft der *kundalini (kundalini sakti)*. Dasselbe erleben die *bhaktas* durch die von ihnen verehrte Gottheit und die *jnanis* durch *Brahman*. Das muß der Verwirklichung vorangehen. Die Auswirkung auf den Körper kann man als Erhitzung bezeichnen.
Fr Die *kundalini* soll die Gestalt einer Schlange haben, eine Verbildlichung, die der *jnani* wohl nicht verwendet.
M Was für den Yogi die *kundalini* ist, ist für den *jnani* das ‹Herz›. Es wird verschieden definiert, u.a. als Verzweigung feinster Nerven *(nadis)*, als schlangenhafte Gestalt, als Lotusblüte.
Fr Ist dieses ‹Herz› identisch mit dem physischen Herzen?
M Nein. Die *Sri Ramana Gita* bezeichnet es als den Ursprung des ‹ich›-Gedankens.

*Fr* Ich habe gelesen, daß es sich auf der rechten Brustseite befinden soll.
*M* Das ist lediglich als Hilfsmittel für den Praktizierenden gedacht. Es gibt Bücher, in denen von sechs oder auch mehr oder weniger innerhalb oder außerhalb des Körpers befindlichen Zentren die Rede ist. Das ‹Herz› soll eines davon sein. – All das ist überflüssig. Nur die höchste Wahrheit zählt: Das ‹Herz› ist der Ursprung des ‹ich›-Gedankens.
*Fr* Können wir das ‹Herz› auch als Quelle der *antahkaranas* (innere Organe) betrachten?
*M* Es gibt fünf *antahkaranas:* 1. Wissen *(jnana),* 2. Geist *(manas),* 3. Intellekt *(buddhi),* 4. Gedächtnis *(chitta),* 5. Ego *(ahankara).* Sie entspringen alle dem ‹Herzen›. Zwischen dem gefühllosen Leib und dem ewigen, aus sich heraus strahlenden Selbst erhebt sich ein Phänomen, das wir als ‹ich› bezeichnen, das jedoch noch mit vielen Namen benannt wird: Geist *(manas),* Intellekt *(buddhi),* Gedächtnis *(chitta),* Lebenskraft *(sakti),* Lebensstrom *(prana),* ego usw. Suchen Sie seinen Ursprung, dann kommen Sie ganz von selbst zum ‹Herzen›.
Der Zweck der *antahkaranas* liegt darin, daß durch sie die Zusammensetzung des Geistleibes erklärt werden kann. Der empfindungslose physische Körper setzt sich zusammen aus den Elementen Erde, Luft, Wasser, Feuer und Äther. Das Selbst ist aus sich heraus leuchtendes und in sich ruhendes Sein, das keines Beweises und keiner Erklärung bedarf.
Die Verbindung zwischen Selbst und grobmateriellem Körper wird durch einen feinstofflichen Leib hergestellt, der aus subtilen Teilen der fünf Elemente und dem reflektierten Licht des Selbst gebildet wird. Diese Zusammensetzung des Geistleibes macht verständlich, daß er sowohl empfindend als auch empfindungslos ist.
Von besonderer Bedeutung ist die Einwirkung der drei *gunas. Sattva* manifestiert sich als Geist und Sinne, *rajas* als Lebenskraft und *tamas* als die gröberen Teile des Körpers.
*Fr* Der Geist soll ebenfalls unter dem Einfluß der drei *gunas* stehen.
*M* Ja. *Sattva* bewirkt Reinheit, *rajas* Aktivität und *tamas* Stumpfheit. *Sattva* kann völlige Reinheit verursachen; gewöhnlich tritt es jedoch in Verbindung mit den anderen *gunas* in Erscheinung.

Später fuhr Bhagavan fort:
> Philosophien verschiedener Richtungen sollen die Dinge klären und die Wahrheit offenbaren. Tatsächlich aber schaffen sie nur Verwirrung, wo es gar keine zu geben brauchte. Um irgend etwas zu verstehen, muß das Selbst da sein. Das Selbst ist wahrnehmbar in uns. Warum nicht einfach das Selbst bleiben? Weshalb das Nicht-Selbst erklären?
> Nehmen Sie z.B. den *Vedanta*. Da heißt es, es gäbe fünfzehn Arten von *prana*. Der Schüler muß die Namen und die dazugehörenden Funktionen dem Gedächtnis einprägen. Der aufsteigende Atem heißt *prana,* der absteigende *apana*; wenn er auf andere Funktionen einwirkt, wird er wieder anders genannt. Wozu all dieses? Warum klassifizieren, benennen, Funktionen aufzählen usw? Genügt es nicht zu wissen, daß *prana* in uns wirkt?
> *Antahkarana,* das innere Organ, denkt, wünscht, will, begründet, und jede Funktion bekommt ihren eigenen Namen, wie z.B. Geist oder Intellekt. Hat schon irgend jemand *prana* oder *antahkarana* gesehen? Existieren sie überhaupt wirklich? Sie sind nur Vorstellungen. Wann und wo enden solche Vorstellungen?
> Hierzu ein Beispiel: Ein Mensch wacht auf und stellt fest, daß er geschlafen hat. Warum konnte er diese Feststellung nicht auch während des Schlafes treffen? Nun, weil er, solange er in seinem Selbst versunken ist, so wenig sprechen kann wie ein Taucher, der sich unter Wasser befindet. Erst wenn dieser den gesuchten Gegenstand vom Grund heraufgeholt hat, ist er wieder in der Lage zu sprechen. Eine einfache Erklärung.
> Der Philosoph jedoch gibt sich mit dieser Deutung nicht zufrieden. Er versucht das auf seine Weise zu erklären und behauptet zum Beispiel, daß Feuer die Gottheit sei, die über die Sprache herrsche; da Feuer und Wasser sich nicht miteinander vertrügen, könnte die Sprache daher nicht einsetzen. Das wird dann Philosophie genannt, und viele bemühen sich, so etwas zu lernen. Ist das nicht schiere Zeitverschwendung?
> Warum eigentlich Verwirrung stiften und dann versuchen, sie wegzudiskutieren? Glücklich der Mensch, der sich nicht in dieses Labyrinth verirrt.
> Ich wurde von alldem niemals berührt, und das war mein Glück. Wo wäre ich hingeraten, wenn ich mich mit diesen Dingen beschäftigt hätte? Meine *vasanas* führten mich direkt zur Suchfrage ‹Wer bin ich?›. Das war tatsächlich Glück.

## 11. April 1937

*Fr* In der Märzausgabe von *Prabhudda Bharata,* der Monatsschrift des Ramakrishna-Ordens, erschien ein kurzer Bericht über die spirituellen Erfahrungen der hl. Theresa. Sie verehrte eine Statue der Madonna, die sich für sie belebte und ihr Seligkeit schenkte. Ist das dasselbe wie *saktipata* (Herabkunft der Gnade)?

*M* Daß die Statue sich belebte, verrät die Tiefe der Meditation der Heiligen. *Saktipata* bereitet den Geist darauf vor, sich nach innen zu wenden.
Aber was äußerlich ist, ist nur vorübergehend. Solche Phänomene mögen für einen Augenblick Freude hervorrufen, aber bleibenden Frieden schenken sie nicht. Das kann nur durch die Beseitigung des Nichtwissens geschehen.

## 12. April 1937

Eine Holländerin, Theosophin, fragte:
Die Theosophie spricht von *tanha,* dem ‹Durst› nach Wiedergeburt. Was ist dessen Ursache?

*M* Der Durst nach Wiedergeburt ist der Wunsch, neu geboren zu werden, um die Folge von Geburten zu beenden. Die Seele liegt jetzt sterbenskrank danieder – sie muß wiederbelebt werden, damit nach dem gegenwärtigen, scheinbaren Tod die Wiedergeburt stattfinden kann. Der gegenwärtige Tod hat das Vergessen Ihres wahren Wesens verursacht: die Erinnerung daran ist die Wiedergeburt; sie setzt der Folge der Geburten ein Ende. Das ewige Leben gehört Ihnen.

*Fr* Ich verstehe *tanha* als ‹am Leben hängen›, als den Wunsch nach ewigem Leben.

*M* Das ist zweifellos so. Wie entsteht dieser Wunsch? Weil der gegenwärtige Zustand unerträglich ist. Warum? Er entspricht nicht Ihrem wahren Wesen. Wäre das der Fall, dann könnte Sie kein Wunsch mehr stören. Wie unterscheidet sich nun Ihr gegenwärtiger Zustand von Ihrem wahren Wesen? In Wahrheit sind Sie das Selbst. Dieses aber identifiziert sich irrtümlich mit dem grobstofflichen Körper. Der Körper wird durch den Geist hervorgebracht; der Geist wiederum hat seinen Ursprung im Selbst. Wenn diese falsche Identifizierung aufhört, herrschen Friede und Seligkeit.

*Fr* Das Leben wird als Leben im Körper verstanden; Wiedergeburt heißt demnach, einen anderen Körper anzunehmen.

*M* Ein bloßer Wechsel der Körper hat keinerlei Wirkung. Dabei wird nur das ‹ich›, das mit diesem Körper verbunden ist, mit einem anderen zusammengefügt. Wie kann das irgend jemanden zufriedenstellen?
Im übrigen: Was ist Leben? Leben ist Dasein, und dieses ist identisch mit Ihrem Selbst. Das Leben währt ewig. Oder können Sie sich eine Zeit vorstellen, wo Sie nicht sind oder gewesen sind? Jetzt ist das Leben durch den Körper bedingt, und Sie identifizieren fälschlicherweise Ihr Sein mit dem des Körpers. Die Körper verbinden sich mit Ihnen als mentale Projektionen, und in Ihnen wird dadurch die Vorstellung ‹Ich bin der Körper› erweckt. Wenn diese Vorstellung aufhört, verbleiben Sie als das reine Selbst.
Wo oder wie waren Sie, bevor Sie geboren wurden? Schliefen Sie? In welchem Zustand waren Sie? Sie existierten auch dann, aber ohne Körper. Hierauf taucht das ‹ich› auf, danach der Geist, der den Körper projiziert. Das Ergebnis ist die Idee ‹Ich bin der Körper›. Weil der Körper existiert, sagen Sie, daß er geboren wurde und sterben wird, und übertragen diese Vorstellung auf das Selbst, indem Sie glauben, daß Sie geboren sind und sterben werden. Tatsächlich sind Sie im Schlaf ohne Körper, während Sie jetzt mit dem Körper sind. Das Selbst kann ohne den Körper sein, der Körper aber kann nicht getrennt vom Selbst existieren.
Die Idee ‹Ich bin der Körper› ist Nichtwissen. Erkenntnis ist das Wissen darüber, daß der Körper nicht vom Selbst getrennt bestehen kann. Darin liegt der Unterschied zwischen Erkenntnis und Nichtwissen.
Der Körper ist eine geistige Projektion; der Geist ist das ‹ich›, und dieses ‹ich› taucht aus dem Selbst auf. So lenkt der Körpergedanke vom Selbst ab und strebt von ihm fort. Für wen sind der Körper und seine Geburt? Nicht für das Selbst, sondern für das Nicht-Selbst, das sich einbildet, getrennt zu sein. Solange das Gefühl des Getrenntseins anhält, werden störende Gedanken da sein. Ist der Ursprung wiedergefunden, hört das Gefühl des Gesondertseins auf, und dann herrscht Friede.
Überlegen Sie, was geschieht, wenn ein Stein in die Höhe geworfen wird. Er verläßt die Stelle, wo er geruht hat, steigt auf und fällt wieder herunter. Er bleibt solange in Bewegung, bis er

seinen Ausgangspunkt wieder erreicht hat. Das Wasser des Meeres verdunstet, bildet Wolken, verdichtet sich wieder zu Wasser, das als Regen erdwärts fällt und schließlich in Form von Strömen und Flüssen zum Meer zurückfließt. Erst dort tritt vollständige Ruhe ein.

Überall, wo das Gefühl besteht, vom Ursprung getrennt zu sein, herrschen Erregung und Bewegung, die so lange anhalten, bis dieses Gefühl verschwunden ist. So geht es auch mit Ihnen. Jetzt identifizieren Sie sich mit Ihrem Körper und halten sich für getrennt vom Selbst. Sie müssen erst Ihren Ursprung wiederfinden, bevor diese falsche Identifizierung aufhört und Sie glücklich sein können.

Gold braucht kein Schmuckstück zu sein, aber Schmuckstücke können ganz aus Gold bestehen. Welche Form man den Schmuckstücken auch geben mag und wie verschieden sie voneinander sein mögen, die Grundsubstanz, nämlich Gold, ist bei allen die gleiche. Ähnlich ist es auch mit dem Körper und dem Selbst. Die einzige Wirklichkeit ist das Selbst. Sich mit dem Körper zu identifizieren und gleichzeitig das Glück zu suchen, ähnelt dem Versuch, den Fluß auf dem Rücken eines Krokodils zu überqueren.

Die Identifizierung mit dem Körper findet nur statt, weil der Geist nach außen gewandt ist und unruhig umherwandert. Dieser Zustand bedeutet, in einem wüsten Durcheinander zu verharren, in dem es keinen Frieden geben kann. Suchen Sie daher Ihren Ursprung, tauchen Sie in das Selbst ein und verbleiben Sie ganz in der sich Ihnen offenbarenden Glückseligkeit.

Die Sehnsucht nach Wiedergeburt bedeutet Unzufriedenheit mit dem gegenwärtigen Zustand und den Wunsch, dort geboren zu werden, wo es keine Unzufriedenheit gibt. Geburten gehören dem Körper an und können das Selbst nicht berühren. Das Selbst bleibt bestehen, auch wenn der Körper vergeht. Die Unzufriedenheit ist eine Folge der falschen Identifizierung des ewigen Selbst mit dem sterblichen Körper. Der Körper ist ein Anhängsel des ‹ich›. Wird das ‹ich› getötet, dann wird das ewige Selbst in seiner ganzen Herrlichkeit offenbar.

Der Körper ist das Kreuz. Jesus, der Menschensohn, ist das ‹ich› oder die Idee ‹Ich bin der Körper›. Wird er gekreuzigt, ersteht er wieder als das glorreiche Selbst, als Jesus, der Sohn Gottes. ‹Gib dieses Leben auf, wenn du leben willst!›

*Fr* Furcht entsteht, weil man es für möglich hält, seine Existenz zu verlieren. Sie gehört dem Körper an. Im Schlaf ist man seines Körpers nicht gewahr. Trotzdem fürchtet man den Schlaf nicht, sondern sucht ihn, während man den Tod fürchtet. Wie kommt dieser Unterschied zwischen den beiden Einstellungen zustande?

*M* Der Wunsch nach Schlaf und die Furcht vor dem Tod tauchen nur im Geist auf und nicht in den betreffenden Zuständen selbst. Der Geist weiß, daß der Körper den Schlaf überdauert und wieder erscheint; daher ist der Schlaf nicht von Furcht begleitet, sondern wird als Seligkeit einer körperlosen Existenz gesucht. Der Geist jedoch ist sich nicht sicher, ob er nach dem sogenannten Tod wieder erscheinen wird, und fürchtet diesen daher.

## 14. April 1937

Dandapani, ein im Ashram lebender Schüler des Meisters, schickte von einer Reise nach Nordindien einen Artikel aus einer psychologischen Zeitschrift, in dem festgestellt wurde, daß das spirituelle Herzzentrum sich auf der rechten Seite befände.

*M* Die Yoga-Lehre nimmt sechs Zentren entlang der Wirbelsäule an. Sie müssen eine nach der anderen mit Hilfe spezieller Übungen erreicht und überschritten werden. Dann gelangt man schließlich zum obersten Zentrum, *sahasrara,* dem tausenblättrigen Lotus, wo man den Nektar findet, das heißt die Unsterblichkeit. Gemäß dem Yoga geht der *paranadi,* die wichtigste spirituelle Nervenbahn, vom Sakral-Plexus aus, während die *jnanis* sagen, daß sie dem ‹Herzen› entspringe. Eine andere Lehre wiederum läßt beide Feststellungen gelten. Richtig ist, daß man in den *paranadi* eintreten sollte. In der Yogapraxis beginnt man unten und durchwandert alle Zentren, bis das Ziel erreicht ist; die *jnana*-Praxis weist den direkten Weg zum ‹Herzen›.

Dies alles beruht auf der Annahme, daß die individuelle Seele vom Selbst oder *Brahman* getrennt wäre. Aber sind wir das? ‹Nein›, sagt der *jnani.* Das ‹ich› ist nur eine irrige Identifizierung des Selbst mit dem Nicht-Selbst. Ähnlich ist es bei einem farblosen Kristall mit rotfarbigem Hintergrund. Der farblose Kristall erscheint dann rot infolge seines roten Hintergrundes. Wird der Hintergrund entfernt, leuchtet der Kristall in seiner ursprünglichen Reinheit.

Trotzdem trifft das Bild nicht ganz zu. Denn das ‹ich› hat seinen Ursprung im Selbst und ist nicht von ihm gesondert, während der Kristall von seinem Hintergrund getrennt ist. Und weil das ‹ich› aus dem Selbst kommt, braucht es nur zurückverfolgt zu werden, bis es in seinem Ursprung aufgeht.

*Fr* Welche Übung *(sadhana)* sollen wir anwenden?
*M* Der Verwirklichte befindet sich immer im *sahaja samadhi,* dem ursprünglichen, natürlichen Zustand. Um ihn zu erreichen, müssen die Hindernisse beseitigt werden. Dieses Beseitigen der Hindernisse bezeichnet man als *sadhana.*
*Fr* Gehört Konzentration des Geistes hierzu?
*M* Konzentration bedeutet nicht, an eine Sache zu denken; sie bedeutet im Gegenteil, alle Gedanken beiseite zu lassen, die das Schauen unseres wahren Wesens behindern. All unser Bemühen ist nur darauf zu richten, den Schleier des Nichtwissens zu lüften.
Jetzt erscheint es schwierig, ohne Gedanken zu sein. Im neugewonnenen Zustand findet man, daß es schwieriger ist, Gedanken hervorzurufen. Denn: Gibt es überhaupt ‹Dinge›, an die man denken kann?
Es gibt nur das Selbst. Gedanken können nur dort aufsteigen, wo Objekte sind. Es gibt aber keine. Wie können dann überhaupt Gedanken auftauchen? Es ist nur die Gewohnheit, die uns glauben macht, daß es schwierig sei, mit dem Denken aufzuhören. Wird dieser Irrtum entdeckt, dann ist man nicht mehr so töricht, sich ans Denken zu verlieren.
*Fr* Ist nicht Gnade wirksamer als alles Üben?
*M* Der Guru hilft Ihnen beim Ausmerzen des Nichtwissens. Oder meinen Sie, er händige Ihnen die Verwirklichung aus?
*Fr* Wir sind unwissend.
*M* Wenn Sie sich als unwissend erkennen, sind Sie weise geworden. Die Gnade des Guru ist wie eine ausgestreckte Hand, um Ihnen aus dem Sumpf zu helfen. Sie erleichtert Ihnen den Weg, indem sie das Nichtwissen beseitigt.
*Fr* Könnte man die Gnade des Guru mit einer Arznei vergleichen, die die Krankheit des Nichtwissens heilt?
*M* Wozu gibt es Arzneien? Doch nur, um den gesunden Zustand wiederherzustellen, in dem sich der Patient ursprünglich befand. Was gibt es da für merkwürdige Ansichten über Gott, Guru und Gnade.

Sie glauben, der Guru sei wie Sie, und weil Sie sich für den Körper halten, verwechseln Sie auch den Guru mit seinem Körper. Sie denken, seine Gnade müßte sich dann auch auf dieser Ebene fühlbar auswirken. Der Guru wirkt aber innerlich.

Wie kommt man zu einem Guru? Der innewohnende Gott empfindet in seiner Gnade Mitleid mit dem liebenden Sucher und offenbart sich selbst in einer Gestalt, die dem Wesen des Suchers entspricht. Der Schüler glaubt sich einem Menschen gegenüber, der ihm helfen will. Der Guru aber, der Gott oder das verkörperte Selbst ist, wirkt von innen her, hilft dem Menschen, den Irrtum in seinen Auffassungen zu erkennen und führt ihn auf dem rechten Pfade, bis er das Selbst verwirklicht.

Nach der Verwirklichung wird der einstige Schüler zu sich selbst sagen: ‹Warum hatte ich mir all diese Sorgen gemacht! Ich weiß nun, daß ich das Selbst bin, aber ich weiß auch, daß ich es immer war. Nichts konnte mich jemals wirklich berühren. Wo ist der geblieben, der sich so elend fühlte? Ich kann ihn nirgends mehr sehen.›

Was ist zu tun? Den Worten des Meisters gemäß handeln, und das heißt: sich nach innen wenden! Der Guru ist sowohl innen als auch außen. Er hilft Ihnen, den Weg zum Herzen zu finden. Während er Sie von außen nach innen drängt, bereitet er das Innere vor und kommt Ihnen von innen entgegen, um Sie ins Zentrum zu ziehen.

Im Schlaf ruhen Sie innen. Gleichzeitig mit dem Erwachen drängt Ihr Geist nach außen, indem er den vielerlei Gedanken die Zügel freigibt. Das muß verhindert werden; doch es ist nur dem möglich, der sowohl innen wie außen zu wirken vermag. Kann ein solcher mit dem Körper identifiziert werden?

Wir glauben, die Welt durch unser Bemühen zu erobern. Wenn wir dann enttäuscht sind und schließlich nach innen getrieben werden, verspüren wir eine Kraft, die mächtiger ist als der Mensch.

Die Existenz einer solchen Höheren Macht muß erkannt und anerkannt werden. Das ‹ich› ist wie ein mächtiger Elefant, der durch nichts anderes unter Kontrolle gebracht werden kann als durch einen Löwen – der in einem solchen Falle der Guru ist; allein sein Blick läßt den Elefanten zittern und sterben. Im Laufe der Zeit erkennen wir, daß unser wahres Glück dort liegt, wo wir aufhören zu existieren.

Um diesen Zustand zu erreichen, müssen wir uns ausliefern, indem wir sagen: ‹Herr, Du allein bist meine Zuflucht!› Dann sieht der Meister, daß der Betreffende in der richtigen Verfassung ist, geführt zu werden.

*Fr* Was ist Hingabe?

*M* Sie ist dasselbe wie Selbstkontrolle. Die Kontrolle wird bewirkt durch die Beseitigung der *vasanas,* die das Funktionieren des ‹ich› bedingen. Das ‹ich› aber unterwirft sich nur, wenn es die Höhere Macht erkennt. Solch eine Erkenntnis ist Hingabe, solche Unterwerfung ist Selbstkontrolle.

Andernfalls bleibt das ‹ich› anmaßend wie das in Stein gemeißelte Bildnis an einem Turm, das durch Blick und Haltung vorgibt, den Turm auf seinen Schultern zu tragen. Das ‹ich› kann ohne die Höhere Macht gar nicht existieren und glaubt doch, daß es aus eigener Kraft handele.

*Fr* Wie kann der rebellische Geist unter Kontrolle gebracht werden?

*M* Suchen Sie entweder seinen Ursprung, so daß er verschwindet, oder liefern Sie sich aus, damit er überwunden werden kann.

*Fr* Aber der Geist entschlüpft unserer Kontrolle.

*M* Wenn schon. Denken Sie nicht an ihn. Sammeln Sie sich, holen Sie ihn zurück und wenden Sie ihn wieder nach innen. Das genügt.

Ohne Bemühen kein Erfolg. Geisteskontrolle ist nicht einfach unser Geburtsrecht. Die wenigen Siegreichen verdanken den Erfolg ihrer Beharrlichkeit.

Wenn ein Eisenbahnreisender sein Gepäck auf dem Kopf behält, ist es seine eigene Torheit. Er kann es ablegen und wird finden, daß es dann genauso seinen Bestimmungsort erreicht. So lassen Sie uns nicht länger die Rolle des ‹Täters› spielen, sondern uns der Führung der Höheren Macht anvertrauen.

*Fr* Swami Vivekananda sagt, daß ein Guru Spiritualität substantiell auf den Jünger übertragen könne.

*M* Gibt es denn eine Substanz, die übertragen werden könnte? Übertragung bedeutet die Beseitigung des Gefühls, ein Jünger zu sein. Das bewirkt der Meister, aber nicht so, daß sich der Mann in einen anderen verwandelt.

*Fr* Ist nicht Gnade die Gabe des Guru?

*M* Gott, Gnade und Guru bedeuten dasselbe, und zwar etwas, das allem innewohnt und ewig ist. Ist denn nicht das Selbst bereits vorhanden? Muß der Guru Es erst durch seinen Blick übertragen?

Wenn der Guru das glaubt, verdient er es nicht, Guru genannt zu werden.

In Büchern werden verschiedene Formen der Einweihung aufgeführt – durch Berührung, Blick usw. Sie beschreiben auch Rituale, die der Guru mit Feuer, Wasser, *japa* oder Mantras vollzieht und bezeichnen diese als wunderbare Handlungen, als würde der Jünger erst reif, nachdem er sich solchen Prozeduren unterworfen hat.

Sucht man nach dem Individuum, dann findet man es nirgends. So ist es beim Guru; das war der Fall bei Dakshinamurti. Was tat er, als er unter dem Baume saß? Er schwieg. Die Söhne Brahmas erschienen vor Ihm. Er schwieg weiter. Ihre Probleme waren gelöst, d.h. die Jünger verloren ihre Identität als Individuen. Das ist *jnana* und nicht all das Wortgeklingel, das allgemein damit verbunden wird.

Schweigen ist die machtvollste Form des Wirkens. Wie umfassend und nachdrücklich die Schriften auch sein mögen, sie verfehlen ihre Wirkung. Der Guru schweigt – und in allen ist Friede. Sein Schweigen ist umfassender und nachdrücklicher als alle heiligen Schriften zusammengenommen. Nachdem man hier so lange gewesen ist, so viel gehört hat, sich so viel bemüht hat, hat man das Gefühl, nichts erreicht zu haben. Aber das, was im Innern vorgeht, ist nicht sichtbar. Tatsächlich ist der Guru immer in Ihnen.

Thayumanavar sagt: ‹O Herr, der Du mich durch alle Geburten begleitet, mich niemals verlassen und mich schließlich erlöst hast!› Das ist die Erfahrung der Verwirklichten.

*Fr* Nimmt nicht der Guru konkrete Gestalt an?

*M* Was heißt konkret? Sie fragen das, weil Sie Ihr Sein mit dem Körper identifizieren. Finden Sie heraus, ob Sie der Körper sind. Die *Gita* sagt, daß diejenigen, die das transzendentale Wesen Krishnas nicht begreifen können, Toren seien, die durch Nichtwissen getäuscht würden.

Der Meister erscheint, um dieses Nichtwissen zu vertreiben. Wie Thayumanavar es ausdrückt: Er erscheint als Mensch, um das Nichtwissen des Menschen zu beseitigen, wie ein Hirsch als Lockmittel benutzt wird, um einen wilden Hirsch zu fangen. Der Guru muß im Körper erscheinen, damit unsere Fehlvorstellung ‹Ich bin der Körper› beseitigt werden kann.

## 15. April 1937

*Fr* Gibt es einen Unterschied zwischen der Erfahrung des Traumes und der des Wachzustandes?

*M* Man spricht von einem Unterschied, weil Sie die Traumschöpfungen als vorübergehend im Gegensatz zu den Erfahrungen des Wachzustandes empfinden. Der Unterschied ist aber nur scheinbar und nicht wirklich.

*Fr* Ist der Wachzustand unabhängig von vorhandenen Objekten?

*M* Wäre er es, dann müßten die Objekte existieren ohne den, der sie sieht, d.h. das Objekt müßte Ihnen sagen, daß es existiert. Tut es das? Sagt eine Kuh, die sich vor Ihnen bewegt, daß sie sich bewege›? Oder sagen Sie von sich aus: ‹Da bewegt sich eine Kuh›? Objekte existieren, weil einer da ist, der sie sieht.

*Fr* Gaudapada sagt in *Mandukya Karika,* daß es vom Standpunkt der Absoluten Wirklichkeit aus keinen Unterschied zwischen den beiden Zuständen gebe.

*M* Natürlich nicht.

*Fr* Prof. Radhakrishnan sagt aber in seiner *Indischen Philosophie,* daß Sri Sankara in seinem Kommentar zum *Brahma Sutra* einen Unterschied zwischen den beiden Zuständen feststelle. Tut er das wirklich? Wenn ja, was ist das für einer? Wie kann vom Standpunkt der Wirklichkeit aus ein Unterschied da sein? Solange der Geist in irgendeiner Form existiert, gibt es auch Unterschiede. Kann es aber vom Standpunkt des *atma,* des ungeteilten *Brahman,* einen Unterschied geben?

*M* Der Traum gehört zu dem, der sagt, er sei wach. Vom Standpunkt des Absoluten aus sind Wachzustand und Traum gleich unwirklich.

*Fr* Können Evolution, Schöpfung oder Offenbarwerden einen Platz im reinen *Advaita* (dem Einen ohne Zweites) haben? Was wird dann aus der Theorie von *vichara,* nach der *Brahman* sich als Welt offenbart, ohne Sein wahres Wesen aufzugeben, so wie das Seil, das als Schlange erscheint?

*M* Es gibt verschiedene Vorgehensweisen, um die Unwirklichkeit des Universums zu beweisen. Das Beispiel des Traumes ist lediglich eine davon. Wachzustand, Traum und Tiefschlaf werden nur deshalb so ausführlich in den Schriften behandelt, damit die Wirklichkeit, die ihnen zugrunde liegt, offenbar wird, nicht aber dazu, Unterschiede zwischen den drei Zuständen herauszustellen. Diese Absicht muß klar erkannt werden.

Es heißt, daß die Welt unwirklich sei. Ist das bloß eine Redensart, oder wie ist das sonst zu verstehen? Schließlich scheint die Welt doch eine Realität zu sein. Die Antwort ist, daß durch die Erscheinung der Welt die Wirklichkeit verdeckt wird. Es ist ähnlich wie mit dem Seil, das man in der Dämmerung für eine Schlange halten kann. Doch während diese Täuschung endet, wenn man darauf hingewiesen wird, daß es sich nur um ein Seil handelt, hält die Erscheinung der Welt auch dann noch an, wenn man über ihr illusionäres Wesen aufgeklärt worden ist. Passender ist das Beispiel von der Luftspiegelung, die uns eine Wasserstelle vorgaukelt. Das Wasser wird auch noch gesehen, wenn man die Täuschung durchschaut hat. Aber niemand wird versuchen, dort seinen Durst zu stillen.

Fr  Mit der Welt ist es anders. Selbst wenn man noch so oft gehört hat, daß sie eine Illusion sei, kann man doch nicht auf das verzichten, was sie uns zu geben hat. Wie sollte da die Welt eine Illusion sein?

M  Es ist wie mit einem Menschen, der träumt. Im Traum hat er Wünsche und erfüllt sich diese durch Traumschöpfungen. Es gibt also Objekte, Wünsche und Wunscherfüllung. Die Schöpfungen des Traumes sind genauso zweckentsprechend wie die der Wachwelt, und doch werden sie nicht als wirklich angesehen.

So müssen wir jedes dieser Beispiele in seinem Zusammenhang sehen; keines darf als vollgültige Aussage betrachtet werden. Ihr einziger Zweck ist es, den Geist des Suchers der Einen Wirklichkeit zuzuwenden, die allem zugrunde liegt.

Fr  Gibt es den Unterschied zwischen der Philosophie Sankaras und Gaudapadas, den uns der gelehrte Professor glauben machen möchte?

M  Dieser Unterschied besteht nur in Ihrer Vorstellung.

Fr  Sri S. Radhakrishnan schreibt:

‹Gaudapadas Werk liegt die Idee zugrunde, daß die individuelle Seele, Welt, Befreiung und Gebundensein unwirklich seien. Das läßt einen sarkastischen Kritiker bemerken, daß eine Theorie, die nichts Besseres zu sagen hat, als daß eine unwirkliche Seele versucht, sich von einem unwirklichen Höchsten zu lösen, selbst unwirklich sein müsse.

Es ist ein Unterschied, ob man die unveränderliche Wirklichkeit, die sich im ständig wandelnden Universum ausdrückt, ohne ihr wahres Wesen zu verlieren, als ein Mysterium betrachtet, oder ob man dieses Universum als bloße Täuschung abtut. Wenn wir das Spiel des Lebens schon spielen müssen, sollten wir nicht annehmen, daß es eine bloße Show sei und alle Werte in ihm keine Bedeutung hätten. Keine Philosophie kann sich mit einer solchen Theorie zufriedengeben. Eine solche Philosophie führt sich selbst auch insofern ad absurdum, als sie gezwungen ist, sich mit Dingen zu befassen, deren Existenz sie theoretisch abstreitet. Es zeigt nur, daß es etwas anderes gibt, welches die Welt mit einschließt und transzendiert, aber sie nicht als Traum ansieht.›

M Wie schon gesagt wurde, der Zweck der ganzen Philosophie besteht darin, auf die Eine Wirklichkeit hinzuweisen, ob sie nun den drei Zuständen Wachen, Traum und Tiefschlaf zugrunde liegt oder der individuellen Seele, Welt und Gott.
Es sind drei Standpunkte möglich:
1. *Vyavaharika:* Der Mensch sieht die Welt in all ihrer Vielfalt, vermutet einen Schöpfer und hält sich selbst für das Subjekt. So wird alles auf die drei Grundelemente Welt, Gott und verkörperte Seele zurückgeführt. Er hört von der Existenz des Schöpfers und versucht ihn zu erreichen, um unsterblich zu werden. Wenn auf diese Weise einer aus dem Gebundensein befreit ist, existieren alle anderen Individuen nach wie vor und müssen ihre eigene Erlösung erwirken. Er gibt mehr oder weniger zu, daß all diesen Phänomenen die Eine Wirklichkeit zugrunde liegt; sie gehören zum Spiel *mayas,* die wiederum die Kraft Gottes oder die Tätigkeit der Wirklichkeit ist. Die Existenz verschiedener Seelen, Objekte usw. steht also nicht im Widerspruch zum *Advaita*-Prinzip des Einen ohne Zweites.
2. *Pratibhasika:* Welt, verkörperte Seele und Gott sind alle nur da, weil jemand sie sieht. Sie existieren nicht unabhängig vom Seher. Es gibt also nur eine verkörperte Seele, sei sie nun das Individuum oder Gott. Alles andere ist Täuschung.
3. *Paramarthika* oder *Ajatavada,* die Lehre von der Nicht-Schöpfung, die kein Zweites zuläßt. Es gibt weder Wirklichkeit noch deren Abwesenheit, weder Suchen noch Finden, weder Gebundensein noch Befreiung.

Es erhebt sich die Frage, weshalb denn alle heiligen Schriften vom Herrn als dem Schöpfer sprechen? Wie kann das Geschöpf, das wir sind, den Schöpfer erschaffen und gleich-

zeitig behaupten, daß Welt, Seele und Gott lediglich Vorstellungen des Geistes seien?
Als Antwort zwei Beispiele:
Sie wissen, daß Ihr Vater tot ist und daß seit seinem Tode mehrere Jahre verflossen sind. Trotzdem sehen Sie ihn im Traum und erkennen ihn als den, der Sie gezeugt und Ihnen ein Erbe hinterlassen hat. Hier sind Sie der Schöpfer. In einem anderen Traum dienen Sie einem König und sind Amtsträger in der Verwaltung seines Reiches. Sobald Sie erwachen, ist alles verschwunden und Sie, das Individuum, sind allein zurückgeblieben. Wo war alles andere? Nur in Ihnen. Die gleiche Analogie trifft auf die Eine Wirklichkeit zu.

Fr   Inwiefern gehört *maya* zum obenerwähnten *Vyavaharika*?
M   Maya ist die Kraft Gottes oder die Tätigkeit der Wirklichkeit.
Fr   Und warum wird diese tätig?
M   Wie kann diese Frage auftauchen? Sie sind doch selbst in dieser Kraft enthalten. Oder sind Sie getrennt von jener universalen Tätigkeit? Die gleiche Kraft äußert diesen Zweifel, damit am Ende alle Zweifel aufhören.
Fr   Aber die Traumwelt ist nicht so zweckvoll wie die Wachwelt, denn in ihr empfinden wir nicht, daß unsere Wünsche befriedigt werden.
M   Sie irren. Es gibt auch im Traum Hunger und Durst. Sie mögen sich am Abend satt gegessen und das Übriggebliebene für den nächsten Tag aufgehoben haben – trotzdem sind Sie im Traum hungrig. Dieses Essen nützt Ihnen nichts. Ihr Traumhunger kann nur befriedigt werden, wenn Sie geträumte Nahrung essen. Traumwünsche werden nur durch Traumschöpfungen erfüllt.
Fr   Wir erinnern uns zwar an Träume, wenn wir wach sind, aber wir erinnern uns nicht an den Wachzustand, wenn wir träumen.
M   Im Traum setzen Sie sich durchaus mit dem gleich, der jetzt spricht.
Fr   Wir wissen jetzt, daß die beiden Zustände voneinander verschieden sind. Wenn wir träumen, wird uns das aber nicht bewußt.
M   Der Traum ist eine Kombination aus Wachen und Tiefschlaf; er ist eine Folge der *vasanas* (innewohnenden Neigungen) aus dem Wachzustand. Daher erinnern wir uns an Träume im Wachen. *Vasanas* aber bilden sich nicht im Traumzustand, daher können wir nicht gleichzeitig des Traumes und des Wachens gewahr sein. Trotzdem werden einem im Traum manchmal Merkwürdigkei-

ten auffallen, und man weiß nicht, ob man träumt oder wacht. Dann fragt man sich und glaubt, daß man wach sei, aber erst, wenn man wirklich aufwacht, entdeckt man, daß alles nur ein Traum war.

## 16. April 1937

Fr  Auf was müssen wir blicken, wenn wir unsere Übungen *(tapas)* vollziehen?
M  Wozu vollzieht man *tapas*?
Fr  Um das Selbst zu verwirklichen.
M  Richtig. Es hängt von dem Reifegrad der Person ab, welche Art von *tapas* ihr angemessen ist. Zuerst benötigt man etwas zum Anschauen. Doch reicht das nicht aus. Man kann nicht unentwegt ein Bildnis betrachten. *Japa* muß hinzukommen. Er hilft, den Geist auf das Bild zu konzentrieren. Bei fortgesetzter Bemühung wird ein Sammlungsgrad des Geistes erreicht, der die Verwirklichung des Selbst ermöglicht. Man wird zu dem, was man denkt. Zur Wiederholung bei *japa* genügt vielen der Name des Bildes; er steht für alle Eigenschaften der betreffenden Gottheit. Die ständige Wiederholung hält alle anderen Gedanken fern und macht den Geist stark. Das versteht man unter *tapas*. Es kommt dabei vor allem auf das Auf-eins-gerichtet-Sein des Geistes an.
Fr  Kann man auch körperliche Askese als *tapas* bezeichnen?
M  Man kann es als eine seiner Formen, als Entsagung, betrachten.
Fr  Ich habe einen Mann gesehen, der sein ganzes Leben lang einen Arm in die Höhe reckte.
M  Das ist *vairagya* (Entsagung).
Fr  Warum soll man seinen Körper auf solche Weise quälen?
M  Sie nennen es Quälerei; für den Betreffenden ist es die Erfüllung eines Gelübdes; es macht ihn stärker und gibt ihm Befriedigung. *Japa* ist wichtiger als das bloße Betrachten der Form. Er muß fortgesetzt werden, bis er zur zweiten Natur geworden ist. Am Anfang ist es mühevoll, doch nach einiger Übung wird er ganz von selbst vonstatten gehen. Wenn er zum eigenen Wesen geworden ist, nennt man es Verwirklichung.
*Japa* kann auch vollzogen werden, während man mit anderer Arbeit beschäftigt ist. Das, was ist, ist die Eine Wirklichkeit. Sie

mag durch eine Gestalt dargestellt werden, durch *japa,* ein Mantra, durch *vichara* oder irgend etwas anderes. Alle lösen sich schließlich in der Einen Einzigen Wirklichkeit auf. *Bhakti, vichara, japa* sind nur unterschiedliche Formen unseres Bemühens, die Unwirklichkeit fernzuhalten. Im Augenblick sind wir ihr noch verhaftet. Aber unser wahres Wesen ist die Wirklichkeit. Wir beharren irrtümlich auf der Unwirklichkeit, d.h. auf Gedanken und weltlichen Aktivitäten. Wenn das aufhört, enthüllt sich die Wahrheit. Unsere Versuche müssen darauf gerichtet sein, alles andere fernzuhalten. Das geschieht, indem man nur an die Wirklichkeit denkt, die unser wahres Wesen ist. So beseitigen wir die Hindernisse, die der Offenbarung unseres wahren Seins im Wege stehen. Meditation und *vichara* bewirken die Rückwendung zu unserem wahren Wesen.
*Fr* Ist es sicher, daß unsere Versuche Erfolg haben?
*M* Verwirklichung ist unser Wesen. Es wird nichts Neues dabei gewonnen. Was neu ist, kann nicht das Ewige sein. Daher braucht man sich keine Gedanken darüber zu machen, ob man das Selbst verlieren oder gewinnen werde.

Es wurde über Herz und Gehirn und ihr Verhältnis zueinander gesprochen.
*M* So wie Erde und Mond ihr Licht von der Sonne erhalten, so empfängt das Gehirn sein Bewußtsein vom Herzen und macht dadurch den Körper funktionsfähig. Das Herz ist das Hauptzentrum. Von ihm aus strahlen Lebenskraft und -licht zum Gehirn und ermöglichen so sein Wirken. Die *vasanas* befinden sich in subtiler Form im Herzen. Von dort aus finden sie ihren Weg zum Gehirn. Dieses reflektiert sie auf ähnliche Weise, wie der Filmapparat Bilder auf die Leinwand projiziert. Deshalb kann man sagen, daß die Welt mit all ihren Abläufen am besten mit einer Filmvorführung verglichen werden könne.
Hätten die *vasanas* ihren Sitz im Gehirn anstatt im Herzen, müßten sie zugrundegehen, wenn der Mensch enthauptet wird. Inkarnationen wären dann nicht mehr möglich. Aber so ist es nicht. Das Selbst bewahrt die *vasanas* dort auf, wo sie ihm am nächsten sind: im Herzen. Daher ist der Platz der *vasanas* im Selbst, das heißt im Herzen, und nicht im Gehirn, das nur die Bühne für die Auftritte der aus dem Herzen kommenden *vasanas* darstellt.

17. April 1937

Bei der Erörterung eines Artikels einer psychologischen Zeitschrift wurde die Frage aufgeworfen, ob man mit Hilfe von Instrumenten das Herzzentrum lokalisieren könne und ob es Wissenschaftlern möglich sei, die spirituellen Erfahrungen der Weisen auf ihre Art zu bestätigen.

M Als ich, wie erwähnt, ohnmächtig wurde und Todessymptome auftraten, war ich die ganze Zeit der Vorgänge gewahr. Ich spürte, wie die Tätigkeit des physischen Herzens aufhörte, gleichzeitig aber die des Herzzentrums ungestört weiterging. Dieser Zustand dauerte etwa eine Viertelstunde an.

Wir fragten, ob es wahr sei, daß es einigen Anhängern Bhagavans vergönnt gewesen sei, sein Herzzentrum auf der rechten Seite zu spüren, indem sie die Hände auf die Brust des Meisters legten. Sri Bhagavan bestätigte das.

Fr Die einen sagen, das Herz sei links, andere suchen es auf der rechten Seite, und wieder andere lokalisieren es in der Mitte. Wenn die Meinungen darüber so unterschiedlich sind, wie können wir über das spirituelle Zentrum unseres Körpers meditieren?

M Am besten gehen Sie von der Tatsache aus, daß Sie existieren. *Dhyana* wird durch Sie bewirkt und findet in Ihnen statt. Es kann nur dort vor sich gehen, wo Sie sind. Demnach sind Sie das Zentrum von *dhyana* und damit das ‹Herz›.
Die Lage, die ihm zugeschrieben wird, bezieht sich lediglich auf den Körper. Sie wissen, daß Sie existieren. Wenn Sie nach dem Ort Ihres Seins fragen, werden Sie auf den Körper verwiesen. Und obwohl der ganze Körper von Ihrem Sein durchdrungen wird, nehmen Sie doch einen Punkt an, von dem alle Ihre Gedanken aufsteigen und wohin sie wieder absinken. Selbst wenn die Glieder amputiert würden, blieben Sie trotz aller Einschränkungen existent. Es muß also ein Mittelpunkt vorhanden sein. Er wird ‹Herz› genannt. Das ‹Herz› ist nicht irgendein Zentrum – es ist das Selbst. ‹Herz› ist lediglich ein anderer Name für das Selbst. Zweifel steigen nur auf, wenn Sie das ‹Herz› als etwas Materielles ansehen. Die Schriften geben ihm allerdings verschiedene Namen. Manchmal wird es als Ursprung der 101 *nadis* (subtile Nervenbahnen) bezeichnet; in *Yoga Vasishta* heißt es, daß *kundalini* (Schlangenkraft) aus 101 *nadis* zusammengesetzt sei.
Das ‹Herz› ist keine bloße Vorstellung. Es ist auch kein Medita-

tionsobjekt, sondern der Ort, wo die Meditation vor sich geht. Körper und Welt werden im ‹Herzen› geschaut. Es gibt nichts, was von ihm gesondert wäre und was nicht von hier seinen Ausgang nähme.

## 18. April 1937

*Fr* Was haben wir unter *nishta* (tiefe Sammlung) zu verstehen? Wie kann man sich auf die Stelle zwischen den Augenbrauen konzentrieren?
*M* Wie nehmen wir die Objekte wahr? Es muß ein Licht da sein, das uns zu ihrer Wahrnehmung verhilft. Ihre Frage läuft darauf hinaus, wie man dieses Licht sehen kann.
*Fr* Was bedeutet der farbige Tupfen zwischen den Augenbrauen?
*M* Er dient als Mahnung: Sieh nicht mit deinen Augen!
*Fr* Wozu wird der Atem reguliert?
*M* Nur, um den Geist zu beruhigen. Der Geist funktioniert sowohl als Licht wie als Objekte. Wird er von den Dingen abgezogen, bleibt das Licht allein übrig.
*Fr* Aber wir müssen wissen, daß es solch ein Licht gibt.
*M* Sehen oder Erkennen ist ohne dieses Licht unmöglich. Wie erkennen Sie irgend etwas im Schlaf? Im gegenwärtigen Zustand sehen wir nur, weil es hell ist. Licht ist die wesentliche Voraussetzung zum Sehen; das wissen wir aus dem täglichen Leben. Unter den Lichtern ist das Sonnenlicht das wichtigste. Daher auch die Rede von der Herrlichkeit der Millionen Sonnen.
*Fr* Es entsteht auch Licht, wenn wir mit den Fingern auf die geschlossenen Augenlider drücken. Was kann es nützen, solch ein Licht zu sehen?
*M* Es geschieht, damit wir das Ziel nicht vergessen. Die Übung trägt dazu bei, daß unsere Aufmerksamkeit nicht abgelenkt wird. Um Objekte sehen zu können und um das Licht zu erkennen, muß ein Subjekt vorhanden sein. Wenn das Licht, das Bewußtsein, erschaut wird, dann wird kein Objekt mehr wahrgenommen. Das Reine Licht allein bleibt übrig.
*Fr* Warum ist dann noch die Regulierung des Atems nötig?
*M* Atemkontrolle dient nur zur Beruhigung des Geistes, damit dieser nicht umherwandert.
*Fr* Sie wird also nur zur Kontrolle des Geistes geübt.

M   Es genügt nicht, das Licht zu sehen; es ist auch nötig, den Geist auf eine einzige Tätigkeit festzulegen; das Beispiel dazu ist der Rüssel des Elefanten und die Kette, die er halten muß.

Fr   Wie lange braucht man, um *Chindamani* zu gewinnen, das himmlische Juwel, das alle Wünsche erfüllt?
M   Das Beispiel *Chindamani* findet sich in *Yoga Vasishta*. *Chindamani* bedeutet das wahre Wesen des Selbst. Die Geschichte lautet:
Ein Mann übte Askese, um *Chindamani* zu erlangen. Ein Juwel fiel ihm auf geheimnisvolle Weise in die Hand. Er meinte aber, es könne nicht *Chindamani* sein, da seine Bemühungen um eine solche Kostbarkeit viel zu kurz und zu gering gewesen seien. So warf er es weg und nahm seine Askese wieder auf. Später schenkte ihm ein *sadhu* einen glänzenden Kiesel. Der Mann war entzückt, mußte aber zu seinem Leidwesen entdecken, daß der Stein keineswegs seine Wünsche erfüllen konnte.
Die Pointe der Parabel ist, daß das Selbst jedem innewohnt und nicht erst außerhalb gesucht werden muß.
Dasselbe lernen wir aus der Geschichte des Königs Sikhidhvajy und seiner Gemahlin Chudala. Der König war schon zu der Zeit, als er noch sein Reich beherrschte, ein großer Entsagender. Leicht wäre er zur Selbstverwirklichung gekommen, wenn er bis zur Auflösung des ‹ich› weitergestrebt hätte. Er tat es nicht, sondern zog sich in einsame Wälder zurück und vollzog dort systematisch eine Reihe asketischer Übungen. Auch nach achtzehn Jahren hatte er das Ziel noch nicht erreicht; er war zu sehr in seinen Vorstellungen befangen. Dann suchte ihn Chudala auf und riet ihm, das ‹ich› aufzugeben. Er folgte dem Rat, verwirklichte das Selbst und war befreit.
Die Geschichte zeigt, daß Entsagung nicht zum Erfolg führen kann, solange das ‹ich› vorhanden ist. Auf der anderen Seite hindert auch der größte Besitz nicht, wenn kein ‹ich› mehr existiert.

### 19. April 1937

Jemand fragte nach dem Sinn der Verehrung des *Sri Chakra*.
M   Dieses mystische Diagramm hat eine tiefe Bedeutung. Jede seiner 43 Ecken trägt eine heilige Silbe; seine Verehrung ist eine

Methode zur Konzentration des Geistes. Gewohnheitsmäßig bewegt der Geist sich nach außen; er muß daran gehindert und nach innen gewandt werden. Er ist daran gewöhnt, daß alle äußeren Objekte Namen und Formen haben. Um ihn davon abzulenken, hat man inneren Vorstellungen Namen und Formen gegeben und damit die Möglichkeit geschaffen, den Geist in sich zu gründen. Alle Gottheiten und Mantras sollen nur den Geist in seinem einwärts gerichteten Zustand bestärken, so daß er fähig wird, den Höchsten Zustand zu erreichen.

*20. April 1937*

Es war von einem Buch die Rede, in dem ein prominenter Theosoph behauptet, jede Nacht, nachdem er schlafen gegangen sei, Nirwana erlangt zu haben. Er behauptet weiter, er könne seinen eigenen Meister und andere Meister der Theosophischen Gesellschaft als helle Lichtgestalten im Lichtmeer des Nirwana sehen. Bhagavan wurde gefragt, ob es aus der Sicht der *Advaita*-Lehre möglich sei, daß die Erfahrung des Nirwana dieselbe sein könnte wie die des reinen Sein-Bewußtseins.

M  Nirwana ist Vollendung. Im Zustand der Vollendung gibt es weder Subjekt noch Objekt; da gibt es nichts zu sehen, nichts zu empfinden, nichts zu wissen. Sehen und Wissen sind Funktionen des Geistes. Im Nirwana ist nichts als das selige reine Bewußtsein des ‹Ich bin›.

Fr  Wie kann dann einer der Leiter der Theosophischen Gesellschaft, der selbst den Anspruch erhebt, ein Hellseher hohen Grades zu sein, den Autor für seine richtige und lebendige Beschreibung des Nirwana loben, und warum ist die Theosophische Gesellschaft so besessen von der Idee des ‹Dienens›?

M  Nun, Theosophie und verwandte Bewegungen sind gut insofern, als sie den Menschen selbstlos zu machen versuchen und ihn damit für die höchste Wahrheit vorbereiten. Dienen, beten, *japa* und selbst Aktivitäten im Namen Gottes getan führen zum höchsten Ziel, zur Selbst-Verwirklichung.

Fr  Aber nach wie langer Zeit? Und warum sollte ein Mensch, der für die Absolute Erkenntnis reif ist, an der Erkenntnis des Relativen festhalten?

M  Alles geschieht zu seiner Zeit. Wer für die absolute Erkenntnis reif ist, wird irgendwie von ihr hören und darauf ansprechen. Es wird ihm bewußt werden, daß die Erkenntnis des Selbst die höchste aller Tugenden ist und damit das Ende der Reise bedeutet.

Später kam Bhagavan auf das Gespräch vom 6. April über die verschiedenen *samadhis* zurück:

Beim äußeren *samadhi* hält man an der Wirklichkeit fest, und betrachtet die Welt, ohne innerlich auf sie zu reagieren. Er gleicht der Stille des unbewegten Meeres. Der innere *samadhi* schließt den Verlust des Körper-Bewußtseins mit ein.

Fr  Ist der Verlust des Körper-Bewußtseins eine Vorbedingung, um *sahaja samadhi* zu erreichen?

M   Was ist Körper-Bewußtsein? Analysieren Sie es. Dazu muß ein Körper da sein und ein Bewußtsein, das auf ihn begrenzt ist; beide zusammen bilden das Körper-Bewußtsein. Dieses muß in einem anderen Bewußtsein eingebettet sein, das absolut und unberührt bleibt. Werden Sie es seiner inne: das ist *samadhi*. Es ist immer da, auch wenn man kein Körper-Bewußtsein hat, weil es dieses überschreitet, und es ist auch da, wenn man ein Körper-Bewußtsein hat. Es ist also immer vorhanden. Was macht es da, ob das Körper-Bewußtsein erlischt oder ob es zurückbehalten wird? Verschwindet es, ist es innerer *samadhi,* wird es zurückbehalten, ist es äußerer *samadhi*. Das ist alles.

Fr  Der Geist sinkt nicht einmal für eine Sekunde in jenen Zustand ab.

M   Dazu ist die starke innere Gewißheit nötig, daß Ich das Selbst bin, das Geist und Phänomene überschreitet.

Fr  Trotzdem erweist sich der Geist als unzugänglich gegenüber allen Versuchen, ihn zur Ruhe zu bringen.

M   Was macht es aus, wenn der Geist tätig ist? Er ist es nur auf der Grundlage des Selbst. Halten Sie am Selbst fest auch während geistiger Tätigkeiten.

Fr  Ich komme innerlich nicht tief genug.

M   Es ist falsch, so zu sprechen. Wo sind Sie denn jetzt, wenn nicht im Selbst? Wohin sollten Sie gehen? Alles, was nottut, ist der feste Glaube, daß Sie das Selbst sind. Es sind eher die vielerlei Aktivitäten, die die Wahrheit verschleiern.

Fr  Ja, so ist es.

M   Das bedeutet, daß Ihr Geist noch schwach ist.

*Fr* Ich weiß jetzt, daß das ‹ich› nur ein künstliches Gebilde ist. Es muß daher fruchtlos bleiben, mit seiner Hilfe das Ich zu finden.

*Fr* Die heilige Therese und andere sahen das Bildnis der Madonna zum Leben erweckt. Anderen erscheinen solche Bilder im Geiste. Bestehen zwischen diesen beiden Erfahrungen Gradunterschiede?

*M* Beide zeigen an, daß der Betreffende in der Meditation fortgeschritten ist. Beide sind gut und förderlich. Da ist kein Gradunterschied.
Der eine hat eine Vorstellung vom Göttlichen, die er sich zugänglich macht, indem er sich ein mentales Bild davon macht; der andere stellt sich das Göttliche im Bildnis vor und erspürt es in ihm. Das Empfinden ist beide Male innerlich.

## 21. April 1937

Sri Ramana Maharshi kam auf das Thema ‹Herz› zurück.
Ich habe immer gesagt, daß das ‹Herz› auf der rechten Seite ist, wenn auch etliche Gelehrte behaupten, die Physiologie wüßte es anders. Ich rede aus Erfahrung. Ich erkannte es schon zu Hause in meinen Versenkungszuständen und erfuhr es auch während des Geschehens am Schildkrötenfelsen. Ich hatte dort eine sehr klare Schau und Erfahrung. Ganz plötzlich tauchte ein Licht auf, das allmählich das Bild der Welt vollständig tilgte. Ich spürte, daß das Muskelorgan links seine Tätigkeit eingestellt hatte, daß der Blutkreislauf nicht mehr funktionierte und der Körper blau und regungslos wie eine Leiche geworden war. Vasudeva Sastri, der mich begleitete, umarmte den starren Körper und beweinte meinen ‹Tod›; ich konnte nichts sagen. Die ganze Zeit über spürte ich, daß das Herzzentrum auf der rechten Seite so wie immer arbeitete. Dieser Zustand dauerte 15 bis 20 Minuten. Dann schoß plötzlich etwas von der rechten zur linken Seite hinüber, das einer Rakete glich, die in der Luft explodiert. Die Blutzirkulation kam in Gang, und der Normalzustand war wiederhergestellt. Ich bat dann Vasudeva Sastri, mich auf meinem Heimweg zu begleiten. Die *Upanishaden* sagen, daß 101 *nadis* (subtile Nervenbahnen) im ‹Herzen› enden und 72000 dort beginnen und den Körper durchziehen. So ist das ‹Herz› das Zentrum des Körpers. Aber es kann

auch in Abwesenheit des Körpers gefühlt werden. Es wird ein ‹Zentrum› genannt, weil wir daran gewöhnt sind zu denken, wir weilten im Körper. In Wirklichkeit befinden sich der Körper und alles andere in jenem Zentrum.

### 21. Mai 1937

Als Ramana Maharshi gefragt wurde, ob er *Kamba Ramayana* gelesen habe, antwortete er:
 Nein. Ich habe nichts gelesen. Was ich gelernt habe, beschränkt sich auf die Zeit vor meinem vierzehnten Lebensjahr. Seitdem habe ich keinerlei Neigung mehr gehabt, etwas zu lesen oder zu lernen. Die Leute wundern sich, wenn ich über die *Bhagavad Gita* und andere Werke spreche. Ich habe weder die *Gita* noch die dazugehörenden Kommentare gelesen. Wenn ich einen Vers höre, verstehe ich ihn und erkläre ihn dementsprechend. Das ist alles. Ähnlich ist es mit meinen anderen Aussagen; sie fallen mir spontan ein. Ich weiß, daß die Wahrheit jenseits von Intellekt und Wort liegt. Weshalb sollte ich also den Geist damit befassen zu lesen und zu lernen? Das tut man nur so lange, bis man die Wahrheit erkannt hat. Wenn dieses Ziel erreicht ist, ist es unnötig, sich weiterhin mit Studien zu befassen.
Jemand bemerkte:
 Wenn Sri Bhagavan Neigungen zum Studium gehabt hätte, dann wäre er heute kein Heiliger.
M Wahrscheinlich habe ich alle meine Studien in früheren Geburten beendet und war damit übersättigt. Daher wirken jetzt keine *vasanas* mehr in dieser Richtung.

### 4. Juni 1937

Ein Besucher zitierte:
 ‹Dort scheinen weder Sonne noch Mond, noch Sterne, noch Blitze, noch dieses Feuer. Alle diese Lichter erstrahlen allein in Seinem Licht. Mit Seinem Licht erstrahlen sie hinfort.› Was bedeutet hier ‹mit Seinem Licht›? Erstrahlt alles durch Ihn oder durch Sein Licht?
M Es gibt nur Ihn. Er und Sein Licht sind dasselbe. Es gibt kein

Individuum, um andere Dinge wahrzunehmen, da der Wahrnehmende und das Wahrgenommene Er sind. Sonne, Mond und Sterne erstrahlen. Wie? Kommen sie und sagen Ihnen, daß sie erstrahlen, oder behauptet es jemand anderes, getrennt von Ihnen?

Fr  Natürlich bin ich es, der sagt, daß sie scheinen.

M  Daher sind Sie die Ursache, daß sie scheinen. Aber es gehört Bewußtsein dazu, wahrzunehmen, daß sie scheinen. Dieses Bewußtsein ist Ihr Selbst, sind Sie. So sind also Sie oder Ihr Bewußtsein dasselbe wie Er und Sein Licht, durch das alles andere erstrahlt.

## 7. Juni 1937

Ein junger Mann fragte:
Ich versuche meine Willenskraft zu entwickeln, habe jedoch keinen Erfolg. Was soll ich tun?

(Keine Antwort)

Fr  Ich war vor drei Jahren hier. Bhagavan sagte damals, daß Willenskraft zur Stärkung des Geistes nötig sei. Seit dieser Zeit habe ich versucht, sie zu steigern, doch es ist mir nicht gelungen.

(Keine Antwort)

Fr  Während dieser Jahre habe ich vier oder fünf schwere Rückschläge hinnehmen müssen. Das hat mich sehr mitgenommen. Ich fürchte ständig, daß das, was ich beginne, mißlingt. Daher möchte ich mein Selbstvertrauen stärken, denn ohne den Glauben an die eigene Kraft muß es zu Fehlschlägen kommen. Ich brauche Erfolge, denn nichts ist niederziehender als ständiger Mißerfolg. Daher meine Frage.

(Keine Antwort)

Fr  Braucht man nicht Willenskraft, um Erfolg zu haben? Sie kann doch gute Ergebnisse bewirken und Mißerfolge fernhalten.

(Keine Antwort)

Fr  Ich versuche, Willenskraft zu entwickeln, aber trotz jahrelanger Bemühungen bin ich nicht weitergekommen. Ich sehe keinen Fortschritt.

(Keine Antwort)

Fr  Wie muß ich es anstellen, um zu Willenskraft zu kommen?

M  Sie verstehen Willenskraft als Gewähr für den Erfolg. Man sollte aber darunter jene Geisteshaltung verstehen, die sowohl dem Erfolg als auch dem Mißerfolg mit Gleichmut begegnet. Willenskraft darf nicht als Erfolgsgarantie verstanden werden. Warum sollten unsere Bemühungen denn immer von Erfolg gekrönt sein? Erfolg hat oft Arroganz zur Folge. Dadurch wird aber der spirituelle Fortschritt gehemmt. Wiederum können Mißerfolge insofern segensreich sein, als sie die eigene Begrenztheit erkennen lassen und den Menschen zur Hingabe vorbereiten. Hingabe aber ist identisch mit Glückseligkeit. Deshalb sollte man versuchen, unter allen Umständen Gleichmut zu bewahren. Das nenne ich Willens-Kraft.

Wir dürfen auch nicht vergessen, daß Erfolg und Mißerfolg die Ergebnisse unseres *prarabdha karmas* sind und daher nicht von unserer Willenskraft abhängen. Ein Mensch mag fortgesetzt gut und edel handeln und braucht doch von Mißerfolgen nicht verschont zu bleiben, während ein anderer sich entgegengesetzt verhält und trotzdem Erfolge erntet. Das bedeutet nicht, daß im einen Fall Willenskraft vorhanden war und im anderen nicht.

Fr  Hängt Erfolg nicht auch von der Gnade des Guru ab?

M  Ja. Wird nicht schon unser Üben von dieser Gnade veranlaßt? So sind auch die Ergebnisse, die dieses Üben zwangsläufig zeitigt, Ihr Geschenk. Ein Vers der *Kaivalya* lautet: ‹O Guru, Du hast mich begleitet über viele Leben hinweg und hast mich solange gelenkt und geführt, bis ich die Befreiung erlangte.› Wenn die Umstände es erfordern, manifestiert sich das Selbst als äußerer Guru; im übrigen wohnt Es zu jeder Zeit im Inneren, stets wirkend zum Segen des Suchenden.

Fr  Heißt es nicht in *Ulladu Narpadu* (Enthüllte Wahrheit), daß die Welt ein Produkt des Geistes sei?

M  Ja.

Fr  Läßt sich daraus nicht schließen, daß ein starker Geist die Welt unter Kontrolle bringen kann?

M  Es sind die äußerlichen Aktivitäten des Geistes, die die Welt entstehen lassen. Durch diese Aktivitäten wird die Stärke des Geistes beeinträchtigt. Wahrhaft stark ist er dann, wenn er sich auf sich selbst sammelt, was die Einstellung aller äußerlichen Aktivitäten voraussetzt.

Fr  Ich stelle mir einen Idioten vor, der nicht einmal bis zehn zählen kann. Sein Geist ist keinesfalls aktiv wie der eines Denkers. Ist er deshalb ein besserer Mensch als dieser?

*M* Wer sagt, daß er ein Idiot ist? Es ist ihr schweifender Geist, der das behauptet.

*Fr* Ist Willenskraft dadurch zu erlangen, daß man sich aller Gedanken entäußert?

*M* Es ist besser, an einem einzigen Gedanken festzuhalten. Am Ende wird auch er verschwinden – Reines Bewußtsein allein wird übrigbleiben. Hierzu braucht man Konzentrationsfähigkeit.

*Fr* Es kommt also darauf an, den Geist zu disziplinieren und zu konzentrieren. Die Person hat damit gar nichts zu tun.

*M* Die Person verursacht die äußerlichen Aktivitäten. Sie muß aufgegeben werden, damit das Höchste in Erscheinung treten kann.

*Fr* Ist jenes Licht gleich dem Sonnenlicht?

*M* Nein. Das Sonnenlicht ist *jada* (ohne Vernunft). Sie sehen es. Durch das Sonnenlicht werden die Objekte wahrnehmbar und die Dunkelheit wird vertrieben, während Bewußtsein jenes ‹Licht› ist, das nicht nur Licht, sondern auch Dunkelheit wahrnehmbar macht. Dunkelheit kann vor dem Sonnenlicht nicht bestehen, aber im ‹Licht› des Bewußtseins bleibt sie erhalten. Ähnlich ist dieses Bewußtsein Reine Erkenntnis, in der beides, Erkenntnis und Nichtwissen, erscheinen.

*Fr* Wenn Gott alles ist, warum muß das Individuum für sein Handeln leiden? Sind nicht auch die Handlungen, für die es leiden muß, durch Ihn veranlaßt?

*M* Wer glaubt, der Täter zu sein, muß auch leiden.

*Fr* Aber die Handlungen sind durch Gott veranlaßt, und das Individuum ist nur Sein Werkzeug.

*M* Daran denkt man, wenn man leidet, aber nicht, wenn man sich des Lebens erfreut. Erinnerte man sich ständig daran, gäbe es kein Leiden.

*Fr* Wann wird das Leiden enden?

*M* Nicht bevor man die Individualität verloren hat. Warum glauben Sie, daß Freude und Leid nur Sie beträfen, wo doch Gott der Verursacher von beidem ist? Wer gut und böse handelt, erfährt demgemäß Freude und Leid. Lassen Sie es dabei, und glauben Sie nicht, daß Leiden Ihr inneres Wesen berühre.

Kunju Swami, ein im Ashram lebender Schüler des Meisters, erzählte von dem Raubüberfall, der im Jahre 1923 auf den Ashram verübt wurde. Einige Schüler fragten Bhagavan darauf, warum nicht einmal *sadhus* vor solchen Übergriffen sicher seien und warum sie sich in einem solchen Falle nicht verteidigen dürften.

M Es hat Weise gegeben wie Visvamitra, die das Universum hätten verdoppeln können, wenn sie gewollt hätten. Sie lebten zur Zeit Ravanas, der sogar Rama und Sita viel Leid zufügte. Hätte Visvamitra nicht Ravana durch seine okkulten Kräfte vernichten können? Er tat es nicht. Die Weisen kennen die Geschehnisse, aber diese gehen an ihnen vorüber, ohne eine Spur in ihrem Geist zu hinterlassen. Selbst eine Sintflut würde in ihren Augen nicht viel bedeuten; sie sorgen sich nicht darum.

## 12. Juni 1937

Fr Hat die Ernährung Einfluß auf unsere spirituelle Entwicklung?
M Ja. Reine Nahrung (ohne Fleisch und stimulierende Bestandteile) fördert die spirituelle Entwicklung.
Fr Welche anderen Hilfen gibt es für den Menschen, der im täglichen Leben steht?
M Meditation und Hingabe an das Göttliche. Sie sind gleichwertig und ergänzen einander.
Fr Was bedeutet es, den Namen Gottes zu wiederholen? Wie sollen wir folgende Anweisungen in Übereinstimmung bringen? Die Bibel verbietet, den Namen Gottes unnötig zu gebrauchen. Die Hindu-Schriften gebieten, des Namens Gottes ständig gegenwärtig zu sein.
M Man soll den Namen Gottes nicht ohne innere Anteilnahme denken oder sprechen. Wenn man ihn gebraucht, dann, um Ihn anzurufen und sich Ihm vorbehaltlos hinzugeben. Nach einer solchen Auslieferung bleibt der Name Gottes beständig in dem Betreffenden.

Fr Welches sind die wichtigsten Merkmale, an denen man Menschen hoher Spiritualität erkennen kann? Von manchen wird behauptet, sie benähmen sich wie Verrückte.
M Den Geist eines *jnani* kann nur ein *jnani* erkennen. Man muß ein *jnani* sein, um einen anderen als solchen zu verstehen. Das einzige Kennzeichen der Größe eines Heiligen ist der Friede, der der Atmosphäre um ihn innewohnt. Seine Worte und Taten oder seine Erscheinung sind nicht maßgebend für seine Größe, denn

sie sind gewöhnlich jenseits des Begriffsvermögens gewöhnlicher Leute.

*Fr* Hat der Mensch einen freien Willen, oder ist alles in seinem Leben vorherbestimmt?

*M* Der freie Wille besteht in Verbindung mit der Individualität. Solange diese währt, gibt es auch einen freien Willen. Alle heiligen Schriften gründen auf dieser Tatsache und zeigen, wie man den freien Willen in die rechten Kanäle lenkt. Finden Sie heraus, auf wen sich freier Wille oder Schicksal beziehen und verbleiben Sie darin; dann sind beide überschritten. Das ist der einzige Zweck, den solche Diskussionen haben. In wem tauchen diese Fragen auf? Finden Sie es heraus – und Sie haben Frieden.

*Fr* Sind Intellekt und Empfinden sowie der Körper etwas, das der Mensch bei der Geburt mitbringt? Lösen sie sich im Tode auf, oder überleben sie ihn?

*M* Bevor Sie sich damit befassen, was nach dem Tode geschieht, überlegen Sie, was in Ihrem Schlaf passiert. Schlaf ist das Intervall zwischen zwei Wachzuständen. Überleben diese das Intervall?

*Fr* Ja.

*M* Das gleiche gilt für den Tod. Körper, Intellekt und Empfinden sind mit dem Körper-Bewußtsein verknüpft. Wenn Sie der Körper sind, bleiben Sie mit ihnen verbunden; sind Sie es nicht, berühren sie Sie nicht weiter. Der, der im Schlaf war, ist jetzt im Wachzustand und spricht gerade. Sie waren im Schlaf nicht der Körper. Sind Sie es jetzt? Finden Sie das heraus; dann ist das ganze Problem gelöst.

Ähnlich: Was geboren wird, muß sterben. Wer wurde geboren? Waren Sie es? Wenn Sie sagen, Sie waren es, von wessen Geburt reden Sie dann? Es ist der Körper, der geboren wurde und der sterben wird. Wie könnten Geburt und Tod das ewige Selbst berühren?

Denken Sie darüber nach, und finden Sie heraus, wem sich die Frage stellt. Dann werden Sie Bescheid wissen.

*Fr* Es heißt, das Universum bestehe aus Licht und Ton. Sind diese beiden gleich dem Licht und dem Ton der materiellen Welt? Können sie mit den physischen Organen gesehen und gehört werden, oder sind sie nur ganz subtil erfahrbar?

*M* Licht und Ton entsprechen dem *bindu* und dem *nada* der *Tantra*-Terminologie, dem ‹Geist› und dem ‹Lebensstrom› des *Vedanta*. Sie sind grob, subtil und transzendental. Die Organe können den groben Aspekt wahrnehmen; die andern Aspekte sind auf solche Weise nicht wahrnehmbar. Der subtile kann geschlußfolgert werden, der transzendentale ist nur transzendental erfahrbar.

*Fr* Der Hinduismus lehrt die Wiederverkörperung des *jiva*. Was passiert mit dem *jiva* in dem Intervall zwischen dem Tod des einen Körpers und der Geburt des nächsten?

*M* Lösen Sie diese Fragen, indem Sie auf den Schlaf zurückgehen. Was passiert Ihnen im Schlaf?

*Fr* Das weiß ich nicht.

*M* Und doch existierten Sie. Das weist auf eine Existenz jenseits von Wissen und Nichtwissen hin. Obgleich nach Ihrer gegenwärtigen Vorstellung im Schlaf Nichtwissen herrscht, behaupten Sie das doch nicht im Schlaf. Sie existieren trotzdem. Bloßes Nichtwissen löscht nicht einfach die Tatsache Ihrer Existenz aus.

*Fr* Wenn man Meditation praktiziert, gibt es da irgendwelche Anzeichen, seien es subjektive Erfahrungen oder anderes, die den Fortschritt des Suchers im Hinblick auf die Selbst-Verwirklichung erkennen lassen?

*M* Je weniger unerwünschte Gedanken man hat und je stärker man sich auf einen einzelnen Gedanken konzentrieren kann, um so weiter ist man auf dem Weg.

*Fr* Ist *sannyasa* (totaler Verzicht) zur Verwirklichung des Selbst unerläßlich?

*M* *Sannyasa* bedeutet, auf die eigene Individualität zu verzichten. Das erreicht man nicht mit einer bestimmten Haartracht oder mit dem Anlegen des ockerfarbenen Mönchsgewandes. Wenn ein Familienvater nicht mehr daran denkt, daß er Familienvater ist, dann ist er ein *sannyasi*. Wenn aber ein *sannyasi* denkt, er sei ein *sannyasi,* dann ist er keiner, auch wenn er alle äußeren Vorschriften noch so gewissenhaft beachtet. Jedes Denken, auch das an *sannyasa,* ist ein Hindernis auf dem Weg.

Wenn die Menschen die Welt sehen, schließt ihre Wahrnehmung die Existenz eines Sehers und des Gesehenen ein. Die gesehenen Objekte sind mehr oder weniger weit weg; der Seher aber ist uns ganz nahe – er ist das Selbst. Anstatt nun seine Aufmerksamkeit ganz dem Selbst zuzuwenden, bemüht man sich mit allen Kräften, das Gesehene zu analysieren. Je weiter sich der Geist aber ausdehnt, um so weiter entfernt er sich von seinem Ursprung und um so schwieriger und komplizierter wird die Verwirklichung. Der Mensch muß den Seher unmittelbar erkennen und so das Selbst verwirklichen.

*Fr* Es kommt also darauf an, eine Synthese aller Phänomene herzustellen und die Wirklichkeit dahinter zu finden?

*M* Warum kümmern Sie sich immer um Phänomene? Erkennen Sie, wo der Seher ist. Eine Synthese herzustellen bedeutet, den Geist mit anderem zu beschäftigen. Das ist nicht der Weg zur Verwirklichung.

*Fr* Ich möchte das Nicht-Selbst ausschalten, um das Selbst zu verwirklichen. Wie soll ich das machen? Was sind die Kennzeichen des Nicht-Selbst?

*M* Da ist jemand, der sagt, daß das Nicht-Selbst ausgeschaltet werden solle. Wer ist das?

*Fr* Ich meine diesen hier. Wenn ich von Kalkutta nach Madras reise, muß ich wissen, wo Madras liegt, damit ich nicht aus Unwissenheit schon auf einer Zwischenstation aussteige. Es gibt Schilder und Fahrpläne, um mich auf meiner Reise zu führen. Was führt mich auf meiner Suche nach dem Selbst?

*M* Das trifft auf die Reise zu. Sie wissen, wie weit weg Sie von Madras sind. Können Sie mir sagen, wie weit weg Sie vom Selbst sind?

*Fr* Das weiß ich nicht.

*M* Sind Sie denn jemals getrennt vom Selbst? Ist es überhaupt möglich, von Ihm getrennt zu sein? Ist nicht ‹dies alles› Ihnen fremd und das Selbst das Allervertrauteste? Wohin sollten Sie gehen, um das Selbst zu finden?

*Fr* Jetzt bin ich weit weg vom Selbst. Ich muß meine Schritte zurücklenken, um Es wiederzugewinnen.

*M* Wie weit weg? Wer sagt, daß er getrennt ist? Kann es zwei Selbste geben?

*Fr* Es heißt, daß Individuen Abwandlungen des Selbst seien, so wie Schmuckstücke Formen des Goldes sind.

*M* Wenn ein Mensch von Schmuckstücken spricht und ihre Substanz – das Gold – außer acht läßt, wird er darauf aufmerksam gemacht. Aber der Mensch ist Bewußtsein und spricht von sich selbst als einer Abwandlung davon. Sind Sie vom Selbst getrennt, daß Sie von sich als dessen Abwandlung sprechen könnten?

Fr  Kann man sich nicht vorstellen, daß das Gold von sich sagt, es sei ein Schmuckstück geworden?
M  Da es empfindungslos ist, kann es das nicht sagen. Das Individuum aber hat Empfinden und vermag nicht getrennt vom Bewußtsein zu bestehen.
Das Selbst ist Reines Bewußtsein. Und doch identifiziert sich der Mensch mit dem Körper, der selbst empfindungslos ist und von sich aus nicht sagt: ‹Ich bin der Körper.› Jemand anderes sagt es. Das grenzenlose Selbst sagt es auch nicht. Wer ist es denn, der das behauptet?
Zwischen dem Reinen Bewußtsein und dem empfindungslosen Körper entsteht ein unechtes ‹ich› und glaubt, auf den Körper begrenzt zu sein. Suchen Sie dieses, und es wird wie ein Phantom verschwinden. Dieses Phantom ist das ‹ich›, der Geist oder die Individualität.
Alle heiligen Schriften sind auf die Entstehung dieses Phantoms gegründet; ihr Zweck ist dessen Ausmerzung. Der gegenwärtige Zustand ist eine bloße Illusion. Das Ziel ist die Befreiung von dieser Illusion und sonst nichts.
Fr  Es heißt vom Geist, er sei ein Bündel von Gedanken.
M  Weil er aufgrund einer einzigen Wurzel funktioniert: des ‹ich›-Gedankens. Als selbständiges Wesen existiert er nicht.
Fr  Sind denn nicht Gedanken Projektionen des Geistes?
M  In diesem Fall wird ‹Geist› als gleichbedeutend mit dem ‹ich›-Gedanken oder dem ‹ich› verstanden.

### 15. Dezember 1937

Bhagavan hatte aus *Sivananda Lahari,* dem berühmten Werk Sri Sankaras, zehn Verse ausgewählt, die sich mit *bhakti* befassen:

1. Was ist *bhakti*?
   Wenn die Gedanken, nachdem sie entstanden sind, zu ihrem Ursprung zurückstreben, so wie Eisenstückchen vom Magneten angezogen werden, dann spricht man von *bhakti*. Die Quelle der Gedanken sind die Füße des Herrn, *Isvara,* und die Liebe zu Seinen Füßen wird *bhakti* genannt.

2. Früchte des *bhakti*.
   Aus der großen Wolke am transzendentalen Himmel, die aus dem *bhakti* der Füße des Herrn besteht, ergießt sich ein Regen von Seligkeit auf den Geist und bringt ihn zum Überfließen, zur Aufhebung seiner Begrenzungen. Nur dann hat der *jiva,* der sich sonst vergeblich bemüht, seine wahre Bestimmung erfüllt.

3. Läßt sich *bhakti* lokalisieren?
   Die Verehrung von Göttern, deren Existenz zeitlich begrenzt ist, kann Früchte zeitigen, die jedoch ebenfalls einen Anfang und ein Ende haben. Um die Seligkeit zu einer immerwährenden zu machen, muß unsere Verehrung sich auf ihren Ursprung richten, den Füßen des Herrn, dem ewiglich alle Seligkeit innewohnt.

4. *Bhakti* ist nicht mit Worten zu erfassen; es muß erfahren werden.
   Wie könnten logische Darlegungen oder intellektuelle Erörterungen je von wirklichem Nutzen sein? Wie könnten sie den Menschen aus einer Notlage retten? Warum also sollte man seine Zeit vergeuden, indem man sich mit solchen gedanklichen Exerzitien beschäftigt? Hört auf, die Sprechorgane zu strapazieren! Denkt an die Füße des Herrn, und trinkt von Seinem Nektar!

5. Unsterblichkeit als Frucht der Hingabe.
   Beim Anblick dessen, der seinen Geist fest und beständig auf die Füße des Herrn gerichtet hält, ergreift der Tod die Flucht.

6. Was kümmern den, der den Weg der Hingebung geht, die äußeren Umstände?
   Die Körper mögen verschieden sein – wenn der Geist sich in der Betrachtung der Füße des Herrn verloren hat, herrscht Glückseligkeit.

7. Hingebung sollte unvermindert andauern.
Wo man auch weilen mag – der Geist sollte sich stets in das Höchste versenken. Das ist Yoga! Das ist Glückseligkeit!

8. *Karma*-Yoga ist identisch mit *bhakti*.
Es ist beschwerlich, Gott mit Blumen oder ähnlichem zu verehren. Dabei bedarf es doch nur einer einzigen Blume, nämlich der des Geistes, die zu Füßen des Herrn niederzulegen ist. Dann braucht man nur im Frieden zu verweilen. Wenn man diese einfache Wahrheit nicht kennt und statt dessen ziellos umherschweift, erwächst daraus Leid. Wie närrisch ist ein solches Verhalten!

9. Diese Art von *karma*-Yoga macht *samsara* ein Ende.
Wie auch immer das Schicksal dessen beschaffen sein mag, der diesen Weg geht, der Herr befreit ihn von der Last des *samsara*, des Kreislaufs aus Leben und Tod, den Er sich selbst aufbürdet.

10. *Bhakti* ist gleich *jnana*.
Wenn der Geist sich in der Betrachtung der Füße des Herrn verloren hat, ist das höchste Hingabe. Alle Unwissenheit ist verschwunden! Erkenntnis! Befreiung!

### 16. Dezember 1937

Fr Von unserem Standpunkt aus besteht die Welt aus vielerlei Unterschiedlichem und Widersprüchlichem. Wie können wir darüber hinauskommen und das Wesen aller Dinge begreifen?

M Die Unterschiede ergeben sich aus der Empfindung, der Handelnde zu sein. Die Früchte werden zerstört, wenn die Wurzel zerstört wird. Verzichten Sie auf die Vorstellung, der Handelnde zu sein, und die Unterschiede werden verschwinden – die wesenhafte Wirklichkeit wird offenbar.
Um das Gefühl, der Handelnde zu sein, loszuwerden, muß man herauszufinden suchen, wer der Handelnde ist. Forschen Sie in sich und dieses Gefühl wird verschwinden. Die Methode heißt *vichara*, die Suche.

## 26. Dezember 1937

- *Fr* Was ist Schlaf?
- *M* Wieso? Sie erfahren ihn jeden Tag.
- *Fr* Ich möchte aber genau wissen, was er ist, so daß ich ihn von *samadhi* unterscheiden kann.
- *M* Wie können Sie den Schlaf erkennen, solange Sie wach sind? Die Antwort ist, daß Sie schlafen gehen und herausfinden müssen, was er ist.
- *Fr* Auf diese Weise kann ich es nicht erkennen.
- *M* Die Frage muß im Schlaf gestellt werden.
- *Fr* Das kann ich aber nicht.
- *M* Genau das ist Tiefschlaf.
- *Fr* Man sieht *jnanis,* die das Selbst verwirklicht haben, essen und handeln wie die übrigen Menschen. Erfahren sie ebenso die Zustände von Schlaf und Traum?
- *M* Warum versuchen Sie die Zustände anderer zu erkennen? Was gewinnen Sie dadurch? Sie müssen Ihr eigenes wahres Wesen zu erkennen suchen. Für was halten Sie sich? Offensichtlich für den Körper.
- *Fr* Ja.
- *M* Ebenso glauben Sie, daß der *jnani* der sichtbare Körper sei und daher auch handle. Das läßt Sie solche Fragen stellen. Der *jnani* fragt nicht, ob er schläft oder träumt. Er hegt keine Zweifel; Sie tun es. Der *jnani* ist nicht der Körper; er ist das Selbst in allem.
  Schlaf, Traum und *samadhi* betreffen nur den *ajnani.* Das Selbst ist frei von all diesem. Das ist die Antwort auch auf Ihre frühere Frage.
- *Fr* Ich möchte von dem Zustand wissen, in dem laut den Schriften unerschütterliche Erkenntnis herrscht.
- *M* Die Schriften sind nicht für den *jnani*; er hat keine Zweifel, die geklärt werden müßten; die haben nur *ajnanis*; für sie allein sind die Schriften da.
- *Fr* Der Schlaf ist ein Zustand der Unwissenheit, und von *samadhi* wird das gleiche gesagt.
- *M* *Jnana* ist jenseits von Erkenntnis und Nichtwissen. Über diesen Zustand können keine Fragen auftauchen. Er ist das Selbst.

Ein namhafter Professor der Universität Oxford, der eine Konferenz von Orientalisten in Trivandrum geleitet hatte, besuchte vor seiner Heimreise nach Europa Sri Ramana Maharshi. Er fragte im Laufe des Gesprächs nach dessen Auffassung vom Kastenwesen.

M  Die Kasten beziehen sich auf die Körper und nicht auf das Selbst. Das Selbst ist Seligkeit. Um Seligkeit zu erfahren, verwirklicht man das Selbst. Es ist nicht nötig, sich über Kasten den Kopf zu zerbrechen.

Es folgte eine Diskussion über direkte Wahrnehmung. Der Professor sprach von geistiger Wahrnehmung als verschieden von Sinneswahrnehmungen.

M  Um sich der eigenen Existenz zu versichern, sind keine Beweise nötig. Sinne und Geist, die aus dem ‹ich› auftauchen, können nicht als Beweise für das Selbst gelten, denn das Selbst ist deren Grundlage. Sie sind nicht unabhängig vom Selbst. Die eigene Existenz beweist sich selbst. Das Selbst ist Seligkeit. Und alle sind uns deshalb lieb, weil wir das Selbst lieben.

Fr  Liebe setzt Zweiheit voraus. Wie kann das Selbst Objekt der Liebe sein?

M  Liebe ist vom Selbst nicht verschieden. Liebe zu einem Objekt gehört einer minderen Ordnung an und ist nicht von Dauer, während das Selbst Liebe ist; anders ausgedrückt: Gott ist Liebe.

Fr  Das ist auch christliche Vorstellung.

Der Professor fragte nach der besten Methode, um das Ziel zu erreichen und erwähnte dabei Patanjali.

Bhagavan zitierte das erste Sutra der berühmten Yoga-Abhandlung Patanjalis:

‹Yoga heißt, den Geist still zu machen› – das ist für alle annehmbar, und das ist auch das Ziel aller. Die Methode wird entsprechend der persönlichen Eignung gewählt, aber das Ziel ist für alle dasselbe. Die verschiedenen Bezeichnungen beziehen sich alle nur auf den Weg, auf dem es erreicht wird – *bhakti,* Yoga, *jnana* sind letztlich dasselbe.

Fr  Vertritt Bhagavan *Advaita*?

M  *Dvaita* und *Advaita* sind relative Bezeichnungen; sie gründen sich auf das Gefühl der Zweiheit. Das Selbst ist, wie Es ist; in Ihm gibt es weder *dvaita* noch *Advaita*. ‹Ich bin, der Ich Bin.› Das Selbst ist einfach Sein.

Fr  Das ist aber nicht *Mayavada* (Sankaras *Advaita*).

M  *Maya* ist der Geist; die Wirklichkeit liegt jenseits des Geistes.

Solange der Geist tätig ist, gibt es Zweiheit, *maya*. Ist er einmal überschritten, erstrahlt die Ewige Wirklichkeit. Aber obgleich hier von etwas gesprochen wird, das erstrahlt (wo ist das Subjekt, das dies wahrnimmt?), ist dieses ‹Licht› das Bewußtsein des Selbst.

Fr  Es ist *sat-chit-ananda*.

M  *Sat-chit-ananda* soll darauf hinweisen, daß das Höchste nicht *asat, achit* oder *anananda* ist, sondern verschieden ist von Nicht-Sein, Nicht-Wissen und Nicht-Seligkeit. Wir sprechen vom Selbst als *sat-chit-ananda,* weil wir in der Welt der Erscheinungen leben.

Fr  *Aham,* ich, bezieht sich auf das Individuum und auch auf *Brahman.* Das ist sehr mißverständlich.

M  *Aham* bezieht sich auf verschiedene Begrenzungen. Die körperlichen Begrenzungen gehören dem ‹ich› des *jiva* an, während die universalen Begrenzungen dem Ich *Brahmans* anhaften. Entfernen Sie die Begrenzungen, dann ist das Ich rein und einzig.

Fr  Vollzieht Bhagavan Einweihungen?

M  Die beste und machtvollste Einweihung ist das Schweigen, *mouna.* Berührung, Blick usw. gehören einer minderen Ordnung an. Schweigen wandelt die Herzen aller. Da gibt es dann weder Guru noch Jünger. Der *ajnani* verwechselt seinen Körper mit dem Selbst und hält demzufolge den Körper des anderen für den Guru. Hält der Guru aber seinen Körper für das Selbst? Er hat ihn transzendiert. Für ihn gibt es diese Unterschiede nicht. Das ist für den *ajnani* schwer verständlich.

Fr  Gibt es denn keinen Unterschied zwischen den beiden?

M  Vom Standpunkt der phänomenalen Welt – ja, von dem der Wirklichkeit – nein.

Der Professor bedankte sich und äußerte die Hoffnung, Bhagavans Schriften besser verstehen zu können, nachdem er ihn jetzt gesehen und gesprochen habe.

Im Laufe eines Gesprächs äußerte Bhagavan, daß Unterweisung und *dhyana* nur so lange nötig seien, wie der Geist da sei; sie müßten aufhören, wenn der Geist fehle. Sie seien nur Vorbereitungen zur endgültigen Ausmerzung von Gedanken und zur Stille des Geistes.

Fr  Der *Saiva Siddhanta* (Religion des Sivaismus) bezeichnet drei Grundelemente als unveränderlich. Steht das in Gegensatz zum *Vedanta*?

M  Die drei Grundelemente sind *jiva* (verkörperte Seele), Gott und Gebundensein. Solche Trinitäten gibt es in vielen Religionen. Sie sind wahr, solange ein Geist tätig ist, dessen Schöpfungen sie darstellen. Man kann von Gott erst sprechen, nachdem der Geist entstanden ist. Gott ist aber nicht vom Selbst verschieden. ‹Gott› und ‹Guru› sind Begriffe, mit denen das Selbst verständlicher gemacht werden soll.

Ein Richter aus Mysore stellt Fragen.

Fr  Das Anhören geistiger Belehrungen und Meditation sind ohne mentale Aktivität nicht möglich. Das Ende jeder mentalen Tätigkeit ist jedoch Voraussetzung für die Verwirklichung. Wie kann man aber ohne Unterweisung und Meditation verwirklichen?
M  Beides gehört zur Vorbereitung. Dieses Tun führt schließlich zum geforderten Nicht-Tun.
Fr  Es wird gesagt, man würde das Herz auf der rechten Seite wahrnehmen. Anatomisch gesehen liegt es aber auf der linken Seite.
M  Es ist von der spirituellen Erfahrung die Rede.
Fr  Ist es ein geistiges Herz?
M  Ja.
Fr  Wie erkennt man, daß es rechts ist?
M  Durch Erfahrung.
Fr  Gibt es Anzeichen dafür?
M  Zeigen Sie auf sich selbst, dann werden Sie es wissen.

### 28. Dezember 1937

Die Weihnachtsferien brachten einen Besucheransturm von nah und fern.

Fr  Kann Bhagavan uns helfen, die Wahrheit zu verwirklichen?
M  Hilfe ist immer da.
Fr  Dann brauchte man keine Fragen zu stellen. Ich fühle nichts von der immer gegenwärtigen Hilfe.
M  Liefern Sie sich aus, und Sie werden sie finden.
Fr  Ich bin zu Ihren Füßen. Wird Bhagavan uns eine Unterweisung geben, der wir folgen können? Wie kann mir sonst geholfen werden, da ich 600 Meilen entfernt lebe?
M  Der Guru ist innen.

*Fr* Ich brauche einen sichtbaren Guru.
*M* Der sichtbare Guru sagt, daß Er innen ist.
*Fr* Kann ich mich der Gnade des Guru anheimgeben?
*M* Ja. Unterweisungen sind nur so lange nötig, wie man sich noch nicht ausgeliefert hat.
*Fr* Muß man bestimmte Zeiten für Meditationen einhalten?
*M* Meditation hängt von der Kraft des Geistes ab. Sie sollte unaufhörlich vor sich gehen, selbst wenn man mit einer anderen Arbeit beschäftigt ist. Bestimmte Zeiten einzuhalten gilt für Anfänger.
*Fr* Würde der Guru bitte seine Hand auf meinen Kopf legen und mich seiner Hilfe versichern? Dann habe ich die Gewißheit, daß er sein Versprechen erfüllen wird.
*M* Das nächste, was Sie verlangen, ist ein schriftlicher Vertrag, und wenn Sie glauben, daß Ihnen nicht geholfen worden ist, wird es einen Prozeß geben.
Die Anwesenden lachten.
*Fr* Darf ich Ihren Segen empfangen?
*M* Sie sollten solche Zweifel nicht hegen; sie widersprechen Ihrer Behauptung, daß Sie sich ausgeliefert hätten. Der Segen ist immer mit Ihnen.
*Fr* Die Auslieferung gelingt erst nach langer Bemühung.
*M* Ja, im Laufe der Zeit wird sie vollkommen.
*Fr* Ist ein Lehrer für Unterweisung notwendig?
*M* Ja, wenn Sie irgend etwas Neues lernen möchten. Hier aber müssen Sie verlernen.
*Fr* Auch dafür ist ein Lehrer nötig.
*M* Sie besitzen bereits, was Sie anderswo suchen. So ist kein Lehrer nötig.
*Fr* Nützt der Verwirklichte dem Sucher irgend etwas?
*M* Ja. Er hilft Ihnen, die Illusion loszuwerden, daß Sie nicht verwirklicht seien.
*Fr* Dann erzählen Sie mir, wie?
*M* Die Wege sind alle dazu da, das Individuum aus dem Schlaf der Illusion zu erwecken.
*Fr* Erwecken Sie mich. Sagen Sie mir, welcher Methode ich folgen muß.
*M* Wo sind Sie jetzt? Wohin sollten Sie gehen?
*Fr* Ich weiß, daß ich bin, aber ich weiß nicht, was ich bin.
*M* Gibt es denn zwei ‹ich›?
*Fr* Das heißt die Frage zurückgeben.

M Wer sagt das? Der eine, der ist, oder der andere, der nicht weiß, was er ist?
Fr Ich bin, aber ich weiß nicht was oder wie.
M Das Ich ist immer da.
Fr Wird das ‹ich› einer Verwandlung unterzogen, z.B. im Tode?
M Wer ist Zeuge der Verwandlung?
Fr Sie scheinen von *jnana*-Yoga zu reden.
M Ja, so ist es.
Fr Die Auslieferung gehört aber zu *bhakti*-Yoga.
M Beide sind dasselbe.

Nach einer Pause fuhr der Frager fort:
Dann muß ich daraus schließen, daß ‹ich› Bewußtsein bin und daß nichts geschieht außer durch mich.
M Es ist eine Sache, aus Überlegungen Schlüsse zu ziehen, und eine andere, davon überzeugt zu sein.
Fr Ich werde drei Monate warten und sehen, ob sich Hilfe zeigt. Darf ich auf Ihr Versprechen zählen?
M Fragt das jemand, der sich ausgeliefert hat?

### 29. Dezember 1937

Fr Haben Sie Gott erkannt? Wenn ja, in welcher Gestalt?
M Wer bleibt übrig, um Gott zu sehen? Die Frage sollte erst gestellt werden, wenn man sich selbst erkannt hat.
Fr Ich habe mich erkannt.
M Ist dieses ‹ich› verschieden vom Selbst, da Sie sagen, Sie hätten ‹sich› erkannt?
Fr Das Selbst ist identisch mit dem Körper. Wenn es das nicht ist, dann möge Bhagavan mir sagen, wie man das Selbst getrennt vom Körper sieht. Er hat Gott verwirklicht. Er kann es mich lehren.
M Weshalb sollte das Selbst vom Körper getrennt sein? Lassen Sie den Körper, wie er ist.
Fr Wenn die Seele entkörpert ist, kann sie durch alle Körper hindurchsehen.
M Gibt es für die entkörperte Seele noch andere Körper? Oder gibt es nur Ihren Körper?
Denken Sie an Ihren Schlaf; in ihm wissen Sie nichts von Ihrem Körper, und doch sind Sie da. Nehmen Sie dann die Welt durch

diesen oder durch andere Körper wahr? Trotzdem können Sie Ihre Existenz im Schlaf nicht verneinen. Es muß ein Subjekt da sein, um die Welt zu sehen, und das Subjekt muß außerdem begrenzt sein. Denn wenn es unbegrenzt wäre, wie könnte es dann noch andere außer dem unbegrenzten Selbst geben?

*Fr* Sind Gott Grenzen gesetzt?

*M* Lassen Sie Gott beiseite. Welche Grenzen gab es in Ihrem Schlaf für das Selbst?

*Fr* Dann muß der Tod der höchste Zustand sein.

*M* Ja. Wir leben jetzt in diesem Zustand. Diejenigen, die das unbegrenzte Selbst begrenzt haben, haben Selbst-Mord begangen.

*Fr* Sie sagen, man solle sich auf das Selbst konzentrieren. Wie macht man das?

*M* Wenn dieses Problem gelöst ist, ist auch alles andere gelöst.

*Fr* Sie sagen: ‹Erkenne dich selbst.› Wie erkennt man sich selbst?

*M* Sie nehmen jetzt an, daß Sie der Körper seien.

*Fr* *Raja*-Yoga verwirklicht durch den Körper und die Sinne. Sri Bhagavan rät zur Verwirklichung durch Denken. Das ist *jnana*.

*M* Wie können Sie ohne den Körper denken?

*Fr* Gott denkt nicht?

*M* Wieso begannen Sie dann damit zu fragen: ‹In welcher Gestalt haben Sie Gott erkannt?›

*Fr* Gott muß durch die Sinne empfunden werden.

*M* Sie empfinden doch Gott auch jetzt?

*Fr* Empfindet jeder immerzu Gott?

*M* Ja.

*Fr* Was ist dann Selbst-Verwirklichung?

*M* Verwirklichung besteht darin, die Täuschung loszuwerden, daß Sie nicht verwirklicht seien.

# 3. Teil

## 3. Januar 1938

*Fr* Rama fragt: ‹Da *Brahman*, das Absolute, rein ist, wie kann *maya* aus Ihm auftauchen und Es sogar verhüllen?› Vasishta antwortet: ‹In einem reinen Geist erhebt sich eine solche Frage nicht. Natürlich ist in der Philosophie des *Advaita* kein Platz für *jiva, Isvara* (Gott) und *maya*. Wenn man in das Selbst versinkt, verschwinden alle *vasanas* und lassen keinen Raum für Fragen.

*M* Die Antworten richten sich nach der Aufnahmefähigkeit des Suchers. In Kap. II. der *Gita* heißt es, daß niemand geboren wird oder stirbt; im 4. Kap. sagt Sri Krishna, daß er zahlreiche Wiedergeburten hinter sich habe und Arjuna auch. Welche dieser Behauptungen ist nun richtig? Beide, aber von verschiedenen Standpunkten aus. Jetzt erhebt sich die Frage: Wie kann ein *jiva*, eine verkörperte Seele, überhaupt aus dem Selbst entstehen? Ich muß antworten: Erkennen Sie Ihr wahres Wesen, dann werden Sie nicht mehr fragen.
Weshalb betrachtet ein Mensch sich als gesondert? Wie war er, bevor er geboren wurde, wie wird er nach dem Tode sein? Weshalb die Zeit mit solchen Diskussionen verschwenden? Was war Ihre Gestalt im tiefen Schlaf? Weshalb halten Sie sich für ein Individuum?

*Fr* Mein Leib bleibt im Tiefschlaf bestehen.

*M* Wie die Wirkung, so die Ursache. Wie der Baum, so dessen Same. Der ganze Baum, wie er später dasteht, ist in dem Samenkorn enthalten. In Wirklichkeit aber gibt es weder Same noch Baum – es gibt nur Sein.

*Fr* Das Ende aller *vasanas*, die Auflösung des Geistes und die Verwirklichung des Selbst scheinen wechselseitig voneinander abzuhängen.

*M* Die verschiedenen Ausdrücke haben nur eine Bedeutung. Sie unterscheiden sich entsprechend dem Entwicklungsstadium des Individuums. Gelassenheit, Verwirklichung, alle bedeuten dasselbe. Es heißt auch ‹Übung und Gelassenheit›. Wieso Übung? Weil die Geistesregungen einmal nachlassen und dann wieder aufleben.

*Fr* Es gibt Neigungen, die einen veranlassen, Unrecht zu tun. Ohne *jnana* können diese Veranlagungen nicht verschwinden. Aber *jnana* scheint fast unmöglich zu sein. Buße allein kann *karma* auslöschen – aber wieviel Buße gehört dazu! Man kann blicken, wohin man will: Alles sieht so schwierig, ja beinahe unmöglich aus. Das einzige Heilmittel gegen alles Übel scheint die Gemeinschaft mit Weisen zu sein.

M Was ist da zu machen? Die Wirklichkeit ist nur Eine. Wie kann sie ‹verwirklicht› werden? Die Verwirklichung ist eine Illusion. Übung erscheint unerläßlich. Aber wer soll üben? Schaut man nach dem ‹Täter› aus, verschwinden die Tat und alles, was dazu gehört. Im übrigen, wäre die Verwirklichung nicht hier und jetzt gegenwärtig, wie könnte sie, neu erworben, irgend etwas nützen? Was dauert, muß ewig gegenwärtig sein.
Verwirklichen Sie, was hier und jetzt gegenwärtig ist. Das haben die Weisen früher getan, und sie tun auch jetzt nichts anderes. Sie sagen, es sieht nur so aus, als sei sie neu gewonnen. Zunächst durch Nichtwissen verhüllt und später enthüllt, macht die Wirklichkeit den Eindruck, als sei sie neu. Sie ist es aber nicht.

Fr Bitte sagen Sie mir, was die wirksamste Methode ist: Gebet, Gnade des Guru, Konzentration des Geistes?

M Eine ist immer die Folge der anderen. Jede führt zur nächsten Stufe; sie bilden ein zusammenhängendes Ganzes. Gott, Guru und das Selbst sind nicht verschieden; sie sind ein und dasselbe; daher bieten die Methoden keine Wahl.

Ein hoher Regierungsbeamter aus Allahabad war zusammen mit seiner Frau, einer hochkultivierten Dame, und einem im Ruhestand lebenden Richter für eine Woche zu Bhagavan gekommen. Am Abend vor der Abreise schnitt er noch ein Problem an, das sie alle drei bewegte.

Wir hatten einen Guru, der ein großer Weiser war. Er wies uns an, so oft wie möglich den Namen Hari zu wiederholen. Das würde ausreichen, dem Geist die nötige Sammlung zu geben. Wir folgten der Weisung. Dann starb unser Guru, und wir kamen uns vor wie steuerlose Schiffe inmitten des stürmischen Ozeans. Wir bemühten uns nun, einen neuen geistigen Führer zu finden. Dabei hörten wir von Ihnen und wünschten sehr, einmal hierherkommen zu dürfen. Nun, nach zwei Jahren, ist dieser Wunsch in Erfüllung gegangen. Wir wissen jetzt, daß Sri Bhagavan Selbst-Erforschung lehrt. Das gehört zum *jnana*-Weg, während der andere Meister uns den *bhakti*-Weg wies. Was sollen wir nun tun? Sollen wir unsere alte Methode aufgeben und die neue übernehmen? Ist es überhaupt nötig, mit dem

Meister auch die Methode zu wechseln? Wird durch einen solchen Wechsel nicht der Fortschritt in Frage gestellt? Bitte sagen Sie uns, was wir tun sollen.

Der Meister verwies den Fragenden auf den folgenden Artikel in der Septemberausgabe der *Vision*, einer monatlich erscheinenden Zeitschrift des Anandashrams in Kanhangad.

‹Der Göttliche Name durchdringt das ganze Universum, und wer kann sagen, bis zu welchen Tiefen der unteren Regionen und bis zu welchen Höhen der Himmel er sich erstreckt. Der Unwissende muß unzählige Inkarnationen auf sich nehmen, da er das Wesen der Dinge nicht kennt. Der *Name* ist unsterblich. Es gibt unzählige Formen, Gestalten und Erscheinungen, aber alle sind im *Namen* enthalten.

Der *Name* selbst ist Form, und alle Form ist Name. Es gibt keinen Unterschied zwischen *Namen* und Form. Als sich das Göttliche manifestierte, nahm es *Name* und Form an. Die *Veden* haben die Größe des *Namens* verkündet. Es gibt kein anderes Wort, kein Mantra, das über dem Namen Gottes stünde. Wer etwas anderes behauptet, ist ein Narr. Der *Name* des Göttlichen ist Gott selbst. Das erfahren jedoch nur die, die Gott lieben.

Die alles durchdringende Natur des *Namens* kann nur von dem verstanden werden, der sein ‹ich› kennt. Wenn man das ‹ich›, also seinen eigenen Namen, nicht ergründet, ist es unmöglich, den *Namen* Gottes zu begreifen. Wer sich selbst kennt, findet den *Namen* überall. Niemand kann den *Namen* durch Studium, Bußübungen oder Meditation verwirklichen. Gib dich zuerst ganz dem Guru hin und lerne dein ‹ich› kennen. Wenn du den Ursprung des ‹ich› gefunden hast, lasse deine Individualität in der Einheit aufgehen, die aus sich selbst existiert und die frei von aller Dualität ist.

Es ist der *Name*, der die drei Welten durchdringt. Er ist identisch mit *paramatma*, dem Höchsten Selbst, in dem es durch Dualität verursachtes Handeln nicht mehr gibt.›

### 8. Januar 1938

Bhagavan erklärte einen Vers einer seiner Hymnen an Arunachala:
Die Sonne erhellt das Universum, die Sonne Arunachalas aber ist so blendend, daß das Universum davon verdunkelt wird und nur

ein ununterbrochenes Leuchten bleibt. Das wird im gegenwärtigen Stadium noch nicht wahrgenommen, sondern erst, wenn der Lotus des Herzens erblüht ist. Der gewöhnliche Lotus blüht im Licht der sichtbaren Sonne auf, während das subtile ‹Herz› nur unter der Sonne aller Sonnen aufgeht. Möge Arunachala den Lotus meines Herzens aufblühen lassen, auf daß Sein ununterbrochenes Leuchten allein erstrahle!

So, wie ein Spiegelbild nicht ohne Spiegel existieren kann, kann auch die Welt, die eine Reflexion im Geiste ist, nicht ohne diesen bestehen. Es erhebt sich die Frage: Auch wenn das Universum nur ein Spiegelbild sein sollte, müßte es doch ein wirkliches Universum geben, das sich im Geiste spiegelt. Es ist aber nicht so. Das wird am besten am Beispiel des Traums erläutert. Die Traumwelt ist unwirklich. Wie kommt sie aber zustande? Wir gehen von der Existenz mentaler Eindrücke, *vasanas*, aus, die im Geist in subtiler Form vorhanden sind. Mit ihnen ist die ganze Welt im Geist enthalten, so wie ein Baum mit all seinen Entwicklungsmöglichkeiten im Samenkorn enthalten ist.

Jetzt erhebt sich gewöhnlich der nächste Zweifel: Das Samenkorn muß von einem Baum hervorgebracht worden sein; dieser muß also existiert haben. Also muß es auch die Welt einmal gegeben haben. Aber das stimmt nicht. Das kann am besten bewiesen werden, indem man festzustellen sucht, ob es die Welt überhaupt gibt. Um die Existenz der Welt zu bejahen, muß ich einen Seher voraussetzen, der aber niemand anders sein kann als ich selbst. Erst wenn ich mich selbst finde, werde ich den Zusammenhang zwischen Welt und Seher verstehen. Ich werde dann – im Selbst verbleibend – feststellen, daß gar keine Welt da ist. Was ist also Wirklichkeit? Nur der Seher – und nicht die Welt.

Das ist die Wahrheit, aber der Mensch diskutiert weiter auf der Basis von der Wirklichkeit der Welt. Wer verlangt von ihm, eine Häufung von Einzelheiten als Welt anzusehen?

*Yoga Vasishta* definiert die Befreiung klar als den Verzicht auf das Falsche und als das Verbleiben als Reines Sein.

Fr Das Bild des Spiegels gilt nur für das Sehen, die Welt wird aber auch noch durch die anderen Sinne wahrgenommen. Kann ihre Unwirklichkeit auch in bezug auf die anderen Sinne nachgewiesen werden?

M Eine Gestalt auf der Leinwand im Kino scheint die ganze Welt zu beobachten. Wo ist die Wirklichkeit hinter Subjekt und

Objekt in demselben Film? Ein illusorisches Wesen beobachtet eine illusorische Welt.
Fr  Aber ich bin Zeuge des Films.
M  Sicher sind Sie das. Sie und die Welt sind ebenso wirklich wie die Filmfigur und die Filmwelt.
Fr  Der Geist wird der Welt gewahr vermittels der Sinne. Wenn die Sinne tätig sind, kann man nicht anders als an die Existenz der Welt glauben. Welchen Zweck hat dann *karma*-Yoga beim Streben nach Reinem Gewahrsein?
M  Die Welt wird vom Geist mit den Sinnen wahrgenommen. Sie ist also Geist. Der Seher sieht Geist und Sinne im Selbst und nicht von Ihm getrennt. Der Handelnde, der von seinen Handlungen unberührt bleibt, wird geläutert, bis er das Selbst verwirklicht.

## 9. Januar 1938

Bei der Interpretation eines Verses seiner ‹Hochzeitsgirlande› sagte Bhagavan, daß *mouna*, das Schweigen, die höchste Form der Unterweisung sei. Schweigen umfasse Meister, Schüler und Übung.
Drei *sannyasins*, die den Meister besuchten, begannen daraufhin eine Diskussion.
   Wie kann das Handeln weitergehen, wenn man ruhig bleibt? Wo ist da Platz für *karma*-Yoga?
M  Lassen Sie uns zunächst verstehen, was *karma* ist, wessen *karma* es ist und wer der Handelnde ist. Analysiert man all dieses und geht der Wahrheit nach, dann bleibt man ganz natürlich als das Selbst zurück – in Frieden. Das Handeln wird trotzdem weitergehen.
Fr  Wie soll Handeln weitergehen, wenn ich nicht handle?
M  Wer fragt das? Das Selbst oder jemand anderes? Kümmert sich das Selbst um Handlungen?
Fr  Nein, nicht das Selbst. Es ist jemand anderes, der vom Selbst verschieden ist.
M  Damit ist klar, daß das Selbst sich nicht um Handeln kümmert, und die Frage stellt sich gar nicht.
Fr  Einverstanden.
Ein anderer fragte:
   In welchem Zustand ist der Verwirklichte? Handelt er nicht?

M  Die Frage läßt darauf schließen, daß kein Verwirklichter fragt. Warum kümmern Sie sich um jemand anderes? Ihre Pflicht ist es, sich mit sich selbst zu befassen und nicht mit anderen.
Fr  Die heiligen Schriften erheben den Verwirklichten zum Ideal.
M  Er ist es, sicher. Daher sollten Sie das Selbst verwirklichen. Aber selbst wenn sein Zustand jetzt beschrieben würde, könnten Sie es nur so weit verstehen, wie Ihre Fähigkeit dazu ausreicht. Sie geben selbst zu, daß sie begrenzt ist. Die Schriften künden, daß der Zustand des Verwirklichten keine Grenzen habe. Demnach ist der einzige Weg, diesen Zustand zu verstehen, die Verwirklichung des Selbst. Sollte sich danach noch eine Frage erheben, wird sie beantwortet werden.

## 24. Januar 1938

Fr  Die Buddhisten streiten die Existenz der Welt ab, die Hindu-Philosophie nimmt an, daß sie existiert, erklärt sie aber für unwirklich. Habe ich damit recht?
M  Die Unterscheidung in der Anschauung entspricht dem Unterschied in der Betrachtungsweise.
Fr  Es heißt, daß *sakti* (Kraft) die Welt erschaffe. Ist das Sichtbarwerden von *maya* die Ursache zur Erkenntnis der Unwirklichkeit?
M  Alle stimmen der Schöpfung durch *sakti* zu. Was ist das Wesen dieser Schöpfungskraft? Es kann nur das gleiche sein wie das Wesen der Schöpfung.
Fr  Kann man mehr oder weniger von der Illusion befangen sein?
M  Die Illusion selbst ist illusorisch. Eine Illusion muß von jemandem gesehen werden, der jenseits von ihr ist. Kann solch ein Seher Subjekt einer Illusion sein? Kann er von Graden der Illusion sprechen?
In einer Filmvorstellung gleiten Szenen über die Leinwand. Feuer scheinen Gebäude in Asche zu legen, Schiffe im Wasser Schiffbruch zu erleiden. Die Leinwand aber, auf die die Bilder projiziert werden, bleibt unversengt und trocken. Weshalb? Weil die Bilder unwirklich sind und die Leinwand wirklich ist.
Spiegelbilder gleiten über einen Spiegel, der aber in keiner Weise von den Reflexionen berührt wird. So ist auch die Welt ein Phänomen über der Einen Wirklichkeit, die in keiner Weise davon berührt wird.

Die Diskussion über Illusion entsteht nur aufgrund der unterschiedlichen Blickwinkel. Betrachten Sie alles vom Blickfeld eines *jnani* aus, so werden Sie finden, daß das Universum *Brahman* ist. Da Sie jetzt in der Welt sind, halten Sie diese für wirklich. Sind Sie jenseits der Welt, wird sie verschwinden, und nur die Wirklichkeit allein wird erstrahlen.

*31. Januar 1938*

Es wurde über die vielen ausländischen Besucher, die den Ashram besuchen, gesprochen. Sri Ramana Maharshi bemerkte:
Das ist *sakti*, die Kraft, die die Leute von allen Erdteilen zu diesem Zentrum hinzieht.
Einer der Anwesenden meinte:
Jene Kraft ist nicht verschieden von Sri Bhagavan.
M Und welche Kraft hat mich hierhergezogen? Es ist die gleiche, die auch alle anderen hierherzieht.

Sri Bhagavan war zur Freude aller dazu aufgelegt, Geschichten zu erzählen:
Es lebte einmal ein König mit einer frommen Königin. Diese war besonders Rama ergeben und wünschte sehnlichst, daß auch der König sein Anbeter werden möge. Eines Nachts erwachte sie davon, daß sie den König im Schlaf sprechen hörte. Sie horchte an seinen Lippen und hörte ihn immer wieder ‹Rama› murmeln. Sie war so glücklich darüber, daß sie am nächsten Tag ein Fest anordnete. Nachdem es vorbei war, fragte der König sie nach dem Grund der Feier. Da berichtete sie, was geschehen war, und sagte, daß das Fest ein Dank an Gott gewesen sei, der ihren so lange gehegten Wunsch erfüllt habe. Dem König aber war es sehr unangenehm, daß seine innersten Gefühle auf diese Weise preisgegeben worden waren. Einige erzählen, daß er Selbstmord begangen habe, weil er Gott auf diese Art verraten und sich vor Ihm unwürdig fühlte.
Daraus sieht ein jeder, daß man seine Frömmigkeit nicht zur Schau stellen soll. Wir können annehmen, daß beide weiterhin glücklich zusammenlebten, nachdem der König seiner übereifrigen Gemahlin gesagt hätte, daß sie nicht soviel Aufhebens von seiner Frömmigkeit machen solle.

Thondaradipodi Alwar (der sich im Staub der Füße der Frommen Wohlfühlende) besaß einen Garten, in dem er *Tulasi* (Basilikum) zog, Girlanden daraus anfertigte und diese täglich der Tempelgottheit darbrachte. Er lebte als *Brahmachari* und war hochgeachtet wegen seines vorbildlichen Lebenswandels.

Eines Tages kamen zwei Schwestern, Tänzerinnen, die von der Prostitution lebten, an seinem Garten vorbei und saßen eine Weile rastend unter einem Baum. Die eine meinte: ‹Wie mich dieses Leben anekelt! Täglich muß ich Körper und Geist beschmutzen. Was führt dieser Mann dagegen für ein reines Leben!›

Die andere entgegnete: ‹Du kennst ihn ja gar nicht. Vielleicht ist er keineswegs so gut, wie er zu sein scheint. Wenn die körperlichen Funktionen gewaltsam unterdrückt werden, kann der Geist trotzdem weiterhin unbeherrscht bleiben. Die *vasanas* (Neigungen) sind nicht so leicht unter Kontrolle zu bringen wie der Körper.›

Antwortete die Schwester: ‹Man kann aus dem Handeln eines Menschen auf seinen Geist schließen. Das Leben dieses Mannes beweist, daß er einen lauteren Geist hat.›

Die andere widersprach: ‹Nicht notwendigerweise. Noch ist er nicht in Versuchung gebracht worden!›

Da forderte die Schwester sie auf, ihn auf die Probe zu stellen. Sie willigte ein und blieb allein zurück. Bald darauf bemerkte der Asket die nur spärlich bekleidete Frau, die einen demütigen und bußfertigen Eindruck machte. Er fragte sie, warum sie so niedergeschlagen sei. Darauf erzählte sie ihm von ihrer Tätigkeit und wie sehr sie diese verabscheue. Wie gerne möchte sie ein reines und edles Leben führen! Sie schloß mit der flehentlichen Bitte, ihm im Garten oder sonstwie zu Diensten sein zu dürfen. Er riet ihr, nach Hause zu gehen und ein normales Leben zu führen, doch als sie beharrlich blieb, beauftragte er sie schließlich damit, täglich seine Pflanzen zu gießen. Sie war sehr froh und nahm alsbald ihre Arbeit auf.

Eines Nachts – es regnete stark – fand er sie, vor Nässe triefend und vor Kälte zitternd, unter dem Vordach seiner strohgedeckten Hütte. Der fromme Mann fragte sie, warum sie in solch einem jämmerlichen Zustand sei. Sie erzählte ihm, daß es in ihre Hütte hineinregne, daß sie aber sofort dorthin zurückkehren werde, wenn der Regen aufhöre. Der Weise bat sie in seine Hütte und

forderte sie auf, sich seiner trockenen Kleider zu bedienen. Sie ging darauf ein, und etwas später bat sie ihn, seine Füße massieren zu dürfen. Er war einverstanden. Es blieb nicht bei der Massage – schließlich lagen sie sich in den Armen.
Am nächsten Tag kehrte sie nach Hause zurück, aß und trank, wie sie es gewohnt war und trug wieder schöne Kleider. Doch arbeitete sie weiter im Garten des Asketen. Manchmal allerdings blieb sie auch aus; dann suchte sie der Mann zu Hause auf. Schließlich lebten sie zusammen. Seinen Garten aber vernachlässigte er nicht, und seine Gottheit erhielt täglich die *Tulasi*-Girlanden. Diese Veränderung seiner Lebensweise war ein öffentlicher Skandal. Da griff Gott ein, um ihn wieder zu seiner alten Lebensweise zurückzubringen. Er nahm die Gestalt des frommen Geliebten an, ging zu der Tänzerin und gab ihr heimlich einen kostbaren Fußreifen aus dem Tempel. Sie freute sich sehr darüber und verbarg das Schmuckstück unter ihrem Kopfkissen. Alles wurde von einer Dienerin des Hauses beobachtet.
Als man die Kostbarkeit im Tempel vermißte, wurde eine Belohnung ausgesetzt für Hinweise, die zu seiner Auffindung beitrügen. Die Dienerin ließ sich die Gelegenheit nicht entgehen, verriet alles und erhielt die Belohnung. Die Tänzerin, bei der man das Juwel fand, wurde verhaftet und gestand, es von dem frommen Mann erhalten zu haben. Trotzdem dieser seine Unschuld beteuerte, wurde er festgenommen und grob behandelt. Da ertönte eine Stimme aus dem Unsichtbaren: ‹Ich tat es. Laßt ihn in Ruhe!› Der König und alle anderen waren erstaunt. Sie fielen vor ihm auf die Knie und ließen ihn frei. Von nun an führte der Mann wieder ein untadeliges, beispielhaftes Leben.

Kaduveli Sudhar war ein Einsiedler, der seiner strengen Askese wegen berühmt war. Er lebte von dürren Blättern, die von den Bäumen fielen. Der König des Landes hörte von ihm und besuchte ihn. Er setzte eine Belohnung aus für denjenigen, der die Tugend dieses Mannes auf die Probe stellen würde. Eine reiche Tänzerin anerbot sich dazu. Sie ließ sich in der Nähe des Einsiedlers nieder und tat, als ob sie gekommen wäre, ihm zu dienen. Zunächst schmuggelte sie hin und wieder eine Frucht unter die trockenen Blätter, die er für sich gesammelt hatte. Als sie bemerkte, daß er diese nicht verschmähte, gab sie ihm noch mehr gute Sachen zum Essen, bis sie ihm schließlich regelmäßig schmackhafte Gerichte zubereitete. Mit der Zeit wurden sie so vertraut miteinander, daß ihnen ein Kind geboren wurde. Nun berichtete die Tänzerin dem König, was geschehen war.

Er fragte sie, ob sie das vor der Öffentlichkeit beweisen könne. Sie bejahte es und machte ihm einen Vorschlag. Der König lud daraufhin zu einer öffentlichen Tanzveranstaltung ein, bei der die Tänzerin auftreten sollte. Bevor sie zu ihrem Auftritt ging, verletzte sie das Kind ein wenig und ließ es dann in der Obhut des Vaters zurück.

Der Tanz war auf dem Höhepunkt; zu Hause schrie das Baby nach der Mutter. Da nahm der Vater es in seine Arme und ging mit ihm zu der Tanzveranstaltung. Sie tanzte ausgelassen. Er konnte sich ihr nicht nähern; sie aber hatte beide sofort gesehen und richtete es so ein, daß sich eine ihrer Fußspangen löste, als sie in seiner Nähe tanzte. Sie streckte ihm ihren Fuß entgegen, und er befestigte die Spange wieder. Die Zuschauer johlten und lachten. Aber er blieb gelassen. Als sich der Lärm gelegt hatte, stimmte er den Gesang eines Tamil-Heiligen an:

‹Heil und Sieg, ich gebe meinen Zorn frei! Ich gebe meinen Geist frei, wenn er entkommen will. Wenn es wahr ist, daß ich Tag und Nacht meines Selbst gewahr bin, dann möge dieses steinerne Götterbildnis zerspringen!›

Die Statue zersprang augenblicklich mit großem Getöse. Die Leute waren überrascht.

Bhagavan schloß:

So erwies sich der Verlachte als ein unerschütterlicher *jnani*. Man sollte sich bei einem *jnani* nicht von Äußerlichkeiten täuschen lassen.

Und er erinnerte an die Geschichte von Parikshit:

Dieser wurde tot geboren. Die weinenden Frauen riefen Krishna an, das Kind zu retten. Die Weisen wunderten sich, wie Krishna das fertigbringen könnte. Krishna sagte: ‹Das Kind wird zum Leben erweckt werden, wenn es jemand berührt, der in ewiger Keuschheit lebt.› Aber nicht einmal Suka wagte es, das Kind zu berühren. Als Krishna das sah, ging er selbst hin und berührte es mit den Worten: ‹Mögest du leben, wenn meine Keuschheit ewig unberührt ist!› Da begann das Neugeborene zu atmen und wurde später der berühmte Parikshit.

Krishna, umgeben von 16000 Anbeterinnen, ein unberührbarer *Brahmachari*! Das ist das Geheimnis von *jivanmukti*. Ein *jivanmukta* sieht nichts vom Selbst getrennt.

*3. Februar 1938*

Eine Polin, die zum Hinduismus übergetreten war, sprach zu Bhagavan:
: Ich erzählte Sri Bhagavan schon früher einmal von einer Vision Sivas, die ich zu jener Zeit hatte, als ich zum Hinduismus konvertierte. Ein ähnliches Erlebnis wiederholte sich. Diese Visionen sind nur kurz, aber tief beglückend. Ich möchte gern wissen, was ich tun muß, damit sie bleiben. Ohne Siva kann ich nicht leben. Ich bin schon beglückt, wenn ich nur an Ihn denke. Bitte sagen Sie mir, wie ich Ihn ewig schauen kann.

M  Sie sprechen von einer Vision Sivas. Zu einer Vision gehört immer ein Objekt, was wiederum die Existenz eines Subjekts voraussetzt. Der Wert einer Vision ist derselbe wie der des Sehers, d. h. das Wesen einer Vision ist auf der gleichen Gewahrseins-Ebene wie das des Sehers. Ein Erscheinen schließt auch das Verschwinden ein. Eine Vision kann nicht ewig andauern – aber *Siva* ist ewig.

Eine Vision von Siva zeigt an, daß Augen da sind, zu sehen; hinter dem Sehen liegt der Intellekt und hinter beiden befindet sich der Seher, dem das Bewußtsein zugrundeliegt. Eine Vision ist nicht so bedeutungsvoll, wie meist angenommen wird, denn sie gelangt nicht aus ‹erster Hand› zu uns, sondern ist das Ergebnis mehrerer Phasen des Bewußtseins, die aufeinanderfolgen. Doch während die Phasen sich verändern, bleibt das Bewußtsein selbst unveränderlich. Es ist *Siva*. Es ist das Selbst.

Eine Vision setzt einen Seher voraus; dieser kann die Existenz des Selbst nicht verneinen. Es gibt keinen Augenblick, in dem das Selbst als Bewußtsein nicht existiert, noch kann der Seher vom Bewußtsein getrennt sein. Dieses Bewußtsein ist das ewige Sein – und das einzige Sein. Der Seher kann sich nicht selbst sehen. Verneint er seine Existenz, weil er sich selbst nicht mit den Augen in einer Vision sehen kann? Nein. Also bedeutet ‹Vision› nicht ‹sehen›, sondern ‹sein›.

‹Zu sein› heißt, bewußt zu sein – deshalb heißt es: ‹Ich bin, der Ich bin›. ‹Ich bin› ist *Siva*. Nichts kann ohne Ihn sein. Alles hat sein Sein in *Siva* und von *Siva*.

Fragen Sie: ‹Wer bin ich?›! Dringen Sie tief in sich ein und verbleiben Sie als das Selbst. Das ist *Siva* als ‹Sein›. Erwarten Sie keine weiteren Visionen. Was ist der Unterschied zwischen den

Objekten, die Sie sehen, und *Siva*? Er ist beides, Subjekt und Objekt. Sie können gar nicht ohne *Siva* sein. *Siva* ist immer verwirklicht, hier und jetzt. Wenn Sie glauben, Sie hätten Ihn nicht verwirklicht, haben Sie unrecht. Dieser Gedanke hindert Sie an der Verwirklichung *Sivas*. Geben Sie ihn auf, und die Verwirklichung ist da.

*Fr* Ja. Aber wie kann ich das so schnell wie möglich bewirken?

*M* Das ist das Hindernis. Kann es ein Individuum ohne *Siva* geben? Auch jetzt ist Er Sie. Das ist keine Frage der Zeit. Wenn es einen Augenblick der Nicht-Verwirklichung gäbe, könnte sich die Frage nach der Verwirklichung erheben. Aber tatsächlich ist es so, daß Sie gar nicht ohne Ihn existieren können. Er ist in Ihnen bereits verwirklicht, ewig verwirklicht, und niemals nicht-verwirklicht.

Liefern Sie sich Ihm und Seinem Willen aus, ob Er Ihnen erscheint oder entschwindet. Wenn Sie Ihn bitten, Er möge nach Ihren Wünschen handeln, dann ist das keine Hingabe, sondern Eigenwille. Sie können nicht verlangen, daß Er Ihnen gehorcht, und trotzdem glauben, Sie hätten sich ausgeliefert. Er weiß, was das Beste ist und wann und wie es zu geschehen hat. Überlassen Sie alles ganz Ihm. Die Last trägt Er allein. Sie haben keine Sorgen mehr – Er hat sie übernommen. Das ist echte Hingabe. Das ist *bhakti*.

Oder erforschen Sie, wem diese Fragen kommen. Tauchen Sie tief in Ihr ‹Herz› ein und verbleiben Sie als das Selbst. Einer dieser zwei Wege steht jedem Strebenden offen.

Es gibt niemanden, der nicht im Bewußtsein lebt und nicht *Siva* ist. Er ist nicht nur *Siva*, sondern auch alles andere, dessen er gewahr oder nicht gewahr ist. Und doch glaubt er in schierem Nichtwissen, daß er das Universum in vielfältiger Gestalt sähe. Schaut er aber sein Selbst, dann wird er gewahr, daß er vom Universum nicht getrennt ist. Tatsächlich verschwindet seine Individualität samt allen anderen Daseinsarten, obgleich sie in ihren Formen weiterbestehen. *Siva* wird als Universum gesehen. Die zugrundeliegende Substanz aber sieht der Seher nicht.

Denken Sie an den Mann, der nur den Stoff sieht, aber nicht die Baumwolle, aus der er hergestellt wurde. Oder an den, der nur die Bilder sieht, die über die Leinwand gleiten, aber nicht die Leinwand selbst als deren Hintergrund. Oder aber an den Mann, der die Buchstaben sieht, die er liest, aber nicht das Papier, auf das sie geschrieben sind. Der gewöhnliche Mensch sieht die Objekte im Universum, aber nicht *Siva* in diesen Formen. *Siva* ist das ‹Sein›, das die Formen annimmt, und das Bewußtsein, das sie sieht. Das heißt, daß *Siva* die Substanz ist, die Subjekt und Objekt zugrundeliegt, gleich ob es sich um *Siva* in Ruhe, *Siva* in Tätigkeit, *Siva* und *sakti* oder *Siva* als Schöpfer und Universum handelt. Wie man etwas auch immer benennen mag, es ist immer Bewußtsein, sei es in Ruhe, sei es in Bewegung. Wen gibt es, der nicht ‹bewußt› wäre? Wer ist demnach nicht verwirklicht? Wie aber können dann Zweifel an der Verwirklichung oder der Wunsch nach Verwirklichung auftauchen? Nur wenn ich meiner selbst nicht gewahr bin, kann ich sagen, daß ich *Siva* nicht wahrnehme.

Diese Fragen entstehen, weil Sie das Selbst auf den Körper begrenzt haben; nur dann tauchen die Vorstellungen von ‹innen› und ‹außen›, von Subjekt und Objekt auf. Visionen haben keinen wirklichen Wert. Selbst wenn sie von Dauer wären, könnten sie nicht befriedigen.

Uma wünschte sich sehnlichst, *Siva* in Seinem wahren Wesen zu erkennen. So vollzog sie *tapas*. In ihrer Meditation sah sie ein strahlendes Licht und dachte: ‹Dies kann nicht Siva sein, denn es ist nicht größer als der Umfang meiner Vision. Ich bin größer als dieses Licht.› Sie nahm ihr *tapas* wieder auf. Die Gedanken verschwanden, es herrschte Schweigen. Da erkannte sie, daß *Sivas* wahre Natur ‹Sein› ist.

Bhagavan zitierte Manickavachagar:
‹Wir singen zu Ehren Gottes und beten Dich an. Aber wir haben noch niemanden gehört oder gesehen, der Dich geschaut hätte!› Man kann nicht Gott schauen und trotzdem die eigene Individualität zurückbehalten. Da gibt es weder den Erkennenden noch die Erkenntnis, noch das Erkannte. Alles geht in dem Einen Höchsten auf.


*4. Februar 1938*

Fr Wie kann die Welt eine bloße Vorstellung oder ein Gedanke sein? Denken ist eine Funktion des Geistes. Der Geist ist im Gehirn, das Gehirn im Schädel eines menschlichen Wesens, das wiederum nur ein unendlich kleines Teilchen des Universums ist. Wie kann das ganze Universum in den Gehirnzellen enthalten sein?

*M* Denken Sie an einen Mann, der träumt. Er liegt in einem Zimmer mit geschlossenen Türen, so daß nichts eindringen kann. Er schließt die Augen, um nichts zu sehen. Und doch: Wenn er träumt, sieht er eine Gegend, in der Leute leben, sich bewegen, und er selbst bewegt sich mitten unter ihnen. Kam dieses ganze Panorama durch die Türen herein? Es wurde einfach durch sein Gehirn entfaltet. Im Gehirn des Schläfers oder in dem des Traum-Individuums? In des Schläfers Gehirn. Wie kann das alles in dessen winzigen Zellen enthalten sein? Das kann nur mit der oft wiederholten Feststellung erklärt werden, daß das ganze Universum nur ein Gedanke oder eine Abfolge von Gedanken ist.

*Fr* Ich habe Zahnschmerzen. Ist das nur ein Gedanke?

*M* Ja.

*Fr* Warum kann ich nicht denken, ich hätte keine Zahnschmerzen und so mich selbst heilen?

*M* Wenn man in andere Gedanken vertieft ist, spürt man das Zahnweh nicht. Auch nicht, wenn man schläft.

*Fr* Es ist aber trotzdem da.

*M* Das ist die feste Überzeugung von der Wirklichkeit der Welt, die nicht so leicht zu erschüttern ist. Aber darum wird sie auch nicht wirklicher als das Individuum selbst.

*Fr* Jetzt tobt der chinesisch-japanische Krieg. Wenn er nur eine Vorstellung ist, kann und will Bhagavan ihm nicht ein Ende machen, indem er sich das Gegenteil einbildet?

*M* Der Bhagavan des Fragers ist ebenso ein Gedanke wie der chinesisch-japanische Krieg.

## 7. Februar 1938

*Fr* Wie wird Meditation beständig gemacht?

*M* Was ist Meditation? Sie besteht in der Ausschaltung von Gedanken. Alle gegenwärtigen Schwierigkeiten sind die Folge von Gedanken und sind selbst Gedanken. Geben Sie alle Gedanken auf – das ist Glückseligkeit und Meditation.

*Fr* Wie gibt man Gedanken auf?

*M* Die Gedanken gehören zum Denker. Verbleiben Sie als das Selbst dieses Denkers, und die Gedanken haben ein Ende.

*8. Februar 1938*

*Fr* Wie wirkt man am besten für den Weltfrieden?
*M* Was ist ‹Welt›? Was ist ‹Friede›? Wer ist der Wirkende? In Ihrem Schlaf gibt es die Welt nicht, sie ist eine Projektion Ihres Geistes im Wachzustand. Sie ist also nichts als eine Idee. Friede ist die Abwesenheit von Störung. Störung entsteht, wenn Gedanken auftauchen im Individuum, das nur aus dem ‹ich› besteht und aus dem Reinen Bewußtsein aufsteigt.
Frieden hervorzubringen bedeutet, von Gedanken frei zu sein und als das Reine Bewußtsein zu verbleiben. Wenn man selbst im Frieden ist, ist überall Friede.
*Fr* Wenn es darum geht, jemanden vor einem großen Unrecht zu bewahren, aber dazu selbst etwas tun muß, was man für Unrecht hält – soll man es tun oder nicht?
*M* Was ist Recht und Unrecht? Es gibt keinen Maßstab dafür. Die Ansichten darüber sind verschieden entsprechend der Einstellung der Individuen und ihrer Umwelt. Sie sind wiederum nur Vorstellungen und nichts mehr. Sorgen Sie sich nicht, sondern werden Sie alle Gedanken los. Wenn Sie immer am Rechten festhalten, wird das Rechte in der Welt überwiegen.
*Fr* Woran soll man in der Meditation denken?
*M* Was ist Meditation? Das Ausmerzen von Gedanken. Sie fühlen sich durch Gedanken gestört, die einer nach dem anderen auftauchen. Halten Sie an einem fest, dann werden die anderen abgewiesen. Fortgesetztes Üben gibt dem Geist die nötige Kraft zur Meditation.
Meditation verläuft entsprechend dem Entwicklungsstadium des Suchers. Ist dieser dazu fähig, dann kann er den Denker unmittelbar festhalten, und dieser wird von selbst in seine Quelle, in das Reine Bewußtsein, einsinken.
Wer den Denker nicht direkt festhalten kann, muß über Gott meditieren, dann wird im Laufe der Zeit der Geist genügend geläutert werden, um am Denker festzuhalten und in das Absolute Sein einsinken zu können.
Eine Dame bat um weitere Erläuterungen.
*M* Es ist immer das eigene Unrecht, das man im anderen sieht. Die Unterscheidung zwischen Recht und Unrecht ist der Ursprung der Sünde. Die eigene Sünde wird nach außen reflektiert, und das nichtwissende Individuum schreibt sie dem andern zu. Am besten

ist es, den Zustand zu erreichen, in dem sich eine solche Unterscheidung gar nicht stellt. Sehen Sie Recht oder Unrecht im Schlaf? Existieren Sie nicht auch dann? Schlafen Sie auch im Wachzustand und verbleiben Sie als das Selbst, unbeeinflußt von dem, was um Sie herum vorgeht.

Im übrigen: Sie mögen dem anderen noch so dringend zureden, er wird sich wahrscheinlich nicht ändern. Handeln Sie selbst richtig und schweigen Sie. Ihr Schweigen wird eher wirken als Ihre Worte oder Taten. Dann wird die Welt zum Reich Gottes werden, das *in* Ihnen ist.

*Fr* Wenn man sich aus der Welt zurückziehen soll, wozu ist sie dann da?

*M* Wo ist die Welt – und wohin geht man, wenn man sich zurückzieht? Fliegt man mit dem Flugzeug über den Raum hinaus? Heißt das sich zurückziehen?
Tatsächlich ist die Welt nur eine Vorstellung. Was meinen Sie: Sind Sie in der Welt, oder ist die Welt in Ihnen?

*Fr* Ich bin in der Welt. Ich bin ein Teil von ihr.

*M* Das ist der Irrtum. Wenn die Welt getrennt von Ihnen existierte, kommt sie dann und sagt, daß sie existiert? Nein, Sie sehen, daß sie existiert. Aber Sie bemerken sie nur, wenn Sie wach sind, nicht im Schlaf. Wenn sie getrennt von Ihnen existierte, müßte sie Ihnen das sagen, und Sie müßten ihrer auch im Schlaf gewahr werden.

*Fr* Ich werde ihrer im Wachen gewahr.

*M* Werden Sie Ihrer selbst zuerst gewahr und dann der Welt? Oder erst der Welt und dann Ihrer selbst? Oder gewahren Sie beide gleichzeitig?

*Fr* Ich muß wohl sagen gleichzeitig.

*M* Waren Sie schon da, bevor Sie der Welt gewahr wurden?

*Fr* Ja.

*M* Wenn Sie also immer existieren, weshalb sind Sie dann nicht der Welt im Schlaf gewahr?

*Fr* Ich werde meiner selbst gewahr und auch der Welt.

*M* Sie werden also Ihrer selbst gewahr. Wer wird dabei wessen gewahr? Gibt es zwei Selbste?

*Fr* Nein.

*M* So müssen Sie einsehen, daß es falsch ist, anzunehmen, daß Gewahrsein vorübergehende Phasen hat. Das Selbst ist immer gewahr. Wenn das Selbst sich für den Seher hält, sieht es Objekte.

Das Auftreten von Subjekt und Objekt ist die Erschaffung der Welt. Subjekte und Objekte sind Schöpfungen im Reinen Bewußtsein. Sie sehen in einer Filmvorstellung Bilder sich über die Leinwand bewegen. Wenn Sie auf die Bilder schauen, sind Sie der Leinwand nicht gewahr. Aber ohne die Leinwand dahinter wären die Bilder nicht zu sehen. Die Welt steht für die Bilder und das Bewußtsein für die Leinwand. Das Bewußtsein ist rein; es ist dasselbe wie das Selbst – ewig und unveränderlich. Befreien Sie sich von Subjekt und Objekt, und das Reine Bewußtsein wird allein zurückbleiben.

*Fr* Aber warum wurde dann das Reine Bewußtsein zu *Isvara* (Gott) und offenbarte das Universum, wenn nicht eine Absicht damit verbunden ist?

*M* Haben *Brahman* oder *Isvara* Ihnen das erzählt? – Sie sagen, *Brahman* wurde zu *Isvara* usw. Das sagen Sie ebenfalls nicht im Schlaf. Nur im Wachzustand sprechen Sie von *Brahman, Isvara* und dem Universum. Zum Wachzustand gehören Subjekt und Objekt – infolge des Auftauchens von Gedanken. So ist all dies ein Produkt Ihres Denkens.

*Fr* Aber die Welt existiert im Schlaf, auch wenn ich ihrer nicht gewahr bin.

*M* Wo ist der Beweis?

*Fr* Andere sind ihrer gewahr.

*M* Sagen sie Ihnen das, wenn Sie schlafen, oder werden Sie dann der anderen gewahr, die die Welt in Ihrem Schlaf sehen?

*Fr* Nein, aber Gott ist immer gewahr.

*M* Lassen Sie Gott beiseite, sprechen Sie für sich selbst. Sie kennen Gott nicht. Er ist nur, was Sie von Ihm denken. Ist Er von Ihnen getrennt? Er ist eben jenes Reine Bewußtsein, in dem alle Ideen geformt werden. Und dieses Bewußtsein sind Sie selbst.

*10. Februar 1938*

*Fr* Sri Bhagavan empfiehlt die Suche, sogar wenn man mit äußerer Tätigkeit beschäftigt ist. Das Ende der Suche ist die Verwirklichung des Selbst; demzufolge muß der Atem aufhören. Wenn das geschieht, wie soll die Arbeit weitergehen, oder mit anderen Worten: Wie kann der Atem aufhören, wenn man arbeitet?

*M* Das ist eine Verwechslung. Wer ist der Sucher? Der Strebende, und nicht der Vollendete. Die Suche zeigt an, daß der Sucher sich als getrennt von dem betrachtet, was er sucht.

Solange diese Dualität besteht, hört die Suche nicht auf. Man forscht, bis die Individualität endet, und das Selbst als das Eine, Ewige Sein, in dem sowohl die Suche als auch der Sucher enthalten sind, verwirklicht ist. Das Selbst ist beständiges und ununterbrochenes Gewahrsein. Der Zweck der Suche besteht darin, dieses Wesen des Selbst zu erkennen. Die Suche muß fortgesetzt werden, bis die Trennung ein Ende hat. Ist dieses Ziel erreicht, besteht keine Notwendigkeit mehr zu weiterer Bemühung. Die Frage wird sich gar nicht mehr stellen, denn es wäre absurd, wenn das Gewahrsein fragte: ‹Wer ist gewahr?›.

Der Sucher ist noch seiner eigenen Individualität gewahr. Die Suche ist seinem individuellen Gewahrsein nicht im Wege, noch behindert ein solches Gewahrsein das äußere Tun. Wenn also äußerliches Tun das individuelle Gewahrsein nicht stört, wie kann dann ein Tun, bei dem man gewahr ist, daß man nicht vom Selbst getrennt ist, das ununterbrochene Gewahrsein des Selbst beeinträchtigen – eines Selbst, das das Eine ist ohne Zweites und nicht ein Individuum, das getrennt vom Tun ist?

*Fr* Ich bin als Teil der Schöpfung von dieser abhängig. Ich kann dieses Rätsel nicht lösen, bevor ich unabhängig bin. So bitte ich Sri Bhagavan, es für mich zu tun.

*M* Ja. Es ist Bhagavan, der sagt: ‹Werden Sie unabhängig, und lösen Sie das Rätsel selbst. Sie müssen es selbst tun.› Wo sind Sie denn jetzt, daß Sie dies fragen? Sind Sie in der Welt, oder ist die Welt in Ihnen? Sie müssen zugeben, daß Sie im Schlaf die Welt nicht bemerken, obwohl Sie Ihre Existenz im Schlaf nicht verneinen können. Die Welt erscheint, wenn Sie aufwachen. Wo ist sie also? Es ist ganz klar, daß die Welt lediglich Ihr Gedanke ist. Gedanken aber sind Ihre Projektionen. Die Welt wird vom ‹ich› erschaffen, das seinerseits aus dem Selbst auftaucht. Das Rätsel von der Schöpfung der Welt ist gelöst, wenn Sie erkennen, wie das ‹ich› entsteht. Daher sage ich ‹Finden Sie das Selbst›.

Wiederum: Kommt die Welt und fragt Sie: ‹Warum existiere ich? Wie wurde ich geschaffen?› Sie sind es, die fragen. Wer fragt, muß die Beziehung zwischen der Welt und sich selbst herstellen. Er muß erkennen, daß die Welt seine eigene Vorstellung ist. Wer ist das, der sie sich vorstellt? Lassen Sie ihn das ‹ich› finden und dann das Selbst.

Im übrigen stimmen all die wissenschaftlichen und theologischen Erklärungen keineswegs überein. Die Abweichungen vieler Theorien voneinander zeigen deutlich die Nutzlosigkeit solcher Überlegungen.

Vom Standpunkt des Individuums sind sie allerdings wahr. Aber im Zustand der Verwirklichung gibt es keine Schöpfung. Wenn man die Welt sieht, sieht man nicht sich selbst; wenn man das Selbst sieht, wird die Welt nicht gesehen. Bleiben Sie also das Selbst und erkennen Sie, daß es nie eine Schöpfung gegeben hat.

*11. Februar 1938*

In einem Artikel des *Vision* schrieb Swami Ramdas:
‹Suchen Sie unbedingt die Gemeinschaft mit Weisen, aber bleiben Sie nicht zu lange bei ihnen. Die Redensart ‹Vertrautheit brütet Geringschätzung aus› trifft auch hier zu.

Zweifellos hängt spirituelles Wachstum in hohem Maße von entsprechender Gesellschaft ab. Daher ist die Gemeinschaft mit Weisen für den Wahrheitssucher wesentlich. Aber darunter darf nicht verstanden werden, daß der Sucher sich dauernd an sie klammern soll.

Er mag für eine kurze Zeitspanne bei ihnen bleiben, in der er sich inspirieren und leiten läßt und völlig zum Bewußtsein der ihm innewohnenden Wirklichkeit erweckt wird. Aber es ist gut, sich von ihnen zu trennen, bevor das Licht und die Inspiration, die er von ihnen empfängt, verblaßt oder gar verschwindet.

Dem Schreiber sind mehrere solcher Fälle bekannt und von vielen anderen hat er gehört oder gelesen. Dabei hat das zu lange Verweilen in der Gemeinschaft mit Weisen nicht nur die Begeisterung und die Sehnsucht des betreffenden Suchers abgekühlt, sondern sie sogar in Skeptiker und Spötter verwandelt. Der Abfall von Glauben, Lauterkeit und Sehnen bringt dem geistig Strebenden ungeheuren Schaden.

Eine junge Pflanze, die im Schatten eines voll ausgewachsenen Baumes heranwächst, kann sich nicht frei entfalten. Sie bleibt zwergwüchsig und kümmerlich. Wird sie dagegen ins Freie verpflanzt, wo sie Stürmen, Hitze, Kälte und anderen Unbilden wechselnden Wetters ausgesetzt ist, erwächst sie ganz von selbst zu einem mächtigen Baum, der sowohl von unten wie von oben die notwendigen Nährstoffe aufnimmt.

Dieser Vergleich mit der Pflanze verbildlicht gut das verkümmerte Leben eines Suchers, der ausschließlich an der äußeren Person eines Heiligen hängt und alle seine Tage in enger Gemeinschaft mit ihm verbringt. Dabei wird der Antrieb zu freiem Ausdruck der ihm eigenen spirituellen Möglichkeiten unterbunden. Er versäumt, die grundlegenden Eigenschaften für sein Vorankommen zu pflegen: Furchtlosigkeit, Selbständigkeit und Ausdauer. Die eine große Führung, die sein Denken, sein Reden und seinen Körper lenkt, ist das Selbst in ihm. So sollte das Ziel des Strebenden sein, sich Ihm auszuliefern und Es zu verkörpern. Die echte Freiheit, den wahren Frieden, kann er nur finden, wenn er auf eigenen Füßen steht, durch eigene Kraft und Erfahrung wächst und sich schließlich durch eigenes Bemühen Gott hingibt. Aus dem Gesagten darf nun nicht geschlossen werden, daß die Bedeutung und Wirksamkeit der Gemeinschaft mit Verwirklichten herabgemindert werden soll. Ein derartiger Kontakt ist das wirksamste Mittel für eine rasche spirituelle Entwicklung der Seele. Tatsächlich ist die Gnade von Heiligen eine unschätzbare Hilfe für den geistigen Pfad, und ohne sie ist der Zustand eines Suchers gleich dem des Vogels, der seine Schwingen vergebens gegen die Gitterwände seines Käfigs schlägt. Heilige sind die Erlöser und Befreier. Der Hindu ist davon überzeugt, daß der Heilige die Verkörperung Gottes ist. So ehrt er ihn, genießt den seltenen Vorzug seiner Gesellschaft, dient ihm aus freiem und reinem Herzen, lauscht aufmerksam seinem Rat und bemüht sich, ihn zu befolgen und so die volle Erkenntnis der Wahrheit zu erlangen, die er sucht. Versucht aber nicht, an seiner Person verhaftet zu bleiben, weil ihr sonst die spirituellen Gaben verlieren könntet, die ihr beim ersten Kontakt mit ihm empfangen habt.

Der Text wurde Bhagavan vorgelesen. Er hörte zu und schwieg. Erst als er um seine Ansicht gebeten wurde, antwortete er, indem er einen Tamilvers zitierte des Inhalts, daß die Gemeinschaft mit dem Guru bis zum Tode aufrechterhalten werden sollte. Dann fragte er:

Wo ist der Guru? – Innen.

Er zitierte einen anderen Vers:

‹O Meister, der in allen Inkarnationen meiner Vergangenheit in mir war und der sich schließlich als menschliches Wesen offenbarte, um die Sprache zu sprechen, die ich verstehen kann, und um mich zu führen.›*

*19. Februar 1938*

Fr Meine Versuche, mich zu konzentrieren, werden von plötzlichem Herzklopfen gestört, das von hartem, kurzem und schnellem Atmen begleitet ist. Dann sprudeln meine Gedanken hervor, und der Geist gerät außer Kontrolle. Wenn ich gesund bin, habe ich mehr Erfolg; mein Atem kommt in tiefer Konzentration zum Stillstand. Ich habe mich seit langem nach der Nähe Bhagavans gesehnt, um meine Meditation zu vertiefen, und konnte jetzt nach erheblicher Mühe hierherkommen. Jetzt wurde ich krank; ich vermochte nicht zu meditieren und war deshalb niedergeschlagen. Ich bemühte mich sehr, meinen Geist zu konzentrieren, obwohl ich unter stoßhaftem Atem litt. Nun werde ich bald wieder abreisen müssen. Der Gedanke daran bedrückt mich. Hier in der Halle sehe ich Leute, die in der Meditation Frieden finden, während es mir nicht beschieden ist. Das übt eine deprimierende Wirkung auf mich aus.

M Dieser Gedanke ‹Ich kann mich nicht konzentrieren› ist selbst das Hindernis. Weshalb sollte Ihnen ein solcher Gedanke kommen?

Fr Kann man während vierundzwanzig Stunden des Tages ohne Gedanken bleiben? Soll ich überhaupt nicht meditieren?

M Was sind wieder Stunden? Es ist eine Vorstellung. Jede Ihrer Fragen gründet auf einem Gedanken.
Friede und Glück sind Ihr Wesen. Gedanken sind die Hindernisse zur Verwirklichung. Der Zweck von Meditation und Konzentration ist es, die Hindernisse zu überwinden, und nicht, das Selbst zu erlangen. Ist denn irgend jemand vom Selbst getrennt? Nein. Es heißt, das wahre Wesen des Selbst sei Friede. Wenn dieser Friede nicht gefunden wird, dann ist dies auch nur ein Gedanke, der dem Selbst fremd ist. Meditation wird geübt, um diese Vorstellungen loszuwerden. Es muß also jeder Gedanke aufgelöst werden, sowie er auftaucht. Verlieren Sie sich nicht in Gedanken.

---

* Man braucht aus dieser Meinungsverschiedenheit der beiden Meister keinen Widerspruch zu konstruieren. Bhagavan bezieht sich ausdrücklich auf den inneren Guru, während Swami Ramdas ebenso deutlich von der Gemeinschaft mit dem äußeren Guru spricht.

Sie werden Ihres Körpers erst gewahr, wenn Sie das Selbst vergessen. Aber können Sie Es überhaupt vergessen, da Sie doch das Selbst sind? Dazu müßte es zwei Selbste geben, eines, das das andere vergißt. Das ist absurd. Das Selbst ist frei von Mängeln und kann auch nicht niedergeschlagen sein – es ist immer glücklich. Wenn wir anders empfinden, ist das nur ein Gedanke, der in Wirklichkeit keine Bedeutung hat. Werden Sie die Gedanken los. Weshalb wollen Sie versuchen zu meditieren? Da man das Selbst ist, bleibt man immer verwirklicht. Sie müssen sich nur von den Gedanken befreien.

Sie glauben, Ihre Gesundheit erlaube Ihnen keine Meditation. Dieses niederdrückende Gefühl muß zu seinem Ursprung zurückverfolgt werden, der irrigen Identifizierung des Körpers mit dem Selbst. Nicht das Selbst ist krank, sondern der Körper. Aber dieser kommt nicht und sagt Ihnen, daß er an dieser Krankheit leide. Sie sagen es. Warum? Weil Sie sich irrtümlich mit dem Körper identifiziert haben.

Der Körper selbst ist ein Gedanke. Seien Sie, was Sie wirklich sind: Sie haben keinen Grund, deprimiert zu sein.

Die Fragerin wurde aus der Halle gerufen und ging. Das Gespräch wurde von anderen fortgesetzt.

*Fr* In Bhagavans Antworten ist essentiell alles enthalten. Aber das genügt nicht, um unseren Geist friedvoll zu machen. Es ist sehr schwer, sich dazu zu äußern, auch wenn nicht alles verstanden worden ist. Ich will es trotzdem versuchen.

Um körperliche Störungen zu beseitigen, müssen zuerst geistige Störungen behoben werden. Beiden liegen Gedanken zugrunde, woraus geschlossen werden kann, daß mit deren Erlöschen auch die Störungen aufhören. Um das Denken zu beenden, muß man sich bemühen. Zu den notwendigen Anstrengungen ist unser Geist, solange er schwach ist, jedoch nicht fähig. Nur Gnade kann dem Geist zur Stärke verhelfen. Gnade aber wird erst durch Hingabe erlangt, die wiederum ohne Gnade nicht möglich ist. So laufen alle Fragen darauf hinaus, Bhagavan um Gnade zu bitten.

Maharshi lächelte und sagte: Ja.

*Fr* Hingabe ist *bhakti*. Bhagavan aber ist bekannt dafür, daß er die ‹Suche nach dem Selbst› empfiehlt. So ist der Hörer verwirrt.

*M* Hingabe kann nur in voller Erkenntnis vollzogen werden; solche Erkenntnis ist das Ergebnis der Suche. Sie endet in Hingabe.

*Fr* Die Erkenntnis des Höchsten ist erst möglich, nachdem das individuelle ‹ich› überschritten worden ist. Das ist *jnana*. Wo ist da noch eine Notwendigkeit für Hingabe?
*M* Genau. Zwischen *jnana* und *bhakti* besteht kein Unterschied.
*Fr* Wie kann das den Sucher befriedigen? Es bleibt nur noch die Gemeinschaft mit Weisen oder das Beten zu Gott übrig.
*M* Ja.

## 5. März 1938

Es wurde etwas vorgelesen, was sich auf die wunderbare Heilung eines Lahmen durch die Gnade Arunachalas bezog. Sri Bhagavan erzählte anschließend von einem Mann, den er gesehen hatte, als er noch im Gurumurtham lebte.

Er hieß Kuppu Iyer. Seine Beine waren gelähmt; er konnte sie nicht benutzen. Als er eines Tages unterwegs war – er bewegte sich mit Händen und Gesäß –, erschien plötzlich ein alter Mann vor ihm und befahl: ‹Steh auf und geh! Warum rutschst du noch auf deinem Hinterteil herum?› Kuppu Iyer spürte eine seltsame Erregung und war wie außer sich. Er gehorchte unwillkürlich, stand auf und begann zu gehen. Nach wenigen Minuten wandte er sich zurück, um nach dem Fremden zu sehen, konnte aber niemanden mehr entdecken. Er berichtete den Vorfall in der Stadt, wo man ganz verwundert war, ihn auf den Beinen zu sehen. Jeder alte Mann in der Stadt kann diese Heilung bestätigen.

Ein andermal wurde ein Mädchen auf dem Schulwege überfallen und seines Schmuckes beraubt. Wieder erschien plötzlich ein alter Mann, befreite das Mädchen, begleitete es nach Hause und verschwand dann. Solche geheimnisvollen Vorfälle passieren öfter in Tiruvannamalai.

## 6. März 1938

Bhagavan gab einem im Ruhestand lebenden Richter einige Erklärungen zur Schrift *Upadesa Saram*.
1. Meditation soll so ununterbrochen fließen wie ein Strom. Dann spricht man von *samadhi* oder *kundalini sakti*.
2. Der Geist mag vorübergehend im Selbst versunken sein – er muß stets von neuem auftauchen. Danach befindet man sich in

demselben Zustand wie zuvor, denn die geistigen Anlagen *(vasanas)* sind erhalten geblieben.
3. Ist die Aktivität des Geistes aber gänzlich erloschen, dann lebt sie niemals wieder auf. Selbst wenn der Betreffende nach dem Auftauchen aus dem *samadhi* die Welt sieht, wird er sie nur als das nehmen, was sie tatsächlich ist: ein Phänomen der Einen Wirklichkeit.

Das wahre Wesen kann nur in *samadhi* verwirklicht werden; was dort vorherrscht, ist immer dagewesen, sonst könnte es nicht die ewiggegenwärtige Wirklichkeit sein. Was im *samadhi* erlebt wurde, ist auch hier und jetzt vorhanden. Verbleiben Sie darin; es ist der natürliche Zustand Ihres Seins. Doch ist *nirvikalpa samadhi* nur von begrenztem Nutzen. Man muß notwendigerweise irgendwann aus ihm auftauchen und sich weiterhin mit der Welt abgeben. In *sahaja samadhi* dagegen gibt es kein ‹Auftauchen› mehr; man bleibt für immer unberührt von der Welt.

Über die Leinwand gleiten viele Bilder: Feuer verbrennt alles, Wasser durchnäßt alles – aber die Leinwand bleibt unberührt. Die Szenen sind nur vorübergehende Erscheinungen, die die Leinwand lassen, wie sie war. Ähnlich ist es mit den Geschehnissen der Welt; sie wickeln sich vor den Augen des *jnani* ab, ohne ihn innerlich zu berühren.

Sie mögen jetzt einwenden, daß die Menschen an diesem weltlichen Geschehen Freude finden und Ungemach erleiden. Das muß jedoch nicht sein. Schuld daran ist lediglich eine falsche Betrachtungsweise. Das sollte man nicht vergessen.

Für die Übungspraxis bieten sich zwei Wege an: der Weg der Hingabe oder der Weg der Erkenntnis. Sie sind noch nicht das Ziel. *Samadhi* muß erreicht und so lange vertieft werden, bis er zu *sahaja samadhi* geworden ist. Dann bleibt nichts mehr zu tun übrig.

*Fr* In der Meditation verschwindet die Welt und *ananda*, Seligkeit, offenbart sich. Aber diese ist kurzlebig. Wie kann die Seligkeit dauernd erfahren werden?
*M* Indem die Neigungen verbrannt werden.
*Fr* Ist nicht das Selbst nur ein Beobachter, ein Zeuge?
*M* Vom Zeugen kann man nur dort reden, wo ein Objekt vorhanden ist, und das bedeutet Dualität. Die Wahrheit liegt jenseits

davon. Beachten Sie, wie nötig die Sonne für das tägliche Leben ist. Und doch ist sie nicht Teil des weltlichen Handelns, das ohne die Sonne nicht stattfinden könnte. Sie ist bei den Tätigkeiten zugegen. Das gleiche gilt für das Selbst.

## 7. März 1938

*Fr* Alles, was geschieht, wird durch *sakti* (Kraft) bewirkt. Wie weit geht das? Kann sie alles bewirken, ohne unser eigenes Bemühen?
*M* Die Antwort darauf hängt davon ab, wer als das Subjekt verstanden wird. Ist es das ‹ich› oder das Selbst?
*Fr* Das Selbst.
*M* Aber als solches kann es sich nicht bemühen.
*Fr* Der *jiva* ist es, der sich müht.
*M* Solange ein ‹ich› da ist, muß man sich bemühen. Wenn es sich aufgelöst hat, wird Handeln spontan. Das ‹ich› handelt in Gegenwart des Selbst; ohne dieses kann es nicht existieren.
Das Selbst macht durch seine *sakti* das Universum zu dem, was es ist, und handelt doch nicht selbst. Sri Krishna sagt in der *Bhagavad Gita*: ‹Ich bin nicht der Handelnde, und doch geht das Handeln weiter.› Das *Mahabharata* berichtet, daß Krishna wunderbare Taten vollbrachte und doch sagte, daß Er nicht der Handelnde sei. Es ist das gleiche wie mit der Sonne und den täglichen Handlungen.
*Fr* Er ist im Gegensatz zum *jiva* ohne Verhaftetsein an die Welt.
*M* Ja. Und da der *jiva* der Welt verhaftet ist, handelt er und muß die Früchte seines Handelns ernten. Entsprechen die Früchte seinen Wünschen, ist er glücklich; tun sie es nicht, fühlt er sich elend. Glück und Elend hängen also von seinem Verhaftetsein ab. Würden die Tätigkeiten ohne Verhaftetsein stattfinden, dann brauchte man keine ‹Früchte› zu erwarten.
*Fr* Kann man spontan handeln, ohne individuelles Bemühen? Müssen wir nicht unser Essen kochen, um es später verzehren zu können?
*M* Das Selbst handelt durch das ‹ich›. Alles Handeln geschieht durch Bemühen. Ein schlaftrunkenes Kind wird von der Mutter gefüttert, ohne daß es richtig aufwacht, und streitet daher später ab, gegessen zu haben. Ähnlich unwissend handelt der *jnani*. Andere sehen ihn handeln; er selbst ist sich dagegen dessen nicht bewußt.

## 10. März 1938

*Fr* Ein Jünger naht sich einem Meister und bittet ihn um Erleuchtung. Der Meister sagt ihm, daß *Brahman* weder Eigenschaften noch Form, noch Mängel besitze. Spricht er dann nicht als Individuum? Wie kann das Nichtwissen des Suchenden ausgelöscht werden, ohne daß der Meister zu ihm spricht? Sind die Worte des Meisters auch dann Wahrheit, wenn er als Individuum spricht?

*M* Zu wem sollte der Meister sprechen? Wen unterweist er? Sieht er irgend jemanden getrennt vom Selbst?

*Fr* Aber der Jünger verlangt nach Erleuchtung.

*M* Schon, aber sieht der Meister ihn als von sich verschieden? Das Nichtwissen des Jüngers ist das Nichterkennen, daß alle ‹verwirklicht› sind. Kann irgend jemand getrennt vom Selbst existieren? Der Meister weist mit Nachdruck darauf hin, daß hier der Irrtum liegt und daß der Jünger tatsächlich niemals vom Selbst abgespalten sein kann.

Was ist Verwirklichung? Ist es, Gott mit vier Händen zu sehen, die Muschelhorn, Rad oder Keule halten? Selbst wenn Gott in dieser Form existieren sollte, wie könnte dadurch das Nichtwissen des Schülers ausgelöscht werden? Die Wahrheit muß ewige Verwirklichung sein. Die unmittelbare Wahrnehmung ist ewig gegenwärtige Erfahrung. Gott wird nur durch direkte Wahrnehmung erkannt. Das bedeutet aber nicht, daß er physisch vor einem erscheint. Wenn die Verwirklichung nicht ewig ist, nützt sie gar nichts. Kann eine Erscheinung mit vier Händen ewig sein? Sie ist eine Illusion. Es muß ein Seher da sein; nur er ist wirklich und ewig.

Selbst wenn Gott als das Licht von Millionen Sonnen erschiene: Ist das unmittelbare Wahrnehmung?

Um etwas zu sehen, sind Augen und Geist nötig. Das ist die indirekte Erfahrung, während der Seher direkt erfahren wird. Er allein wird unmittelbar wahrgenommen, alle anderen Wahrnehmungen sind Erkenntnisse aus zweiter Hand. Die gegenwärtige Identifizierung mit dem Körper ist jedoch so tief verwurzelt, daß das Erschaute für die unmittelbare Wahrnehmung gehalten wird, der Seher selbst aber nicht. Niemand verlangt nach Verwirklichung, weil niemand da ist, der nicht verwirklicht wäre. Kann denn irgend jemand behaupten, er sei nicht verwirklicht oder er sei vom Selbst getrennt? Nein. Offensichtlich sind alle verwirklicht. Was ihn unglücklich macht, ist sein Wunsch nach außergewöhnlichen Kräften. Er weiß, daß er sie nicht hat. Daher möchte er, daß Gott vor ihm erscheint, alle Seine Kräfte auf ihn, den Anbeter, überträgt und Sich selbst im Hintergrund hält. Kurz, Gott soll abdanken zugunsten des Menschen.

*Fr* Das alles so deutlich auszusprechen mag richtig sein für große Seelen wie Bhagavan. Da die Wahrheit nie von Ihnen weicht, glauben Sie, daß auch alle anderen sie erkennen können. Aber das gewöhnliche Volk hat damit große Schwierigkeiten.

*M* Dann gibt es also jemanden, der behauptet, er sei nicht das Selbst?

*Fr* Ich wollte damit nur sagen, daß niemand den Mut hat, die Dinge so direkt auszusprechen wie der Maharshi.

*M* Wieso gehört Mut dazu, die Dinge so auszusprechen, wie sie sind?

Eine europäische Gräfin nahm Abschied, um heimzukehren, und bat Bhagavan um seinen Segen für sie und ihre Familie.

*M* Sie gehen nicht irgendwohin, fort aus der ‹Gegenwart›, wie Sie glauben. Die ‹Gegenwart› ist überall. Der Körper bewegt sich von Ort zu Ort und verläßt dennoch nicht die Eine ‹Gegenwart›. Somit kann niemand aus der Sicht der Höchsten Gegenwart verschwinden. Da Sie einen Körper mit Bhagavan identifizieren und einen anderen mit sich selbst, sehen Sie zwei Wesenheiten und sprechen davon, hier fortzugehen. Wo immer Sie sein mögen, Sie können Mich nicht verlassen.

Um es zu veranschaulichen: Die Bilder bewegen sich in einer Filmvorstellung, aber bewegt sich die Leinwand? Nein. Die ‹Gegenwart› ist die Leinwand; Sie, ich und andere sind die Bilder. Die Individuen mögen sich bewegen, das Selbst nicht.

*Fr* Es heißt, daß *avatars* (göttliche Inkarnationen) größer seien als *jnanis*, die das Selbst verwirklicht haben. *Maya* kann sie von Geburt an nicht berühren; göttliche Kräfte zeigen sich an ihnen; neue Religionen werden geboren usw.

*M* Wie könnte sich ein *avatar* von einem *jnani* unterscheiden – oder wie kann ein *avatar* getrennt vom Universum sein?

*Fr* Man sagt, das Auge sei der Sitz aller Formen und das Ohr der Sitz aller Töne. Das Eine Bewußtsein *(chaitanya)* wirkt alles; keine Wunder können ohne Mithilfe der Sinne eintreten. Wie kann es dann überhaupt Wunder geben? Es heißt, sie überstiegen menschliches Begreifen; aber das tun Traumschöpfungen auch. Wo bleibt da das Wunder?

Die Unterscheidung zwischen *avatars* und *jnanis* ist absurd. Sie widerspricht der Feststellung der *Upanishad*: ‹Nur wer *Brahman* erkennt, wird *Brahman*.›

M  So ist es.

### 15. März 1938

Eine größere Gruppe von Pilgern aus dem Punjab kam an; die Teilnehmer saßen eine lange Zeit schweigend. Schließlich sprach einer von ihnen:

Ihr Ruf hat sich im Punjab ausgebreitet. Wir sind weit gereist, um Sie zu sehen. Bitte unterweisen Sie uns.

Bhagavan sah sie freundlich an, aber antwortete nicht. Nach einer Weile fragte er wieder:

Welcher Pfad ist der beste – Yoga, *bhakti* oder *jnana*?

Bhagavan lächelte und schaute sie weiterhin an. Als er dann für einige Minuten die Halle verließ, verliefen sich die Besucher. Einige blieben sitzen; ihnen erklärte einer der Ashram-Bewohner, daß Bhagavan ihre Fragen durch sein Schweigen beantwortet habe, das beredter als Worte sei. Nachdem Bhagavan zurückgekehrt war, fuhr der Frager fort:

Für diejenigen, die an Gott glauben, ist die Welt in Ordnung. Andere fragen: ‹Gibt es überhaupt einen Gott?›

M  Gibt es denn Sie?

Fr  Genau das ist die Frage. Ich sehe vor mir ein Bataillon Soldaten vorbeimarschieren, also bin ich. Die Welt muß von Gott erschaffen worden sein. Wie kann ich den Schöpfer sehen?

M  Sehen Sie den, der jene sieht – und das Problem ist gelöst.

Fr  Heißt das stillzusitzen, oder heilige Schriften zu lesen, oder den Geist zu konzentrieren? *Bhakti* fördert die Konzentration. Die Leute fallen dem *bhakta* zu Füßen. Tun sie es nicht, ist er enttäuscht und sein *bhakti*, seine Hingabe, schwindet.

M  Das Sehnen nach Glück schwindet nie. Das ist *bhakti*.

Fr  Wie erreiche ich diesen Zustand schneller? Angenommen, ich konzentriere mich täglich zwei Stunden lang. Versuche ich am nächsten Tag, die Periode auszudehnen, schlafe ich ein, weil ich müde werde.

*M* Im Schlaf werden Sie nicht müde. Dieselbe Person ist jetzt hier gegenwärtig. Warum sollten Sie jetzt müde werden? Nicht Sie, Ihr Geist wird müde, weil er rastlos ist und umherwandert.
*Fr* Ich bin Geschäftsmann. Wie soll ich in meinem Geschäft weiterkommen und gleichzeitig den Frieden des Geistes erlangen?
*M* Auch das ist nur ein Gedanke. Geben Sie ihn auf und verbleiben Sie als das wahre Selbst.
*Fr* Es heißt: Tu deine Pflicht, ohne Ergebnisse zu erwarten. Wie komme ich zu einer solchen Geisteshaltung?
*M* Sie brauchen keinen neuen Zustand anzustreben oder zu erreichen. Werden Sie Ihre gegenwärtigen Gedanken los, das ist alles.
*Fr* Und wie finde ich die Hingabe, die dazu nötig ist?
*M* Es ist Hingabe, Gedanken loszuwerden, die Ihnen – dem Selbst – fremd sind.
*Fr* In Paris gab es einen Doktor Coué. Er hatte nicht Medizin studiert und konnte doch viele scheinbar unheilbare Krankheiten nur durch Willenskraft heilen. Er pflegte zu sagen: Entwickeln Sie die Kraft, sich selbst zu heilen. Die Kraft ist in Ihnen.
*M* Es ist die gleiche Willenskraft, durch die der Sitz aller Krankheiten, der Körper, entstanden ist.
*Fr* Es heißt auch, daß Gedanken sich als Objekte manifestieren.
*M* Auch dieser Gedanke muß sich auf *mukti*, die Befreiung, richten.
*Fr* Gott muß uns helfen, die andern Gedanken loszuwerden.
*M* Wieder ein Gedanke. Lassen Sie das, was sich verkörpert hat, fragen. Sie sind das nicht, denn Sie sind von Gedanken frei.

*Fr* Der *atma*, das Selbst, ist ohne Gestalt. Wie kann ich mich auf Ihn konzentrieren?
*M* Lassen Sie *atma* beiseite, der für Sie gestaltlos und unfaßbar ist. Der Geist ist für Sie faßbar. Halten Sie an ihm fest, das genügt.
*Fr* Der Geist ist sehr subtil und außerdem dasselbe wie *atma*. Wie sollen wir das Wesen des Geistes erkennen? Sie haben gesagt, daß alle Hilfen nutzlos sind. Worauf sollen wir uns dann stützen?
*M* Worauf stützt sich Ihr Geist?
*Fr* Worauf denn?
*M* Fragen Sie den Geist selbst.
*Fr* Ich frage Sie jetzt. Sollen wir uns denn auf den Geist konzentrieren?
*M* Hm.
*Fr* Aber was ist das Wesen des Geistes? Er ist formlos. Das Problem ist verwirrend.

*M* Warum lassen Sie sich verwirren?
*Fr* Die Schriften verlangen, daß wir uns konzentrieren, und ich kann es nicht.
*M* Durch welche Schriften haben wir unsere Existenz kennengelernt?
*Fr* Sie ist eine Sache der Erfahrung. Aber ich möchte mich konzentrieren.
*M* Bleiben Sie von Gedanken frei. Halten Sie an nichts fest, dann wird auch Sie nichts festhalten. Seien Sie Sie selbst.
*Fr* Ich weiß immer noch nicht, was ich machen soll. Kann ich über meinen Geist meditieren?
*M* Wessen Geist?
*Fr* Meinen eigenen.
*M* Wer sind Sie? Damit wird sich das Problem lösen.
*Fr* Maharshi weist den Sucher an, die Gedanken loszuwerden. Auf was soll ich aber den Geist konzentrieren, nachdem alle Gedanken vertrieben worden sind? Ich weiß nicht, auf was ich mich dann konzentrieren soll.
*M* Für wen ist die Konzentration?
*Fr* Für den Geist.
*M* Dann konzentrieren Sie den Geist.
*Fr* Auf was?
*M* Beantworten Sie die Frage selbst. Was ist der Geist? Warum sollten Sie sich konzentrieren?
*Fr* Ich weiß nicht, was der Geist ist. Ich frage Maharshi.
*M* Maharshi versucht nicht, den Geist zu erkennen. Der Frager muß den Geist selbst fragen, was er ist.
*Fr* Maharshi rät, den Geist von Gedanken zu befreien.
*M* Das ist selbst ein Gedanke.
*Fr* Was bleibt übrig, wenn alle Gedanken verschwinden?
*M* Ist der Geist verschieden von Gedanken?
*Fr* Nein. Der Geist besteht aus Gedanken. Aber wenn ich alle Gedanken los bin, wie soll ich mich dann auf den Geist konzentrieren?
*M* Ist nicht auch dies ein Gedanke?
*Fr* Ja. Aber ich soll mich doch konzentrieren?
*M* Warum? Warum sollten Sie Ihren Gedanken nicht erlauben, frei zu spielen?
*Fr* Die Schriften künden, daß Gedanken, die wir frei spielen lassen, uns irreführen, d. h. zu unwirklichen und veränderlichen Dingen.

M  Sie möchten also nicht zu unwirklichen und veränderlichen Dingen geführt werden. Ihre Gedanken sind unwirklich und veränderlich. Sie möchten die Wirklichkeit festhalten. Das ist genau, was ich sage. Die Gedanken sind unwirklich. Werden Sie sie los.
Fr Jetzt verstehe ich. Aber da ist noch ein Zweifel. Es heißt: ‹Du kannst keinen einzigen Augenblick untätig sein.› Wie kann ich mich da von Gedanken befreien?
M  Die gleiche *Gita* sagt: ‹Obgleich alle Handlungen stattfinden, bin Ich doch nicht der Handelnde.› Es ist wie mit der Sonne und den weltlichen Tätigkeiten. Das Selbst bleibt immer ruhig, während Gedanken aufsteigen und absinken. Das Selbst ist Vollkommenheit; Es ist unwandelbar; der Geist ist begrenzt und veränderlich. Sie brauchen nur Ihre Begrenzungen abzuwerfen, und Ihre Vollkommenheit ist offenbar.
Fr Dazu gehört Gnade.
M  Gnade ist immer da. Alles, was nottut, ist, daß Sie sich ihr ausliefern.
Fr Ich liefere mich aus und bete, daß ich, wenn ich einmal abirre, gewaltsam zurückgezogen werden möge.
M  Ist das Auslieferung? Wenn sie vollständig sein soll, darf sie nicht in Frage gestellt werden und muß bedingungslos sein.
Fr Ja, ich liefere mich so aus. Sie sagen, ich muß in das Meer des Selbst tauchen wie der Perlentaucher in die Tiefe des Ozeans.
M  Weil Sie jetzt glauben, Sie seien außerhalb des Meeres des Bewußtseins.
Fr Ich übe *pranayama*. Das erzeugt Hitze in meinem Körper. Was soll ich dagegen tun?
M  Die Hitze geht vorüber, wenn der Geist ruhig wird.
Fr Das ist wahr, aber höchst schwierig zu erreichen.
M  Auch das ist wieder ein Gedanke, der ein Hindernis ist.

Fr Es heißt, daß alle, selbst unverlangt, befreit werden, die in einem Umkreis des Arunachala von dreißig Meilen leben oder dort sterben.
Andrerseits wird behauptet, daß die Befreiung nur durch *jnana* erlangt werden könne, und in den Schriften heißt es, daß die Lehre des *Vedanta* schwierig zu begreifen sei. Es ist also gar nicht so einfach, befreit zu werden, es sei denn, man lebt am Arunachala. Wie kann das sein?
M  Siva sagt: ‹Durch meine Gebote erhalten diejenigen, die hier leben,

419

*mukti* (Befreiung) auch ohne Einweihung und Unterweisung.› Das ist Sivas Gebot.

Fr  Die Schriften sagen auch, daß diejenigen, die hier geboren sind, zu Sivas Gefolge von Geistern und körperlosen Wesen gehören.

M  Das wird auch von andern Orten gesagt, z. B. von Tiruvarur und Chidambaram.

Fr  Wie kann bloßes Dort-Leben die Befreiung gewähren? Das ist schwer zu verstehen.

M  ‹Chidambaram zu sehen, in Tiruvarur geboren zu werden, in Benares zu sterben oder an Arunachala nur zu denken heißt, der Befreiung sicher sein.›

Kamalaleye (Tiruvarur) bedeutet das ‹Herz›, Abhrasadasi (Chidambaram) der ‹Sitz des Reinen Bewußtseins›, Kasi (Benares) ist ‹das Licht der Verwirklichung› und an Arunachala zu denken schließt den Vers ab. Es muß auch in diesem Sinne verstanden werden.

Fr  Also ist *bhakti*, Hingabe, notwendig.

M  Alles hängt vom Standpunkt des Betrachters ab. Es mag für ihn feststehen, daß alle, die in Tiruvarur geboren sind, Chidambaram besuchen, in Benares sterben oder über Arunachala meditieren, Befreite sind.

Fr  Ich denke an Arunachala, bin aber keineswegs ein *mukta* (Befreiter).

M  Ändern Sie Ihre Einstellung. Denken Sie daran, was solch eine Änderung für Arjuna bedeutete. Er hatte die Vision des Kosmischen Selbst.

Sri Krishna sagte: ‹Götter und Heilige wären glücklich, könnten sie Meine kosmische Gestalt schauen; ich habe ihren Wunsch nicht erfüllt. Dir aber gewähre ich den göttlichen Blick, mit dem Du sie sehen kannst.› Schön. Aber zeigte Krishna Arjuna wirklich, was Er ist? Nein. Statt dessen fordert er Arjuna auf, alles in Ihm zu sehen, was er zu sehen wünsche. Seine wirkliche Form sei unveränderlich und müßte auch so erkannt werden. Wo ist dann die Kosmische Gestalt? Sie muß in Arjuna sein. Arjuna aber sah in jener Form Götter und Heilige, wie sie dem Herrn lobsingen. Wenn Krishna die Offenbarung Seiner Gestalt Göttern und Heiligen nicht gewährte, wie Er sagte – wer sind diejenigen in Arjunas Vision?

Fr  Er muß sie sich einbilden.

M  Sie sind da, weil sie seiner Vorstellung entsprechen.

*Fr* Dann muß diese Vorstellung durch Gottes Gnade geändert werden.
*M* Ja. Und das geschieht bei denjenigen, die Hingabe üben.
*Fr* Ein Mensch träumt von einem Tiger, bekommt es mit der Angst zu tun und wacht auf. Der Traum-Tiger erscheint dem Traum-‹ich›, das sich fürchtet. Wie kommt es, daß dieses Traum-‹ich› verschwindet und der Mensch als das ‹ich› des Wachzustandes aufwacht?
*M* Das bestätigt, daß das ‹ich› stets dasselbe ist. Traum, Wachzustand und Schlaf ziehen an demselben ‹ich› vorbei.
*Fr* Es ist so schwer, den Geist zu entdecken. Das bereitet allen Schwierigkeiten.
*M* Sie können niemals den Geist durch den Geist finden; gehen Sie jenseits von ihm, dann erkennen Sie, daß er gar nicht existiert.
*Fr* Dann muß man das ‹ich› unmittelbar suchen. Stimmt das?
*M* Das ist es. – Geist, ‹ich›, Intellekt sind verschiedene Bezeichnungen für ein einziges inneres Organ *(antahkarana)*. Der Geist ist nur eine Anhäufung von Gedanken. Gedanken können ohne das ‹ich› nicht existieren. So sind alle Gedanken vom ‹ich› erfüllt. Suchen Sie herauszubekommen, woher das ‹ich› auftaucht, und die anderen Gedanken werden verschwinden.
*Fr* Was übrigbleibt, kann nicht das ‹ich› sein, sondern einzig das Reine Bewußtsein.
*M* Ganz recht. Sie beginnen mit der Suche nach Glück. Sie entdecken, daß Ihr Elend von Gedanken verursacht wird. Die Gedanken werden ‹Geist› genannt. Während Sie versuchen, den Geist zu bemeistern, suchen Sie das ‹ich› und gelangen in den Zustand von Sein-Erkenntnis-Seligkeit.
*Fr* Was ist der Geist also?
*M* Geist ist Bewußtsein, das Grenzen angenommen hat. Ursprünglich sind Sie unbegrenzt und vollkommen. Später nehmen Sie Grenzen an und werden der Geist.
*Fr* Das nennt man dann *avarana*, Verschleierung. Wie kommt das zustande?
*M* Für wen existiert *avarana*? Es ist dasselbe wie *avidya* (Nichtwissen), ‹ich› oder Geist.
*Fr* *Avarana* bedeutet Verdunkelung. Wer ist verdunkelt? Wie geschieht es?
*M* Die Begrenzung ist selbst die Verdunkelung. Keine Frage wird mehr auftauchen, wenn die Begrenzungen überschritten werden.

## 16. März 1938

M  In der Yoga-Lehre wird einmal von 72 000, ein andermal von 101 *nadis* (subtile Nervenbahnen) gesprochen. Anhänger dieser Lehre, die diese Diskrepanz stört, bezeichnen die 101 *nadis* als große *nadis*, die in 72 000 kleinere unterteilt sein sollen. Manche lassen diese *nadis* sich vom Gehirn ausbreiten, andere vom Herzen und noch andere vom Kreuzbein aus. Man spricht vom *paranadi*, dem Hauptnerv, der vom Kreuzbein aufsteigt und durch die *sushumna*, die Wirbelsäule, über das Gehirn zum Herzen führt.

Einige weisen an, die Verwirklichung im Kopf zu suchen; andere zwischen den Augenbrauen; einige im Herzen und wieder andere im Solarplexus. Der Yogi aber ist mit der Läuterung der *nadis* beschäftigt; dann erwacht *kundalini*, die vom Kreuzbein aus zum Kopf aufsteigt. Am Ende muß der Yogi ins ‹Herz› hinabsteigen. Die *Veden* sagen: ‹Das ‹Herz› ist gleich einer umgekehrten Lotusblume oder einer Bananenknospe. Da ist ein lichter Fleck, klein wie ein Atom, gleich der Spitze eines Reiskorns. Dieser Fleck gleicht einer Flamme, und seine Mitte ist der Sitz des transzendentalen *Brahman*.›

Von was für einem Herzen ist die Rede, von dem der Physiologen? Dann sollten diese das Herz am besten kennen.

Das ‹Herz› wird in den *Upanishaden hridayam* (hrid-ayam = dies ist das Zentrum) genannt. Es ist das Zentrum, aus dem der Geist auftaucht und in das er absinkt. Es ist der Sitz der Verwirklichung. Wenn ich sage, es ist das Selbst, dann stellen sich die Leute vor, es befinde sich im Körper. Wenn ich dann frage, wo das Selbst bleibt, wenn man schläft, scheinen sie zu glauben, daß es zwar im Körper bleibe, aber des Körpers und dessen Umgebung nicht gewahr sei. Solchen Leuten muß man sagen, daß der Sitz der Verwirklichung irgendwo im Körper ist. Der Name des Zentrums ist ‹Herz›; dieses wird aber oft mit dem Herzorgan verwechselt.

Wenn ein Mensch träumt, dann erschafft er sich selbst – den, der träumt – und die Umgebungen; später zieht sich alles wieder in ihn zurück. Das Eine wurde vielfältig, wurde zum Seher und allem anderen. Ebenso wird das Eine im Wachzustand vielfältig. Die objektive Welt ist in Wirklichkeit subjektiv. Ein Astronom entdeckt einen neuen Stern in unermeßlicher Ferne und verkündet, daß dessen Licht Tausende von Lichtjahren brauche, um die

Erde zu erreichen. Wo ist dann der Stern tatsächlich? Ist er nicht im Beobachter selbst? Aber die Leute wundern sich, wie ein riesiger Stern, größer als die Sonne und in solcher Entfernung, in den Gehirnzellen eines Menschen enthalten sein könne. Doch der Raum, die Größe und das Widerspruchsvolle bestehen alle nur im Geist. Wie existieren sie da? Sie müssen ein Licht annehmen, das sie erleuchtet. Diese Gedanken sind im Schlaf nicht da, sondern tauchen erst im Wachzustand auf. Das Licht ist also vorübergehend, da es einen Anfang und ein Ende hat. Das Bewußtsein des Ich aber ist beständig und ununterbrochen, es kann daher nicht das vorerwähnte Licht sein. Dieses ist verschieden von ihm, hat aber keine unabhängige Existenz. Es muß daher reflektiertes Licht sein. So ist also das Licht im Gehirn reflektierte Erkenntnis oder reflektiertes Sein. Die wahre Erkenntnis oder das wahre Sein befindet sich in dem Zentrum, das ‹Herz› genannt wird. Wacht man aus dem Schlaf auf, dann wird es im Kopf reflektiert. Von dort aus breitet es sich als Bewußtsein über den ganzen Körper aus, und so wirkt das überlagerte ‹ich› als das Wesen im Wachzustand.

Das reine Licht im Gehirn ist der reine Geist, der später seine Lauterkeit verliert und zum gewöhnlichen Geist wird.

Das alles ist jedoch im Selbst enthalten. Der Körper und alles, was dazu gehört, sind im Selbst; das Selbst ist nicht auf den Körper beschränkt, wie gemeinhin angenommen wird.

*21. März 1938*

Dr. Stanley Stones, ein christlicher Missionar, besuchte mit zwei Begleiterinnen und einem Begleiter den Ashram. Man weiß von ihm, daß er Vorträge hält und mehrere Bücher veröffentlicht hat. Zur Zeit arbeitet er an einem Buch mit dem Titel *Der Weg Indiens*. Um Material zu sammeln, möchte er alle Personen kennenlernen, die in unserer Zeit die Spiritualität Indiens verkörpern. Er möchte wissen, welche Wege sie gingen und welche spirituellen Erfahrungen sie gemacht haben.

Zu diesem Zweck befragte er auch den Maharshi. Hier wird nur ein kleiner Teil des Interviews wiedergegeben.

Wonach verlangen Sie, was ist Ihr Ziel? Wie weit sind Sie auf Ihrer Suche gekommen?

*M* Das Ziel ist das gleiche für alle. Aber sagen Sie mir, warum sind Sie auf der Suche nach einem Ziel? Warum sind Sie nicht mit dem gegenwärtigen Stand der Dinge zufrieden?
*Fr* Gibt es denn kein Ziel?
*M* Das meine ich nicht. Was läßt Sie nach einem Ziel suchen? Es ist eine Gegenfrage, die von Ihnen eine Antwort verlangt.
*Fr* Ich habe meine eigenen Vorstellungen. Ich möchte wissen, was der Maharshi dazu zu sagen hat.
*M* Der Maharshi hat keine Fragen, die nach Klärung verlangen.
*Fr* Nun gut. Ich sehe die Verwirklichung des höheren Geistes durch den niederen als Ziel an, so daß sich das Reich Gottes auf Erden ausbreiten kann. Der niedere Geist ist unvollkommen und muß durch die Verwirklichung des höheren vollkommen gemacht werden.
*M* Sie nehmen also einen unvollkommenen niederen Geist an, der die Verwirklichung des höheren sucht, um vollkommen zu werden. Ist jener niedere Geist von dem höheren getrennt? Ist er von ihm unabhängig?
*Fr* Das Reich Gottes ist durch Jesus Christus auf die Erde herabgebracht worden. Ich betrachte Ihn als das personifizierte Reich Gottes. Ich wünsche, daß jeder das gleiche verwirklicht. Er sagte: ‹Ich bin hungrig mit den Hungrigen.› Wechselseitige Anteilnahme in Freud und Leid kennzeichnet das Reich Gottes. Wenn dieses Reich universal anerkannt wird, kann jeder sich sofort eins mit allen anderen fühlen.
*M* Sie sprechen von Unterschieden zwischen höherem und niederem Geist, zwischen Freud und Leid. Was wird aus diesen Unterschieden in Ihrem Schlaf?
*Fr* Aber ich möchte hellwach bleiben.
*M* Ist dies Ihr hellwacher Zustand? Nein. Es ist nur ein Traum in einem langen Schlaf. Alle schlafen und träumen von der Welt, von Dingen und Tätigkeiten.
*Fr* Das ist alles *Vedanta*; ich kann damit nichts anfangen. Die bestehenden Unterschiede sind nicht eingebildet, sie sind tatsächlich vorhanden. Was aber ist wirkliches Wachsein? Kann der Maharshi uns sagen, als was er es gefunden hat?
*M* Das wahre Wachsein liegt jenseits der drei Zustände von Wachen, Traum und Tiefschlaf.
*Fr* Ich bin aber wirklich wach und weiß, daß ich nicht schlafe.
*M* Das wahre Wachsein liegt jenseits der Ebene der Unterschiede.
*Fr* Was ist dann der Zustand der Welt?

*M* Kommt die Welt und sagt Ihnen ‹Ich existiere›?
*Fr* Nein, aber die Leute in der Welt sagen mir, daß die Welt spiritueller, sozialer und moralischer Erneuerung bedarf.
*M* Sie sehen die Welt und die Leute in ihr. Es sind Ihre Gedanken. Kann die Welt von Ihnen getrennt sein?
*Fr* Ich begegne ihr mit Liebe.
*M* Stehen Sie abseits, bevor Sie ihr begegnen.
*Fr* Ich bin mit ihr identisch und bleibe doch getrennt. Jetzt bin ich hierhergekommen, befrage den Maharshi und lausche seinen Antworten. Warum stellt er mir Fragen?
*M* Der Maharshi hat Ihnen geantwortet. Seine Antwort läuft darauf hinaus: Wahres Wachsein kennt keine Unterschiede.
*Fr* Kann eine solche Verwirklichung universal verbreitet werden?
*M* Wo sind da Unterschiede? Es gibt in ihr keine Individuen.
*Fr* Haben Sie das Ziel erreicht?
*M* Das Ziel kann nicht etwas sein, das vom Selbst getrennt wäre, noch kann es etwas sein, das neu gewonnen werden müßte. Wäre es so, könnte es nicht beständig sein. Was neu erscheint, verschwindet auch wieder. Das Ziel muß ewig sein – und innen. Finden Sie es in sich selbst.
*Fr* Ich möchte Ihre Erfahrung kennenlernen.
*M* Der Maharshi sucht keine Erleuchtung. Die Frage danach nützt dem Frager nichts. Was hat er davon, ob ich verwirklicht bin oder nicht?
*Fr* Und doch enthält jedermanns Erfahrung etwas Wertvolles, das auch anderen nützen kann.
*M* Das Problem muß von dem gelöst werden, der es hat. Er muß sich selbst die Frage stellen.
*Fr* Ich weiß die Antwort.
*M* Sagen Sie sie uns.
*Fr* Mir wurde vor zwanzig Jahren das Reich Gottes gezeigt – allein durch Gottes Gnade. Ich habe mich nicht darum bemüht. Ich war glücklich. Ich wünsche nun, es auch anderen zugänglich zu machen. Zuvor aber möchte ich Maharshis Erfahrung des Göttlichen kennenlernen.

Jemand unterbrach leise:
Wir alle sind uns darin einig, daß der Maharshi das Reich Gottes auf die Erde gebracht hat. Warum drängen Sie ihn, Ihre Frage nach der Verwirklichung zu beantworten? Es ist Ihre Sache, sie zu suchen und zu finden.

Der Missionar entgegnete mit wenigen Worten und begann erneut, Fragen zu stellen. Da unterbrach ihn Major Chadwick, ein Engländer, der seit Jahren im Ashram lebt, mit lauter Stimme.
*Ch* Die Bibel sagt: ‹Das Reich Gottes ist in euch!›
*Fr* Wie soll ich das erkennen?
*Ch* Warum verlangen Sie vom Maharshi, es für Sie zu tun?
*Fr* Das verlange ich nicht.
*Ch* Das Reich Gottes ist in euch! Danach sollten Sie suchen.
*Fr* Das innere Reich ist nur für die, die hören können.
*Ch* In der Bibel steht ‹in euch› ohne jeden Zusatz.
Dem Missionar wurde plötzlich bewußt, daß die Unterhaltung bereits sehr lange gedauert hatte. Er dankte dem Maharshi sowie den anderen Gesprächsteilnehmern und zog sich zurück.

*Fr* Wie kann ich mich an die Wahrheit erinnern, wenn ich sie im Traum erlebt habe?
*M* Ihr gegenwärtiger Wachzustand, Ihre Träume und Ihr Wunsch, sich zu erinnern, sind alles Gedanken. Sie tauchen erst auf, nachdem der Geist aufgetaucht ist. Existierten Sie nicht auch in Abwesenheit des Geistes?
*Fr* Ja, sicher.
*M* Die Tatsache, daß Sie existieren, ist bereits Ihre Verwirklichung.
*Fr* Ich verstehe es intellektuell. Die Wahrheit erlebe ich nur in flüchtigen Lichtblicken; sie ist nicht beständig.
*M* Solche Gedanken überdecken den Zustand Ihrer ewigen Verwirklichung.
*Fr* Die Unruhe des städtischen Lebens ist der Verwirklichung nicht förderlich. Die nötige Ruhe und Einsamkeit schenkt einem nur die Abgeschiedenheit des Dschungels.
*M* Man kann in einer Stadt frei sein und in der Zurückgezogenheit des Dschungels gebunden. Alles das existiert nur im Geist.
*Fr* Und der Geist ist auch *maya* (Illusion), vermute ich?
*M* Wenn man glaubt, daß der Geist von der Wirklichkeit getrennt sei, nennt man das *maya*. Tatsächlich befindet sich der Geist stets in der Wirklichkeit, kann also gar nicht von ihr getrennt sein. Wird diese Wahrheit erkannt und erfahren, hört *maya* auf zu existieren.
*Fr* Sind Geist und Gehirn identisch?
*M* Der Geist ist eine Kraft, die auf das Gehirn einwirkt. Sie sind hier und jetzt wach. Die Gedanken an die Welt und die Umgebungen

sind im Gehirn. Wenn Sie träumen, erschaffen Sie ein anderes ‹ich›, das die Welt der Traum-Schöpfung und deren Umgebungen wahrnimmt, genau wie Sie es jetzt tun. Traum-Visionen sind im Traum-Hirn, das sich wiederum im Traum-Körper befindet; der ist verschieden von Ihrem jetzigen Körper. Sie erinnern sich zwar jetzt des Traumes, die Hirne sind aber trotzdem verschieden. Und doch erscheinen die Visionen im Geist. Der Geist kann daher mit dem Hirn nicht identisch sein. Wachen, Traum und Schlaf finden nur im Geist statt.

Fr Ich kann das nur intellektuell verstehen.

M Sie sprechen vom Intellekt. Wessen Intellekt meinen Sie? Das ist das eigentliche Problem, um das alle Fragen kreisen. Sie zweifeln nicht daran, daß Sie auch dann existieren, wenn Ihr Intellekt abwesend ist, wie das z. B. im Schlaf der Fall ist. Wie könnten Sie aber um Ihre Existenz wissen, wenn diese nicht wirklich wäre? Tatsache ist, daß existieren bedeutet, verwirklicht zu sein. Da Sie sich keinen Zeitpunkt vorstellen können, an dem Sie nicht existiert hätten, waren Sie auch immer schon verwirklicht.

## 22. März 1938

Fr Wie erkennen wir die Macht Gottes?

M Sie sagen ‹Ich bin›. Das ist sie. Was sonst könnte sagen ‹Ich bin›? Das eigene Sein ist Seine Macht. Schwierigkeiten tauchen erst auf, wenn man sagt ‹Ich bin dies oder das, so und so›. Tun Sie das nicht. Seien Sie Sie selbst. Das ist alles.

Fr Wie erfährt man Seligkeit?

M Indem man nicht denkt, ‹Ich bin jetzt außerhalb der Seligkeit›.

Fr D. h. also frei zu sein von den Veränderungen des Geistes.

M Sie müssen nur einen Gedanken haben, unter Ausschluß von allen anderen.

Fr Aber Seligkeit muß erfahren werden.

M Die Seligkeit besteht darin, daß Sie Ihr Sein nicht vergessen. Wie können Sie etwas anderes sein als das, was Sie wirklich sind? – Wo Seligkeit ist, ist auch Liebe – ja, Liebe ist Seligkeit. Seligkeit kann von Liebe nicht verschieden sein.

Fr Wie kann ich mich als Teil der großen Einheit erkennen?

M Geben Sie den Gedanken auf, daß Sie diese Erkenntnis nicht hätten.

*Fr* Wie erkennt man die einzelnen Objekte?
*M* Existieren diese unabhängig vom Ich? Sagen sie Ihnen: ‹Wir sind›? Sie sehen sie. Sie sind, und so werden auch die Objekte gesehen. Erkennen heißt, zu wissen: Ohne mich existieren diese nicht. Infolge der Vorstellung ‹Ich bin der Körper› scheinen die Objekte außerhalb von Ihnen zu liegen. Erkennen Sie, daß sie alle in Ihnen sind. Ist ein Stück Stoff unabhängig vom Garn (aus dem es gewoben ist)? Können die Objekte ohne Mich sein?

*Fr* Welches ist die beste Religion? Was ist Ihre Methode?
*M* Alle Religionen und Methoden sind ein und dasselbe.
*Fr* Es sind aber verschiedene Methoden entwickelt worden, mit denen die Befreiung erlangt werden kann.
*M* Weshalb wollen Sie befreit werden? Warum bleiben Sie nicht, wie Sie jetzt sind?
*Fr* Ich möchte das Leid los sein. Es heißt, das sei Befreiung.
*M* Das ist es, was alle Religionen lehren.
*Fr* Aber was ist die Methode?
*M* Verfolgen Sie Ihren Weg zurück.
*Fr* Woher ich gekommen bin?
*M* Das ist es, was Sie wissen sollten. Tauchten diese Fragen in Ihrem Schlaf auf? Existierten Sie nicht auch dann? Und sind Sie nicht jetzt derselbe?
*Fr* Ja. Ich existierte im Schlaf und der Geist auch; aber die Sinne waren nicht aktiv, daher konnte ich nicht sprechen.
*M* Sind Sie die verkörperte Seele, *jiva*? Sind Sie der Geist? Kündigte der Geist sich Ihnen im Schlaf an?
*Fr* Nein. Aber Kundige sagen, daß die Seele, *jiva*, von Gott, *Isvara*, verschieden sei.
*M* Lassen Sie Gott beiseite. Sprechen Sie für sich selbst.
*Fr* Wieso für mich selbst? Wer bin ich?
*M* Das ist es genau. Erkennen Sie das, dann ist alles erkannt; wenn nicht, fragen Sie dann.
*Fr* Im Wachzustand sehe ich die Welt, und diese hat sich während des Schlafens nicht verändert.
*M* Aber das wissen Sie im Schlaf nicht. Im Wach- und im Schlafzustand bleiben Sie derselbe. Wer hat sich jetzt geändert? Ist es Ihr Wesen, sich zu verändern oder unwandelbar zu bleiben?
*Fr* Was ist der Beweis?
*M* Erfordert das eigene Sein einen Beweis? Bleiben Sie nur Ihres

eigenen Selbst gewahr, dann werden Sie auch alles andere wissen.
- *Fr* Warum streiten dann die Dualisten und die Nondualisten miteinander?
- *M* Wenn jeder sich nur um seine eigenen Angelegenheiten kümmerte, gäbe es keinen Streit.

Jemand überreichte Bhagavan einen Zettel mit dem Text:
Wir sind der Natur und der unendlichen Intelligenz dankbar für Ihre Gegenwart unter uns. Wir begreifen, daß Ihre Weisheit auf der reinen Wahrheit beruht und auf dem Grundprinzip von Leben und Ewigkeit gegründet ist. Wir sind glücklich, daß Sie uns an das ewige ‹Sei still und erkenne Das› erinnern. – Wie sehen Sie die Zukunft dieser Erde?
- *M* Auch die Antwort auf diese Frage ergibt sich aus dem Wort: ‹Sei still und erkenne, daß Ich Gott bin.› ‹Stille› bedeutet hier, frei von Gedanken zu sein.
- *Fr* Das beantwortet meine Frage nicht. Der Planet hat eine Zukunft. Wie wird sie sein?
- *M* Zeit und Raum sind Funktionen des Denkens. Wenn keine Gedanken auftauchen, wird es weder eine Zukunft geben noch eine Erde.
- *Fr* Zeit und Raum werden bleiben, selbst wenn wir nicht an sie denken.
- *M* Kommen diese und sagen Ihnen, daß sie da sind? Spüren Sie sie im Schlaf?
- *Fr* Im Schlaf war ich mir ihrer nicht bewußt.
- *M* Und doch existierten Sie derweil.
- *Fr* Ich war nicht im Körper. Ich habe mich irgendwohin begeben und kehrte erst unmittelbar vor dem Aufwachen zurück.
- *M* Daß Sie im Schlaf fortgewesen und wieder zurückgekehrt seien, sind nur Vorstellungen. Wer waren Sie im Schlaf? Sie waren das, was Sie immer sind, mit dem Unterschied, daß Sie im Schlaf keine Gedanken hatten.
- *Fr* In der Welt werden Kriege geführt. Hören sie auf, wenn wir nicht an sie denken?
- *M* Können Sie die Kriege beenden? Er, der die Welt schuf, wird sich darum kümmern.
- *Fr* Gott schuf die Welt, aber für deren gegenwärtigen Zustand ist Er nicht verantwortlich; wir sind es.
- *M* Können Sie die Kriege verhindern oder die Welt reformieren?

*Fr* Nein.
*M* Warum zerbrechen Sie sich dann über etwas den Kopf, was Sie nicht beeinflussen können. Kümmern Sie sich um sich selbst, und die Welt wird sich um sich kümmern.
*Fr* Wir sind Pazifisten, wir möchten Frieden erreichen.
*M* Frieden ist immer da. Werden Sie das los, was den Frieden stört. Der Friede ist das Selbst. Die Störung sind die Gedanken. Sind Sie von ihnen frei, dann sind Sie die unendliche Intelligenz, das Selbst. Dann herrschen Vollkommenheit und Friede.
*Fr* Die Welt muß eine Zukunft haben.
*M* Kennen Sie die Gegenwart? Die Welt und alles andere bleiben sich gleich, jetzt und in Zukunft.
*Fr* Die Welt wurde erschaffen, indem die Intelligenz auf Äther und Atome einwirkte.
*M* All das läßt sich auf *Isvara*, Gott, und *sakti*, Seine Kraft, zurückführen. Sie sind nicht von Ihnen getrennt. Sie sind eins mit Ihnen und besitzen dieselbe Intelligenz.

*Fr* Werden Sie jemals nach Amerika gehen?
*M* Amerika ist da, wo Indien ist, nämlich auf der Gedankenebene.
*Fr* Im Himalaya soll ein Tempel sein, dessen Vibrationen alle Krankheiten heilt. Ist das möglich?
*M* Man sagt von einigen Tempeln in Nepal und anderen Gegenden des Himalayas, daß die, die sie betreten, bewußtlos werden.

Muruganar, ein im Ashram lebender Dichter, fragte, was *prajnana* sei.
*M* *Prajnana*, die absolute Erkenntnis, ist das, von dem *vijnana*, die relative Erkenntnis, ausgeht.
*Fr* Im Zustand von *vijnana* wird man *esamvit*, der kosmischen Intelligenz, gewahr. Ist dann *suddha samvit*, die reine Intelligenz, selbst gewahr, ohne die Mithilfe von *antahkaranas*, den inneren Organen?
*M* Es ist so.
*Fr* Wenn *prajnana*, die absolute Erkenntnis, der Kosmischen Intelligenz im Wachzustand durch die relative Erkenntnis gewahr wird, dann ist sie nicht selbstleuchtend. Wäre sie es, sie müßte auch im Schlaf erkannt werden.
*M* Das Gewahrsein funktioniert gegenwärtig durch innere Organe. Die Absolute Erkenntnis erstrahlt immer, auch im Schlaf. Ist man

dessen im Wachzustand fortgesetzt gewahr, dann wird sich dieses Gewahrsein auch im Schlaf fortsetzen.

Im übrigen kann es so verbildlicht werden: Ein König kommt in die Halle, sitzt dort eine Weile und geht wieder. Er ging nicht in die Küche. Aber kann man darum in der Küche sagen: ‹Der König ist nicht gekommen›? Wenn das Gewahrsein im Wachzustand entdeckt ist, muß es auch im Schlaf da sein.

## 29. April 1938

Dr. Pande, ein Besucher aus Indore, bat Bhagavan, ihm einen gangbaren Weg zum Selbst zu zeigen.

*M* Ein Mann wurde bei einem Überfall geblendet und dann sich selbst überlassen. Er war weit entfernt von seinem Zuhause. Um dorthin zu gelangen, fragte er jeden, dem er begegnete, nach dem Weg. Auf diese Weise fand er schließlich trotz seiner Blindheit zurück nach Hause. Ähnlich ist es bei der Suche nach dem Selbst. Alle Wege führen letztlich zum Ziel.

*Fr* Es ist leichter, über etwas Konkretes zu meditieren. Die Suche nach dem Selbst aber kennt kein Symbol.

*M* Sie wissen um die Existenz Ihres Selbst, ohne daß Sie dazu eines Symbols bedürften. Vielleicht sind Sie noch der Ansicht, daß das Selbst mit dem Körper identisch sei. Aber denken Sie doch einmal an den Zustand des tiefen Schlafs, in dem Sie auch weiterexistieren. Wo ist da das Symbol? Das Selbst kann ohne Zuhilfenahme von Symbolen verwirklicht werden.

*Fr* Ihre Worte überzeugen mich. Aber gibt es nicht doch Hilfen, z. B. Mantras?

*M* Sie sind eine Hilfe. Was ist ein Mantra? Die Leute denken einfach an die Laute des Mantra. Deren Wiederholung schließt alle anderen Gedanken aus, zurück bleibt der eine Gedanke, das Mantra-*japa*. Dann fällt auch dieser fort und gibt dem unendlichen Selbst Raum, das das Mantra selbst ist. Mantra, *dhyana, bhakti* sind Hilfen und führen schließlich zum Selbst.

Jedermann ist das Selbst. Und doch wird der Körper für das Selbst gehalten. Jede Erkenntnis bedarf des Lichts. Der Licht-Träger kann nur eine Art von Licht sein, das die Quelle aller Helligkeit und Dunkelheit darstellt. Es muß sich jenseits des sichtbaren Lichts befinden. Dieses ‹Licht› ist kein solches im üblichen Sinne; es führt seinen Namen nur, weil durch sein Wirken Licht und Dunkelheit zustandekommen. Tatsächlich ist es unendliches Bewußtsein. Dieses Bewußtsein ist das Selbst; jeder wird Seiner gewahr. Niemand ist jemals vom Selbst entfernt; also ist jeder Selbst-verwirklicht. Welch ein Mysterium, daß man diese Grundtatsache nicht kennt und daher das Selbst zu verwirklichen wünscht! Dieses Nichtwissen stellt die Folge der Verwechslung des Körpers mit dem Selbst dar. Daher besteht die Verwirklichung darin, den Irrtum loszuwerden, daß man nicht verwirklicht sei. Die Verwirklichung ist nichts, was neu erlangt wird. Um dauerhaft zu sein, muß sie bereits vorhanden sein, sonst wäre sie nicht wert, daß man sich um sie bemüht.

Nachdem die falsche Ansicht ‹Ich bin der Körper› oder ‹Ich habe nicht verwirklicht› beseitigt ist, bleibt das Höchste Bewußtsein – das Selbst – allein übrig; das wird ‹Verwirklichung› genannt. Die Wahrheit ist jedoch, daß ‹Verwirklichung› ewig und schon hier und jetzt da ist. Tatsächlich läuft die Verwirklichung auf nichts mehr und nichts weniger als auf die Beseitigung des Nichtwissens hinaus.

*Fr* Mein Beruf erfordert, daß ich an meinem Arbeitsplatz bleibe, ich kann nicht in der Nähe von *sadhus* leben. Kann ich die Verwirklichung auch ohne *sat sanga* (Gemeinschaft mit Weisen) erreichen?

*M* Der *sadhu* ist das Selbst; Er ist allem innewohnend. Kann jemand ohne das Selbst sein? Nein. So ist auch niemand ohne *sat sanga*.

## 30. April 1938

*Fr* Mir scheint sowohl die sexuelle Enthaltsamkeit als auch die Einweihung unabdingbar zu sein für den spirituellen Fortschritt auch des verheirateten Suchers.

*M* Finden Sie heraus, wer Ehefrau und Ehemann eigentlich sind. Dann erübrigen sich all diese Fragen.

*Fr* Ist es überhaupt möglich, im Trubel des Alltags den Geist so weit zu disziplinieren, daß man der Suchfrage ‹Wer bin ich?› folgen kann?

*M* Solche Fragen tauchen nur in einem schwachen Geist auf. Wenn die Ruhelosigkeit des Geistes nachläßt, wächst seine Kraft.

*Fr* Bedeutet die *karma*-Theorie, daß die Welt das Ergebnis aus Wirkung und Gegenwirkung ist? Wenn ja, welche Aktion und Reaktion ist gemeint?
*M* Bis zur Verwirklichung wird es *karma* geben, d. h. Aktion und Reaktion; nachher gibt es weder Welt noch *karma*.

*Fr* Wenn ich mit der Suche nach dem Selbst befaßt bin, schlafe ich ein. Gibt es ein Mittel dagegen?
*M* Singen Sie den Namen Gottes.
*Fr* Das ist während des Schlafes nicht möglich.
*M* Richtig. Die Übung muß im Wachzustand ausgeführt werden. Sowie Sie vom Schlaf aufwachen, müssen Sie sie wieder aufnehmen.
Den Schläfer kümmert keine Suche nach dem Selbst, daher braucht er auch nicht zu üben. Das wachende ‹ich› wünscht es und muß sich daher entsprechend verhalten.
Der Geist ist etwas Geheimnisvolles. Er setzt sich zusammen aus *sattva, rajas* und *tamas*. Nur die beiden letzteren lassen die Welt erscheinen; im *sattva*-Aspekt bleibt der Geist rein und unbefleckt. Da sind keine Gedanken mehr vorhanden, und der reine Geist ist dann identisch mit dem Selbst.
Man kann nicht darauf hoffen, das ganze Universum kennenzulernen und alle Phänomene zu studieren. Es ist unmöglich, denn die Objekte sind geistige Schöpfungen. Sie alle kennen zu wollen gleicht dem Versuch, mit dem Fuß auf den Kopf des eigenen Schattens zu treten. Je weiter man sich fortbewegt, desto weiter bewegt sich auch der Schatten.
Man kann den eigenen Fuß nicht auf den Kopf des eigenen Schattens setzen. Wenn ein Kind es versucht, nimmt die Mutter schließlich die Hand des Kindes, legt sie ihm auf den Kopf und fordert es auf, dabei den Schatten zu beobachten. Ähnlich geht es dem, der versucht, das ganze Universum zu erforschen. Denn das Universum ist lediglich ein Objekt, das der Geist schuf und das nur im Geist vorhanden ist; es kann nicht als etwas außerhalb von einem betrachtet werden. Man muß das Selbst erreichen, um das Universum zu begreifen.
Oft fragen mich die Leute, wie man den Geist unter Kontrolle bekommt. Ich sage ihnen: ‹Zeigen Sie mir den Geist; dann werden Sie wissen, was sie tun müssen.›
Tatsache ist, daß der Geist nur ein Bündel von Gedanken ist. Wie

können Sie ihn dann auslöschen durch den bloßen Wunsch, es zu tun? Sind doch Ihre Gedanken und Wünsche Teil des Geistes. Durch neu aufsteigende Gedanken wird der Geist nur größer. Daher ist es töricht zu versuchen, den Geist durch den Geist zu töten.

Die einzige Methode besteht darin, seine Quelle zu finden und daran festzuhalten. Dann verblaßt der Geist von selbst. Yoga lehrt, den Geist unter Kontrolle zu halten. Ich aber rate zur Suche nach dem Selbst.

Dies ist ein praktikabler Weg. Die Tätigkeiten des Geistes hören auch im Schlaf, in einer Ohnmacht oder nach langem Fasten auf. Sobald aber die Ursache entfällt, leben die Gedanken wieder auf. Was hat das also für einen Zweck? In einem Zustand der Betäubung ist Friede und kein Elend; ist die Betäubung aber beendet, kehrt das Elend zurück. Diese Methode bringt also keinen dauernden Erfolg.

Wie kann man das Ziel erreichen? Man muß die Ursache des gegenwärtigen Elends herausfinden. Sie liegt in den Erscheinungen der materiellen Welt. Wenn diese nicht vorhanden wären, gäbe es nicht die von ihnen abhängigen Gedanken und damit kein Elend.

Es erhebt sich die Frage: ‹Wie kann man diese Objekte zum Verschwinden bringen?› Nun sagen uns die Weisen und die heiligen Schriften, daß alle Erscheinungen der Welt nur Schöpfungen des Geistes sind und aus sich heraus nicht bestehen können. Prüfen Sie diese Aussagen auf ihren Wahrheitsgehalt, und Sie werden erfahren, daß die objektive Welt im subjektiven Bewußtsein enthalten ist.

So ist das Selbst die einzige Wirklichkeit; sie durchdringt und umhüllt die ganze Welt. Wenn es keine Dualität mehr gibt, tauchen auch keine Gedanken mehr auf, die Ihren Frieden stören könnten. Das nennt man Verwirklichung des Selbst. Das Selbst ist ewig, und es ist tatsächlich immer verwirklicht.

Die Übung besteht darin, sich jedesmal in das Selbst zurückzuziehen, wenn man sich durch Gedanken gestört fühlt. Das kann man weder Konzentration noch Vernichtung des Geistes nennen; es ist ein Sich-Zurückziehen in das Selbst.

*Dhyana, bhakti* und *japa* sind Hilfen, um die Vielfalt der Gedanken fernzuhalten. Ein einziger Gedanke herrscht vor, der sich schließlich auch im Selbst auflöst.

2. Mai 1938

Fr  Wie soll ich herausfinden, wer ich bin?
M  Gibt es zwei Selbste, damit das eine Selbst das andere finden kann?
Fr  Es gibt nur ein Selbst, das aber zwei Aspekte aufweist: den Denker ‹ich› und dessen Denken. Bitte sagen Sie mir, wie ich das ‹ich› verwirklichen kann. Soll ich *japa* mit ‹Wer bin ich?› vollziehen?
M  Nein, *japa* solcher Art ist nicht gemeint.
Fr  Soll ich denken: ‹Wer bin ich?›?
M  Sie haben erkannt, daß der ‹ich›-Gedanke einen Anfang hat. Halten Sie an ihm fest und finden Sie seinen Ursprung.
Fr  Darf ich den Weg wissen?
M  Tun Sie, was Ihnen gesagt wurde, und warten Sie das Ergebnis ab.
Fr  Aber ich weiß nicht, was ich tun soll.
M  Wenn es etwas Objektives wäre, könnte man Ihnen konkret den Weg zeigen. Das ‹ich› ist aber subjektiv.
Fr  Das verstehe ich nicht.
M  Was, Sie wissen nicht, daß Sie sind?
Fr  Bitte zeigen Sie mir den Weg.
M  Muß man Ihnen den Weg in das Innere Ihres eigenen Hauses zeigen? Es ist *in* Ihnen.
Fr  Was raten Sie mir zu tun?
M  Warum sollten Sie überhaupt etwas tun und was? Bleiben Sie nur still. Jeder muß sich entsprechend seines Zustandes verhalten.

Fr  Was wird mit der Selbst-Verwirklichung bezweckt?
M  Die Verwirklichung des Selbst ist Zweck von allem und endgültiges Ziel.
Fr  Ich meine, wozu nützt die Verwirklichung des Selbst?
M  Weshalb suchen Sie die Verwirklichung des Selbst? Warum sind Sie nicht mit Ihrem gegenwärtigen Zustand zufrieden? Offenbar sind Sie es nicht. Diese Unzufriedenheit ist vorbei, wenn Sie das Selbst verwirklicht haben.
Fr  Was ist diese Verwirklichung des Selbst, die die Unzufriedenheit beseitigt? Ich bin in der Welt, und da gibt es Kriege. Kann die Verwirklichung des Selbst diese beenden?
M  Sind Sie in der Welt, oder ist die Welt in Ihnen?

*Fr* Ich verstehe nicht. Die Welt ist sicherlich um mich herum.
*M* Sie sprechen von der Welt und dem, was in ihr geschieht. Das sind nur Ihre Vorstellungen. Die Vorstellungen sind im Geist, und der ist in Ihnen. Daher ist auch die Welt in Ihnen.
*Fr* Da komme ich nicht mit. Selbst wenn ich nicht an die Welt denke, ist sie doch da.
*M* Wollen Sie damit sagen, daß die Welt vom Geist getrennt sei und in dessen Abwesenheit existieren könne?
*Fr* Ja.
*M* Existiert die Welt auch in Ihrem Tiefschlaf?
*Fr* Ja.
*M* Sehen Sie sie dann?
*Fr* Nein, ich nicht. Aber andere, die wach sind, sehen sie.
*M* Sind Sie deren in Ihrem Schlaf gewahr, oder werden Sie erst jetzt der anderen gewahr?
*Fr* In meinem Wachzustand.
*M* So sprechen Sie also von dem Wissen in Ihrem Wachzustand und nicht von Ihrer Erfahrung im Schlaf. Sie erkennen die Existenz der Welt in Ihren Wach- und Traumzuständen an, die vom Geist hervorgebracht werden. Im Schlaf hat sich der Geist zurückgezogen, und die Welt ist nicht da. Sie wird wieder offenbar, wenn Sie aufwachen. Das ‹ich› identifiziert sich mit dem Körper und sieht die Welt. So ist die Welt eine geistige Schöpfung.
*Fr* Wie kann das sein?
*M* Schaffen Sie sich nicht eine Welt im Traum? Der Wachzustand ist auch nur ein ausgedehnter Traum. Es muß einen geben, der die verschiedenen Erfahrungen sieht. Wer ist das? Ist es der Körper?
*Fr* Das kann nicht sein.
*M* Der Geist?
*Fr* Es muß wohl so sein.
*M* Aber Sie existieren auch in Abwesenheit des Geistes.
*Fr* Wie das?
*M* Im tiefen Schlaf.
*Fr* Ich weiß nicht, ob ich dann bin.
*M* Wenn Sie dann nicht existieren würden, wie wollen Sie sich an das erinnern, was Sie gestern erlebt haben? Gab es eine Unterbrechung in der Kontinuität des Ich während des Schlafes?
*Fr* Vielleicht.

*M* Wenn es das gäbe, dann könnte ein Johnson als ein Benson aufwachen. Wie wird die Identität des Individuums dann aufrechterhalten?

*Fr* Ich weiß es nicht.

*M* Wenn es Ihnen nicht klar ist, betrachten Sie es einmal von einer anderen Seite. Sie sagen ‹Ich schlief gut› und ‹Ich fühle mich erfrischt nach tiefem Schlaf›. Also haben Sie den Schlaf erfahren. Dasjenige, was ihn erfahren hat, identifiziert sich jetzt mit dem ‹ich› des Sprechenden. Dieses Ich muß also auch im Schlaf dagewesen sein.

*Fr* Ja.

*M* Das Ich war also im Schlaf da. Wenn die Welt auch da war, sagte sie dann, daß sie existierte?

*Fr* Nein. Aber sie sagt mir jetzt, daß sie existiert. Selbst wenn ich ihre Existenz bestreiten wollte, könnte ich meinen Fuß an einen Stein stoßen und ihn verletzen. Die Verletzung beweist die Existenz des Steines und somit der Welt.

*M* Genau. Der Stein verletzt den Fuß. Sagt der Fuß, daß ein Stein da ist?

*Fr* Nein – ich.

*M* Wer ist dieses ‹ich›? Wie wir vorhin gesehen haben, kann es weder der Körper noch der Geist sein. Das Ich ist es, das die Zustände von Wachen, Traum und Tiefschlaf erfährt. Die drei Zustände sind Veränderungen, die das Individuum nicht berühren. Die Erfahrungen gleichen Bildern, die über eine Leinwand in einem Kino dahinziehen: Erscheinen und Verschwinden der Bilder berührt die Leinwand nicht. Ebenso wechseln die drei Zustände miteinander ab und lassen das Selbst unberührt. Wach- und Traumzustände sind Schöpfungen des Geistes. Das alles ist im Selbst enthalten. Zu wissen, daß das Selbst glücklich bleibt in seiner Vollkommenheit, ist Selbst-Verwirklichung. Ihr Wert liegt in der Verwirklichung der Vollkommenheit und damit des Glücks.

*Fr* Kann es für einen Verwirklichten vollkommenes Glück geben, wenn er nicht seinerseits zum Glück der Welt beiträgt? Wie können wir jetzt glücklich sein, wenn zur gleichen Zeit in Spanien und in China blutige Kriege geführt werden? Ist es nicht Egoismus, Selbst-verwirklicht zu sein, ohne der Welt in ihrer Not zu helfen?

*M* Sie haben hier gehört, daß das Selbst das ganze Universum einschließt und noch darüber hinausgeht. Die Welt kann nicht vom Selbst getrennt sein. Wenn die Verwirklichung des Selbst Egoismus genannt wird, dann ist dieser Egoismus nichts Verächtliches.

*Fr* Lebt der verwirklichte Mensch nicht genauso weiter wie ein Mensch, der nicht verwirklicht ist?

*M* Ja, mit dem Unterschied, daß der Verwirklichte die Welt nicht als getrennt vom Selbst ansieht. Er besitzt wahre Erkenntnis und vollkommenes Glück, während der andere die Welt getrennt von sich erlebt und sich deshalb unvollkommen und elend fühlt. Ansonsten sind ihre äußeren Verhaltensweisen ähnlich.

*Fr* Der Verwirklichte weiß also, genau wie andere Menschen, daß Kriege in der Welt toben.

*M* Ja.

*Fr* Wie kann er dann glücklich sein?

*M* Wird die Kinoleinwand von einer Feuersbrunst oder einer Überflutung berührt? So ist es mit dem Selbst.

Die Vorstellung, daß Ich der Körper oder der Geist sei, ist so tief verwurzelt, daß man nicht über sie hinwegkommen kann, selbst wenn man vom Gegenteil überzeugt ist.

Man hat einen Traum, zieht aber beim Erwachen dessen Irrealität nicht in Zweifel. Die Ereignisse und Erfahrungen des Wachzustandes werden in den anderen Zuständen als unwirklich empfunden. So steht jeder Zustand zu den anderen im Widerspruch. Man sollte sie als bloße Veränderungen erkennen, die im Seher vor sich gehen als Phänomene, die im Selbst erscheinen, das von ihnen unberührt bleibt. Und wie Wachen, Traum und Tiefschlaf Phänomene sind, so sind auch Geburt, Wachstum und Tod Phänomene im Selbst, das ununterbrochen und unberührt fortdauert. Geburt und Tod sind Vorstellungen, die dem Bereich des Körpers oder des Geistes zugehören. Das Selbst existierte vor der Geburt dieses Körpers und wird nach dessen Tod fortdauern. So ist es mit allen anderen Körpern auch. Das Selbst ist unsterblich; die Phänomene sind veränderlich und scheinen sterblich zu sein. Die Todesfurcht gehört zum Körper, nicht zum Selbst; sie ist eine Folge des Nichtwissens. Verwirklichung bedeutet absolute Erkenntnis der Vollkommenheit und Unsterblichkeit des Selbst. Sterblichkeit ist nur eine Vorstellung, die Elend verursacht. Sie werden sie los, indem Sie das unsterbliche Wesen des Selbst verwirklichen.

## 3. Mai 1938

*Fr* Wenn die Welt nur ein Traum ist, wie kann sie dann mit der ewigen Wirklichkeit in Harmonie gebracht werden?
*M* Die Harmonie besteht in der Verwirklichung ihrer Untrennbarkeit vom Selbst.
*Fr* Aber ein Traum ist flüchtig und unwirklich. Er hat im Wachzustand keine Gültigkeit.
*M* Mit den Ereignissen des Wachzustandes ist es ähnlich.
*Fr* Wenn man fünfzig Jahre gelebt hat, scheinen die Geschehnisse des Wachzustandes in einem bestimmten Zusammenhang miteinander zu stehen, was man von den Traumereignissen nicht sagen kann.
*M* Sie gehen schlafen und haben einen Traum, in dem die Erfahrungen von fünfzig Jahren auf eine kurze Zeitspanne zusammengezogen sind, sagen wir auf fünf Minuten. Es besteht also auch im Traum ein Zusammenhang. Welcher von beiden ist jetzt wirklich? Sind es die fünfzig Jahre Ihres Wachzustandes oder die fünf Minuten Ihres Traumes? Das Zeitmaß der beiden Zustände ist verschieden, das ist alles. Einen anderen Unterschied zwischen den beiden Erfahrungen gibt es nicht.
*Fr* Das Selbst wird von Wiedergeburten und allen flüchtigen Erscheinungen der Welt nicht berührt. Wie wird der Körper von Leben erfüllt, das ihn erst zum Handeln befähigt?
*M* Das Selbst ist geballte Energie. Der Körper wird von Ihm belebt.
*Fr* Dann ist der Verwirklichte identisch mit dem Selbst und ist als solches der Welt nicht gewahr.
*M* Er sieht die Welt, aber nicht als getrennt vom Selbst.
*Fr* Wenn die Welt voller Leid ist, warum hält dann der Verwirklichte an der Vorstellung von der Welt fest?
*M* Sagt Ihnen der Verwirklichte, daß die Welt voller Leid sei? Es ist der andere, der das Leid empfindet und die Hilfe des Weisen sucht. Dann erklärt ihm der Weise aus seiner Erfahrung: Wenn man sich in das Selbst zurückzieht, hat alles Leid ein Ende. Das Leid wird nur so lange empfunden, wie man sich selbst für verschieden von den Objekten hält. Wird das Selbst aber als ungeteiltes Ganzes erfahren, wer oder was ist dann noch da, um zu empfinden oder empfunden zu werden? Der verwirklichte Geist ist der Heilige Geist und der andere Geist das Heim des Teufels.

Für den Verwirklichten gilt: ‹Das Reich Gottes ist in euch.› Dieses ‹Reich› ist hier und jetzt.

*Fr* Es heißt, daß nur in einem gesunden Körper ein gesunder Geist wohne. Sollen wir nicht versuchen, den Körper immer stark und gesund zu erhalten?

*M* Dann wird die Sorge um die Gesundheit des Körpers kein Ende finden.

*Fr* Die gegenwärtigen Erfahrungen sind das Ergebnis vergangenen *karmas*. Wenn wir die Fehler von früher kennen würden, könnten wir sie berichtigen.

*M* Selbst wenn ein Fehler berichtigt würde, so bliebe doch so viel *karma* übrig, daß es ausreichte, um noch ungezählte Geburten zu verursachen. Das ist nicht der richtige Weg. Je mehr Sie eine Pflanze beschneiden, um so kräftiger wächst sie. Je mehr *karma* Sie abtragen, um so mehr häuft es sich an. Finden Sie die Wurzel des *karma* und reißen Sie sie aus.

### 4. Mai 1938

Einige Besucher wollten wissen, mit welcher Methode man am besten zur Verwirklichung käme.

*M* Es wird dem Anfänger geraten, sich an den Geist zu halten und ihn zu erforschen. Doch was ist der Geist? Nichts anderes als eine Projektion des Selbst. Stellen Sie fest, wem er erscheint und von wo er aufsteigt. Sie werden finden, daß der Geist im ‹ich›-Gedanken wurzelt. Setzen Sie die Suche fort, dann verschwindet schließlich der ‹ich›-Gedanke. Was bleibt, ist ein in seiner Ausdehnung unbegrenztes Ich-Bewußtsein. Erst wenn dieses sich Grenzen setzt, erscheint es aufgespalten in Form von Individuen.

*Fr* Ich kehre nach England zurück und verlasse diesen Ort heute nachmittag. Ich möchte das Glück der Selbst-Verwirklichung auch zu Hause finden. Natürlich ist es im Westen nicht leicht, aber ich werde danach streben. Was ist der beste Weg?

*M* Wäre die Verwirklichung etwas außerhalb von Ihnen, dann könnte man einen Weg zeigen, der zum Individuum und seinen Fähigkeiten paßt. Dann aber würde sich auch die Frage erheben, ob das durchführbar sei, und wenn ja, in welcher Zeit. Hier aber bezieht sich die Verwirklichung auf das Selbst. Sie können gar nicht ohne das Selbst sein; Es ist also immer verwirklicht. Die Erkenntnis ist jetzt verdunkelt durch die gegenwärtige Vorstellung, die Sie von der Welt haben. Sie sehen die Welt jetzt außerhalb von sich, und diese Idee verdunkelt Ihr wahres Wesen. Alles, was nottut, ist, dieses Nichtwissen zu beseitigen, dann offenbart sich das Selbst. Alle Bemühungen sind nur darauf gerichtet, die gegenwärtige Verdunkelung der Wahrheit zu beenden.

Eine Frau trägt eine kleine, kostbare Halskette um den Hals. Sie denkt nicht mehr daran und meint, sie verloren zu haben. Sie sucht überall und findet sie nicht. Sie fragt ihre Freundinnen, ob diese sie vielleicht irgendwo gesehen hätten, bis eine von ihnen schließlich auf den Hals der Frau zeigt und ihr sagt, sie solle doch einmal dort fühlen. Die Suchende tut es und ist glücklich, ihre verloren geglaubte Halskette gefunden zu haben. Wiederum, wenn sie den anderen Freundinnen begegnet und diese sie fragen, ob sie die verlorene Kette wiedergefunden habe, bejaht sie es, so als wäre sie wirklich verloren gewesen und später wiedergefunden worden. Ihre Freude, die Kette wieder entdeckt zu haben, ist die gleiche, wie wenn etwas wirklich Verlorenes wiedergefunden worden wäre. Tatsächlich hat sie den Schmuck weder verloren noch wiedergefunden. Und doch war sie unglücklich und ist jetzt glücklich. So ist es mit der Verwirklichung des Selbst. Es ist immer verwirklicht. Jetzt ist diese Verwirklichung verborgen. Wird der Schleier entfernt, dann ist der Betreffende glücklich über die Wiederentdeckung des ewig-verwirklichten Selbst.

Was soll man nun tun, um das gegenwärtige Nichtwissen zu überwinden? Bemühen Sie sich eifrig um wahre Erkenntnis. In dem Maße, in dem Ihr Eifer zunimmt, wird das falsche Wissen abnehmen, bis es schließlich ganz verschwindet.

*Fr* Neulich erwähnten Sie, daß es im Tiefschlaf kein Gewahrsein gäbe. Ich bin aber bei seltenen Gelegenheiten sogar in diesem Zustand gewahr geworden.

*M* Nun, von diesen drei Faktoren, dem Gewahrsein, dem Schlaf und dessen Erkennen, ist der erste unveränderlich. Das Gewahrsein, das den Schlaf als Zustand erkannte, sieht jetzt die Welt im Wachzustand. Im Schlafzustand wird die Welt nicht wahrgenommen. Die Welt mag erscheinen oder verschwinden – d. h. man mag wach sein oder schlafen –, das Gewahrsein bleibt davon unberührt. An ihm ziehen die drei Zustände des Wachens, des Träumens und des

Tiefschlafs vorüber. Seien Sie dieses Gewahrsein auch jetzt. Das ist das Selbst; das ist Verwirklichung; da ist Friede und Glück.

## 7. Mai 1938

- Fr Wie muß *brahmacharya*, sexuelle Enthaltsamkeit, praktiziert werden, um Erfolg zu haben?
- M Es ist eine Sache der Willenskraft. Reine, einfache Nahrung, beten und bestimmte Übungen sind nützliche Hilfen.
- Fr Junge Männer nehmen schlechte Gewohnheiten an. Sie möchten sie überwinden und suchen deshalb unseren Rat. (Der Frager ist Präsident der Gandhi-Gesellschaft.)
- M Es bedarf einer geistigen Reform.
- Fr Kann man ihnen irgendein besonderes Essen, Körperübungen oder etwas anderes empfehlen?
- M Es gibt Medizinen; auch Yogahaltungen und reine, einfache Nahrung sind nützlich.
- Fr Manche haben das *brahmacharya*-Gelübde abgelegt. Nach zehn oder zwölf Jahren bereuen sie es. Sollen wir unter solchen Umständen junge Menschen dazu ermutigen, ein solches Gelübde abzulegen?
- M Im Falle wahren *brahmacharyas* würde diese Frage nicht auftauchen.
- Fr Manche von den Jungen leisten das *brahmacharya*-Gelübde, ohne dessen Auswirkungen zu kennen. Wenn sie Schwierigkeiten haben, es in die Praxis umzusetzen, fragen sie uns um Rat.
- M Sie brauchen das Gelübde nicht abzulegen; aber sie könnten versuchen, ohne das Gelübde trotzdem enthaltsam zu leben.
- Fr Ist *naishthika brahmacharya* (lebenslange Enthaltsamkeit) für den Weg zur Verwirklichung des Selbst wesentlich?
- M Die Verwirklichung ist bereits *naishthika brahmacharya*. Nicht das Gelübde ist *brahmacharya*, sondern das ‹Leben in *Brahman*›, und das ist kein gewaltsamer Versuch, enthaltsam zu leben.
- Fr Es heißt, daß *kama* (Wunsch) und *krodha* (Zorn) in Gegenwart des Guru verschwinden. Stimmt das?
- M Ja. *Kama* und *krodha* müssen vor der Verwirklichung des Selbst verschwunden sein.
- Fr Aber nicht alle Jünger eines Guru sind gleich fortgeschritten. In einigen Fällen gibt es Fehltritte. Wer ist dafür verantwortlich?

M  Es besteht keine Verbindung zwischen der Verwirklichung des Selbst und individuellen Anlagen *(samskara)*. Es ist nicht allen möglich, dem Ideal des Guru nachzuleben.
Fr  Wirken sich die Leidenschaften als Hindernisse auf dem Weg zur Verwirklichung aus?
M  Die Bemühungen, sich davon zu befreien, erfolgen von selbst.
Fr  Ist es nicht notwendig, alle Unlauterkeiten vor der Verwirklichung zu beseitigen?
M  *Jnana*, die Erkenntnis, wird sie zum Verschwinden bringen.
Fr  Gandhiji ist immer wieder tief betroffen, wenn ihm nahestehende Jünger vom Pfad abweichen. Er fragt sich, wie das geschehen kann und sucht die Schuld in seinen eigenen Mängeln. Hat er damit recht?

Bhagavan lächelte und schwieg einige Minuten, bevor er antwortete.

Gandhiji hat lange ringen müssen, um vollkommen zu werden. Irgendwann wird es auch den anderen gelingen.
Fr  Ist der Glaube der Hindus an eine Wiedergeburt berechtigt?
M  Auf diese Frage gibt es keine definitive Antwort. Es gibt viele Für und Wider zu bedenken. In der *Bhagavad Gita* wird sogar die gegenwärtige Geburt bestritten.
Fr  Hat denn Individualität keinen Anfang?
M  Forschen Sie dem nach und finden Sie heraus, ob es überhaupt eine Individualität gibt. Wenn Sie das getan haben, ist die Frage von selbst beantwortet. Nammalvar sagte: ‹Aus Unwissenheit hielt ich das ‹ich› für mich selbst. Als ich wissend wurde, erkannte ich, daß es gar nicht vorhanden ist und nur das Selbst existiert.›

Monisten und Dualisten stimmen darin überein, daß das Selbst verwirklicht werden muß. Also sollten wir das zuerst tun und uns erst nachher um alles übrige kümmern. Allerdings werden sich nachher keine Fragen mehr erheben. Die Vorstellung, der Körper zu sein, erlischt mit der Selbst-Verwirklichung. Mit diesem Irrtum verschwinden auch die *vasanas*; nur gute Eigenschaften bleiben übrig.
Fr  Es heißt, daß bestimmte *samskaras* auch noch im *jnani* fortbestehen.
M  Ja, es sind die, die zum Erleben von Freude erforderlich sind; sie haben keinen bindenden Charakter.
Fr  Diese Tatsache wird oft durch Betrüger mißbraucht, die vor-

geben, *sadhus* zu sein, aber ein lasterhaftes Leben führen. Sie behaupten, es sei ihr *prarabdha*, gegenwärtiges Schicksal. Wie sollen wir die Betrüger von den echten *sadhus* unterscheiden?

M  Wer die Vorstellung, ‹der Handelnde› zu sein, aufgegeben hat, sagt nicht ‹Dies ist mein *prarabdha*›. ‹Jnanis leben sehr verschieden› wird für die andern gesagt. Die *jnanis* selbst können diese Feststellung nicht zur Erklärung ihrer Lebens- und Verhaltensweisen treffen.

Nach einigen Minuten des Schweigens machte Bhagavan eine Bemerkung über die offenbar schlechte gesundheitliche Verfassung des Fragenden.

Fr  Ich bin Asthmatiker. Ich war niemals sehr kräftig. Als Säugling habe ich keine Muttermilch bekommen.

M  Hier ist der Geist stark in einem schwachen Körper.

Fr  Ich hätte gern *raja*-Yoga geübt, konnte es aber wegen meiner körperlichen Schwäche nicht durchhalten. Mit den Bewegungen des Körpers begann auch der Geist zu wandern.

M  Wenn man den Geist ruhig halten kann, dann mag der Körper so aktiv sein, wie er will.

Fr  Ist es für den Anfänger nicht doch eine Behinderung?

M  Man sollte es trotzdem versuchen.

Fr  Natürlich. Aber solche Versuche sind von kurzer Dauer.

M  Diese Idee ist nur eine von vielen. Solange Gedanken entstehen, wird auch diese Vorstellung wiederkehren. Unser wahres Wesen ist Konzentration, d. h. Sein. Jetzt kostet es noch Bemühen; aber das hört nach der Verwirklichung des Selbst auf.


## 29. Mai 1938

Fr  Ist es nicht so, daß die Wünsche zuerst befriedigt werden müssen, ehe man auf sie verzichten kann?

Bhagavan lächelte und sagte:

Ebensogut können Sie ein Feuer löschen, indem Sie Benzin hineingießen. Je mehr Wünsche erfüllt werden, um so tiefer wurzeln die *vasanas*. Sie müssen vielmehr geschwächt werden, bevor sie aufhören, sich durchzusetzen. Diese Schwächung wird erreicht, indem man sich beherrscht, und nicht, indem man sich an sie verliert.

Fr  Wie können sie geschwächt werden?

M  Durch Erkenntnis. Sie wissen, daß Sie nicht der Geist sind. Die

Wünsche sind im Geist. Solche Erkenntnis hilft, sie unter Kontrolle zu bekommen.
*Fr* Aber im praktischen Leben sind sie nicht unter Kontrolle.
*M* Jedesmal, wenn Sie einen Wunsch erfüllen möchten, kommt die Erkenntnis, daß es besser sei, ihm zu widerstehen. Wiederholte Erinnerungen solcher Art werden die Intensität der Wünsche im Laufe der Zeit schwächen. Was ist Ihr wahres Wesen? Wie können Sie das je vergessen? Wachen, Traum und Tiefschlaf sind nur Phasen des Geistes und nicht des Selbst. Sie sind der Zeuge dieser Zustände. Ihr wahres Wesen zeigt sich im Schlaf.
*Fr* Wir werden aber angewiesen, während der Meditation nicht einzuschlafen.
*M* Wir müssen uns vor Trägheit hüten. Der Schlaf, der mit dem Wachzustand abwechselt, ist nicht wahrer Schlaf; der Wachzustand, der mit dem Schlaf abwechselt, ist kein wahres Wachsein. Sind Sie jetzt wach? Nein. Sie sollten zu Ihrem wahren Zustand erwachen. Sie dürfen weder in falschen Schlaf fallen noch auf falsche Weise wachbleiben, sondern müssen immer in Ihrem wahren reinen Wesen verbleiben.
*Fr* Die Zustände betreffen nur unsern Geist.
*M* Wessen Geist? Halten Sie ihn fest und erkennen Sie ihn.
*Fr* Den Geist kann man nicht festhalten. Er ist es, der all dieses erschafft. Er wird nur an seinen Wirkungen und nicht in seiner wahren Natur erkannt.
*M* Genau. Sie sehen die Farben des Spektrums. Zusammen bilden sie das weiße Licht, durch das Prisma aber werden sieben Farben gesehen. Auf ähnliche Weise löst sich das Eine Selbst in so viele Aspekte auf: Geist, Welt, Körper usw. Es wird zu dem, als was Sie es wahrnehmen.
*Fr* In der Praxis ist es schwer, dem zu folgen. Ich werde mich an Gott halten und mich Ihm ausliefern.
*M* Das ist das Beste.
*Fr* Wie kann ich meinen Pflichten nachkommen, ohne mich innerlich von ihnen berühren zu lassen. Da sind meine Frau, meine Kinder; ich habe Pflichten ihnen gegenüber. Dazu gehört auch Zuneigung. Habe ich nicht recht?
*M* Wie verrichten Sie Ihre Arbeit im College?
*Fr* Um Lohn.
*M* Also nicht, weil Sie daran hängen, sondern nur, weil Sie Ihre Pflicht tun müssen.

Fr  Aber meine Schüler erwarten von mir, daß ich sie liebe.
M  ‹Im Innern losgelöst, nur scheinbar gebunden ...›, heißt es im *Yoga Vasishta*.


## 9. Juni 1938

M  *Avidya*, Nichtwissen, ist das Hindernis auf dem Weg zur Erkenntnis Ihres wahren Wesens.
Fr  Wie überwindet man das Nichtwissen?
M  Nichtwissen ist, was *nicht* ist – also eine Fiktion. Wäre es wirklich, wie könnte es vergänglich sein?
Fr  Obgleich ich das intellektuell verstehe, kann ich das Selbst nicht verwirklichen.
M  Weshalb lassen Sie diesen Gedanken Ihre gegenwärtige Verwirklichung stören?
Fr  Das Selbst ist Alles, und doch bin ich nicht frei von der gegenwärtigen Schwierigkeit.
M  Wer sagt das? Ist es das Selbst, das in allem ist? Die Frage widerspricht sich selbst.
Fr  Man braucht Gnade zur Verwirklichung.
M  Sie verdanken es der Gnade, daß Sie – ein Mensch – jetzt verstehen, daß es eine Höhere Macht gibt, die Sie führt. Die Gnade ist in Ihnen.
Fr  Ich bete um diese Gnade.


## 10. Juni 1938

M  Es wird oft gesagt, daß ein *mukta*, ein Befreiter, seine Botschaft den Menschen verkündigen müsse. Man versteht nicht, wie jemand ein *mukta* sein kann, solange um ihn herum die Welt voller Leid ist. Aber wer ist ein *mukta*? Sieht er überhaupt Leid? Man möchte den Zustand des *mukta* deuten, ohne selbst verwirklicht zu sein. Diese Auffassung entspricht einem Traumerlebnis – nur so kann es der *mukta* sehen. Ein Mensch hat einen Traum, in dem mehrere Personen vorkommen. Nachdem er aufgewacht ist, fragt er: ‹Sind die Leute aus meinem Traum auch aufgewacht?› Ist das nicht lächerlich?

Da gibt es hin und wieder einen guten Menschen, der sagt: ‹Es macht nichts, wenn ich *mukti*, Befreiung, nicht erlange oder wenn ich der letzte bin, der es erreicht; Hauptsache bleibt, daß ich allen anderen zur Befreiung verhelfe, bevor ich selbst befreit bin.› Das ist alles gut und schön. Aber stellen Sie sich einen Träumenden vor, der sagt: ‹Ich wünsche mir, daß alle anderen vor mir aufwachen!› Dieser Träumer benimmt sich nicht unsinniger als der vorerwähnte Philanthrop.

Fr  Swamiji, ich bin den Heiligen Berg hinaufgegangen und habe die Plätze besucht, wo Sie früher gelebt haben. Darf ich wissen, ob Sie es auch damals nicht für nötig hielten, zu Gott zu beten oder irgend etwas zu tun, um den gegenwärtigen Zustand zu erreichen?

M  Lesen Sie meine Lebensgeschichte, und Sie werden das verstehen. *Jnana*, Erkenntnis, und *ajnana*, Nichtwissen, sind Wahrheiten gleichen Grades, d. h., beide Zustände stellt sich der Nichtwissende nur vor. Vom Standpunkt des *jnani* aus sind sie unwirklich.

Fr  Ist ein *jnani* fähig, Sünden zu begehen?

M  Ein *ajnani* sieht jemanden als *jnani* an, identifiziert ihn aber mit dem Körper. Da er das Selbst nicht kennt und den eigenen Körper für das Selbst hält, begeht er den gleichen Irrtum mit dem *jnani*, d. h. er hält dessen physische Erscheinung für den *jnani* selbst. Und da er wiederum sich selbst für den ‹Handelnden› hält und die Tätigkeiten seines Körpers für die seinen – obgleich das nicht stimmt –, hält er den *jnani* ebenso für tätig, wenn er dessen Körper tätig sieht. Der *jnani* selbst kennt die Wahrheit und verwechselt seinen Körper nicht mit dem Wahren Sein. Der Zustand des *jnani* kann von einem *ajnani* nicht beurteilt werden; daher stellen sich Fragen nur dem *ajnani*, nicht dem *jnani*. Das Selbst kann nicht der Handelnde sein. Finden Sie heraus, wer dieser ist, und das Selbst wird sich offenbaren.

Fr  Im Handeln kann es kein *Advaita* geben, daher die Frage. Vor allem kann *Advaita* nicht in den Beziehungen zum Guru angewandt werden. Denn dann könnte der Jünger keine Unterweisungen empfangen.

M  Der Guru ist innen, nicht außen. Ein Tamil-Heiliger hat einmal gesagt: ‹O Guru, der stets in mir weilt, sich aber jetzt in menschlicher Gestalt offenbart hat, nur um mich zu führen und zu beschützen!› Was innen als Selbst vorhanden ist, offenbart sich zu gegebener Zeit als Guru in menschlicher Gestalt.

*Fr* Es ist also so, daß das Wesen eines *jnani* nicht offen vor uns ausgebreitet ist. Man sieht zwar seinen Körper, aber nicht sein *jnana*. Man muß ein *jnani* sein, um einen *jnani* zu verstehen.

*M* Für den *jnani* gibt es keine *ajnanis*; aus seiner Sicht sind alle *jnanis*. Im Zustand des Nichtwissens hält man den Verwirklichten für einen Handelnden. Doch der *jnani* kann nichts vom Selbst getrennt sehen. Das all-leuchtende Selbst ist reines *jnana*. Daher kann es für den *jnani* gar kein *ajnana* geben. Dafür ein Beispiel: Zwei Freunde schliefen nebeneinander, und einer von ihnen träumte, daß sie gemeinsam auf einer langen Reise seltsame Abenteuer bestanden hätten. Nach dem Aufwachen erzählte er den Traum seinem Freund und fragte ihn, ob das wirklich so gewesen sei. Der andere lachte darüber und erklärte ihm, daß er doch nicht wissen könne, was ein anderer geträumt habe.

Genauso ist es mit dem *ajnani*, der glaubt, seine illusorischen Vorstellungen auf andere anwenden zu können.

Bhagavan äußerte sich dann zu den Gedanken, die man sich über seine Jugend, in der er noch kein *jnani* war, und über sein späteres Leben als Verwirklichter mache.

*Jnana* wird im allgemeinen nicht richtig verstanden. Die üblichen Vorstellungen davon sind mehr oder weniger falsch. Der wahre Zustand ist nicht verschieden vom Selbst, das keine Dualität kennt. Es währt ewig, ob man Seiner gewahr ist oder nicht.

*Fr* Jemand anderer weist uns darauf hin.

*M* Dieser Jemand ist nicht außen. Sie mißverstehen den Körper als den Guru; der Guru selbst tut das nicht. Er ist das gestaltlose Selbst – Das ist in Ihnen. Er erscheint ‹außen› nur, um Sie zu führen.

*Fr* Wenn alle Gedanken verschwunden sind und der Geist still ist oder in einen Zustand des Nichts oder der Leere eingeht, was muß der Sucher dann tun, um die Erfahrung von *pratyaksha*, die direkte Wahrnehmung, z. B. einer Mangofrucht, zu haben?

*M* Wer sieht das Nichts oder die Leere? Was ist *pratyaksha*? Nennen Sie die Wahrnehmung einer Mangofrucht *pratyaksha*? Diese schließt das Zusammenspiel von Sehen, Seher und Gesehenem ein, ist demnach relativ und nicht absolut. Weil Sie ein Ding jetzt sehen, sagen Sie nachher, wenn Sie es nicht mehr sehen, es sei nicht da. Das sind alles Funktionen des Geistes. *Pratyaksha* ist das, was dahinterliegt. Es gibt *indriya pratyaksha*, direkte Wahrnehmung durch die Sinne, *manasa pratyaksha*, direkte Wahrnehmung durch den Geist und *sakshat pratyaksha*, verwirklicht als Wahres Sein. Nur das letzte ist wirklich; die beiden anderen Wahrnehmungsarten sind relativ und daher falsch.

Fr  Wenn demnach kein Bemühen nötig ist, kann dann der Geisteszustand der Leere Verwirklichung genannt werden?

M  Bemühung ist notwendig, solange ein Geist da ist. Der Zustand der Leere ist der Zankapfel in allen Philosophien.

Fr  Gibt es denn überhaupt so etwas wie eine Wahrnehmung im Zustand der Verwirklichung, oder wird sie nur empfunden oder erfahren als das unmittelbare Sein der Seele?

M  *Pratyaksha* ist unmittelbares Sein und nicht bloßes Empfinden.

Fr  Solche Fragen tauchen im Sucher so lange auf, bis er erkannt hat, daß er das Gesuchte ist.

M  Richtig. Finden Sie heraus, ob Sie dieser Sucher sind. Das Selbst wird oft fälschlich einseitig als der Wissende und Erkennende gesehen. Gibt es das Selbst aber nicht auch während des tiefen Schlafes, also im Nichtwissen? All diese Unklarheiten und Zweifel gehören in den Bereich des Geistes. Wenn man das alles bedenkt, gibt es nur eine Schlußfolgerung: einen klaren Geist bewahren. Das führt dazu, daß Trägheit, *tamas*, und Rastlosigkeit, *rajas*, verschwinden, so daß der reine, *sattva*hafte Geist allein übrigbleibt. Mit anderen Worten: Das ‹ich› geht im Reinen Sein auf.

*Jnana chakshus* (Auge der Erkenntnis) bedeutet nicht, daß es ein Wahrnehmungsorgan wäre wie die anderen Sinnesorgane. Hellsehen usw. sind nicht Funktionen von *jnana chakshus*. Solange es Subjekt und Objekt gibt, handelt es sich nur um relative Erkenntnis. *Jnana* liegt jenseits davon; es ist absolut.

Das Selbst ist die Quelle von Subjekt und Objekt. Jetzt herrscht Nichtwissen, und das Subjekt wird als die Quelle angesehen. Das Subjekt ist der Wahrnehmende und bildet einen Bestandteil der Dreiheit, deren Komponenten nicht unabhängig voneinander existieren können. So kann das Subjekt, als der Wahrnehmende, nicht die letzte Wirklichkeit sein. Sie liegt jenseits von Subjekt und Objekt. Wird sie erkannt, bleibt kein Raum mehr für Zweifel übrig. Der Herzknoten ist durchtrennt, die Zweifel sind zum Schweigen gebracht. Das wird *pratyaksha* genannt und nicht das, an was Sie denken. Die Zerstörung des Nichtwissens allein ist

Selbst-Verwirklichung. Selbst-Verwirklichung ist die Umschreibung für das Ausmerzen des Nichtwissens.

### 12. Juli 1938

*Fr* Wie kam ich zu diesem Körper?
*M* Sie sprechen von ‹ich› und ‹diesem Körper›; es besteht also eine Verbindung zwischen beiden. Sie sind daher nicht der Körper. Dem Körper fällt die Frage nicht ein, denn er ist empfindungslos. Es gibt einen Zustand, in dem Sie des Körpers nicht gewahr sind, nämlich der Tiefschlaf. Dort taucht die Frage nicht auf. Trotzdem sind Sie da im Schlaf. Wem fällt also jetzt die Frage ein?
*Fr* Dem ‹ich›.
*M* Ja. Körper und ‹ich› tauchen zusammen auf und verschwinden zusammen. Im tiefen Schlaf sind Sie nicht mit dem ‹ich› verbunden, jetzt sind Sie es. Welcher von diesen beiden Zuständen ist nun der wahre? Sie sind im Schlaf anwesend, und das gleiche ‹Sie› ist jetzt auch gegenwärtig. Weshalb meldet sich der Zweifel jetzt und nicht auch im Schlaf? Sie haben recht mit Ihrer Feststellung, daß der Zweifel das ‹ich› angeht. Aber Sie sind nicht das ‹ich›. Dieses entsteht zwischen dem Selbst und dem Körper. Sie sind das Selbst. Finden Sie den Ursprung des ‹ich› und schauen Sie dann, ob der Zweifel bestehenbleibt.
Die Antwort der Schriften auf Ihre Frage lautet, daß die Entstehung des Körpers auf das *karma* zurückgeführt werden kann. Und wie ist es zu diesem *karma* gekommen? Durch einen früher existierenden Körper. Natürlich läßt sich dieses Frage- und Antwortspiel unendlich lange fortsetzen. Am besten ist es, sich nicht auf solche Hypothesen einzulassen, sondern zu fragen: ‹Wessen *karma* (oder: wessen Körper) ist es?› Das ist der direkte Weg zum Ziel.

### 14. August 1938

*Fr* Wie kann der Geist beständig gehalten werden?
*M* Alle Lebewesen sind ihrer Umgebung gewahr; daher muß allen eine Intelligenz zugebilligt werden. Zwischen der Intelligenz von Mensch und Tier besteht allerdings ein Unterschied, weil der

Mensch die Welt nicht nur sieht, wie sie ist, und entsprechend handelt, sondern auch die Erfüllung von Wünschen sucht und mit dem Zustand der Dinge nicht zufrieden ist. Mit jeder Wuncherfüllung wächst seine Begehrlichkeit und ist doch nicht zu befriedigen. Jetzt beginnt er nachzudenken und zu überlegen.

Der Wunsch nach dem Andauern von Glück und Frieden läßt auf das Vorhandensein von ‹Beständigkeit› in seinem eigenen Wesen schließen. Daher versucht er, sein eigenes Wesen wiederzufinden – das Selbst. Ist das gefunden, dann ist alles gefunden.

Diese innerliche Suche ist die Aufgabe, die dem menschlichen Intellekt gestellt ist. Nach längerer Übung sieht der Intellekt ein, daß er nur dank einer Höheren Macht zu wirken vermag. Er selbst kann diese Macht nicht erreichen; so hört er nach einer gewissen Stufe auf, sich zu betätigen – und die Höhere Macht bleibt allein zurück. Das ist Verwirklichung; das ist das Letzte; das ist das Ziel.

Es ist demnach klar, daß der Zweck des Intellekts darin besteht, einzusehen, daß er von der Höheren Macht abhängt und unfähig ist, sie zu erreichen. Er muß sich vielmehr selbst auslöschen, um das Ziel zu erreichen.

*Fr* Es gibt einen Vers des Inhalts: ‹Ich wünsche mir weder Königreiche noch sonst irgend etwas, nur laß mich Dir auf immer dienen; darin liegt meine höchste Freude.› Ist das richtig?

*M* Ja. Wünsche werden sich erheben, solange Objekt und Subjekt voneinander getrennt zu sein scheinen. Der Zustand der Wunschlosigkeit wird *moksha* (Freiheit) genannt. Er besteht auch während des Schlafes; hier gibt es weder Dualität noch Wünsche. Im Wachzustand haben wir die Dualität und damit auch die Wünsche. Der Wunsch zielt auf den Besitz des betreffenden Objekts; er gehört dem umherwandernden Geist an, der der Sitz der Dualität ist. Wenn man erkannt hat, daß Seligkeit und Selbst identisch sind, wendet sich der Geist nach innen. Hat man das Selbst erreicht, sind alle Wünsche erfüllt.

*Fr* Wie kann man die Standhaftigkeit gewinnen, die notwendig ist, um am Guten und Rechten festzuhalten?

*M* Die Individualität muß erst verlorengehen; vorher kann das höchste Ziel nicht erreicht werden. Individualität schließt den Intellekt ein. Dieser muß zuerst aufgegeben werden, wobei es keine Rolle spielt, wie er beschaffen ist. So gesehen, geht Ihre Frage am Wesentlichen vorbei.

*Fr* Und doch muß der Mensch das Rechte wissen, den rechten Pfad wählen und seine Pflichten erfüllen. Sonst ist er verloren.
*M* Die Kraft wächst, wenn man in der gewiesenen Richtung voranschreitet, ohne von ihr abzuweichen.
*Fr* Schwierigkeiten bleiben aber nicht aus. Woher bekommt man die Kraft, die Hindernisse auf dem Pfad zu überwinden?
*M* Durch Hingabe und durch die Gemeinschaft mit Weisen.
*Fr* Sie erwähnten das Aufgeben der Individualität als Voraussetzung für *moksha*. Jetzt raten Sie zu Hingabe und zu der Gemeinschaft mit Weisen. Wenn ich sage ‹Ich bin ein *bhakta*› oder ‹Ich bin in der Gemeinschaft mit Weisen› – ist denn darin keine Individualität enthalten?
*M* Der Frager hat augenscheinlich seine Individualität noch nicht verloren. Die Methode, die hier aufgezeigt wird, dient ausschließlich dem Zweck, von der Individualität freizuwerden.
*Fr* Darf man sich nationale Unabhängigkeit wünschen?
*M* Dieser Wunsch ist zunächst durch Eigeninteresse verursacht. Aber das Wirken für ein Ziel führt schließlich dahin, daß die Zone des eigensüchtigen Denkens verlassen wird und das Individuum sich ganz mit seinem Vaterland identifiziert.
Dieses Aufgeben der Individualität ist wünschenswert; es entsteht kein schlechtes *karma*, da es sich um selbstloses Tun handelt.
*Fr* Wenn nach langem Ringen und unter schweren Opfern schließlich die Freiheit errungen ist, darf sich dann der Freiheitskämpfer über den Erfolg freuen und sich erhoben fühlen?
*M* Er muß sich im Laufe seines Wirkens der Höheren Macht hingeben, muß Ihrer stets gedenken und darf Sie niemals aus den Augen verlieren.
Wie kann er sich dann erhoben fühlen? Er dürfte sich nicht einmal um das Ergebnis seines Handelns kümmern. Nur dann ist sein Tun selbstlos.
*Fr* Wie kann der Kämpfer wissen, ob er stets für das Rechte streitet?
*M* Wenn er sich Gott oder dem Guru ausgeliefert hat, dann wird diese Höhere Macht ihn auf dem rechten Pfade halten. Er braucht sich selbst nicht mehr darum zu kümmern, ob sein Weg der rechte ist oder nicht.
Darüber kann nur dann ein Zweifel entstehen, wenn er dem Meister nicht in allen Einzelheiten gehorcht.

17. August 1938

Ein Amerikaner, der zwei Monate im Ashram verbracht hatte, nahm Abschied:
  Ich reise heute abend ab. Es schmerzt, von hier fortzugehen, aber es muß sein. Der Meister versteht mich besser als ich mich selbst. So bitte ich um eine Botschaft von Ihm, an die ich mich halten kann, wenn ich Ihm fern bin.
M  Der Meister ist nicht außerhalb von Ihnen, wie Sie anzunehmen scheinen. Er ist innen, Er ist das Selbst. Erkennen Sie diese Wahrheit. Suchen Sie in sich und finden Sie Ihn dort. Dann werden Sie beständig in Verbindung mit Ihm sein.
  Die Botschaft ist immer da, sie schweigt niemals. Sie kann Sie niemals verlassen, noch können Sie sich jemals vom Meister entfernen.
  Ihr Geist strebt nach außen, daher sieht er außen Objekte und den Meister als eines von ihnen. Die Wahrheit ist anders. Der Meister ist das Selbst.
  Wenden Sie den Geist nach innen und Sie werden alles in sich finden. Sie werden auch erkennen, daß der Meister Ihr wahres Selbst ist und daß es nichts als Ihn gibt.
  Sie nehmen die Objekte außerhalb Ihrer selbst wahr, weil Sie sich mit dem Körper identifizieren. Aber sind Sie der Körper? Nein, Sie sind das Selbst. In Ihm sind alle Objekte und das ganze Universum enthalten.
  Nichts kann dem Selbst entfliehen. Wie könnten Sie sich vom Meister entfernen, der Ihr eigenes Selbst ist? Angenommen, Ihr Körper bewegt sich von Ort zu Ort; entfernt er sich dabei vom Selbst? So können auch Sie sich niemals vom Meister entfernen.
Der Frager war von der Antwort tief bewegt, obgleich er mit der Lehre Bhagavans vertraut war. Er bat, daß die Gnade des Meisters bei ihm bleiben möge.
M  Der Meister ist das Selbst, und die Gnade ist vom Selbst nicht zu trennen.
Der Frager sprach davon, daß er die Wahrheit verwirklichen möchte.
M  Gibt es denn einen Augenblick, in dem Sie das Selbst nicht verwirklicht haben? Können Sie je vom Selbst getrennt sein? Sie sind immer Das.

*Fr* Sie sind der Meister, der Freude und Seligkeit über die Welt bringt. Ihre Liebe muß grenzenlos sein, daß Sie in Menschengestalt zu uns gekommen sind.
Ich möchte wissen, ob man zuerst das eigene Selbst verwirklicht haben muß, ehe man Menschen führen und dem Vaterland eine Hilfe sein kann.

*M* Verwirklichen Sie zuerst das Selbst, der Rest wird sich von allein ergeben.

*Fr* Amerika ist jetzt führend in Industrie, Technik, Wissenschaft und anderen weltlichen Dingen. Wird es auch im spirituellen Leben die gleiche Höhe erreichen?

*M* Sicherlich.

*Fr* Gott sei Dank! Ich bin Teilhaber einer Maschinenfabrik. Aber das ist nicht lebenswichtig für mich. Ich versuche, spirituelle Ziele im Arbeitsalltag zu verwirklichen.

*M* Das ist gut. Wenn Sie sich der Höheren Macht ausliefern, ist alles gut. Diese Macht ordnet alle Ihre Angelegenheiten. Die Ergebnisse Ihres Handelns fallen nur so lange auf Sie selbst zurück, als Sie glauben, Sie wären der Handelnde. Wenn Sie sich statt dessen ausliefern und anerkennen, daß Ihr individuelles ‹ich› nur Werkzeug der Höheren Macht ist, dann wird diese Macht Ihre Angelegenheiten samt deren Folgeerscheinungen übernehmen. Sie werden nicht länger von ihnen beeinflußt, und das Werk geht ungestört weiter. Es ändert nichts am Ablauf der Ereignisse, ob Sie diese Macht anerkennen oder nicht. Nur die Einstellung wandelt sich.
Warum sollten Sie Ihre Last tragen, wenn Sie in der Eisenbahn fahren? Sie befördert Sie und Ihre Last, ob Sie sie nun tragen oder ablegen. Sie erleichtern dem Zug nicht die Bürde, wenn Sie Ihre Last selbst tragen, aber Sie belasten sich unnötig damit. Entsprechend ist es mit dem Individuum, das sich für den Handelnden hält.

*Fr* Ich habe mich seit über zwanzig Jahren für Metaphysik interessiert, aber ich habe keine neuen Erfahrungen dabei gewonnen, wie viele andere von sich behaupten – nichts von Hellsehen oder Telepathie. Ich fühle mich in diesen Körper eingeschlossen, sonst nichts.

*M* Es ist schon recht. Es gibt nur Eine Wirklichkeit, und sie ist das Selbst. Alles übrige sind nur Phänomene im Selbst und aus dem Selbst entstanden. Der Seher, das Gesehene und das Sehen sind alle das Selbst. Kann irgend jemand sehen oder hören und das Selbst beiseite lassen? Was ist da für ein Unterschied, jemanden aus nächster Nähe oder über eine riesige Entfernung hinweg zu sehen oder zu hören? In beiden Fällen brauchen Sie die Organe des Sehens oder Hörens und ebenso den Geist. In keinem Fall kann eines von ihnen entbehrt werden; auf eine oder die andere Weise hängt alles voneinander ab. Warum dann soviel Aufhebens von Hellsehen oder Telepathie machen? Im übrigen: Was erworben worden ist, geht im Laufe der Zeit auch wieder verloren. Nichts davon ist beständig. Das einzig Bleibende ist die Wirklichkeit, und sie ist das Selbst. Sie sagen ‹Ich bin› und ‹Ich bin es, der geht, der spricht, der arbeitet›. Fügen Sie bei allen einen Bindestrich ein: ‹Ich-Bin.› Das ist die zugrundeliegende und bleibende Wirklichkeit. Diese Wahrheit lehrte Gott Moses: ‹Ich bin das Ich-Bin.› ‹Sei still und erkenne, Ich-Bin Gott.› So ist ‹Ich-Bin› Gott.

Sie wissen, daß Sie sind. Zu keinem Zeitpunkt können Sie Ihre Existenz in Abrede stellen, denn um das zu tun, müssen Sie existieren. Dieses Existieren, dieses Reine Sein, ist gemeint, wenn vom Stillwerden des Geistes die Rede ist.

Es gehört zum Wesen des Geistes, daß er immer nach außen strebt. Wenn man ihn nach innen wendet, wird er im Laufe der Zeit still. ‹Ich-Bin› allein besteht fort. ‹Ich-Bin› ist die ganze Wahrheit.

*Fr* Jetzt verstehe ich die Antwort.
*M* Wer ist da, um was zu verstehen?

## 19. August 1938

Bhagavan erläuterte den Eröffnungsvers der *Vierzig Verse über Das, was ist.*

*Sat* (Sein) und *chit* (absolutes Bewußtsein) sind ein und dasselbe – ein Sein, das seiner selbst bewußt ist. Wäre das nicht so, gäbe es weder die Kenntnis von der Welt noch vom eigenen Wesen. Wenn *sat* nur ‹Sein› und nicht zugleich seiner selbst bewußt wäre, müßte es empfindungslos sein; man hätte ein von ihm gesondertes Bewußtsein anzunehmen, um es erkennen zu können. Ein von *sat* verschiedenes Bewußtsein könnte aber nicht ‹sein›, wäre also nicht vorhanden.

## 7. September 1938

Es wurde von den fünf Unterteilungen von *antahkarana*, dem ‹inneren Organ›, gesprochen: 1. *ullam*, 2. Geist, 3. Intellekt, 4. *chittam*, 5. ‹ich›.

M  Üblich sind nur vier Unterteilungen, die fünfte – *ullam* – wurde hinzugenommen, um sie den fünf *tattvas* (Prinzipien) anzupassen:

1. *ullam* (Bewußtsein) ist *akasha*, (Äther-)*tattva*, und reicht von der Schädeldecke bis zu den Augenbrauen;
2. *manas* (Denkfähigkeit) ist *vayu*, (Luft-)*tattva*, und reicht von den Augenbrauen bis zur Kehle;
3. *buddhi* (Intellekt) ist *agni*, (Licht-)*tattva*, und reicht von der Kehle bis zum Herzen;
4. *chitta* (Gedächtnis) ist *jala*, (Wasser-)*tattva*, und reicht vom Herzen bis zum Nabel;
5. *ahankar* (‹ich›) ist *prithvi*, (Erde-)*tattva*, und reicht vom Nabel bis zum Kreuzbein.

*Ullam* ist demnach der reine Geist oder der Geist in seinem reinen Sein, aller Gedanken entleert. Es ist sozusagen der Äther des Geistes, der dessen Ausdehnung entspricht, ohne von Gedanken angefüllt zu sein. Wenn jemand vom Schlaf erwacht, erhebt er den Kopf, und das Licht des Gewahrseins ist da. Es war schon vorher da, im Herzen, wurde später im Hirn reflektiert und erscheint als Bewußtsein. Dieses ist aber nicht spezifiziert, solange das ‹ich› sich noch nicht eingefunden hat. In diesem undifferenzierten Zustand ist es Kosmisches Bewußtsein. Dieser Zustand dauert gewöhnlich nur eine Minute und geht unbemerkt vorüber. Nach dem Erscheinen des ‹ich› beginnt der Betreffende diverse Wahrnehmungen zu machen. Er identifiziert sich mit dem Körper, spricht das bedeutsame Wort ‹ich›, und damit ist alles andere auch wieder da. Weil *ullam* nur reflektiertes Licht ist, wird es oft mit dem Mond verglichen. Dagegen entspricht das ursprüngliche Licht, das im Herzen leuchtet, der Sonne.

## 11. September 1938

M  Alle halten irrtümlich das Bewußtsein des Geistes für das Bewußtsein des Selbst. Im tiefen Schlaf gibt es keinen Geist, und doch verneint niemand seine eigene Existenz. Selbst ein Kind sagt beim Erwachen ‹Ich habe gut geschlafen› und bezweifelt nicht sein Vorhandensein. Das ‹ich› steigt auf, der Geist wendet sich mit Hilfe der fünf Sinne nach außen und erkennt Objekte. Das wird direkte Wahrnehmung genannt. Wenn man fragt, ob ‹ich› nicht direkt erkannt würde, sind sie verwirrt, weil ‹ich› sich nicht selbst als ein Objekt vor ihnen zeigt und sie nur die Wahrnehmung durch die Sinne für ‹Erkenntnis› halten – so stark wirkt die Gewohnheit in ihnen. Ein Vers im *Thevaram* lautet: ‹O ihr Frommen, die ihr alles Elend überwinden möchtet, zerbrecht euch nicht den Kopf über Schlußfolgerungen und Beispiele! Das ‹Licht› erstrahlt ewig von innen! Haltet euren Geist klar und lebt in Gott!›

Das ist direkte Wahrnehmung. Werden die Menschen dem zustimmen? Sie möchten, daß Gott vor ihnen als ein strahlendes Wesen erscheine und auf einem mächtigen Elefanten dahergeritten komme. Wo solch eine Vision entsteht, muß sie auch wieder enden; sie ist vergänglich. Das *Thevaram* spricht von dem Ewigen und Ewig-erfahrenen Sein. Es führt uns direkt zur Wirklichkeit.

## 25. September 1938

Es wurde über zwei Stellen im *Yoga Vasishta* gesprochen, die sich mit Spiritismus beschäftigen. Einer der Anwesenden meinte, daß in der westlichen Welt die schwarze Magie eine größere Rolle spiele, als man gemeinhin annähme. Der Schreiber (der *Gespräche*) erinnerte sich daran, daß sich selbst Paul Brunton vor einer Frau gefürchtet hatte, die über schwarzmagische Kräfte verfügte.

Sri Bhagavan verwies auf das *Devikalottaram*, in dem schwarze Magie verurteilt wird. Er warnte vor diesen Praktiken, die den, der sie anwende, mit Sicherheit ruinierten. Das Nichtwissen sei schon schlimm genug; es könne im Extremfall zum Selbstmord führen. Weshalb dem noch weitere Schwierigkeiten in Form von schwarzer Magie hinzufügen?

*Fr* Womit kann man sich vor schwarzer Magie schützen?
*M* Durch *bhakti*.
*Fr* Nichtwiderstehen scheint das einzige Heilmittel gegen alle Übel zu sein, auch gegen Verleumdung.
*M* Sehr richtig. Wenn man verleumdet oder beleidigt wird, sollte man keinen Widerstand leisten und keine Vergeltung üben. Verhalten Sie sich einfach still. Diese Ruhe bringt dem Beleidigten

Frieden und macht den Beleidiger unruhig, bis er schließlich nicht mehr anders kann, als seinen Irrtum zuzugeben.

## 27. September 1938

Fr Wie wirkt die Gnade? Ist es der Geist des Guru, der auf den Geist des Jüngers einwirkt, oder etwas anderes?
M Die höchste Form der Gnade ist *mouna*, das Schweigen. Es ist aber auch die höchste Form der Unterweisung.
Fr Vivekananda hat gesagt, daß Schweigen die lauteste Form des Gebets sei.
M Das betrifft das Schweigen des Jüngers. Das Schweigen des Guru ist die lauteste Belehrung – und Gnade in ihrer höchsten Form. Alle anderen Einweihungen – z. B. durch Blick oder Berührung – sind aus dem Schweigen abgeleitet und daher zweiten Ranges. *Mouna* ist die Urform. Durch das Schweigen des Guru läutert sich der Geist des Suchers von selbst.
Fr Ist es richtig, zu Gott oder dem Guru zu beten, wenn man von weltlichen Übeln bedrängt wird?
M Zweifellos.

Jemand las einen Abschnitt aus dem *Yoga Vasishta* vor, der sich auf die Einweihung durch Blick und Berührung bezog.
M Dakshinamurti bewahrte Schweigen, als die Asketen sich Ihm näherten. Es ist die höchste Form der Einweihung. Sie schließt die anderen ein. In allen übrigen Einweihungsformen muß eine Subjekt-Objekt-Beziehung hergestellt werden. Bevor diese nicht da ist, wie kann der eine den anderen ansehen oder ihn berühren? *Mouna diksha* ist die vollkommene Einweihung; sie umschließt Blick, Berührung und Unterweisung. Sie läutert das Individuum in jeder Hinsicht und gründet es fest in der Wirklichkeit.

Ein australischer Besucher, der sich mit Hindu-Philosophie beschäftigte, sagte, daß er an die Einheit glaube und daß der *jiva*, die verkörperte Seele, noch in der Illusion lebe.
M Wie sieht die Einheit aus, an die Sie glauben? Auf welche Weise findet der *jiva* einen Platz in ihr?
Fr Die Einheit ist das Absolute.
M Der *jiva* kann in der Einheit keinen Platz finden.

*Fr* Aber er hat das Absolute noch nicht verwirklicht und stellt sich vor, davon getrennt zu sein.
*M* Der *jiva* ist von der Einheit getrennt. Er existiert nur, um sich das in seiner Vorstellung schaffen zu können, nach dem ihm verlangt.
*Fr* Aber er ist unwirklich.
*M* Kein unwirkliches Etwas kann Wirkungen hervorbringen. Das käme der Behauptung gleich, daß Sie ein Tier mit dem Horn eines Hasen getötet hätten. Ein Hase hat aber keine Hörner.
*Fr* Ich sehe die Absurdität. Aber ich spreche von der physischen Ebene aus.
*M* Sie sagen ‹ich›. Wer ist dieses ‹ich›? Wenn das gefunden ist, können Sie sagen, wer die Illusion hegt.
Sie sagen, Sie befänden sich jetzt auf der physischen Ebene. Auf welcher Ebene sind Sie im traumlosen Schlaf?
*Fr* Ich glaube, auch auf der physischen.
*M* Sie sagen ‹ich glaube›. Diese Feststellung treffen Sie jetzt, da Sie wach sind. Jedenfalls räumen Sie ein, daß Sie im Tiefschlaf existieren. Stimmt das?
*Fr* Ja, aber ich handle nicht darin.
*M* Sie existierten aber. Und Sie sind jetzt derselbe, der weiterexistiert.
*Fr* Ja.
*M* Mit dem Unterschied, daß Sie im Schlaf nicht tätig waren; sagen wir besser, Sie sind jetzt im Besitz der Denkfähigkeit, von der Sie im Schlaf getrennt waren. Ist es nicht so?
*Fr* Ja.
*M* Welcher von beiden Zuständen ist dann aber Ihr wahres Wesen: wenn Sie mit dem Denken verbunden oder von ihm getrennt sind?
*Fr* Ich begreife jetzt. Aber ich war mir meines Seins im Schlaf nicht bewußt.
*M* Das sagen Sie jetzt, Sie sagten es nicht im Schlaf. Oder wollen Sie behaupten, daß Sie während des Schlafes nicht existierten?
*Fr* Nein.
*M* Es läuft also darauf hinaus, daß Sie in beiden Zuständen existieren. Die absolute Existenz ist das Selbst. Sie sind sich Ihrer Existenz bewußt. Diese Existenz ist bewußtes Sein. Das ist Ihr wahres Wesen.
*Fr* Aber selbst auf dem Weg zur Verwirklichung kommt man nicht ohne Denken aus.

M  Dieses Denken hat nur den einen Zweck, vom Denken loszukommen.
Fr  Wegen meines Nichtwissens bin ich nicht in der Lage, das Absolute Seins-Bewußtsein zu verwirklichen.
M  Wer ist dieses ‹ich›? Um wessen Nichtwissen geht es? Schon allein die Antworten auf diese Fragen genügen, um zu beweisen, daß Sie bereits verwirklicht sind.
Gibt es denn irgend jemanden, der seine eigene Existenz leugnen könnte? Damit wird Reines Sein anerkannt. Also sind alle Menschen verwirklicht. Es gibt überhaupt niemanden, der nicht verwirklicht wäre.
Fr  Ja, ich verstehe. Ich habe aber noch eine Frage. Der Zustand des Verwirklichten ist durch Wunschlosigkeit gekennzeichnet. Wenn ein menschliches Wesen wunschlos ist, dann hört es auf, menschlich zu sein.
M  Sie wissen, daß Sie auch im Schlaf existierten. Sie waren dort nur nicht Ihres Körpers gewahr, d. h. Sie begrenzten Ihre Existenz nicht auf diesen Körper. So konnten Sie nichts finden, das vom Selbst getrennt war.
Jetzt, in Ihrem Wachzustand, setzen Sie dieselbe Existenz fort, die Sie nun auf den Körper begrenzen. Diese Begrenzungen bedingen, daß Sie andere Objekte sehen. Daher steigen Wünsche auf. Im Zustand der Wunschlosigkeit des Schlafes waren Sie aber nicht weniger glücklich als jetzt. Sie spürten keinerlei Mangel, und Sie machten sich selbst nicht unglücklich, indem Sie Wünsche hegten. Jetzt tun Sie es, da Sie sich auf die menschliche Gestalt begrenzt haben.
Warum wollen Sie diese Begrenzungen beibehalten und fortfahren, Wünsche zu unterhalten? Sagt der Körper Ihnen, daß er da ist? Was gewahr bleibt, ist sicherlich etwas, das nicht mit dem Körper zusammenhängt. Was ist es?
Sagen Sie, daß es das ‹ich› ist, und meinen Sie damit das, was gleichzeitig mit dem Erwachen des Individuums aus dem Schlaf entsteht? Der Körper ist ohne Vernunft, das Absolute spricht nicht. Das ‹ich› tut es.
Man strebt im Schlaf nicht nach Befreiung; das Verlangen danach erhebt sich nur im Wachzustand. Die Wirkungsweise des Wachzustandes ist diejenige des ‹ich›. Finden Sie heraus, wer dieses ‹ich› in Wahrheit ist. Wenn Sie das tun und als Ich verbleiben, werden sich alle diese Zweifel klären.

*28. September 1938*

Einige Mitglieder des Kongresses überreichten dem Maharshi eine Liste mit folgenden Fragen:
1. Wie lange ist es Indien bestimmt, unter Fremdherrschaft zu leiden?
2. Haben Indiens Söhne noch nicht genug Opfer für die Befreiung gebracht?
3. Wird Indien noch zu Mahatma Gandhis Lebzeiten die Freiheit finden?

M Gandhiji hat sich dem Göttlichen ausgeliefert und handelt dementsprechend ohne Eigensucht. Er ist um die Ergebnisse nicht besorgt, sondern nimmt sie, wie sie kommen. Das sollte die Haltung aller sein, die für die Nation arbeiten.
Fr Wird das Werk von Erfolg gekrönt sein?
M Diese Frage taucht nur auf, weil der Fragesteller sich noch nicht ausgeliefert hat.
Fr Sollten wir denn nicht an das Wohlergehen des Landes denken und dafür arbeiten?
M Kümmern Sie sich zunächst um sich selbst, das übrige wird auf natürliche Weise folgen.
Fr Ich spreche nicht als Individuum, sondern für das Land.
M Liefern Sie sich zuerst aus; dann werden Sie sehen. Die Zweifel entstehen aus dem Mangel an Hingabe. Erwerben Sie Kraft durch Hingabe; dann werden Sie finden, daß die Umstände besser werden, genau im Verhältnis zu der Kraft, die Sie erworben haben.
Fr Dürfen wir nicht wissen, ob unsere Handlungen der Mühe wert sind?
M Folgen Sie Gandhijis Beispiel in der Arbeit für die nationale Sache. Das bedeutet Hingabe.

*2. Oktober 1938*

Fr Wie kann ich meine Leidenschaften bezwingen?
M Finden Sie deren Wurzel, dann ist es leicht. Was sind Leidenschaften? Lust, Zorn usw. Weshalb treten sie auf? Aus Neigung und aus Abneigung gegen das, was wir sehen. Wie entstehen die Objekte? Durch unser Nichtwissen vom Selbst. Wenn Sie daher das Selbst

finden und darin verbleiben, bereiten Ihnen die Leidenschaften keine Schwierigkeiten mehr.

Was ist die Ursache der Leidenschaften? Der Wunsch, glücklich zu sein oder Vergnügen zu genießen. Der Wunsch nach Glück entsteht, weil Ihr Wesen selbst Glück ist und es daher natürlich ist, danach zu streben. Aber Glück wird nirgendwo als im Selbst gefunden. Schauen Sie deshalb nicht anderweitig nach ihm aus. Suchen Sie das Selbst und bleiben Sie darin.

Tatsächlich wird dieses natürliche Glück nur wiederentdeckt. Es kann also nicht verlorengehen; während das ‹Glück›, das aus anderen Objekten gewonnen wird, äußerlich ist und wieder verlorengeht. Es kann daher nicht von Dauer sein und ist es nicht wert, daß man ihm nachjagt.

Im übrigen sollte das Verlangen nach Genuß nicht bestärkt werden. Man kann ein Feuer nicht löschen, indem man Öl hineingießt. Der Versuch, das augenblickliche Verlangen zu befriedigen, um die Leidenschaft später besser unterdrücken zu können, ist einfach töricht.

Es gibt zweifellos Hilfen, um Leidenschaften zu beherrschen: 1. Geregelte Ernährung, 2. Fasten, 3. Yoga-Übungen. Aber die Wirkungen sind nur vorübergehend. Sowie die Hemmungen beseitigt sind, erscheinen die Leidenschaften wieder mit noch größerer Kraft. Die einzige Methode, sie zu überwinden, besteht darin, ihnen die Grundlage zu entziehen. Das geschieht, wie erwähnt, indem man ihren Ursprung findet.

Fr Ich bin Familienvater. Kann man auch als solcher befreit werden?
M Was ist Familie? Wessen Familie ist es? Wenn Sie die Antworten auf diese Fragen gefunden haben, beantwortet sich die andere Frage von selbst.

Sagen Sie mir, sind Sie in der Familie, oder ist die Familie in Ihnen.

Fr (Keine Antwort.)
M Wer sind Sie? Sie existieren im Wachzustand, Traum und Tiefschlaf. In Ihrem Schlaf waren Sie der Familie und deren Bande nicht bewußt, daher erhoben sich auch diese Fragen nicht. Jetzt sind Sie der Familie und ihrer Bindungen gewahr und suchen Befreiung davon. Aber Sie bleiben stets dieselbe Person.

Fr Und da ich jetzt fühle, daß ich in der Familie bin, ist es richtig, daß ich nach Befreiung suche?

M  Das ist richtig. Aber betrachten Sie Ihr Problem einmal genauer: Sind Sie in der Familie, oder ist die Familie in Ihnen?
Ein anderer Besucher fiel ein:
Was ist Familie?
M  Das ist es. Das muß erkannt werden.
Fr  Es sind meine Frau und meine Kinder. Sie hängen von mir ab. Das ist die Familie.
M  Nimmt die Familie sie so sehr in Anspruch, oder binden Sie sich selbst an sie?
Fr  Ich fühle mich an meine Familie gebunden.
M  Genau. Weil Sie glauben, daß das Ihre Frau ist und dies Ihre Kinder sind, glauben Sie auch, an sie gebunden zu sein.
Diese Gedanken sind die Ihren. Sie verdanken Ihnen ihre Existenz.
Sie können die Gedanken hegen oder sie lassen. Das erste ist Bindung, das andere Befreiung.
Fr  Das ist mir nicht ganz klar.
M  Sie müssen existieren, um denken zu können. Sie können dies oder jenes denken. Die Gedanken mögen wechseln, nicht aber Sie.
Schenken Sie den vorüberziehenden Gedanken keine Aufmerksamkeit, und halten Sie am unveränderlichen Selbst fest. Nur die Gedanken hindern Sie daran, frei zu sein. Das Gebundensein darf nicht als etwas Äußerliches gesehen werden. Daher ist es auch sinnlos, im Äußeren nach Befreiung zu suchen. Sie haben die Wahl: entweder denken und damit unfrei sein oder aufhören mit Denken und so die Freiheit erlangen.
Fr  Es ist aber nicht leicht, ohne Gedanken zu bleiben.
M  Sie brauchen nicht aufhören zu denken. Denken Sie nur an die Wurzel der Gedanken; suchen und finden Sie sie. Das Selbst erstrahlt aus sich selbst. Wenn Sie das Selbst finden, hören die Gedanken von allein auf. Das ist Freiheit von Gebundensein.
Fr  Ja, ich verstehe das jetzt. Ich habe es begriffen. Ist dazu ein Guru nötig?
M  Solange Sie sich für ein Individuum halten, ist ein Guru nötig, um Ihnen zu zeigen, daß Sie nicht durch Begrenzungen gebunden sind und daß es Ihr Wesen ist, frei zu sein.
Fr  Handeln ist Gebundensein. Man kann nicht ohne Tätigkeit irgendwelcher Art sein; so wächst das Gebundensein ständig. Was kann man unter diesen Umständen tun?

M  Man sollte so handeln, daß das Gebundensein nicht zu-, sondern abnimmt. Das wird durch selbstloses Handeln bewirkt.

### 3. Oktober 1938

Fr  Die Leute geben Gott einen Namen, erklären den Namen für heilig und behaupten dann, daß dessen Wiederholung verdienstlich für das Individuum sei. Kann das wahr sein?
M  Warum nicht? Sie tragen auch einen Namen und lassen sich mit ihm anreden. Aber als Ihr Körper geboren wurde, war ihm dieser Name nicht aufgestempelt. Der Körper sagte auch nicht, daß er so oder so heiße. Und doch haben Sie einen Namen bekommen und gebrauchen ihn, weil Sie sich damit identifizieren. Deshalb hat der Name durchaus Geltung und ist keine bloße Fiktion. Auf ähnliche Weise ist Gottes Name wirksam. Durch seine Wiederholung wird die Erinnerung an das, was er bedeutet, wachgehalten. Hierin liegt sein eigentlicher Wert.

Der Frager war nicht befriedigt mit der Antwort. Schließlich wollte er aufbrechen und bat um Bhagavans Gnade. Dieser fragte ihn daher, ob ihn bloße Worte, die ihn der Gnade versicherten, befriedigen könnten, wenn er keinen Glauben in sie habe?
Beide lachten.

### 4. Oktober 1938

Fr  Ich habe ein Mantra bekommen. Die Leute machen mir Angst mit der Behauptung, es könnte unvorhergesehene Folgen haben, wenn ich es wiederhole. Das Mantra besteht nur aus einem Wort: OM. So erbitte ich Ihren Rat. Kann ich es wiederholen? Ich glaube an seine Wirkung.
M  Sicherlich, es sollte vertrauensvoll wiederholt werden.
Fr  Genügt das? Oder können Sie mir weitere Unterweisung geben?
M  Mantra-*japa* wird so lange geübt, bis man erkennt, daß derselbe *japa* bereits in einem selbst völlig mühelos vor sich geht. Der gesprochene *japa* wird zum innerlichen *japa* und erweist sich schließlich als ewigwährend. Das Mantra deckt sich mit dem wahren Wesen des Übenden, das wiederum identisch ist mit dem Zustand der Verwirklichung.

*Fr* Kann auf diese Weise *samadhi* erreicht werden?
*M* Der gesprochene *japa* wird zum geistigen *japa* und offenbart sich schließlich als das Selbst. Das ist *samadhi*.
*Fr* Bitte erweisen Sie mir die Gnade, mich in meinem Bemühen zu stärken.

## 13. Oktober 1938

*Fr* Muß man an Gott denken, während man den Blick auf einen Punkt richtet?
*M* Was praktizieren Sie?
*Fr* Den Blick auf einen Punkt fixieren.
*M* Wozu?
*Fr* Um Konzentration zu erlangen.
*M* Die Übung mag das Auge beschäftigen; wo aber bleibt die Arbeit für den Geist bei diesem Vorgang?
*Fr* Was soll ich tun?
*M* An Gott denken.
*Fr* Wird man durch das Üben krank?
*M* Mag sein. Aber alles bringt sich schon selbst wieder in Ordnung.
*Fr* Ich übe vier Stunden am Tag *dhyana* und das Fixieren des Blicks zwei Stunden lang. Ich wurde krank. Andere behaupten, meine Übungen wären schuld daran. Da habe ich mit *dhyana* aufgehört.
*M* Alles wird sich von selbst regeln.
*Fr* Ist es nicht besser, wenn der Blick auf natürliche Weise fixiert wird?
*M* Was meinen Sie damit?
*Fr* Ist Übung nötig, um den Blick zu fixieren, oder ist es besser, alles von selbst geschehen zu lassen?
*M* Was ist Üben anderes als der Versuch, etwas natürlich werden zu lassen? Es wird nach langem Üben natürlich.
*Fr* Ist *pranayama*, Atemkontrolle, nötig?
*M* Es ist nützlich.
*Fr* Ich habe es nicht geübt. Soll ich es tun?
*M* Alles wird richtig werden bei genügender Geisteskraft.
*Fr* Wie bekomme ich die?
*M* Durch *pranayama*.
*Fr* Muß auch die Nahrungsaufnahme reguliert werden?
*M* Es ist eine Hilfe.

## 15. Oktober 1938

Sri Bhagavan erwähnte, daß auch Thirujnanasambandar, einer der Großen unter den Tamil-Heiligen, Arunachalas Lob gesungen habe:
Thirujnanasambandar wurde vor etwa 1500 Jahren in einer orthodoxen Familie geboren. Als er drei Jahre alt war, nahm ihn sein Vater eines Tages mit zum Tempel in Shiyali. Er ließ den Kleinen am Ufer des Tempelteiches zurück, als er darin baden wollte. Als der Junge den Vater nicht mehr sah, begann er zu weinen. Da erschienen Siva und Parvathi, und Siva bat seine Gemahlin, dem Knaben von ihrer Milch zu geben. Sie gab ihm einen Becher davon zu trinken, und er war glücklich.
Als der Vater aus dem Wasser kam und den lächelnden Knaben mit Spuren von Milch an den Lippen sah, wollte er wissen, wer ihm Milch gereicht habe. Der Knabe antwortete nicht. Doch als der Vater in ihn drang, sang er eine Hymne zum Lobe Sivas, ‹dem Einen mit den Ohrringen ..., dem Dieb, der meinen Geist genommen hat ...›
So wurde er einer der berühmtesten *bhaktas* seiner Zeit. Er führte ein reges, aktives Leben und suchte viele Wallfahrtsorte in Südindien auf. In seinem 16. Lebensjahr verheiratete man ihn. Sobald die Hochzeitszeremonie vorbei war, begab sich das junge Paar, begleitet von einer großen Menge, zum Tempel. Dort war alles in blendendes Licht getaucht, und kein Tempel war zu sehen, nur ein Pfad, der in das Licht hineinführte. Jnanasambandar gebot der sie begleitenden Menge, diesem Pfade zu folgen, und sie gehorchten. Er selbst umschritt mit seiner jungen Frau zuerst das Licht, ehe sie den anderen folgten. Dann verschwand das Licht, und es blieb keine Spur von denen, die hineingegangen waren; nur der Tempel stand da, wie er immer dagestanden hatte. Das war das kurze, aber ereignisreiche Leben des jungen Weisen.
Auf einer seiner Wallfahrten war er auch nach Tirukoilur gekommen, das achtzehn Meilen von Tiruvannamalai entfernt liegt und wegen seines Siva-Tempels berühmt ist. (Hier hatte Bhagavan auf seinem Weg nach Tiruvannamalai eine wunderbare Lichtvision, ohne zu wissen, daß dieser Ort durch die Gegenwart des jungen Weisen vor 1500 Jahren geheiligt war.)
Als Jnanasambandar in Tirukoilur war, kam ein alter Mann mit einem Korb voll Blumen zu ihm und erklärte auf Befragen, er

sei ein Diener Arunachalas, des Gottes, der in Form eines Berges hier wohne.

Der Weise fragte: ‹Wie weit ist es bis dahin?›

Der Alte: ‹Ich komme täglich von dort hierher, um Blumen für die Andachten zu sammeln. Es ist also nicht weit.›

Der Weise: ‹Dann werde ich mit Ihnen dorthin gehen.›

Sie machten sich auf den Weg, zusammen mit einer großen Menge, die ihnen folgte. Nachdem sie schon eine gute Strecke zurückgelegt hatten, wollte der Weise fragen, wie weit es noch sei. Aber der Alte war verschwunden. Kurz darauf wurde die Gesellschaft von Wegelagerern überfallen, denen sie alles ausliefern mußten, was sie besaßen. Mühsam schleppten sie sich weiter und erreichten schließlich ihr Ziel. Der junge Weise versank in tiefe Meditation. Siva erschien ihm und teilte ihm mit, daß die Straßenräuber in seinem Auftrag gehandelt hätten und daß für alle Pilger gesorgt würde.

Der Weise verfaßte mehrere Hymnen zu Ehren Arunachalas. In einer heißt es:

‹Du bestehst aus reinem *jnana* und bist in der Lage, allen, die Dir folgen, die irrtümliche Idee, sie seien Körper, zu zerstören. Gazellen, Bären und Wildschweine kommen des Nachts rudelweise Deine Hänge herab auf der Suche nach Futter in den Ebenen rundherum, und Herden von Elefanten suchen Dich auf, um dort zur Ruhe zu gehen. So begegnen einander die Scharen der Tiere in Deinen Wäldern.›

Dieser Berg muß also vor 1500 Jahren bewaldet gewesen sein. Im Laufe der Jahrhunderte sind die Wälder dem Holzschlag und anderen Einwirkungen zum Opfer gefallen.

Ein Swami beabsichtigte, sich in eine Höhle zurückzuziehen, um sich dort ungestört der Meditation widmen zu können.

M Der ist ein rechter Mensch, der auch im Trubel der Welt ohne Wünsche bleibt und nie sein wahres Wesen aus den Augen verliert.

Fr Ist es nicht der Preis für die Befreiung, daß wir alles opfern?

M Es ist besser, seinen Pflichten nachzugehen, ohne zu denken ‹Ich bin der Handelnde›, als sich von allem zurückzuziehen und dann zu denken ‹Ich habe alles aufgegeben›. Ein Mönch, der denkt ‹Ich bin ein Mönch›, ist kein wahrer Mönch, während ein Familienvater, der nicht denkt ‹Ich bin ein Familienvater›, die Qualitäten eines Mönchs besitzt.

*Fr* Der eine sieht eine Sache auf eine bestimmte Weise, ein zweiter sieht sie ganz anders. Wie können wir herausfinden, wer recht hat?

*M* Jeder sieht immer und überall nur sein eigenes Selbst. Daher müssen ihm auch Gott und die Welt so vorkommen, wie er sich selbst sieht.
Für Nayanar schienen alle Menschen wie *Siva* und *sakti* zu sein, weil er selbst so war. Dharmaputra sah um sich herum nur Menschen, die besser waren als er. Duryodhana dagegen konnte keinen einzigen guten Menschen in der Welt finden. So urteilt jeder gemäß seiner eigenen Natur.

*M* Schweigen ist die höchste Beredsamkeit, Frieden das höchste Tun. Wieso? Der Mensch bleibt dabei in seinem wahren Wesen und gelangt in alle Tiefen des Selbst. So kann er jederzeit jede Kraft aufrufen und einsetzen, wo immer es nötig ist. Das ist höchste Vollkommenheit.

*Fr* Wie kann man an Gott denken, wenn man mit der Alltagsarbeit beschäftigt ist?

Bhagavan antwortete zunächst nicht. Nach etwa zehn Minuten kamen Mädchen zum *darshan*, die zu singen und zu tanzen begannen. Sie stellten die Hirtinnen von Brindaban dar: ‹Wir wollen die Milch quirlen, ohne aufzuhören, an Krishna zu denken.› Bhagavan wandte sich an den Fragesteller:
Das ist die Antwort auf Ihre Frage. Dies ist Yoga, *bhakti* und *karma*.

*M* Wer von der Vorstellung ‹Ich bin der Körper› durchdrungen ist, ist der größte Sünder und ein Selbst-Mörder dazu; die Erfahrung ‹Ich bin das Selbst› ist die höchste Tugend. Selbst ein kurzer Augenblick dieser wahrhaftigen Erfahrung genügt, um alles *karma* zu vernichten. Es wirkt wie die Sonne, vor der jede Dunkelheit zunichte wird. Welche Sünde, wie furchtbar sie auch sein mag, kann bestehenbleiben, wenn man in diesem Zustand des Reinen Seins verbleibt?

*Fr* Was ist der genaue Unterschied zwischen weltlicher Tätigkeit und Meditation?

*M* Es gibt keinen Unterschied. Es ist, als bezeichnete man ein und dieselbe Sache mit zwei verschiedenen Wörtern in zwei verschiedenen Sprachen. Der Rüssel des Elefanten wird zum Atmen und zum Trinken benutzt. Die Schlange sieht und hört mit demselben Organ.

Fr  Dhyana bereitet mehr Freude als sinnliche Genüsse. Und doch läuft der Geist hinter diesen her, statt die wahre Freude zu suchen. Wie kommt das?

M  Freude und Schmerz sind Aspekte, die nur den Geist betreffen. Unser wahres Wesen ist Glück. Aber wir haben das Selbst vergessen und bilden uns ein, Körper oder Geist wären das Selbst. Es ist diese irrige Identifizierung, die das Elend verursacht. Was kann man dagegen machen? Dieses *vasana* ist sehr alt und hat zahllose Geburten überdauert. Daher ist es so stark geworden. Es muß zuerst überwunden werden, bevor unser wahres Wesen – Glückseligkeit – sich durchsetzen kann.

Fr  Ich wünsche mir oft, in einer Einsamkeit zu leben, in der ich ohne große Mühe alles finde, was ich brauche, so daß ich meine ganze Zeit der Meditation widmen kann. Ist solch ein Wunsch gut oder schlecht?

M  Solche Wünsche werden eine Wiedergeburt verursachen, damit sie sich erfüllen können. Was macht es aus, wo und in welcher Lage Sie sich befinden? Wesentlich ist nur, daß der Geist immer in seiner Quelle bleibt. Es gibt nichts außen, was nicht auch innen ist. Der Geist ist alles. Ist der Geist tätig, dann wird selbst die Einsamkeit zum Marktplatz. Es hat keinen Zweck, einfach die Augen zu schließen. Die Welt ist nicht außerhalb von Ihnen. Der reife Mensch macht keine Pläne, bevor er handelt. Warum nicht? Weil Gott, der uns in die Welt gesandt hat, seine eigenen Pläne verfolgt.

Einige Anhänger Bhagavans diskutierten untereinander über die mehr oder weniger großen Verdienste einiger berühmter *bhaktas*. Sie konnten nicht übereinkommen und trugen die Angelegenheit Bhagavan vor, der zunächst schwieg. Die Diskussion wurde hitzig. Schließlich fiel er ein:

M  Man kann einen anderen nicht wirklich kennen und sollte daher auch nicht von dessen Gebundensein oder Erlöstsein sprechen. Jeder in der Welt möchte berühmt werden, das ist ganz natürlich. Aber der Wunsch allein genügt dazu nicht. Wer sich Gott mit Leib und Seele ausgeliefert hat, der wird sicherlich Berühmtheit erlangen.

Einer der Ashram-Bewohner wurde einmal von heftigen sexuellen Gedanken gequält. Er fastete drei Tage lang und betete um Befreiung davon. Schließlich wandte er sich an Bhagavan. Dieser hörte ihn an und schwieg eine Weile. Dann sagte er:

Nun gut, die Gedanken belästigen Sie, und Sie wehrten sich dagegen. Das ist gut. Warum aber denken Sie auch jetzt noch daran? Wann immer sich solche Gedanken melden, überlegen Sie, wem sie kommen, dann werden sie entfliehen.

Fr Jemand tut Gutes, muß aber trotzdem leiden. Ein anderer tut Böses und ist dabei glücklich. Wie kommt das?

M Schmerz und Freude sind das Ergebnis vergangenen *karmas*, nicht des gegenwärtigen. Schmerz und Freude wechseln miteinander ab; man muß sie geduldig annehmen, ohne sich von ihnen überwältigen zu lassen. Man muß immer versuchen, am Selbst festzuhalten. Wenn man tätig ist, sollte man sich nicht um das Ergebnis kümmern. Nur derjenige kann wahrhaft glücklich sein, der Schmerz und Freude gegenüber unberührt bleibt.

Fr Welche Rolle spielt die Gnade des Guru im Prozeß zur Erlangung der Freiheit?

M Die Befreiung sollte nicht irgendwo außen gesucht werden, sondern innen. Wenn jemand inständig nach ihr verlangt, dann weist ihm der Guru den Weg zum Selbst; er treibt ihn von außen zum Selbst und zieht ihn schließlich von innen hinein. Darin besteht die Gnade des Guru.

Fr Wurden die Unterschiede zwischen den Menschen schon bei der Entstehung der Welt miterschaffen, oder sind sie erst später entstanden? Ist es gerecht, wenn der Schöpfer es zuläßt, daß der eine als Krüppel und der andere als gesunder Mensch geboren wird?
Existieren die acht Gottheiten der Himmelsrichtungen, die 330 Millionen Götter und die sieben Weisen auch heute noch?

M Richten Sie diese Fragen an sich selbst, und Sie werden die Antwort finden.
Wenn wir unser Selbst erkennen, dann wird uns alles andere auch klar. Lassen Sie uns deshalb zuerst das Selbst finden. Dann können wir nach Schöpfer und Schöpfung fragen. Die Erkenntnis Gottes zu erstreben, ohne vorher das Selbst erkannt zu haben, ist Nichtwissen. Ein Mensch mit Gelbsucht sieht alles gelb. Wer

wird seiner Behauptung Glauben schenken, wenn er erzählt, daß alles gelb sei?
Es heißt, daß die Schöpfung einen Ursprung habe. Wie das? Man kann sie nur mit dem Baum vergleichen und dem Samenkorn, aus dem er gewachsen ist. Woher aber kam der Same? Von einem gleichen Baum. Kann es ein Ende dieser Fragen geben? Daher muß man das Selbst kennen, bevor man die Welt kennen kann.

Bhagavan kam auf *namaskar* zu sprechen, die Sitte des Sich-nieder-Werfens vor einem Weisen oder einem Bildnis des Göttlichen.

*Namaskar* wurde ursprünglich von den Weisen der Antike als Ausdruck der totalen Hingabe an Gott betrachtet. Während der formelle Akt beibehalten wurde, wird die eigentliche Bedeutung nicht mehr beachtet. Oft will der, der *namaskar* vollzieht, den Gegenstand oder die Person seiner Verehrung täuschen. So wird es zu einer Geste der Unaufrichtigkeit und Falschheit. Man will damit seine Sünden verdecken. Aber kann Gott getäuscht werden? Man glaubt, daß Gott das *namaskar* annimmt und man dann sein altes Leben fortsetzen könne. Zu mir brauchen sie damit nicht zu kommen; mir gefällt diese Art des Grüßens nicht. Die Leute sollen ihren Geist rein halten, statt sich tief zu verbeugen oder sich auf den Boden zu werfen. Mich kann man durch solche Gesten nicht täuschen.

Der bekannte englische Schriftsteller Somerset Maugham stattete dem Ashram einen Besuch ab. Während des Mittagessens erlitt er einen Ohnmachtsanfall. Major Chadwick bat daraufhin Bhagavan, zu seiner Hütte zu kommen, wohin man den Schriftsteller gebracht hatte. Als Bhagavan den Raum betrat, war Maugham bereits wieder bei Sinnen. Schweigend saßen sich beide etwa eine halbe Stunde gegenüber. Maugham beendete das Schweigen:
Ist es nötig, daß ich etwas sage?
M  Nein. Die Sprache des Herzens enthält alle Gespräche. Jedes Gespräch muß im Schweigen enden.
Sie lächelten einander zu, und Bhagavan kehrte zur Halle zurück.

Fr  Es wird gesagt, daß nichts leichter sei als *atma vidya*, Erkenntnis des Selbst.
M  Um zu einer Erkenntnis zu gelangen, bedarf es des Erkennenden, der Fähigkeit zu erkennen und dessen, was erkannt werden soll.

Wenn es um die Erkenntnis des Selbst geht, ist all das nicht nötig, denn dieses ist immer offensichtlich und unverkennbar präsent. Daher ist es richtig, von der leichtesten Methode zu sprechen. Man muß nur fragen: ‹Wer bin ich?›
Der wahre Name des Menschen ist *mukta*, der Befreite.

Bei der Errichtung einiger Gebäude auf dem Gelände des Ashrams hatte man sich nicht an die Baupläne gehalten. Aus diesem Grund kam es zwischen einem Ashram-Bewohner und dem Ashram-Leiter zu Auseinandersetzungen. Schließlich brachte der Beschwerdeführer die Angelegenheit vor Bhagavan.

M   Ist auch nur eines der Gebäude hier nach dem Plan dieser Leute hier errichtet worden? Gott hat Seine eigenen Pläne, und diese finden stets Verwirklichung. Niemand braucht sich darüber zu sorgen.

Fr   Wer waren wir in unseren früheren Leben? Warum kennen wir nicht unsere eigene Vergangenheit?

M   Gott hat aus Gnade dieses Wissen den Menschen vorenthalten. Wenn sie wüßten, daß sie tugendhaft gelebt hätten, würden sie stolz und im entgegengesetzten Falle entmutigt werden. Es ist genug, daß man das Selbst erkennt.

Fr   Es heißt von der Welt, daß sie erst offenbar werde, wenn der Geist sich manifestiert hat. Wenn ich schlafe, ist kein Geist da. Aber existiert die Welt derweil nicht für andere? Zeigt das nicht, daß sie das Produkt eines universalen Geistes ist? Wie kann man dann sagen, daß die Welt nicht materiell sei, sondern einem Traum gleiche?

M   Die Welt sagt Ihnen nicht, daß sie dem individuellen oder dem universalen Geist entstamme. Nur der individuelle Geist sieht die Welt. Wenn dieser Geist verschwindet, verschwindet auch die Welt.
Ein Mann träumte von seinem Vater, der schon vor dreißig Jahren verstorben war. Er träumte, daß er vier Brüder hätte und daß der Vater seinen Besitz unter ihnen aufteilen wollte. Es entstand Streit, die Brüder wandten sich gegen den Mann, und er erwachte vor Angst. Dann fiel ihm ein, daß er allein war, keine Brüder hatte und daß der Vater schon lange tot war. Seine Angst verschwand.
Sie sehen, wenn wir das Selbst gewahren, ist keine Welt da, nur

wenn wir das Selbst aus der Sicht verlieren, werden wir in weltliche Affären verwickelt.

*Fr* Man hat uns gesagt, daß wir uns auf einen Punkt zwischen den Augenbrauen konzentrieren sollen. Ist das richtig?

*M* Jeder weiß: ‹Ich bin›. Man beachtet dieses Gewahrsein nicht, sondern macht sich auf die Suche nach Gott. Was soll es nützen, die Aufmerksamkeit zwischen die Augenbrauen festzulegen? Es ist töricht zu behaupten, daß Gott sich zwischen den Augenbrauen befände. Der Zweck einer solchen Anweisung besteht darin, den Geist zu konzentrieren. Es ist eine der Zwangsmethoden, um den Geist zurückzuhalten und ihn daran zu hindern, sich zu zerstreuen. Er wird zwangsweise in einen einzigen Kanal geleitet. Das verhilft zur Konzentration.

Das beste Mittel zur Verwirklichung ist jedoch die Suchfrage: ‹Wer bin ich?› Die gegenwärtige Schwierigkeit wird durch den Geist verursacht und kann nur durch ihn überwunden werden.

*Fr* Sind Ernährungsvorschriften zu beachten?

*M* Nahrung in mäßigen Mengen ist das Richtige.

*Fr* Es werden auch verschiedene *asanas* (Körperhaltungen) erwähnt. Welche von ihnen ist die beste?

*M* *Nididhyasana* ist die beste. (*Nididhyasana* ist keine Yogahaltung, sondern bedeutet ununterbrochene Kontemplation. Die Antwort enthält ein Wortspiel mit ‹asana›.)

*Fr* Sri Bhagavan, als ich von Ihnen hörte, hatte ich plötzlich den großen Wunsch, Sie zu sehen. Wieso?

*M* Der Wunsch entsteht auf die gleiche Weise, wie Ihre Sehnsucht nach dem Selbst.

*Fr* Was ist der Sinn des Lebens?

*M* Zu erkennen suchen, was der Sinn des Lebens ist, ist selbst schon das Ergebnis guten *karmas* vergangener Geburten. Wer nicht nach solcher Erkenntnis sucht, vergeudet sein Leben.

*Fr* Sri Bhagavan weiß, wann ich ein *jnani*, ein Verwirklichter, werde. Bitte, sagen Sie es mir!

*M* Bin ich Bhagavan, dann gibt es niemand, der von mir getrennt ist, der *jnana* erstreben oder zu dem ich sprechen könnte. Bin ich aber ein Mensch wie andere, dann bin ich ebenso unwissend wie Sie. Ihre Frage kann also weder im einen noch im andern Falle beantwortet werden.

Fr  Was bedeuten die Begriffe *svarupa* (Form) und *arupa* (Formlosigkeit) im Hinblick auf den Geist?

M  Wenn Sie vom Schlaf erwachen, erscheint ein Licht. Es ist das Kosmische Bewußtsein. Man nennt es *arupa*. Das Licht fällt auf das ‹ich› und wird von ihm reflektiert. Man nennt es Geist; Körper und Welt werden mit ihm wahrgenommen. Dieser Geist ist *svarupa*. Im Licht des reflektierten Bewußtseins erscheinen die Objekte. Dieses Licht wird *jyoti* genannt.

### 21. Oktober 1938

In dem Buch *Vichara Sangraha* wird erwähnt, daß jemand, obwohl er das Selbst einmal verwirklicht habe, deshalb noch kein *mukta* geworden sei. Er bliebe auch weiterhin das Opfer seiner *vasanas*, Neigungen.

Sri Bhagavan wurde gefragt, ob die erwähnte Verwirklichung dieselbe sei wie die des *jnani*, und wenn ja, warum in der Wirkung ein Unterschied bestände.

M  Die Erfahrung ist dieselbe. Jeder erfährt das Selbst bewußt oder unbewußt.

Die Erfahrung des *ajnani* ist von seinen *vasanas* verschleiert, die des *jnani* nicht. Dadurch unterscheidet sich die Erfahrung des *jnani* von der des *ajnani*.

Ein Sucher mag nach langer Übungspraxis einen Lichtblick von der Wirklichkeit empfangen, und diese Erfahrung mag sehr lebendig sein, solange sie andauert. Trotzdem wird er durch seine alten *vasanas* wieder abgelenkt werden. Er muß dann seine Kontemplation fortsetzen, bis alle Hindernisse überwunden worden sind. Dann erst wird er für immer im Zustand der Wirklichkeit bleiben können.

Fr  Was ist der Unterschied zwischen einem Mann, der gar nicht versucht sich zu befreien und ein *ajnani* bleibt, und einem anderen, der einen Lichtblick erhalten hat, aber zu *ajnana* zurückkehren muß?

M  Im letzteren Falle bleibt immer die Erinnerung an das Erreichte, die ihn zu weiterem Bemühen antreibt, bis die Verwirklichung vollkommen ist.

Fr  Die Schriften sagen aber: ‹Die Erkenntnis des *Brahman* erstrahlt ein für allemal.›

*M* Das bezieht sich auf die bleibende Verwirklichung, nicht auf den Lichtblick.
*Fr* Wie ist es möglich, daß jemand eine solche Erfahrung vergißt und in das Nichtwissen zurückfällt?
*M* Es war einmal ein König, der seine Untertanen gut regierte. Einer seiner Minister gewann des Königs besonderes Vertrauen, mißbrauchte aber seinen Einfluß. Seine Kollegen und Untergebenen empörten sich darüber und faßten im geheimen einen Plan, wie sie ihn loswerden könnten. Sie gaben an die Wachen den Befehl aus, den Minister nicht mehr in den Palast einzulassen. Natürlich vermißte der König ihn und erkundigte sich nach der Ursache seiner Abwesenheit. Er erhielt den Bescheid, der Minister sei krank. Der König schickte ihm seinen Hofarzt. Er erhielt Berichte über das Ergehen des angeblichen Patienten, die abwechselnd von Besserung und Rückfällen sprachen. Als er ihn selbst besuchen wollte, riet man ihm ab, weil das gegen die Etikette verstoße. Später hieß es, der Minister sei gestorben, und der König betrauerte ihn tief.

Der unbeliebte Minister wußte durch eigene Späher, was vor sich gegangen war. Er versuchte alles, um den König beim Ausgang außerhalb des Palastes abzufangen. Zuletzt erklomm er einen Baum und verbarg sich im Laub; als der König gegen Abend in seiner Sänfte vorbeigetragen wurde, sprang er ihm unmittelbar vor die Füße und rief ihn an. Der Begleiter des Königs aber holte geistesgegenwärtig eine Handvoll heiliger Asche aus der Tasche und warf sie in die Luft, so daß der König die Augen schließen mußte. Gleichzeitig erteilte er dem begleitenden Musikkorps den Befehl zu vollem Einsatz. Der Lärm übertönte jeden Versuch des Geächteten, sich dem König verständlich zu machen. Dieser war der Meinung, der Geist des Toten suche ihn zu behelligen. Der ehemalige Minister verzagte völlig und zog sich als Asket in die Wälder zurück.

Jahre später brachte der Zufall den König auf der Jagd vor die Einsiedelei seines früheren Beamten, wo er diesen in tiefe Meditation versunken vorfand. Der König flüchtete – vor dem Geist des ‹Toten›.

Die Moral der Geschichte: Die Wahrheit konnte sich trotz des lebendigen Beweises gegenüber der Wahnvorstellung, es handele sich um ein Gespenst, nicht durchsetzen.

Ähnlich ist es bei einer gewaltsamen Verwirklichung des Selbst.

## 22. Oktober 1938

*Fr* Wie kann ich den Geist in der rechten Verfassung erhalten?
*M* Ein widerspenstiger Stier wird mit schmackhaftem Gras in den Stall gelockt; den Geist kann man mit guten Gedanken ködern.
*Fr* Aber er bleibt nicht beständig.
*M* Der Stier, der gewöhnt ist, umherzustreunen, wird immer wieder ausreißen. Doch kann man ihn mit leckerem Gras in den Stall locken. Auch dann wird er seine Gewohnheit noch nicht aufgeben und auf fremden Wiesen grasen. Nur ganz allmählich kann man ihm beibringen, daß er das gleiche Futter auch im eigenen Stall haben kann; dann wird er schließlich das Streunen aufgeben. Es wird sogar eine Zeit kommen, wo er, wenn er den Stall einmal verlassen muß, freiwillig dorthin zurückkehrt, ohne die Felder der Nachbarn betreten zu haben.
Ähnlich muß auch der Geist daran gewöhnt werden, den richtigen Pfad zu gehen. Er wird sich allmählich darauf einstellen und schließlich die falschen Wege meiden.
*Fr* Was ist das für ein Weg, den man dem Geist weisen muß?
*M* Das Denken an Gott.

## 23. bis 26. Oktober 1938

Ein prominenter Besucher war aus dem fernen Kashmir gekommen, um Sri Bhagavan sehen zu können.
*Fr* Jetzt, da ich Sri Bhagavan habe sehen dürfen, kann ich alle Talismane, alle *tantras* und *pujas* in den Fluß werfen?
*M* Tägliche Andachten, *pujas*, wie sie die heiligen Schriften vorschreiben, sind immer gut. Sie dienen zur Läuterung des Geistes. Selbst wenn man sich für zu fortgeschritten hält, um noch *puja* zu brauchen, sollte man es um anderer willen beibehalten, als Beispiel für die eigenen Kinder und andere Personen, die noch nicht so reif sind.

*Fr* Wie wird der Geist auf dem rechten Wege gehalten?
*M* Durch Übung. Geben Sie ihm gute Gedanken. Er muß dazu gebracht werden, den richtigen Weg beizubehalten.
*Fr* Aber er ist nicht beständig.
*M* Die *Bhagavad Gita* sagt: ‹Der Geist muß allmählich zum Stillstand

gebracht werden.› – ‹... den Geist im Selbst heimisch machen.› – ‹... durch Übung und Gelassenheit.› Übung ist wesentlich; der Fortschritt ist immer nur langsam.

Fr  Was ist das Selbst, von dem es heißt, daß man den Geist darauf richten soll?

M  Kennen Sie nicht Ihr Selbst? Sie existieren doch. Oder wollen Sie das bestreiten? Die Frage ‹Wer ist dieses Selbst?› könnte nur auftauchen, wenn Sie nicht existieren würden; aber Sie können nichts fragen, ohne daß Sie existieren. Finden Sie heraus, wer Sie sind. Das ist alles.

Fr  Ich habe viele Bücher gelesen, aber mein Geist wendet sich nicht dem Selbst zu.

M  Weil das Selbst nicht in Büchern zu finden ist. Bücher-lesen dient lediglich der Gewinnung von Kenntnissen.

Fr  Was versteht man unter *atma sakshatkara* (Selbst-Verwirklichung)?

M  Sie sind beides: *Atma* (Selbst) und *sakshat* (hier und jetzt). Wo bleibt da noch Raum für *kara* (machen, erreichen)? Ihre Frage zeigt, daß Sie annehmen, das Nicht-Selbst zu sein. Oder glauben Sie, daß es zwei Selbste gäbe, das eine, um das andere zu verwirklichen? Das wäre absurd.
Sie stellen diese Frage, weil Sie sich mit dem grobmateriellen Körper identifizieren. Die Frage erhebt sich jetzt. Tauchte sie auch in Ihrem Schlaf auf? Existierten Sie nicht auch dann? Ganz bestimmt. Was unterscheidet die beiden Zustände, wenn in dem einen sich diese Frage erhebt und im anderen nicht? Jetzt glauben Sie, im Körper zu sein. Sie sehen die Dinge um sich herum, und Sie möchten das Selbst auf die gleiche Weise sehen. Es ist die Macht der Gewohnheit. Aber die Sinne sind bloße Wahrnehmungs-Instrumente; der Seher sind *Sie*. Bleiben Sie ausschließlich der Seher.
*Atma sakshatkara* (Selbst-Verwirklichung) ist daher dasselbe wie *anatma nirasana* (das Nicht-Selbst aufgeben).

Fr  Gibt es nur ein Selbst oder mehrere?

M  Aus Unwissenheit verwechseln Sie den Körper mit dem Selbst. Sie denken: ‹Hier bin ich, hier ist er, dort ist ein anderer.› So sehen Sie viele Körper und halten sie für ebenso viele Selbste. Aber fragten Sie auch im Schlaf: ‹Hier schlafe ich, aber wie viele sind noch wach?›? Wird eine solche Frage je gestellt? Warum nicht? Weil Sie eins mit allem sind und es keine anderen gibt.

*Fr* Was ist dann die mir innewohnende Wahrheit, *tattva*?
*M* Sie sind es selbst. Wie könnten Sie getrennt von dieser Wahrheit überhaupt existieren? Es ist diese Wahrheit, die Sie Ihre Frage stellen läßt; Ihre Existenz ist diese Wahrheit. Lassen Sie alle Auslegungen von *tattva* beiseite, und bleiben Sie in Ihrem wahren Wesen. Alle Schriften sagen Ihnen, daß Sie keine Bemühungen an Nicht-Wahrheiten vergeuden sollen. Dann bleibt *tattva*, die Wahrheit, das Wesentliche – immer einzig und rein erstrahlend –, allein übrig.
*Fr* Ich möchte die Wahrheit und meine Pflichten kennen.
*M* Erkennen Sie zuerst Ihr *tattva*, danach mögen Sie fragen, was Ihre Pflichten sind. Um diese zu erkennen und zu erfüllen, müssen Sie existieren. Verwirklichen Sie Ihre Existenz und fragen Sie dann nach Ihren Pflichten.

## 26. Oktober 1938

Als Antwort auf eine Frage las Sri Bhagavan einen Artikel aus einer Tamil-Zeitschrift vor:

*Vairagya*, Entsagung, wird oft mißverstanden. Zum Beispiel kann man hören: ‹Ich habe mich entschlossen, auf das Kino zu verzichten.› Und dies wird als *vairagya* bezeichnet. Solch ein Mißbrauch von Worten oder auch von Sprichwörtern ist nicht selten. Z. B. hört man oft: ‹Wenn man den Hund sieht, sieht man nicht den Stein; sieht man den Stein, dann sieht man nicht den Hund.› Das wird meistens so verstanden, daß gewöhnlich gerade kein Stein zur Hand ist, wenn man einen streunenden Hund vertreiben möchte. Dieses populäre Sprichwort hat aber eine viel tiefere Bedeutung. Es geht auf folgende Geschichte zurück:

Das Haus eines gewissen reichen Mannes war wohlbehütet. Unter anderen Maßnahmen war am Eingangstor ein wild aussehender Hund angekettet. Hund und Kette aber waren das Kunstwerk eines geschickten Steinmetzen und wirkten überaus lebensecht. Ein Fußgänger erschrak angesichts der wütenden Bestie, versuchte ihr auszuweichen und verletzte sich bei dem Versuch. Ein freundlicher Nachbar klärte ihn auf. Als der Mann das nächste Mal vorüberkam, bewunderte er das Kunstwerk und vergaß darüber sein früheres Erschrecken. Dabei ging es ihm so, daß er, wenn er den Hund betrachtete, den Stein nicht bemerkte, aus dem dieser bestand, und wenn er das steinerne Kunstwerk bewunderte, den Hund als solchen nicht wahrnahm. Daher das Sprichwort.

Ein ähnliches heißt: ‹Der Elefant verbirgt das Holz und das Holz den Elefanten.› Hierbei handelt es sich um einen Elefanten aus Holz geschnitzt.

*Atma*, das Selbst, ist immer *sat-chit-ananda*, Sein-Bewußtsein-Seligkeit. Von diesen werden die beiden ersten Aspekte in allen Zuständen erfahren, während von dem letzten behauptet wird, daß er nur im Schlaf erfahren würde. Es erhebt sich die Frage, wie das wahre Wesen des Selbst im Wachen und im Traum verlorengehen kann. Tatsächlich stimmt das gar nicht. Im Schlaf ist kein Geist da, und das Selbst erstrahlt unverhüllt, während das, was in den anderen beiden Zuständen bewußt wird, nur ein vom Geist reflektiertes Selbst ist. Auch *ananda* wird im Schlaf erfahren, wenn die Gedanken es nicht verdecken. In den andern beiden Zuständen wird es durch die Mitwirkung des Geistes als Liebe, Freude usw. empfunden. Dies sind *chitta vrittis*, Veränderungen des Geistes.

Ein Mann geht die Straße entlang; sein Geist ist voll flüchtiger Gedanken. Da stechen ihm die saftigen Mangofrüchte eines Straßenhändlers ins Auge. Er kauft einige und ist nun begierig, sie zu verzehren. Daher eilt er nach Hause, stillt seinen Hunger und ist glücklich.

Wenn die vielfältigen Gedanken dem angenehmen Wunsch, die Mangos zu besitzen, weichen, nennt man das *priya* (Freude). Die Freude, die der Mann empfindet, wenn er die Früchte gekauft hat, wird *moda* (Freude, die größer ist als *priya*) genannt. Das Vergnügen, das ihm das Verspeisen der Mangos bereitet, bezeichnet man als *pramodha* (Freude, die größer ist als *moda*). Alle drei Formen der Freude kommen zustande, weil andere Gedanken währenddessen fernbleiben.

### 7. November 1938

M  Alle wissen, daß sie irgendwann sterben müssen, aber sie denken nicht weiter darüber nach. Sie fürchten den Tod, wenn auch nur, solange sie an ihn denken. Aber warum fürchtet man den Tod? Wegen der Vorstellung: ‹Ich bin der Körper›. Alle sind sich bewußt, daß der Körper sterben muß. Aufgrund der Vorstellung, der Körper zu sein, wird der Tod als Ursache für dessen Verlust gefürchtet. Aber Geburt und Tod betreffen nur den Körper. Sie werden irrtümlicherweise auf das Selbst übertragen und lassen deshalb die Täuschung zu, daß das Selbst geboren würde und sterben müßte.

Aus dem Wunsch heraus, Geburt und Tod zu überwinden, blickt der Mensch zu dem Höchsten Wesen auf, daß es ihn retten möge. So entstehen Glaube und Hingabe an den Herrn. Wie kann man Ihn verehren? Das Geschöpf ist machtlos, der Schöpfer allmächtig. Wie sich Ihm nahen? Das einzig Mögliche ist, sich Ihm ganz anzuvertrauen, sich Ihm bedingungslos hinzugeben. Das bedeutet, sich selbst und alles, was man besitzt, aufzugeben und dem Herrn zu übertragen. Was bleibt dann für den Menschen übrig? Nichts. Weder er selbst noch etwas von dem, was ihm gehört. Da auch der Körper, der Geburt und Tod unterworfen ist, dem Herrn überliefert wurde, braucht der Mensch sich nicht länger um ihn zu sorgen. Damit haben Geburt und Tod ihre Schrecken verloren. Die Ursache zur Angst war der Körper; er gehört ihm nicht länger; wovor sollte er sich also fürchten? Wo ist dann noch eine Person, die sich ängstigen könnte?

Damit ist das Selbst verwirklicht; das Ergebnis ist Seligkeit. Dies ist es, um was es geht: Freisein von Elend und Erlangung des Glücks. Dies ist das Höchste, was erreicht werden kann. Vollkommene Hingabe ist das gleiche wie Seligkeit.

## 7. November 1938

M  Man sieht um sich herum eine Vielzahl von Individuen und kann das mit dem, was hier gesagt wird, nicht in Übereinstimmung bringen. Dabei ist die Erklärung einfach. Der *jiva*, die verkörperte Seele, ist Licht, das von einem ‹ich› reflektiert wird. Das Wesen identifiziert sich mit diesem ‹ich› und folgert, daß noch mehr seinesgleichen vorhanden sein müßten. Es ist nicht leicht, ihn von dem Unsinn seiner Behauptung zu überzeugen. Besteht denn der Mensch, der viele andere in seinem Traum sieht, auch darauf, sie für wirklich zu halten, und fragt er nach ihnen, wenn er aufwacht? Aber dieses Argument überzeugt den Zweifelnden nicht. Ich führe ein Beispiel an.

Wer auch immer, von welchem Ort auch immer, nach dem Mond ausschaut, es ist immer derselbe Mond. Das weiß jeder. Nehmen wir jetzt einmal an, da wären mehrere Gefäße gefüllt mit Wasser, in denen sich der Mond spiegele. Diese Spiegelbilder sind alle verschieden voneinander. Zerbricht eins dieser Gefäße, dann verschwindet damit auch dessen Spiegelbild. Aber dieses Verschwinden berührt weder den Mond noch dessen Spiegelbilder in den anderen Gefäßen. Ähnlich ist es mit dem Individuum, das Befreiung erlangt hat. Es ist allein befreit.

Einwände dagegen kommen aus der Erwägung: ‹Wenn das Selbst allein existiert und ein Mensch wird befreit, dann müssen damit alle Seelen befreit sein. Das stimmt jedoch nicht; also ist *Advaita* falsch.›

Die schwache Stelle dieser Behauptung ist die, daß das reflektierte Licht des Selbst irrtümlich für dessen eigenes Licht gehalten wird. Das ‹ich›, die Welt und die Individuen beruhen alle auf den *vasanas* des einzelnen. Werden diese beseitigt, dann lösen sich auch all die Vorstellungen der betreffenden Person auf. Um beim Bild zu bleiben: ein Gefäß zerbricht, und das entsprechende Spiegelbild ist verschwunden.

Tatsache ist, daß das Selbst niemals gebunden ist. So kann es also auch keine Befreiung geben. Alle Schwierigkeiten gehen nur das ‹ich› an.

### 10. November 1938

Auf die Feststellung hin, daß der *jiva* reflektiertes Licht des Selbst sei, wurde die Frage gestellt, ob es nur einen *jiva* gäbe oder viele.

M  Kennzeichnend für den *jiva* ist es, daß er die Welt wahrnimmt. Im Traum können viele *jivas* auftreten, aber sie sind alle unwirklich. Tatsächlich existiert nur der Träumer. Er sieht alles. Ebenso verhält es sich mit dem Individuum und der Welt. Es wird die Überzeugung vertreten, daß es nur ein Selbst gibt; sie ist gleichzusetzen mit der Überzeugung, daß nur ein *jiva* existiert. Das heißt also, daß ein einziger *jiva* die ganze Welt mit allen *jivas* darin wahrnimmt.

Fr  Dann sind *jiva* und Selbst hier identisch?

M  So ist es. Aber das Selbst ‹sieht› nicht. Hier heißt es von Ihm, es sähe die Welt; in diesem Fall wird Es *jiva* genannt.

*Fr* Welchem Zweck dient eigentlich die Furcht vor dem Tod, die so allgemein verbreitet ist?

*M* Es ist wahr, die Furcht vor dem Tod ist allgemein. Sie dient keinem vernünftigen Zweck. Der Mensch stirbt mit ihr und mit all den latenten Neigungen und Abneigungen des Geistes. Die Furcht verhilft ihm nicht dazu, ihre Ursachen zu erkennen und die nötige Wendung zu vollziehen.

*Fr* Wieso geben Sie dann allen Besuchern ohne Unterschied die gleichen Unterweisungen?

*M* Was sage ich schon? Das ‹ich› in jedem Individuum muß sterben. Darüber muß er nachdenken. Gibt es dieses ‹ich› oder nicht? Durch wiederholte Überlegungen solcher Art wird man allmählich reifer.

### 11. November 1938

*Fr* Wie groß ist der Zeitraum zwischen Tod und Wiedergeburt?

*M* Er kann lang oder kurz sein. Aber ein *jnani* unterliegt solchem Wechsel nicht; er taucht in das universale Sein ein, wie die *Brihadaranyaka Upanishad* sagt. Manche behaupten, daß diejenigen, die nach dem Tode dem Pfade des Lichts folgen, nicht wiedergeboren würden, während diejenigen, die den Pfad des Dunkels gingen, wiedergeboren werden müßten, nachdem sie die Früchte ihres *karma* in ihren Astralkörpern genossen hätten. Halten sich Verdienst und Schuld die Waage, wird man hier sofort wiedergeboren. Überwiegt das Verdienstvolle, gehen die subtilen Körper in den Himmel ein und werden später wiedergeboren; überwiegt die Schuld, gehen sie zur Hölle, um danach wiedergeboren zu werden. Von einem, der den Yoga-Pfad verlassen hat, heißt es, daß es ihm ebenso ergehe. Tatsächlich gibt es aber weder Geburt noch Tod. Man bleibt nur, was man ist. Das ist die einzige Wahrheit.

*Fr* Was halten Sie von *asanas* (Yoga-Stellungen)? Sind sie nötig?

*M* In den Yoga-Schriften werden viele *asanas* mit ihren Wirkungen sowie Sitzunterlagen, wie Tigerfelle oder Gras, erwähnt. Warum all das? Nur um sich selbst zu erkennen? ‹Ich bin der Körper, der Körper muß sitzen ...› denkt man und sucht nach Sitzmöglichkeiten. Aber dachte man im Schlaf an Stütze oder

Bett, an Couch oder Sitzteppich? Existiert man nicht auch im Schlaf ohne all das?

Die Wahrheit ist: Man ist das Selbst; das ‹ich› taucht auf, verwechselt sich mit dem Körper, hält die Welt irrtümlich für wirklich, unterscheidet die Objekte, beginnt zu denken und schaut sich unter anderem nach Sitzhaltungen um. Man versteht nicht, daß man selbst Mitte und Grundlage von allem ist.

Aus Befragen redet man von den Wirkungen der Sitzunterlagen und Fußbekleidungen in Begriffen wie Schwerkraft und Magnetismus. Man glaubt, ohne dies alles ginge das Ergebnis der Askese verloren. Woher beziehen alle anderen ihre Kraft? Man sieht die Wirkung, sucht nach Ursachen und bildet sich ein, sie wären in Sitzunterlagen und Fußbekleidungen zu finden. Wenn ein Stein in die Luft geworfen wird, fällt er auf den Boden zurück – warum? Aufgrund der Schwerkraft, sagt man. Schön – aber sind diese Feststellungen verschieden von seinen Gedanken? Es ist alles nur im Geist: Stein, Erde und Schwerkraft. Der Mensch wendet die Kraft an und ist gleichzeitig die Kraft. Er ist das Zentrum und die Stütze von allem. Er ist auch die Sitzhaltung. Die Sitzhaltung soll dafür sorgen, daß man fest sitzt. Wo und wie kann man wirklich festbleiben, außer im eigenen wahren Zustand? Das ist die wahre Haltung.

*Fr* Wie überwindet man Begehrlichkeit, Zorn und andere Leidenschaften?

*M* Verlangen, Lust und Zorn verursachen Leid. Warum? Wegen des ‹ich›-Gedankens. Diese Vorstellung vom ‹ich› entstammt dem Nichtwissen, das Nichtwissen rührt von der Absonderung her, die Absonderung von der Meinung, daß die Welt wirklich wäre, und diese Meinung entstammt der Vorstellung, das ‹ich› wäre der Körper. Diese letzte ist nur möglich, nachdem das ‹ich› aufgetaucht ist. Wenn es nicht aufsteigt, verschwindet die ganze Kette der Mißhelligkeiten. Verhindern Sie daher das Aufsteigen des ‹ich›. Das kann nur geschehen, indem man im eigenen wahren Wesen verbleibt; damit sind Lust und Zorn besiegt.

*Fr* Somit haben alle diese ihre Wurzeln im Nichtwissen.

*M* Genau. Durch das Nichtwissen entsteht der Irrtum, und Irrtum gibt der Täuschung Raum. Was ist Nichtwissen? Kann es aus dem Reinen *Brahman* sein, das nur das Selbst, d. h. Reine Erkenntnis, ist? Nur wenn der Frager das eigene Selbst erkennt

und in dieser Erkenntnis aufgeht, erhebt sich diese Frage nicht mehr. Er stellt sie aus Nichtwissen. Dieses steckt im Fragenden, nicht im Selbst. Wird die Sonne gesehen, gibt es keine Dunkelheit mehr.
In einem eisernen Safe wird Schmuck aufbewahrt. Der Besitzer sagt, er sei sein eigen; der Safe sagt es nicht. Es ist der Besitzwahn, der für den Anspruch verantwortlich ist.
Nichts ist unabhängig vom Selbst, nicht einmal das Nichtwissen, denn Nichtwissen ist nur die Kraft des Selbst, die in Ihm ist, ohne Es zu berühren. Es bildet jedoch die Grundlage des ‹ich›-Wahns, des *jiva*. Daher gehört das Nichtwissen zum *jiva*.
Auf welche Weise? Der Mensch sagt: ‹Ich kenne mich nicht selbst.› Sind denn da zwei Selbste: eines ist Subjekt, das andere Objekt? Das ist nicht möglich. Ist damit das Nichtwissen für ihn zu Ende? Nein. Das Auftauchen des ‹ich› ist Nichtwissen und nichts anderes.

### 15. November 1938

M Manche Leute, die hierherkommen, forschen nicht in sich selbst. Sie wollen statt dessen wissen: Sieht der Befreite die Welt? Wird er vom *karma* beeinflußt? Wird man nur befreit, nachdem der Körper gestorben ist oder auch, während man noch im Körper weilt? Muß der Körper des Weisen sich in Licht auflösen oder auf andere Weise verschwinden? Kann er auch dann befreit sein, wenn der entseelte Körper zurückbleibt?
Ihre Fragen haben kein Ende. Warum sich auf so vielerlei Weise den Kopf zerbrechen? Besteht die Befreiung darin, dies alles zu wissen?
Daher sage ich Ihnen: Kümmern Sie sich nicht um die Befreiung der anderen. Gibt es überhaupt Gebundensein? Gehen Sie dieser Frage nach. Schauen Sie nach innen. Forschen Sie in sich selbst.

M Der *jiva* ist nicht völlig unwissend. Er weiß, daß er existiert, aber er kennt nicht seine Identität. Er sieht die Welt, aber er erkennt nicht, daß sie *Brahman* (das Absolute) ist.
In einem Kino wird der Raum zunächst verdunkelt, dann wird künstliches Licht benutzt, und nur in diesem Licht werden die Bilder sichtbar.

Um zu unterscheiden, ist also reflektiertes Licht nötig. Man träumt nur im Schlaf; nur im Dunkel des Nichtwissens während des Schlafes kann man die unwirklichen Traumobjekte sehen. Genauso nimmt man infolge der Dunkelheit des Nichtwissens die Welt wahr. Dieser Schleier ist charakteristisch für das Nichtwissen, das das Selbst auf keine Art und Weise berührt; es verschleiert nur den *jiva*, die verkörperte Seele.

## 17. November 1938

*Fr* Wie unterscheidet sich der *jnani* vom Yogi?
*M* Die *Bhagavad Gita* sagt, daß der *jnani* der wahre Yogi und auch der wahre *bhakta* sei. Yoga ist nur ein Übungsweg, *jnana* aber ist Vollendung.
*Fr* Ist Yoga nötig?
*M* Yoga ist ein Übungsweg. Ist *jnana* erreicht, dann ist Yoga nicht mehr nötig. Alle Übungswege werden Yoga genannt, z. B. *karma*-Yoga, *bhakti*-Yoga, *jnana*-Yoga, *ashtanga*-Yoga. Was ist Yoga? Es bedeutet Einswerden. Yoga ist nur dort möglich, wo eine Trennung, *viyoga*, besteht. Wer unter der Täuschung von *viyoga* lebt, muß diese Täuschung beseitigen. Die Methode dazu heißt Yoga.
*Fr* Welche Methode ist die beste?
*M* Das hängt vom Charakter des einzelnen ab. Jeder wird mit gewissen Anlagen aus vorhergegangenen Leben geboren. Der eine wird diese Methode leichter finden, der andere eine andere. Darüber läßt sich keine Entscheidung treffen.
*Fr* Wie muß man meditieren?
*M* Was ist Meditation? Allgemein wird darunter die Konzentration auf einen einzigen Gedanken verstanden. Andere Gedanken werden während dieser Zeit ferngehalten. Zuletzt muß auch dieser Gedanke verschwinden. Das Ziel ist der gedankenfreie Zustand.
*Fr* Wie wird man das ‹ich› los?
*M* Wir müssen uns auf das ‹ich› konzentrieren, um es loszuwerden. Halten Sie zunächst am ‹ich› fest – alles andere ergibt sich von selbst.
*Fr* Wie hält man denn am ‹ich› fest?
*M* Wollen Sie damit sagen, daß es ein ‹ich› gibt, um das andere damit festzuhalten und auszuschalten? Gibt es zwei ‹ich›?
*Fr* Wie soll ich zu Gott beten?

M  Es muß ein ‹ich› da sein, das zu Gott betet. Das ‹ich› ist zweifellos unmittelbar vorhanden und jedermann vertraut, während Gott unbekannt ist. Finden Sie heraus, wer von beiden Ihnen näher ist; danach mögen Sie sich des anderen vergewissern und zu ihm beten, wenn es noch nötig sein sollte.

## 22. November 1938

M  Wenn man dauernd Wünsche hat, können nicht alle erfüllt werden. Bleibt man dagegen wunschlos, kommt alles von selbst. Nicht wir sind an Frau, Kinder und Beruf gebunden, sondern sie sind in uns; sie erscheinen und verschwinden entsprechend unserem *karma*.
Der ruhende Geist ist *samadhi*, ob er nun die Welt sieht oder nicht. Umgebung, Zeit und Objekte sind alle in mir. Wie können sie dann von mir unabhängig sein? Sie mögen wechseln, ich aber verändere mich nicht, ich bleibe immer derselbe. Objekte können durch ihre Namen und Formen unterschieden werden, während der Name jedes Menschen derselbe ist, nämlich ‹ich›. Sprechen Sie irgend jemanden an, dann sagt er ‹ich› und spricht von sich selbst als ‹ich›.
Ebenso ist es mit dem Ort. Solange ich mit dem Körper identifiziert werde, muß es auch Orte geben, sonst nicht. Bin ich der Körper? Meldet der Körper sich selbst als ‹ich› an? Alles ist in mir. Wird das ‹ich› ganz und gar ausgelöscht, dann offenbart sich der Friede. Das ist *samadhi*.

## 23. November 1938

Fr  Wie kommt man zur Ruhe? Es ist so schwierig. Sollen wir zu diesem Zweck Yoga praktizieren, oder gibt es irgendein anderes Mittel dafür?

M  Was nicht schwierig ist, sieht schwierig aus. Jemand neigt dazu, umherzuwandern. Wenn ihm gesagt wird, er solle zu Hause bleiben und sich ruhig verhalten, dann findet er das schwierig – weil er herumlaufen möchte.

Fr  Gibt es irgendeine besondere Unterweisung, die wirksamer ist als andere?

M  Alle Unterweisungen sind gleich wirksam. Aber jeder neigt zu der, die ihm besonders entspricht.

### 25. November 1938

M  *Sannyasa* (Entsagung) kommt nur dem reifen Menschen zu. Es fordert Verzicht, wobei es nicht um äußeren Besitz geht, sondern um Loslösung von innerem Verhaftetsein. *Sannyasi* kann jeder sein, der reif genug ist, auch der, der sein Heim nicht verläßt. Traditionsgemäß werden vier Arten von *sannyasis* unterschieden:
 – der *kutichaka* lebt in einer Einsiedelei,
 – der *bahudaka* ist ein Pilger, der ständig unterwegs
  nach Wallfahrtsorten ist,
 – der *hamsa* gibt sich ganz der Meditation hin,
 – der *paramahamsa* ist ein verwirklichter *sannyasi*.

### 27. November 1938

Fr  Das *akasa* (Ätherraum) in einem Spiegel reflektiert Bilder. Wie sind diese im Spiegel enthalten?
M  Die Objekte befinden sich im Ätherraum. Sowohl sie als auch der Raum werden beide reflektiert. Der Spiegel selbst ist dünn. Wie können Objekte in ihm enthalten sein?
Fr  Könnte das *akasa* in einem Gefäß ein Beispiel dafür sein.
M  Im *akasa* eines Gefäßes spiegelt sich nichts; nur das Wasser im Gefäß spiegelt. Stellt man verschiedene mit Wasser gefüllte Gefäße in ein Wasserbecken, so reflektiert das *akasa* sowohl im Wasser eines jeden Gefäßes als auch im Wasser des Beckens gleichermaßen. Ähnlich wird das ganze Universum in jedem Individuum gespiegelt.
Fr  Die Öffnung der Gefäße muß aber über der Oberfläche des Wasserspiegels im Becken bleiben.
M  Ja, das muß sein; sonst könnte man die Gefäße nicht sehen, wenn sie im Wasserbecken versunken wären.
Fr  Wie entsteht dabei eine Spiegelung?
M  Reiner Ätherraum spiegelt nicht; nur der Äther des Wassers kann es. Glas spiegelt auch keine Gegenstände, nur eine Glasplatte mit undurchsichtiger Rückseite hat diese Fähigkeit. Ähnlich enthält

Reine Erkenntnis weder Objekte, noch spiegelt sie sie. Nur in Verbindung mit dem begrenzenden Geist spiegelt sie die Welt. Weder im *samadhi* noch im Tiefschlaf ist die Welt vorhanden. Täuschung gibt es weder in hellem Licht noch in totalem Dunkel. Nur im Dämmerlicht kann man ein Seil für eine Schlange halten. Ähnlich ist Reines Bewußtsein nur Licht; es ist Reine Erkenntnis. Lediglich der Geist, der aus Ihr aufsteigt, unterliegt der Täuschung, daß die Objekte getrennt von Ihr beständen.

Fr  Dann ist also der Geist der Spiegel.

M  Geist – was ist Geist? Eine Mischung aus *chit* (Bewußtsein) und Gedanken. Der Geist bildet all dieses: Spiegel, Licht, Dunkelheit und Spiegelbilder.

Fr  Aber ich sehe ihn nicht.

M  *Chit-akasa*, Bewußtseins-Äther, ist Reine Erkenntnis. Er ist der Ursprung des Geistes. Im Augenblick, in dem er auftaucht, ist der Geist nur Licht; der Gedanke ‹Ich bin dies› steigt erst später auf, und dieser ‹ich›-Gedanke gebiert den *jiva* und die Welt.

Das erste Licht ist der reine Geist, der Geist-Äther oder *Isvara* (Gott). Seine Veränderungen erscheinen als Objekte. Er wird Geist-Äther genannt, weil er alle Objekte in sich selbst enthält. Wieso Äther? Wie der Ätherraum Gegenstände enthält, so enthält er auch Gedanken, daher Geist-Äther.

Wiederum: Der physische Äther enthält zwar das ganze Universum in Gestalt grobmaterieller Objekte, ist aber selbst Inhalt des Geist-Äthers, und dieser ist wiederum enthalten in *chit*, im Reinen Bewußtsein. In Ihm gibt es keine Dinge; Es ist Reine Erkenntnis.

Fr  Warum Es dann ‹Äther› nennen? Physischer Äther ist ohne Vernunft.

M  ‹Äther› bezeichnet nicht nur den vernunftlosen physischen Äther, sondern auch Reine Erkenntnis. Erkenntnis besteht nicht darin, Objekte zu erkennen; das ist nur relative Erkenntnis. Erkenntnis in Ihrer Reinheit ist das eine, einzige, transzendentale Licht.

Fr  Sollen wir Es uns in der Meditation vorstellen?

M  Wieso vorstellen? Wir können nur an etwas denken, wenn wir von ihm getrennt sind, was bei der Reinen Erkenntnis nicht der Fall ist. Es ist vielmehr so, daß Sie allein *ist*! Wie kann man Sie sich dann gestaltet vorstellen?

Fr  Wie haben wir dann vorzugehen?

M  Werden Sie nur das Nicht-Selbst los.

Fr  Das hört sich jetzt einfach an, aber nachher ist alles vergessen.

M Ihr Vergessen schließt auch die Erkenntnis mit ein, denn Sie wissen, daß Sie vergessen; wie könnten Sie sonst davon reden? So ist auch das Vergessen im *chit-akasa* enthalten.
Fr Wieso ist es mir dann nicht klar?
M *Chit* ist Reine Erkenntnis. Aus Ihr geht der Geist hervor, der wiederum aus Gedanken besteht. Dunkelheit oder Nichtwissen kommt hinzu. Dann erscheint die Reine Erkenntnis anders, als Sie ist; Sie wird als ‹ich› und ‹die Welt› gesehen, die voll ist von Begierde, Verhaftung und Abneigung. Daher heißt es von all dem, daß es die Wirklichkeit verschleiere.
Fr Wie soll man das verwirklichen?
M Es heißt ‹Bleibe frei von Gedanken› und ‹Man kann nur verwirklichen in einem nach innen gewandten Geist›. Denn der Geist, der, von Gedanken befreit, in das Herz absinkt, ist das Reine Bewußtsein.

## 14. Dezember 1938

Fr Wie verhilft der Name Gottes zur Verwirklichung?
M Der Ur-Name dauert fort, unablässig, ohne jedes Bemühen des Individuums; er ist *aham*, Ich. Wenn er sich manifestiert, ist er *ahamkara*, das ‹ich›. Die mündliche Wiederholung des Namens führt zur geistigen, die sich schließlich in der ewigen Schwingung auflöst.
Fr Aber das ist doch alles geistig oder physisch.
M Geist oder Mund können nicht ohne das Selbst handeln. Tukaram, der große Maharashtra-Heilige, pflegte tagsüber im *samadhi* zu verweilen und nachts mit vielen Leuten zu singen und zu tanzen. Auf seinen Lippen war beständig der Name Ramas. Einmal wiederholte er ihn, während er einem natürlichen Bedürfnis nachkam. Ein orthodoxer Priester, der es bemerkte, war entsetzt über solchen Mißbrauch des heiligen Namens und befahl dem *bhakta* zu schweigen, solange er bei solcher Notwendigkeit verweile. Tukaram war es zufrieden und blieb stumm. Sofort aber tönte der Name Ramas aus jeder seiner Poren, so daß der Priester über den Lärm erschrak. Er bat den *bhakta* um Verzeihung und gestand: ‹Verbote sind nur für gewöhnliche Leute, nicht für Heilige wie Sie.›
Fr Es heißt, daß Sri Ramakrishna sah, wie das Bildnis der Kali, die er

verehrte, Leben annahm. Kann das wahr sein?

M Dieses Lebendigwerden nahm nur Sri Ramakrishna wahr, andere nicht: Die Lebenskraft kam also aus ihm selbst. Es war seine eigene Lebenskraft, die sich außerhalb von ihm offenbarte und ihn einbezog. Wäre das Bildnis selbst lebendig geworden, dann hätten es andere auch sehen können. Tatsache ist allerdings, daß letztlich alles voller Leben ist. Viele Fromme haben ähnliches erfahren wie Sri Ramakrishna.

Fr Wie kann in einem Stein Leben sein? Er ist doch ohne Bewußtsein.

M Das ganze Universum ist voller Leben. Sie behaupten, der Stein sei ohne Bewußtsein. Es ist Ihr ‹ich›-Bewußtsein, das von Unbewußtheit spricht. Wenn jemand nach einem bestimmten Gegenstand in einem dunklen Raum suchen will, dann nimmt er eine Lampe mit. Das Licht hilft ihm, Vorhandensein oder Nichtvorhandensein des Gesuchten zu erkennen. So ist das Licht des Bewußtseins nötig, um zu entdecken, ob ein Ding bewußt ist oder nicht. Wenn sich aber ein Mensch in einem dunklen Raum befindet, braucht man keine Lampe; man braucht ihn nur zu rufen, und er wird antworten. Es braucht also keine Lampe, um seine Gegenwart anzuzeigen. So ist auch Bewußtsein selbstleuchtend.

Nun behaupten Sie, Sie seien sich Ihrer selbst im Schlafe nicht, im Wachen dagegen durchaus bewußt. Was ist nun Wirklichkeit? Sie muß immer vorhanden sein und ewig dauern. Weder das gegenwärtige ‹ich›-Bewußtsein noch das Nicht-Bewußtsein sind Wirklichkeit. Aber Sie wissen um Ihre fortdauernde Existenz. Dieses Reine Sein ist Wirklichkeit; alles andere sind nur Beifügungen. Dieses Reine Sein ist nichts anderes als ‹bewußt sein›, Bewußtsein, sonst könnten Sie nämlich nicht feststellen, daß Sie existieren. Demnach ist Bewußtsein gleichbedeutend mit Wirklichkeit. Wenn dieses Bewußtsein begrenzt wird, kann man von ‹ich›-Bewußtsein, Unbewußtsein, Unterbewußtsein, Überbewußtsein, menschlichem Bewußtsein, tierischem Bewußtsein und pflanzlichem Bewußtsein sprechen. Der unveränderliche gemeinsame Faktor in allem ist Bewußtsein. Daher ist der Stein nur insoweit unbewußt, wie Sie es im Schlaf sind. Heißt das, total des Bewußtseins beraubt zu sein?

Ein amerikanischer Zuhörer fühlte sich hiermit überfordert. Er bat Bhagavan aufzuhören. So endete dieses Gespräch.

## 15. Dezember 1938

In einem Brief hatte eine spanische Dame einige Fragen gestellt.
Kann man noch zu Gott um Hilfe für die Menschheit beten, wenn das ‹ich› bereits im universalen Selbst aufgegangen ist?

M Sie beten zu Gott und enden mit ‹Dein Wille geschehe!›. Wenn Sein Wille geschehen soll, warum dann überhaupt beten? Es ist wahr, der Göttliche Wille setzt sich zu jeder Zeit und unter allen Umständen durch, der Mensch kann gar nicht aus eigenem handeln. Erkennen Sie daher die Macht des Göttlichen Willens an und bleiben Sie still. Gott kümmert sich um jeden; Er hat uns alle erschaffen. Sie sind einer unter mehr als 3000 Millionen. Wenn Er sich um so viele kümmert, kann Er Sie dann auslassen? Schon der gesunde Menschenverstand verlangt, daß man sich Seinem Willen fügt. Andererseits ist es nicht nötig, Ihn an Ihre Bedürfnisse zu erinnern. Er kennt sie und wird sie berücksichtigen.
Weiter: Warum beten Sie überhaupt? Weil Sie sich hilflos fühlen und wünschen, daß die Höhere Macht Ihnen hilft. Schön. Aber sollte der Schöpfer und Erhalter nicht Ihre Schwachheit kennen? Müssen Sie es Ihm erzählen, damit Er davon erfährt?

Fr Aber Gott hilft denen, die sich selbst helfen.

M Sicherlich. ‹Hilf dir selbst› entspricht Gottes Willen. Alles Handeln wird durch Ihn veranlaßt. Und was die Fürbitte für andere betrifft, sie schaut, oberflächlich gesehen, so selbstlos aus. Analysieren Sie aber die Beweggründe, dann werden Sie auch dort auf Selbstsucht stoßen. Sie wünschen, daß andere glücklich sein mögen, damit Sie es selbst sein können. Oder Sie suchen Anerkennung dafür, daß Sie sich im Interesse anderer eingesetzt haben. Gott bedarf keines Vermittlers. Kümmern Sie sich um Ihre Angelegenheiten, und alles wird gut sein.

Fr Wirkt nicht Gottes Wille durch Seine Erwählten?

M Gott ist in allem und wirkt durch alle. Aber Seine Gegenwart wird in reinen Seelen klarer erkannt. Der reine Geist spiegelt Gottes Wirken klarer als der unlautere, und so nennen die Leute solche Reinen ‹Erwählte›. Der Erwählte selbst betrachtet sich nicht als solchen. Wenn er sich für einen Vermittler hielte, dann hätte er seine Individualität noch nicht aufgegeben, und seine Hingabe wäre noch nicht vollkommen.

Fr Werden nicht die Brahmanen als Priester und Vermittler zwischen Gott und den Menschen angesehen?

M Ja. Wer aber ist ein Brahmane? Einer, der *Brahman* verwirklicht hat. Ein solcher hat aber keine Individualität zurückbehalten. Er hat keine Vorstellung davon, daß er als Vermittler handelt.
Und was das Gebet betrifft, so sieht der Verwirklichte andere nicht als von sich verschieden. Wie kann er da überhaupt beten, zu wem und um was? Allein Seine Gegenwart bedeutet höchstes Glück für alle. Solange Sie meinen, es gäbe andere, verschieden von Ihnen, beten Sie für sie. Diese Meinung entspringt dem Nichtwissen, das wiederum die Ursache davon ist, daß Sie sich hilflos fühlen. Sie wissen, daß Sie schwach und hilflos sind; wie können Sie da anderen helfen? Sie antworten: ‹Durch mein Gebet.› Gott aber weiß, was er tut und benötigt nicht Ihre Fürsprache für andere.
Wie aber kann man sich selbst helfen, um dadurch stark zu werden? Das geschieht durch vollkommene Hingabe. Sie bedeutet, daß Sie sich Ihm ganz ausliefern. Nach einer solchen Auslieferung können Sie Ihre Individualität nicht zurückbehalten: Sie führen Seinen Willen aus. So ist Schweigen das Höchste, was erreicht werden kann.
‹Schweigen ist das Meer, in dem die Ströme aller Religionen münden›, heißt es bei Thayumanavar.

## 16. Dezember 1938

Fr Ist die Erfahrung des Höchsten Zustandes für alle die gleiche, oder gibt es einen Unterschied?
M Der Höchste Zustand ist derselbe und die Erfahrung auch.
Fr Ich finde aber Unterschiede in der Auslegung der Höchsten Wahrheit.
M Die Auslegungen macht der Geist. Der Geist ist bei den Menschen verschieden, und deshalb sind die Auslegungen verschieden.
Fr Ich möchte damit sagen, daß die Weisen sich verschieden ausdrücken.
M Ihre Ausdrucksweisen mögen sich voneinander unterscheiden, sie entsprechen dem Wesen der Suchenden. Die verschiedenen Ausdrucksweisen sind dazu da, den verschieden veranlagten Suchern zu helfen.
Fr Ein Weiser spricht in der Sprache des Christentums, ein anderer in der Sprache des Islam, ein dritter in der Sprache des Buddhis-

mus. Hängt das von der unterschiedlichen religiösen Erziehung ab?

M Was auch ihre Erziehung gewesen sein mag, ihre Erfahrung ist dieselbe. Aber Ihre Ausdrucksweise wird von den Umständen bestimmt.

Fr Sri Bhagavan sagte gestern abend, daß Gott uns lenkt. Weshalb sollen wir uns dann bemühen, irgend etwas zu tun?

M Wer verlangt das von Ihnen? Wenn Sie bedingungslosen Glauben in die Führung Gottes hätten, würde sich die Frage gar nicht erheben.

Fr Tatsache ist, daß Gott uns führt. Warum dann all diese Unterweisungen?

M Sie sind für solche, die sie suchen. Wenn Sie in Ihrem Glauben an die Führung Gottes fest sind, dann bleiben Sie dabei und kümmern sich nicht um das, was um Sie her geschieht und ob Ihnen Glück oder Elend beschieden ist. Bleiben Sie gegenüber beiden unberührt und halten Sie am Glauben an Gott fest. Das kann man nur, wenn man darauf vertraut, daß Gott sich um uns alle kümmert.

Fr Wie erlange ich einen solchen Glauben?

M Er wird denen zuteil, die nach der Wahrheit streben und sich an die Lehren halten. Das sind also Menschen, die sich von ihrem Elend befreien wollen. Man belehrt sie, daß alle in Gottes Hand sind und daß sich daher niemand zu sorgen braucht. Die Reifen unter ihnen nehmen das sofort an und verharren fortan in festem Glauben an Gott.
Andere sind nicht so leicht von der Wahrheit dieser Behauptung zu überzeugen. Sie fragen: ‹Wer ist Gott? Was ist Sein Wesen? Wo ist Er? Wie kann man Ihn verwirklichen?› Um sie zufriedenzustellen, sind intellektuelle Diskussionen unvermeidlich. Es werden Theorien und Erfahrungen von allen Seiten betrachtet, um so die Wahrheit für den Intellekt klarzulegen.
Ist die Sache intellektuell verstanden, beginnt der ernsthafte Sucher mit den entsprechenden geistigen Übungen. Er überlegt in jedem Augenblick: ‹Wem gehören diese Gedanken? Wer bin ich?›, bis er in der Überzeugung, daß uns eine Höhere Macht lenkt, fest gegründet ist. Seine Zweifel sind geklärt, und er bedarf keiner weiteren Unterweisung.

Fr Wir glauben an Gott.

*M* Wenn Ihr Glaube fest wäre, hätten Sie nicht gefragt. In seinem Glauben an den Allmächtigen findet der Mensch vollkommenes Glück.
*Fr* Ist die Suche nach dem Selbst dasselbe wie dieser Glaube?
*M* Die Suche nach dem Selbst umfaßt Glaube, Hingabe, *jnana*, Yoga und alles andere.

*Fr* Wenn sich herausstellt, daß der Körper lang andauernde Meditation nicht verträgt – soll man dann Yoga ausüben, um ihn dazu fähig zu machen?
*M* Das hängt von dem Betreffenden ab. Der eine übt *hatha*-Yoga, um seine Krankheit zu heilen, ein anderer vertraut dazu auf Gott, ein dritter wird seine Willenskraft einsetzen, und ein vierter mag ihr gegenüber total gleichgültig bleiben. Aber alle werden in ihrer Meditation verbleiben. Die Suche nach dem Selbst ist das Wesentliche, alles übrige sind lediglich Nebensächlichkeiten.
Jemand mag sich in der ganzen Philosophie des *Vedanta* auskennen und trotzdem unfähig sein, seine Gedanken zu beherrschen. Er mag eine Neigung zum *hatha*-Yoga spüren. Dann wird er glauben, daß der Geist nur durch Yoga diszipliniert werden könne und wird demzufolge das üben.

*Fr* Wozu raten Sie, um eine beständige Meditation zu erreichen?
*M* Das hängt von den *vasanas* (Neigungen) ab. Einer findet vielleicht *hatha*-Yoga, ein anderer *nama japa* geeignet. Wesentlich ist, an *atma vichara*, der Suche nach dem Selbst, festzuhalten.

*Fr* Genügt es, wenn ich einige Zeit morgens und abends für diese Suche aufwende, oder muß ich es dauernd tun, auch wenn ich schreibe oder gehe?
*M* Was ist Ihr wahres Wesen, schreiben, gehen oder – sein? Die eine unveränderliche Wirklichkeit ist ‹Sein›. Bis Sie diesen Zustand reinen Seins verwirklichen, sollten Sie sich an die Suche halten. Sind Sie einmal darin fest gegründet, wird sie Ihnen kein weiteres Kopfzerbrechen mehr bereiten.
Niemand wird nach dem Ursprung von Gedanken suchen, wenn keine vorhanden sind. Solange Sie denken ‹Ich gehe›, ‹Ich schreibe›, müssen Sie nachforschen, wer es tut.
Wenn man im Selbst fest gegründet ist, wird das Handeln jedoch weitergehen. Sagt denn ein Mensch dauernd ‹Ich bin ein Mensch›, ‹Ich bin ein Mensch› ... in jedem Augenblick seines

Daseins? Er tut es nicht, und trotzdem gehen seine Tätigkeiten weiter.
Fr Ist ein intellektuelles Begreifen der Wahrheit nötig?
M Ja. Sonst könnte der Mensch Gott oder das Selbst sofort verwirklichen, sobald er erfährt, daß Gott – oder das Selbst – alles ist. Daß es nicht geschieht, zeigt ein gewisses Schwanken an. Er muß sich mit sich selbst auseinandersetzen und sich allmählich von der Wahrheit überzeugen, bevor sein Glaube fest wird.

*20. Dezember 1938*

Eine Schweizerin stellte einige Fragen.
Verfügt der Verwirklichte auch über okkulte Kräfte?
M Das Selbst ist das uns innewohnende ewige Sein, während die *siddhis* (okkulte Kräfte) außerhalb von uns angenommen werden müssen. Um solche Kräfte zu erlangen, muß man sich sehr darum bemühen. *Siddhis* werden mit dem Geist gesucht, der zu diesem Zweck ungemein aktiv werden muß. Diese Kräfte treten nur so lange in Erscheinung, wie ein ‹ich› vorhanden ist, und sie sind für denjenigen, der sie sich wünscht, nur erstrebenswert, wenn andere da sind, die ihn bewundern. Das ‹ich› läßt ihn andere gewahr werden; in seiner Abwesenheit gibt es keine anderen. Das Selbst befindet sich jenseits des ‹ich› und wird verwirklicht, wenn dieses verschwunden ist. Wie sollte dann noch die Frage nach anderen auftauchen, und wo ist der Nutzen okkulter Kräfte für ein Selbst-verwirklichtes Wesen?
Es kann allerdings vorkommen, daß Selbst-Verwirklichung den Besitz okkulter Kräfte mit einschließt. Das kann dann der Fall sein, wenn der Betreffende sich vor der Verwirklichung um sie bemüht hat.
Es gibt andere, die sie nicht gesucht und sich nur um die Verwirklichung des Selbst bemüht haben. An ihnen offenbaren sich solche Kräfte nicht.
Manchmal werden diese Kräfte noch nach der Verwirklichung erworben. Dann sind sie aber ausschließlich zum Besten anderer bestimmt, wie es bei Chudala der Fall war. Dazu die folgende Geschichte:
Sikhidhvaja, ein frommer König, hatte eine Gemahlin mit Namen Chudala. Beide wurden von einem Weisen mit dem Weg

zum Selbst vertraut gemacht. Der König, der von seinen Regierungsgeschäften stark in Anspruch genommen war, konnte die Lehren nicht in die Praxis umsetzen, während Chudala es tat und das Selbst verwirklichte. Danach sah sie noch bezaubernder aus als vorher. Der König bemerkte die Veränderung und fragte sie nach der Ursache. Sie antwortete, daß sie es dem Selbst zu verdanken habe und er nur den Zauber der Verwirklichung an ihr wahrnehme. Das hielt er für töricht und sagte ihr das auch. Wußte er doch von großen Büßern, die nicht einmal nach langer und harter Askese dieses Ziel erreicht hatten. Wie sollte es da einem einfältigen weiblichen Wesen gelingen, das zudem noch die ganze Zeit über in der Familie gelebt hatte? Chudala nahm das keineswegs übel, denn sie war im Selbst fest gegründet und wünschte nur, daß auch er das Selbst verwirklichen und glücklich sein möge.

Sie wußte, daß sie den König nur überzeugen könnte, wenn sie es verstünde, durch außerordentliche Kräfte ihre Glaubwürdigkeit unter Beweis zu stellen. Also bemühte sie sich, *siddhis* zu erlangen. Sie hatte Erfolg, ließ es jedoch noch niemand wissen.

Das Zusammenleben mit ihr hatte den König unterdessen ruhiger und gelassener werden lassen. Er konnte dem weltlichen Leben keinen Geschmack mehr abgewinnen und sehnte sich danach, sich in der Einsamkeit der Wälder religiösen Übungen hingeben zu dürfen. Eines Tages eröffnete er Chudala, daß er entschlossen sei, fernerhin das Leben eines Asketen zu führen. Die Königin war hoch erfreut, gab sich aber den Anschein, darüber bekümmert zu sein. Aus Rücksicht auf sie zögerte Sikhidhvaja noch eine Weile. In der Zwischenzeit wurde seine Sehnsucht so groß, daß er dem inneren Wunsch folgte. In tiefer Nacht stahl er sich aus dem Palast und zog sich in die Wälder zurück, wo er sich an einer einsamen Stelle fortan seinen Meditationsübungen widmete.

Als die Königin erwachte, vermißte sie den Gatten und fand durch ihre okkulten Kräfte bald heraus, was geschehen war. Sie freute sich über die heroische Tat ihres Gatten, rief die Minister zusammen und teilte ihnen mit, daß der König sich in geheimer Mission entfernt habe. Sie werde für ihn die Regentschaft ausüben.

Es vergingen achtzehn Jahre. Da erkannte sie, daß der König nunmehr für die Verwirklichung des Selbst reif sei. Sie kam in Verkleidung zu ihm, und er verwirklichte das Selbst mit ihrer

Hilfe. Dann kehrten sie zurück, um gemeinsam das Reich zu regieren.

Das Fazit der Geschichte: Auch Verwirklichte können okkulte Kräfte zugunsten anderer anwenden; sie täuschen sich aber nicht über ihren Wert.

Fr Benutzt der Weise okkulte Kräfte, um anderen zu helfen das Selbst zu verwirklichen, oder genügt die bloße Tatsache seiner eigenen Verwirklichung dazu?

M Die Kraft, die von seiner eigenen Selbst-Verwirklichung ausgeht, ist viel mächtiger als alle anderen Kräfte zusammen.

Was ist das höchste Gut, das man anderen übermitteln kann? Es ist Glück. Glück aber wird aus dem Frieden geboren, und Friede herrscht nur dort, wo er nicht gestört wird. Störungen gibt es infolge von Gedanken, die im Geist aufsteigen. Wo kein Geist ist, dort ist vollkommener Friede. Niemand kann Frieden haben und glücklich sein, es sei denn, er hätte seinen Geist bezwungen. Wer selbst nicht glücklich ist, kann auch anderen kein Glück vermitteln.

Wo aber kein Geist ist, gibt es kein Gewahrsein anderer. So genügt die bloße Tatsache der Selbst-Verwirklichung, um alle anderen glücklich zu machen.

Fr Ist *samadhi* beständig, oder kann man wieder aus diesem Zustand herauskommen?

M Was ist *samadhi*? Unser wahres Wesen. Wie kann es kommen und gehen? Wenn Sie Ihr wahres Wesen nicht verwirklichen, bleibt Ihr Blickfeld eingeengt. Worin bestehen die Hindernisse? Finden Sie das heraus, und beseitigen Sie diese. So sind unsere Bemühungen nur auf die Beseitigung von dem gerichtet, was unsere wahre Schau verschleiert. Das wahre Wesen bleibt dasselbe. Wenn es einmal verwirklicht ist, bleibt es das für immer.

Fr Aber Paul Brunton schreibt, daß er eine Stunde lang im *samadhi* gewesen sei.

M Der ernsthafte Sucher erlangt den Frieden des Geistes und ist glücklich. Dieser Friede ist das Ergebnis seiner Bemühungen. Doch keine Bemühung kann ununterbrochen vor sich gehen; daher sind auch die Ergebnisse nicht dauerhaft. Der wahre Zustand aber liegt außerhalb jeder Bemühung und dauert ununterbrochen an. Ist das wahre, beständige, glückvolle Wesen, in dem es keine Bemühung mehr gibt, verwirklicht, dann findet man, daß es sich durchaus mit den gewöhnlichen Tätigkeiten des Alltags verträgt. Im Zustand des *samadhi*, der durch Bemühung erreicht wird, ruht dagegen das äußerliche Tun. Doch genießt auch derjenige, der sich ständig bemüht hat, für die Dauer des Zustandes im *samadhi* Glück und Frieden mit der gleichen Intensität wie der Verwirklichte, der mitten im Alltag, unberührt vom Trubel der Welt, im ewigen *samadhi* verbleibt.

### 21. Dezember 1938

Jemand las aus dem *Tao-te-king* vor: ‹Der Weise lenkt alles durch sein Nicht-Tun›.
M  Nicht-Tun ist unaufhörliches Wirken; es ist kennzeichnend für den Weisen. Sein Stillsein gleicht dem scheinbaren Stillstand eines auf höchsten Touren laufenden Ventilators. Das Auge kann ihm nicht folgen, und so scheint er stillzustehen. Man muß das auf diese Art erklären, weil die Leute im allgemeinen ein stilles Verhalten als Untätigkeit mißdeuten.

### 24. Dezember 1938

Fr  Wie lange braucht man zur Verwirklichung des Selbst?
M  Lernen Sie zunächst einmal, was Selbst und Verwirklichung bedeuten, dann werden Sie alles wissen.
Fr  Der Geist muß im Herzen verwirklicht werden.
M  Was ist Geist?
Fr  Geist und Herz sind Offenbarungen von *Perumal* (Bezeichnung der Vishnuiten für Gott).
M  Dann brauchen wir uns keine Sorgen zu machen.
Fr  Wie können wir das aber verwirklichen?
M  Liefern Sie den Geist an *Perumal* aus. Seine Offenbarung kann nicht unabhängig von Ihm sein. Geben Sie Ihm, was Sein ist, und seien Sie glücklich.
Fr  Wie macht man das?
M  Wie erkennen wir den Geist? An seiner Tätigkeit, nämlich seinen Gedanken. Wann immer Gedanken auftauchen, denken Sie daran, daß sie alle von *Perumal* ihren Ausgang nehmen. Das genügt; das ist die Hingabe des Geistes. Kann irgend etwas

unabhängig von *Perumal* existieren? Alles ist *Perumal*. Er wirkt durch alles und ist in allem. Weshalb sollten wir uns da sorgen?

### 27. Dezember 1938

Jemand äußerte sich zu dem Begriff ‹Zeit›.

M Was ist ‹Zeit›? Das Intervall zwischen zwei Zuständen wird Zeit genannt. Ein Zustand kann nicht ohne den Geist ins Dasein kommen, der Geist wiederum ist im Selbst gegründet. Wenn der Geist nicht aktiv wird, gibt es die Vorstellung von ‹Zeit› nicht. Zeit und Raum sind im Geist, unser wahrer Zustand aber liegt jenseits von diesem. Es gibt kein Problem ‹Zeit› mehr für den, der zu seinem wahren Wesen gefunden hat.

Fr Es ist so schön, Bhagavans Worte zu hören. Ihr Sinn aber übersteigt unser Verständnis. Wie können wir da hoffen zu verwirklichen? Wir verstehen alles nur intellektuell. Es wäre überaus wertvoll, wenn Sri Bhagavan uns einige praktische Anweisungen gäbe.

M Der ist kein wahrer Meister, der einen ernsthaften Sucher anweist, dies oder jenes zu tun. Der Sucher wird schon mehr als genug von seinen Tätigkeiten in Anspruch genommen und verlangt nach Ruhe und Frieden. Mit anderen Worten: Er ersehnt das Ende seiner Aktivität. Statt dessen wird ihm gesagt, er solle noch mehr leisten oder anstelle von diesem oder jenem anderes tun. Kann dem Sucher damit geholfen werden?

Aktivität schafft Unruhe und beeinträchtigt somit das Glücklichsein, das unserem wahren Wesen entspricht. Daher ist der, der Aktivität empfiehlt, kein wahrer Meister. Er kann den Suchenden nicht befreien, sondern verstärkt nur seine Fesseln.

Fr Wenn wir versuchen, uns der Tätigkeit zu enthalten, dann ist der Versuch auch wieder Tätigkeit. Sie scheint demnach unvermeidlich zu sein.

M Das ist wahr. Schon Thayumanavar hat darauf hingewiesen. Ein Arzt weist einen Patienten an, die verschriebene Medizin nur unter einer Bedingung einzunehmen: Er darf dabei nicht an einen Affen denken. Kann der Patient jemals die Medizin einnehmen? Wird er nicht jedesmal an den Affen denken, wenn er sie einnehmen will? So ergeht es den Menschen, die versuchen das Denken aufzugeben. Schon der Versuch ist zum Scheitern verurteilt.

*Fr* Wie soll man dann den Zustand erreichen?
*M* Was gibt es da zu erreichen? Man kann nur etwas erreichen wollen, was noch nicht erreicht ist. Hier aber geht es um das eigene Sein.
*Fr* Warum erkennen wir es dann nicht? – Sollte ich immer versuchen zu denken ‹Ich bin Das›?
*M* Warum sollte man das immer denken? Man ist nur Das. Denkt ein Mensch denn immerzu, daß er ein Mensch ist?
*Fr* Der Glaube ‹Ich bin ein Mensch› ist so tief verwurzelt, daß wir nicht anders können, als daran zu denken.
*M* Warum sollten Sie denken ‹Ich bin ein Mensch›? Wenn Sie danach gefragt würden, wäre es etwas anderes. Der Gedanke ‹Ich bin ein Mensch› stellt sich nur ein, wenn ein anderer Gedanke, etwa ‹Ich bin ein Tier›, sich aufdrängt. Ebenso ist der Gedanke ‹Ich bin Das› nur so lange nötig, wie der andere Gedanke ‹Ich bin ein Mensch› vorhanden ist.
*Fr* Der Gedanke ‹Ich bin ein Mensch› ist so stark verwurzelt, daß man ihn nicht loswerden kann.
*M* Seien Sie Ihr wahres Selbst. Warum denken Sie: ‹Ich bin ein Mensch›?
*Fr* Weil der Gedanke so natürlich ist.
*M* Durchaus nicht. Natürlich ist ‹Ich bin›. Warum schränken Sie es auf ‹ein Mensch› ein?
*Fr* ‹Ich bin ein Mensch› ist so offensichtlich, während ‹Ich bin Das› von mir nicht verstanden wird.
*M* Sie sind weder Das noch Dies. Die Wahrheit ist ‹Ich bin›. ‹Ich bin, der Ich bin› heißt es in der Bibel. ‹Sein› ist der natürliche Zustand. Diesen auf ‹ein Mensch sein› zu begrenzen, entspricht nicht der Wirklichkeit.
*Fr* (humorvoll) Wenn darüber abgestimmt würde, wäre mir die Mehrheit sicher. (Lachen)
*M* Meine Stimme haben Sie auch. Ich sage auch ‹Ich bin ein Mensch›, aber ich begrenze mich nicht auf den Körper. Das ist der Unterschied.
*Fr* Die Begrenzung, daß man ein Mensch ist, kann man nicht loswerden.
*M* Wie ist es denn im tiefen Schlaf? Da ist kein Gedanke vorhanden, daß Sie ein Mensch sind.
*Fr* Dann muß also der Schlafzustand hergestellt werden, während man wach ist.

*M* Ja – es ist eine Art Wachschlaf.

### 1. Januar 1939

*Fr* Würden Sie so freundlich sein und mir eine Zusammenfassung Ihrer Lehre geben?
*M* Sie finden sie in kleinen Schriften, besonders in *Wer bin ich?*
*Fr* Ich werde sie lesen. Aber kann ich das Wesentliche nicht von Ihnen selbst erfahren?
*M* Das Wesentliche ist in Ihnen.
*Fr* Das ist mir nicht klar.
*M* Finden Sie das Zentrum.
*Fr* Ich bin von Gott. Aber ist Gott nicht von mir verschieden?
*M* Wer fragt das? Nicht Gott; Sie fragen es. Finden Sie heraus, wer Sie sind, und dann können Sie ergründen, ob Gott von Ihnen verschieden ist.
*Fr* Aber Gott ist vollkommen, und ich bin unvollkommen. Wie kann ich Ihn je ganz erkennen?
*M* Gott sagt das nicht, Sie fragen das. So müssen Sie herausfinden, wer Sie sind; dann werden Sie erkennen, was Gott ist.
*Fr* Aber Sie haben Ihr Selbst gefunden. Bitte, lassen Sie uns wissen, ob Gott von Ihnen verschieden ist.
*M* Es ist eine Erfahrung, die jeder selbst machen muß.
*Fr* Aber Gott ist unendlich, und ich bin endlich. Ich habe eine Persönlichkeit, die niemals in Gott aufgehen kann – oder?
*M* Unendlichkeit und Vollkommenheit können nicht geteilt werden. Wenn ein endliches Wesen aus der Unendlichkeit käme, würde die Vollkommenheit der Unendlichkeit beeinträchtigt. Insofern ist Ihre Feststellung ein Widerspruch in sich selbst.
*Fr* Nein. Sehen Sie Gott und die Schöpfung an.
*M* Wie sind Sie Ihrer Persönlichkeit gewahr?
*Fr* Ich habe eine Seele. Ich kenne sie durch ihr Wirken.
*M* Wußten Sie auch im Tiefschlaf von ihr?
*Fr* Im Tiefschlaf ist ihr Wirken unterbrochen.
*M* Aber Sie existierten im Schlaf. Das tun Sie auch jetzt. Welcher von diesen beiden Zuständen ist nun Ihr wahrer?
*Fr* Schlafen und Wachen sind nur nebensächliche Vorgänge. Ich bin die Substanz, die ihnen zugrundeliegt.

Das Gespräch endete abrupt, weil der Fragesteller zur Bahn mußte.

## 8. Januar 1939

Eine Besucherin übergab Bhagavan einen Brief von Pascaline Maillert, Versailles:

‹Zwei Jahre sind nun vergangen, seit ich zum letztenmal die Schwelle Deines Ashrams überschritten habe. Doch obwohl mir das Erlebnis der Wirklichkeit, das mir im heiligen Schweigen Deiner Gegenwart zuteil wurde, oft vom Schleier der Illusion verhüllt ist, bin ich im Geiste immer dort geblieben.

Obwohl das silberne Licht des Selbst-Gewahrseins oft inmitten der Welt des Flimmerns und der Schatten nicht mehr sichtbar ist, bleibt doch der innere Drang zur Selbst-Verwirklichung bestehen. Ja, er wächst noch, denn meine Suche steht ständig im Zeichen der Gnade.

Hin und wieder, wenn auch nicht oft, erlebe ich ohne jeden äußeren Anlaß das Ich, und Glückseligkeit erfüllt mein Herz. In diesem Zustand höchsten Friedens gibt es keine Wünsche mehr, und meine Meditation geht ohne Bemühung vonstatten. Doch irgendwann fällt wieder der Schleier – die Illusion versucht erneut, die Erscheinung der Wirklichkeit zu trüben.

Doch was die Seele wiederholt als Wahrheit erfahren hat, kann weder verleugnet noch vergessen werden. ‹Das, was *ist*› gibt die Kraft, daran festzuhalten.

Ich bitte Dich, der Du mein Selbst bist, um Licht und Führung auf dem Wege, obwohl ich doch weiß, daß Du sie mir immer gewährst.

Als Zeichen der Dankbarkeit und Verehrung lege ich meine unwandelbare Liebe zu Deinen Füßen nieder.›

## 10. Januar 1939

Ein junger Anwalt hatte Sri Bhagavan vor Jahren aufgesucht und die Anweisung bekommen, *Gayatri japa* zu vollziehen, die Wiederholung der berühmten Anrufung der Sonne als Gottheit. Als er jetzt wiederkam, sagte er:

Wenn ich über die Bedeutung des *Gayatri* Mantras meditiere, schweift mein Geist immer noch ab. Was kann ich dagegen tun?

M Hat man Ihnen geraten, über das Mantra zu meditieren? Sie müssen dabei an den denken, der es wiederholt.

## 17. Januar 1939

*M* Es gibt einen dauerhaften Zustand, in dem Wachen, Traum und Tiefschlaf wie Schemen anmuten. Sie sind wie Bilder, die in einem Film über die Leinwand flimmern. Jeder sieht die Leinwand so gut wie die Bilder, ignoriert sie aber und hält sich an die Bilder. Der *jnani* dagegen beachtet die Leinwand, nicht die Bilder. Diese flimmern zwar über die Leinwand, beeinflussen sie aber nicht. Die Leinwand selbst bewegt sich nicht; sie bildet die feste Grundlage. Ähnlich ist mit dem Reisenden, der denkt, daß er sich fortbewegt. Genau besehen sitzt er ruhig auf seinem Platz; es ist der Zug, der ihn weiterbringt. Der Reisende überträgt nur die Bewegungen des Zuges auf sich selbst, weil er sich mit dem Körper identifiziert. Er sagt: ‹Ich bin durch diese Station gefahren – jetzt durch eine andere –›. Ein wenig Nachdenken zeigt, daß er lediglich dasitzt und die Stationen an ihm vorüberziehen. Das hindert ihn aber nicht zu behaupten, daß er den ganzen Weg gefahren wäre, als hätte er sich selbst angestrengt, um jeden Fußbreit des Weges zu bewältigen. Der *jnani* dagegen ist sich bewußt, daß der wahre Zustand seines Seins gleichbleibend und unveränderlich ist und alles Geschehen sich um ihn herum abspielt. Er verändert sich nicht und bleibt von alldem unberührt. Er schaut auf alles, ohne sich Gedanken zu machen und ruht in der Glückseligkeit.
Das ist der wahre, ursprüngliche und natürliche Seinszustand. Erreicht man ihn einmal, dann bleibt man in ihm ein für allemal. Das war mein Zustand in den Tagen, die ich in dem unterirdischen Tempelraum zubrachte. Er hielt seitdem ununterbrochen an mit dem einzigen Unterschied, daß der Körper damals reglos verharrte und jetzt tätig ist.
Zwischen dem Verhalten eines *jnani* und eines *ajnani* besteht kein grundsätzlicher Unterschied; nur die Blickwinkel sind verschieden. Der Nichtwissende identifiziert sich mit dem ‹ich› und verwechselt dessen Tun mit dem des Selbst, während das ‹ich› des Wissenden sich aufgelöst hat. Der *jnani* hält sich nicht für den Körper und wird daher von den Ereignissen nicht betroffen.
Es gibt ein Tun im scheinbaren Nicht-Tun und auch ein Nicht-Tun im scheinbaren Tun, wie sich durch viele Beispiele belegen läßt.

*Fr* Der Schlafzustand erscheint uns öde und langweilig, während der Wachzustand voller schöner und interessanter Dinge steckt.

M Was Sie als ‹voller schöner und interessanter Dinge› ansehen, ist tatsächlich der dumpfe und nichtwissende Schlafzustand. In der *Bhagavad Gita* heißt es: ‹Der Weise ist hellwach, wo für andere Dunkel herrscht.› Sie müssen aus dem Schlaf aufwachen, der Sie jetzt noch umfangen hält!

### 18. Januar 1939

M Das Selbst ist jenseits von Wissen und Nichtwissen. Es ist absolut. Bei Ihm gibt es keine Zweifel oder Fragen, denn Es ist Reines Bewußtsein, dem kein Nichtwissen anhaftet.
Fr Von unserem Standpunkt aus aber tauchen sie auf.
M Entdecken Sie, wem die Zweifel kommen. Gehen Sie bis zu deren Wurzeln. Sehen Sie zu, ob sie auch noch auftauchen, wenn Sie die Quelle erreicht haben und dort verbleiben.
Fr Aber im gegenwärtigen Moment ...
M Solche Diskussionen sind rein theoretisch und nehmen kein Ende. Es geht um die Praxis und den Versuch, die Probleme selbst zu lösen durch die Methode, die einem gezeigt worden ist. Sie kennen die Methode. Finden Sie heraus, wem die Fragen kommen. Dann lösen sie sich sofort auf.

Fr Sind wir im Tiefschlaf dem Reinen Bewußtsein näher als im Wachzustand?
M Schlaf, Traum und Wachzustand sind lediglich Phänomene, die aus dem Selbst kommen, das ein ständiger, unveränderlicher Zustand reinen Gewahrseins ist. Kann irgend jemand in irgendeinem Augenblick vom Selbst entfernt sein? Nur wenn das möglich wäre, hätte Ihre Frage einen Sinn.
Fr Aber wird nicht oft behauptet, daß man im Tiefschlaf dem Reinen Bewußtsein näher sei als im Wachzustand?
M Sie können ebensogut fragen: Bin ich mir im Tiefschlaf näher als im Wachzustand?
Denn das Selbst ist Reines Bewußtsein. Niemand kann sich je vom Selbst entfernen. Die Frage könnte sich nur im Dualismus stellen. Im Zustand Reinen Bewußtseins aber gibt es keinen Dualismus. Es ist die gleiche Person, die schläft, träumt und aufwacht. Der Wachzustand wird voll schöner und interessanter Dinge gesehen. Die Abwesenheit dieser Dinge läßt einen sagen,

daß der Schlafzustand öde und langweilig sei. Bevor wir weitergehen, wollen wir diesen Punkt klären. Sie wissen, daß Sie auch im Schlaf existieren?
*Fr* Ja.
*M* Und Sie sind dann dieselbe Person, die jetzt wach ist?
*Fr* Ja.
*M* Es gibt also etwas, was sowohl im Schlaf- als auch im Wachzustand vorhanden ist. Es ist der Zustand Reinen Seins.
Und doch besteht ein Unterschied zwischen beiden Zuständen. Im Wachzustand gibt es den Körper und die Welt mit ihren Objekten; all das verschwindet wieder im Schlaf.
*Fr* Aber im Schlaf fehlt mir die Fähigkeit des Gewahrseins.
*M* Richtig. Es fehlt das Gewahrsein des Körpers oder der Welt. Aber Sie müssen im Schlaf existieren, um jetzt sagen zu können: ‹Ich war im Schlaf nicht gewahr.› Wer sagt das jetzt? Es ist die wache Person. Der Schläfer kann es nicht sagen. Das heißt, das Individuum, das jetzt das Selbst mit dem Körper identifiziert, sagt, daß ein solches Gewahrsein im Schlaf fehlte.
Nur weil Sie sich für den Körper halten, sehen Sie die Welt um sich her und sagen, daß der Wachzustand voll schöner und interessanter Dinge sei. Der Schlafzustand wirke öde, weil Sie in ihm nicht als Individuum gegenwärtig waren und daher auch alle diese Dinge nicht existierten. Was ist die Wahrheit? Das Sein ist in allen drei Zuständen vorhanden, nicht aber das Individuum und die verschiedenen Objekte.
*Fr* Ja.
*M* Das, was ohne Unterbrechung fortbesteht, ist unsterblich, das, was nicht andauert, ist vergänglich.
*Fr* Ja.
*M* So ist also der Zustand des Seins bleibend, Körper und Welt dagegen sind es nicht. Sie sind flüchtige Phänomene, die über die Leinwand des Seins-Bewußtseins gleiten, das ewig und unveränderlich ist.
*Fr* Aber ist dann nicht doch der Schlafzustand dem Reinen Bewußtsein näher als der Wachzustand?
*M* Wenn man vom Schlaf- zum Wachzustand übergeht, erhebt sich der ‹ich›-Gedanke; der Geist beginnt seine Wirksamkeit; Gedanken tauchen auf; die Organe des Körpers fangen an tätig zu werden. All dieses zusammen läßt uns empfinden: wir sind wach.

Für den Schlaf ist es charakteristisch, daß all das fehlt; er steht daher dem Reinen Bewußtsein näher als der Wachzustand.

Man sollte aber deshalb keineswegs wünschen, dauernd zu schlafen. Erstens ist es unmöglich, denn der Schlaf wechselt notwendigerweise mit den anderen Zuständen ab. Zweitens kann er nicht der Zustand des *jnani* sein, denn dieser dauert ohne Unterbrechung an. Außerdem gilt der Schlaf als ein Zustand ohne Gewahrsein; der Weise aber ist immer gewahr. Ferner ist der Schlaf frei von Gedanken und deren Auswirkungen auf das Individuum. Er kann durch Willenskraft nicht beeinflußt werden; unter seinen Bedingungen führen Bemühungen zu nichts. Obgleich er also dem Reinen Bewußtsein näher steht als der Wachzustand, ist er zur Selbst-Verwirklichung ungeeignet.

Nur im Wachzustand kann der Antrieb, zu verwirklichen, aufkommen, und nur dann kann man sich darum bemühen. Wir müssen wissen, daß die Gedanken es sind, die uns hindern, schon im Wachzustand in die Stille des Schlafes einzutreten. ‹Sei still und erkenne, daß Ich Gott bin!› Das Ziel des Suchers ist also die Stille. Um auch nur einen einzigen Gedanken für einen einzigen Augenblick nicht aufkommen zu lassen, bedarf es schon einer beträchtlichen Anstrengung. Ohne Bemühung geht es nicht, und diese ist nur im Wachzustand möglich. Bemühung führt zu Gewahrsein, die Gedanken schweigen, und der Friede, den wir sonst nur vom Schlaf her kennen, ist erlangt. Das ist der Zustand, in dem sich der *jnani* befindet. Er ist weder Schlaf noch Wachen, sondern etwas dazwischen. Sowohl das Erkenntnisvermögen des Wachzustandes als auch die selige Stille des Schlafes sind ihm eigen. Man nennt diesen Zustand *jagrat-sushupti*. Das kann man mit Wachschlaf oder Schlafwachen übersetzen. Er kann beim Übergang zwischen Schlaf und Wachen, aber auch zwischen zwei aufeinanderfolgenden Gedanken erlebt werden. *Jagrat-sushupti* ist die Quelle, aus der die Gedanken entspringen. Das bemerken wir, wenn wir vom Schlaf erwachen. Man kann also sagen, daß die Gedanken ihren Ursprung in der Stille des Schlafes haben. Die Gedanken allein machen den Unterschied zwischen der Stille des Schlafes und der Unruhe des Wachens aus. Finden Sie den Ursprung der Gedanken, und Sie erreichen die Stille des Schlafes. Das ist *jagrat-sushupti*, keine bloße Leere, sondern höchste Seligkeit. Dieser Zustand ist nicht vorübergehend, sondern dauert ewig an. Aus ihm gehen die Gedanken hervor. Was ist all das, was wir erleben und erfahren anderes als Gedanken. Freude und Leid – alles nur Gedanken, die in uns sind. Wenn Sie von Gedanken frei und dabei gewahr sind, sind Sie das vollkommene Sein.

Die Fragerin dankte und erklärte, daß sie anderentags abreisen müsse. Sri Bhagavan lächelte.

M Sie gehen nicht von einem Ort zu einem andern; Sie selbst bleiben immer in sich ruhend. Die Ereignisse ziehen an Ihnen vorüber. Wir sehen einen Film, in dem ein Mann rennt und auf uns zukommt – aber die Leinwand rührt sich nicht. Es ist nur das Bild, das sich bewegt.

Fr Ich höre es, aber verstehen werde ich es erst können, nachdem ich das Selbst verwirklicht habe.

M Das Selbst ist immer verwirklicht. Wäre die Verwirklichung etwas, das erst in Zukunft erreicht würde, dann bestünde die Möglichkeit, daß sie wieder verlorenginge. Sie wäre also vergänglich. Glück zieht Schmerz nach sich. Das kann daher nicht die ewige Freiheit sein.

Wäre es wahr, daß Sie es erst später verwirklichten, dann hieße das, daß Sie jetzt nicht verwirklicht sind. Das Nicht-verwirklicht-Sein könnte sich in jedem Augenblick der Zukunft wiederholen, denn Zeit ist unendlich. Demnach wäre eine solche Verwirklichung nicht von Dauer. Das ist aber nicht wahr. Verwirklichung ist der Wahre Ewige Zustand, der sich nicht ändern kann.

Fr Ja. Im Laufe der Zeit werde ich es verstehen.

M Sie sind bereits Das. Raum und Zeit haben auf das Selbst keinen Einfluß; sie sind in Ihnen, wie alles, was Sie um sich herum sehen, in Ihnen ist. Folgende Geschichte verdeutlicht das:

Eine Frau vermißte ihre Halskette. Sie suchte überall nach ihr, konnte sie aber nicht finden. Dann befragte sie alle Nachbarn, aber niemand hatte sie gesehen. Schließlich machte eine Freundin sie darauf aufmerksam, daß sie selbst die vermißte Kette am Hals trüge. Wie glücklich sie war! Fragte aber später jemand nach der verlorenen Kette, antwortete sie: ‹Ja, ich habe sie wiedergefunden.›

Wie ist es nun – hatte sie die Halskette überhaupt verloren? Nicht anders geht es uns. Wir bilden uns ein, wir würden das Selbst irgendwann verwirklichen, obgleich wir niemals etwas anderes sind als das Selbst.

Fr Ich habe das Gefühl, als wäre ich in eine andere Welt entrückt.

*M* Das ist das ‹Reich Gottes›. Das ‹Reich Gottes› der Bibel und diese Welt sind nicht verschiedene Regionen. In der Bibel heißt es: ‹Das Reich Gottes ist in euch.› So ist es. Das verwirklichte Wesen sieht dies als ‹Reich Gottes› an, während die andern es als die Welt sehen. Der Unterschied liegt nur in den verschiedenen Erkenntnissen.

*Fr* Wie können wir die Existenz der Welt und der Menschen verneinen? Ich höre beispielsweise Musik und erkenne, daß sie von Richard Wagner stammt. Ich kann nicht behaupten, sie wäre von mir.

*M* Bestehen Wagner und seine Musik von Ihnen getrennt? Könnten Sie sie hören, wenn Sie nicht da wären? Und kann man sagen, daß sie erklingt, wenn man sie nicht hört? Um es noch deutlicher zu machen: Erkennen Sie Wagners Musik, wenn Sie fest schlafen? Und doch bejahen Sie Ihre Existenz während des Schlafes. So ist es klar, daß Wagner und seine Musik nur in Ihren Gedanken existieren. Und die befinden sich in Ihnen und nicht außerhalb von Ihnen.

*Fr* 1. Da die individuellen Seelen und *Brahman* eins sind, was ist dann die Ursache der Schöpfung?
2. Unterliegt der *jnani* körperlichen Schmerzen und der Wiedergeburt? Kann er die Spanne seines Lebens verlängern oder abkürzen?

*M* Der Zweck der Schöpfung ist es, die Unklarheit über die Individualität zu beseitigen. Ihre Frage zeigt, daß Sie sich mit Ihrem Körper identifizieren und die Welt für real halten. Sie glauben, Sie wären der Körper. Ihr Geist und Ihr Intellekt lassen Sie in diesem Irrtum verharren. – Existieren Sie auch im Schlaf?

*Fr* Ja.

*M* Das gleiche Wesen ist jetzt wach und stellt diese Fragen. Ist es nicht so?

*Fr* Ja.

*M* Die Fragen tauchten nicht in Ihrem Schlaf auf – oder?

*Fr* Nein.

*M* Weshalb nicht? Weil Sie Ihren Körper nicht wahrnehmen. Im Schlaf identifizierten Sie sich nicht mit dem Körper, daher tauchten diese Fragen nicht auf. Sie erscheinen jetzt, weil Sie sich für den Körper halten.

*Fr* Ja.

*M* Versuchen Sie, Ihr wahres Wesen zu erkennen. Ist es dort, wo Gedanken obwalten oder dort, wo keine Gedanken sind? ‹Sein› ist ununterbrochen, Gedanken nicht. Was ist also Ihr Wesen?
*Fr* Sein.
*M* So ist es. Verwirklichen Sie es. Das ist Ihr wahres Wesen. Es ist einfach *sein*, ohne Gedanken.

Da Sie sich mit dem Körper identifizieren, wollen Sie über die Schöpfung Bescheid wissen. Die Welt und ihre Objekte einschließlich Ihres Körpers erscheinen im Wachzustand und verschwinden im Schlaf. Sie existieren aber in beiden Zuständen. Was ist es denn, das durch alle Zustände hindurch gleichbleibt? Finden Sie das heraus.
*Fr* Angenommen ich finde es. Was dann?
*M* Finden Sie es und sehen Sie selbst. Es hat keinen Zweck, hypothetische Fragen zu stellen.
*Fr* Bin ich dann eins mit *Brahman*?
*M* Lassen Sie *Brahman* beiseite. Finden Sie heraus, wer Sie sind, *Brahman* kann für sich selbst sorgen.

Wenn Sie aufhören, sich mit dem Körper zu identifizieren, erheben sich keine Fragen mehr über Schöpfung, Geburt und Tod. Sie kamen Ihnen nicht im Schlaf; ebensowenig werden sie im wahren Zustand des Selbst auftauchen.

Der Zweck der Schöpfung liegt darin, zu sich selbst zu finden und das wahre Sein zu verwirklichen. Sie konnten die Frage nach der Schöpfung im Schlaf nicht stellen, weil keine Schöpfung da war. Sie tun es jetzt, weil Ihre Gedanken auftauchen und mit ihnen die ganze Schöpfung. So besteht die Schöpfung nur aus Ihren Gedanken.

Was Ihre zweite Frage angeht, so hat es mehr Sinn, wenn Sie sich um sich selbst kümmern als um den *jnani*. Wenn Sie Ihr wahres Wesen kennen, werden Sie auch den Zustand des *jnani* verstehen. Es würde nichts nützen, es jetzt zu erklären. Sie glauben, er erlebe Freude und Schmerz genau wie Sie selbst, weil Sie auch ihn mit seinem Körper verwechseln.
*Fr* Aber ich muß wissen, ob er wirklich ein *jnani* ist, denn ich will von ihm inspiriert werden.
*M* Ja, er spricht zu Ihnen; er inspiriert Sie. Tun Sie, was er Ihnen sagt. Sie wollen von ihm lernen und nicht ihn testen. Die Merkmale von *jnana* sind in den Schriften angeführt, um dem Sucher eine Orientierungshilfe zu geben. Auch der Weg zu *jnana*

wird gezeigt. Geht man ihn, wird man selbst zum *jnani* und damit zum Träger all der Eigenschaften, die ihn kennzeichnen.

Fr  Ich glaube, daß die Seele das innere Licht ist. Wenn sie nach dem Tod mit *Brahman* eins wird, wie kann es da eine Seelenwanderung geben?
M  In wem ist Licht? Wer stirbt?
Fr  Ich werde meine Frage anders fassen.
M  Bitte keine Dialektik. Denken Sie über die Antwort nach.
Fr  Wie?
M  Jetzt, da Sie sich mit dem Körper identifizieren, betrachten Sie die Seele als Licht in Ihrem Körper. Überlegen Sie: Kann der Körper überhaupt fragen? Er ist unbewußt und kann nicht ‹ich› sagen. Etwas anderes sagt es. Was ist das? Kann es das Selbst sein? Das Selbst ist absolut rein und nichts anderes gewahr. Es kann sich also nicht als ‹ich› bezeichnen. Wer sagt also ‹ich›? Es ist das Bindeglied zwischen dem reinen Selbst und dem Körper. Das ist das ‹ich›. Wer sind Sie jetzt? Was ist es, das geboren wird? Das Selbst ist ewig und kann nicht geboren werden. Der Körper erscheint und verschwindet, und Ihre Identität mit ihm läßt Sie von Geburt und Tod reden. Ergründen Sie, ob das wahre Ich jemals geboren werden kann. Für wen existiert dann die Seelenwanderung?
Fr  Wir sind hier, damit unsere Zweifel ausgeräumt werden.
M  Sicherlich.
Fr  Das kann aber nur geschehen, wenn wir fragen dürfen.
M  Ja, niemand hat etwas dagegen.
Fr  Es heißt ‹durch Hören und Dienen›. So dürfen wir fragen, und der Meister sollte gütig unsere Zweifel beseitigen.
M  Die Fortsetzung Ihres Zitats heißt ‹sie unterweisen in der Wahrheit›.
Fr  Ja, aber unsere Zweifel müssen zuerst geklärt werden.
M  So erging es auch Arjuna. Denn er sagt am Ende der *Bhagavad Gita*: ‹Mein Nichtwissen ist vergangen, ich erinnere mich wieder ...›
Fr  Das war am Ende. Vorher fragte er viel ...
M  Die Wahrheit wurde ihm gleich am Anfang gezeigt. Denn schon die ersten Worte Krishnas lauten: ‹Weder Geburt noch Tod; keine Veränderung ...› usw.
Fr  Aber Krishna sagte auch: ‹Wir haben viele Wiedergeburten gehabt. Ich kenne die meinen alle, du die deinen nicht.›
M  Das kam erst, als sich die Frage erhob, wie Sri Krishna behaupten

könne, Aditya die ewige Wahrheit gelehrt zu haben, der so viel älteren Sonnengottheit. Die Wahrheit wurde gleich zu Anfang ausgesprochen, aber Arjuna verstand sie nicht. Später wurde der Zustand des *jnani* beschrieben, und wie er zu erlangen sei. Arjuna aber identifizierte sich die ganze Zeit mit dem Körper und glaubte daher, daß auch Sri Krishna nur der Körper wäre. Daher fragte er: Wie könnt Ihr Aditya die Wahrheit gelehrt haben, da Ihr erst vor nicht allzulanger Zeit von Devaki geboren wurdet, während Aditya unter denen war, die die Schöpfung in Bewegung setzten? Auf diese Frage antwortete Sri Krishna: ‹Wir haben viele Geburten hinter uns; ich kenne die meinen alle, du die deinen nicht ...›

Fr Wir müssen auch die Wahrheit hören.
M Sie haben sie gehört. Sie haben Unterweisung bekommen. Versuchen Sie zu erkennen, wer Sie sind. Das ist der Kernpunkt der ganzen Unterweisung.

*19. Januar 1939*

Fr Wenn Bhagavan schreibt, daß der gütige Blick des Meisters oder auch nur sein Anblick eine große Hilfe zur Selbst-Verwirklichung sei, was genau ist darunter zu verstehen?
M Wer ist der Meister? Wer der Sucher?
Fr Das Selbst.
M Wenn das Selbst sowohl Meister wie Sucher ist, wie kann eine solche Frage überhaupt auftauchen?
Fr Das eben ist mein Problem. Ich muß das Selbst in mir suchen. Was bedeutet dann aber die oben erwähnte Hilfe? Da scheint ein Widerspruch vorzuliegen.
M Durchaus nicht. Die Feststellung ist nur nicht richtig verstanden worden. Wenn der Sucher erkennt, daß der Meister das Selbst ist, dann sieht er auch keine Dualität mehr; er ist daher glücklich, und keine Zweifel belästigen ihn mehr.
Der Zweifler aber setzt die Wahrheit der Feststellung nicht in die Praxis um – aufgrund seines Nichtwissens. Dieses Nichtwissen ist aber unwirklich. Vom Meister wird verlangt, daß er den Sucher aus dem Schlaf des Nichtwissens aufweckt, und er benutzt die obigen Worte, um die Wirklichkeit deutlich zu machen.
Das einzige, worauf es ankommt, ist, daß Sie das Selbst erkennen. Das kann geschehen, wo immer Sie sich auch befinden, denn

das Selbst muß innen gesucht werden. Ist das erreicht, dann besteht keine Notwendigkeit mehr, in der physischen Nähe des Meisters zu verweilen. Die vorhergehende Feststellung wurde für solche getroffen, die das Selbst nicht in sich finden können.

Ein anderer bemerkte dazu:

Das Problem der Fragerin ist echt, und ich muß ihr zustimmen. Sie fragt: ‹Wenn wir das Selbst in uns finden könnten, weshalb sollten wir dann den ganzen weiten Weg hierherkommen, um den Meister zu sehen?› Wir haben so lange an Ihn gedacht, daß es nur folgerichtig war, hierherzukommen. Ist das denn unnötig?

M Sie taten gut daran, herzukommen. ‹Das Selbst ist Gott und Guru.› Jemand ist auf der Suche nach dem Glück und erfährt, daß Gott allein glücklich machen kann. So betet er zu Ihm. Gott erhört sein Gebet und erscheint ihm in Gestalt eines Meisters, der sich der Sprache des Suchers bedient, um ihm die Wirklichkeit darzulegen. So ist der Meister Gott, der sich als Mensch manifestiert hat. Er spricht über die eigene Erfahrung, damit auch der Sucher sie machen kann. Seine Erfahrung ist: Verbleibe als das Selbst.

Gott, Meister und Selbst sind nur scheinbare Stufen auf dem Weg zur Verwirklichung der Wahrheit. Sie zweifeln an dem, was Sie in Büchern gefunden haben, und sind hierhergekommen, um diese Zweifel klären zu lassen. Das ist nur richtig.

Fr Ich verstehe, daß das Selbst der Meister ist und innen gesucht werden muß. Das kann ich überall tun.

M Sie haben es theoretisch verstanden. Wenn Sie es in die Praxis umsetzen wollen, gibt es Schwierigkeiten und Zweifel. Wenn Sie die Gegenwart des Meisters empfinden, wo Sie auch sind, dann werden Sie leicht über die Schwierigkeiten hinwegkommen, denn es ist die Aufgabe des Meisters, die Zweifel des Suchers zu beseitigen.

Der Zweck Ihres Besuches ist erfüllt, wenn Ihre Zweifel in Zukunft nicht mehr auftauchen und Sie sich beständig der Suche nach dem Selbst widmen können.

Fr Soweit habe ich alles verstanden.

M Gut. Mein Einwand richtete sich nicht gegen Ihre Schlußfolgerung, sondern gegen Ihre Zweifel.

Fr Wenn wir über all das lesen, bleibt es eine Sache des Verstandes, aber wenn wir Sie vor uns sehen, werden wir dadurch der

Wirklichkeit nähergebracht, und es gibt uns den Mut, unsere Erkenntnis im täglichen Leben anzuwenden.
Würde man aber im Westen das Selbst verwirklichen und danach leben, dann wäre es möglich, daß man in einer Irrenanstalt verschwände. (Lachen)

M  Sie werden sich selbst darin einsperren. Da die Welt verrückt ist, sieht sie Sie als verrückt an. Wo ist die Irrenanstalt, wenn nicht innen? Sie werden nicht darin sein, aber sie wird in Ihnen sein. (Lachen)
Ungewißheiten, Zweifel und Furcht suchen jeden heim, bevor nicht das Selbst verwirklicht ist; sie sind vom ‹ich› nicht zu trennen, ja, sie sind das ‹ich›.

Fr  Wie kann man sie zum Verschwinden bringen?

M  Wenn das ‹ich› verschwindet, wird all das mit verschwinden. Was ist dieses ‹ich›? Der Körper ist unfähig, ‹ich› zu sagen. Auch das Selbst – Reines Bewußtsein – kann das nicht. Im Schlaf wird ebenfalls niemand sich als ‹ich› bezeichnen. Was ist also dieses ‹ich›?
Es ist etwas, das zwischen dem unbewußten Körper und dem Selbst aufsteigt. Es befindet sich nicht an einem bestimmten Ort. Sucht man nach ihm, dann verschwindet es wie ein Gespenst.
Sie wissen, wenn jemand sich einbildet, es wäre etwas neben ihm in der Dunkelheit, weil er undeutlich etwas Dunkles wahrnimmt, und er sieht genau hin, dann ist es nur ein dunkler Gegenstand, den er jetzt als Baum oder Pfosten oder so etwas erkennen kann. Solange er nicht genau hinsieht, ängstigt er sich vor etwas Unbekanntem. Aber das war niemals da. So geht es mit dem ‹ich›.
Es ist ein unwirkliches und daher ungreifbares Verbindungsglied zwischen dem Körper und dem Reinen Bewußtsein. Wenn man nicht genau hinsieht, fährt es fort, einem Schwierigkeiten zu bereiten; tut man es aber, dann entdeckt man, daß es gar nicht existiert.
Bei einer Hindu-Hochzeit mischte sich einmal ein Mann unter die feiernden Gäste, ohne eingeladen zu sein. Die Verwandten der Braut hielten ihn irrtümlich für einen Freund des Bräutigams und behandelten ihn daher besonders achtungsvoll. Als das die Angehörigen des Bräutigams bemerkten, glaubten sie, der Fremde sei ein prominenter Gast der Braut, und begegneten ihm ebenfalls mit

ausgesuchter Höflichkeit. Der Mann ließ sich die Aufmerksamkeiten gerne gefallen und genoß die Feier, ohne jedoch seine wirkliche Situation aus dem Auge zu verlieren. Schließlich erfuhr er, daß der Bräutigam ihn zu sprechen wünsche und nach ihm suchen lasse. Er ahnte Schlimmes und suchte geschwind das Weite.
Genauso ist es mit dem ‹ich›. Wenn man nach ihm sucht, verschwindet es. Man muß aber lernen, wie man sucht. Und das erfährt man von denen, die es bereits getan haben. Das ist der Grund, warum man den Meister aufsucht.

*Fr* Diese Suche muß innerlich vor sich gehen; ist da noch die physische Nähe des Meisters nötig?

*M* Nur so lange, bis alle Zweifel beseitigt sind.

*Fr* Wenn das ‹ich› unwirklich und solch ein Störungsfaktor ist, warum geben wir uns dann soviel Mühe, es aufzubauen?

*M* Sein Wachstum und die Schwierigkeiten, die dieses Wachstum mit sich bringt, veranlassen Sie, nach der Ursache von alldem zu suchen. Seine Entwicklung dient daher seiner eigenen Zerstörung.

*Fr* Heißt es nicht, daß man wie ein Kind werden solle, bevor man geistig vorankommen kann?

*M* Ja, weil sich im Kind noch kein ‹ich› entfaltet hat.

*Fr* Genau das meine ich. Wir hätten im kindlichen Zustand verbleiben sollen, anstatt das ‹ich› zu entwickeln.

*M* Es ist nur der Zustand des Kindes gemeint. Niemand kann von einem Kind lernen, zur Verwirklichung des Selbst zu kommen. Der Zustand des Meisters gleicht dem des Kindes, jedoch mit dem wesentlichen Unterschied, daß das ‹ich› im Kind potentiell vorhanden ist, während es sich beim Heiligen vollständig aufgelöst hat.

*Fr* O ja, jetzt verstehe ich.

*M* Es gibt nur Eine Wirklichkeit, und die ist ewig; das zu verstehen ist schon viel wert. Aber das alte Nichtwissen darf nicht zurückkommen. Man muß sehr gut aufpassen, damit das gegenwärtige Verständnis der Wahrheit nicht wieder getrübt wird.
Ein Jünger diente einem Meister lange und verwirklichte schließlich das Selbst. Er war selig und wußte nicht, wie er dem Meister danken sollte. Tränen der Freude waren in seinen Augen, und seine Stimme brach, als er sagte: ‹Wie seltsam, daß ich alle diese Jahre mein Selbst nicht erkannt habe. Ich litt lange, und Sie halfen mir gnädig, das Selbst zu verwirklichen. Wie kann ich Ihnen dafür danken?›

Der Meister antwortete: ‹Schon gut. Dein Dank besteht darin, nicht wieder in das Nichtwissen zurückzufallen, sondern im Zustande des wahren Selbst zu bleiben.›

### 21. Januar 1939

Fr  Sind Gedanken Materie?
M  Wie meinen Sie das? Denken Sie bei Materie an das Material, aus dem die Dinge um Sie herum bestehen?
Fr  Ja, wie diese Dinge.
M  Wer fragt das? Wer ist der Denker?
Fr  Der Denker ist das Selbst.
M  Glauben Sie denn, daß das Selbst Materie hervorbringt?
Fr  Das möchte ich eben wissen.
M  Wie unterscheiden Sie zwischen Materie und Selbst?
Fr  Das Selbst ist Bewußtsein, Materie nicht.
M  Kann Bewußtsein denn Nicht-Bewußtsein hervorbringen oder Licht Dunkelheit erzeugen?

### 24. Januar 1939

M  Was nützt es, sich vergangener Existenzen zu erinnern oder die Zukunft zu kennen. Worauf es ankommt, ist nur die Gegenwart. Achten Sie darauf; alles andere wird für sich selbst sorgen.
Fr  Ist es schlecht, etwas zu wünschen?
M  Man sollte nicht jubilieren, wenn sich ein Wunsch erfüllt, und nicht enttäuscht sein, wenn es nicht geschieht. Die Erfüllung eines Wunsches kann trügerisch sein; ein Gewinn geht schließlich wieder verloren; so endet der Jubel später im Schmerz. Man sollte Gefühlen von Freude oder Schmerz nicht Raum geben, komme, was wolle. Welchen Einfluß haben Ereignisse auf die Menschen? Weder wachsen Sie daran, wenn Sie etwas erwerben, noch kann es Ihnen etwas anhaben, wenn Sie es verlieren.
Fr  Wir Menschen von dieser Welt können Wünschen nicht widerstehen.
M  Sie dürfen wünschen, aber seien Sie auf jede Möglichkeit vorbereitet. Bemühen Sie sich aber, alles Erfolgsdenken zu vermeiden.

Nehmen Sie alles, was geschieht, mit Gleichmut an. Freude und Schmerz sind nur mentale Regungen, sie stehen in keiner Beziehung zur objektiven Wirklichkeit.

*Fr* Wie ist das zu verstehen?

*M* In einem südindischen Dorf lebten zwei junge Freunde. Sie hatten eine gute Ausbildung genossen und wollten jetzt Geld verdienen, um ihren Familien das Leben zu erleichtern. Doch zuerst unternahmen sie eine Wallfahrt nach Benares. Einer von ihnen starb unterwegs. Der andere wanderte weiter, und es gelang ihm, im Laufe von einigen Monaten im Erwerbsleben Fuß zu fassen. So entschloß er sich, länger zu bleiben. Einem Pilger auf dem Wege südwärts, der durch das Dorf, in dem sie gelebt hatten, kommen mußte, eröffnete er seine Absichten, erzählte ihm auch vom Tod des Freundes und bat ihn, beide Familien zu benachrichtigen. Der Mann versprach es. Aber als er in den Ort kam und die beiden Elternpaare aufsuchte, verwechselte er die Namen. Er meldete den Eltern des Lebenden dessen Tod, und Glück und Erfolg denen, die den Sohn verloren hatten. Freude und Trauer herrschten, aber in den falschen Häusern.

Sie sehen, Freude und Schmerz sind nur geistige Vorgänge, die keine Beziehung zur aktuellen Wirklichkeit haben müssen.

*Fr* Wie vernichtet man das ‹ich›?

*M* Finden Sie es erst einmal und fragen Sie dann, wie man es vernichten kann. Wer fragt dies? Es ist das ‹ich›. Wird es jemals bereit sein, sich selbst zu vernichten? Ihre Frage führt zu einer weiteren Stärkung des ‹ich›. Wenn Sie aber nach ihm suchen, werden Sie finden, daß es nicht existiert; das ist der Weg, es zu vernichten.

In diesem Zusammenhang entsinne ich mich eines lustigen Vorfalls aus der Zeit, als ich noch in Madurai lebte. Ein Nachbar erfuhr von der Absicht eines Diebes, bei ihm einzubrechen, und bereitete alles vor, ihn abzufangen. Er stellte Polizisten an die Enden der Straße und an Eingang und Hintertür des Hauses. Der Dieb kam, wie erwartet, und die Wächter stürzten vor, ihn zu ergreifen. Er erfaßte die Situation mit einem Blick, rannte auf die Straße und rief: ‹Ein Dieb, ein Dieb! Haltet ihn – da läuft er – dort!› – und entwischte.

So ergeht es einem mit dem ‹ich›. Suchen Sie es – Sie werden es nicht finden. Das ist der Weg, es loszuwerden.

## 23. bis 28. Januar 1939

Fr  Ist der *jivanadi* tatsächlich vorhanden, oder existiert er nur in der Vorstellung?
M  Die Yogis behaupten, es gäbe einen *nadi* (subtiler Nerv), der *jivanadi, atmanadi* oder *paranadi* genannt wird. Die *Upanishaden* sprechen von einem Zentrum, aus dem Tausende von *nadis* entspringen. Manche denken sich dieses Zentrum im Gehirn, andere an anderen Orten. Die *Garbhopanishad* betrachtet die Bildung und das Wachstum des Fötus im Mutterleib und nimmt an, daß der *jiva* in das Ungeborene im siebenten Monat durch die Fontanelle im Schädel eintritt. Die Fontanelle beim Säugling ist sehr zart; man kann das Blut darin pulsieren sehen; sie braucht einige Monate, um sich zu schließen; das wird als Beweis angesehen. Demnach käme der *jiva* von oben, ginge durch die Fontanelle in den Körper ein und wirke dort durch Tausende von *nadis*, die sich durch den ganzen Körper ziehen. Darum müsse der Wahrheitssucher sich auf *sahasrara* (das Gehirnzentrum) konzentrieren, um seine Quelle wiederzufinden. *Pranayama* helfe dem Yogi, die *kundalini sakti* zu wecken, die im Solarplexus ruht. Diese *sakti* (Kraft) steige durch die *sushumna*, den Wirbelkanalnerv, auf und dringe bis zum Gehirn vor.
Wenn man sich auf *sahasrara* konzentriert, löst das zweifellos die Ekstase des *samadhi* aus. Aber die *vasanas*, die latenten Neigungen und Eindrücke der Vergangenheit, werden nicht zerstört. Der Yogi muß infolgedessen wieder aus dem *samadhi* auftauchen, da seine Befreiung von Gebundensein nicht erfolgt ist. Er muß sich weiter bemühen, seine *vasanas* auszumerzen, damit sie den *samadhi*-Frieden nicht stören können. So steigt er aus dem *sahasrara* ins Herz hinab durch eben den *jivanadi*, der eine Fortsetzung der *sushumna* ist. Die *sushumna* beschreibt somit eine Kurve. Sie beginnt im Solarplexus, erreicht durch den Wirbelkanal das Gehirn und neigt sich von dort herab, um im Herzen zu enden. Hat der Yogi das Herz erreicht, wird sein *samadhi* beständig. Wir sehen daraus, daß das Herz das letzte und endgültige Zentrum ist. Einige *Upanishaden* sprechen von 101 *nadis*, die vom Herzen ausgehen, von denen einer der *jivanadi* ist. Kommt der *jiva* von oben herab und wird er im Hirn reflektiert, wie die Yogis sagen, dann muß es dort ein reflektierendes Zentrum geben. Dieses muß fähig sein, das Unendliche Bewußtsein auf die Ausmaße des

Körpers einzuengen. Kurz, das Universale Sein wird zum begrenzten *jiva*. Solch ein reflektierendes Gebilde wird von den *vasanas* des Individuums gestaltet. Es wirkt wie das Wasser in einem Gefäß, das einen Gegenstand reflektiert. Wird das Gefäß geleert, gibt es kein Spiegelbild mehr; der Gegenstand bleibt zurück, ohne reflektiert zu werden. Hier ist der ‹Gegenstand› das Universale Seins-Bewußtsein, das alldurchdringend ist und demzufolge allem innewohnt. Es wird nicht nur durch Spiegelung erkannt; denn Es ist selbst-leuchtend. Daher muß das Ziel des Suchers sein, die *vasanas* aus dem Herzen zu entfernen, damit nichts mehr das Licht des Ewigen Bewußtseins verdunkeln kann. Das wird erreicht durch die Suche nach der Quelle des ‹ich› und durch Eintauchen in das Herz. Dies ist die direkte Methode zur Verwirklichung des Selbst. Wer sie anwendet, braucht sich nicht den Kopf zu zerbrechen über *nadis*, Gehirn, *sushumna, paranadi, kundalini, pranayama* oder die sechs Zentren.

Das Selbst kommt nicht von anderswo her, um durch den Kopf in den Körper zu gelangen. Es ist, wie Es ist: ewig funkelnd, ewig beständig, unbewegt und unwandelbar. Veränderungen, die wahrgenommen werden, gehören nicht dem Selbst an, das im Herzen wohnt und selbst-leuchtend wie die Sonne ist; sie werden durch Sein Licht erkannt. Die Beziehung zwischen dem Selbst und dem Körper oder Geist kann mit einem klaren Kristall und dessen Hintergrund verglichen werden. Wird der Kristall vor eine rote Blume gelegt, erscheint er rot, vor einem grünen Blatt grün usw. Das Individuum begrenzt sich auf den veränderlichen Körper oder auf den Geist, der seine Existenz aus dem unveränderlichen Selbst bezieht. Was nottut ist, diese irrtümliche Identität aufzugeben; dann erkennt man, daß das ewig leuchtende Selbst die einzige Wirklichkeit ist.

Es heißt, daß das Bewußtsein im Astralleib widergespiegelt werde, der aus dem Gehirn und aus den Nerven zusammengesetzt erscheint, die nach allen Teilen des Rumpfes ausstrahlen, hauptsächlich durch die Wirbelsäule und den Solarplexus.

Als ich noch auf dem Berge lebte, behauptete Nayana einmal, daß das Gehirn der Sitz der *vasanas* sei, weil es aus unzähligen Zellen bestehe, die *vasanas* enthielten, erhellt durch das Licht des Selbst, das vom Herzen projiziert werde. Nur so vermöge eine Person zu denken und zu wirken.

Dazu sagte ich: Wie kann das sein? Die *vasanas* befinden sich dort, wo das Selbst ist und können sich niemals von Ihm entfernen. Wenn sie im Gehirn enthalten wären und das Herz der Sitz des Selbst wäre, dann müßte jemand, der enthauptet worden ist, seine *vasanas* losgeworden sein und brauchte nicht wiedergeboren zu werden. Sie werden zugeben, daß das absurd wäre. Kann aber das Selbst mit den *vasanas* im Hirn sein? Warum sinkt dann der Kopf herab, wenn man einschläft? Außerdem deutet man auch nicht auf den Kopf, wenn man ‹ich› sagt. Daraus folgt, daß das Selbst im Herzen ist und die *vasanas* in einer äußerst subtilen Form ebenfalls.

Wenn die *vasanas* vom Herzen aus projiziert werden, verbindet sich das Licht des Selbst mit ihnen, und es heißt, die Person denkt. Die *vasanas*, die vorher nur etwa die Größe eines Atoms hatten, wachsen auf ihrem Wege vom Herzen zum Hirn. Das Gehirn ist die Leinwand, auf welche die Bilder der *vasanas* projiziert werden, und auch der Ort ihres Wirkens. So ist das Gehirn sowohl der Sitz des Geistes als auch sein Werkzeug.

Und so geht es vor sich: Wenn ein *vasana* aktiv wird, verbindet es sich mit dem Licht des Selbst. Es steigt aus dem Herzen zum Hirn auf und wird auf diesem Wege immer größer, bis es schließlich das ganze Feld (des Bewußtseins) allein behauptet. Alle anderen *vasanas* sind währenddessen passiv. Wenn der Gedanke vom Hirn reflektiert wird, erscheint er wie ein Bild auf der ‹Leinwand›. Es heißt dann von der Person, sie habe eine klare Vorstellung von den Dingen. Der Mann ist vielleicht ein großer Denker oder Entdecker. Aber weder der scheinbar originelle Gedanke noch das Ding oder das Land, das angeblich neu entdeckt wurde, sind wirklich original oder neu. Sie waren bereits im Geist vorhanden, allerdings in überaus subtiler Form. Dort blieben sie unbemerkt, da sie von drängenderen, hartnäckigeren Gedanken oder *vasanas* unterdrückt wurden. Erst wenn dieser Druck nachläßt, kann der Gedanke aufsteigen. Durch Konzentration wird dann erreicht, daß er im Licht des Selbst als großartig, einmalig und original erscheint. Tatsächlich war er schon die ganze Zeit über vorhanden.

Diese Konzentration heißt in den Yoga-Schriften *samyamana*. Sie wirkt wie eine *siddhi* (okkulte Kraft), und es heißt, daß durch sie alle Wünsche erfüllt werden können. Durch sie werden auch die sogenannten neuen Entdeckungen gemacht. Selbst Welten können auf diese Weise geschaffen werden. *Samyamana* bewirkt alle *siddhis*. Aber sie können sich nicht manifestieren, solange das ‹ich› besteht. Nach Auffassung des Yoga gipfelt die Konzentration in der Auflösung des ‹ich› samt all seiner Erfahrungen und der von ihm erdachten Welt. Erst dann gehen die entsprechenden Wünsche im Laufe der Zeit in Erfüllung. Diese Konzentration gewährt denen, die sie meistern, selbst die Macht, neue Welten zu erschaffen, wie es auch im *Yoga Vasishtha* und in *Tripura Rahasya* erwähnt wird.

Und dennoch: Obgleich solche Kräfte denen, die sie nicht besitzen, wunderbar erscheinen mögen, sind sie doch vergänglich. Es ist völlig sinnlos, nach Vergänglichem zu streben. Alle solche Wunder sind in dem einen, unveränderlichen Selbst enthalten. Denn die Welt ist innen, nicht außen. In der *Sri Ramana Gita* heißt es: ‹Das ganze Universum ist im Körper enthalten, der ganze Körper im Herzen›. So ist das ‹Herz› der Kern des ganzen Universums.› Und wiederum: ‹Die Welt ist nichts anderes als der Geist, der Geist nichts anderes als das ‹Herz›; das ist die ganze Wahrheit.› Das ‹Herz› umschließt also alles. Das ist es auch, was Svetaketu gelehrt wurde durch das Beispiel vom Samenkorn des Feigenbaums. Die Quelle, der Ursprung, weitet sich einerseits zum Kosmos, andrerseits zu unendlicher Seligkeit aus. Die Quelle ist der Mittelpunkt. Aus ihm taucht eine einzelne *vasana* auf, vervielfältigt sich zum erfahrenden ‹ich›, der Erfahrung und der Welt.

Das ‹Herz› ist das Zentrum des Seins. Kein Mensch kann sich – solange er lebt – daraus entfernen. In den *Upanishaden* wird zwar festgestellt, daß der *jiva* auch durch andere Zentren tätig werden kann, doch vermag er niemals das Herz-Zentrum zu verlassen. Die anderen Zentren sind sozusagen seine Außenstellen. Das Selbst ist mit dem ‹Herzen› verbunden wie eine Kuh mit dem Pfosten, an den sie gekettet ist. Ihr Bewegungsraum wird durch die Länge der Kette begrenzt. Eine Raupe klettert an einem Grashalm hinauf. Wenn sie die Spitze erreicht hat, sucht sie nach einer anderen Stütze. Sie klammert sich mit den Hinterfüßen an dem Halm fest, während sie mit dem Vorderteil des Körpers hin- und herschwingt, bis sie einen neuen Halt gewinnt. Ähnlich ist es mit dem Selbst. Während es sich den Umständen entsprechend in anderen Zentren betätigt, verliert es doch nicht seinen Halt im ‹Herzen›. Sein Wirken spielt sich immer im Bereich des Herz-Zentrums ab.

Man unterscheidet fünf Zustände: 1. *jagrat*, 2. *svapna*, 3. *sushupti*, 4. *turiya*, 5. *turyatita*.

*Jagrat* ist der Wachzustand. In ihm weilt der *jiva* (oder aus der Sicht der gesamten Schöpfung: Gott) in den acht Blütenblättern des Herz-Lotus. Er nimmt mit den Augen und anderen Sinnen die Objekte wahr und genießt die vielfältigen Freuden, die diese zu bereiten vermögen. Der stoffliche Körper setzt sich aus fünf Grundelementen, zehn Sinnesorganen, fünf Formen des Lebensatems, vier inneren Befähigungen und vierundzwanzig Elementen zusammen. Der Wachzustand ist gekennzeichnet durch *sattva guna* und den Buchstaben A; er wird regiert durch die Gottheit Vishnu.

In *svapna*, dem Traumzustand, weilt der *jiva* (oder aus der Sicht der Schöpfung: Gott) in der Blumenkrone des Herz-Lotus und erfährt durch den Geist die Ergebnisse, die das Wirken der Eindrücke im Wachzustand zeitigt. Alle Elemente bilden zusammen mit Wille und Intellekt den subtilen Traumkörper, der durch *raja guna* und den Buchstaben U gekennzeichnet ist und von der Gottheit Brahma regiert wird.

In *sushupti*, dem Tiefschlaf, weilt der *jiva* (oder aus der Sicht der Schöpfung: Gott) im Zentrum des Herz-Lotus und erfährt die Seligkeit des Höchsten durch subtiles Nichtwissen. Wie eine Henne, nachdem sie den Tag über umhergestreift ist, am Abend ihre Küken zu sich ruft, sie unter ihre Flügel nimmt und sich dann zur Ruhe begibt, so verhält sich das subtile Wesen des Individuums. Wenn die Erlebnisse des Wachens und Träumens hinter ihm liegen, geht es mit den Eindrücken, die es während dieser Zustände gesammelt hat, in den Kausalkörper ein, der aus Nichtwissen besteht und durch *tamo guna* und den Buchstaben M gekennzeichnet wird. *Sushupti* wird von der Gottheit Rudra regiert. Im Tiefschlaf erfährt man nichts als das Reine Sein.

Die drei Zustände tragen verschiedene Namen wie: drei Regionen, drei Festungen, drei Gottheiten.

*Turiya* heißt der Zustand, in dem man während des Wachens im ‹Herzen› verbleibt, in dem die mentalen Tätigkeiten zum Stillstand gekommen sind und ausschließlich *Brahman* kontempliert wird.

Der Zustand wird *turyatita* genannt, wenn das individuelle Wesen gänzlich im Höchsten aufgegangen ist.

Pflanzen sind immer im *sushupti*, Tiere sind im *sushupti* oder *svapna*, die Götter befinden sich stets im *jagrat*, und den Menschen sind alle drei Zustände zugänglich. Der Yogi verweilt im *turiya*, während *turyatita* ausschließlich dem Höchsten Yogi vorbehalten bleibt. Für den Durchschnittsmenschen wechseln die drei ersten Zustände miteinander ab. Die letzten beiden stehen am Ende eines langen Übungsweges. Von den erstgenannten drei Zuständen schließt jeder jeweils die andern beiden aus, da sie alle durch Zeit und Raum bedingt sind. Sie sind daher unwirklich.

Daß wir Wachen und Traum erfahren beweist, daß das Bewußtsein als das Selbst allen fünf Zuständen zugrundeliegt, immer vollkommen bleibt und der Zeuge von allem ist. Was jedoch den Tiefschlaf angeht, so sagt jeder, den man fragt: ‹Ich habe nichts wahrgenommen, ich schlief tief und glücklich.› Aus dieser Feststellung geht zweierlei hervor: ein Nichtwahrnehmen von irgend etwas und das Glück eines tiefen Schlafs. Würde das nicht tatsächlich im Schlaf erfahren, dann könnte es nicht von der gleichen Person im Wachzustand festgestellt werden. Aber auch klares Überlegen führt zu der gleichen Schlußfolgerung. Wie das Auge der Dunkelheit gewahr wird, die alle Gegenstände einhüllt, so nimmt das Selbst die Dunkelheit des Nichtwissens wahr, die die phänomenale Welt bedeckt.

Diese Dunkelheit wurde erfahren wenn das Selbst in Augenblicken höchster Seligkeit auftauchte, eine Sekunde lang erstrahlte und wieder verging mit der Flüchtigkeit der Mondstrahlen, die durch sich bewegendes Laub fallen. Diese Erfahrung benötigt aber keinerlei Vermittler, wie etwa die Sinne oder den Geist, ein Beweis dafür, daß Bewußtsein auch im Tiefschlaf existiert. Das Nicht-Gewahrsein beruht auf der Abwesenheit relativer Erkenntnis, das Glück auf der Abwesenheit von Gedanken. Wie kommt es aber, daß sich kaum ein menschliches Wesen dieser Seligkeit erinnert, wenn deren Erfahrung im Tiefschlaf doch eine Tatsache ist?

Ein Taucher, der das Verlorene unter Wasser wiedergefunden hat, kann seine Entdeckung den am Ufer Wartenden nicht mitteilen, bevor er aus dem Wasser wieder aufgetaucht ist. Ähnlich kann der Schläfer seine Erfahrung nicht ausdrücken, weil er die betreffenden Organe nicht benutzen kann, solange ihn seine *vasanas* nicht aufgeweckt haben. Daraus folgt, daß das Selbst das Licht von *sat-chit-ananda* ist.

Es heißt von der Erfahrung im Tiefschlaf, daß sie die Seligkeit des *Brahman* sei. Aber sie bildet nur ihren negativen Aspekt, da sie das

Ergebnis der Abwesenheit von Gedanken ist. Außerdem ist sie vorübergehend. Solche Seligkeit ist nur eine Imitation des höchsten Glücks. Sie unterscheidet sich nicht von dem Glück sinnlicher Freuden.

Das Selbst ist die Grundlage aller Erfahrungen. Es erhält alles und ist der Zeuge von alledem. Insofern unterscheidet sich die Wirklichkeit von den drei Zuständen, dem Wachen, dem Traum und dem Tiefschlaf.

### 1. Februar 1939

*Fr* Wenn ich mich analysiere, gelange ich dabei über den Intellekt hinaus. Ich finde dort aber keine Seligkeit.

*M* Der Intellekt ist nur ein Werkzeug des Selbst. Er kann Ihnen nicht helfen zu erkennen, was sich jenseits von ihm befindet.

*Fr* Das verstehe ich. Aber es müßte doch dort Seligkeit erlebt werden.

*M* Der Intellekt ist ein Instrument, mit dem unbekannte Dinge entdeckt werden. Aber Sie selbst sind ja nichts Unbekanntes; Sie sind das Selbst, das selbst Erkenntnis ist. Daher können Sie nicht der Gegenstand der Erkenntnis sein. Der Intellekt läßt Sie zwar die äußeren Dinge erkennen, aber nicht seine eigene Quelle.

*Fr* Ich muß meine Frage wiederholen.

*M* Der Intellekt ist insoweit nützlich, als er Ihnen hilft, sich zu analysieren, und nicht weiter. Er muß dann im ‹ich› aufgehen, und die Quelle des ‹ich› muß gesucht werden. Wenn das geschieht, verschwindet das ‹ich›. Verbleiben Sie als jene Quelle, dann kann das ‹ich› nicht auftauchen.

*Fr* Es findet sich aber kein Glück in diesem Zustand.

*M* ‹Es ist kein Glück da› ist nur ein Gedanke. Das Selbst ist Glück, Es umfaßt alles Glück – und Sie *sind* das Selbst. So können Sie nur Glück sein; und da es so ist, können Sie nicht sagen, da wäre kein Glück. Das, was dies behauptet, kann nicht das Selbst sein; es ist das Nicht-Selbst, das Sie loswerden müssen, um die Seligkeit des Selbst zu verwirklichen.

*Fr* Wie macht man das?

*M* Finden Sie heraus, von wo die Gedanken aufsteigen. Sie erscheinen mit dem Geist. Fragen Sie sich, für wen Geist oder Intellekt wirksam sind. Sie sind es für das ‹ich›. Lassen Sie den Intellekt im ‹ich› aufgehen und suchen Sie dessen Quelle, dann verschwindet es. ‹Ich weiß› und ‹Ich weiß nicht› setzen ein Subjekt und ein Objekt voraus; das bedeutet Dualismus. Das Selbst ist rein und absolut, Eines und einzig. Es gibt nicht zwei Selbste, so daß eines das andere erkennen könnte. Was ist dann Dualismus? Er kann nicht das Selbst sein, das Eines und einzig ist, er muß das Nicht-Selbst sein. Dualismus ist kennzeichnend für das ‹ich›. Wo Gedanken auftauchen, ist Dualismus, und dort ist das ‹ich›. Suchen Sie seine Quelle.

Der Maßstab für Ihren Fortschritt auf dem Weg zur Selbst-Verwirklichung ist der Grad der Abwesenheit von Gedanken. In der Verwirklichung selbst aber gibt es keinen Fortschritt; sie ist immer dieselbe. Das Selbst ist stets verwirklicht; das Hindernis, das zu erkennen, sind die Gedanken. Fortschritt wird daran gemessen, wie weit die Hindernisse vor der Erkenntnis, daß das Selbst immer verwirklicht ist, beseitigt sind. Die Gedanken müssen in Schach gehalten werden, indem man nachforscht, wem sie erscheinen. Gehen Sie zu deren Quelle, und sie werden nicht mehr auftauchen.

*Fr* Zweifel gibt es immer. Daher meine Frage.

*M* Ein Zweifel taucht auf und wird geklärt; ein anderer folgt, um ebenfalls beseitigt zu werden und Platz für einen weiteren zu machen; so geht es immer weiter. Es ist nicht möglich, alle Zweifel zu klären. Versuchen Sie herauszufinden wem sie kommen, gehen Sie zu Ihrer Quelle und bleiben Sie dort, dann gibt es keine Zweifel mehr. Das ist die Methode, alle Zweifel zu beseitigen.

*Fr* Dann kann mir nur Gnade helfen.

*M* Die Gnade ist nicht außerhalb von Ihnen. Tatsächlich ist schon Ihr Wunsch nach Gnade eine Folge der Gnade, die bereits in Ihnen ist.

*M* Der Wunsch nach Seligkeit ist bereits der beste Beweis für die ewig existierende Seligkeit des Selbst. Wie könnte sonst der Wunsch nach ihr in Ihnen auftauchen? Wenn Kopfschmerzen normal wären, versuchte man nicht sie loszuwerden. Aber jeder, der darunter leidet, möchte sich davon befreien, da er von einer Zeit weiß, in der er sie nicht hatte. Er ersehnt das, was für ihn natürlich ist. Ebenso verlangt er nach Glück nur, weil es zu seinem Wesen gehört. Und da es natürlich ist, braucht es nicht erst erworben zu werden; der Mensch kann sich nur darum bemühen, sein Elend loszuwerden. Gelingt ihm das, dann spürt er das immer gegenwärtige Glück. Das Ur-Glück wird von dem Nicht-Selbst verdunkelt, das gleichbedeutend mit Nicht-Glück oder Elend ist. Glück, das mit Elend vermischt ist, ist nur Elend. Wird das Elend beseitigt, dann spricht man davon, daß man das immer gegenwärtige Glück gewonnen habe. Vergnügen, das im Schmerz endet, bedeutet auch nur Elend. Wenn wir uns über etwas freuen, unterscheiden wir *priya* (Freude), *moda* (Freude, die *priya* übertrifft) und *pra-moda* (Freude, die *modha* übertrifft). Wenn eine gewünschte Sache greifbar wird, regt sich *priya*; wird sie in Besitz genommen, entsteht *moda*; wenn man sich seines Besitzes erfreut, sprechen wir von *pra-moda*. Der Grund für die Freude liegt darin, daß zunächst ein Gedanke unter Ausschaltung aller anderen vorherrscht und dann schließlich im Selbst aufgeht. Diese verschiedenen Grade der Freude können nur im stofflichen Körper erlebt werden. Im Wachzustand überwiegt *vijnanamaya kosha* (Hülle, die aus dem Intellekt besteht). Im Tiefschlaf verschwinden alle Gedanken, und dieser Zustand wird als Seligkeit empfunden. Allen Zuständen liegt etwas zugrunde, das sich jenseits von Wachen, Schlafen und Träumen befindet. Es ist die Wirklichkeit; sie besteht aus echter, ungetrübter Seligkeit *(nijananda)*.

*Fr* Ist nicht *hatha*-Yoga zur Suche nach dem Selbst nötig?
*M* Jeder findet eine Methode, die für ihn besonders geeignet ist, entsprechend seinen besonderen Anlagen.
*Fr* Kann ich in meinem Alter noch etwas mit *hatha*-Yoga erreichen?
*M* Warum denken Sie über all das nach? Weil Sie glauben, es wäre außerhalb von Ihnen, wünschen Sie es und versuchen es zu erreichen. Aber existieren Sie nicht die ganze Zeit? Warum verlassen Sie sich selbst und laufen etwas Äußerem nach?
*Fr* Es heißt, daß *hatha*-Yoga eine unerläßliche Hilfe bei der Suche nach dem Selbst sei?
*M* Die *hatha*-Yogis wollen den Körper gesund erhalten, damit sie der Suche nachgehen können, ohne durch Hindernisse aufgehalten zu werden. Sie meinen auch, das Leben müßte verlängert werden, um die Suche zu einem erfolgreichen Ende zu führen. Andere benutzen zu demselben Zweck Medizinen. Ihr Beispiel ist: Die Leinwand muß vollkommen sein, bevor man anfangen kann, das

Bild zu malen. Schön, aber was ist die Leinwand und was das Bild? Wenn es nach jenen ginge, dann wäre der Körper die Leinwand und die Suche nach dem Selbst die Malerei. Aber ist nicht auch der Körper lediglich ein Bild auf der Leinwand, dem Selbst?

Fr  Aber es wird so viel über *hatha*-Yoga als einer Hilfe geredet.
M  Sogar große Gelehrte, die mit dem *Vedanta* wohlvertraut sind, betreiben ihn; anders können sie ihren Geist nicht zur Ruhe bringen. So kann man sagen, daß es nützlich ist für die, die ihren Geist auf andere Weise nicht unter Kontrolle bekommen.
Fr  Es heißt, die Verehrung des Persönlichen Gottes sei nicht ausreichend, die Hingabe an das Unpersönliche aber schwierig und riskant. Ich fühle mich nur zu dem ersten fähig. Was ist da zu machen?
M  Im Laufe der Zeit geht die Persönliche Gottheit in der Unpersönlichen auf. Die Anbetung der Persönlichen Gottheit läutert den Geist und bringt einen letztendlich zum Ziel. Der unglückliche Mensch, der Sucher nach Erkenntnis und der weltliche Mensch, sie alle sind Gott lieb. Der *jnani* aber ist das Selbst Gottes.

Fr  ‹Nicht dies, nicht dies› – so wird der Sucher unterwiesen. Er erfährt, daß das Selbst das Höchste ist. Wie findet man Es?
M  Es heißt, das Selbst sei der Hörende, der Denkende, der Erkennende. Aber das ist nicht alles. Es wird auch bezeichnet als das Ohr des Ohrs, der Geist des Geistes usw.
Fr  Auch das sagt nicht genau aus, was das Selbst ist.
M  ‹Nicht dies, nicht dies›.
Fr  Das verneint nur.
M  (schweigt)

Der Frager beklagt sich, daß ihm das Selbst nicht gezeigt würde.

M  Ein Mann möchte wissen, was er ist. Um sich her sieht er Tiere und Gegenstände. Man sagt ihm: ‹Sie sind weder eine Kuh noch ein Pferd, noch ein Baum, noch dies, noch das ...› Wenn der Mann dann sagt: ‹Sie haben mir aber nicht gesagt, was ich bin›, dann ist die Antwort: ‹Man hat nicht gesagt, daß Sie nicht ein Mensch sind.› Das muß er selbst herausfinden. Und so müssen Sie selbst herausfinden, was Sie sind.

Man sagt Ihnen: ‹Sie sind nicht dieser Körper noch der Geist, noch der Intellekt, noch das ‹ich›, noch irgend etwas, was Sie

sich ausdenken können; finden Sie heraus, was Sie wirklich sind.›
Das Schweigen bedeutet, daß der Frager das Selbst ist, das er sucht.

Fr  Ich habe seit meinem zehnten Lebensjahr gewünscht, wenigstens einen Schimmer der Wirklichkeit zu erhaschen. Ich bin der festen Überzeugung, daß mir dazu nur ein Weiser wie Sri Bhagavan verhelfen kann. So bitte ich Sie darum. Aber wenn ich es nicht im Leben verwirklichen kann, gewähren Sie mir wenigstens im Augenblick des Sterbens jenen Lichtblick.
M  Es heißt in der *Bhagavad Gita*, daß der letzte Gedanke vor dem Tode die folgende Geburt des Betreffenden bestimme. Aber man muß die Wirklichkeit zu Lebzeiten erkannt haben, um sie im Augenblick des Todes erfahren zu können. Versuchen Sie zu erkennen, ob der gegenwärtige Augenblick von dem letzten verschieden ist, und versuchen Sie, schon jetzt den gewünschten Zustand zu verwirklichen.
Fr  Ich habe meine Grenzen. Ich bin unfähig, die Gelegenheit zu nutzen. Aber die Gnade könnte für mich bewirken, was ich selbst nicht erreichen kann.
M  Das ist wahr, aber ohne die Gnade würden Sie nicht einmal diesen Wunsch äußern.
Fr  In Lahore lebt ein außergewöhnliches elfjähriges Mädchen. Sie behauptet, sie könne zweimal Krishna anrufen und dabei bewußt bleiben; wenn sie ihn aber das dritte Mal rufe, verliere sie das Bewußtsein und bleibe bis zu zehn Stunden in Trance.
M  Solange Sie glauben, daß Krishna von Ihnen verschieden sei, beten Sie zu Ihm. Daß das Kind in Trance fällt, zeigt an, daß Ihr Zustand nur vorübergehend ist. Sie sind immer im *samadhi*; das ist es, was verwirklicht werden muß.
Fr  Eine Vision Gottes ist wunderbar.
M  Eine Vision Gottes ist lediglich eine Vision des Selbst, die man als den Gott des eigenen Glaubens objektiviert. Erkennen Sie das Selbst.

Bei einer Gelegenheit sprach Sri Bhagavan von fünf Zuständen:
1. Schlaf.
2. Der gedankenfreie Zustand unmittelbar vor dem Erwachen.
3. Das Empfinden des Glücks infolge solcher Gedankenfreiheit.
4. Das innere Sichregen der *vasanas*.

5. Vollständiges Erwachen mit Abgelenktwerden.
Der zweite Zustand sollte dauerhaft werden.

### 4. Februar 1939

Fr Mit jedem Gedanken erscheinen und verschwinden Subjekt und Objekt. Verschwindet nicht auch das ‹ich›, wenn das Subjekt nicht mehr da ist? Und wenn ja, wie kann die Suche nach dem ‹ich› weitergehen?

M Das Subjekt, der Wahrnehmende, ist nur eine Regung im Geist. Diese Regung ist vorübergehend, während die dahinterstehende Wirklichkeit immer vorhanden ist. Die Grundlage dieser Regung ist das ‹ich›, in dem die Regungen des Geistes aufsteigen und absinken.

Fr Nachdem das Selbst als Hörender, Denkender und Erkennender beschrieben wird, nennt man Es andrerseits Nicht-Hörender, Nicht-Denkender, Nicht-Erkennender. Ist es nicht so?

M So ist es. Der Durchschnittsmensch ist seiner selbst nur gewahr, wenn der Intellekt sich regt. Diese Regungen sind vorübergehender Natur; sie steigen auf und sinken wieder ab. Daher wird *vijnanamaya*, der Intellekt, *kosha*, die Hülle, genannt. Wenn das reine Gewahrsein übrigbleibt, ist es *chit*, Reines Bewußtsein oder das Höchste. Im dem uns eigenen natürlichen Zustand nach dem Absinken der Gedanken zu verbleiben ist Seligkeit. Ist diese Seligkeit vorübergehend – aufsteigend und absinkend –, erleben wir nur die ‹Hülle› der Seligkeit *(anandamaya kosha)*, nicht das reine Selbst. Die Aufmerksamkeit muß nach dem Absinken aller Gedanken auf das reine Ich gerichtet bleiben und darf nicht nachlassen. Man muß Es als außerordentlich subtilen Gedanken bezeichnen, sonst könnte überhaupt nicht von Ihm gesprochen werden, denn Es ist nichts anderes als das wahre Selbst. Wer sollte von Ihm reden, zu wem und wie?

Obwohl also im Schlaf das Gewahrsein des Selbst nicht verlorengeht, wird dadurch das Nichtwissen des *jiva* nicht beseitigt. Denn um dieses Nichtwissen zu zerstören, muß der eben beschriebene subtile Geisteszustand erreicht werden. Im Sonnenschein brennt Baumwolle nicht, wird sie aber unter eine Linse gelegt, fängt sie Feuer und verbrennt. Obgleich das Gewahrsein des Selbst immer da ist, ist es doch dem Nichtwissen nicht abträglich. Wird aber in der Meditation jener subtile Geisteszustand erreicht, dann wird in ihm das Nichtwissen zerstört. Dieser subtile Geisteszustand ist keine bloße Geistesregung *(vritti)*.

Es gibt zwei verschiedene Geisteszustände. Beim einen handelt es sich um den natürlichen Zustand, der andere kommt durch Umwandlung in Objekte zustande. Der erste ist identisch mit der Wahrheit, der zweite entspricht dem handelnden Individuum. Wenn der letztere endet, bleibt der erstere – die ewige Wahrheit – bestehen.

Das Mittel, um dieses Ziel zu erreichen, ist die Meditation. Sie wird sich zwar zunächst an die klassische Dreiteilung – Meditation, Meditierender, Meditationsobjekt – halten, endet jedoch in reinem Gewahrsein *(jnana)*. Zur Meditation bedarf es der Bemühung, während *jnana* durch völlige Mühelosigkeit charakterisiert ist. Meditation ist Sache des Handelnden, *jnana* ist Sache des Höchsten.

## 7. Februar 1939

*Fr* Ich habe *Wer bin ich?* gelesen. Aber wenn ich versuche nachzuforschen, wer das ‹ich› ist, kann ich es auch nicht einen Augenblick festhalten. Zweitens: Ich habe kein Interesse an meiner Umgebung, hoffe aber trotzdem, noch einigen Anteil am Leben nehmen zu können.

*M* Es ist gut, wenn Sie keine Interessen mehr haben. Daß Sie hoffen, trotzdem noch Anteil am Leben zu nehmen, bedeutet, daß noch *vasanas* vorhanden sind. Jemand träumt und erlebt die ganze Traumwelt mit aller Freude und allem Schmerz. Dann erwacht er und verliert alles Interesse an dem Traum. Mit der Wachwelt ist es nicht anders. Und wie die Traumwelt, die ein Teil Ihrer selbst und nicht verschieden von Ihnen ist, aufhört, Ihre Beachtung zu finden, so hört auch die gegenwärtige Wachwelt auf, Sie zu interessieren, wenn Sie aus diesem Wachtraum erwachen und erkennen, daß er nur Teil Ihrer selbst und keine objektive Wirklichkeit ist. Da Sie sich für getrennt von den Objekten halten, hegen Sie noch Wünsche. Verständen Sie, daß das Gewünschte nur eine Gedankenform ist, dann würden Sie es nicht länger begehren. Alle Dinge gleichen Schaumblasen auf dem Wasser. Sie sind das Wasser, und die Objekte sind die Blasen. Diese können nicht getrennt vom Wasser existieren, aber sie sind auch nicht ganz dasselbe wie Wasser.

*Fr* Ich empfinde mich eher als Schaum.

*M* Hören Sie auf, sich mit dem Unwirklichen zu vergleichen, und erkennen Sie Ihre wahre Identität. Dann werden Sie sich sicher fühlen, und keine Zweifel können Sie mehr anfechten.

*Fr* Aber ich bin doch nur Schaum.

*M* Weil Sie so denken, haben Sie Schwierigkeiten. Es ist eine falsche Vorstellung. Bejahen Sie Ihre wahre Identität mit dem Wirklichen. Seien Sie das Wasser und nicht der Schaum. Das geschieht, indem Sie hineintauchen.

*Fr* Wenn ich hineintauche, werde ich finden ...

*M* Aber selbst ohne darin einzutauchen, sind Sie Das. Die Vorstellungen von ‹außen› und ‹innen› existieren nur so lange, wie Sie Ihre wahre Identität nicht akzeptieren.

*Fr* Aber ich übernahm die Vorstellung vom Eintauchen von Ihnen.

*M* Ja, schon recht. Ich sagte es, weil Sie sich mit dem Schaum identifizierten und nicht mit dem Wasser. Ich wollte Ihre Aufmerksamkeit auf diese Verwechslung richten, um sie Ihnen zu Bewußtsein zu bringen.

All dieses soll darauf hinweisen, daß das Selbst unendlich ist und alles enthält, was Sie sehen. Es gibt nichts, was jenseits Seiner oder getrennt von Ihm wäre. Erkennen Sie das, und Sie werden nichts mehr wünschen. Ohne Wünsche aber werden Sie zufrieden sein.

Das Selbst ist immer verwirklicht. Man kann nicht etwas zu verwirklichen suchen, was schon immer verwirklicht ist. Denn Sie können Ihre eigene Existenz nicht ableugnen. Diese Existenz ist Bewußtsein, ist das Selbst.

Sie können keine Fragen stellen, wenn Sie nicht existieren. Sie müssen Ihre Existenz zugeben; und diese Existenz ist das Selbst; es ist also bereits verwirklicht. Ihr Bemühen, zu verwirklichen, läuft darauf hinaus, Ihren gegenwärtigen Irrtum, nicht verwirklicht zu sein, zu erkennen.

*Fr* Das wird einige Jahre erfordern.

*M* Wieso Jahre? Die Vorstellung von Zeit ist nur in Ihrem Geist, nicht im Selbst. Für das Selbst gibt es keine Zeit. ‹Zeit› taucht als eine Vorstellung auf, nachdem das ‹ich› aufgetaucht ist. Sie aber sind das Selbst jenseits von Zeit und Raum; Sie existieren auch in deren Abwesenheit.

## 9. Februar 1939

*Fr* Existiert das Ich nur in Beziehung zu einem ‹dies›?
*M* Ich und ‹dies› erscheinen jetzt zusammen. Aber ‹dies› ist im Ich enthalten; sie sind nicht getrennt. ‹Dies› muß im Ich aufgehen und eins mit ihm werden. Das Ich, das danach übrigbleibt, ist das wahre Ich.

*Fr* Was bedeutet ‹mit dem Guru leben›?
*M* Es bedeutet, sich um die heiligen Überlieferungen zu bemühen.
*Fr* Aber in der Gegenwart des Guru ist eine besondere Kraft.
*M* Ja, sie läutert den Geist.
*Fr* Ist das die Wirkung oder die Belohnung? Ich würde gern wissen, wie der Jünger sich zu verhalten hat?
*M* Das ist verschieden, je nach der Eigenart des Jüngers – ob er Schüler oder Familienvater ist, wie seine geistigen Anlagen sind usw.
*Fr* Wenn er sich an die Unterweisung hält, wird dann alles richtig?
*M* Ja. Früher sandten die *rishis* ihre Söhne zur Erziehung zu anderen *rishis*.
*Fr* Weshalb denn?
*M* Weil die Zuneigung hinderlich sein kann.
*Fr* Das kann nicht für den *jnani* gelten. Bezieht es sich auf den Jünger?
*M* Ja.
*Fr* Aber könnte dieses Hindernis nicht mit allen anderen zusammen durch die Gnade des Meisters beseitigt werden?
*M* Es würden sich Verzögerungen ergeben. Vielleicht fehlt dem Jünger die nötige Achtung, dadurch würde die Gnade erst viel später wirksam werden.
Es heißt, daß das Erwachen aus dem Nichtwissen dem Erwachen aus einem Angsttraum gleicht. Der Geist kann von zweierlei Makel behaftet sein; er kann verschleiern, und das ist von Übel, oder er kann rastlos sein, das ist weniger schlimm. Solange der Schlaf seine verschleiernde Wirkung ausübt, dauert der Angsttraum an. Mit dem Erwachen fällt der Schleier, und die Angst endet. Die Unruhe, die von der Welt verursacht wird, ist nicht notwendigerweise ein Hindernis auf dem Weg zum Glück. Man wird sie los, wenn man die Nähe des Gurus aufsucht und sie dort in sinnvolle Tätigkeiten umsetzt, wie z. B. Studium der heiligen

Schriften und Vollzug ritueller Übungen. Durch solches Tun wird das geistige Erwachen vorbereitet. Was ist das Ende? Man wird dessen gewahr, was immer ist.

### 13. Februar 1939

Jemand, dem die Konzentration auf seine Arbeit leicht fiel, meinte, daß er deshalb zu *karma*-Yoga neige.
M Es gibt kein *karma* ohne einen Handelnden. Sucht man den Handelnden, verschwindet er. Wo ist dann *karma*?
Fr Ich brauche einen praktischen Hinweis.
M Suchen Sie den, der handelt. Das ist die Übung.
Fr Mein Gewahrsein wird immer wieder unterbrochen. Wie kann ich es beständig machen?
M Unterbrechen können es nur Gedanken. Sie können solche Unterbrechungen lediglich gedanklich feststellen. Wem kommen die Gedanken? Halten Sie diese Übung durch, bis es keine Unterbrechungen mehr gibt. Allein durch Praxis kann ein beständiges Gewahrsein erzielt werden.

### 23. Februar 1939

Fr Ich leide an Körper und Geist. Vom Tage meiner Geburt an habe ich kein Glück gekannt. Warum? Ich habe in diesem Leben nicht gesündigt. Geht all dieses auf Sünden in vergangenen Leben zurück?
M Wer würde nach Glück verlangen, wenn Leiden ohne Ende unsere Bestimmung wäre? Das heißt, wenn Leiden unser natürlicher Zustand wäre, wie könnte der Wunsch, glücklich zu sein, überhaupt auftauchen? Der Wunsch ist aber da. Es ist uns demnach wesenseigen, glücklich zu sein; alles andere ist uns nicht gemäß.
Sie sagen, Körper und Geist leiden. Aber sind sie es, die sich beklagen? Wer ist der, der fragt? Ist es nicht jemand, der sich jenseits von Geist und Körper befindet?
Sie sagen, der Körper leide in diesem Leben; die Ursache dazu läge in einem früheren Leben, dessen Ursache wieder in einem noch früheren zu finden sei. So ist kein Ende von Ursache und

Wirkung abzusehen, wie im Fall von Samenkorn und Pflanze. Man kann sagen, daß die eigentliche Ursache all dieser Leben im Nichtwissen liege. Das gleiche Nichtwissen besteht aber auch jetzt – und fragt. Es muß durch *jnana* beseitigt werden.

‹Warum und wen betrifft dieses Leiden?› Wenn Sie so fragen, werden Sie entdecken, daß das Ich jenseits von Geist und Körper ist und daß das Selbst das einzige Sein und ewige Seligkeit ist. Das ist *jnana*.

Fr  Aber warum muß ich jetzt leiden?

M  Wenn es kein Leiden gäbe, wie könnte dann der Wunsch, glücklich zu sein, auftauchen? Und wenn er das nicht täte, wie könnte die Suche nach dem Selbst Erfolg haben?

Fr  Dann ist alles Leiden gut?

M  Genau. Was ist Glück? Ist es ein gesunder und schöner Körper, üppige Mahlzeiten und dergleichen? Sogar ein Kaiser hat Schwierigkeiten ohne Ende, wenn er auch gesund sein mag. Alles Leiden hat seinen Grund in der irrigen Annahme ‹Ich bin der Körper›. Diese loszuwerden ist *jnana*.

Fr  Ich übe seit langem *Omkara*, eine Meditation über OM. Im linken Ohr höre ich ständig einen Ton, ähnlich dem einer Flöte. Auch jetzt ist er da. Ich habe auch lichtvolle Visionen. Ich weiß aber nicht, was ich damit anfangen soll.

M  Es muß einer da sein, der die Töne hört und die Visionen sieht. Dieser Eine ist Ich. Wenn Sie Es suchen, indem Sie fragen ‹Wer bin ich?›, verschmelzen Subjekt und Objekt zu Einem. Danach gibt es keine Suche mehr. Bis dahin tauchen Gedanken auf, Dinge erscheinen und verschwinden. Sie fragen sich, was geschehen ist und geschehen wird. Wenn das Subjekt erkannt ist, gehen die Objekte in ihm auf. Ohne diese Erkenntnis wendet man den Geist Objekten zu, weil diese erscheinen und verschwinden, und erkennt nicht, daß unser wahres Wesen das ist, was als das Selbst übrigbleibt. Wenn die Objekte verschwinden, entsteht Angst; der Geist, an Objekte gebunden, leidet. Objekte aber sind vergänglich, das Selbst jedoch ist ewig. Wird dieses ewige Selbst erkannt, dann verschmelzen Subjekt und Objekt miteinander, und das Eine ohne Zweites leuchtet auf.

Fr  Verschmilzt *Omkara* in der gleichen Weise?

M  OM ist die ewige Wahrheit. Das, was nach dem Verschwinden aller Objekte übrigbleibt, ist OM. Es ist der Zustand, von dem es heißt: ‹Wo man nichts anderes sieht, nichts anderes hört, nichts anderes erkennt, da ist Vollkommenheit.› Alle Übungsmethoden sind nur Wege, dahin zu kommen. Man darf nicht in der Übungspraxis steckenbleiben, sondern muß fragen ‹Wer bin ich?› und so das Selbst finden.

*Fr* Mir gefällt es nicht mehr zu Hause; es bleibt in der Familie nichts mehr für mich zu tun. Ich habe alles getan, was ich tun mußte. Jetzt sind Enkel da. Soll ich zu Hause bleiben, oder soll ich die Familie verlassen und davongehen?

*M* Sie sollen genau da bleiben, wo Sie jetzt sind. Aber wo sind Sie? Sind Sie im Hause, oder ist das Haus in Ihnen? Gibt es ein Haus, das von Ihnen getrennt wäre? Wenn Sie Ihre wahre Heimat gefunden haben, werden Sie sehen, daß alle Dinge in Ihnen aufgegangen sind, und es wird keine Ursache für solche Fragen wie diese mehr da sein.

*Fr* Ja. Demnach scheint es, daß ich zu Hause bleiben soll.

*M* Bleiben Sie in Ihrem wahren Zustand.

Eine Besucherin fragte, ob man die Zustände des Wachens und Schlafens als eine Art des Sich-Entfernens aus dem Bereich des natürlichen Zustands betrachten könne.

*M* Auch dafür müßte es einen Ort geben, und der könnte nur außerhalb von einem selbst liegen. Das widerspräche jedoch dem wahren Wesen des Selbst.

*Fr* Ich meinte nur, man könnte es sich vorstellen.

*M* Man kann sich ebensogut das wahre Wesen des Selbst vorstellen.

*Fr* Der Vergleich mit der Filmleinwand scheint mir sehr treffend zu sein.

*M* Die Filmleinwand ist aber empfindungslos und erfordert einen, der sie wahrnimmt, während die ‹Leinwand des Selbst› Seher und Gesehenes einschließt. Mit anderen Worten: Sie ist *Licht*.
Man kann die Bilder auf der Leinwand nicht im hellen Licht des Tages erkennen; es muß dunkel sein. So wie zur Vorführung eines Filmes Dunkelheit erforderlich ist, so kann der Geist nur Gedanken produzieren und Objekte erkennen, solange er in der Dunkelheit des Nichtwissens verharrt. Das Selbst ist Reine Erkenntnis, Reines Licht, in dem es keine Zweiheit gibt. Zweiheit, Dualität setzt Nichtwissen voraus. Die Erkenntnis des Selbst ist jenseits relativen Erkennens und Nichtwissens; das

Licht des Selbst ist unabhängig von Licht und Dunkelheit in gewöhnlichem Sinne. Das Selbst ist souverän.
Auf die Frage nach Fortschritt sagte Bhagavan,
daß es diesen nur für den Geist, nicht aber für das Selbst gebe. Das Selbst sei immer vollkommen.

*2. März 1939*

M Warum läßt man beiseite, was einem so nah und unmittelbar ist, und sucht alles übrige. Die Schriften sagen: ‹Du bist Das.› In dieser Feststellung wird ‹Du› unmittelbar erfahren; sie lassen es aber beiseite und fahren fort, nach dem ‹Das› zu suchen.
Fr Um die Einheit von ‹Das› und ‹Du› zu finden.
M ‹Das› wohnt als Selbst allem inne. Doch der Sucher vergißt sich selbst, also das ‹Du›, und versucht statt dessen, die objektive Welt zu ergründen. Was ist die Welt? Was liegt ihr zugrunde? Es ist ‹Das›. Auf solche Ideen kommt man nur, wenn man das eigene Selbst vergißt. Ich habe mich früher niemals um so etwas gekümmert. Erst nach etlicher Zeit wurde mir klar, daß die Menschen sich mit solchen Ideen abgeben.

*3. März 1939*

Bhagavan erläuterte die erste Strophe von *Sad Vidya*.
M Es ist jedem klar, daß er selbst und die Welt existieren. Wenn man sich Fragen stellt wie ‹Sind diese Welt und ‹ich› immer vorhanden?› und ‹Wenn sie tatsächlich wirklich sind, müßten sie von den Einflüssen von Zeit, Raum und Differenzierung unabhängig sein; ist das wahr?›, erkennt man, daß ‹ich› und die Welt nur im Wach- und Traumzustand wahrgenommen werden können, jedoch nicht während des Tiefschlafs. Daher kommt es, daß ‹ich› und die Welt periodisch erscheinen und wieder verschwinden. Sie werden geschaffen, existieren eine Zeitlang und vergehen wieder. Woher kommen sie? Wo verbleiben sie während ihres Daseins? Wohin verschwinden sie? Können solche unbeständigen Erscheinungen Realität haben?
Zu bedenken ist vor allem, daß dieses ‹ich› und diese Welt nur im Wach- und Traumzustand wahrgenommen werden und nicht

während des Tiefschlafs. Wo liegt der Unterschied zwischen dem Zustand des traumlosen Schlafs und den beiden anderen Zuständen? Er liegt darin, daß während des Tiefschlafs keine Gedanken vorkommen, während sie sich in den beiden anderen Zuständen laufend entfalten. Daraus können wir schließen, daß die Gedanken der Ursprung von ‹ich› und der Welt sind.

Sehen wir uns nun die Gedanken näher an. Sie können nicht real sein, denn sie weisen keine Beständigkeit auf. Woher kommen sie? Ein Ausgangspunkt muß vorhanden sein. Diese Quelle der Gedanken existiert ohne Unterbrechung; sie ist keinen Veränderungen unterworfen. Es besteht kein Zweifel, sie ist jener ewige Zustand, der hier beschrieben wird als Das, aus dem alles entspringt, als Das, in dem alles verbleibt, und als Das, in dem alles sich wieder auflöst.

*Fr* Sind *karma*-Yoga und *jnana*-Yoga getrennte Wege, oder bildet *karma*-Yoga nur den Auftakt zu *jnana*-Yoga? *Karma*-Yoga verlangt ein tätiges Leben, aber ohne Verhaftetsein, *jnana* dagegen fordert völlige Entsagung. Was bedeutet hier Entsagung? Die Bemeisterung der Leidenschaften hat am Anfang beider Wege zu stehen. Dürfen wir schon von Entsagung sprechen, wenn es gelingt, dieser Herr zu werden? Oder ist darunter auch das Ende des tätigen Lebens zu verstehen? Diese Fragen bedrängen mich, und ich bitte, sie zu beantworten.

*M* Sie haben alles gesagt, und Ihre Frage enthält bereits die Antwort. Das Wesentliche ist das Freisein von Leidenschaften. Wenn das erreicht ist, ist auch alles andere erreicht.

*Fr* Sri Sankara hält *jnana*-Yoga und Entsagung als Vorbereitung dazu für notwendig. In der *Gita* aber werden deutlich zwei Methoden genannt: *jnana*-Yoga und *karma*-Yoga.

*M* Sri Sankara hat die *Gita* erläutert und diesen Absatz auch.

*Fr* Die *Gita* scheint *karma*-Yoga zu betonen, denn Arjuna wird angewiesen zu kämpfen; und Sri Krishna selbst setzte ein Beispiel durch ein überaus aktives Leben.

*M* Die *Gita* beginnt damit, zu sagen, daß Sie nicht der Körper und daher nicht der Handelnde sein können.

*Fr* Was bedeutet das?

*M* Daß man handeln soll, ohne daran zu denken, daß man selbst der Handelnde ist. Das Handeln geht weiter auch ohne ‹ich›. Die Person ist zur Lösung einer bestimmten Aufgabe vorgesehen,

und diese Aufgabe wird erfüllt werden, ob die Person sich für den Handelnden hält oder nicht.
Fr Was ist *karma*-Yoga? Ist es das Nichtverhaftetsein an *karma* oder dessen Früchte?
M *Karma*-Yoga ist ein Heilmittel gegen den Irrtum, man sei derjenige, der handelt. Die Tätigkeiten gehen unwillkürlich vonstatten.
Fr Ist dies Nichtverhaftetsein?
M Die Frage erhebt sich nur, wenn ein Handelnder da ist. Das wurde immer betont.
Fr Dann ist also *karma*-Yoga ein Handeln ohne das Gefühl, der Handelnde zu sein.
M Ja. Genau.
Fr Aber die *Gita* lehrt von Anfang bis Ende ein aktives Leben.
M Ja – ein Tun ohne das Empfinden, tätig zu sein.
Fr Ist es dazu notwendig, das Haus zu verlassen und ein Leben der Entsagung zu führen?
M Ist das Haus in Ihnen, oder sind Sie im Hause?
Fr Es ist in meinem Geist.
M Was verändert sich in Ihnen, wenn Sie Ihre Umgebung verlassen?
Fr Jetzt verstehe ich. Entsagung ist ein Tun ohne das Gefühl, der Handelnde zu sein. Gibt es für den *jivanmukta* kein Handeln?
M Wer fragt danach, ein *jivanmukta* oder ein anderer?
Fr Kein *jivanmukta*.
M Dann stellen Sie die Frage zurück, bis Sie *jivanmukti* erreicht haben – falls sie dann noch nötig sein sollte. *Mukti* bedeutet auch das Freisein von mentaler Aktivität. Kann ein *mukta* dann überhaupt an Handeln denken?
Fr Aber selbst wenn er das Handeln aufgibt, wird ihn das Handeln nicht aufgeben. Ist es nicht so?
M Womit identifiziert er sich, auf das eine solche Frage bezogen werden könnte?
Fr Ja, ich verstehe es jetzt. Meine Zweifel sind geklärt.

Fr Worin liegt die Notwendigkeit zur Reinkarnation?
M Lassen Sie uns erst einmal feststellen, ob es eine Inkarnation gibt, bevor wir von Reinkarnation reden.
Fr Wie das?
M Sind Sie jetzt inkarniert, daß Sie von Reinkarnation reden?
Fr Ja, sicherlich. Eine Amöbe entwickelte sich zu immer höheren

Organismen, bis das menschliche Wesen sich entfaltete. Das ist jetzt die vollendete Entwicklung. Weshalb da noch weitere Reinkarnationen?

M  Wer setzt dieser Evolutionstheorie die Grenzen?
Fr  Physisch ist sie vollendet. Für die Seele mag eine weitere Entwicklung erforderlich sein, die nach dem Tode des Menschen stattfindet.
M  Wer ist der Mensch, der Körper oder die Seele?
Fr  Beide zusammen.
M  Existieren Sie nicht auch in Abwesenheit des Körpers?
Fr  Wie meinen Sie das? Es ist unmöglich.
M  Wie war Ihr Zustand in tiefem Schlaf?
Fr  Schlaf ist zeitweiliger Tod. Ich war ohne Bewußtsein und kann daher nichts über diesen Zustand sagen.
M  Aber Sie existierten, nicht wahr?
Fr  Im Schlaf verläßt die Seele den Körper und geht irgendwohin. Vor dem Erwachen kehrt sie in den Körper zurück. Daher ist es zeitweiliger Tod.
M  Ein toter Mensch kehrt nicht zurück, um mitzuteilen, daß er gestorben sei, währenddem derjenige, der schlief, sagt, daß er geschlafen habe.
Fr  Weil dies nur ein vorübergehender Tod ist.
M  Wenn Tod und Leben vorübergehend sind, welches von beiden ist dann wirklich?
Fr  Worauf will die Frage hinaus?
M  Wenn Leben und Tod vorübergehend sind, muß es etwas geben, was nicht nur vorübergehend ist. Das ist die Wirklichkeit.
Fr  Es gibt nichts Wirkliches. Alles ist vorübergehend. Alles ist *maya*.
M  Wo erscheint *maya*?
Fr  Jetzt verstehe ich Sie; es ist alles *maya*.
M  Wenn alles *maya* ist, wie kann dann noch eine Frage auftauchen?
Fr  Wo ist die Notwendigkeit zur Reinkarnation?
M  Für wen?
Fr  Für das vollkommene menschliche Wesen.
M  Wenn Sie vollkommen sind, warum fürchten Sie dann, wiedergeboren zu werden? Das zeigt Unvollkommenheit an.
Fr  Ich fürchte es gar nicht. Aber Sie sagen, es sei nötig.
M  Wer sagt das? Sie haben danach gefragt.
Fr  Ich meine folgendes. Sie sind ein vollkommenes Wesen. Ich bin

ein Sünder. Sie sagen mir, daß ich wiedergeboren werden muß, um mich zu vervollkommnen.
M  Nein, das sage ich nicht. Ich behaupte im Gegenteil, daß Sie gar nicht geboren sind und daher auch nicht sterben können.
Fr  Halten Sie die Theorie der Wiedergeburt nicht aufrecht?
M  Ich möchte Sie von diesem Irrtum befreien. Sie sind es, der glaubt, daß er wiedergeboren würde.
Forschen Sie nach, wem die Frage kommt. Bevor Sie nicht den gefunden haben, der fragt, wird das Fragen nicht aufhören.
Fr  Das ist keine Antwort auf meine Frage.
M  Im Gegenteil, es ist die Erwiderung, die nicht nur Ihre Frage beantwortet, sondern auch alle anderen Zweifel klärt.
Fr  Das wird andere aber kaum zufriedenstellen.
M  Lassen Sie die anderen beiseite. Wenn Sie sich um sich selbst kümmern, sind andere auch dazu fähig.
Der Frager entfernte sich wenig später, offensichtlich nicht ganz befriedigt. Bhagavan aber sagte:
Es wird in ihm arbeiten. Die Unterhaltung wird ihre Wirkung haben. Er will keine Wirklichkeit anerkennen. Nun gut. Wer aber ist es, der entschieden hat, daß alles unwirklich ist? Dann ist auch diese Entscheidung unwirklich. Leute dieser Art halten viel von der Evolutionstheorie. Aber wo existiert sie, wenn nicht in ihrem Geist?
Um zu behaupten, daß die Seele sich nach dem Tode vervollkommnen müsse, muß deren Existenz anerkannt werden. Damit ist aber nicht mehr der Körper, sondern die Seele die Person.
Und was die Evolution betrifft: Man sieht im Traum ein Gebäude. Es ist ganz plötzlich da. Dann beginnt man nachzudenken, wie es Stein auf Stein von so vielen Arbeitern während einer so langen Zeit errichtet worden ist. Aber man sieht keine Arbeiter am Werk. So geht es auch mit der Evolutionstheorie. Man findet den Menschen vor und glaubt, daß er sich zu dieser Stufe aus dem Urzustand der Amöbe entwickelt haben müsse.
Fr  Es ist eine Illustration zu dem Ausspruch: ‹Er sieht das Universum voller Ursache und Wirkung.›
M  Ja. Der Mensch neigt dazu, alles auf eine Ursache zurückzuführen; aber auch die Ursache muß eine Ursache haben – so geht es weiter ohne Ende. Eine Wirkung auf eine Ursache zurückzuführen veranlaßt den Menschen zum Denken; schließlich wird er dazu gebracht, über sich selbst nachzudenken. Erst wenn er das

Selbst erkannt hat, ist er im vollkommenen Frieden. Alle Entwicklung des Menschen dient nur dazu, daß er dieses Ziel erreicht.
Alles Wissen hat nur den Sinn, den Menschen zur Verwirklichung des Selbst zu führen; alle Schriften, alle Religionen haben lediglich diesen Zweck. Was wollen sie uns sagen? Lassen Sie alles beiseite, was sie von Vergangenheit und Zukunft sagen, denn es ist nur Spekulation; die Gegenwart dagegen liegt in Reichweite eines jeden. Verwirklichen Sie das Reine Sein. Dann haben alle Diskussionen ein Ende.
Aber der Intellekt des Menschen ist nicht leicht dazu zu bringen. Selten nur wendet sich jemand nach innen. Der Intellekt beschäftigt sich lieber mit der Vergangenheit und der Zukunft als mit der Gegenwart.
*Fr* Weil er sich selbst aufgeben muß, wenn er auf der Suche nach dem Selbst nach innen absinkt, während ihm das andere nicht nur neue Lebensfrist verschafft, sondern ihn noch stärker macht.
*M* Ja, genauso. Warum wird der Intellekt entwickelt? Er soll uns den Weg zeigen, das Selbst zu verwirklichen. Nur zu diesem Zweck muß er gebraucht werden.

Am Abend wurde das Thema noch einmal aufgegriffen.
*M* Man behauptet, der Mensch setze sich aus Körper und Seele zusammen. Dann verweise ich auf den Tiefschlaf. In diesem Zustand setzt das Körperempfinden aus, und doch ist der Mensch am Leben.
*Fr* Der Schlaf wird manchmal als zeitweiliger Tod bezeichnet.
*M* Ja, so sagt man. Legt diese Bezeichnung jedoch nicht den Gedanken nahe, daß der Mensch in den Körper zurückkehren müsse? Wie findet er den Leib, um in ihn eingehen zu können? Überdies ist er sich sicher, daß er zurückkehrt. Das bedeutet, daß er auch während des Schlafzustands existieren muß, sonst könnte er den Körper nicht für sich in Anspruch nehmen.
In den Schriften steht, daß der Leib während des Schlafs durch den Atem geschützt wird. Denn während der Mensch schläft, könnten wilde Tiere seinem Körper Schaden zufügen. Wenn die Tiere aber merken, daß er noch lebt, behandeln sie ihn nicht als Beute, wie sie es mit einem leblosen Körper tun würden. Das zeigt wieder, daß irgend etwas im Körper sein muß, das ihn während des Schlafens schützt.

## 12. März 1939

Fr Ich – Ich zu sagen kann niemandem helfen, das Ziel zu erreichen. Wie kann einem das ‹ich› gezeigt werden?
M Es muß innen gefunden werden. Es ist kein Objekt, das einer dem andern zeigen könnte.
Fr Wenn man schon die Leute anweist, das ‹ich› zu finden, dann muß die Anweisung vollständig sein, indem man ihnen zeigt, was es ist.
M Die Lehre hier bedeutet nur, eine Richtung zu weisen. Es ist Sache des Suchers, ob er sie einschlagen will.
Fr Der Sucher ist unwissend und braucht Unterweisung.
M Deshalb wird er geführt, um die Wahrheit zu erkennen.
Fr Aber das genügt nicht. Das ‹ich› muß ihm ganz genau gezeigt werden.

Der Besucher wurde immer aggressiver und hörte kaum zu, als Bhagavan etwas zu erklären versuchte. Schließlich meinte Bhagavan: Das ist nicht das Benehmen eines Suchers. Er wird erst den Weg erreichen, wenn jemand ihm Bescheidenheit beigebracht hat.

Die Rezitation der Veden begann. Als etwas später einer der Anhänger Bhagavans auf das Gespräch zurückkam, meinte dieser:
Der Sucher muß wenigstens zuhören und zu verstehen versuchen. Wenn er mich aber nur auf die Probe stellen will, so mag er es tun. Ich streite nicht mit ihm.
Nach einigen Minuten begann derselbe Mann von neuem zu reden: Mein Anliegen ist nicht richtig verstanden worden. Ich möchte das ‹ich› kennenlernen. Es muß mir gezeigt werden.
Er brachte das auf eine recht aggressive Art hervor. Als andere versuchten ihn zu beruhigen, wurde er noch aufgeregter. Schließlich wandte sich ihm Bhagavan zu:
Gehen Sie dorthin zurück, woher Sie gekommen sind. Sie können das auf außen oder innen beziehen, ganz wie es Ihnen beliebt.
Der Mann erregte sich noch mehr, und auch die Leute um ihn herum reagierten gereizt. Er mußte schließlich aus der Halle geführt und fortgeschickt werden.
Später wurde bekannt, daß er der Yoga-Lehre anhing und keine Gelegenheit ausließ, andere Lehren herabzuwürdigen. Ganz besonders war er darauf aus, *jnana* und *jnanis* zu schmähen und zu verleumden.

Nach dem Abendessen erzählte Bhagavan von einem Pandit, der *hatha*-Yoga zu rühmen pflegte und an anderen Lehren kein gutes Haar ließ. Er berief sich stets auf Aussagen der *Gita*, der *Upanishaden* und anderer Schriften, um seine Behauptungen zu untermauern. Andere, unter ihnen Sri Narayana, bemühten sich, ihn zu widerlegen, wobei sie aus den gleichen Schriften zitierten.

## 13. März 1939

Sri Bhagavan las in der Halle einen Artikel aus Gandhis Zeitschrift *Harijan* vor:
‹Wie wunderbar sind die Wege Gottes! Diese Reise nach Rajkot ist selbst für mich ein Wunder. Warum gehe ich – und wozu? Ich habe nicht darüber nachgedacht. Wenn Gott mich führt – was brauche ich zu denken? Warum soll ich überhaupt denken? Auch Gedanken können zum Hindernis auf dem Weg werden, den Er weist.
Tatsächlich bedeutet es keine Anstrengung, das Denken anzuhalten. Die Gedanken kommen einfach nicht. Es ist nicht so, daß da ein Vakuum wäre; ich will nur sagen, daß ich nicht über meine Aufgabe nachzudenken brauche.›
Sri Bhagavan brachte zum Ausdruck, wie wahr diese Wort seien, und unterstrich alle Aussagen. Dann zitierte er Thayumanavar als Gewährsmann für den gedankenfreien Zustand:
‹Obgleich ich oft gehört hatte, daß alle Schriften aussagen, der Zustand der Stille sei der des Glücks und der Seligkeit, blieb ich doch unwissend. Aus Torheit folgte ich immer noch nicht der Anweisung meines Herrn, des Schweigenden Meisters. Ich irrte im Walde der Illusion umher – so war mein Schicksal.
Seligkeit offenbart sich nur, wenn man still ist. Warum dann noch Yoga üben? Kann Seligkeit durch den Intellekt offenbar werden?
Ihr, die ihr euch der wahren Methode widmet und dabei die Unschuld der Kinder zurückgewinnt, dürft das nicht glauben. Das ewige Sein ist der Zustand, in dem ihr aufgehen werdet. Aber seid ihr nicht schon darin? Laßt euch nicht entmutigen, wenn ihr es noch nicht erlebt habt. Auch dann könnt ihr nicht verlorengehen, denn ihr lebt ewig. Ihr braucht nicht zu leiden. Hier ist die Seligkeit – ergreift Sie!›

## 15. März 1939

*Fr* Beschreibt Gandhiji in seinem Artikel nicht den Zustand, in dem selbst die Gedanken zu Fremdkörpern werden?

*M* Ja. Alle anderen Gedanken tauchen erst auf, nachdem der ‹ich›-Gedanke aufgetaucht ist. Die Welt wird erst wahrgenommen, nachdem Sie ‹Ich bin› empfunden haben. Für Gandhi gab es keinen ‹ich›-Gedanken und somit auch keine anderen Gedanken mehr.

*Fr* Dann kann es in dem Zustand auch kein Körpergefühl geben.

*M* Das Körpergefühl ist auch nur ein Gedanke, während er den Zustand beschreibt, in dem ‹Gedanken nicht kommen›.

*Fr* Er sagt auch, es bedeute keine Anstrengung, das Denken auszuschalten.

*M* Natürlich ist kein Bemühen erforderlich, um Gedanken nicht aufkommen zu lassen, währenddem man sich bemühen muß, Gedanken hervorzubringen.

*Fr* Wir versuchen, Gedanken anzuhalten. Auch Gandhiji sagt, daß Denken Gottes Führung behindere. So ist demnach der gedankenfreie Zustand ein ganz natürlicher. Und doch – wie schwierig ist es, das zu verwirklichen. Es heißt, daß Übungen, *sadhanas*, notwendig sind, aber auch, daß sie Hindernisse bedeuten. Das ist verwirrend.

*M* *Sadhanas* sind nur dann erforderlich, wenn man noch nicht verwirklicht ist. Sie sollen die Hindernisse beseitigen. Schließlich kommt man in einen Zustand, in dem man sich hilflos fühlt, trotz aller *sadhanas*. Man ist dann noch nicht einmal fähig, seine liebste Übung auszuführen. Das ist der Augenblick, in dem Gottes Macht verwirklicht wird. Dann offenbart sich das Selbst.

*Fr* Wenn dies der natürliche Zustand ist, weshalb überwindet Er nicht die unnatürlichen Phasen und setzt sich durch?

*M* Gibt es überhaupt etwas außer Ihm? Sieht irgend jemand irgend etwas außer dem Selbst? Man ist immer das Selbst gewahr. So ist Es immer nur Es selbst.

*Fr* Es heißt, weil Es selbst erstrahle, werde Es direkt wahrgenommen. Ich entnehme dem, daß Es *pratyaksha* (direkt wahrgenommen) wird, weil Es *pradeepa* (strahlend) ist. Da wir Es aber nicht verwirklicht haben, nehme ich an, daß Es nicht strahlt, daher Hindernisse zuläßt und hinter ihnen verschwindet. Wird Es zu *prakarshena deepta* (sehr strahlend), überstrahlt Es alles übrige. Es scheint demnach nötig, Es strahlender zu machen.

M Wie kann das sein? Das Selbst kann nicht in einem Augenblick verdunkelt und in einem anderen blendend hell sein. Es ist unveränderlich und gleichbleibend.

Fr Aber Chudala sagt zu Skhidhvaya, daß sie ihm nur geholfen habe, den Docht zu beschneiden.

M Das bezieht sich auf *nididhyasana* (ununterbrochene Kontemplation). Durch *sravana* (Hören der Wahrheit) dämmert Erkenntnis auf. Das ist die Flamme. Durch *manana* (Überdenken) wird verhindert, daß die Erkenntnis schwindet. Und wie die Flamme durch einen Windschirm geschützt wird, so werden andere Gedanken ferngehalten, damit sie die wahre Erkenntnis nicht wieder verdunkeln.

Durch *nididhyasana* wird der Docht beschnitten, damit die Flamme hellauf brennt. Wann auch immer andere Gedanken aufsteigen, wird der Geist nach innen gewandt, dem Licht der wahren Erkenntnis zu.

Wird dieser Zustand natürlich, dann ist es *samadhi*.
Die Suchfrage ‹Wer bin ich?› ist *sravana*.
Die Ermittlung der wahren Bedeutung von Ich ist *manana*.
Die praktische Anwendung bei jeder Gelegenheit ist *nididhyasana*.
Im Ich verbleiben ist *samadhi*.

Fr Obgleich wir das immer wieder gehört haben, sind wir nicht fähig, die Lehre in die Praxis umzusetzen. Schuld daran muß die Schwäche des Geistes sein. Ist womöglich das Lebensalter ein Hindernis?

M Im allgemeinen wird der Geist für stark gehalten, wenn er schnell und viel denkt. Hier aber ist der Geist stark, wenn er frei von Gedanken ist. Die Yogis behaupten, daß man nur vor dem 30. Lebensjahr verwirklichen könne, nicht aber die *jnanis*. Denn *jnana* hört mit dem Alter nicht auf zu existieren.

Es stimmt, daß im *Yoga Vasishta* Vasishta zu Rama sagt: ‹Du hast diese Gelassenheit schon in deiner Jugend. Das ist bewundernswert.› Aber er behauptet nicht, daß *jnana* nicht auch im Alter erreicht werden könnte.

Der Schüler auf dem geistigen Weg muß sich als das Selbst verstehen. Kann er es nicht, dann muß er sich der wahren Bedeutung des Ich erinnern und beständig dahin zurückkehren, wenn andere Gedanken auftauchen. Das ist der Weg.

Manche behaupten, man müßte *tat* (Das) kennen, weil die Vorstellung von der Welt dauernd den Geist ablenke. Wenn die Wirklichkeit dahinter erst erkannt würde, träte sie als *Brahman* in Erscheinung. Das *tvam* (Du) würde später verstanden. Es ist identisch mit dem *jiva*. Am Ende stände dann die Vereinigung der beiden.
Aber wozu das alles? Kann die Welt ohne das Selbst existieren? Das Ich ist immer *Brahman*; Seine Identität braucht nicht durch Logik oder Übungen bestätigt zu werden. Es genügt, daß man das Selbst erkennt und verwirklicht. Es ist immer *Brahman*.
Einer anderen Schule gemäß ist *nididhyasana* der Gedanke ‹Ich bin Brahman›. Dabei bleiben die Gedanken aber erhalten. Sie werden lediglich in Richtung *Brahman* gelenkt. Eine solche Ablenkung darf man sich nicht gestatten. Erkennen Sie das Selbst, und all das hat ein Ende.
Um das Selbst zu erkennen, ist kein langer Prozeß vonnöten. Muß es einem ein anderer zeigen? Weiß nicht jeder, daß er existiert? Sogar in äußerster Finsternis, wenn er nicht die Hand vor den Augen sehen kann, antwortet jeder auf einen Anruf mit ‹Hier bin ich›.

*Fr* Aber dieses ‹ich› ist das ego oder der ‹ich›-Gedanke. Es ist somit nicht das Absolute Selbst, das auf den Anruf antwortet oder auf andere Weise seiner selbst gewahr wird.

*M* Das ‹ich› kann seiner selbst gewahr werden, sogar in Abwesenheit von Licht und Sinnesorganen; wie sollte das Reine Licht des Selbst es nicht können? Ich sage, daß das Selbst sich selber beweist. Man braucht nicht die *tattvas* (Ur-Wahrheiten) zu studieren, um das Selbst zu finden. Manche reden von vierundzwanzig *tattvas*, andere von mehr. Müssen wir die *tattvas* kennen, bevor wir die Existenz des Selbst anerkennen? Die Schriften beschäftigen sich mit ihnen, um darauf hinzuweisen, daß das Selbst von ihnen unberührt bleibt. Der Sucher aber kann geradewegs das Selbst anerkennen und versuchen, Es zu sein, ohne seine Zuflucht zum Studium der *tattvas* nehmen zu müssen.

*Fr* Gandhiji hielt so lange an *satya* (Wahrheit) fest, bis er die Verwirklichung des Selbst erlangt hatte.

*M* Was ist *satya* anderes als das Selbst? *Satya* ist das, woraus *sat* (Sein) besteht; *sat* aber ist nichts anderes als das Selbst. So haben wir auch unter Gandhijis *satya* das Selbst zu verstehen.
Obwohl der Mensch zwangsläufig sein Selbst kennt, ist er doch

unwissend. Er wird zur Verwirklichung erst fähig, wenn er die Lehren der Schriften gehört hat. Die *Upanishaden* enthalten die ewige Wahrheit, der jeder, der verwirklicht hat, die Erfüllung verdankt. Erst nachdem der Sucher gelernt hat, daß Selbst und *Brahman* identisch sind, wird ihm die wahre Bedeutung des Selbst aufgehen. Dann wird er jedesmal wieder zu Ihm zurückkehren, wenn er abgelenkt worden ist.

## 18. März 1939

Fr  In der *Bhagavad Gita* heißt es ‹Ich bin die Stütze *Brahmans*›, an anderem Ort ‹Ich bin im ‹Herzen› eines jeden.› Damit werden die verschiedenen Aspekte des Höchsten Prinzips offenbart. Ich verstehe es so, daß es deren drei gibt, nämlich 1. den transzendentalen, 2. den immanenten und 3. den kosmischen Aspekt. Findet die Verwirklichung in einem von diesen oder in allen statt? Wenn der *Vedanta* vom kosmischen zum transzendentalen Aspekt kommt, verwirft er Namen und Formen als *maya*. Dem kann ich nicht beistimmen, denn ein Baum bedeutet Stamm, Zweige, Blätter usw. Ich kann nicht die Blätter allein als *maya* betrachten. Wiederum lehrt der *Vedanta*, daß das Ganze *Brahman* ist und benutzt den Vergleich vom Gold und den Schmuckstücken aus Gold. Wie sollen wir die Wahrheit verstehen?

M  Die *Gita* sagt: ‹Wenn jenes *aham*, Ich, erkannt wird, ist alles erkannt.›

Fr  Das betrifft aber nur den immanenten Aspekt.

M  Sie glauben jetzt, daß Sie ein Individuum seien, daß es ein Universum gäbe und daß sich Gott jenseits des Kosmos befände. Es herrscht die Idee des Getrenntseins vor. Doch Gott ist weder getrennt von Ihnen noch vom Kosmos. Die *Bhagavad Gita* sagt:

> Das Selbst bin Ich, o Herr des Schlafes,
> Im Herzen jeder Kreatur wohnend;
> Ich bin Aufgang und Mittag alles Geschaffenen,
> Bin ebenso letztes Schicksal – Ich.

So ist Gott nicht nur im Herzen aller. Er ist auch aller Stütze, aller Ursprung, aller Zuflucht und aller Ende. Alle gehen von Ihm aus,

bleiben in Ihm und lösen sich schließlich in Ihm auf. Er kann also nicht getrennt von Ihnen sein.
*Fr* Wie haben wir die folgende Bemerkung der *Gita* zu verstehen: ‹Dieser ganze Kosmos ist nur ein Teilchen von Mir›?
*M* Es bedeutet nicht, daß sich ein kleiner Teil von Ihm trennte und das Universum bildet. Seine *sakti* (Kraft) wirkt; als Ergebnis einer Phase dieser Tätigkeit ist der Kosmos offenbar geworden.
*Fr* Ich verstehe es. *Brahman*, das Absolute, ist sicherlich nicht teilbar.
*M* Tatsache ist also, daß *Brahman* alles ist und dabei unteilbar bleibt. Der Mensch ist immer verwirklicht, er weiß es nur nicht. Er muß es erkennen lernen. Erkenntnis bedeutet die Überwindung von Hindernissen, die die Offenbarung der ewigen Wahrheit verhindern. Das Selbst ist dasselbe wie *Brahman*. Alle Widerstände zusammen bewirken Ihre Vorstellung vom Getrenntsein des Individuums.

## 22. März 1939

*Fr* Wie soll ich *japa* vollziehen?
*M* Ihr *japa* enthält das Wort *namah*. Das bedeutet jenen Zustand, in dem der Geist nicht getrennt vom Selbst in Erscheinung tritt. Ist dieser erreicht, dann ist damit das Ende des *japa* gekommen. Denn dann sind Täter und Tun verschwunden, und das Ewige Sein bleibt allein zurück.
*Japa* sollte durchgeführt werden, bis dieser Zustand erreicht ist. Dann gibt es kein Ausweichen mehr vor dem Selbst, der ‹Täter› wird automatisch von Ihm aufgenommen. Und wenn das einmal geschehen ist, dann kann der Mensch nichts anderes mehr tun als im Selbst verbleiben.
*Fr* Kann man mit *bhakti* die Befreiung erlangen?
*M* *Bhakti* ist von *mukti* nicht verschieden. *Bhakti* heißt im Selbst verbleiben. Man ist immer Das. *Bhakti* bedeutet auch: an Gott denken. Hierbei herrscht ein Gedanke unter Ausschluß aller anderen vor. Es ist der Gedanke an Gott als das Selbst oder der Gedanke an das Selbst, das sich Gott hingegeben hat. Der Zustand, in dem alle anderen Gedanken abwesend sind, ist *bhakti*; er ist auch *mukti*.
Es heißt, der Weg des *jnana* sei mit dem Weg der Suche, *vichara*, identisch. Doch auch dieser gipfelt in der höchsten Hingabe,

*parabhakti.* Es werden für denselben Vorgang nur verschiedene Worte verwendet.
Sie glauben, *bhakti* wäre Meditation über das Höchste Wesen. Solange das Gefühl von *vibhakti*, Getrenntsein, besteht, hält man sich an *bhakti*; das führt schließlich zum Ziel. Jede Art von Meditation ist gut. Wenn aber das Gefühl des Getrenntseins verschwindet und das Objekt der Meditation – oder das Subjekt, das meditiert – allein zurückbleibt, ist das *jnana*. Der *jnani* ist zum Selbst geworden, und dann bleibt nichts mehr zu tun übrig. Er ist vollkommen und daher auch völlig furchtlos. Das ist *mukti*. Das ist auch *bhakti*.

*23. März 1939*

A. W. Chadwick war dabei, die englische Übersetzung des Tamilwerks *Kaivalya Navaneeta* ins reine zu schreiben. Wenn er an Stellen kam, die er nicht verstand, fragte er Bhagavan.
M Hier werden Schöpfungstheorien dargestellt. Die heiligen Schriften messen diesen Theorien keine Bedeutung bei. Sie erwähnen sie nur wegen denen, die daran noch interessiert sind. Die Wahrheit ist, daß die Welt wie ein flüchtiges Schattenbild in einer Lichtflut erscheint. Ohne Licht könnte der Schatten nicht wahrgenommen werden. Er verdient jedenfalls keine Erörterung oder Untersuchung. Das Buch beschäftigt sich ausschließlich mit dem Selbst. Die Betrachtungen über die Entstehung der Welt können unbeachtet bleiben.
Der *Vedanta* sagt, daß das Universum gleichzeitig mit dem entstehe, der es wahrnimmt. Einen Entstehungsprozeß gibt es demgemäß nicht. Das nennt man unmittelbare Entstehung. Ähnlich ist es beim Träumen, wo der im Traum Handelnde gleichzeitig mit allen Objekten, die er für sein Handeln braucht, entsteht. Viele Leute geben sich aber damit nicht zufrieden; sie sind den Dingen der Welt zu sehr verhaftet. Sie können diesen Schöpfungsvorgang nicht verstehen und suchen nach einer anderen Erklärung für die Entstehung der Welt, die sie um sich herum sehen. Um diesen Leuten entgegenzukommen, entwickeln die heiligen Schriften besondere Schöpfungstheorien. Der ernsthafte Sucher sollte sich aber mit der Aussage, daß die Welt unmittelbar entsteht, zufriedengeben.

## 24. März 1939

Einer der Anwesenden hatte einige Verse zu Ehren Bhagavans verfaßt, in denen auch das Wort Avartapuri (Stadt am strudelnden Wasser) vorkam. Bhagavan bemerkte dazu, daß es einer der vielen Namen für seinen Geburtsort Tiruchuzhi sei. Der Legende nach hat Siva den Ort dreimal vor dem Untergang durch große Überschwemmungen gerettet. Einmal bohrte er mit seiner dreizackigen Lanze ein Loch in die Erde, so daß alles Wasser, das sonst die Stadt überflutet hätte, abfließen konnte. Das Wasserloch blieb erhalten und gab dem Ort den Namen. Ein anderes Mal hielt er den Ort mit seiner Lanze so lange hoch, bis die Flut zurückgegangen war. Von dieser Begebenheit rührt ein anderer Name: Soolapuri (Stadt auf der Lanzenspitze).

Einmal wurde Mutter Erde von einem Dämon geraubt und auf die See hinaus entführt. Auf ihr Flehen hin befreite Vishnu sie zwar, doch sie fühlte sich von dem Dämon geschändet. In Tiruchuzhi gab sie sich Bußübungen hin und flehte zu Siva, daß er sie von dem Makel befreie: und hier war es, wo dieser ihre Ehre schließlich wiederherstellte. Von da an heißt der Ort auch Bhuminatheswara (Gott als Herr der Erde).

Auch der Weise Gautama, der sich lange am Arunachala aufgehalten hatte, ist mit Tiruchuzhi verbunden. Hier offenbarte sich ihm Siva als Nataraja, der Herr des Kosmischen Tanzes.

Tiruchuzhi bildete das Zentrum des Pandya-Reiches, das die Bezirke Madura, Ramnad und Tirunelveli umfaßte.

Der heilige Teich, der durch die Lanze Sivas entstand, weist eine besondere Eigenart auf. An zehn aufeinanderfolgenden Tagen vor dem Vollmond im Tamil-Monat Masi steigt das Wasser täglich etwa 30 cm und geht nach dem gleichen Rhythmus in den folgenden zehn Tagen wieder zurück. Um diese Zeit versammeln sich hier alljährlich viele Pilger, um Heilung von mancherlei Leiden zu suchen. Das Wasser ist stark schwefelhaltig.

Der Ort liegt an dem Kundarafluß, der seinen Namen ebenfalls auf einen Weisen zurückführt. Er wird an der gegenüberliegenden Seite von einem großen See begrenzt, der etwa sechs Meter höher liegt, jedoch seltsamerweise dem Ort noch nie gefährlich geworden ist. Bei Hochwasserstand fließt er in andere Richtungen ab.

# 1. April 1939

*Fr* Ich komme mir vor, als wanderte ich in einem Walde, aus dem ich nicht mehr hinausfinde.

*M* Diese Vorstellung müssen Sie fallenlassen. Es sind solche Ideen, die einem all die Schwierigkeiten bereiten.

*Fr* Aber ich weiß keinen Ausweg.

*M* Wo ist der Wald und wo ist der Weg, wenn nicht in Ihnen? Sie sind, wie Sie sind, auch wenn Sie von Wäldern und Wegen reden.

*Fr* Aber ich muß mich in der Gesellschaft bewegen.

*M* Auch die Gesellschaft ist nur eine Vorstellung wie der Wald.

*Fr* Ich gehe von zu Hause fort und begebe mich unter die Leute.

*M* Wer tut das?

*Fr* Der Körper bewegt sich und tut das alles.

*M* Genau. Jetzt, da Sie sich mit dem Körper identifizieren, empfinden Sie die Schwierigkeiten; sie bestehen aber nur in Ihrem Geist. Sie glauben, Sie wären der Körper oder der Geist. Es gibt aber Augenblicke, da Sie von beiden frei sind, z. B. im Schlaf. Dann erschaffen Sie in Ihrem Traum einen Körper und eine Welt; sie sind das Ergebnis Ihrer mentalen Aktivität. Im Wachzustand glauben Sie, Sie wären der Körper, und dann tauchen die Vorstellungen von dem Wald und allem übrigen auf. Betrachten Sie einmal die Situation. Sie sind ewiges Sein, das in all diesen ständig wechselnden und vorübergehenden Zuständen stets dasselbe bleibt. Daraus folgt, daß diese flüchtigen Objekte lediglich Phänomene sind, die auf Ihrem Sein wie Bilder erscheinen, die sich über eine Leinwand bewegen. Die Leinwand bewegt sich nicht mit den Bildern. Ebenso bewegen Sie sich nicht von da fort, wo Sie sich befinden, selbst wenn der Körper das Haus verläßt und sich in Gesellschaft begibt.

Ihr Körper, die Gesellschaft, der Wald und die Wege sind alle in Ihnen, aber Sie sind nicht in jenen. Sie sind auch der Körper, aber nicht dieser allein. Wenn Sie als Reines Selbst verbleiben, braucht der Körper und sein Tun Sie nicht zu berühren.

*Fr* Das alles kann nur die Gnade des Meisters bewirken. Ich habe *Sri Bhagavata* gelesen; es heißt dort, daß die Seligkeit nur durch den Staub von des Meisters Füßen erlangt werden könne. So bitte ich um diese Gnade.

*M* Was ist Seligkeit anderes als Ihr eigenes Sein? Sie sind nicht vom

Sein getrennt, das dasselbe ist wie Seligkeit. Sie glauben jetzt, daß Sie der Geist oder der Körper wären, die beide unbeständig und vergänglich sind. Sie aber sind unveränderlich und ewig. Das sollten Sie erkennen.

Fr  Für mich ist das verborgen, denn ich bin unwissend.
M  Dieses Nichtwissen muß verschwinden. Wiederum: Wer sagt ‹Ich bin unwissend›, muß sich seines Nichtwissens bewußt sein. Sokrates sagte: ‹Ich weiß, daß ich nichts weiß.› Kann das Nichtwissen sein? Es ist Weisheit.
Fr  Warum bin ich dann unglücklich, wenn ich in Vellore bin, und warum empfinde ich Frieden in Ihrer Gegenwart?
M  Kann das Empfinden an diesem Ort Seligkeit sein? Sie sagen, Sie seien unglücklich, wenn Sie diesen Ort verlassen. Solcher Friede ist nicht von Dauer, er wechselt ab mit Unglücklichsein, daher können Sie keine Seligkeit finden, die von Ort und Zeit abhängig ist; sie muß von Dauer sein, wenn sie etwas wert sein soll. Solch ein dauerndes Sein sind Sie selbst. Seien Sie das Selbst, das ist Seligkeit.
Sie sagen, Sie verließen Vellore, reisten im Zuge, erreichten Tiruvannamalai, betraten diese Halle und erlebten Seligkeit. Wenn Sie zurückgehen, sind Sie in Vellore nicht glücklich. Aber bewegen Sie sich wirklich von Ort zu Ort? Selbst wenn Sie sich für den Körper halten – der sitzt in einem Wagen und fährt von Ihrem Haus zur Station. Dann steigt er in einen Eisenbahnwagen, der ihn von Vellore nach Tiruvannamalai befördert. Dort nimmt er eine Pferdekutsche, die ihn hierherbringt. Und doch, wenn Sie gefragt werden, sagen Sie, daß Sie den ganzen Weg zurückgelegt hätten. Ihr Körper blieb durchweg passiv, und all die Orte zogen an ihm vorüber.
Ihre Vorstellungen entstehen infolge der falschen Identifizierung, die so tief verwurzelt ist.

Fr  Sollen wir die Welt für vergänglich halten?
M  Weshalb? Sie halten die Welt für real, und die heiligen Schriften suchen Sie von diesem Irrtum zu befreien. Doch ist es nicht damit getan, sich der Vorstellung hinzugeben: ‹Die Welt ist vergänglich.› Sie müssen sich selbst als ewig erkennen.
Fr  Wir sollen allem mit Gleichmut begegnen. Das ist in letzter Konsequenz nur möglich, wenn wir die Welt als unwirklich erkannt haben.

*M* Ja. Es wird zu Gleichmut geraten. Aber was ist Gleichmut? Wenn weder Liebe noch Haß vorhanden sind. Am Selbst vorbei ziehen all die Phänomene, die zu Liebe oder Haß Anlaß geben. Werden Sie, wenn Sie das Selbst verwirklicht haben und um die Flüchtigkeit dieser Erscheinungen wissen, diesen noch ihre Aufmerksamkeit zuwenden? Erst dann sind Sie wahrhaft gleichmütig geworden.
Sri Krishna sagt in der *Gita*, Arjuna müsse kämpfen, ob er es nun gerne täte oder nicht. Sie können sich einer Aufgabe nicht entziehen. Umgekehrt werden Sie nicht handeln können, wenn es Ihnen nicht bestimmt sein sollte. Das Tun nimmt seinen Fortgang, und Sie müssen Ihren Teil dazu beitragen.
*Fr* Wie soll man sich dabei verhalten?
*M* Wie ein Schauspieler, der seine Rolle spielt – frei von Zuneigung und Abneigung.

OM   TAT   SAT

# Verzeichnis der Sanskrit-Ausdrücke (Auswahl)

## A

| | |
|---|---|
| *Advaita* | Nicht-Zweiheit; die *Vedanta*-Philosophie des ‹Einen ohne ein Zweites› |
| *agami karma* | Handeln und Verhalten in diesem Leben als Ursache zukünftigen Schicksals |
| *ahamkara* | Ego oder ‹ich› |
| *ahimsa* | Gewaltlosigkeit |
| *ajnana* | Nichtwissen; Unwissenheit |
| *ajnani* | Nichtwissender; Unwissender |
| *akasa* | Äther; Raum |
| *ananda* | Seligkeit |
| *antahkarana* | Das innere Organ als Zusammenfassung von ‹ich›, Geist, Intellekt |
| *asana* | Körperhaltung im Yoga |
| *asat* | Nicht wirklich; unwirklich |
| *asrama* | Lebensabschnitt; geistiges Zentrum |
| *asura* | Dämon |
| *atiasrama* | Jenseits der vier *asramas* (Lebensabschnitte) |
| *atma(n)* | Das Selbst |
| *atma vichara* | Suche nach dem Selbst |
| *avatar* | Inkarnation Gottes |

# B

| | |
|---|---|
| *bhajan(a)* | Gottes Lobpreisungen singen |
| *bhakta* | Frommer, der sich Gott hingegeben hat und Gott über alles liebt |
| *bhakti* | Hingabe; Liebe zu Gott |
| *brahmacharya* | Enthaltsamkeit; erste Lebensstufe eines orthodoxen Hindus |
| Brahma | Gott in Seinem Aspekt als Schöpfer neben Vishnu (Erhalter) und Siva (Zerstörer) |
| Brahman | Das Höchste Sein; das Absolute; das Selbst |
| *buddhi* | Vernunft; Erkenntniskraft; Intellekt |

# C

| | |
|---|---|
| *chakras* | Geistige Energiezentren im menschlichen Körper |
| *chit* | Absolutes Bewußtsein |

# D

| | |
|---|---|
| *darshan* | Der Anblick eines Heiligen oder Weisen |
| *deva* | Göttliches Wesen |
| *dharma* | Die ethisch vorgeschriebene Lebenshaltung; Pflichterfüllung |
| *dhyana* | Meditation; Kontemplation |
| *diksha* | Geistige Einweihung |
| *dvaita* | Dualismus; Zweiheit |

# G

| | |
|---|---|
| *granthi* | Der ‹Herz-Knoten› |
| *gunas* | Alle Manifestationen setzen sich aus drei grundlegenden Eigenschaften zusammen: *tamas* (Nichtwissen, Dunkelheit, Trägheit); *rajas* (Aktivität, Leidenschaft, Rastlosigkeit); *sattva* (das Reine, Lichte, Harmonische) |

| | |
|---|---|
| *gunatita* | Einer, der sich jenseits der *gunas* befindet |
| Guru | Geistiger Führer; Meister |

## I

| | |
|---|---|
| *Isvara* | Gott, das Höchste Wesen in Seinem Aspekt als Herr der Schöpfung |

## J

| | |
|---|---|
| *jagrat* | Wachzustand |
| *jagrat-sushupti* | Wachschlaf oder Schlafwachen |
| *japa* | Wiederholung des Namens Gottes oder eines Mantra, mündlich oder geistig |
| *jiva* | Die verkörperte Seele |
| *jivanmukta* | Der zu Lebzeiten Befreite |
| *jnana(m)* | Erkenntnis; Weisheit |
| *jnani* | Weiser, der das Selbst verwirklicht hat |
| *jothi* | Licht; Glanz |

## K

| | |
|---|---|
| *karma* | Schicksal; Tätigkeit; Ergebnis von Handlungen |
| *kundalini* | Energiestrom im Menschen; auch Schlangenkraft genannt |

## L

| | |
|---|---|
| *lila* | Göttliches Spiel |
| *linga* | Symbol |

## M

| | |
|---|---|
| Maharshi | Großer Weiser |
| Mahatma | Große Seele |
| *manas* | Geist; Gemüt |

| | |
|---|---|
| Mantra | Heilige Worte oder Silben; kosmische Laute |
| *marga* | Geistiger Übungsweg |
| *maya* | Illusion, aufgrund deren das Eine Absolute als die Vielfalt (Welt) erscheint |
| *moksha* | Befreiung; geistige Freiheit |
| *mouna* | Schweigen |
| *mukti* | Befreiung; geistige Freiheit |

## N

| | |
|---|---|
| *nadi* | Subtiler Nerv (im Sinne des Yoga) |
| *namaskar(a)* | Niederwerfen vor Gott oder dem Guru als Zeichen der Hingabe |
| *nididhyasana* | Ununterbrochene Kontemplation |
| Nirwana | Befreiung |
| *nirvikalpi samadhi* | Ein vorübergehender Zustand des Aufgehens im Selbst, aus dem das ‹ich›-Bewußtsein nach einer gewissen Zeit wieder auftaucht |

## O

| | |
|---|---|
| OM (AUM) | Heilige Silbe (steht für *Brahman*) |

## P

| | |
|---|---|
| *para* | Höher |
| *param* | Jenseits; transzendent |
| *paramatma* | Das Höchste Selbst |
| *pradakshina* | Das Umschreiten eines Heiligtums |
| *prana* | Die Lebenskraft, die mit dem Atem aufgenommen wird |
| *pranayama* | Atembeherrschung; Atemübungen im Yoga |
| *prarabdha karma* | Das gegenwärtige Schicksal (als Folge früheren Handelns) |

| | |
|---|---|
| *prasad* | Speise, die einer Gottheit oder einem Heiligen dargebracht und dann an die Gläubigen verteilt wird |
| *prema* | Liebe |
| *puja* | Zeremonielle Verehrung |
| *puranas* | Mythologische Erzählungen; Heiligen-Legenden |

# R

| | |
|---|---|
| *rajas* | Siehe ‹gunas› |
| *rishi* | Weiser |

# S

| | |
|---|---|
| *sadhaka* | Strebender auf dem geistigen Weg |
| *sadhana* | geistige Übung; spirituelle Disziplin |
| *sadhu* | Jemand, der der Welt entsagt hat, um den geistigen Weg zu gehen |
| *sahaja samadhi* | Natürliches andauerndes Gewahrsein des Selbst (bei gleichzeitiger Wahrnehmung der Welt); Zustand des *jnani*; unser ureigenstes Wesen |
| *sahasrara* | Chakra im Gehirn; tausendblättriger Lotus |
| *sakti* | Kraft; der dynamische Aspekt des Absoluten Seins |
| *samadhi* | Gewahrsein, Bewußtsein des Selbst; Aufgehen im Höchsten Sein |
| *samsara* | Zyklus von Tod und Wiedergeburt |
| *samskaras* | Eindrücke im Geist, die das *karma* zurückläßt oder hervorruft |
| *samvit* | Bewußtsein; Erkenntnis |
| *sannyasin* | Siehe ‹sadhu› |
| *santi* | Friede |
| *sastras* | Heilige Schriften |
| *sat* | Reines Sein |

| | |
|---|---|
| *sat-chit-ananda* | Sein-Bewußtsein-Seligkeit |
| *sat sanga* | Zusammensein mit Weisen |
| *sattva* | Siehe ‹gunas› |
| *satya* | Wahrheit |
| *siddha* | Beherrscher von übernatürlichen Kräften, die Wunder bewirken |
| *siddhi* | Übernatürliche Kraft |
| Siva | Absolutes Sein |
| Siva, Lord | Gott in Seinem Aspekt als Zerstörer |
| *sloka* | Vers |
| *sphurana* | Manifestation |
| *sravana* | Hören der Wahrheit von einem Guru |
| *sushumna* | Subtiler Nerv in der Wirbelsäule, in dem die *kundalini*-Kraft aufsteigt |
| *sushupti* | Tiefschlaf |
| *svapna* | Traumzustand |

## T

| | |
|---|---|
| *tamas* | Siehe ‹gunas› |
| *tapas* | Askese |
| *tattva* | Wahrheit; das Wesentliche |
| Tat tvam asi | Das bist Du |
| *turiya* | Zustand jenseits von Wachen, Traum und Tiefschlaf |

## U

| | |
|---|---|
| *upadesa* | Geistige Unterweisung |
| Upanishaden | Der jüngste Teil der *Veden* |

| | |
|---|---|
| *upasana* | Geistige Übung; Meditation |

## V

| | |
|---|---|
| *vairagya* | Entsagung; Nicht-Verhaftetsein; Begierdelosigkeit |
| *vasanas* | Neigungen, Gewohnheiten, Triebe aus früheren Leben, die, uns unbewußt, als Bereitschaft zu gegenwärtigem und künftigem Handeln keimhaft in uns wirken |
| *Vedanta* | Ende (zugleich Erfüllung) der *Veden* |
| *Veden* | Die heiligen Schriften des Hinduismus |
| *vibhakti* | Trennung |
| *vichara* | Unterscheidende Erforschung; Suche |
| *videhamukta* | Ein nach dem Tod Befreiter |
| Vishnu | Gott in Seinem Aspekt als Erhalter |
| *viyoga* | Trennung |
| *vritti* | Gedankenregung |

## Y

| | |
|---|---|
| Yoga | Vereinigung; Joch; Beherrschung des Körpers und Befreiung des Geistes |

# Themenverzeichnis

Um eine raschere Orientierung zu ermöglichen, wurden einige wesentliche Themen ausgewählt und mit Hinweisen aus Aussagen des Meisters versehen.

Schweigen – Sprache des Ewigen
27, 70, 71, 117, 144, 214, 231, 254, 332, 382, 393, 458, 471, 492

Glück und Leid
41, 60, 107, 208, 210, 224, 225, 245, 269, 271, 332, 462, 525, 532

Leben, Tod, Wiedergeburt
75, 85, 175, 208, 212, 243, 279, 300, 308, 351, 438, 440, 472, 479

Die Welt – Realität oder Illusion
34, 60, 64, 74, 76, 87, 207, 229, 239, 285, 299, 406, 436, 488

Das Selbst oder die Wirklichkeit
13, 55, 113, 131, 213, 229, 251, 280, 327, 406, 434, 481, 504, 518

Das spirituelle Herz
44, 60, 62, 82, 96, 97, 122, 178, 224, 229, 240, 368, 422, 520

Gnade
13, 44, 45, 116, 121, 139, 186, 222, 238, 257, 288, 290, 353, 355

Meditation *(dhyana)* und Selbsterforschung *(vichara)*
14, 36, 48, 63, 71, 148, 166, 266, 271, 274, 277, 331, 403, 529

Der Weg der Hingabe *(bhakti)*
36, 40, 42, 50, 137, 172, 179, 209, 219, 221, 355, 377, 400, 547

*samadhi*
82, 87, 108, 125, 157, 192, 255, 286, 287, 333, 346, 367, 412, 497

Der Weise *(jnani, jivanmukti)*
62, 138, 182, 216, 233, 252, 255, 261, 339, 340, 373, 380, 438, 448

Der Meister
13, 30, 75, 158, 191, 238, 251, 288, 317, 353, 355, 408, 512, 531

Intellekt, Wissen, Bildung
14, 41, 109, 111, 179, 226, 304, 310, 313, 322, 369, 451, 523, 540

563

# Personen- und Stichwortverzeichnis

## A

Abraham 129, 160
*ahimsa* 29
Ainslie, Douglas (Grant Duff) 16, 81, 88
Anandashram 391
Arunachala 24, 127, 183, 185, 186, 187, 242, 249, 391, 392, 411, 419, 420, 447, 466, 467, 549
*asana* 19, 20, 194, 442, 473, 482
Astralleib 128, 129, 179, 184, 185, 482, 518
Aurobindo, Sri 140, 144, 171, 172
*avatar* 415, 416
Ayurveda 61

## B

Bahai 121
Benares 24
Bibel 82, 105, 143, 158, 160, 172, 278, 311, 426, 500, 508
Bilderverehrung 48, 49, 112, 120, 138, 343, 368, 489
Brahma 23, 110, 198, 215, 226, 356
*brahmacharya* 21, 432, 442
Brunton, Paul 16, 18, 23, 54, 63, 108, 109, 114, 115, 124, 127, 129, 171, 221, 228, 242, 272, 273, 457, 497
Buddha 28, 63, 122, 123, 198, 241
Buddhismus 63, 64, 123, 124, 228, 394, 492

## C

*chakra* 251, 352
Christus, Jesus 26, 27, 89, 90, 129, 160, 185, 236, 351, 424
Coué 417

## D

Dakshinamurti 23, 27, 79, 120, 121, 122, 215, 356, 458
*dharma* 67, 68, 241, 252
*diksha* (Einweihung) 249, 382, 458

## E

Einsamkeit 24, 25, 55, 138
Einstein, Albert 342
Elias (Prophet) 185

565

Emerson, Ralph W. 195
Ernährung 29, 30, 31, 38, 137, 147, 148, 233, 373, 442, 462, 465, 473
Evans-Wentz, W. Y. 18, 20, 23, 24, 29, 30

## F

Fasten 147, 148, 255

## G

Gandhi 115, 252, 314, 443, 461, 542, 543, 545
Ganapati Muni (Nayana) 323, 518
*Gayatri* (Mantra) 61, 292, 331, 502
*gunas (sattva, rajas, tamas)* 62, 81, 184, 294, 295, 433, 449

## H

Hanuman 296
Harijan 252, 314
*hatha-*Yoga 19, 20, 36, 66, 158, 159, 162, 173, 296, 330, 332, 525, 526, 542

## I

Islam 343, 492

## J

Janaka (König) 58, 139, 301, 323
Jehova 105, 109
*jothi* 272, 474
Justinian, St. 290

## K

Kaaba 70
Kabir 59
Kailas 24, 45, 127, 246, 305
Kali (Göttin) 489
Koran 237
Krishna 57, 69, 101, 102, 129, 159, 160, 230, 280, 288, 309, 310, 316, 328, 329, 389, 398, 413, 420, 510, 511, 527, 536, 552
Krishnamurti 198
*kundalini* 83, 117, 164, 251, 315, 346, 363, 411, 422, 517, 518

## L

*laya* 82, 124

## M

Maugham, Somerset 471
*maya* 20, 26, 42, 114, 126, 128, 140, 146, 229, 247, 257, 258, 259, 284, 359, 360, 381, 382, 389, 394, 415, 426, 538, 546
Milarepa 18
Moses 105, 455
*mudra* 23
Muruganar 336, 430

## N

*nada* 134, 272, 375
*nadi* 225, 346, 352, 363, 368, 422, 517, 518
Name Gottes 188, 302, 373, 391, 433, 464, 489
*namaskar* 328, 471
Newton 342
Nirwana 151, 241, 366

## O

OM (AUM) 38, 92, 185, 464, 533

## P

Parvati 171, 186, 187, 305, 466
Patanjali 117, 161, 162, 381
Paulus 89
*pradakshina* 183
*prana* 47, 117, 185, 251, 347, 348
*pranayama* (Atemkontrolle) 36, 38, 48, 49, 65, 66, 136, 137, 162, 164, 191, 192, 262, 301, 315, 331, 332, 364, 419, 465, 517, 518
*prasad* 44, 45, 193
*puja* 90, 476
*Puranas* 127, 342, 343

## R

Radakrishnan, Sarvepalli 16, 357, 358
*raja*-Yoga 28, 386, 444
Rama 117, 153, 186, 187, 288, 309, 373, 389, 395, 489, 544
Ramakrishna 50, 145, 159, 224, 255, 326, 344, 489, 490
Ramdas 152, 153, 407, 409

## S

*sahasrara* 225, 352, 517
*samsara* 42, 43, 48, 49, 260, 379

*samskara* 104, 123, 215, 259, 260, 263, 340, 341, 443
Sankara 26, 52, 65, 121, 146, 158, 159, 173, 258, 284, 285, 357, 358, 377, 381, 536
*sannyasa* 375, 487
*sannyasi* 60, 61, 65, 98, 133, 253, 375, 487
*sat sanga* (Gemeinschaft mit Weisen) 116, 191, 252, 262, 335, 407, 432
*sat-chit-ananda* 32, 267, 382, 479, 522
Shelley 314
*siddha* 114, 127, 173, 304, 305
*siddhis* (okkulte Kräfte) 23, 26, 27, 28, 46, 47, 101, 114, 455, 495, 496, 497, 519, 520
Sita 117, 186, 187, 373
Siva 23, 90, 127, 148, 186, 187, 215, 246, 257, 258, 273, 305, 342, 343, 345, 399, 400, 401, 419, 420, 466, 467, 468, 549
*sphurana* 71, 72, 275, 328
Spiritismus 457
*sushumna* 225, 422, 517, 518
Sokrates 551

T

*Tantra* 120, 158, 251, 284, 285, 476
*Tao-te-king* 498
*tapas* 361, 401
*Tat twam asi* 102, 291, 317
Theosophie 349, 366
Theosophische Gesellschaft 325, 366
Theresa, St. 349, 368

V

Vaikuntha 45
*vairagya* 36, 40, 271, 314, 361, 478
Vasishta 46, 51, 288, 323, 389, 544
Vedanta 86, 101, 121, 165, 234, 257, 258, 311, 348, 382, 419, 424, 494, 526, 546, 548
Veltheim-Ostrau, von 110
Vishnu 45, 181, 187, 190, 241, 276, 298, 331, 343, 549
Visionen 127, 221, 272, 273, 274, 286, 345, 346, 399, 420, 427, 457, 466, 527, 533
Vivekananda 145, 224, 355, 458
*vritti* 79, 99, 275, 283, 479, 529

Y

Yogananda 105

# Die unverfälschte Stimme des Advaita

Richard Sylvester
Das Buch Niemand
336 Seiten, gebunden mit Schutzumschlag
ISBN 978-3-7787-8209-5

Lotos

# Nicht du findest die Erleuchtung, sondern die Erleuchtung findet dich

**Richard Sylvester**
**Erleuchtet – und was jetzt?**
144 Seiten, gebunden mit Schutzumschlag
ISBN 978-3-7787-8195-1

*Lotos*

# »Spirituelle Praxis geschieht. Es ist nichts, was man tun kann.«
## Ramesh S. Balsekar

**Ramesh S. Balsekar**
**Kein Weg. Kein Ziel. Nur Einheit.**
256 Seiten, gebunden mit Schutzumschlag
ISBN 978-3-7787-8216-3

Lotos

# Jeder Moment ist perfekt

**Ramesh S. Balsekar**
**Wo Nichts ist, kann auch nichts fehlen**
288 Seiten, gebunden mit Schutzumschlag
ISBN 978-3-7787-8205-7

*Lotos*

# »Freiheit ist nicht da draußen, sondern hier in meinem Kopf.«
## J.C. Amberchele

**J.C. Amberchele**
**Das Licht, das ich bin**
240 Seiten, gebunden mit Schutzumschlag
ISBN 978-3-7787-8219-4

Lotos

# Die Essenz spiritueller Arbeit – authentisch und unverfälscht

**Terje Tonne**
**Wer sich verliert, der findet sich**
128 Seiten, gebunden mit Schutzumschlag
ISBN 978-3-7787-8210-1

Lotos